다산 정약용의

상서고훈 2

지은이 다산(茶山) 정약용(丁若鏞)

1762년(영조 38년) 경기도 광주(廣州) 마현리(馬峴里)에서 태어나 1836년(헌종 2년) 같은 곳에서 세상을 떠났다. 본관은 나주(羅州), 아명은 귀농(歸農), 자는 미용(美庸)이다. 호는 다산(茶山), 사암(俟菴) 등이고, 당호는 여유당(與猶堂), 시호는 문도(文度)이다. 1789년(정조 13년) 식년문과(式年文科) 갑과(甲科)에 급제하여 벼슬에 오른 이후 정조의 총애 속에 개혁 정치에 적극 참여했으나, 1801년(순조 1년) 신유사옥(辛酉邪獄)으로 경상도 장기를 거쳐 전라도 강진에서 18년 동안 유배 생활을 하였다. 이 기간은 정치적으로는 고통의 세월이었지만, 학문적으로는 실학을 집대성한 시간이 되었다. 유배 기간에 육경사서(六經四書)에 대한 연구와 일표이서(一表二書)의 경세서 등 500여 권에 달하는 방대한 저술을 남겼다. 유배에서 풀려난 뒤에는 1812년 회갑 때 지은 「자찬묘지명(自撰墓誌銘)」에서 자신이 지은 저술의 요지를 간명히 정리해 두었으며, 유배지에서 지은 『상서지원록』과 『상서고훈수략』을 통합 발전시켜 1835년 돌아가기 1년 전에 『상서고훈』을 완성하였다.

옮긴이 재단법인 실시학사 경학연구회

김성재 한국고전번역원 번역위원

감수

김언종 고려대학교 명예교수

교열

김문식 단국대학교 사학과 교수

전성건 안동대학교 동양철학과 교수

실시학사 실학번역총서 15

다산 정약용의 상서고훈 2

정약용 지음
실시학사 경학연구회 옮김
김언종 감수
재단법인 실시학사 편

학자원

實學飜譯叢書를 펴내며

실시학사(實是學舍)에서 실학연구총서(實學硏究叢書)를 발간하여 학계에 공헌하면서 뒤이어 실학번역총서(實學飜譯叢書)를 내기로 방침을 세운 것은 벌써 2년 전의 일이다. 실시학사가 재단법인으로 발전하면서 그 재정적 바탕 위에 여러 가지 사업을 수행하는 가운데 실학(實學)에 관한 우리나라 고전들을 골라, 한문으로 된 것을 우리글로 옮겨서 대중화 작업을 시도하기로 한 것이다.

여기, 이 기회에 나는 다시 몇 마디 말씀을 추가할 것이 있다. 이 실학번역총서를 낸다는 말을 전해 듣고 모하(慕何) 이헌조(李憲祖) 형이 앞서 거액을 낸 것 외에 다시 적지 않은 돈을 재단에 출연해 주었다. 나는 그의 학문에 대한 열정에 오직 감동을 느꼈을 뿐, 할 말을 잊었다. 오늘날 우리나라에서 사회문화에 대한 허심탄회(虛心坦懷)로 아낌없이 투자해 줄 인사가 계속해서 나와 준다면 우리 학계가 얼마나 다행할까 하는 생각을 금(禁)할 수 없었다.

실(實)은 실시학사가 법인으로 되기 전부터, 나는 성균관대학교에서 정년퇴임한 뒤에 진작 서울 강남에서 학사(學舍)의 문을 열고 젊은 제자들과 함께 고전을 강독하면서 동시에 번역에 착수하였고, 그 뒤 근교 고양(高陽)으로 옮겨온 뒤에도 그대로 계속하여 적지 않은 책들을 간행하였다.

예를 들면 경학연구회(經學硏究會)에서 다산 정약용(茶山 丁若鏞)의 『정체전중변(正體傳重辯)』, 『다산과 문산(文山)의 인성논쟁』, 『다산과 석천(石泉)의 경학논쟁』, 『다산과 대산(臺山)·연천(淵泉)의 경학논쟁』, 『다산의 경학세계(經學世界)』, 『시경강의(詩經講義)』 5책 등을 번역 출판하였고, 고전문학연구회(古典文學硏究會)가 영재 유득공(泠齋 柳得恭)의 『이십일도회고시(二十一都懷古詩)』와 『열하기행시주(熱河紀行詩註)』 각 1책, 낙하생 이학규(洛下生 李學逵)의 『영남악부(嶺南樂府)』 1책, 그리고 『조희룡전집(趙熙龍全集)』 5책, 『이옥전집(李鈺全集)』 5책, 『산강 변영만(山康 卞榮晩)전집』 3책, 유재건(劉在建)의 『이향견문록(里鄕見聞錄)』 1책 등을 모두 번역 출판하였다. 이 열거한 전집들 중에는 종래 산실(散失) 분장(分藏)된 것이 적지 않아서 그것을 수집하고 재편집하는 데 많은 노력을 기울였다. 이 과정에서 제자들은 어려운 생활 속에서도 세월 따라 능력이 성장해 왔고 나는 그것을 보면서 유열(愉悅)을 느껴, 스스로 연로신쇠(年老身衰)해 가는 것도 잊고 있었다.

그런데 이제 번역 사업이 본격화되면서 많은 역자(譯者)가 한꺼번에 나오게 되고 나는 직접 일일이 참여할 수 없게 되고 보니 한편 불안한 점이 없지도 않다. 나는 지난날 한때 민족문화추진회(民族文化推進會, 韓國古典飜譯院의 前身)의 회장직을 맡아, 많은 직원들, 즉 전문으로 번역을 담당한 분들이 내놓은 원고들을 하나하나 점검할 수도 없어 그대로 출판에 부쳐 방대한 책자를 내게 되었다. 물론 역자들은 모두 한문 소양이 상당하고 또 성실하게 우리글로 옮겨 온 분들이지만 당시 책임자였던 나로서는 그 자리에서 물러난 지 오래된 지금에 와서도 마음 한구석에 빚이 되어 있는 것이 사실이다. 그런데 지금 또 실시학사에서 전건(前愆)을 되풀이하게 되는 것이 아닐까 걱정이 앞서기 때문이다.

그러나 이미 화살은 날았다. 이제 오직 정확하게 표적(標的)에 맞아 주기를 바랄 뿐이다.

2013년 초하(初夏)

李佑成

『다산 정약용의 상서고훈 2』 차례

『상서고훈』 권1

『상서고훈』 권2

『다산 정약용의 상서고훈』 전5권 총목차

『다산 정약용의 상서고훈 4』

『다산 정약용의 상서고훈 5』

일러두기

1. 『다산 정약용의 상서고훈』은 2020년부터 전5권으로 나누어 번역・출간될 예정이다.

2. 번역 대본 : 다산학술문화재단에서 간행한 『定本 尙書古訓』(定本 與猶堂全書 권11・권12. 이하 '정본'으로 약칭)을 사용하였다.

3. 원문 교감 : 정본의 교감을 따르되, 오류나 누락이 있다고 판단되는 때에는 추가 교감을 하였다. 추가한 내용은 앞에 [案]이란 표시를 붙여 구분하였고, 정본의 교감 내용에 오류가 있다고 판단되는 때에도 그대로 두고 [案] 뒤에 그 내용을 附記하였다. 정본에서는 원문의 오류가 확실한 경우 원문을 수정하고 교감기에서 그 내용을 밝혔으나, 추가 교감에서는 원문을 그대로 두고 교감기에서 해당 사실을 밝혔다.

4. 원문 표점 : 정본의 표점을 그대로 따르되 문맥에 따라 일부 수정하였다.

5. 문단 구성과 번역 원칙

『상서고훈』은 『상서』 經文을 제시하고 그 아래에 아무런 표시 없이 해당 경문에 대한 古訓을 제시한 다음 '考異－考證－考訂－考辨'의 순서로 구성되어 있다. 본서에서는 이를 다음과 같이 처리하였다.

1) 문단 : 정본을 그대로 따라 원문의 문단을 구분하고 문단별로 원문

아래에 번역문을 두었다. 정본에서 별행 처리된 부분은 번역문에 들여쓰기 없이 앞 문단과의 간격을 넓게 하여 표시하고, 원문이 하나의 문단인데 번역문에서 별행한 경우에는 앞 문단과의 간격을 그대로 유지하되 첫 줄을 들여 써서 구분하였다.

2) 경문 : 열람의 편의를 위하여 경문 앞에 편과 장을 나타내는 번호를 부여하였다. 번역은 다산의 案說을 따르되, 다산이 특별한 견해를 밝히지 않은 경우에는 채침의 주석을 따랐다. 다산이 채침의 주석이 대체로 좋다고 하였기 때문이다.

3) 古訓 : 각 고훈의 앞에는 그에 해당하는 경문의 구절을 [ ] 부호를 써서 표제를 추가하였다. 일부 고훈에는 다산 자신이 小註로 경문의 해당 구절을 표시한 경우가 있는데(원문에 【 】로 표시), 이 경우는 번역문에도 【 】 부호를 그대로 사용하여 구분하였다. [ ]나 【 】가 시작되는 부분에서 문단을 나누었다.

4) 考異 : 역대의 여러 전적에 나타난 『상서』의 異形態를 소개한 항목으로, 글자의 異同을 보이는 것 외에 별다른 정보를 담지 않는 경우가 대부분이다. 따라서 고이 부분은 번역문 없이 한자를 그대로 노출하였다. 글자의 異同에 대해서는 고이 항목 외에 경문의 끝 부분에 소주로 제시하는 경우도 있는데, 이때도 마찬가지이다. 단 드물게 경문과 내용이 다른 자료를 제시한 경우가 있는데, 이때는 원문 다음 [ ] 안에 번역문을 병기하였다.

5) 考證・考訂・考辨 : 考證은 여러 전적에 나타난 상서 관련 내용, 혹은 상서의 구절을 인용한 자료를 소개하는 것이고, 考訂은 역대의 훈고 중에 따로 논의할 내용이 있을 경우 해당 훈고를 제시하고 그것을 다산의 관점으로 評한 내용이며, 考辨은 상서 경문 중에서 爭點을 추출하여 다산의 주장을 편 내용이다. 이 세 항목에 대해서는 평이하게 번역하되, 考證에서는 간혹 글자의 이형태를 소개하는 내용이 있다. 이는 考異에 소개되는 것과는 다른 자료에서 추출된 내용인 경우가 많은데 이때는 번역문 다음 [ ] 안에 원문을 병기하였다.

6. 인명과 서명 표기

1) 인명 : 역대 경학가들의 경우 본명을 밝혀 적는 것을 원칙으로 하되, 이름만큼 자주 쓰이는 시호, 자, 호 등은 원문대로 표기하고 본명을 간주로 밝혔다. 이들 경학가에 대해서는 본문 중에 따로 소개하지 않고 생몰년과 활동 시기 및 간략한 학술 내용과 저술을 부록으로 제시하였다.

2) 서명 : 완칭으로 적는다. 원문에 편명만 있는 경우에도 서명을 밝혀 적는다. 교감의 근거나 각주에 인용하는 책들은 모두 文淵閣의 전자판 四庫全書에 실린 본을 사용하였다. 그 외의 간행본을 사용한 경우에는 출판사와 출판 연도를 밝혔다. 출판사와 출판 연도를 밝히지 않은 책의 출전은 모두 사고전서임을 밝혀 둔다.

3) 『상서』의 傳本 : 원문에는 '梅本' '鄭本' '卜氏本' '姚方興本' 같은 형태로 제시되어 있다. 이는 모두 '매색본' '정현본'과 같이 '인명+본'으로 통일하여 표기하였다. 이 또한 본문 중에 따로 주석하지 않고 일괄 정리하여 부록으로 첨부하였다.

7. 문장 부호 : 원문의 문장 부호는 정본의 것을 그대로 따르고, 번역문에서는 쉼표, 마침표 등의 일반 문장 부호 외에 다음과 같은 부호를 사용하였다.

1) 겹낫표(『 』), 홑낫표(「 」) : 서명에는 겹낫표, 편명에는 홑낫표를 쓴다.

2) 소괄호(( )) : 음이 같은 한자를 병기할 때 쓴다.

3) 대괄호([ ]) : 음이 다른 한자를 병기할 때, 번역문에 한자로 구나 절을 병기할 때, 考異 부분에 번역문을 병기할 때, 간주를 넣을 때, 古訓 중 표제를 추가할 때 쓴다.

4) 홑화살괄호(〈 〉) : 원문에는 없는 내용을 번역문에서 보충할 때 쓴다.

5) 어미괄호(【 】) : 원문의 소주, 즉 다산의 원주에 사용한 부호이다. 번역문에서도 같은 위치에 그대로 쓴다.

『상서고훈』 권1

尙書古訓

01. 요전 상(堯典上)

【《大學》, 稱‘帝典’。薛本, 作‘堯典’】
【『대학』에서는 ‘제전(帝典)’이라고 하였고, 설계선본에는 ‘요전(堯典)’으로 되어 있다.】

馬融云 : “堯, 諡也。翼善傳聖曰堯。”【朱子曰 : “死諡, 周道也。《史》云, ‘夏 · 商以上, 無諡, 以其號爲諡。’ 又云, ‘堯字, 從三土, 高也。’”】 ○許愼云 : “典, 五帝之書也。從冊在丌上, 尊閣之也。” ○**鏞案** 《春秋傳》 : 【昭十二교1)】 “楚左史倚相, 能讀《三墳》 · 《五典》。” 卽三皇 · 五帝之書也。今唯此一典存。

교1) 二 : 신조선사본에는 ‘三’으로 되어 있으나 『춘추좌씨전』 昭公 12년에 따라 바로잡는다.

〔**堯典**〕 마융이 말했다. “요(堯)는 시호이다. 선행을 하도록 북돋워 주고 성인에게 자리를 전하는 것[翼善傳聖]을 ‘요’라고 한다.”【주자가 말했다. “죽은 뒤에 시호를 정하는 것은 주(周)나라의 법도이다. 『사(史)』에 ‘하(夏) · 상(商) 이전에는 시호가 없었고 호를 시(諡)로 삼았다.’라고 하였다.” 또 말했다. “요(堯) 자는 흙 토(土) 세 개로 이루어져 있으니 높다는 뜻이다.”[1]】 ○허신(許愼)이 말했다. “전(典)은 오제(五帝)의 책이다. 책(冊)이 받

침대[丌] 위에 있는 모양으로 이루어져 있으니 존중하여 높이 보관한다는 뜻이다."

○용안 『춘추좌씨전』에【소공 12년】 "초(楚)나라 좌사(左史)인 의상(倚相)이 능히 『삼분(三墳)』과 『오전(五典)』을 읽는다."라고 하였는데, 그것은 곧 삼황(三皇)·오제(五帝)의 책이다. 지금은 오직 이 「요전」 한 편만 남아 있다.

01. 요전상 - 01

曰若稽古。【句】 **帝堯曰放勳。欽明文思安安, 允恭克讓, 光被四表, 格于上下。**【〈本紀〉, 勳爲勛。(《說文》同) 《說文》, 格爲假。緯書, 思爲塞】

상고한다.【단구】 제요는 이름이 방훈이시다. 공경스럽고 밝으시며, 문채가 나고 생각이 깊으시며, 애쓰지 않아도 덕성이 저절로 우러나오며, 진실로 공손하고 능히 겸양하셨다. 덕이 환히 빛나서 사해에 미쳤으며, 정성이 위의 하늘과 아래의 백성에게 감통(感通)되었다.【『사기』 「오제본기」에는 '勳'이 '勛'으로 되어 있다.(『설문해자』에도 마찬가지이다.[2]) 『설문해자』에는 '格'이 '假(격)'으로 되어 있다. 위서(緯書)에는 '思'가

1 주자가 …… 뜻이다 : 『朱子語類』 권87 「禮·檀弓下」에, "'死謚, 周道也.' 『史』云 : '夏商以上無謚, 以其號爲謚, 如堯·舜·禹之類.' 看來堯·舜·禹爲謚, 也無意義. '堯'字, 從三土, 如土之堯然而高."라고 하였다. 여기에서 인용한 『史』가 정확히 어떤 책인지는 확인되지 않는다.

2 『사기』 …… 마찬가지이다 : 『사기』 「오제본기」에 "帝嚳娶陳鋒氏女, 生放勳"이라고 한 구절에 대해 『史記正義』에서 "勳亦作勛"이라고 하였고, 『설문해자』에는 "勳, 能成王功也. 從力熏聲. 勛, 古文勳從員."이라고 되어 있다.

'塞'으로 되어 있다.】

【曰若稽古】疏云："鄭玄信緯, 訓稽爲同, 訓古爲天。言能順天而行之, 與之同功。"【若, 順也】 ○梅云："能順考古道而行之者, 帝堯。" ○蔡云："'曰若'者, 發語辭。史臣將敍堯事, 故先言考古之帝堯。" ○錢時【南宋人】云："曰若稽古爲句, 是後代追敍之辭。" **○鏞案** 蔡說, 是也。然讀至帝堯絶句, 猶夫未然, 何者? 詞例至〈皐陶謨〉而不通也。'曰若稽古'者, 夏史之筆,【如今云'臣謹按'】 考古之典籍也。【毛大可亦云】 顧炎武謂'〈堯典〉亦夏書'者, 以此。【金履祥云："'若稽', 追記之辭。放, 大也。"】

【曰若稽古】 소(疏)에 "정현은 위서(緯書)를 믿었기 때문에 '계(稽)'를 동[同 : 같다]으로 풀이하고, '고(古)'를 천[天 : 하늘]으로 풀이하였다. '능히 하늘의 뜻에 순종하여 행하고 하늘과 공을 같이 하였다.[能順天而行之, 與之同功]'라는 말이다."라고 하였다.【'약(若)'은 순[順 : 순종하다]의 뜻이다.】 ○매색이 말했다. "능히 옛 도를 따르고 살펴서 행한 사람이 제요라는 뜻이다." ○채침이 말했다. "'왈약(曰若)'은 발어사이다. 사신(史臣)이 요의 일을 서술하려고 하므로 먼저 '옛날의 제요에 대해 살펴본다.'라고 말한 것이다." ○전시(錢時)【남송(南宋) 사람이다.】가 말했다. "왈약계고(曰若稽古)에서 단구(斷句)해야 한다. 이는 후대 사람이 옛일을 소급하여 서술할 때 쓰는 말이다."[3]

3 전시(錢時)가 …… 말이다 : 『融堂書解』 권1에서 전시는 '曰若稽古'를 "若稽, 順古也. 『書』作於後世, 故曰若稽古."라고 풀이하였는데, 그 부분에 "案. 若稽古三字, 鄭康成以爲'能順天而行之, 與之同功', 孔傳以爲'順考古道而行之'者, 大旨略同. 錢氏斷爲'後世追溯之辭', 自錢氏說行而舊解遂隱"이라는 소주가 붙어 있다.

○**용안** 채침의 설이 옳다. 그러나 제요까지 연결하여 구를 나눈 것은 오히려 맞지 않다. 왜냐하면 말을 사용한 예[詞例]가 「고요모」에 가서는 통하지 않기 때문이다.[4] '왈약계고'는 하(夏)나라 사관의 글로서【지금 '신근안(臣謹按)'이라고 하는 것과 같다.】 옛 전적을 상고한다는 말이다.【모대가[毛大可 : 모기령(毛奇齡)]도 그렇게 말했다.[5]】 고염무(顧炎武)가 '「요전」도 하나라의 글이다.'[6]라고 한 것은 이 때문이다. 【김이상(金履祥)이 말했다. "'약계'는 소급하여 기술할 때 쓰는 말이다. '방(放)'은 대[大 : 크다]의 뜻이다."[7]】

考訂 賈誼《新書》引帝堯曰 : "吾存心於先古,【案。此以稽古爲堯德】 加志於窮民。" ○《史記》, 武帝立燕王, 策曰 : "朕承祖考, 維稽古, 建爾國家。"【楮先生曰 : "稽者, 當也。當[교1]順古之道也。"】 ○《漢書・律曆志》云 : "自伏羲[교2]

4 제요까지 …… 때문이다 : 『書集傳』에서는 "稽, 考也. 史臣將敍堯事, 故先言考古之帝堯者, 其德如下文所云也."라고 하였는데, 다산은 '稽'를 '考'로 풀이한 채침의 설에 동의하지만 '先言考古之帝堯'라고 한 해석은 잘못이라고 본 것이다. 그 근거로 「고요모」의 "曰若稽古皐陶曰允迪厥德 ……" 구와 어법이 통하지 않는다는 점을 들었다. 「고요모」의 해당 구에 대한 채침의 주는 "稽古之下, 卽記皐陶之言者, 謂考古皐陶之言, 如此也."이다. 참고로 『상서고훈』 권2에서도 "鄭云以皐陶下屬爲句"라고 하였다.

5 모대가(毛大可)도 그렇게 말했다 : 『尙書廣聽錄』 권1에 "古史記載之體, 追述往昔, 必加'曰若稽古'四字, 其下或記事或記言, 如'帝堯曰放勳', 記事也, '皐陶曰允迪厥德', 記言也."라고 한 내용이 보인다.

6 「요전」도 하나라의 글이다 : 고염무의 『日知錄』 권2에 "竊疑古時有「堯典」無「舜典」, 有「夏書」無「虞書」, 而「堯典」亦「夏書」也."라고 하였다.

7 '약계'는 …… 뜻이다 : 『資治通鑑綱目前編』 권1의 주에 보인다. 『資治通鑑綱目前編』은 『상서』를 위주로 하고 『詩』・『禮』・『春秋』 등의 내용을 採錄하여 堯 이하 『자치통감』에 기록된 시대 이전까지의 사실을 편년체로 구성한 책이다.

畫卦, 至黃帝・堯・舜而大備, 三代稽古, 法度章焉。"【此亦以稽古爲堯事】 ○魏高貴鄕公曰: "稽, 同也。古, 天也。謂堯能同天。"【此鄭玄之義】 ○**鏞案** 僞註'順考古道'之解, 遠自西京, 其源遠矣。僞者深信其義, 旣於此註之如此。又撰〈周官〉之經, 儼稱'唐・虞稽古, 建官維百', 則堯・舜二帝, 遂爲稽古之主, 不可辭矣。

교1) 案當: 『사기』「三王世家」의 『索隱』에는 앞에 '言'이 더 있다.
교2) 羲: 신조선사본에는 '義'로 되어 있으나 人名이므로 바로잡는다.

고정 가의(賈誼)의 『신서(新書)』에서 제요의 말을 인용하면서 "나는 선고(先古)의 도에 마음을 두고【안. 이것은 계고를 요의 덕으로 본 것이다.】 궁핍한 백성에게 뜻을 편다."라고 하였다.[8]
○『사기』「삼왕세가(三王世家)」에, 무제가 연왕(燕王)을 봉하면서 책서(策書)에 "짐은 조고(祖考)를 계승하고 옛 제도를 상고하여 너에게 국가를 세워준다."라고 하였다.【저선생(褚先生)[9]이 말했다. "'계(稽)'는 '당[當: 마땅히]'의 뜻으로, 마땅히 옛 제도를 따라야 한다는 말이다."】
○『한서』「율력지」에 "복희(伏羲)가 괘(卦)를 긋고나서 황제(黃帝)・요(堯)・순(舜)에 이르러 크게 갖추어졌고, 삼대 때에 옛 일을 상고하여 법과 제도가 밝아졌다."라고 하였다.【이것도 계고를 요의 일로 본 것이다.】
○위(魏)나라의 고귀향공(高貴鄕公)[10]은 "'계(稽)'는 동[同: 같다]의

8 제요의 …… 하였다: 『新書』 권9 「脩政語上」에 보인다.
9 저선생(褚先生): 前漢 元帝~成帝 연간의 박사였던 저소손(褚少孫)이다. 사마천 사후 散逸된 『사기』의 여러 편을 보완하면서 그 앞에 '褚先生曰'이라는 말을 붙였다.

뜻이고, '고(古)'는 천[天 : 하늘]의 뜻이다. 요가 능히 하늘과 같이 하였다는 말이다."라고 하였다.【이는 정현의 풀이이다.】

○**용안** 위서(僞書)의 주에서 '옛 도를 따라 살폈다.[順考古道]'라고 한 풀이는 멀리 전한시대부터 시작된 것으로 그 근원이 깊다. 위서를 만든 사람이 그 풀이를 깊이 믿었기 때문에 이미 여기에서 이와 같은 주를 내고, 또 〈『위고문상서(僞古文尚書)』〉「주관(周官)」의 경문을 지으면서 엄연히 '당우(唐虞)가 옛일을 상고하여 관직을 세운 것이 100이나 되었다.'라고 하였으니, 요와 순 두 임금은 마침내 옛 도를 상고한 임금이 됨을 사양할 수 없게 되었다.

【曰放勳】馬云 : "放勳, 堯名。" ○梅云 : "堯放上世之功化。"【放, 仿也】 蔡云 : "放, 至也。功大而無所不至。" ○皇甫謐云 : "放勳, 堯名。一云堯字。" ○**鏞案** 當時之人, 皆二字名, 玄囂・昌意・橋玄・窮蟬・敬唐・句望之等, 皆二字名。又如蒼舒・隤敳・檮戭・大臨・尨降・庭堅【《左傳》文十八。杜云 : "此[교1]垂・益・禹・皐陶之倫。"】之等, 亦二字名。唯光顯者, 多一字名。如嚳・摯・堯・舜・禹・益・鯀・夔・龍・垂・棄之等, 是也。唯皐陶・庭堅兩名, 皆二字。 又如仲容・仲達【亦八愷之二】・伯奮・仲堪・叔獻・季仲・伯虎・仲熊・叔豹・季貍之等,【卽八元, 文十八】 又似後世伯・仲爲字之法。又如丹朱・商均, 皆二字名, 而亦呼其一字曰胤

10 고귀향공(高貴鄕公) : 241~260. 삼국시대 魏나라의 4대 임금으로 文帝 曹丕의 손자이다. 이름은 髦, 자는 彦士, 고귀향공은 봉호이다. 太學에 참여하여 유교 경전을 논할 때, 학자들이 그에게 미치지 못하였다고 한다. 甘露 연간에 司馬昭가 권력을 마음대로 휘두르는 것을 참지 못하고 그를 치려다가 도리어 살해되었다.

子朱, 今不可詳。要之, 放勳·重華·文命, 皆其二字名。堯·舜·禹, 其一字名。或如後世之有小名·冠名, 未必是謚號也。

교1) 案此 : 『春秋左傳正義』에는 뒤에 '卽'이 더 있다.

【曰放勳】 마융이 말했다. "'방훈'은 요의 이름이다." ○매색이 말했다. "요가 상고시대의 공화(功化)를 본받았다는 말이다."【'방(放)'은 방[仿 : 모방하다]의 뜻이다.】 채침이 말했다. "'방(放)'은 지[至 : 이르다]의 뜻이다. 공이 커서 이르지 않은 데가 없다는 말이다." ○황보밀(皇甫謐)이 말했다. "'방훈'은 요의 이름이다. 일설에는 요의 자(字)라고 한다."[11]

○용안 당시 사람들은 모두 두 글자로 된 이름을 썼다. 현효(玄囂)·창의(昌意)·교현(橋玄)·궁선(窮蟬)·경당(敬唐)·구망(句望) 등이 모두 두 글자로 된 이름이다. 또 창서(蒼舒)·퇴애(隤敳)·도인(檮戭)·대림(大臨)·방강(尨降)·정견(庭堅)【『춘추좌씨전』 문공(文公) 18년에 보인다. 이에 대해 두예(杜預)는 "이들이 곧 수(垂)·익(益)·우(禹)·고요(皐陶)의 무리이다."라고 하였다.】 등도 이름이 두 글자이다. 오직 뚜렷이 드러난 사람들은 대부분 이름이 한 글자인데, 곡(嚳)·지(摯)·요(堯)·순(舜)·우(禹)·익(益)·곤(鯀)·기(夔)·용(龍)·수(垂)·기(棄) 등이 그렇다. 다만 고요와 정견 두 사람의 이름은 모두 두 글자이다. 또 중용(仲容)·중달(仲達)【이들 역시 팔개(八愷) 중의 두 사람이다.】·백분(伯奮)·중감(仲堪)·숙헌(叔獻)·계중(季仲)·백호(伯

11 황보밀(皇甫謐)이 …… 한다 : 『尙書正義』에 馬云 : "放勳, 堯名." 皇甫謐同. 一云'放勳, 堯字'라는 내용이 보이고, 같은 내용이 『經典釋文』 권3에도 보인다.

虎)·중웅(仲熊)·숙표(叔豹)·계리(季貍) 등은【곧 팔원(八元)이다. 『춘추좌씨전』 문공 18년에 보인다.】 또한 후세에 백(伯)·중(仲)을 자로 삼는 법과 비슷하다. 또 단주(丹朱)·상균(商均)도 모두 두 글자의 이름이지만 또한 그 중의 한 글자만으로 불러서 '윤자(胤子) 주(朱)'라고 하였다. 그러나 지금은 상세히 알 수가 없다. 요컨대 방훈(放勳)·중화(重華)·문명(文命)은 모두 두 글자로 된 이름이고, 요·순·우는 그들의 한 글자의 이름이다. 어쩌면 후세에 소명(小名)과 관명(冠名)이 있었던 것과 같은 경우일 수도 있지만 반드시 시호(諡號)인 것은 아니다.

【欽明文思】馬云:"威儀表備謂之欽, 照臨四方謂之明, 經緯天地謂之文, 道德純備謂之思。" ○鄭云:"敬事節用謂之欽, 照臨四方謂之明, 經緯天地謂之文, 慮深通敏謂之思。" ○**鏞案** 兩義皆出諡法, 未必然。

【欽明文思】 마융이 말했다. "'위의가 뚜렷이 갖추어진 것[威儀表備]'을 '흠(欽)'이라고 하고, '사방을 살펴 임하는 것[照臨四方]'을 '명(明)'이라고 하고, '천하를 경영할 만한 재주와 식견이 있는 것[經緯天地]'을 '문(文)'이라고 하며, '도와 덕이 순수하게 갖추어진 것[道德純備]'을 '사(思)'라고 한다." ○정현이 말했다. "'일을 공경히 하고 재용을 절약하는 것[敬事節用]'을 '흠'이라고 하고, '사방을 살펴 임하는 것[照臨四方]'을 '명'이라고 하고, '천하를 경영할 만한 재주와 식견이 있는 것[經緯天地]'을 '문'이라고 하며, '생각이 심원하고 통명 민첩한 것[慮深通敏]'을 '사'라고 한다."

○**용안** 두 사람의 뜻풀이가 모두 시법(諡法)에서 나왔으나, 반드시 그렇지는 않다.

【安安】緯書作晏晏.【《考靈耀》】鄭註云 : "寬容覆載, 謂之晏晏。" ○馮衍〈顯志賦〉云 : "思唐・虞之晏晏。"【第五倫上疏云 : "體晏晏之姿。"】

【安安】 위서(緯書)에는 '안안(晏晏)'으로 되어 있는데,【『상서고령요(尙書考靈耀)』에 보인다.】 정현의 주에 "'천하를 너그럽게 포용하는 것[寬容覆載]'을 '안안(晏晏)'이라고 한다."라고 하였다. ○풍연(馮衍)[12]의 「현지부(顯志賦)」에 "당(唐)・우(虞)의 안안(晏晏)함을 생각한다."라고 하였다.【제오륜(第五倫)[13]의 상소에 "안안한 모습을 체현하소서.[體晏晏之姿]"라고 하였다.】

【允恭克讓】鄭云 : "不懈於位曰恭, 推賢尙善曰讓。" ○蔡云 : "允, 信。克, 能也。" ○**鏞案** 恭易僞, 而讓難遂, 故曰允, 曰克。

【允恭克讓】 정현이 말했다. "'지위에 있으면서 게으르지 않은 것[不懈於位]'을 '공(恭)'이라고 하고, '어진 이를 추대하고 선한 이를 높

12 풍연(馮衍) : 생몰년 미상. 後漢. 어릴 때부터 才氣가 뛰어났고 群書를 섭렵하였다. 王莽 때에 여러 사람이 벼슬에 천거하였으나 出仕하지 않았다. 屈原의 『離騷』 등의 筆法과 風格을 모방한 「顯志賦」를 지었나. 『후한서』에 列傳이 실려 있다.

13 제오륜(第五倫) : 생몰년 미상. 성이 第五, 이름이 倫이다. 자는 伯魚. 전국시대 齊나라 田氏의 후손인데, 漢初에 전씨의 園陵을 옮긴 일이 많았으므로 옮긴 순서를 姓으로 삼았다. 王莽의 新나라에서 郡吏, 鄕嗇夫 등을 지냈으나 善政을 베풀었음에도 벼슬이 오르지 않자 성을 王, 이름을 伯齊로 고치고 太原・上黨 등지에서 소금 장사를 하였다. 『후한서』에 列傳이 실려 있다.

이는 것[推賢尙善]'을 '양(讓)'이라고 한다." ○채침이 말했다. "'윤(允)'은 신[信 : 진실로]의 뜻이고, '극(克)'은 능[能 : 능히]의 뜻이다."

○**용안** 공(恭)은 거짓으로 꾸미기 쉽고, 양(讓)은 이루기가 어렵다. 그러므로 윤(允)이라고 하고 극(克)이라고 한 것이다.

【光被四表】鄭云 : "堯德光耀, 及四海之外, 至於天地, 所謂'大人與天地合其德, 與日月齊其明'。"【見〈周頌 · 噫嘻〉疏】

【光被四表】 정현이 말했다. "요의 덕이 환히 빛나서 사해의 밖에 미치고 천지에까지 이르렀으니, 이른바 '대인은 천지와 그 덕이 합치하고 일월과 밝음을 나란히 한다.'라는 것이다."【『시경』「주송(周頌) · 희희(噫嘻)」의 소(疏)에 보인다.】

【格于上下】梅云 : "至于天地。"【蔡說同】 ○**案** 四表 · 上下, 以爲六合。故自鄭然矣。竊謂, 上者天也, 下者民也。蔡於〈皐陶謨〉'達于上下'節, 訓之曰'上天下民', 此不可異釋也。格者, 孚感也。

【格于上下】 매색이 말했다. "천지에 이른다는 말이다."【채침의 설[14]도 같다.】

○**안** 사표(四表)와 상하(上下)를 육합(六合)이라고 한다. 그래서 정현 때부터 그렇게 여긴 것이다. 그러나 내 생각에는, '상'은 하늘이고 '하'는 백성이다. 채침도 「고요모」의 '달우상하(達于上下)' 구에

14 채침의 설 : 『서집전』 채침의 주에 "格, 至. 上, 天. 下, 地也. 言其德之盛如此, 故其所及之遠如此也."라고 하였다.

대해 '〈상하는〉 위의 하늘과 아래의 백성이다.[上天下民]'라고 풀이하였으니, 이는 달리 해석될 수 없다. '격(格)'은 정성이 감통(感通)하는 것이다.

01. 요전상 - 02

克明俊德, 以親九族, 九族旣睦, 平章百姓, 百姓昭明, 協和萬邦, 黎民於變時雍。【《大學》, 俊爲峻。《史記索隱》云: "今文, 平爲辯。"】

큰 덕을 잘 밝혀 구족(九族)을 화친하게 하자 구족이 화목하였고, 백성(百姓)을 변별하여 드러내자 백성이 환히 밝아졌고, 만방을 어울려 화합하게 하자 여민(黎民)이 아, 변하여 이에 화평하였다.【『대학』에는 '俊'이 '峻'으로 되어 있다. 『사기』「오제본기」의 『색은』에 "『금문상서』에는 '平'이 '辯'으로 되어 있다."라고 하였다.】

【克明俊德】鄭云: "俊德, 賢才兼人者。"【鄭注〈大學〉云: "克, 能也。峻, 大也。"】○梅云: "能明俊德之士, 任用之以睦高祖玄孫之親。" ○**鏞案** 鄭義欲以賢賢先之於親親, 所謂'師無當於五服, 而五服不得, 不親也'。此義亦好。但此經是《大學》之道, 淵源所發。'俊德'者, 孝・弟・慈之大德, '明俊德'者, 明明德也。'九族旣睦'者, 以此德而齊家, 家旣齊也。'百姓昭明'者, 以此德而治國, 國旣治也。'萬邦'・'於變'者, 以此德而平天下, 天下平也。《大學》首引此經, 明其源遠也, 不可作賢才說。【毛大可力主古訓, 非矣】

【克明俊德】 정현이 말했다. "'준덕(俊德)'은 지혜와 재주가 다른 사람보다 월등히 뛰어난 사람이다."【『예기』「대학」의 정현 주에 "'극(克)'

은 능[能 : 잘하다]의 뜻이다. '준(峻)'은 대[大 : 크다]의 뜻이다."라고 하였다.】

○매색이 말했다. "큰 덕을 가진 선비를 능히 밝혀 드러내고, 그를 임용해서 고조에서 현손에 이르는 친속을 화목하게 한다는 뜻이다."

○**용안** 정현의 풀이에서는 현자를 높이는 것을 친속을 친애하는 것보다 우선시하였다. 이른바 '스승은 오복에 해당되지 않지만, 오복의 친속은 스승의 가르침을 받지 못하면 화친하지 못한다.'[15]라는 것이다. 이 풀이 또한 좋다. 다만 이 부분의 경문은 『대학』의 도의 연원이 시작되는 곳이다. '준덕(俊德)'은 효(孝)·제(弟)·자(慈)의 큰 덕이다. '명준덕(明俊德)'은 밝은 덕을 밝히는 것[明明德]이다. '구족기목(九族旣睦)'은 이 덕으로 집안을 정돈하여 집안이 정돈된 것이다. '백성소명(百姓昭明)'은 이 덕으로 나라를 다스려 나라가 다스려진 것이다. '만방(萬邦)'과 '오변(於變)'은 이 덕으로 천하를 평안하게 하여 천하가 평안해진 것이다. 『대학』에서는 첫 머리에 이 부분의 경문을 인용하여 그 연원이 심원함을 밝혔다. 지혜와 재주로 설명해서는 안 된다.【모대가는 고훈(古訓)을 힘써 주장하였는데[16] 잘못이다.】

【以親교1)九族】歐陽·夏侯교2)說云 :【伏生《今文》之學】"九族, 乃異姓有屬者, 父族四,【五屬之內爲一族, 父女昆弟適人者與其子爲一族, 己女昆弟適人者與其子爲一族, 己之女子子適人者與其子爲一族】母族三,【母之父姓爲一族, 母之母姓爲一族,

---

15 스승은 …… 못한다 : 『禮記』「學記」에 보인다.

16 모대가는 …… 주장하였는데 : 『尙書廣聽錄』 권1 '克明峻德' 조목에서 "能明俊德之士而用之"라고 한 孔安國의 傳을 인용하면서 '明卽明揚, 俊卽俊乂' 운운한 것을 가리킨다.

母女昆弟適人者與其子爲一族】 妻族二。【妻之父姓爲一族, 妻之母姓爲一族】" ○古尚書說云 :【卽衛・賈・馬等】 "九族者, 從교3)高祖至교4)玄孫凡九, 皆同姓。" 【見許愼《五經異義》】 ○許愼云 : "謹案, 禮, 緦麻三月以上, 恩之所及。禮, 爲妻父母有服, 明在九族中, 九族不得但施於同姓。" ○鄭駁云 : "玄之聞也, 婦人歸宗, 女子雖適人, 字猶繫姓, 明不得與父兄爲異族, 其子則然。〈昏禮〉請期辭曰, '唯是三族之不虞', 欲及今三族未有不億度之事而迎婦也, 如此所云三族, 不當有異姓。異姓其服皆緦。《禮》,【〈雜記〉下】 '緦麻之服, 不禁嫁女取婦。' 是爲異姓不在族中, 明矣。《周禮・小宗伯》, '掌三族之列교5)名。' 〈喪服小記〉說服之義曰, '親親, 以三爲五, 以五爲九。' 以此言之, 知高祖至玄孫, 昭然察矣。"【《左傳》桓六年疏。又見〈王風・葛藟〉疏】 ○**鏞案** 許愼所謂'古尚書說'者, 卽衛宏・賈逵之義, 本出於杜林・塗惲, 以傳孔安國之學者也。《說文》序曰 : "愼學《孝經》・孔氏《古文》說。" 其書, 皆建武時, 給事中議郎衛宏所校, 皆口授, 官無其說。【時《古文》, 未立官學】 又東漢和帝時, 上命賈逵修理舊文, 而逵未之應。于是許愼採史籒・李斯・揚雄之書, 博訪通人, 而以賈逵爲指歸。乃考之于逵, 作《說文解字》若干卷, 至安帝十五年, 始奏上之, 則許氏古文之學, 本出於衛・賈二君。而今玆九族之訟, 捨馬・鄭疏圏之論,【陸氏《釋文》云 : "馬・鄭同。"】 取歐・夏蔽冒之談, 不可曉也。○《白虎通》亦云 : "九族者, 上湊高祖, 下至玄孫。"

교1) 親 : 신조선사본에는 '觀'으로 되어 있으나 『尙書』 「虞書・堯典」에 따라 바로잡는다.

교2) 案歐陽・夏侯 : 『五經異義』에는 '夏侯歐陽'으로 되어 있다.

교3) 案從 : 『五經異義』에는 앞에 '上'이 더 있다.

교4) 案至 : 『五經異義』에는 앞에 '下'가 더 있다.

교5) 案列 : 『주례』 원문에는 '別'로 되어 있다.

【以親九族】 구양생과 하후씨의 설에,【복생 『금문상서』의 학설이다.】 "구족(九族)은 이성(異姓) 가운데 친속 관계가 있는 사람들로서, 부족(父族)이 넷,【오복(五服) 내의 친속이 일족(一族), 시집간 고모와 그 자식이 일족, 시집간 자매와 그 자식이 일족, 시집간 딸과 그 자식이 일족이 된다.】 모족(母族)이 셋,【어머니의 부성(父姓)이 일족, 어머니의 모성(母姓)이 일족, 시집간 이모와 그 자식이 일족이 된다.】 처족(妻族)이 둘이다.【처의 부성이 일족, 처의 모성이 일족이 된다.】"라고 하였다. ○고문상서가들의 설(說)【곧 위굉(衛宏), 가규(賈逵), 마융(馬融) 등의 학설이다.】에, "구족(九族)은 고조에서 현손까지의 9대로 모두 동성이다."라고 하였다.【허신(許愼)의 『오경이의(五經異義)』에 보인다.】 ○허신(許愼)이 말했다. "삼가 살피건대, 예에 따르면 시마(緦麻) 3개월 이상의 복을 입는 대상은 은혜가 미치는 바이다. 예에 처의 부모를 위한 복이 있으니[17] 구족 중에 들어 있음이 분명하다. 구족의 범위가 동성(同姓)에만 미칠 수는 없다." ○정현이 논박했다. "내가 듣건대, 부인이 귀종(歸宗)[18]하거나 딸이 시집을 가도 이름에 여전히 본래 성씨를 붙여 쓰는 것은, 부형(父兄)과 다른 종족이 될 수 없고 자식이라는 사실은 그대로임을 밝힌 것이다. 『의례』「혼례(昏禮)」의 결혼 날짜를 청하는 말에 '오직 이 삼족(三族)에 뜻하지 않은 일이 없는 때'라고 하였다. 지금 삼족에게 예기치 못한 일이 없을 때에 며느리를 맞이하고자 한다는 말인데, 이렇게 말할 때의 삼족에 이성(異姓)을 포함하는 것은 합당하지 않다. 이성의 친속을 위한 복은 모두 시마복이다. 『예기』

17 예에 …… 있으니 : 『의례』「喪服」의 '緦麻三月' 조목에 처의 부모를 위해 입는다고 규정되어 있다.

18 귀종(歸宗) : 결혼한 여자가 남편이 죽은 뒤 영원히 친정으로 돌아오는 것을 말한다.

【「잡기 하(雜記下)」에 보인다.】에 '시마의 상중에는 딸을 시집보내고 며느리를 맞이하는 것을 금하지 않는다.'라고 하였다. 이를 보면 이성은 구족에 들어가지 않음이 명백하다. 『주례』 「소종백(小宗伯)」에 '삼족의 명호를 구별하는 일을 관장한다.'라고 하였고, 『예기』 「상복소기(喪服小記)」에서 상복의 의리를 설명하면서 '친한 이를 친히 하는 것은 셋이 다섯이 되며, 다섯이 아홉이 된다.'[19]라고 하였다. 이들 구절로 말하건대, 고조에서 현손까지임을 알 수 있으니 분명하게 살펴야 한다."【『춘추좌씨전』 환공 6년의 소이다. 『모시(毛詩)』 「왕풍(王風)·갈류(葛藟)」의 소에도 보인다.】

○**용안** 허신이 말하는 고문상서가들의 설이라는 것은 곧 위굉(衛宏)과 가규(賈逵)의 풀이이다. 이는 본래 두림(杜林)과 도운(塗惲)에게서 나와서 공안국에게 전해진 학설이다. 『설문해자』 서문에 "나는 『효경』과 공안국의 『고문상서』의 설을 배웠다."라고 하였다. 그 책들은 모두 건무[建武 : 후한 광무제의 연호. B.C. 25~56] 시기에 급사중(給事中) 의랑(議郞)이었던 위굉이 교정한 것인데, 모두 구두로 전하여 관학에는 그 학설이 없었다.【당시에 『고문상서』의 학은 아직 관학에 개설되지 않았다.】 또한 동한 화제[和帝 : 재위 88~105] 때 황제가 가규에게 명하여 이전의 글들을 정리하게 하였으나 가규가 응하지 않았다. 이에 허신이 사주(史籒)·이사(李斯)·양웅(揚雄)의 글을 재집하고, 학식이 깊고 넓은 사람들에게 널리 물었지만 결국 가규

---

19 친한 …… 된다 : 자신을 기준으로 하여 위로 아버지와 아래로 아들을 합쳐 親緣이 셋이고, 아버지와 아들로 말미암아 조부와 손자로 연결되어 친연이 다섯이 되며, 이런 식으로 이어져 위아래로 친연 관계가 아홉으로 확대된다는 말이다.

로 귀결되었다. 그리하여 가규에게 자문하여 『설문해자』를 찬술하고 안제[安帝: 재위 106~125] 15년에 이르러 비로소 바쳤다. 그러니 허신의 고문 학설은 본래 위굉과 가규 두 사람에게서 나온 것이다. 그런데 지금 이 구족에 대한 쟁론에서 마융과 정현의 통창한 논의【육덕명의 『경전석문』에 "마융과 정현의 설이 같다."라고 하였다.】를 버려두고, 구양생과 하후승의 가려진 논의를 취하였으니 이해할 수 없다. ○『백호통(白虎通)』에도 "구족은 위로 고조까지, 아래로 현손까지이다."라고 하였다.

考辨 林少穎云: "父族四, 母族三, 妻族二。" ○**辨曰** 歐陽·夏侯之說, 至宋復有修述者, 難平者人心也。〈大傳〉曰: "上治祖禰, 尊尊也。下治子孫, 親親也。旁治昆弟, 合族以食, 而人道竭矣。" '旁治'者, 旁至同高祖昆弟也。故曰'四世而緦, 服之窮也'。【〈大傳〉文】 上四世下四世則九世也, 九世之族, 謂之九族也。朱子曰: "上殺·下殺·旁殺, 只看宗族圖可見。"【〈五服圖〉】 正是九族之正解, 且林說非矣。從母未必是一人, 姑姊妹未必是各一人, 則不可約之爲九族。【或至數十族】 倘我無姑姊妹而亦無從母焉, 則九族闕其三矣。【己若無女子, 又缺其一】 〈皐陶謨〉曰: "敦[교1]敍九族。" 若是者, 雖欲敦敍, 末由也已。○隨季梁曰: "親其九族, 以致其禋祀。"【桓六年】 禋祀者, 宗廟之禮也。妻族·妻母之族, 外祖父母·姨母之子, 於宗廟何與? 〈大傳〉所云'合族以食', 正是禋祀之禮, 異姓不在列也。惜乎! 杜氏之註, 亦從歐陽之義。

교1) 敦: 『尚書』「虞書·皐陶謨」에는 '惇'으로 되어 있다.

고변 임소영[林少穎 : 임지기(林之奇)]이 말했다. "부족이 넷, 모족이 셋, 처족이 둘이다."

○**변왈** 구양생과 하후승의 설을 송대에 이르러서도 다시 조술하는 자가 있었으니, 평정하기 어려운 것이 사람의 마음이다. 『예기』 「대전(大傳)」에 "위로 조녜(祖禰)를 바르게 하여 존귀한 이를 존귀하게 대하고, 아래로 자손을 바르게 하여 친한 이를 친하게 대하며, 옆으로 형제를 바르게 하고 음식의 예로 족인을 모이게 하여 인륜의 도리를 다한다."라고 하였다. 옆으로 바르게 함은 방계로 고조를 함께하는 형제에까지 이르는 것이다. 그러므로 "4대가 되어 시마복을 입는 데서 상복이 끝난다."라고 한 것이다.【『예기』 「대전(大傳)」의 내용이다.】 위로 4대, 아래로 4대면 9대가 되니, 9대의 친족을 구족이라고 한다. 주자가 "위로 강쇄하고 아래로 강쇄하고 옆으로 강쇄하니, 「종족도(宗族圖)」를 보면 알 수 있다."【「오복도(五服圖)」에 보인다.】라고 한 것이 바로 구족에 대한 올바른 해석이다. 임지기의 설도 틀렸다. 이모가 반드시 한 사람이지는 않을 것이고 고모도 반드시 한 사람이지는 않을 것이니, 구족으로 묶을 수는 없다.【더러 수십 족이 되기도 한다.】 만약 나에게 고모가 없고 이모도 없으면, 구족에서 그 삼족이 빠진다.【자신에게 딸이 없으면 또 그 일족이 빠진다.】 「고요모」에 "구족을 돈독히 화목하게 한다."라고 하였는데 이렇게 되면 돈독히 화목하고자 하여도 방도가 없다.

○수(隨)의 계량(季梁)[20]이 "그 구족을 화목하게 하고 인사(禋祀)를

20 계량(季梁) : 춘추 초기 隨나라 대부로 季氏梁, 季仕梁 등으로 불린다. 그의 정치력이 당시 楚의 압박에 맞서 隨의 국정을 안정시키고 번성케 하는 데 크게 기여하였다. 『춘추좌씨전』 환공 6년에 "忠於民而信於神也 …… 夫民,

올린다."【『춘추좌씨전』 환공 6년에 보인다.】라고 하였는데, '인사'는 종묘의 제례이다. 처의 족인과 장모의 족인, 외조부모와 이모의 자식이 종묘와 무슨 상관이 있는가? 『예기』「대전」에서 말한 '음식의 예로 족인을 모이게 한다.'란 바로 인사의 예이니, 이성(異姓)은 그 반열에 포함되지 않는다. 애석하게도 두예의 주[21] 역시 구양생의 풀이를 따랐다.

【平章百姓[교1]】鄭云："百姓, 群臣之父子兄弟。" ○梅云："百姓, 百官。" ○蔡云："百姓, 畿內民庶。" ○**訂曰** 百姓者, 貴族也。堯之時, 有姓者甚少, 故謂之百姓。及至後代, 一姓之子牲牲蕃育, 有姓者日繁。故〈立政〉有'奄甸萬姓'之語, 而萬姓・百姓, 始相通用。《詩》云："群黎百姓, 徧爲爾德。" 此分而二之, 如〈堯典〉也。【毛萇云："百官族姓。"】《易》曰："百姓日用而不知。" 此博言之, 如〈立政〉也。【〈五子之歌〉稱'萬姓仇予'。〈咸有一德〉云："俾萬姓, 咸曰大哉。" 湯以前, 稱萬姓太早, 亦僞案也】 黃帝之子二十五宗, 其得姓者十四人, 姓可易得哉! 禹治洪水十三年, 僅得姒姓, 四岳佐之, 僅得姜姓。【見〈周語〉太子晉語】 姓之難得如此, 安有畿內民庶可稱百姓? 《集傳》必欲與《大學》相當, 故權爲此說耳。當時薦揚, 雖許側陋之地, 而夷考其登庸之人, 則八元・八凱, 皆出帝胄, 瞽子鯀嗣, 盡是華閥。蓋其人文始闢, 世類未廣, 聰明才俊之士, 不起於下戶也。故曰'百姓'者, 貴族也。【猶今之云'士大夫'】 ○〈楚語〉, 觀射父曰："百姓・千品・萬官・

神之主也. 是以聖王先成民, 而後致力於神. …… 務其三時, 修其五敎, 親其九族, 以致其禋祀."라고 하였다.

21 두예의 주 : 『춘추좌씨전』 환공 6년 '親其九族'에 대해 두예는 "九族, 謂外祖父, 外祖母, 從母子, 及妻父, 妻母, 姑之子, 姊妹之子, 女子之子, 幷己之同族, 皆外親有服而異族者也"라고 하였다.

兆民, 以奉之。" 又曰 : "王公之子弟, 能聽其官而賜之姓, 以監其官, 是謂百姓。"【韋昭云 : "百姓, 百官受氏姓者。"】

교1) 姓 : 신조선사본에는 '牲'으로 되어 있으나 『尙書』「虞書 · 堯典」 원문에 따라 바로잡는다.

【平章百姓】 정현이 말했다. "백성은 여러 신하의 부자와 형제이다." ○매색이 말했다. "백성은 백관(百官)이다." ○채침이 말했다. "백성은 기내(畿內)의 서민이다."

○**정왈** '백성'은 귀족이다. 요(堯)의 시대에는 성을 가진 사람이 매우 적었기 때문에 백성이라고 하였다. 후대에 이르러 한 성씨의 자손이 왕성하게 불어나서 성을 가진 사람이 날로 많아졌다. 그러므로 『상서』「입정(立政)」에 '만성(萬姓)에게 전지를 구획하고 일정한 가구 수를 이루어 살게 하였다.'라는 말이 있게 되었고, 만성(萬姓)과 백성(百姓)이 비로소 통용되었다. 『시경』에 "군려(羣黎)와 백성(百姓)이 두루 너의 덕을 본받는다."[22]라고 하였는데, 이것은 나누어서 둘로 한 것이니 「요전」의 예와 같다.【모장(毛萇)[23]이 말했다. "〈백성은〉 백관(百官)의 동성 친족이다."】 『주역』에 "백성이 날마다 사용하면서도 알지 못한다."[24]라고 하였는데, 이것은 넓게 말한 것으로

22 군려(羣黎)와 …… 본받는다 : 『시경』「小雅 · 天保」에 나온다.
23 모장(毛萇) : 생몰년 미상. 前漢. 古文 詩學인 毛詩學의 초기 전수자로 일컬어진다. 스승인 毛亨과 구분하여 小毛公이라고 불린다. 모형에게 『毛詩古訓傳』을 배우고, 그것을 貫長卿에게 전수하였다. 관장경은 解延年에게, 해연년은 다시 徐敖에게 전수하였으며, 전한 平帝 때 학관에 毛詩博士가 설립되었다.

「입정」의 예와 같다.【『상서』「오자지가(五子之歌)」에 "만성이 나를 원수로 여긴다."라고 하였고, 「함유일덕(咸有一德)」에 "만성이 모두 위대하다고 말하게 하였다."라고 하였다. 그러나 탕(湯) 이전에 만성(萬姓)이라고 부르는 것은 너무 이르니, 또한 위서(僞書)이다.】 황제(黃帝)의 자손 25종족 가운데 성(姓)을 얻은 자가 14인이었는데, 성이 쉽게 얻을 수 있는 것이었겠는가? 우(禹)는 홍수를 다스린 지 13년 만에야 겨우 사(姒)란 성을 얻었고, 사악(四岳)은 우(禹)를 도우면서 겨우 강(姜)이란 성을 얻었다.【『국어』「주어(周語)」 태자(太子) 진(晉)의 말에 보인다.】 성을 얻기가 이렇게 어려웠는데 어떻게 기내의 서민을 백성이라고 일컬을 수 있겠는가? 『서집전』에서는 반드시 『대학』과 서로 맞추려고[25] 하였기 때문에 권도로 이러한 설을 만든 것이다. 당시 〈관리 후보자를〉 천거할 때에는 비록 궁벽한 처지에 있는 사람도 허용하였지만, 등용된 사람들을 살펴보면 팔원(八元)과 팔개(八凱)는 모두 황제의 자손이고,[26] 고수(瞽瞍)의 아들 순(舜)과 곤(鯀)의 후사 우(禹)도 모두 고귀한 가문의 사람이었다. 대체로 인문(人文)이 처음 열려서 인류의 종족이 아직 널리 퍼지지 않아 총명하고 재주가 뛰어난 선비들이 하호(下戶)에서 나오지 않았기 때문이다. 그러므로 백성이라고 하는 것은 귀족이다.【오늘날 사대부라고 말하는 것과 같다.】

---

24 백성이 …… 못한다 : 『周易』「繫辭上」에 나온다.

25 『대학』과 서로 맞추려고 : 『대학』 經 1장에 "自天子以至於庶人, 壹是皆以修身爲本."이라고 하였는데, 여기 '庶人'과 맞추기 위해 백성을 '畿內民庶'라고 풀이하였다는 말인 듯하다.

26 팔원(八元)과 …… 자손이고 : 『춘추좌씨전』 문공 18년에 "高辛氏有才子八人. 伯奮·仲堪·叔獻·季仲·伯虎·仲熊·叔豹·季貍, 忠肅共懿, 宣慈惠和, 天下之民, 謂之'八元'."이라고 하고, 또 "昔高陽氏有才子八人, 蒼舒·隤敳·檮戭·大臨·尨降·庭堅·仲容·叔達, 齊聖廣淵, 明允篤誠, 天下之民, 謂之'八愷'."라고 하였다.

○『국어』「초어(楚語)」에 관야보(觀射父)가 "백성(百姓), 천품(千品), 만관(萬官),[27] 조민(兆民)이 받든다."라고 하고, 또 "왕공의 자제 가운데 그 관직을 잘 수행하는 사람에게 성(姓)을 내려주어 그 관직을 맡아 살피게 하는데, 이를 백성이라고 한다."라고 하였다.【위소(韋昭)가 말했다. "백성은 백관 가운데 성씨를 받은 자이다."】

考訂 梅云 : "平, 和。" ○蔡云 : "平, 均。" **○案** 平者, 辨也。【古文, 平・辯通】 章者, 彰也。貴族・大家之中, 其賢邪・智愚, 堯能辨別而章顯之, 則朝著廓然昭明, 而一塵一滓, 無敢蓄翳於其間, 此之謂'百姓昭明'也。

고정 매색이 말했다. "'평(平)'은 화[和 : 화목하다]의 뜻이다." ○채침이 말했다. "'평(平)'은 균[均 : 고르다]의 뜻이다."

○안 '편(平)'은 변[辨 : 변별하다]의 뜻이다.【고문(古文)에서 편(平)과 변(辯)은 통용되었다.】 '장(章)'은 창[彰 : 드러내다]의 뜻이다. 귀족과 대가(大家) 가운데 어진 자와 사악한 자, 지혜로운 자와 어리석은 자를 요가 능히 변별하여 드러내니, 조정[朝著]이 확연하게 밝아져 하나의 먼지나 하나의 찌꺼기도 감히 그 사이에 남겨지거나 가려짐이 없었다. 이것을 일러 '백성소명'이라고 한 것이다.

【協和萬方】疏云 : "於萬邦, 變言協和, 其實相通也。" **○案** 疏義, 非也。

27 백성(百姓), 천품(千品), 만관(萬官) : 『국어』 해당 부분 韋昭의 주에 "百姓, 百官受氏姓也. 千品, 姓有徹品十爲千品. 五物之官, 陪屬萬爲萬官. 官有十醜爲億醜[千品, 姓有徹品, 十爲千品. 五物之官, 陪屬萬爲萬官. 官有十醜爲億醜."라고 하였다.

炎・黃以來, 諸侯習用干戈, 互相侵奪, 堯以大德鎭撫諸侯, 使之協睦而納之軌度之中。四朝一巡, 考其功績, 無有一邦或敢梗化。玆所謂'協和'也。豈可與平章通用?

【協和萬方】 소에 "만방에 대해서는 '협화[協和 : 어울려 화합하게 하다.]'라고 바꾸어 말하였는데, 실제로는 서로 통한다."라고 하였다.[28]

○**안** 소의 풀이는 잘못되었다. 염제(炎帝)와 황제(黃帝) 이래로 제후들이 무력을 사용하는 데 익숙해져 서로 침탈하였는데, 요가 큰 덕으로 제후들을 진무(鎭撫)하여 그들을 화목하게 해서 법도 속에 들여놓았다. 그런 다음 사방 조정을 한 번씩 순행하여 그 공적을 고적하니, 혹시라도 감히 버티며 교화를 따르지 않는 나라가 한 나라도 없었다. 이것이 이른바 '협화'이다. 어찌 '편장'과 통용할 수 있겠는가?

【黎民於變時雍】梅云 : "黎, 衆。" ○蔡云 : "黎, 黑。" ○**案** 梅義, 似長也。《漢書》引《書》曰 : "黎民於蕃時雍."【〈成帝紀〉】 蓋今文也.

【黎民於變時雍】 매색이 말했다. "'여(黎)'는 중[衆 : 많다]의 뜻이다." ○채침이 말했다. "'여(黎)'는 흑[黑 : 검다]의 뜻이다."

28 소에 …… 하였다 : 『상서정의』 소에서 九族에 대해서는 親, 百姓에 대해서는 平章, 萬邦에 대해서는 協和라고 하여 각각 표현을 다르게 한 데 대해 해석한 내용이다. 원문은 다음과 같다. 此上經三事相類, 古史交互立文. 以'親'言旣睦, '平章'言昭明, '協和'言時雍. 睦卽親也, 章卽明也, 雍卽和也. 各自變文, 以類相對. 平九族使之親, 平百姓使之明, 正謂使從順禮義, 恩情和合. 故於萬邦變言'協和', 明'以親九族'・'平章百姓', 亦是協和之也. 但九族宜相親睦, 百姓宜明禮義, 萬邦宜盡和協. 各因所宜爲文, 其實相通也.

○**안** 매색의 풀이가 나은 듯하다.

『한서』에서 『상서』를 인용하면서 "여민오번시옹(黎民於蕃時雍)"【「성제기(成帝紀)」에 보인다.】이라고 하였는데, 아마 『금문상서』일 것이다.

考異 〈堯本紀〉: "能明馴德,【讀曰訓, 順也】 便章百姓, 合和萬國。" ○**鏞案** 《史記》有異字, 或史遷所見, 原是別本, 或撰《史》之時, 自改以易讀之字, 覽可知也。

고이 『사기』 「요본기」에는 "能明馴德,【馴은 訓(훈)으로 읽으며, 순[順 : 따르다]의 뜻이다.】 便章百姓, 合和萬國"으로 되어 있다.

○**용안** 『사기』에 다른 글자로 되어 있는 것은 사마천이 본 책이 원래 다른 본이어서 그런 경우도 있고, 『사기』를 찬술할 때 스스로 읽기 쉬운 글자로 고쳐서 그런 경우도 있는데, 살펴보면 알 수 있다.

01. 요전상 - 03

乃命羲·和, 欽若昊天, 曆象日月星辰, 敬授人時.

이에 희씨와 화씨에게 명하여, 공경히 상제에게 순종하고 공손히 직무를 수행하여 일·월·성·신을 기록하고 관찰하여 백성에게 공경히 농사철을 알려주게 하였다.

【乃命羲·和】馬云: "羲氏掌天官, 和氏掌地官, 四子掌四時。" ○鄭云:

"高辛之世, 命重爲南正司天, 黎爲火正司地。【鄭答趙商云:"先師以來, 皆云'火掌爲地', 當云'黎爲北正'。" ○今案, 古篆, 北爲𠔁, 火爲火, 離卦之豎立也。北譌爲火, 於理似然矣】 堯育重·黎之後,【據《左傳》·《國語》及〈楚世家〉】 羲氏·和氏之子賢者, 使掌舊職。天·地之官, 亦紀於近, 命以民事。其時官名, 蓋曰稷·司徒, 是天官·地官也。"【見《周禮》賈序】 ○梅云: "羲氏·和氏, 世掌天地·四時之官。"【又云: "此擧其目, 下別序之。"】 ○疏云: "馬融·鄭玄, 皆以此羲[교1]·和, 命爲天·地之官。下云分命·申命爲四時之職。天地·四時, 於周則冢宰·司徒之屬, 六卿是也。" ○蔡云: "'上所[교2]命, 蓋羲伯·和伯, 乃[교3]分命其仲·叔', 未詳是否。"【朱子曰: "羲·和卽是那四子, 或云'有羲伯·和伯共六人', 未必是。"】 ○**鏞案** 古訓, 皆以羲·和爲六人, 以掌天地·四時。梅註始以爲四人,【云'此擧其目, 下別序之'】 而天地·四時, 依然世掌, 不通甚矣。但堯制天地·四時之官, 專掌曆象·授時之務, 又有列卿如《周禮》六官。百揆如冢宰, 司徒掌邦敎, 秩宗是宗伯, 皐陶作士, 兼司馬·司寇, 共工·朕虞合之則司空。羲·和六官, 與列卿所掌判爲二途, 絶不相涉。鄭欲以羲·和之司天者爲后稷, 其司地者爲司徒, 大謬也。羲·和二人, 明受曆象·授時之命, 曆象是司天之職, 授時是司地之務。但未知二人通察二務, 或二人各察一職也。蓋自羲·農·軒·嚳之時, 曆象·曆數, 爲天下之大政, 必其人睿智精通, 又必世掌而專治之, 然後乃能曆日月而迎送之。甚則分·至·啓·閉, 各有專司。【少昊時】 至于夏·商, 其法猶然。【見《正義》】 垂二千年, 曆法稍明, 則周公制官, 唯馮相氏·保章氏, 屬之春官太史, 以擧其職。如今之欽天監, 吾東之觀象監, 付之疇人子弟, 猶令世掌而專治之而已。乃以今眼仰視堯天, 雖若張設廣大, 當其時也, 天象窅隱, 人文草昧, 聖人之開物創智, 孰有大於是者乎?

《周禮》六官, 乃於列卿之職, 冒之以天地·四時之名, 虛名而已。堯·嚳以上, 天官實掌天事, 地官實掌地事, 如南正重·北正黎者, 是也。春夏秋冬之官, 實掌春夏秋冬之事, 若少皞四鳥之職, 是也。【昭十七】 天地·四時之官, 非四人所宅。況少皞設官, 四鳥氏掌分·至·啓·閉之外, 儼有鳳鳥氏一位, 立爲曆正,【杜預以四鳥爲曆正之屬官】 則二仲·二叔之外, 明有曆正二人, 總領是事。古訓不可易也。○四時之官, 亦所以承弼曆正, 日中·星鳥, 以察分·至, 天之事也。'東作西成', 以令隩析, 地之事也。【少皞止用二人, 司分·司至, 又用二人, 司啓·司閉, 與堯制不同】

교1) 案羲 : 『상서정의』에는 앞에 '命'이 더 있다.
교2) 案所 : 『서집전』에는 앞에 '文'이 더 있다.
교3) 案乃 : 『서집전』에는 앞에 '此'가 더 있다.

【乃命羲·和】 마융이 말했다. "희씨(羲氏)가 천관(天官)을 맡고 화씨(和氏)가 지관(地官)을 맡으며 그들의 네 아들이 사시(四時)를 맡았다." ○정현이 말했다. "고신(高辛)의 시대에 중(重)을 남정(南正)으로 삼아 하늘을 맡고, 여(黎)를 화정(火正)으로 삼아 땅을 맡으라고 명하였다.【정현이 조상(趙商)에게 답했다. "선사(先師) 이래로 모두 '화정이 땅을 맡았다.[火掌爲地]'라고 하였으니 '여를 북정으로 삼았다.[黎爲北正]'라고 해야 한다." ○지금 살피건대, 고전(古篆)에 북(北)은 [illegible]이고, 화(火)는 [illegible]로, 이괘(離卦 ☲)를 세워놓은 모양이다. '북'을 잘못 일러 '화'라고 하였지만 이치로 보아 그럴 법하다.】 요(堯)가 중(重)·여(黎)의 후손인 【『춘추좌씨전』·『국어』 및 『사기』「초세가(楚世家)」에 근거하였다.】 희씨와 화씨의 자손을 길렀는데, 그 중 뛰어난 사람에게 옛 관직을 맡게 하였다. 천관과 지관은 또한 가까운 대상을 기록한 것이니[29] 민사(民事)를 맡도록

명한 것이다. 그 당시 관명이 대개 직(稷)·사도(司徒)였는데 이들이 천관과 지관이다."【『주례주소』 가공언(賈貢彦)의 서(序)[30]에 보인다.】 ○매색이 말했다. "희씨와 화씨는 대대로 천지와 사시의 관직을 맡았다."【또 말했다. "여기서 관련 항목을 제시하고 아래에서 구별하여 서술하였다."】 ○소에 "마융과 정현은 모두 이곳의 '명희화(命羲和)'는 천관과 지관에 명한 것이고, 아래에 '분명(分命)'·'신명(申命)'이라고 한 것은 사시의 관직에 명한 것이라고 보았다. 천지와 사시의 관직은 주(周)나라에서는 총재(冢宰)와 사도(司徒) 등속으로, 이들이 육경(六卿)이다."라고 하였다. ○채침이 말했다. "'윗글에서 명한 것은 희백과 화백이고, 여기서는 중(仲)과 숙(叔)에게 나누어 명한 것이다.'라고도 하는데 옳은지 아닌지는 확실하지 않다."【주자가 말했다. "희와 화는 곧 그들의 네 아들이다. 어떤 사람은 '희백과 화백이 모두 여섯 사람이 있었다.'라고 하는데 꼭 그렇다고 할 수는 없다."[31]】

○**용안** 고훈(古訓)에는, 모두 희와 화는 여섯 명으로 천지와 사시를 관장한다고 하였다. 매색의 주에서 처음으로 네 명이라고 하였

---

29 천관과 …… 것이니 : 상고시대에는 나라를 세우던 초기에 나타난 祥瑞로 관명을 지었다. 黃帝는 관명에 雲 자를 쓰고, 太昊는 龍 자를 쓰며, 小昊는 새[鳥] 이름을 쓴 것 같은 경우이다. 그러나 顓頊부터는 민사에 가까운 것으로 관명을 지었다는 말이다.

30 가공언(賈貢彦)의 서(序) : 『周禮注疏』 賈公彦의 序 원문은 "高辛時之官, 唯有重犁及春之木正之等, 不見更有餘官也. 至於堯舜, 官號稍改. 『楚語』云 : '堯復育重·犁之後.' 重·犁之後, 卽羲·和也. 是以『堯典』云'乃命羲和', 注云 : '高辛之世, 命重爲南正, 司天. 犁爲火正, 司地. 堯育重·犁之後, 羲氏·和氏之子, 賢者使掌舊職. 天地之官, 亦紀於近, 命以民事. 其時官名, 蓋曰稷·司徒.' 是天官稷也, 地官司徒也."이다.

31 희와 …… 없다 : 『朱子語類』 권78 「尙書1」에 보인다.

는데,【'여기서 항목을 들고 아래에서 구별하여 서술하였다.'라고 하였다.】 천지와 사시는 여전히 대대로 관장했다고 하였으니 매우 통하지 않는다. 다만 요가 천지와 사시의 관직을 만들어서 역상(曆象)과 수시(授時)의 업무를 전담하게 하고, 또 『주례』의 육관(六官)과 같은 열경(列卿)을 두었다. 백규(百揆)는 총재(冢宰)와 같고, 사도(司徒)는 국가의 교육을 담당하고, 질종(秩宗)은 종백(宗伯)이고, 고요(皐陶)는 사(士)가 되어 사마(司馬)와 사구(司寇)를 겸하였고, 공공(共工)과 짐우(朕虞)를 합치면 사공(司空)이 된다. 희·화의 육관은 열경과는 맡은 일이 판이하게 달라서 절대로 서로 간섭하지 않았다. 정현은 희·화 중에서 하늘을 담당하는 사람을 후직(后稷), 땅을 담당하는 사람을 사도로 보려고 하였으나 큰 오류이다. 희·화 두 사람은 분명히 역상과 수시의 일을 맡으라는 명을 받았는데, 역상은 사천(司天)의 직무이고 수시는 사지(司地)의 직무이다. 다만 두 사람이 두 가지 직무를 함께 보았는지 아니면 두 사람이 각자 한 가지씩 직무를 보았는지는 모르겠다.

대체로 복희·신농·헌원·제곡 때부터 역상(曆象)과 역수(曆數)가 천하의 중대한 정사가 되었으니, 그 직책을 맡는 사람은 반드시 예지가 깊고 통달한 사람이어야 하며, 또 반드시 대대로 맡아서 전담하여 다스리게 하였을 것이다. 그렇게 해야 해와 달의 운행을 관찰하여 해와 달을 맞이하고 보내는 의식을 거행할 수 있다. 심한 경우에는 분[分 : 춘분과 추분]·지[至 : 하지와 동지]·계[啓 : 입춘과 입하]·폐[閉 : 입추와 입동]에 대해 각각 전담하는 관서를 두었다.[32]【소호(少昊) 때이다.】 하(夏)·상(商) 대에 와서도 그 법은 그대로

32 심한 …… 두었다 : 『춘추좌씨전』 昭公 17년에 "玄鳥氏, 司分者也. 伯趙氏, 司

였다.【『상서정의』에 보인다.】 2000년을 내려오는 동안 역법을 점차 잘 알게 되었으므로, 주공(周公)이 관직을 제정할 때에는 풍상씨(馮相氏)와 보장씨(保章氏)만을 춘관태사(春官太史)에 소속시켜서 그 직무를 수행하게 한 것이다. 이는 지금의 흠천감(欽天監)이나 우리나라의 관상감(觀象監)과 같은 관직으로, 주인(疇人)의 자제들에게 맡기는데 그래도 대대로 맡겨서 전담하여 다스리게 하였을 뿐이다. 지금의 안목으로 요의 시대를 우러러보면 비록 설치한 관직이 매우 많은 것 같지만, 당시에는 천상(天象)은 멀고 은미하며 문명은 발달하지 않은 상태였으니, 성인의 개물창지(開物創智) 가운데 무엇이 이보다 더 중대하겠는가? 『주례』의 6관에, 열경의 직명 앞에 천지와 사시의 이름을 붙인 것은 허명(虛名)일 뿐이다. 요와 제곡 이전에는, 천관은 실제로 하늘에 관한 일을 담당하고 지관은 실제로 땅에 관한 일을 담당하였다. 예컨대 남정 중과 북정 여 같은 경우가 그러하다. 또 춘하추동의 관직은 실제로 춘하추동에 관한 일을 담당하였다. 이를테면 소호 시기 사조(四鳥)의 직책이 그것이다.【『춘추좌씨전』 소공 17년에 보인다.】 천지와 사시의 관직은 네 사람이 맡은 것이 아니다. 하물며 소호씨가 관직을 설치하면서 분·지·계·폐를 담당하는 사조씨(四鳥氏) 외에 엄연히 봉조씨(鳳鳥氏) 한 자리를 두어 역정(曆正)을 삼았으니,【두예(杜預)는, 사조를 역정(曆正)의 속관(屬官)이라고 하였다.】 이중(二仲)과 이숙(二叔) 외에 역정 두 사람이 있어 이 일을 총괄하였음이 분명하다. 고훈을 바꾸어서는 안 된다.

○사시를 맡은 관원 또한 역정의 명을 받아 그를 보좌하였다.

至者也. 靑鳥氏, 司啓者也. 丹鳥氏, 司閉者也."라고 하였다.

일중(日中)과 성조(星鳥)를 보고 분과 지를 살피는 것은 하늘에 관한 일이고, 동작[東作 : 봄갈이]과 서성[西成 : 가을걷이]을 기점으로 백성을 흩어 농사를 짓게 하거나 방안에서 따뜻하게 지내도록 분별하는 것은 땅에 관한 일이다.【소호는 단지 두 사람을 써서 분과 지의 일을 맡기고 또 두 사람을 써서 계와 폐의 일을 맡겼으니, 요의 제도와는 같지 않았다.】

考證《書大傳》云 : "舜巡四嶽, 祀泰山・霍山, 皆奏羲伯之樂, 華山・弘山, 奏和伯之樂。" ○《管子・五行篇》云 : "黃帝, 得蚩尤而明於天道, 得[교1)]大常而察於地利, 得奢龍而辨[교2)]於東方, 得祝融而辨於南方, 得大封而辨於西方, 得后土而辨於北方。黃帝, 得六相而天地治。【又以當時・廩者・土師・司徒・司馬及李, 爲蚩尤等, 六官。○李, 獄官】是故春者, 土師也。夏者, 司徒也。秋者, 司馬也。冬者, 李也。" ○《大戴禮・千乘篇》云 : "司徒司[교3)]春, 司馬司夏。" ○《漢書・魏相傳》云 : "欲以趙堯擧春, 李舜擧夏, 兒湯擧秋, 貢禹擧冬, 以順四時。" ○**案**《周禮》六官之標, 以天地・四時, 本無配搭之義, 與少皞四鳥・羲和六人之制不同。

교1) 得 : 신조선사본에는 빠져 있으나『管子』「五行」에 따라 보충한다.
교2) 案辨 : 이 이하 '辨於北方'까지 네 군데 '辨'이『관자』에는 모두 '辯'으로 되어 있다.
교3) 案司 :『大戴禮記』에는 '典'으로 되어 있다.

고증『상서대전』에 "순(舜)이 사악(四嶽)을 순시할 때 태산(泰山)과 곽산(霍山)의 제사에서는 모두 희백(羲伯)의 음악을 연주하고, 화산(華山)과 홍산(弘山)의 제사에서는 화백(和伯)의 음악을 연주하였다.”라고 하였다.

○『관자』「오행편(五行篇)」에 “황제(黃帝)는 치우(蚩尤)를 얻어 천도(天道)를 밝히고, 태상(大常)을 얻어 지리(地利)를 살피며, 사룡(奢龍)을 얻어 동방을 다스리고, 축융(祝融)을 얻어 남방을 다스리며, 대봉(大封)을 얻어 서방을 다스리고, 후토(后土)를 얻어 북방을 다스렸다. 황제는 여섯 재상을 얻어서 천하를 잘 다스렸다.【또 당시(當時)·늠자(廩者)·토사(土師)·사도(司徒)·사마(司馬) 및 이(李)로 치우 등을 임명하였으니 6관이다. ○이(李)는 옥관(獄官)이다.】 그러므로 봄을 맡은 관직이 토사이고, 여름을 맡은 관직이 사도이고, 가을을 맡은 관직이 사마이며, 겨울을 맡은 관직이 이이다.”라고 하였다.

○『대대례기』「천승편(千乘篇)」에 “사도는 봄을 맡고 사마는 여름을 맡는다.”라고 하였다.

○『한서』「위상전(魏相傳)」에 “조요(趙堯)가 봄의 일을 거행하게 하고,[33] 이순(李舜)이 여름의 일을 거행하게 하고, 예탕(兒湯)이 가을의 일을 거행하게 하고, 공우(貢禹)가 겨울의 일을 거행하게 하여, 사철의 일을 순조롭게 하려고 하였다.”라고 하였다.

○안 『주례』 6관의 표지에 본래 천지와 사시를 짝지어 붙일 의미는 없으니, 소호의 사조나 희·화 6인의 제도와는 다르기 때문이다.

---

33 봄의 …… 하고: 원문은 擧春이다. 이 ‘擧’에 대해 『한서』 주에서 應劭는 “四時各擧所施行政事.”라고 하고, 服虔은 “主一時衣服禮物朝祭百事也.”라고 하였으며, 顏師古는 “服說是也.”라고 하였다. 응소의 견해를 따르면 ‘擧春’은 ‘봄에 시행해야 할 정사를 거행하는 것’이 되고, 복건과 안사고의 견해를 따르면 ‘봄의 의복·예물·조회·제사 등 모든 일을 주관하는 것’이 된다. 이하 여름·가을·겨울에 관한 내용도 같다.

【欽若昊天】歐陽說云："春曰昊天，夏曰蒼天，秋曰旻天，冬曰上天。"【《爾雅》云："春爲[교1)]蒼天，夏爲[교2)]昊天。"】 ○古尙書說云："尊而君之則稱皇天，元氣廣大則稱昊天，仁覆閔下則稱旻天，自上降監則稱上天，據遠視之蒼蒼然則稱蒼天。"【見《五經異義》】 ○許愼云："謹案〈堯典〉，羲·和以昊天總勅四時，故知昊天不獨春也。《左傳》，夏四月，孔丘卒，稱曰'旻天不弔'，非秋也。" ○鄭駁云："春氣博施，故以廣大言之。夏氣高明，故以遠大言之。【評曰。夏氣不可云高明】 秋氣或生或殺，故以閔下言之。冬氣閉藏而淸察，故以監下言之。皇天者，至尊之號也。六藝之中，諸稱天者，以情所求之耳，非必於其時稱之。'浩浩旻[교3)]天'，求天之博施。'蒼天蒼天'，求天之高明。'旻天不弔'，求天之生殺，當得其宜。'上天同雲'，求天之所爲，當順其時也。此之求天，猶人之說事，各從其主耳。若察於是，則堯命羲·和'欽若昊天'，孔丘卒，稱'旻天不弔'，無可怪耳。"【〈王風·黍離〉疏】 ○**鏞案** 漢儒說經支離，相訟中無義理如此，然猶錄之者，哀眞經之亡也。《周禮·大宗伯》，禋祀上帝曰'昊天上帝'，昊天乃上帝之正號也。天地萬物，孰非帝有，而日·月·星·辰之運，分·至·啓·閉之度，尤是天縡之玄妙者。故命此羲·和之官曰'敬順上帝，恭修厥職也'。何爲是紛紛也？

교1) 爲 : 신조선사본에는 '曰'로 되어 있으나 『爾雅』「釋天」에 따라 바로잡는다.

교2) 爲 : 신조선사본에는 '曰'로 되어 있으나 『爾雅』「釋天」에 따라 바로잡는다.

교3) 案 旻 : 『시경』「小雅·雨無正」에는 '昊'로 되어 있다.

【欽若昊天】 구양생의 설에 "봄에는 호천(昊天), 여름에는 창천(蒼

天), 가을에는 민천(旻天), 겨울에는 상천(上天)이라고 한다."라고 하였다.【『이아』에 "봄에는 창천(蒼天), 여름에는 호천(昊天)이라고 한다."라고 하였다.】 ○고문상서가들의 설에 "높여서 임금으로 여긴다는 뜻일 때는 황천이라고 부르고, 원기가 광대하다는 뜻일 때는 호천이라고 부르고, 인으로 덮어주고 백성을 불쌍히 여긴다는 뜻일 때는 민천이라고 부르고, 위에서 굽어 살핀다는 뜻일 때는 상천이라고 부르며, 멀리 있어서 바라보면 아득하다는 뜻일 때는 창천이라고 부른다."라고 하였다.【『오경이의(五經異義)』에 보인다.】 ○허신이 말했다. "「요전」을 살펴보면, 희·화는 호천을 따라서 사시를 총괄하여 살핀 것이다. 그러므로 호천은 봄만을 가리키는 호칭이 아님을 알 수 있다. 『춘추좌씨전』에 '여름 4월에 공구가 졸하였다.[夏四月, 孔丘卒]'라는 기사에서 '민천이 나를 불쌍히 여기지 않았다.[旻天不弔]'라고 하였으니, 〈민천은〉 가을이 아니다." ○정현이 논박했다. "봄기운은 널리 퍼지기 때문에 '광대(廣大)'라고 말하였고, 여름기운은 높고 밝기 때문에 '원대(遠大)'라고 말하였고,【평왈. 여름기운을 높고 밝다고 할 수는 없다.】 가을기운은 살리기도 하고 죽이기도 하므로 '민하(閔下)'라고 말하였으며, 겨울기운은 만물을 가두고 분명히 살피기 때문에 '감하(監下)'라고 말한 것이다. 황천이란 지극히 존귀하다는 뜻의 호칭이다. 육예(六藝)[34] 가운데서 하늘을 일컬은 부분은 소망하는 바를 하늘에 구한 것일 뿐이지 꼭 계절에 따라 부른 것은 아니다. '호호호천(浩浩昊天)'[35]은 하늘이 널리 베풀어주기를

34 육예(六藝): 『시(詩)』, 『서(書)』, 『예(禮)』, 『악(樂)』, 『역(易)』, 『춘추(春秋)』의 육경을 말한다.

35 호호호천(浩浩昊天): 『시경』 「小雅·雨無正」의 구절이다.

바라는 것이고, '창천창천(蒼天蒼天)'[36]은 하늘이 높고 밝기를 바라는 것이고, 『춘추』의 '민천부조(旻天不弔)'는 하늘이 살리고 죽이는 것이 합당하기를 바란 것이며, '상천동운(上天同雲)'[37]은 하늘이 하는 일이 계절에 맞기를 바란 것이다. 이 구절들에서 하늘에 구한 것은 사람들이 일을 말할 때 각각 그 주안점을 따르는 것과 같을 뿐이다. 이런 점들을 살펴보면 요가 희・화에게 '흠약호천'을 명하고 공자가 졸하자 '민천부조'라고 한 것은 괴이할 것이 없다."【『시경』「왕풍(王風)・서리(黍離)」의 소에 보인다.】

○**용안** 한(漢)나라의 유자(儒者)들이 경전을 해설하면서 갈피를 잡지 못하여 쟁론한 내용이 이렇게 의미가 없었다. 그런데도 이것을 기록하는 이유는 진경(眞經)이 없어진 것을 애석하게 여겨서이다. 『주례』「대종백(大宗伯)」에, 상제에게 인사(禋祀)를 지내면서 '호천상제'라고 하였으니, 호천이 바로 상제의 바른 호칭이다. 천지 만물 중에 상제의 것이 아닌 게 무엇이 있겠는가마는 일・월・성・신의 운행과 분・지・계・폐의 도수는 하늘이 하는 일 중에서 더욱 현묘한 것이다. 그러므로 여기서 희・화를 관직에 임명하면서 '공경히 상제에게 순종하여 공손히 너의 직무를 수행하라.'라고 한 것이다. 어찌 그리도 분분하단 말인가?

【曆象日月星辰】鄭以星辰爲一。【見《正義》】 梅云:"星, 四方中星,【疏云:"二十八宿, 每月各有中者。"】 辰, 日月所會,【疏云:"十二次也。寅曰'析木', 卯曰'大火'。"】 曆・象, 其分節。" ○蔡云:"曆, 紀數之書, 象, 觀天之器,【如璣衡之屬】 衆[교1]

36 창천창천(蒼天蒼天):『시경』「小雅・巷伯」의 구절이다.

37 상천동운(上天同雲):『시경』「小雅・信南山」의 구절이다.

星爲經, 五星爲緯, 皆是也。" ○**鏞案** 二十八宿, 非必爲諸星之綱領, 亦不是四方之標識。大於此者有北斗, 闊於者此[교2)]有軒轅。特以赤道周天三百六十度,【今法也】 曠無界限, 無以指望。故取黃道左右之二十八星, 以爲日躔幾度之標識。所謂'角幾度'·'亢幾度'者, 是也。又以某星之昏中, 察節氣推遷,【但經星亦非恒定不動, 歲久則差, 不可準也】 則衆星非曆象家所用也。辰者, 何物? 或以十二次爲辰, 或以十二時爲辰, 或以大火心星爲辰, 或以五緯水星爲辰。【號曰'辰星'】 辰, 竟是何物? 若以十二次爲辰, 則舜之作服, 欲以日月星辰作繪, 十二次豈可繪之物耶? 〈太[교3)]宗伯〉以實柴祀日月星辰, 十二次是人所指目, 非有天神司之, 豈可祀者耶? 竊嘗疑, 辰者, 五星之總名, 不但水星之專名也。五緯之曜, 非月非星, 宜有本字, 因六書假借之法, 漸失原義耳。曆象之義, 蔡《傳》極是。【古訓無可考】

교1) 衆: 신조선사본에는 이 앞에 '星'이 더 있으나 蔡沈의 『書經集傳』「虞書·堯典」의 註釋에 따라 생략한다. 案'衆' 앞에 '星'이 더 있어야 한다. 채침의 『서집전』에도 '星'이 있다.

교2) 者此: 문맥상 '此者'가 옳은 듯하다.

교3) 案太: 『周禮』에는 '大'로 되어 있다.

【曆象日月星辰】 정현은 성신을 한 단어로 보았다.【『상서정의』에 보인다.】 매색이 말했다. "성(星)은 사방의 중성(中星)이고,【소에 "28수가 매달 각각 남중(南中)할 때가 있다."[38]라고 하였다.】 신(辰)은 해와 달이 만나는 곳이다.【소에 "12성차(星次)이다. 인(寅)에 해당하는 성차가 석목(析木)

38 28수가 …… 있다: 『상서정의』 소의 원문은 "'星四方中星者', 二十八宿, 布在四方, 隨天轉運, 更互在南方, 每月各有中者."이다.

이고, 묘(卯)에 해당하는 성차가 대화(大火)이다."라고 하였다.】 역(曆)과 상(象)은 그 분절(分節)이다." ○채침이 말했다. "역(曆)은 수(數)를 기록하는 책이고, 상(象)은 하늘을 관찰하는 기구이며,【선기옥형(璇璣玉衡) 같은 종류이다.】[39] 성(星)은 경성(經星)인 여러 별과 위성(緯星)인 오성(五星)이 모두 이것이다."

○용안 28수가 반드시 여러 별의 강령이 되는 것은 아니고 사방의 표지도 아니다. 이것보다 큰 별로는 북두성이 있고, 이것보다 넓게 펴져 있는 별로는 헌원성(軒轅星)이 있다. 다만 적도(赤道)의 주천(周天) 도수가 360도인데,【지금의 법이다.】 경계가 없이 틔어 있어서 보이는 것을 지칭할 수가 없기 때문에 황도(黃道) 좌우의 28성좌(星座)를 가져다가 태양이 몇 도를 움직였는지의 표지로 삼은 것일 뿐이다. 이른바 '각수(角宿) 몇 도', '항수(亢宿) 몇 도'라고 하는 것이 이것이다. 또 어떤 별이 해질 무렵에 남중(南中)하는지에 따라 절기의 변화를 관찰하였으니,【다만 경성(經星) 또한 언제나 한 자리에만 있으면서 움직이지 않는 것은 아니어서 세월이 오래 지나면 차이가 나니 기준으로 삼을 수는 없다.】 중성(衆星)은 역상가(曆象家)들이 이용하는 것이 아니다.

'신(辰)'이란 무엇인가? 혹자는 12성차(星次)를 '신'이라고 하고, 혹자는 12시각을 '신'이라고 하며, 혹자는 대화심성(大火心星)을 '신'이라고 하고, 혹자는 오위수성(五緯水星)을 '신'이라고 한다.【'신성'이라고 부른다.】 '신'이란 결국 무엇인가? 12성차를 '신'이라고 한

39 역(曆)은 …… 종류이다 : 『서집전』에 "曆, 所以紀數之書, 象, 所以觀天之器, 如下篇璣衡之屬, 是也."라고 하였다. 참고로 다산은 선기와 옥형을 도량형기인 자[尺]와 저울[衡]이라고 풀이하였다.

다면, 순이 옷을 만들면서 일월성신을 그리려고 하였는데[40] 12성차가 어찌 그릴 수 있는 물건이겠는가? 『주례』 「대종백(太宗伯)」에, '실시(實柴)로 일월성신에게 제사한다.'라고 하였는데 12성차는 사람이 지목한 것이지 천신(天神)이 있어 맡은 것이 아닌데 어찌 제사를 지낼 수 있겠는가?

나는 다음과 같이 의문을 품은 적이 있다. '신'이란 오성(五星)의 총칭이지 수성(水星)만을 지칭하는 고유명사는 아닐 것이다. 빛나는 오위(五緯)는 달도 아니고 별도 아니니 본래의 글자가 있었을 것인데, 육서(六書)의 가차(假借)하는 법 때문에 원래의 뜻을 점점 잃어버린 것일 뿐이다. 역상(曆象)의 의미에 대해서는 채침의 『서집전』의 풀이가 매우 옳다.【고훈은 상고할 수 없다.】

考異「堯本紀」: "敬順昊天, 數法日月星辰, 敬授民時."

고이 『사기』 「요본기」에는 "敬順昊天, 數法日月星辰, 敬授民時."로 되어 있다.

01. 요전상 - 04

分命羲仲, 宅嵎夷, 曰暘谷。寅賓出日, 平秩東作。日中星鳥, 以殷仲春。厥民析, 鳥獸孳尾。【鄭本, 嵎夷作禺銕。蔡邕石經, 宅皆作度, 一作庑】

40 순이 …… 하였는데 : 「고요모」(매색본의 「益稷」)에 "予欲觀古人之象, 日月星辰山龍華蟲, 作會."라고 하였다.

희중에게 나누어 명하여 우이에 머물게 하였다. 그곳을 양곡이라고 한다. 〈희중은〉 춘분에 뜨는 해를 공경히 맞이하고, 봄 농사의 순서를 고르게 정해준다. 또 낮과 밤의 길이가 같고 성조가 남중하니, 그것을 보고 중춘의 절기를 맞추어준다. 〈중춘이 되면〉 백성들은 흩어져서 살고, 조수는 교미하여 새끼를 낳는다.【정현본에는 '嵎夷'가 '禺銕'로 되어 있다. 채옹석경(蔡邕石經)[41]에는 '宅'이 모두 '度'으로 되어 있고, 어떤 곳에는 '厇'으로도 되어 있다.】

【分命羲仲】鄭云："仲·叔, 亦羲·和之子。堯旣分陰陽·四時, 又命四子, 爲之官。掌四時者, 字曰仲·叔, 則掌天地者, 其曰伯乎。"【見《周禮》賈序】 ○**鏞案** 羲·和六人, 未必是同父母親兄弟。雖遠兄弟, 亦可序之以伯·仲也。

【分命羲仲】 정현이 말했다. "중(仲)과 숙(叔)도 희·화의 아들이다. 요가 음양과 사시를 구분한 다음 다시 네 아들을 그 관직에 명한 것이다. 사시를 맡은 사람은 이름이 중과 숙이니 천지를 맡은 사람은 백(伯)이라고 하였을 것이다."【『주례주소』 가공언의 서에 보인다.】

○**용안** 희·화 여섯 사람이 반드시 같은 부모에게서 태어난 친형제인 것은 아니다. 비록 촌수가 먼 형제라도 역시 백·중으로 순서를 매길 수 있다.

41 채옹석경(蔡邕石經) : '熹平石經', '鴻都石經'이라고도 하며, 채옹이 글씨를 썼다. 후한 靈帝 熹平 4년(175) 議郞 채옹, 五官中郞將 堂谿典, 光祿大夫 楊賜, 諫議大夫 馬日磾, 議郞 張馴·韓說, 太史令 單颺 등의 건의로 『周易』, 『尙書』, 『魯詩』, 『儀禮』, 『春秋公羊傳』, 『論語』 등의 경전을 모두 46枚의 비석에 새겨서 太學의 문 앞에 세웠다. 원래의 비석은 대부분 무너지고 殘碑가 현재 낙양박물관, 西安의 碑林, 북경도서관 등에 보존되어 있다.

【宅嵎夷】馬云："嵎，海隅也。夷，萊夷也。"

【宅嵎夷】 마융이 말했다. "'우(嵎)'는 해우(海隅)이고, '이(夷)'는 내이(萊夷)이다."

考異 一本作嵎銕。【見《史》注】《史記》作郁夷,【〈堯本紀〉】緯書作禺銕。【《考靈耀》。鄭本同】《說文》作堣夷，亦作堣銕。薛本作堣夷。○《釋文》云："《尙書考靈耀》及《史記》，作禺銕，是鄭所改，乃依緯文。銕，古夷字也。"【案。今《史記》無禺銕。陸所見，是別本】

고이 어떤 본에는 '嵎銕'로 되어 있다.【『노사(路史)』의 주[42]에 보인다.】『사기』에는 '郁夷'[43]로 되어 있고,【「요본기」에 보인다.】 위서(緯書)에는 '禺銕'로 되어 있다.【『상서고령요』이다. 정현본도 같다.】『설문해자』에는 '堣夷'로 되어 있고 '堣銕'로도 되어 있다.[44] 설계선본에는 '堣夷'로 되어 있다.

○『경전석문』에 "『상서고령요』 및 『사기』에 '禺銕'로 되어 있는데, 이것은 정현이 고친 것으로 위서(緯書)의 글자를 따른 것이다. '銕'는 '夷'의 고자(古字)이다."라고 하였다.【안. 지금의 『사기』에는 '禺銕'가 없다. 육덕명이 본 책은 다른 본일 것이다.】

42 『노사(路史)』의 주:『路史』「國名紀3」'嵎夷'의 주에 '作禺鐵, 一作嵎銕'이라고 한 내용이 보인다.

43 郁夷:『史記正義』에 '郁, 音隅'라고 하였다.

44 『설문해자』에는 …… 있다:『설문해자』에 '堣'는 "堣夷, 在冀州陽谷. 立春日, 日值之而出. 從土禺聲. 『尙書』曰:'宅堣夷.' 噳俱切."이라고 설명하였는데 段玉裁의 주에 "堣夷, 逗. 在冀州暘谷. 暘各本作陽. 今正. 日部曰. 暘, 日出也. 引虞書曰暘谷. 則此當作暘可知也. 山部崵下曰. 首崵山在遼西. 一曰嵎銕, 崵谷也. 嵎銕崵三字皆與此異. 嵎當作禺. ……"라고 되어 있다.

考證 鄭玄〈月令〉注云: "《今尚書》曰, '分命羲仲, 宅嵎夷。'" 【孔疏云: "《今尚書》者, 膠東庸生所傳者, 謂之《古文》, 夏侯·歐陽所傳者, 謂之《今文》。鄭據而引之, 故云《今尚書》。"】 ○**鏞案** 嵎夷者, 《今文》字也。其在孔壁古文, 宜作堣夷,【《說文》之所本】 或作郁夷。【《史記》之所本】 今梅氏之本, 乃作嵎夷,【伏本字】 何得云孔壁眞本? 此又僞跡之破綻者。【馬·鄭雖主古文, 鄭之經字, 本不膠守, 其作禺銕, 不必爲大疵。梅則自以爲孔壁字, 安得如是?】

고증 정현의 『예기』「월령」의 주에 "『금상서(今尚書)』에 '분명희중택우이(分命羲仲, 宅嵎夷)'라고 하였다."라고 하였다.【공영달의 소에 "'『금상서』'란, 교동(膠東)의 용생(庸生)이 전한 것을 『고문(古文)』이라고 하고, 하후승과 구양생이 전한 것을 『금문(今文)』이라고 하는데, 정현이 이것들을 근거로 인용하였기 때문에 '『금상서』'라고 한 것이다."[45]라고 하였다.】

○**용안** '우이(嵎夷)'란 『금문상서』에 있는 글자이다. 그것이 공자 옛집의 벽 속에서 나온 『고문상서』에 있었다면 '堣夷'【『설문해자』가 근거한 것이다.】라고 쓰거나 '郁夷'【『사기』가 근거한 것이다.】라고 썼어야 한다. 그런데 지금 매색본에서는 '嵎夷'【복생본의 글자이다.】라고 썼는데 어떻게 공자 옛집의 벽 속에서 나온 진본(眞本)이라고 할 수 있겠는가? 이 또한 위조한 자취가 드러나는 부분이다.【마융과 정현은 비록 고문을 위주로 하였지만 정현은 본래 경전의 글자에 대해 자기 견해를 고집하지 않았으니, '禺銕(우이)'라고 쓴 것이 반드시 큰 잘못은 아니다. 매색은 스스로 공자 옛집의 벽 속에서 나온 본의 글자라고 하였지만 어찌 그럴 수 있겠는가?】

---

45 '『금상서』'란 …… 것이다: 『예기』 해당 부분 공영달 소의 전문은 다음과 같다. 『今尚書』者, 『尚書』有古有今, 壁裏所得, 膠東庸生所傳者, 謂之『古文尚書』, 晁錯所受伏生二十九篇, 夏侯歐陽所傳者, 謂之『今文尚書』. 鄭據而引之, 故云『今尚書』.

考訂 〈堯本紀〉: "居郁夷。"【〈夏本紀〉: "嵎夷既畧。"】 司馬貞《索隱》曰: "《今文尚書》及《帝命驗》, 竝作禺鐵。"【古夷字】 ○**案** 司馬貞所見《今文》, 又是別本。當以鄭玄〈月令〉註爲正。

고정 『사기』「요본기」에서 "우이(郁夷)에 살게 하였다."【「하본기」에서는 "우이(嵎夷)가 이미 다스려졌다."라고 하였다.】라고 하였는데, 사마정(司馬貞)의 『사기색은』에서 "『금문상서』와 『상서제명험(尙書帝命驗)』에는 모두 '禺鐵(우이)'로 되어 있다."【'鐵'는 夷의 고자이다.】라고 하였다.[46]

○**안** 사마정이 본 『금문상서』는 또 다른 본이었을 것이다. 정현의 「월령」 주에 있는 글자를 바른 것으로 보아야 한다.

考辨 梅云: "居治東方之官。"【案。宅嵎夷, 讀之如'宅百揆'】 ○王肅云: "皆居京師而統之,【謂四人】 亦有時述職。"【疏云: "居在帝都而遙統領之。"】 ○蔡云: "暘谷, 官次之名。蓋官在國都, 而測候之所在東表之地。" ○**議曰** 四宅之地, 有名, 有域, 有田可略,【〈禹貢〉靑州云: "嵎夷既略。"】 有邑可城。【〈大[교1)]雅〉云: "城彼朔方。"】 二仲・二叔, 身不往宅, 遙自統領, 食采者乎, 湯沐者乎? 〈胤征〉序云: "羲・和湎淫, 胤征之。" 既在京師, 何云往征? 既無城邑, 何事征伐? 當時九州之內, 都是諸侯, 王畿之外, 本無閒地。二仲・二叔, 將寄寓於諸侯之邦, 時來測候而去乎? 侯於殷曰'宅殷', 侯於魯曰'宅曲阜'。宅也者, 實居也。

○經曰: "歲二月, 東巡守, 至于東岳, 肆覲東后, 協時月正日。" 協時月

46 사마정(司馬貞)의 …… 하였다 : 『사기』「하본기」의 "海岱維靑州. 堣夷既略." 부분에 보인다. 이는 『상서』「우공」에 해당하는 내용이다.

正日, 非羲·和之事乎? 治曆明時, 非夫人之所能。則執五玉, 修五禮, 群后之所皆能, 而協時月正日者, 必是羲·和。所謂東后, 非卽羲仲爲首乎? 明明二仲·二叔, 奉瑞執贄, 朝于方岳, 以述其協時月正日之職。何云身居京師, 遙統領之? ○治曆明時之法, 協則全協, 差則全差。二羲不知秋冬, 二和不知春夏, 無是理也。何況嵎夷之民, 亦有西成, 柳谷之民, 豈無東作? 特以羲之述職, 每在東作之時, 和之述職, 必在西成之日, 故分職如是也。【其一字一句, 皆中情理, 眞可爲法於後世也】 若然, 東方諸侯, 其授時之政, 聽於羲仲, 西方諸侯, 其授時之政, 聽於和仲, 南北亦然。及其述職之時, 時有不協, 日有不正, 羲·和是罪, 餘不問焉, 非良法乎?

若然, 第一節羲·和二人, 明在京師, 治曆明時, 爲四方之極, 梅以爲都只四人, 可乎?

교1) 案大: 『시경』을 참고할 때 '小'로 되어야 한다.

고변 매색이 말했다. "동방을 다스리는 관직을 맡긴 것이다."【안. '택우이(宅嵎夷)'의 '宅'은 '택백규[宅百揆: 백관을 통솔하는 자리에 앉다]'의 '宅'과 같은 뜻으로 읽어야 한다.】

○왕숙(王肅)이 말했다. "모두 경사(京師)에 있으면서 그곳을 통솔하고,【네 사람을 말한다.】 또한 때때로 술직(述職)한 것이다."【소에서 "제도(帝都)에 있으면서 멀리서 통령(統領)한 것이다."라고 하였다.】

○채침이 말했다. "양곡은 관사(官舍)의 이름이다. 관사는 국도(國都)에 있지만 측후하는 곳은 동쪽 변방 지역에 있는 것이다."

○의왈 사택(四宅)의 땅에는 지명이 있고, 지역이 있고, 경략할 수

있는 전답이 있으며,【「우공(禹貢)」 청주(青州) 편에서 "우이가 이미 경략되었다."라고 하였다.】 성을 쌓을 수 있는 읍이 있었다.【『시경』 「소아」에 "저 삭방에 성을 쌓게 하였다.[城彼朔方]"[47]라고 하였다.】 희중과 화중, 희숙과 화숙이 직접 그곳에 가서 거주하지 않고 멀리서 통령하였다면, 그곳은 식채(食采)인가 탕목(湯沐)인가? 「윤정(胤征)」의 서(序)에 "희·화가 방탕하고 음란하였으므로 윤이 정벌하였다."라고 하였는데, 경사에 있는데 어떻게 가서 정벌하였다고 하며, 성읍이 없는데 무엇을 정벌하겠는가? 당시 9주 안에는 모두 제후를 세웠으므로 왕기(王畿) 밖에는 본래 빈 땅이 없었다. 희중과 화중, 희숙과 화숙은 임시로 제후의 나라에서 지내다가 때때로 와서 측후하고 간 것인가? 은(殷)나라에 제후로 봉해지면 '택은(宅殷)'이라고 하고, 노(魯)나라에 제후로 봉해지면 '택곡부(宅曲阜)'라고 한다. '택'이란 실제로 머무르는 것이다.

○『상서』 경문에 "2월에 동쪽을 순수하여 동악(東岳)[48]에 이르러 동후(東后)를 만나보고 사시와 달을 맞추어 날을 바로잡았다."라고 하였다. '사시와 달을 맞추어 날을 바로잡는 것[協時月正日]'이 희·화의 일이 아니겠는가? 역법을 다스리고 사시를 분명하게 하는 것은 보통 사람이 할 수 있는 일이 아니다. 〈제후들이〉 각자의 등급에 따른 서옥(瑞玉)을 잡고 각자의 등급에 따른 예를 닦는 것[49]은 여러 제후가 모두 할 수 있는 일이지만 협시월정일은 필시 희·화가 하

47 저 …… 하였다 : 『시경』 「小雅·出車」의 구절이다.
48 동악(東岳) : 『상서』 원문에는 '岱宗'이라고 되어 있다.
49 각자의 …… 것 : 五玉과 五禮에 대해서는 여러 풀이가 있는데, 여기서는 다산의 풀이에 따라 번역하였다. 이에 대한 것은 『상서고훈』 01.요전 상-20에서 자세히 다루었다.

였을 것이다. 동후라고 한 것은 희중이 〈그들의〉 우두머리이기 때문이 아니겠는가? 희중·화중과 희숙·화숙이 서옥(瑞玉)을 잡고 폐백을 갖추고서 그 지방의 악(岳)에서 조현(朝見)하여 각자가 맡은 지역의 협시월정일의 직무를 보고한 것이 분명하다. 어떻게 몸은 경사에 있으면서 멀리서 통령하였다고 하겠는가?

○역법을 다스리고 사시를 분명하게 하는 법은 맞으면 전부 맞고 틀리면 전부 틀린다. 희중과 희숙은 가을과 겨울을 모르고 화중과 화숙은 봄과 여름을 모르는 그런 이치는 없다. 더군다나 우이의 백성도 가을걷이를 하는데 유곡[柳谷 : 매곡]의 백성이라고 어찌 봄갈이를 하지 않겠는가? 다만 희의 술직은 매번 봄갈이를 할 때에 이루어졌고, 화의 술직은 반드시 가을걷이를 할 때에 이루어졌으므로 직임을 이렇게 나누었을 것이다.【글자 하나하나 구절 하나하나가 모두 인정과 사리에 맞으니 진실로 후세에 법이 될 만하다.】 그렇다면 동쪽 지방의 제후들은 수시(授時)의 정사에 대해 희중의 명을 받고, 서쪽 지방의 제후들은 수시의 정사에 대해 화중의 명을 받았으며, 남북의 제후들 역시 마찬가지였을 것이다. 술직할 때가 되어 사시가 맞지 않거나 날이 바르지 않은 경우가 있으면 희·화에게 죄를 묻고 나머지에게는 묻지 않으니 좋은 법이 아니겠는가?

그렇다면 제1절의 희·화 두 사람은 분명히 국도에 있으면서 역법을 다스리고 사시를 밝혀서 사방의 표준을 만든 것이다. 그런데 매색이 도합 네 사람뿐이라고 한 것이 옳겠는가?

【曰暘谷】馬云 : "暘谷, 海嵎夷之地名。"【梅云 : "日出於谷, 而天下明, 故稱暘谷。"】

○**案** 嵎夷地名, 暘谷·昧谷則以賓日餞日之所而得名, 非舊名也。

【曰暘谷】 마융이 말했다. “양곡은 해우에 있는 이(夷) 지역의 지명이다.”【매색이 말했다. “해가 골짜기에서 나오면 천하가 밝아진다. 그러므로 양곡이라고 부른다.”】

○**안** 우이는 지명이다. 그러나 양곡·매곡(昧谷)은 해를 맞이하고 해를 전송하는 곳이기 때문에 그런 이름을 얻은 것이지 본래의 지명이 아니다.

考異 《史記》或作湯谷, 或作陽谷。【《索隱》云】《說文》作暘谷。

고이 『사기』에는 ‘湯谷’으로 되어 있는 곳도 있고, ‘陽谷’으로 되어 있는 곳도 있다.【『사기색은』에서 말한 것이다.】[50] 『설문해자』에는 ‘暘谷’으로 되어 있다.

【寅賓出日】馬云:“賓, 從也。” ○鄭云:“寅賓出日, 謂春分朝日。寅餞納日, 謂秋分夕月。” ○蔡云:“禮接之如賓客, 亦帝嚳曆日月而迎送之意。” ○**鏞案** 鄭以寅賓·寅餞爲朝日·夕月。然堯有餞日, 未有夕月, 唐·虞·三代, 禮相變也。《呂氏》月令, 有迎春·迎夏·迎秋·迎冬之法, 皆以孟月。此賓日·餞日, 必用二分之日, 卽少皞司分, 帝嚳曆日月迎送之遺法也。朝日·夕月之禮, 散見於〈覲禮〉·〈典瑞〉·〈祭義〉·〈祭法〉·〈玉藻〉·〈禮器〉等注疏, 今竝略之。【詳余秋夕說】

50 『사기』에는 …… 것이다: 『사기』 권1 「五帝本紀」의 “分命羲仲, 居郁夷, 曰暘谷” 구의 『索隱』에는 “舊本作湯谷, 今並依尙書字. 案, 淮南子曰‘日出湯谷, 浴於咸池’, 則湯谷亦有他證明矣.”라고 되어 있고, 『正義』에는 “郁音隅. 陽或作暘. 禹貢靑州云‘嵎夷旣略’. 案, 嵎夷, 靑州也. 堯命羲仲理東方靑州嵎夷之地, 日所出處, 名曰陽明之谷. 羲仲主東方之官, 若周禮春官卿.”이라고 되어 있다.

【寅賓出日】 마융이 말했다. "빈(賓)은 종[從 : 따르다]의 뜻이다." ○정현이 말했다. "인빈출일(寅賓出日)은 춘분 아침에 해를 맞이하는 것을 말한다. 인전납일(寅餞納日)은 추분 저녁에 달을 맞이하는 것을 말한다." ○채침이 말했다. "손님을 맞이하듯이 예를 갖추어 접대하는 것으로, 또한 제곡이 해와 달의 운행을 책력에 기록하여 맞이하고 보냈다는 뜻이다."

○용안 정현은 인빈과 인전을 조일(朝日)과 석월(夕月)이라고 하였다. 그러나 요가 해를 전송한 기록은 있지만 저녁에 달을 맞이하였다는 기록은 없으니, 당(唐)·우(虞)·삼대(三代)에 예가 서로 변한 것이다. 『여씨춘추(呂氏春秋)』의 월령(月令)[51]을 살펴보면 봄·여름·가을·겨울을 맞이하는 법을 모두 각 계절의 첫 달[孟月]에 두었다. 이는 빈일과 전일은 반드시 춘분과 추분 날에 한 것으로, 곧 소호의 사분(司分)과 제곡의 역일월영송(曆日月迎送)의 유법(遺法)이다. 조일과 석월의 예는 『의례』의 「근례(覲禮)」, 『주례』의 「전서(典瑞)」, 『예기』의 「제의(祭義)」·「제법(祭法)」·「옥조(玉藻)」·「예기(禮器)」 등의 주소에서 산견(散見)되는데, 지금은 모두 생략한다. 【나의 추석(秋夕)에 관한 설[52]에 자세하다.】

51 『여씨춘추(呂氏春秋)』의 월령(月令) : 『呂氏春秋』의 12紀 61篇을 말한다. 『여씨춘추』는 전국시대 呂不韋가 빈객의 손을 빌려 찬술한 책으로, 12紀 8覽 6論 도합 160篇으로 이루어져 있다. 그 중 紀 부분은 사계절을 孟·仲·季로 나누어 孟春부터 季冬까지 12기로 되어 있는데, 『예기』「月令」의 내용을 12개월로 나누어 편집하고 각 편의 끝에 자기 글을 붙여놓은 것이다.

52 나의 …… 설 : 『與猶堂全書補遺』「餛飩錄4·秋夕」에 실려 있다. 여기서 "추석이란 추분의 저녁을 말하는 것으로, 그때 달을 맞이하는 예를 행하기 때문에 추석이라고 부른 것이다.[秋夕者, 謂秋分之夕, 以其行夕月之禮, 故謂秋夕也]"라고 하고, 「제의(祭義)」 등의 근거 자료를 소개하였다.

考訂 蔡云："蓋以春分之,[교1] 朝方出之日，而識其初出之景。"【朱子曰："是推測日出時候，如土圭之法。"】○**訂曰**《周禮》土圭之法與羲氏賓餞之禮，義例各殊。土圭者，以洛陽爲中表，四面各走千里，以立四表，測其日景，《周禮・大司徒》之文可考也。北極出地二百五十里，差一度，而南表・北表之間，爲二千里，則北極出地，差八度矣。南表景短，北表景長，不亦宜乎?【赤道之下，春分日在人頂，則日中無景。夏至嵲之下，夏至日在人頂，則日中無景。無景者，極短而至於無也。自此而北，日中之景，彌北彌長】地球之周九萬里，一日之漏九十六刻，則日出入時刻，每經千里，差一刻有奇也。東表景夕,【中表日午之時，東表之景已向夕】西表景朝,【中表日午之時，西表之景尙如朝】不亦宜乎？但此土圭之法，不唯洛陽爲然。凡與洛陽南北同度者,【緯度同】其南表景短，北表景長，皆如洛陽。至於景夕景朝之說，此是古人疎處。天下萬國，皆以日到人頂爲正午，朝鮮・日本與身毒・大秦，無以異也。若如土圭之說，則日本之人，午前甚短，大秦之人，午後甚短，理也哉？大[교2)]下萬國，其午前午後，莫不均平，此地員之確證也。今也，立中表於洛陽之中，而遽以洛陽爲天地所合，陰陽所和之地，可乎？總之，寅賓・寅餞，與土圭之法，無涉也。○且如註說，必於春分之朝，識其方出之景，又於秋分之夕，識其方納之日，則是其意欲以日景執定眞正之春・秋分也。故一人於暘谷，候其初出，一人於昧谷，候其沒入。蓋欲早見其出，晩見其入，以求是日日出入之眞刻分也。然欲得眞刻分，須於一處一臺之上，竝候出入，二人分候東西，則其刻分賸得若干。帝堯聰明文思，豈不慮及於斯？假如暘谷・昧谷，相距四千里，則羲仲於出日，加得四刻有奇，和仲於納日，加得四刻有奇，以其所賸，執之爲太陽實行之度，則所差鴻巨。羲・和世掌天官，豈蒙昧如是哉?

교1) 图之 : 『서집전』에는 뒤에 '旦'이 더 있다.
교2) 大 : 문맥상 '天'이 옳은 듯하다.

고정 채침이 말했다. "춘분 아침에 막 나오는 해에 배례하고 처음 나오는 그림자를 기록하는 것이다."【주자가 말했다. "이는 해가 뜨는 시후(時候)를 추측하는 것으로 토규(土圭)의 법과 같다."[53]】

○**정왈** 『주례』 토규(土圭)의 법과 희씨의 빈일·전일하는 예는 의례(義例)가 각기 다르다. '토규'란 낙양(洛陽)을 중표(中表)로 하여 사방으로 각 1000리를 가서 사방의 표지를 세우고 그곳의 해 그림자를 측정하는 것으로, 『주례』「대사도(大司徒)」의 글에서 상고할 수 있다. 북극출지(北極出地)[54]는 250리마다 1도의 차이가 나는데, 남표와 북표 사이가 2000리이니 북극출지는 8도의 차이가 나게 된다. 남표의 해 그림자가 짧고 북표의 해 그림자가 긴 것이 당연하지 않겠는가?【적도(赤道) 아래에서는 춘분날 해가 사람의 머리 위에 있으면 해가 남중하여 그림자가 없다. 하지얼(夏至嵲)[55] 아래에서는 하짓날 해가 사람의 머리 위에 있으면 해가 남중하여 그림자가 없다. 그림자가 없다는 것은 지극히 짧아서 거의 없다는 말이다. 여기에서 북쪽으로 가면 해가 남중할 때의 그림자는 북으로 갈수록 더욱 길어진다.】 지구의 둘레는 9만 리이고 하루의 시간은 96각이니 해가 나오고 들어가는 시각은 1000리를 갈

53 이는 …… 같다 : 『朱子語類』 권78 「尙書1 · 堯典」에 보인다.
54 북극출지(北極出地) : 北極高度라고도 한다. 지면에서 북극성을 바라본 각도, 즉 북극성에서 오는 별빛과 지면이 이루는 각도를 말하는데, 오늘날 위도의 개념과 비슷하다.
55 하지얼(夏至嵲) : 대구(對句)를 이루는 "赤道之下, 春分日在人頂, 則日中無景. 夏至嵲之下, 夏至日在人頂, 則日中無景."의 원문 구조로 보아 '赤道'와 대비되는 어떤 지점을 말하는 듯하다.

때마다 1각 남짓의 차이가 난다. 동표의 해질녘[景夕]이【중표에서 정오일 때에 동표에서는 이미 해가 저물어간다.】 서표에서는 아침녘[景朝]이 되는 것【중표에서 정오일 때 서표에서는 해가 아직 아침 같다.】 또한 당연하지 않은가? 다만 이 토규의 법은 낙양만 그러한 것이 아니다. 낙양과 남북의 도수가 같은 모든 지역은【위도가 같은 곳】 모두 낙양에서와 같이 남표의 해 그림자가 짧고 북표의 해 그림자가 길다. 경석(景夕)·경조(景朝)의 설은 고인들이 자세히 모르고 한 말이다. 천하의 모든 나라에서 해가 사람의 머리 위에 올 때를 정오로 삼으니, 조선·일본과 신독[身毒: 인도]·대진[大秦: 로마제국]이 다르지 않다. 만약 토규의 설과 같다면 일본 사람들에게는 오전이 매우 짧고 대진 사람들에게는 오후가 매우 짧을 것이니, 이치에 맞는다고 할 수 있겠는가? 천하의 모든 나라에서 모두 오전과 오후의 길이가 같으니, 이는 지구가 둥글다는 확실한 증거이다. 지금 낙양에 중표를 세웠다고 해서 대뜸 낙양을 하늘과 땅이 만나는 곳이고 음과 양이 화합하는 곳이라고 할 수 있겠는가. 종합하면 인빈과 인전은 토규의 법과는 관계가 없는 것이다.

○또 주석의 설과 같이 반드시 춘분 아침에 막 떠오르는 해의 그림자를 기록하고 또 추분 저녁에 들어가는 해를 기록하였다면, 그 의도는 해 그림자를 가지고 진정한 춘분과 추분을 확정하고자 해서였을 것이다. 그러므로 한 사람은 양곡에서 해가 처음 뜨는 때를 관측하고, 한 사람은 매곡에서 해가 지는 때를 관측한 것이다. 그것은 대체로 아침에 해가 뜨는 것과 저녁에 해가 지는 것을 보아서 매일 해가 뜨는 시각과 해가 지는 시각을 정확히 알고자 해서였을 것이다. 그러나 정확한 시각을 알고 싶다면 모름지기 한 곳의 한 대(臺) 위에서 일출과 일몰을 모두 관측해야 한다. 두 사람이

동과 서에서 나누어 관측하면 그 시각에는 약간의 나머지가 생기게 된다. '총명하며 문채 나고 생각이 깊은' 제요가 어찌 이런 문제에 생각이 미치지 않았겠는가. 가령 양곡과 매곡의 거리가 4000리라면 희중은 해가 뜨는 시각에 4각 남짓을 얻을 수 있고 화중은 해가 지는 시각에 4각 남짓을 얻을 수 있는데, 그 잉여분을 태양의 실제 운행도수로 잡는다면 차이는 매우 커진다. 희와 화는 대대로 천관을 맡았는데 어찌 그토록 몽매하였겠는가?

【平秩東作】梅云："平均次序東作之事。"【《正義》云："鄭以作爲生, 計秋言西成, 宜言東生。"】 ○蔡云："以曆之節氣早晩, 均次其先後之宜, 以授有司。"

【平秩東作】 매색이 말했다. "동작의 일을 고르게 순서 짓는다는 말이다." 【『상서정의』에 "정현은 작(作)을 생(生)의 뜻으로 보았는데, 가을걷이[計秋]를 서성(西成)이라고 말하니 동생(東生)이라고 말해야 한다."라고 하였다.】 ○채침이 말했다. "책력에 있는 절기의 조만에 따라 먼저 할 일과 뒤에 할 일을 고르게 차례 매겨서 유사에게 알려준 것이다."

考異 平秩, 伏氏《今文》皆作辨秩。【《書大傳》】《史記》皆作便程。【四章同】《說文》皆作平豒。【許云："爵之次第也。" ○古秩字】 馬本皆作苹秩。【馬云："華使也。"】 鄭玄《周禮》注皆作辨秩。【〈春官 · 馮相氏〉】 ○**鏞案** 字體變化, 相遠如此。【趙岐《孟子》注作平秩 ○〈萬章〉篇】

고이 平秩이 복생의 『금문상서』에는 모두 '辨秩'로 되어 있다.【『상서대전』에 보인다.】
『사기』에는 모두 '便程'으로 되어 있다.【4장이 같다.[56]】

『설문해자』에는 모두 '平䄸'로 되어 있다.【허신은 "작(爵)의 차례이다."라고 하였다. ○〈䄸은〉 秩의 고자이다.】
마융본에는 모두 '苹秩'로 되어 있다.【마융은 "화사[華使 : 높은 관리]이다."라고 하였다.】
정현의 『주례』 주에는 모두 '辨秩'로 되어 있다.【「춘관(春官) · 풍상씨(馮相氏)」에 보인다.】

○**용안** 글자체가 이렇게 많이 바뀌었다.【조기(趙岐)의 『맹자』 주에는 '平秩'로 되어 있다. ○「만장(萬章)」 편에 보인다.】

【日中星鳥】馬云 : "古制刻漏, 晝夜百刻。晝長六十刻, 夜短四十刻。晝短四十刻, 夜長六十刻。晝中五十刻, 夜亦五十刻。" ○鄭云 : "'日中'者, 日見之漏與不見者齊。'日長'者, 日見之漏五十五刻, 於四時最長也。'夜中'者, 日不見之漏與見者齊。'日短'者, 日見之漏四十五刻, 於四時最短也。"【《周禮 · 挈壺氏》疏, 又見〈齊風 · 東方未교1)明〉疏】 ○王肅難云 : "知日見之漏, 減晝漏五刻, 不意馬融爲傳, 已減之矣。因馬融所減而又減之。故日長爲五十五刻, 因以冬至反之, 取其夏至夜刻, 以爲冬至晝短, 此其所以誤耳。" ○**鏞案** 三家聚訟, 而皆於日夜長短之本理, 闇然黮昧, 何以明矣? 春 · 秋分, 太陽交赤道, 日輪旋於天腹, 則普天率土, 北自北極之下, 南至南極之下, 悉皆晝夜刻平分。至於冬 · 夏至, 日夜長短之

56 4장이 같다 : 4장은 『상서고훈』 체재에 따른 4개의 장으로, 이 부분과 다음의 "申命羲叔 …… 平秩南訛" "分命和仲 …… 平秩西成" "申命和叔 …… 平在朔易" 부분을 말한다. 이들 부분이 『사기』 「오제본기」에는 "分命羲仲 …… 便程東作" "申命羲叔 …… 便程南爲" "申命和仲 …… 便程西成" "申命和叔 …… 便在伏物"로 되어 있다.

差, 專係本地方緯度南北, 其差或相倍蓰。蓋日躔冬至線夏至線, 其距赤道, 皆不過二十三度半。故地在兩線之內者, 其差極微。自線以外彌南彌北而其差彌遠, 至於二極圈內之地一朞, 遂爲一晝一夜。《周髀經》云'北極之下, 有朝生夕死之草', 謂半年爲朝, 半年爲夕也。【南極之下, 亦然】《漢書》云'骨利幹國, 煮羊, 胛未熟, 日已還出'者, 正是春分之後, 或是秋分之前, 不足怪也。

據大統曆, 應天府,【卽南京】 夏至晝長五十九刻, 夜四十一刻。【此時猶一日分百刻】 靑州府,【山東省】 夏至晝六十一刻, 夜三十九刻。【洪武間所定】 靑州・南京, 相距緯度之差, 未甚懸遠, 而夏至晝夜之差已如此。【丘[교2)]文肅以爲'此法從古所無, 郭世[교3)]敬始得之'】 乃馬・鄭・王三家, 不問地緯之南北, 膠定日晷之長短, 欲以公施於普天, 不亦疎哉?【吾東之曆, 咸興府, 夏至晝五十九刻十三分, 全州府, 夏至晝五十七刻七分】

교1) 未 : 신조선사본에는 '末'로 되어 있으나 篇名이므로 바로잡는다.
교2) 案丘 : '岳'의 誤記인 듯하다.
교3) 案世 : '守'의 誤記인 듯하다.

【日中星鳥】 마융이 말했다. "옛날 제도의 물시계는 밤과 낮을 합쳐 100각으로 되어 있었다. 낮이 길어서 60각이 되면 밤은 짧아서 40각이 되고, 낮이 짧아서 40각이 되면 밤은 길어서 60각이 되며, 낮이 절반으로 50각이면 밤도 50각이 된다." ○정현이 말했다. "'일중(日中)'이란 해가 보이는 시간이 보이지 않는 시간과 같은 때이다. '일장(日長)'이란 해가 보이는 시간이 55각으로 사계절 중 가장 긴 때이다. '야중(夜中)'이란 해가 보이지 않는 시간이 보이는 시간과 같은 때이다. '일단(日短)'이란 해가 보이는 시간이 45각으로 사계

절 중 가장 짧은 때이다."【『주례』「설호씨(挈壺氏)」의 소에 보이고, 『시경』「제풍(齊風)·동방미명(東方未明)」의 소에도 보인다.】 ○왕숙이 논란했다. "해가 보이는 시간에서 낮 시간 5각을 줄이는 것만 알고, 마융이 전(傳)을 내면서 이미 줄였다는 사실은 생각하지 않았다. 그 때문에 마융이 줄인 것을 또 줄였다. 그러므로 '일장'을 55각으로 하고 인하여 동지는 그와 반대로 하여 하지의 밤 시간을 가져다가 동지의 낮 시간이 짧다고 한 것이다. 이 때문에 오류가 생긴 것이다."

○**용안** 세 사람이 분분하게 쟁론하였지만 모두 밤과 낮의 시간이 길어지고 짧아지는 본래의 이치에 전혀 어두웠으니 어떻게 밝히겠는가? 춘분과 추분에는 태양이 적도와 만나므로 태양의 궤도가 하늘의 복판을 돌게 되어, 온 천하 북극 아래에서 남극 아래까지 모든 곳에서 밤과 낮의 시간이 같아진다. 동지와 하지에 밤낮의 길이 차이는 전적으로 그 지방의 남북의 위도에 달렸으므로 그 차이가 몇 배가 되기도 한다. 대체로 해는 동지선[冬至線 : 남회귀선. 남위 23도 27분]과 하지선[夏至線 : 북회귀선. 북위 23도 27분]을 따라 도는데 적도와의 거리는 모두 23도 반에 지나지 않는다. 그러므로 동지선과 하지선 사이에 있는 지방에서는 밤낮의 길이 차이가 극히 미미하다. 이 선을 벗어나면 남쪽이나 북쪽으로 갈수록 그 차이는 더 커져서, 북극권과 남극권에 있는 지역에서는 한 바퀴를 돌면 드디어 하루 종일 낮이 되거나 하루 종일 밤이 되는 것이다. 『주비경(周髀經)』에 '북극 아래에 아침에 났다가 저녁에 죽는 풀이 있다.'라고 하였는데, 반년 동안이 아침이고 반년 동안이 저녁이라는 말이다.【남극 아래에서도 그러하다.】 『한서』에, '골리간국(骨利幹國)에서는 양을 삶으면 갑[胛 : 어깨뼈]이 익기도 전에 해가 이미 다시 뜬다.'라고 하였는데,

정확히 춘분 이후거나 추분 이전이라면 괴이할 것이 없다.

대통력(大統曆)에 근거하면, 응천부(應天府)【즉 남경(南京)이다.】에서는 하짓날 낮의 길이가 59각, 밤은 41각이다.【이때는 아직 하루를 100각으로 나누었다.】 청주부(青州府)【산동성(山東省)이다.】에서는 하짓날 낮의 길이가 61각, 밤은 39각이다.【홍무[洪武: 명 태조(明太祖) 주원장(朱元璋)의 연호. 1368~1398] 연간에 정한 것이다.】 청주와 남경은 위도 차이가 그리 크지도 않은데 하짓날 밤낮의 차이가 이미 이런 정도이다.【악문숙(岳文肅)이 말했다. '이 법은 옛날에 없었던 것인데 곽수경(郭守敬)이 처음으로 밝혔다.'[57]】 그런데 마융·정현·왕숙 세 사람은 남북의 위도는 따지지 않은 채 해의 그림자 길이를 고정시켜놓고 천하에 공공연히 적용하려고 했으니 또한 허술하지 않은가?【우리나라의 책력으로는 함흥부에서는 하짓날 낮의 길이가 59각 13분이고, 전주부에서는 하짓날 날의 길이가 57각 7분이다.】

考訂 《書大傳》云: "主春者張, 昏中可以種穀。主夏者火, 昏中可以種黍。主秋者虛, 昏中可以種麥。主冬者昴, 昏中可以收斂。"【皆云'上告天子, 下賦臣人'。天子南面, 而視四方星之中, 知人緩急, 故曰'敬授人時'】 ○馬·鄭以爲星鳥·星火, 謂正在南方。春分之昏, 七星中,【朱鳥七星】 仲夏之昏, 心星中,【大火星】 秋分之昏, 虛星中, 冬至之昏, 昴星中。【《正義》云: "皆擧正中之星, 不爲一方。"교1)】 ○鄭以南方七宿, 總爲鳥星。井·鬼교2)則鳥星之分, 故云

57 악문숙(岳文肅)이 …… 밝혔다: 악문숙은 1606년 중국에 들어와 활동한 이탈리아 출신 선교사 사바틴 데 우루시스[Sabbathin de Ursis: 1575~1620. 중국명 熊三拔]를 말한다. 그가 지은 天文曆算書인 『簡平儀說』에 이 내용이 보인다.

星鳥。【〈月令〉疏】 ○王肅亦以星鳥之屬爲昏中之星。【又以所宅爲孟月, 日中·日永爲仲月, 星鳥·星火爲季月】 ○**鏞案** 星之伏見昏朝, 古今不同, 由於日躔所在之宿, 驗諸分·至, 歲有差移。大約七十年幾差一度, 踰二千年差至一宮。【三十度】 唐·虞之時, 春分日在胃·昴之間, 故鳥中。降及夏啓之時, 星移已近二度,【百四十年】 下至秦始皇之時, 星差已及一宮,【自堯元年甲辰, 至秦王政十年甲子, 爲二千一百四十年】 則〈堯典〉·〈夏小正〉, 何以與《呂氏月令》合矣? 乃王肅諸人, 不知此理, 欲以孟月·季月之說, 强相牽合, 此古人踈處。【經星之行, 歷二萬七千三百九十三年, 一周天云】

교1) 㮣方 : 『상서정의』에는 뒤에 '盡見'이 더 있다.
교2) 㮣井·鬼 : 『예기정의』에는 '井星'으로 되어 있다.

고정 『상서대전』에 "봄을 주관하는 별은 장성(張星)이다. 장성이 혼중(昏中)하면 곡[穀 : 직(稷)]을 심어야 한다. 여름을 주관하는 별은 화성(火星)이다. 화성이 혼중하면 서[黍 : 기장]를 심어야 한다. 가을을 주관하는 별은 허성(虛星)이다. 허성이 혼중하면 맥[麥 : 보리]을 심어야 한다. 겨울을 주관하는 별은 묘성(昴星)이다. 묘성이 혼중하면 작물을 거두어들여야 한다."라고 하였다.【모두 '위로 천자에게 고하고 아래로 신민에게 세금을 거둔다.'는 말이다. 천자는 남면하여 사방의 별이 혼중하는 것을 살펴서 인사(人事)의 완급을 알아보기 때문에 경수인시(敬授人時)라고 한 것이다.[58]】
○마융과 정현은 "성조(星鳥)와 성화(星火)가 남방에 있다는 말이다. 춘분 저녁에는 칠성(七星)【주조칠성(朱鳥七星)이다.】이 남중하고,

58 모두 …… 것이다 : 魏了翁의 『尙書要義』 卷1에 보인다.

중하(仲夏)의 저녁에는 심성(心星)【대화성(大火星)이다.】이 남중하고, 추분 저녁에는 허성(虛星)이 남중하며, 동지 저녁에는 묘성(昴星)이 남중한다."라고 하였다.【『상서정의』에 "모두 남중하는 별을 제시한 것이지 한 방향에서 모두 보인다는 말은 아니다."라고 하였다.】

○정현은, 남방칠수(南方七宿)가 모두 조성(鳥星)이 되는데, 정성(井星)과 귀성(鬼星)[59]은 조성(鳥星)의 분야이므로 성조(星鳥)라고 하였다고 본 것이다.【『예기』「월령(月令)」의 소에 보인다.】

○왕숙도 성조에 속한 별들이 혼중하는 별이라고 보았다.【또 소택(所宅)은 맹월(孟月)의 일로, 일중·일영은 중월(仲月)의 일로, 성조·성화는 계월(季月)의 일로 보았다.】

○용안 저녁과 아침에 볼 수 있는 별이 옛날과 지금이 다른 것은, 태양의 궤도에 있는 별자리를 춘분·추분과 하지·동지에 징험해 보면 매년 조금씩 옮겨가기 때문이다. 대략 70년마다 약 1도의 차이가 나니 2000년이 지나면 차이는 1궁(宮)에 이른다.【30도이다.】 당·우 때에는 춘분날에 해가 위성(胃星)과 묘성(昴星) 사이에 있었으므로 조수(鳥宿)가 남중하였다. 하계(夏啓) 때【140년이다.】로 내려오면 별자리가 벌써 2도 가까이 이동하였고, 진시황 때【요 원년인 갑진년부터 진왕 정[秦王政 : 훗날의 진시황] 10년 갑자년까지는 2140년이다.】로 내려와서는 별자리의 차이는 이미 1궁에 이르렀다. 그러니 『상서』「요전」과 『대대례기』「하소정(夏小正)」의 기록이 어떻게 『여씨춘추』의 월령과 맞겠는가? 그런데 왕숙 등 여러 사람은 이런 이치

59 정성(井星)과 귀성(鬼星) : 원문의 '井·鬼'가 『예기정의』에는 '井星'으로 되어 있는데, 둘 모두 28수 중 南方朱雀에 속하는 별자리이므로 저본대로 번역하였다.

를 모르고 맹월이니 계월이니 하는 주장을 내세워 억지로 끌어다 붙이려고 하였다. 이것은 옛사람들이 자세히 몰랐던 점이다.【경성(經星)의 운행은 2만 7393년이 걸려야 하늘을 한 바퀴 돈다고 한다.】

【以殷至孳尾】馬·鄭云: "殷, 中也。"【蔡訓同】 梅云: "殷, 正也。" ○蔡云: "析, 分散也。【梅云: "春事起, 老壯分析。"】 乳化曰孳, 交接曰尾。"

【以殷 …… 孳尾】 마융과 정현은 "'은(殷)'은 중(中)의 뜻이다."라고 하였다.【채침의 풀이도 같다.】 매색이 말했다. "'은'은 정(正)의 뜻이다." ○채침이 말했다. "'석(析)'은 분산(分散)의 뜻이다.【매색이 말했다. "봄 농사가 시작되면 노인과 젊은이가 흩어진다."】 새끼 치는 것[乳化]을 자(孳)라고 하고, 교접(交接)을 미(尾)라고 한다."

考異 〈堯本紀〉: "分命羲仲, 居郁夷, 曰暘谷。敬道日出, 便程東作。日中星鳥, 以殷中春。其民析, 鳥獸字微。" ○**案** 敬道, 不足以盡寅賓之意。

고이 『사기』「요본기」에는 "分命羲仲, 居郁夷, 曰暘谷. 敬道日出, 便程東作. 日中星鳥, 以殷中春. 其民析, 鳥獸字微."로 되어 있다.

○**안** 경도(敬道)라고 하면 인빈(寅賓)의 의미를 다 드러낼 수 없다.

01. 요전상 - 05

羲叔, 宅南交。平秩南訛, 敬致。日永星火, 以正仲夏。厥民因, 鳥獸希革。【鄭本, 訛作譌。司馬貞云: "孔强讀爲訛。" 薛本作僞】

거듭 희숙에게 명하여 남교에 머물게 하였다. 〈희숙은〉 여름철에 할 일의 순서를 고르게 정해주고, 하지의 해를 공경히 맞이한다. 해가 길어지고 성화가 남중하니, 그것을 보고 중하의 절기를 맞추어준다. 〈중하가 되면〉 백성들은 더욱 흩어져 살고, 조수는 털이 성기어져 가죽이 드러난다.【정현본에는 '訛'가 '譌'로 되어 있다. 사마정(司馬貞)은 "공안국이 억지로 訛(와)로 읽었다."라고 하였다. 설계선본에는 '僞'로 되어 있다.】

梅云 : "南交, 言夏與春交, 擧一隅以見之。"【疏云 : "東方之南, 南方之東, 位相交。"】 蔡云 : "南方交趾之地。" ○梅云 : "訛, 化也。"【平敍南方化育之事】○蔡云 : "敬致, 《周禮》所謂'冬夏致日'。蓋以夏至之日中, 祠日而識其景。【所謂日至之景, 尺有五寸】 正者, 夏至陽之極, 午爲正陽位也。" ○蔡云 : "因, 析而又析。"【氣愈熱, 民愈散處】 ○鄭云 : "夏時, 鳥獸毛疏皮見。" **○鏞案** 梅註, 南交之解奇矣。如注疏之說, 則羲仲宅於巽方而可乎? **○辨曰** 羲·和四宅, 皆在九州之內。嵎夷在靑州,【據〈禹貢〉】 柳谷·朔方, 不出雍·冀,【竝詳下】 不應南交獨在萬里之外。【《一統志》: "交阯, 距北京一萬一千一百六十五里。"】 當時, 南巡不過衡山, 而衡山之南七千餘里, 始有交趾, 羲叔之宅, 無已太遠? 〈五帝本紀〉稱顓頊, "西至流沙, 南至交趾。"교1) 《大戴禮》云 : "帝舜南撫交阯, 東長鳥夷。"【〈五帝德〉】 〈王制〉云 : "南方曰蠻, 雕題·交阯。"【疏云 : "臥則首在外而足在內, 故曰交趾。"】 交趾之跡, 厥有久矣。然雕題不當曰南雕, 肅愼不當曰北肅, 交阯可謂之南交乎? 交者, 邑名, 今不可考, 要在揚州之地。○致者, 至之也。夏至者, 日北至也。極於此而無復加進曰至也。蔡註'極'是。與賓餞之禮, 翕然相比。○春秋曰'殷', 殷者, 當也。晝夜平分, 兩相當也。冬夏曰'正', 正者, 極也。長短至極, 以爲正

也。【梅以殷爲正, 則無別於冬・夏。蔡以殷爲中, 則意疊於中春・中秋】

교1) 案西至流沙, 南至交趾 : 『사기』에는 '西至交趾, 南至流沙'로 되어 있다.

〔南交〕 매색이 말했다. "남교(南交)는 여름과 봄의 교차를 말하는데, 대표로 하나만 들어 보인 것이다."【소(疏)에 "동방의 남쪽과 남방의 동쪽은 위치가 서로 교차한다."라고 하였다.】 채침이 말했다. "남방 교지(交趾)의 땅이다."

〔南訛〕○매색이 말했다. "'와(訛)'는 화[化 : 화육(化育)]의 뜻이다."【남방(南方)을 화육(化育)하는 일을 고르고 질서 있게 한다는 말이다.】

〔敬致〕○채침이 말했다. "'경치(敬致)'는, 『주례』에서 '겨울과 여름에 해를 맞이한다.'라고 한 것과 같은 뜻이다. 대개 하짓날 해가 남중(南中)할 때 해에게 제사[祠日]하고 그 그림자를 기록한다.【이른바 '일지(日至)의 그림자가 한 자 다섯 치이다.'라는 것이다.】 '정(正)'은, 하지는 양(陽)의 극(極)이니 오방(午方)이 정양(正陽)의 자리가 된다는 말이다."

〔厥民因〕○채침이 말했다. "'인(因)'은 흩어진 상태에서 또 흩어진다는 뜻이다."【기(氣)가 뜨거워질수록 백성들은 더욱 흩어져서 지낸다.】

〔希革〕○정현이 말했다. "여름에는 조수의 털이 성기어져 가죽이 드러난다."

○**용안** 매색 주의 남교(南交)에 대한 해석은 기이하다. 주소(注疏)의 설과 같다면 희중(羲仲)이 손방[巽方 : 동남방]에 있게 되는데 그래서야 되겠는가?

○**변왈** 희씨(羲氏)와 화씨(和氏)의 사택(四宅)은 모두 9주 안에 있

다. 우이(嵎夷)는 청주(青州)에 있고,【「우공」에 근거한 것이다.】 유곡(柳谷)과 삭방(朔方)도 옹주(雍州)와 기주(冀州)를 벗어나지 않는데,【모두 뒤에 상세히 나온다.】 유독 남교(南交)만 만리 밖에 있지는 않았을 것이다.【『일통지(一統志)』에 "교지(交阯)는 북경(北京)에서 1만 1165리 떨어져 있다."라고 하였다.】 당시에는 남쪽을 순수(巡守)하는 범위가 형산(衡山)을 넘어서지 않았는데 형산의 남쪽 7000여 리 되는 곳에 비로소 교지(交趾)가 있으니, 희숙(羲叔)이 머무르기에는 지나치게 멀지 않은가? 『사기』「오제본기」에 전욱(顓頊)을 일컬어 "서쪽으로 교지(交阯)에 이르고, 남쪽으로 유사(流沙)에 이르렀다."라고 하였다. 『대대례기』에는 "제순(帝舜)이 남쪽으로 교지(交阯)를 순무(巡撫)하고, 동쪽으로 조이(鳥夷)를 교회(教誨)하였다."라고 하였다.【「오제덕(五帝德)」에 보인다.】 『예기』「왕제(王制)」에는 "남방을 만(蠻)이라고 하는데, 조제(雕題)와 교지(交阯)이다."라고 하였다.【소(疏)에 "누우면 머리는 바깥에 있고 발은 안에 있다. 그러므로 교지(交趾)라고 한다."[60]라고 하였다.】 교지(交趾)의 자취는 그렇게 오래되었다. 그러나 조제(雕題)를 남조(南雕)라고 할 수 없고, 숙신(肅愼)을 북숙(北肅)이라고 할 수 없는데, 교지(交阯)를 남교(南交)라고 할 수 있겠는가? '교(交)'라는 것은 읍(邑)의 이름이다. 지금은 고찰할 수 없으나 틀림없이 양주(揚州) 땅에 있었을 것이다.

○'치(致)'란 지지[至之 : ~에 이르다, 도달하다]의 뜻이다. 하지는 해가 북쪽 끝까지 이르렀나는 발이니, 거기에서 끝나고 다시 더 나아가지 않으므로 '이른다[至]'고 한 것이다. 채침의 주가 옳으니, 빈전

60 누우면 …… 한다 : 雕題와 交趾에 대한 孔穎達의 疏는 각각 다음과 같다. "彫謂刻也, 題謂額也. 謂以丹青彫刻其額." "趾, 足也. 言蠻臥時頭向外而足在內而相交, 故云'交趾'." '阯'는 '趾'와 같다.

(賓餞)의 예(禮)와 서로 어울려 일치된다.

○봄과 가을에는 '은(殷)'이라고 하였는데, '은(殷)'이란 당[當 : 대등하다]의 뜻이다. 낮과 밤이 똑같이 나뉘어 둘이 서로 대등하다는 말이다. 겨울과 여름에는 '정(正)'이라고 하였는데, '정(正)'이란 극[極 : 극한]의 뜻이다. 길고 짧은 것이 극한에 이르므로 정(正)이라고 한 것이다.【매색은 '은(殷)'을 '정(正)'이라고 하였는데 그렇게 되면 겨울과 여름의 구별이 없어진다. 채침은 '은(殷)'을 '중(中)'이라고 하였는데 그렇게 되면 중춘(中春)·중추(中秋)와 뜻이 겹친다.】

考訂 鄭答孫顥云："星火, 非謂心星也, 卯之三十度, 總爲大火。" 其曰大火之次有星者, 〈月令〉擧其月初, 《尙書》總擧一月, 故不同也。【〈月令〉仲春疏】 ○孔氏〈月令〉疏云："仲秋之月, 昏牽牛中, 《尙書》云'宵中, 星虛'。其仲冬之月, 云東壁中, 《尙書》云'日短, 星昴'。不同者, 亦是〈月令〉擧其初朔, 《尙書》總擧一月之中。" ○**鏞案** 經星之徙, 雖若甚微, 宿度之差, 久則彌遠。堯距秦末, 二千一百有餘年, 宿度之差, 將至三十度, 〈堯典〉·〈月令〉, 何以合矣?

고정 정현이 손호(孫顥)에게 답하여 "성화(星火)는 심성(心星)을 말하는 것이 아니다. 묘(卯)의 삼십도(三十度)를 총괄하여 대화(大火)[61]라고 한 것이다."라고 하였다. 거기에서 대화의 자리에 성(星)이 있다고 한 것을, 『예기』「월령」에서는 월초(月初)를 들었고, 『상서』에서는 한 달 전체를 들었다. 그러므로 같지 않다.【「월령」 '중춘(仲春)'에 대한 소(疏)이다.】

61 대화(大火) : 28수 중 東方七宿의 角·亢·氐·旁·心·尾·箕를 蒼龍七宿라고 하며, 12방위로는 卯方에 있는 旁·心·尾 세 별을 大火라고 한다.

○공영달의 「월령」 소에 "중추의 달에는 견우성(牽牛星)이 혼중(昏中)하는데, 『상서』에는 '소중[宵中 : 낮과 밤의 길이가 같다]하고, 성(星)은 허(虛)이나.'라고 하였다. 그 중동의 달에는 동벽(東壁)이 혼중(昏中)한다고 하였는데, 『상서』에는 '해가 〈가장〉 짧고, 성(星)은 묘(卯)이다.'라고 하였다. 이렇게 동일하지 않은 것 또한 「월령」은 초삭(初朔)을 들어서 말하였고, 『상서』는 한 달 전체를 다 들어서 말하였기 때문이다."라고 하였다.[62]

○용안 경성(經星)이 옮겨가는 것은 비록 매우 미미한 듯하지만, 수도(宿度)의 차이는 시간이 지날수록 너욱 벌어신다. 요의 시대부터 진(秦) 말기까지는 2100여 년이니 수도의 차이는 거의 30도에 이르렀을 것이다. 「요전」과 「월령」의 내용이 어찌 일치할 수 있겠는가?

考訂 鄭云 : "夏不言'曰明都'三字, 摩滅也。" ○王肅云 : "夏無'明都', 避'敬致'然, 卽'幽'足見'明', 闕文相避。" ○孔疏云 : "伏生所誦與壁中舊本, 竝無此字, 非摩滅也。" **○案** 蔡註以此爲陳氏說。【如前九族之誤解, 本是西京歐陽氏之說, 今以爲林少穎之言】 解經宜知源委, 恐不宜如是。**○竊謂** 經文無此三字, 本有妙理。赤道以北之人, 以北爲幽都, 固其宜也, 以

62 정현이 …… 하였다 : 전체가 『예기』 「月令」의 공영달 疏를 인용한 것으로, 원문은 다음과 같다. 按仲夏昏亢中, 『尙書』云"日永, 星火", 不同者, 按鄭答孫顥云 : "星火非謂心星也, 卯之三十度總爲大火." 其曰大火之次有星者, 「月令」擧其月初, 『尙書』總擧一月, 故不同也. 按仲秋之月, 昏牽牛中, 『尙書』云"宵中星虛". 其仲冬之月, 云東壁中, 『尙書』云"日短星昴", 不同者, 亦是「月令」擧其初朔, 『尙書』總擧一月之中, 理亦不異. 孔安國注『尙書』與此則別. 『尙書』所擧星者, 自取畢見之義, 不謂南方之中.

南爲明都, 義有不合。蓋南而又南, 則其陰寒如北方。故左太沖〈吳都賦〉曰'開北戶而向日, 齊南冥於幽都'。作〈堯典〉者, 早知此理, 宜其無'曰明都'三字。

고정 정현이 말했다. "여름[夏] 조에서 '왈명도(曰明都)' 세 글자를 말하지 않은 것은 마멸되어서이다."

○왕숙(王肅)이 말했다. "여름 조에 '명도(明都)'란 말이 없는 것은 '경치(敬致)'를 피해서이다. '유(幽)'에 의거하여 '명(明)'을 충분히 알 수 있으므로 글을 빼놓아 서로 피한 것이다."

○공영달의 소에 "복생이 외운 것과 벽(壁) 속에서 나온 구본(舊本)에 모두 이 글자들이 없으니, 마멸된 것은 아니다."라고 하였다.

○**안** 채침의 주에서는 이것을 진씨(陳氏)의 설이라고 하였다.[63]【앞에 나온 구족(九族)에 대한 잘못된 해석 같은 것은 본래 전한(前漢) 구양생의 설인데, 지금은 임소영[林少穎 : 임지기]의 말이라고 한다.】 경을 해석하려면 마땅히 본말을 알아야지 이렇게 해서는 안 될 듯하다.

○**절위** 경문에 이 세 글자가 없는 데에는 본래 오묘한 이치가 있다. 적도 이북의 사람들이 북쪽을 유도(幽都)라고 여기는 것은 본래 당연하지만, 남쪽을 명도(明都)라고 여기는 것은 의리에 맞지 않는 점이 있다. 대개 남쪽에서 더욱 남쪽으로 내려가면 그 음한(陰寒)함이 북방과 같아진다. 까닭에 좌태충(左太沖)[64]의 「오도부

63 채침의 …… 하였다 : 『서집전』에 陳氏曰 : "'南交'下, 當有'曰明都'三字."라고 되어 있다.

64 좌태충(左太沖) : 약 250~305. 西晉의 문학가. 이름은 思, 태충은 자이다. 齊都・吳都・蜀都의 「三都賦」가 『文選』에 수록되어 있고, 『晉書』「文苑列傳」에 傳이 실려 있다.

(吳都賦)」에서는 '북쪽 창을 열어 해를 바라보니, 제남이 유도보다 어둡구나.[開北戶而向日, 齊南冥於幽都]'라고 하였다. 「요전」을 지은 이가 일찍이 이런 이치를 알았던 것이니, 거기에 '왈명도(曰明都)' 세 글자가 없는 것이 마땅하다.

考異 〈堯本紀〉: "居南交, 便程南譌。【與訛同】" 或作'南爲'。【司馬貞云】 ○《周禮》註, 作'辨[교1]秩南譌。'【〈馮相氏〉】 ○劉敞云: "本蓋言'宅南, 曰交趾。'"

교1) 案 辨: 『주례주소』 「풍상씨」의 주에는 '辯'으로 되어 있다.

고이 『사기』 「요본기」에는 "居南交, 便程南譌【〈'譌'는〉 '訛'와 같다.】"로 되어 있고, 〈'南譌'가〉 '南爲'로 되어 있는 본도 있다.【사마정(司馬貞)의 말[65]이다.】

○『주례』의 주에는 '辨秩南譌'로 되어 있다.【「풍상씨(馮相氏)」의 주에 보인다.】

○유창(劉敞)은 "본래는 아마 '宅南, 曰交趾.'라고 하였을 것이다."[66] 라고 하였다.

01. 요전상 - 06

分命和仲, 宅西,【《史》云: "居西土。"】 **曰昧谷。寅餞納日, 平秩**

65 사마정(司馬貞)의 말: 『史記索隱』에 나온다.

66 본래는 …… 것이다: 劉敞의 『公是七經小傳』 권上에 "本蓋言'宅南, 曰交趾.' 後人傳寫脫兩字故爾, 非眞也."라고 하였다.

西成。宵中星虛，以殷仲秋。厥民夷，鳥獸毛毨。【今文，宅爲度。朱子云："宅・度古相通。" 案。度，測驗也】

화중(和仲)에게 나누어 명하여 서쪽에 머물게 하였다.【『사기』에는 "서토(西土)에 머물게 하였다."라고 하였다.】 그곳을 매곡(昧谷)이라고 한다. 〈화중은〉 공경히 들어가는 해를 전송하고, 가을 농사의 순서를 고르게 정해준다. 또 밤과 낮의 길이가 같고 허성이 남중하니, 그것을 보고 중추의 절기를 맞추어준다. 〈중추가 되면〉 백성들은 농작물을 베어내고, 조수는 털이 다시 자라나 선명해진다.【『금문상서』에는 '宅'이 '度'으로 되어 있다. 주자(朱子)는 "宅과 度은 옛날에는 서로 통용되었다."라고 하였다. 안. '탁(度)'은 측험[測驗 : 헤아려 증험하다]의 뜻이다.】

鄭云："西者，隴西之西，今人謂之兎[교1)]山。"【見《史》註】 ○梅云："日入而天下冥，故曰昧谷。" ○馬云："餞，滅也，滅猶沒也。" ○鄭云："秋分夕日。" ○梅云："虛，玄武之中星。【亦言七星】 夷，平也。【與夏平】" ○許愼云："仲秋，鳥獸毛盛，可選取以爲器用也。"【毨，選也。讀若選】 梅云："毨，理也。"【毛更生整理】 蔡云："毛落更生，鮮好也。" ○**案** 夷者，芟夷也。農旣西成，民方銍刈，厥民夷也。

교1) 案兎 : 『사기집해』에는 '兌'로 되어 있다.

〔宅西，曰昧谷〕 정현이 말했다. "'서(西)'란 농서(隴西)의 서쪽으로서, 지금 사람들은 태산(兌山)이라고 부른다."【『사기』 「요본기」의 『집해』에 보인다.】 ○매색이 말했다. "해가 〈그곳으로〉 들어가면 천하가 어두워진다. 그래서 매곡(昧谷)이라고 한다."

〔寅餞納日〕○마융이 말했다. "'전(餞)'은 멸(滅)의 뜻이고, '멸(滅)'은 몰[沒 : 빠지다, 숨다]과 같은 뜻이다." ○정현이 말했다. "추분 날의 서녁 해이다."

〔星虛 …… 厥民夷〕○매색이 말했다. "'허(虛)'는 현무(玄武)의 중성(中星)이다.【또한 칠성(七星)[67]을 말한다.】" "'이(夷)'는 평[平 : 같다, 균등하다]의 뜻이다.【여름과 같다는 말이다.】"[68]

〔毛毨〕○허신이 말했다. "중추(仲秋)에는 조수(鳥獸)의 털이 무성해지므로, 가려 뽑아서 기용(器用)을 만들 수 있다."【'선(毨)'은 선[選 : 가리다, 고르다]의 뜻으로, 선(選)과 발음이 같다.】 매색이 말했다. "'선(毨)'은 이[理 : 다듬다, 다스리다]의 뜻이다."【털이 다시 자라나 정리(整理)되는 것이다.】 채침이 말했다. "털이 빠졌다가 다시 자라나면 선명하고 좋다."

○안 '이(夷)'는 삼이[芟夷 : 베어내다]의 뜻이다. 농작물이 가을에 결실을 맺으면 백성들이 낫으로 베어내는 것이 '궐민이[厥民夷 : 그 백성들이 베어내다]'이다.

考異 伏本·鄭本, 昧谷作柳谷。【見《正義》】 ○鄭玄《周禮》注引《書》曰: "分命和仲, 度西, 曰柳穀。"【見〈縫人〉翣柳注 ○《疏》云: "是濟南 伏生《書》也。" 見《今尙書》】 ○虞翻云: "鄭注《尙書》, 古篆卯字, 反以爲昧。古大篆丣字, 讀當爲桺。古桺丣同字, 而以爲昧, 誠可怪也。"【見〈吳志本傳〉注 ○裵松之亦云】 **○鏞案** 柳, 古作丣, 從木非古也。柳字, 從丣, 丣者, 酉也。

67 칠성(七星): 28수 중 北方七宿인 斗·牛·女·虛·危·室·壁을 말한다.

68 허(虛)는 …… 말이다: 『상서정의』 傳에 "虛, 玄武之中星, 亦言七星, 皆以秋分日見, 以正三秋."이라고 하고, 또 "夷, 平也, 老壯在田, 與夏平也."라고 하였다.

茆字, 從丣, 丣者, 卯也。徐鍇《說文長箋》曰 : "丣爲春門, 萬物已出, 丣爲秋門, 萬物已入。一, 閉門象也。"【門字, 象兩戶相向。丣字, 象兩戶向外。丣字, 象兩戶上有一扃】 酉·酉相近。酉者, 西方也。又谷·穀相通。〈王莽傳〉曰 : "穀風迅疾。" 〈銅雀詩〉曰 : "一鳴五谷熟。" 穀者, 谷也。柳穀者, 酉谷也。

고이 복생본과 정현본에는 '昧谷(매곡)'이 '柳谷(류곡)'으로 되어 있다.【『상서정의』에 보인다.】

○정현의 『주례』 주(注)에는 『상서』를 인용하여 "分命和仲, 度西, 曰柳穀."이라고 하였다.【『주례』 「봉인(縫人)」 '삽류(翣柳)'의 주에 보인다. ○소(疏)에서 "이것은 제남(濟南)의 복생이 전한 『상서』이다."라고 하였다. 『금문상서』에 보인다.】

○우번(虞翻)이 말했다. "정현은 『상서』의 주석을 내면서 고대 전자(篆字)의 '丣(류)'를 반대로 '昧(매)'라고 하였다. 고대 대전자(大篆字)의 '丣(류)'는 마땅히 '桺(류)'로 읽어야 한다. 고대의 글자에서 '桺'와 '丣'는 같은 글자인데 昧라고 하였으니 참으로 괴이하다."【『삼국지』 「오지(吳志)·우번전(虞翻傳)」의 주에 보인다. ○배송지(裵松之)[69]도 그렇게 말했다.】

○용안 '柳'를 고대에는 '丣'로 썼으니, 木 변을 쓴 것은 옛 글자가 아니다. '柳' 자는 丣 변을 쓰는데 丣는 酉(유)이다. '茆(묘)' 자는 丣 변을 쓰니 丣는 卯(묘)이다. 서개(徐鍇)의 『설문장전(說文長箋)』에 "丣(묘)는 봄의 문으로 만물이 이미 나온 것이고, 丣(류)는 가을의

69 배송지(裵松之) : 372~451. 南宋. 자는 世期, 『三國志』의 주석을 썼다. 『史記集解』를 쓴 裵駰의 아버지이다.

문으로 만물이 이미 들어간 것이다. '一'은 문을 닫은 모양이다."라고 하였다.【'門' 자는 두 지게문[兩戶]이 서로를 향하고 있는 것을 상형(象形)한 글자이다. '丣' 자는 두 사세문이 밖으로 향하고 있는 것을 상형한 글자이다. '丣' 자는 두 지게문 위에 하나의 가로대[扃]가 걸려 있는 것을 상형한 글자이다.】 酉(유)와 西(서)는 서로 비슷하다. 酉는 서방(西方)이다. 또한 谷(곡)과 穀(곡)은 서로 통용된다. 『한서』「왕망전(王莽傳)」에 "곡풍이 신속하고 빠르다.[穀風迅疾]"라고 하였고, 「동작시(銅雀詩)」[70]에는 "한 번 울음을 울면 오곡이 익는다[一鳴五谷熟]"라고 하였다. '穀'은 谷[곡: 골짜기]이며, '柳穀'은 酉谷이다.

考異 〈堯本紀〉: "敬道日入, 便程西成。夜中, 星虛, 以正中秋。其民夷易。" ○《周禮》注引《書》曰: "鳥獸毴毨。"【〈天官·司裘〉注 ○案。毴, 古毛字】 ○王應麟云: "昧谷, 卽柳谷。魏明帝時, 張掖柳谷口水溢涌, 寶石負圖, 卽其地也。"【卽七馬一牛之圖】 ○**案** 《漢書·地理志》: "張掖郡, 古昆邪王地, 武帝太始元年始開。"【與酒泉同開】 而《通典》謂'張掖本古雍州之地, 距長安二千五百餘里', 與西嶽亦懸遠矣。

고이 『사기』「요본기」에는 "敬道日入, 便程西成. 夜中, 星虛, 以正中秋. 其民夷易."으로 되어 있다.
○『주례』 주에 『상서』를 인용하여 "鳥獸毴毨"이라고 하였다.【「천관·사구(司裘)」의 소이다. ○안. '毴(용)'은 '毛(모)'의 고자(古字)이다.】
○왕응린(王應麟)이 말했다. "매곡(昧谷)은 곧 유곡(柳谷)이다. 위(魏) 명제(明帝) 때에 장액(張掖)과 유곡구(柳谷口)의 물이 흘러넘쳐

70 「동작시(銅雀詩)」: 古歌詞로, 인용 부분의 원문은 "一鳴五谷豊, 再鳴五谷熟"이다.

을 때 〈영귀(靈龜)가〉 그림이 그려진 보석을 지고 나왔다는 곳[71]이 바로 그 지역이다."【즉 칠마일우(七馬一牛)의 그림이다.】

○**안** 『한서』「지리지」에 "장액군(張掖郡)은 옛날 곤야왕(昆邪王)의 땅인데, 무제(武帝) 태시[太始 : B.C. 96~93] 원년에 비로소 개척되었다."라고 하였고,【주천(酒泉)과 함께 개척되었다.】『통전(通典)』에서 "장액(張掖)은 본래 옛날 옹주(雍州) 땅으로서, 장안(長安)에서 2500여리 떨어져 있다."라고 하였으니, 서악(西嶽)과는 또한 매우 멀다.

01. 요전상 - 07

申命和叔, 宅朔方, 曰幽都。平在朔易。日短星昴, 以正仲冬。厥民隩, 鳥獸氄毛。【《史記》作'便在伏物, 其民燠'】

거듭 화숙에게 명하여 삭방에 머물게 하였다. 그곳을 유도라고 한다. 〈화숙은〉 삭역(朔易)[72]을 고르고 질서 있게 하였다. 또 낮이 짧아지고 묘성이 남중하니, 그것을 보고 중동을 바로잡았다. 〈중동에는〉 백성들이 집안에서 지내고, 조수는 가는 털이 생겨난다.【『사기』에는 '便在伏物, 其民燠'으로 되어 있다.】

---

71 그림이 …… 곳 : 魏나라 明帝 때 張掖郡의 玄川이 범람하였는데 물속에서 靈龜가 그림이 그려진 푸른 보석을 지고 나왔다고 한다. 『삼국지』「魏志」 권11 「張玠列傳」에 나온다.

72 삭역(朔易) : 채침은 "朔之爲言, 蘇也. 萬物至此, 死而復蘇, 猶月之晦而有朔也."라고 하였다. 그믐에 달이 완전히 없어졌다가 초하루부터 다시 생겨나는 것을 말하는데, 다산은 이 설을 받아들인 것으로 보인다.

梅云:"北稱幽, 則南稱明也。都, 所聚。" ○《疏》云:"〈釋訓〉云, '朔, 北方也。'"【舍人曰:"朔, 盡也。" 李巡曰:"萬物盡於北方, 蘇而復生。" 故稱朔也。○案。朔者, 蘇也】○王肅云:"改易者, 謹約蓋藏, 循行積聚。《詩》云, '曰爲改歲。'" ○蔡云:"在, 察也。" ○梅云:"昴, 白虎之中星。" ○馬云:"隩, 煖也。【《釋文》: "於六反。"】 氄, 溫柔貌。"【梅云: "鳥獸皆生耎毳細毛以自溫。"】○梅云:"隩, 室也。"【室中西南隅】 ○**鏞案** 二十八宿, 本不當分配四方。是不過治曆之家取黃道左右跨據之星, 以之爲躔度之標識而已。角·亢, 非必爲東星, 奎·婁, 非必爲西星。隨天旋轉, 循環無端, 夫焉有東西, 横布天腰, 遠於二極, 夫焉有南北? 青龍·白虎·朱雀·玄武, 何爲而分排乎? 分野之說, 尤無理義。二十八宿, 隨天環轉, 不膠於一方。九州百國, 又何以歷歷分配, 以占其災祥乎? 斯皆《尙書》之蔀障也。○**又按** 馬氏訓隩爲煖, 必其經本原作燠字, 如《史記》也。【陸《釋》亦以入聲讀】

〔**宅朔方, 曰幽都**〕 매색이 말했다. "북쪽의 명칭이 유(幽)이니, 남쪽의 명칭은 명(明)이다. '도(都)'는 모이는 곳이다." ○소(疏)에 "『이아』「석훈(釋訓)」에 '삭(朔)은 북방(北方)이다.'라고 하였다."라고 하였다.【사인[舍人: 곽박(郭璞)]은 "'삭(朔)'은 진[盡: 죽다, 끝나다]의 뜻이다."라고 하였고, 이순(李巡)은 "만물은 북방에서 죽고 소생하여 다시 생겨난다."라고 하였다. 이래서 〈북을〉 삭(朔)이라고 칭한 것이다.[73] ○안. '삭(朔)'은 소[蘇: 되살아나다]의 뜻이다.】

〔**平在朔易**〕○왕숙이 말했다. "해가 바뀔 때에는 삼가 절약하고 저장하여, 운행에 따라 쌓아 모은다. 『시경』「빈풍(豳風)·칠월(七月)」

73 『이아』…… 것이다: 이 내용 전부가 『상서정의』 소(疏)에 보인다. 원문은 다음과 같다. 「釋訓」云'朔, 北方也', 舍人曰'朔, 盡也. 北方萬物盡, 故言朔也.' 李巡曰,'萬物盡於北方, 蘇而復生, 故言北方.' 是北稱朔也.

에 '해가 바뀌게 되었으니[曰爲改歲]'라고 하였다."[74] ○채침이 말했다. "'재(在)'는 찰[察 : 살피다]의 뜻이다."

〔星昴〕○매색이 말했다. "'묘(昴)'는 백호(白虎)[75]의 중성(中星)이다."

〔厥民隩, 鳥獸氄毛〕○마융이 말했다. "'욱(隩)'은 난[煖 : 따뜻하다]의 뜻이다.【『경전석문』에서 '於와 六의 반절'이라고 하였다.】 '용(氄)'은 온유(溫柔)한 모습이다.【매색이 말했다. "조수(鳥獸)는 모두 부드러운 솜털과 가는 털을 생겨나게 해서 스스로 따뜻하게 한다."】 ○매색이 말했다. "'오(隩)'는 실[室 : 방]의 뜻이다."【방의 서남쪽 구석이다.】

○용안 28수는 본래 나누어서 사방과 짝을 지워서는 안 된다. 이것은 역학(曆學)을 하는 이들이 황도(黃道)의 좌우에 걸쳐 있는 별들을 취하여 그것을 전도[躔度 : 해의 운행도수]의 표지(標識)로 삼은 것일 뿐이다. 각(角)과 항(亢)이 반드시 동쪽의 별인 것은 아니며, 규(奎)와 루(婁)도 반드시 서쪽의 별인 것은 아니다. 하늘이 돌아가는 데 따라 끝없이 순환하는데 어찌 동서가 있겠으며, 천요(天腰)에 옆으로 펼쳐져 있어 이극(二極)에서 멀리 떨어져 있는데 어찌 남북이 있겠는가? 또 청룡·백호·주작·현무를 어떻게 나누어 안배한단 말인가? 분야(分野)의 설은 더욱 그런 이치가 없다. 28수는 하늘을 따라 돌며 한 방위에 교착되어 있지 않다. 9주의 많은 나라가 또한 무슨 이유로 하나하나 분배되어, 그것을 보고 재상(災祥)을 점친단 말인가? 이것들은 모두 『상서』의 장애물이다.

---

74 왕숙이 …… 하였다 : 『상서정의』 공영달의 소에 나온다. 원문은 다음과 같다. 王肅云 : "改易者, 謹約蓋藏, 循行積聚. 引『詩』'嗟我婦子, 曰爲改歲, 入此室處.'"

75 백호(白虎) : 28수 중 西方七宿인 奎, 婁, 胃, 昴, 畢, 觜, 參을 말한다.

○**우안** 마융은 '隩(욱)'을 난(煖)이라고 풀이하였는데, 필시 그가 본 경본(經本)에 원래 『사기』와 같이 '욱(燠)'으로 되어 있었을 것이다. 【육덕명(陸德明)의 『경전석문』에서도 입성(入聲)으로 읽었다.[76]】

考異 '平在朔易', 伏本作'便在伏物'。【《書大傳》】《史記》亦'便在伏物'。【〈堯本紀〉】《周禮》注作'辨[교1]在朔易'。【〈馮相氏〉之注】 ○《說文》, 氄毛作㲝毴。【許云:"㲝, 從毛隼聲。" ○案。㲝, 古氄字】 氄又作褎。【見毳部】

교1) 案辨: 『주례주소』「馮相氏」의 주에는 '辯'으로 되어 있다.

고이 '平在朔易'이 복생본에는 '便在伏物'로 되어 있고,【『상서대전』에 보인다.】 『사기』에도 '便在伏物'로 되어 있으며,【「요본기」에 보인다.】 『주례』 주에는 '辨在朔易'으로 되어 있다.【「풍상씨(馮相氏)」의 주에 보인다.】 ○『설문해자』에는 '氄毛'가 '㲝毴'로 되어 있다.【허신(許愼)이 말했다. "'㲝'은 모부(毛部)이고 隼(준)은 발음이다." ○안. '㲝'은 氄(용)의 고자이다.】 '氄'은 '褎'으로도 되어 있다.【준부(毳部)에 보인다.】

考證 《大戴禮》云: "虞舜嗣堯制禮, 朔方幽都來服, 南撫交趾。"【〈少間〉篇】 ○**案** 朔方是郡名。《詩》云: "城彼朔方。"【〈出車〉詩】 毛萇云: "朔方, 近玁狁之國。"【《正義》云: "朔方, 地名。"】 朔方要與太原相近, 正在冀州之地。若《漢書·地理志》所載朔方, 渠搜之朔方, 是在雍州之西, 與此別也。

고증 『대대례기』에 "우순(虞舜)이 요(堯)를 이어받아 예(禮)를 제정

76 입성(入聲)으로 읽었다: 앞에 나온 '於六反'을 말한다.

하니, 삭방(朔方)의 유도(幽都)가 와서 복종하였고, 남쪽으로 교지(交趾)를 순무(巡撫)하였다."라고 하였다.【「소간(少間)」 편에 보인다.】

○**안** '삭방(朔方)'은 군명(郡名)이다. 『시』에 "저 삭방에 성을 쌓게 하니[城彼朔方]"【「소아·출거(出車)」에 보인다.】라고 하였는데, 모장(毛萇)이 "삭방은 험윤(玁狁)의 나라에 가깝다."【『모시정의』에 "삭방은 지명이다."라고 하였다.】라고 하였다. 삭방은 태원(太原)과 가까운 곳으로서, 바로 기주(冀州) 땅에 있어야 한다. 『한서』「지리지」에 실려 있는 삭방(朔方)[77]은 거수(渠搜)의 삭방으로서 옹주(雍州)의 서쪽에 있고,[78] 이것과는 다른 곳이다.

01. 요전상 - 08

帝曰:"咨汝羲暨和, 朞三百六旬有六日, 以閏月, 定四時, 成歲。允釐百工, 庶績咸熙。"【古文, 定爲正, 有爲又。《說文》, 暨爲臮。薛本同】

제요가 말했다. "아, 너희 희씨와 화씨야, 1기가 366일이니 윤달을 이용하여야 사계절을 바로잡고 한 해를 이룰 수 있다. 그래야 진실로 백관을 잘 다스리고 모든 공적을 넓힐 수 있을 것이다."【고문

77 『한서』…… 삭방(朔方): 한 무제 때 胡와 越을 물리치고 땅을 개척하여 남쪽에 交阯, 북쪽에 朔方을 설치하였다.

78 거수(渠搜)의 …… 있고: 西戎의 나라 이름이다. 『상서』「禹貢」에 "織皮, 崐崙·析支·渠搜, 西戎卽敍."라고 하였는데, 채침의 주에 "渠搜, …… 蓋近朔方之地也. …… 雍州水土旣平而餘功及於西戎."이라고 하였다.

(古文)에는 '定'이 '正'으로, '有'가 '又'로 되어 있다. 『설문해자』에는 '暨'가 '臮'로 되어 있다. 설계선본도 같다.】

鄭云："以閏月推四時, 使啓閉・分至不失其常, 著之用成歲曆, 將以授民時, 且記時事。"【見《公羊傳》隱元年疏】 ○王肅云："朞, 四時是也。" ○梅云："匝四時曰朞。一歲十二月, 月三十日, 正三百六十日。除小月六爲六日, 是爲一歲有餘十二日, 未盈三歲, 足[교1]得一月, 則置閏焉。" ○**鏞案** 朞・閏之理, 具詳於孔疏・蔡註, 可按而知。但舊法破分析釐, 蒙學難通。今法, 一日十二時, 一時八刻, 一刻十五分, 一分之暫, 又析爲百秒, 則所謂四分日之一, 其有缺欠之數, 簡明易知也。中邦之法, 自堯以來, 五歲再閏, 而西土之法, 唯以一朞分之爲十二節, 而不置閏, 唯子・辰・申年一置閏日。【每在雨水後五日, 久則更差一日】 知此則於〈堯典〉朞・閏之理, 曉然易通。蓋人推算之法, 有不同, 而天定朞・閏之數, 無不同故也。○《新法曆書》云："西法, 歲三百六十五日四分日之一, 每四歲之小餘, 成一日, 因而置閏。【置閏日】 百年中爲整年七十五, 閏年二十五, 【有閏日之年, 稱閏年】 共爲三萬六千五百二十五日。" 此卽《周髀算經》'三百六十五日, 謂之經歲, 餘四分日之一, 積四年而增一日'也。"【蓋自甲子年閏日計, 至戊辰年閏日, 則積分成一日】《新法曆書》又云："當萬曆[교2]十六年戊子, 第谷測春分時刻, 與前弘治元年戊申, 西域白耳瓦[교3]所測, 相較定歲, 實三百六十五日二十三刻三分四十五秒。考其與回回曆異同, 其小餘不差分秒。"【回法分秒之數, 與西法不同, 而其歲實畢竟相合】 亦云："西史依巴谷考驗所得, 於元郭守敬授時曆之朔策, 二十九日五千三百五分九十三秒, 不差分秒。"【文止此】 蒙學之士, 但知歲實之爲幾日幾刻幾分幾秒, 則以之算積, 或於二朞有半, 計置閏月, 或於四朞之春, 計置閏日,

俱無煩惑, 不必從艱險處費力也。算積用此法, 則月之大小, 有不必問。帝堯但言一朞之日數, 何嘗言一月之日數耶?

敎1) 足 : 신조선사본에는 '是'로 되어 있으나 『尙書正義』 卷1 「虞書・堯典」에 따라 바로잡는다.

敎2) 案當萬曆 : 『五禮通考』에는 '神宗'으로 되어 있다.

敎3) 案瓦 : 『五禮通考』와 『新法算書』에는 앞에 '那'가 더 있다.

〔朞三百 …… 以閏月〕 정현이 말했다. "윤달을 이용하여 사계절을 헤아려서 계[啓 : 입춘과 입하]・폐[閉 : 입추와 입동]와 분[分 : 춘분과 추분]・지[至 : 하지와 동지]가 정상을 잃지 않게 하고, 그것을 기록해서 달력을 만들어 백성에게 농사철을 알려주고 또 각 계절에 해야 할 일을 기록하려는 것이다."【『춘추공양전』 은공(殷公) 원년의 소에 보인다.】 ○왕숙이 말했다. "'기(朞)'는 사계절이다." ○매색이 말했다. "사계절이 한 바퀴 도는 것을 '기(朞)'라고 한다. 1년은 열두 달이고 한 달은 30일이므로 꼭 360일이 된다. 거기서 작은 여섯 달의 6일을 제하면 1년에 12일이 남으므로 3년이 채 못되어 한 달을 얻을 수 있으니 윤달을 두는 것이다."

○용안 기(朞)와 윤(閏)의 이치에 대해서는 공영달의 소와 채침의 주에 모두 상세히 나와 있으니 살펴보면 알 수 있다. 다만 분(分)을 쪼개고 이(釐)를 나누는 예전의 역법은 몽학(蒙學)들이 이해하기가 어렵다. 지금의 역법에서는 하루는 12시간, 한 시간은 8각(刻), 1각은 15분이고, 1분의 짧은 시간을 또 100초로 나눈다. 따라서 이른바 4분의 1일이란 하루에서 모자라는 수이니 간단명료하고 이해하기가 쉽다. 중국의 역법에서는 요 이래로 5년에 두 번 윤달을 두는

데, 서양의 역법에서는 1기를 12마디로 나눌 뿐 윤달을 두지 않고, 오직 자(子)·진(辰)·신(申)의 해에만 윤일을 둔다.【매 해당 해의 우수(雨水) 5일 뒤에 윤일을 두는데, 오래되면 다시 하루의 차이가 생긴다.】 이를 알면 「요전」의 기·윤의 이치가 환해져서 쉽게 이해할 수 있다. 대체로 사람이 추산하는 법은 다르지만 하늘에 정해진 기·윤의 수는 다름이 없기 때문이다.

○『신법역서(新法曆書)』[79]에 "서양 역법에서는, 1년을 365일 4분의 1일로 잡고 4년마다 약간의 나머지로 하루를 만들고 그에 따라 윤(閏)을 둔다.【윤일(閏日)을 둔다는 말이다.】 그렇게 하면 100년 동안에 정년(整年)이 75년, 윤년이 25년으로【윤일이 있는 해를 윤년이라고 부른다.】 합쳐서 3만 6525일이 된다."라고 하였다. 이것은 『주비산경(周髀算經)』에서 '365일을 경세(經歲)라고 하고 나머지 4분의 1일을 4년 동안 모으면 하루가 늘어난다.'라고 한 것이다.【대개 갑자년 윤일부터 계산하여 무진년 윤일이 되면 모인 시간이 하루가 된다.】 『신법역서』에서는 또 "만력[萬曆 : 명 신종(明神宗)의 연호. 1573~1619] 16년 무자년(1588)에 제곡(第谷)[80]이 관측한 춘분 시각과 그 전 홍치[弘治 : 명 효종(明孝宗)의 연호. 1488~1505] 원년 무신년(1488)에 서역 사람

79 『신법역서(新法曆書)』: 명말청초 중국에 들어온 독일 출신 예수회 선교사 아담 샬 폰 벨[Adam Schall von Bell : 1591~1666. 중국명 湯若望] 등이 지은 역법서로, 서양 역법의 백과사전이라고 일컬어진다. 원래 『崇禎曆書』를 기본으로 편찬하였는데 황제에게 바치면서 제목을 『西洋新法曆書』로 바꾸고, 뒤에 四庫全書에 올리면서는 乾隆帝의 본명인 弘曆의 글자를 諱하여 『新法算書』로 바꾸었다고 한다.

80 제곡(第谷): 덴마크의 천문학자 티코 브라헤(Tyge Ottesen Brahe)이다. 1546~1601. 맨눈으로 가장 정밀한 천문 관측 기록을 남긴 사람으로 알려져 있으며, 케플러(Johannes Kepler)의 스승이다.

백이나와(白耳那瓦)가 측정한 것을 서로 비교하여 1년의 시간을 정한 것이 실로 365일 23각 3분 45초였다."라고 하였다. 그것을 살펴보니 회회력(回回曆)[81]과 거의 차이가 없었다.【회국(回國) 역법의 분초(分秒)의 수는 서양 법과는 다르지만 1년의 실제 날수는 결국 서로 맞다.】 또 "서양 역법가인 의파곡(依巴谷)[82]이 관찰하여 발견한 바는 원나라 곽수경(郭守敬)이 만든 수시력(授時曆)의 삭책(朔策)[83] 29일 5305분 93초와 분초도 차이가 나지 않는다."라고 하였다.[84]【인용문은 여기까지이다.】

몽학의 선비들은 1년이 실제로 며칠 몇 시간 몇 분 몇 초인지만 알면 그것으로 계산하여 2년 반 만에 윤달을 두든 4년째 되는 해의 봄에 윤일을 두든 모두 번잡하게 의혹되는 일이 없을 것이므로 어렵고 까다로운 일에 힘을 낭비할 필요가 없다. 계산하는 데 이 법을 사용하면 달의 대소는 물을 필요도 없다. 제요는 1기가 며칠인

81 회회력(回回曆) : 아라비아 역법으로, 元明 연간에 중국에 전래되었다.

82 의파곡(依巴谷) : 고대 그리스의 수학자이며 지리학자이자 천문가인 히파르코스(Hipparcos)이다. B.C.190~B.C.120. 태양과 달이 남아 있는 모형을 양적으로 설명하였고, 일식을 예견하는 방법을 개발한 선구자로 알려져 있다. 세차운동, 초기의 星團表, 天球儀 등을 발견하였는데 천동설이 우주론의 주류를 이루기 전까지 그의 발견이 널리 통용되었다.

83 삭책(朔策) : 1862년 南炳哲이 편찬한 천문서 『推步續解』에 '平朔이 서로 떨어진 日分'이라고 설명되어 있다. 평삭이란 한 달의 평균 날수를 달의 크기와 맞추어 큰달과 작은달을 안배하는 방법이다.

84 ○『신법역서(新法曆書)』에 …… 하였다 : 이 부분 전체가 『五禮通考』 권186에 보인다. 이 중 " "로 묶은 부분은 『新法算書』에 보이고 나머지 부분은 『오례통고』에서 秦蕙田이 『신법산서』 등에 보이는 서양 역법에 대해 붙인 評文으로 보인다. 진혜전은 "西法之初, 蓋本乎周髀." "西洋前法 本之周髀, 後則本之回回. 雖以爲自測驗得之, 要亦有所本而後加以測驗耳."라고 하여 『周髀經』과 回回曆이 서양 역법의 바탕이 되었다고 보았다.

지만 말하였지 한 달이 며칠인지 말한 적이 있는가?

蔡云: "朞猶周也。允, 信。釐, 治。咸, 皆。熙, 廣也。"

〔朞·允釐·咸熙〕 채침이 말했다. "'기(朞)'는 주[周: 주년(周年)]와 같다. '윤(允)'은 신[信: 진실로]의 뜻이다. '리(釐)'는 치[治: 다스리다]의 뜻이다. '함(咸)'은 개[皆: 모두]의 뜻이다. '희(熙)'는 광[廣: 넓다]의 뜻이다."

考訂 王肅云: "斗之所建, 是爲中氣, 日月所在。斗指兩辰之間, 無中氣, 故以爲閏也。"

고정 왕숙이 말했다. "두[斗: 북두자루]가 가리키는 곳이 중기(中氣)로, 해와 달이 있는 곳이다. '두'가 양신(兩辰)의 중간을 가리키면 중기가 없으므로 윤(閏)이라고 한다."

考異 〈堯本紀〉:【朞作歲】"以閏月正四時。信飭百官, 衆功皆興。" ○《說文》朞作稘。【許云: "復其時也。"】 ○《古文》, 定爲正。【王應麟云: "開元誤作正。"】 **○鏞案** 正四時, 於義爲是。【晁景迂云: "古文, 作正, 天寶誤作定。" 薛本又作正】

고이 『사기』「요본기」에는【'朞'가 '歲'로 되어 있다.】"以閏月正四時. 信飭百官, 衆功皆興."으로 되어 있다.
○『설문해자』에는 '朞'가 '稘'로 되어 있다.【허신이 말했다. "그 때가 돌아오는 것이다.[復其時也]"】
○『고문상서』에는 '定'이 '正'으로 되어 있다.【왕응린이 말했다. "개원[開元: 당 현종(唐玄宗)의 연호. 713~741] 연간에 '正'으로 잘못 쓴 것이다."】

○**용안** '正四時'가 의미로 보아 옳다.【조경우[晁景迂 : 조열지(晁說之)]가 "고문에 '正'으로 되어 있었는데 천보[天寶 : 당 현종의 연호. 742~756] 연간에 定으로 잘못 고친 것이다."라고 하였다. 설계선본에도 '正'으로 되어 있다.】

考證 《漢書·律曆志》引《書》云 : "允釐百官, 衆功皆美。"

고증 『한서』「율력지」에서 『상서』를 인용하여 "진실로 백관을 잘 다스려서 많은 일이 모두 훌륭하게 되었다.[允釐百官, 衆功皆美]"라고 하였다.

01. 요전상 - 09

帝曰 : "疇咨若時, 登庸?" 放齊曰 : "胤子朱啓明。" 帝曰 : "吁。嚚訟, 可乎?"【馬本, 訟作庸。《說文》, 疇作𠷎, 朱作絑。《玉篇》, 啓作启】

제요가 말했다. "아, 이렇게 할 수 있는 사람이 누구인가? 〈그런 사람이 있으면〉 등용할 것이다." 방제가 대답했다. "윤자인 주가 사리에 밝습니다." 제요가 말했다. "아, 말이 충신하지 못하고 잘 다투는데 가하겠는가?"【마융본에는 '訟'이 '庸'으로 되어 있다. 『설문해자』에는 '疇'가 '𠷎'로, '朱'가 '絑'로 되어 있다. 『옥편』에는 '啓'가 '启'로 되어 있다.】

馬云 : "羲·和之子, 至堯末時, 皆已老死, 庶績多闕。故求賢順時, 以代羲·和。"【鄭亦云 : "堯末時, 羲·和之子皆死, 庶績多闕而官廢。當此之時, 驩兜·共工更相薦擧。" ○《周禮》賈序】 ○梅云 : "誰能咸熙庶績。順是事者, 將登用之。" ○**鏞案** 馬·鄭之義, 非也。《周禮》賈序引鄭註, 以此章爲堯末年事, 乃鄭於《書大傳》之註云‘舜格文祖之年, 堯始以羲・和爲六卿’, 【見古訓】 兩說豈不矛盾乎? 且羲・和何嘗爲六卿乎? ○梅義極是, 不可少也。‘疇咨若時’者, 誰能若是也。【〈皐陶謨〉‘咸若時’, 亦訓是】 ‘誰能若是’者, 承上文之辭也。帝先敷喩曰‘允釐百官, 庶績咸熙’,【未必承朞閏而言, 冠于此章之首亦可】 繼而詢之曰誰能若是者, 蓋帝所求者, 百揆之材也。‘允釐百工, 庶績咸熙’者, 百揆之職。‘揆’者, 度也。【《易》云: “揆其方。” 《詩》云: “揆之以日。”】 ‘百揆’者, 百工之度也。百官奏績, 有大臣爲之量度而考校之, 此之謂‘百揆’也。【蔡云: “此下至‘鯀績用弗成’, 皆禪舜張本。” 孔疏亦以爲求舜張本。蓋帝意, 將以舜宅百揆】

〔疇咨若時登庸〕 마융이 말했다. “희씨와 화씨의 아들들이 요의 말기에는 모두 이미 늙어 죽어서 여러 업무가 대부분 허술해졌다. 그래서 현자를 구하여 시의(時宜)에 따라 희씨와 화씨의 후임으로 삼으려고 한 것이다.”【정현도 “요의 말기에 희씨와 화씨의 아들들이 모두 죽어서 많은 업무가 대부분 허술해지고 관직이 폐지되었다. 이때에 환도(驩兜)와 공공(共工)이 서로 천거하였다.”라고 하였다. ○『주례주소』 가공언의 서에 보인다.】 ○매색이 말했다. “누가 능히 모든 공적을 다 넓힐 수 있겠는가? 이 일을 순조롭게 할 수 있는 사람이 있으면 그를 등용하려고 한다는 말이다.”

○용안 마융과 정현의 풀이는 틀렸다. 『주례주소』 가공언의 서에서는 정현의 주를 인용하여 이 장을 요 말년의 일이라고 하였다. 그런데 정현이 『상서대전』의 주에서는 ‘순(舜)이 문조(文祖)의 사당에 나아간 해에 요가 처음으로 희씨와 화씨를 6경으로 삼았다.’ 【고훈(古訓)에 보인다.】라고 하였으니, 두 설이 모순되지 않는가? 또한 희씨와 화씨가 언제 6경이었던 적이 있는가?

○매색의 풀이가 지극히 옳으니 폄하해서는 안 된다. '주자약시(疇咨若時)'는 '누가 능히 이렇게 하겠는가?[誰能若是]'라는 뜻이다.【「고요모」의 '함약시(咸若時)'[85] 또한 이렇게 풀이해야 옳다.】 '수능약시'란 윗글의 내용을 이어받은 것이다.

제요가 먼저 여러 사람에게 이르기를 '진실로 백관을 잘 다스리고 모든 공적을 넓힐 수 있을 것이다.[允釐百官, 庶績咸熙]'라고 하고,【꼭 기(朞)·윤(閏)에 이어서 말한 것은 아니니, 이 장의 첫머리에 두어도 괜찮을 것이다.】 이어서 능히 이렇게 할 수 있는 사람이 누구인지를 물은 것이다. 대체로 제요가 구하는 사람은 백규(百揆)의 재목이었다. '윤리백공, 서적함희'는 백규의 직무이다. '규(揆)'란 탁[度: 헤아리다]의 뜻이니【『주역』「계사전하(繫辭傳下)」에 "그 도리를 헤아린다.[揆其方]"라고 하였고, 『시경』「용풍(鄘風)·정지방중(定之方中)」에 "해 그림자로 헤아려[揆之以日]"라고 하였다.】 '백규'란 백공(百工)을 헤아린다는 뜻이다. 백관이 실적을 보고하면 대신이 그것을 헤아려서 고과하는데, 이것을 '백규'라고 한다.【채침은 "이 이하부터 '곤은 실적을 평가하였지만 공을 이루지 못하였다.[緜績用弗成]'까지는 모두 순에게 선위(禪位)하게 된 근본 이유이다."라고 하였고, 공영달의 소에서도 '순을 찾게 된 근본 이유이다.'라고 하였다. 대체로 제요의 뜻은 순을 백규의 자리에 앉히려는 것이었다.】

馬云: "胤, 嗣也。" 鄭云: "帝堯胤嗣之子, 名曰丹朱, 開明也。"【見《史》注】 ○梅云: "胤, 國。子, 爵。朱, 名。"【疏云: "〈顧命〉, 陳寶, 有胤之舞衣。

85 「고요모」의 '함약시(咸若時)': 「고요모」 제2장에 皐陶曰: "都. 在知人, 在安民." 禹曰: "吁. 咸若時, 唯帝其難之."라고 하였는데, 다산의 이 설을 따르면 이때의 "咸若時, 唯帝其難之."도 "그렇게 하기는 제요도 어려워하였다."로 풀이해야 한다.

故知古有胤國也。馬・鄭以爲帝子, 求官而薦太子, 下愚以爲啓明, 求之人情, 必不然矣。"】 ○**案** 僞者, 方撰〈胤征〉'胤侯命掌六師', 故先於此經, 早建一侯也。帝嚳之嗣太子下愚, 而亦嘗登庸, 至於嗣位,【卽帝摯】堯之家法也。先薦太子, 何云不可。

〔胤子〕 마융이 말했다. "'윤(胤)'은 사[嗣 : 잇다, 후사]의 뜻이다." 정현이 말했다. "제요의 뒤를 이을 아들로, 이름이 단주(丹朱)이고 사리에 밝았다."【『사기』「요본기」의 『정의』에 보인다.】 ○매색이 말했다. "'윤(胤)'은 국명이고, '자(子)'는 작호(爵號)이며, '주(朱)'는 이름이다."【소에 "「고명(顧命)」에서 진열한 보물[陳寶] 중에 '윤의 무의[胤之舞衣]'가 있다.[86] 그러므로 옛날에 윤국이 있었음을 알 수 있다. 마융과 정현은 제요의 아들이라고 하였다. 그렇다면 관리를 찾는데 태자를 천거하고 태자가 하우(下愚)한데 계명(啓明)이라고 한 것이 되니, 인지상정으로 보아 그러지는 않았을 것이다."[87]】

○**안** 위서(僞書)를 만든 사람이 「윤정(胤征)」의 '윤후에게 육사를 맡도록 명하였다.[胤侯命掌六師]'[88]라는 내용을 지으려고, 먼저 이

86 「고명(顧命)」에서 …… 있다 : 『상서』「周書・顧命」에 "越玉五重陳寶, 赤刀・大訓・弘璧・琬琰, 在西序, 大玉・夷玉・天球・河圖, 在東序, 胤之舞衣・大貝……"라고 하였다.

87 소에 …… 것이다 : 『상서정의』 소 이 부분의 全文은 다음과 같다. 以放齊擧人對帝, 故知臣名. 爲名爲字, 不可得知. 傳言'名'者, 辨此是爲臣之名號耳, 未必是臣之名也. 夏王仲康之時, 胤侯命掌六師, 「顧命」陳寶有胤之舞衣, 故知古有胤國. '胤'旣是國, 自然'子'爲爵, '朱'爲名也. 馬融・鄭玄以爲'帝之胤子曰朱也.' 求官而薦太子, 太子下愚以爲啓明, 揆之人情, 必不然矣.

88 「윤정(胤征)」의 …… 명하였다.[胤侯命掌六師] : 『고문상서』「윤정」 제1장에 "惟仲康肇位四海, 胤侯命掌六師."라고 하였는데, 다산은 이를 매색의 僞作으로 보아 『상서고훈』에서는 다루지 않았다.

부분의 경문에서 일찌감치 제후 한 사람을 세운 것이다. 제곡의 뒤를 이은 태자가 매우 어리석었지만 또한 등용하고 제위를 잇기에 이른 적이 있으니,【곧 제지(帝摯)이다.】 이는 요의 가법(家法)이다. 먼저 태자를 천거하는 것이 어찌 안 될 일이라고 하겠는가.

梅云: "言不忠信爲'嚚', 又好爭'訟'。"

〔**嚚訟**〕 매색이 말했다. "말이 충신하지 못한 것이 '효(嚚)'이고, 또 다툼을 좋아하는 것이 '송(訟)'이다."

考異 馬本, 訟作庸。【丁度云: "訟音容, 諍也。〈堯典〉嚚訟, 馬本作庸。"】 ○〈堯本紀〉: "堯曰, '誰可順此事?' 放齊曰, '嗣子丹朱開明。' 堯曰, '吁! 頑凶不用。'" ○**鏞案** 《史》云'頑凶'者, 嚚之解也。其云'不用'者, '庸可乎'之釋也。然則'嚚'一字爲句。

고이 마융본에는 '訟'이 '庸'으로 되어 있다.【정도(丁度)가 말했다. "'訟'은 음이 용(容)으로 쟁[諍 : 간하다]의 뜻이다. 「요전」의 '嚚訟'이 마융본에는 '庸'으로 되어 있다."】
○『사기』「요본기」에는 "堯曰, '誰可順此事?' 放齊曰, '嗣子丹朱開明.' 堯曰, '吁! 頑凶不用.'"으로 되어 있다.

○**용안** 『사기』에서 '완흉(頑凶)'이라고 한 것은 '효(嚚)'를 해석한 것이고, '불용(不用)'이라고 한 것은 '용가호(庸可乎)'를 해석한 것이다. 그렇게 되면 '효(嚚)' 한 자로 구를 이루어야 한다.

帝曰 : "疇咨若予采?" 驩兜曰 : "都。共工方鳩僝功。" 帝曰 : "吁! 靜言庸違, 象恭滔天。"【《史記》, 方爲房。朱子云 : "滔天二字衍。"교1)】

교1) 案 衍 : 『주자어류』 권78에는 '羨'으로 되어 있다.

제요가 말했다. "내가 선택하는 뜻에 부응할 수 있는 사람이 누구이겠는가?" 환도가 대답했다. "아, 공공이 잘한 일을 모아 업적을 드러내었습니다." 제요가 말했다. "아, 말은 잘하지만 하는 일은 그 말과 위배되고, 겉모습만 공손하다."【『사기』에는 '方'이 '房'으로 되어 있다. 주자가 말했다. "도천(滔天) 두 글자는 연문이다."[89]】

馬云 : "采, 官也。" 梅云 : "采, 事也。誰能順我事者。" ○梅云 : "都, 歎美辭。" ○鄭云 : "共工, 水官名。【見《史》註】 其人名氏未聞, 先祖居此官, 故以官氏也。"【疏云 : "其人於時居此官。"】 ○梅云 : "鳩, 聚。僝, 見也。" ○馬云 : "僝, 見也。"【疏云 : "每於所在之方, 能聚集善事, 以見其功。"】 ○梅云 : "自爲謨言, 起用行事而違背之。貌象恭敬而心傲狠, 若漫天。" ○蔡云 : "'滔天'二字, 疑有舛誤。" **○鏞案** 采者, 選擇也。堯於命羲·和, 定朞·閏之後, 先求百揆之材, 旣斥放齊之言, 又復咨詢曰'誰能順予采擇之意, 以副此求'也。堯以不得舜爲憂, 首求允釐百工之材。誠得此一人, 則庶績咸熙, 帝將恭己正南面而已。聖人智深而謀明, 專意渴求者, 唯此一人,

89 주자가 …… 연문이다 : 『朱子語類』 권78 「尙書1」에 "'滔天'二字羨, 因下文而誤."라고 하였다.

豈容一問而罷, 汗漫求庶官治事之人哉? '采'者, 選擇也。意堯此時已聞舜名, 咨訪如此, 而放齊阿附於胤子, 驩兜黨比於淫朋。故姑舍此事, 其次治水爲大事, 故詢而命之乃進四岳, 猝降巽位之命。於是群臣震悚, 罔敢蔽賢, 又知帝意之所在, 齊聲薦舜。古今雖邈, 其事機可想見也。

〔疇咨若予采〕 마융이 말했다. "'채(采)'는 관[官 : 관직]의 뜻이다." 매색이 말했다. "'채(采)'는 사[事 : 일]의 뜻이니, '누가 나의 일을 순조롭게 성공시킬 수 있겠는가.'라는 말이다."
〔都〕○매색이 말했다. "'도(都)'는 감탄사이다."
〔共工方鳩僝功〕○정현이 말했다. "'공공(共工)'은 물을 다스리는 관직의 이름이다."【『사기』「요본기」의 『집해』에 보인다.】 "그 사람의 이름과 성은 알려지지 않았지만 선조가 이 관직에 있었기 때문에 관명을 씨(氏)로 삼은 것이다."【소에 "그 사람이 당시에 그 관직에 있었을 것이다."라고 하였다.】[90] ○매색이 말했다. "'구(鳩)'는 취[聚 : 모으다]의 뜻이고, '잔(僝)'은 현[見 : 보이다, 나타내다]의 뜻이다." ○마융이 말했다. "'잔(僝)'은 현(見)의 뜻이다."【소에서 "〈공공은〉 매번 다스리는 지방에서 능히 잘한 일들을 모아서 공적을 드러내었다는 말이다."라고 하였다.】
〔吁 …… 滔天〕○매색이 말했다. "〈공공은〉 스스로 계책을 말하였지만 기용하여 일을 행하게 하자 그 말과 위배되었다. 겉모습은

90 그 사람의 …… 하였다 : 공안국은 "공공은 관명이다.[共工官稱]"라고 하였는데 정현은 "선조가 이 관직에 있었다."라고 하였다. 이에 대해 『상서정의』에서 "帝 앞에서 사람을 일컬으면서 먼저 선대의 관명을 말하였을 리는 없다. 공안국이 곧바로 '관칭'이라고 한 것을 보면 그 사람이 당시 그 관직에 있었을 것이다."라고 하였다. 『상서정의』 해당 부분의 원문은 다음과 같다. 「舜典」命垂作共工, 知共工是官稱. 鄭以爲'其人名氏未聞, 先祖居此官. 故以官氏也.' 計稱人對帝, 不應舉先世官名, 孔直云官稱, 則其人於時居此官也.

공경스럽지만 마음은 오만하고 사나워서 하늘을 모독하듯 했다는 말이다." ○채침이 말했다. "'도천(滔天)' 두 글자는 착오가 있는 듯하다."[91]

○용안 '채(采)'란 선택[選擇 : 가려서 뽑다]의 뜻이다. 요가 희씨와 화씨에게 명하여 기(朞)와 윤(閏)을 정한 뒤에 먼저 백규의 재목을 구하였는데, 방제(放齊)의 말을 물리치고나서 다시 '누가 가려서 뽑는 나의 마음을 잘 따라주어 이렇게 구하는 뜻에 부응할 수 있겠는가?'라고 자문(諮問)한 것이다. 요는 순을 얻지 못함을 근심하여 먼지 백관을 질 다스릴 새목을 구하였다. 진실로 이 한 사람을 얻는다면 모든 일이 다 잘 이루어져 제요는 장차 임금의 자리에서 자신을 잘 단속하기만 하면 될 것이다. 성인은 지혜가 깊고 계책이 분명한데 온 마음으로 간절히 구하는 것은 오직 이 한 사람뿐이었다. 그런데 어찌 한 번 묻고는 그만 두고 서관(庶官)으로서 일을 다스릴 사람을 구할 수 있겠는가?

'채(采)'란 선택한다는 뜻이다. 생각건대 요는 이때 이미 순의 이름을 들었기 때문에 이렇게 물은 것인데, 방제는 윤자(胤子)에게 아부하고 환도는 삿된 무리와 붕당을 지었다. 그래서 우선 이 일을 놓아두고, 그 다음으로 치수(治水)가 큰일이었으므로 묻고는, 드디어 사악(四岳)을 나아오도록 명하여 갑자기 손위(巽位)하겠다는 명을 내린 것이다. 이에 여러 신하들이 놀라고 두려워하여 아무도 감히 어진 사람을 숨기지 못하고, 또 제요의 뜻이 어디에 있는지를

91 '도천(滔天)' …… 듯하다 : 『서집전』에서 "滔天二字, 未詳. 與下文相似, 疑有舛誤."라고 하였다.

알게 되어 한 목소리로 순을 천거한 것이다. 옛날과 지금이 비록 아득히 멀지만 그 일의 미묘한 상황은 상상해볼 수 있다.

考異 《古文》, 驩兜或作鴅吺。【韓愈〈遠游〉聯句 : “開弓射鴅吺。” 朱註云 : “《古文尚書》, 驩兜作鴅吺。” ○本出東方朔《神異經》】 ○《說文》, ‘方鳩僝功’作‘旁逑孱功’。【又或作‘旁救’】 薛本作匚逑孱珍。 ○《漢書》引《書》云 : “靖言庸違。”【《三國志》作靖譖庸回。見〈陸遜傳〉】

고이 『고문상서』에는 ‘驩兜’가 ‘鴅吺’로 되어 있는 곳이 더러 있다.【한유(韓愈)의 「원유(遠游)」 연구(聯句)에 “開弓射鴅吺(개궁사환도)”라고 하였는데, 주희의 주에서 “『고문상서』에는 ‘驩兜’가 ‘鴅吺’로 되어 있다.”라고 하였다. ○본래는 동방삭(東方朔)의 『신이경(神異經)』에서 나왔다.】
○『설문해자』에는 ‘方鳩僝功’이 ‘旁逑孱功’으로 되어 있다.【또 ‘旁救’로 되어 있는 곳도 있다.】 설계선본에는 ‘匚逑孱珍’으로 되어 있다.
○『한서』에서 『상서』를 인용하며 “靖言庸違”라고 하였다.【『삼국지』에는 ‘靖譖庸回’로 되어 있다. 「육손전(陸遜傳)」에 보인다.】

考證 〈舜本紀〉, 堯又曰 : “誰可者?” 驩兜曰 : “共工旁聚布功, 可用。” 堯曰 : “共工善言, 其用僻, 似恭漫天, 不可。”

고증 『사기』「순본기」에 다음과 같이 기록되어 있다. 요가 또 묻기를 “누가 좋겠는가?”라고 하니, 환도가 대답하기를 “공공이 널리 사람을 모아 공적이 뚜렷하니 등용할 만합니다.”라고 하였다. 그러자 요가 말했다. “공공은 말은 잘하지만 마음씀씀이가 사벽하여 〈죄가〉 하늘까지 뻗쳤으니 불가하다.”

帝曰："咨四岳, 湯湯洪水方割, 蕩蕩懷山襄陵, 浩浩滔天。下民其咨, 有能俾乂。" 僉曰："於。鯀哉!" 帝曰："吁! 咈哉。方命圯族。" 岳曰："异哉, 試可乃已。" 帝曰："往欽哉。" 九載績用弗成。【鄭本, 岳作嶽。《說文》, 鯀爲鮌。薛本, 作骸】

제요가 말했다. "아, 사악아, 넘실거리는 큰물이 해를 끼치고 있다. 까마득히 흘러넘쳐 산을 에워싸고 언덕으로 솟구치며 도도하게 하늘까지 뻗쳤다. 백성들이 탄식하고 있으니 할 수 있는 자가 있으면 다스리게 하겠다." 여럿이 대답했다. "아, 곤이 할 수 있습니다." 제요가 말했다. "아, 그는 도리에 어긋난 사람이다. 명을 어기고 무리를 해칠 것이다." 사악이 대답했다. "그만두더라도 시험해 보고나서 그만두어야 합니다." 제요가 〈곤에게〉 말했다. "가서 공경히 임무를 수행하라." 그러나 9년 동안 실적을 평가하였지만 〈곤은〉 공을 이루지 못하였다.【정현본에는 '岳'이 '嶽'으로 되어 있다. 『설문해자』에는 '鯀'이 '鮌'으로 되어 있고, 설계선본에는 '骸'으로 되어 있다.】

鄭云："四岳, 四時之官, 主四岳之事。【一作主方嶽之事】 始羲·和之時, 主四岳者謂之四伯,【據〈周語〉】 至其死, 分岳事置八伯,【《書大傳》見下】 皆王官。其八伯唯驩兜·共工·放齊·骸四人而已, 具餘四人, 無文可知。"【見《周禮》賈序】 ○又鄭云："堯既分陰陽爲四時, 命羲仲·和仲·羲叔·和叔等, 爲主方岳之事, 是謂四岳。"【陶潛〈聖賢群輔錄〉】 ○梅云："四岳卽上羲·和之四子, 分掌四岳之諸侯。"【疏云："馬·鄭以爲羲·和皆死。今仍得在者, 以羲·和世掌天地, 自當父子相承。"】 ○蔡云："四岳, 官名, 一人而總四岳

諸侯之事也。"【朱子曰: "'堯咨四岳巽朕位, 不成堯以天下與四人也, 四岳爲一人。"】

○**鏞案** 鄭義非也。鄭前以羲伯·和伯掌天官稷·地官司徒, 則此二人當是大臣。二仲·二伯, 分居四嶽, 其職卑矣。二伯何衰, 唯四弟獨存乎? 雖其子嗣承襲, 此二家皆亡, 彼四家皆全, 非理也。總之, 朱子之說, 明白痛快。堯不可讓天下於四人, 則四岳者一人也。

〔四岳〕 정현이 말했다. "사악은 사시를 맡은 관원으로서 사악의 일을 주관하였다.【어떤 책에는 '주방악지사[主方嶽之事: 방악의 일을 주관하였다.]'로 되어 있다.[92]】 처음 희(羲)와 화(和)의 시대에는 사악을 주관하는 사람을 사백(四伯)이라고 하였고,【『국어』「주어(周語)」에 근거한 것이다.[93]】 그들이 죽자 사악의 일을 나누어서 팔백을 두었는데【『상서대전』의 내용으로, 뒤에 보인다.】 그들 모두 왕의 관리이다. 그 팔백 중에 오직 환도(驩兜)·공공(共工)·방제(放齊)·곤(鯀) 네 사람만 알려졌고, 나머지 네 사람에 대해서는 알 수 있는 문헌이 없다."【『주례주소』 가공언의 서에 보인다.】 ○또 정현이 말했다. "요가 음양을 구분하여 사시를 정하고나서 희중·화중·희숙·화숙 등에게 방악(方岳)의 일을 주관하도록 명하고는 이들을 사악이라고 하였다."【도잠(陶潛)의 「성현군보록(聖賢群輔錄)」에 보인다.】 ○매색이 말했다. "사악은 위에 나온 희·화의 네 아들로, 사악을 나누어 맡은 제후들이다."【소에서 "마융과 정현은 '희·화는 모두 죽었다.'라고 하였고, 〈공안국은〉 '지금 그대로 자리에 있을 수 있는 것은 희씨와 화씨가 대대로 천지의 일을

92 어떤 …… 있다: 『사기』 권1 「오제본기」 중 "嗟, 四嶽 ……" 구에 대해 『集解』에서 정현의 주를 인용하면서 "四嶽, 四時官, 主方嶽之事."라고 하였다.

93 『국어』 …… 것이다: 『국어』 권3 「주어」 하에 '一王四伯'이란 말이 있는데, 韋昭의 주에 "一王, 謂禹. 四伯, 謂四嶽也, 爲四嶽伯, 故稱四伯.…… 四嶽, 共工從孫."이라고 하였다.

관장하여 본래부터 부자가 서로 계승하였기 때문일 것이다.'라고 하였다."[94]】

○채침이 말했다. "사악은 관직명으로, 한 사람이 사악에 있는 제후의 일을 총괄한 것이다."【주자가 말했다. "요가 사악을 불러 '나의 지위를 선양하겠다.'라고 하였는데, 요가 천하를 네 사람에게 준다는 것은 말이 되지 않는다. 사악은 한 사람이다."[95]】

○**용안** 정현의 해석은 틀렸다. 정현이 앞에서는 희백·화백이 천관(天官)인 직(稷)과 지관(地官)인 사도(司徒)를 맡았다고 하였으니[96] 이 두 사람은 당연히 대신이다. 이중(二仲)과 이백(二伯)[97]은 사악을 나누어 맡았고 그 직책이 낮았다. 그런데 이백의 집안은 어째서 쇠퇴하고 네 아우의 집안만이 남았단 말인가? 비록 그 자손들이 세습하였다고 하더라도 이 두 집안은 모두 망하고 저 네 집안은 모두 보전되었다는 것은 이치에 맞지 않는다. 종합하면 주자의 주장이 명백하고 통쾌하다. 요가 네 사람에게 천하를 선양(禪

94 소에서 …… 하였다 : 이 부분이 『상서정의』 공영달의 소에는, 馬·鄭以爲 : "羲·和皆死." 孔以爲 : "四岳卽是羲·和, 至今仍得在者, 以羲·和世掌天地, 自當父子相承, 仲叔之身皆悉在也."로 되어 있다. 그런데 저본의 인용문에서는 중간의 '孔以爲'가 생략되어 공영달의 생각을 정현과 마융의 말로 오해할 소지가 있으므로 그 부분을 보충하여 번역하였다.

95 주자가 …… 사람이다 : 『朱子語類』 권78 「尙書1·堯典」에 보인다. 원문은 다음과 같다. 問 : "四岳是十二牧之長否?" 曰 : "「周官」言'內有百揆·四岳', 則百揆是朝廷官之長, 四岳乃管領十二牧者. 四岳通九官, 十二牧爲二十有二人, 則四岳爲一人矣. 又堯咨四岳以'汝能庸命巽朕位', 不成堯欲以天下與四人也."

96 정현이 …… 하였으니 : 이와 관련된 논의는 『상서고훈』 01.요전 상-03 '乃命羲·和'에 대한 諸說에 보인다.

97 2백(伯) : 전후 내용으로 보아 여기 伯은 叔이어야 할 듯하다. 규장각본 『尙書知遠錄』의 '以二仲二叔爲四岳, 此本鄭玄之說'과 '分命羲仲, 宅嵎夷, 曰暘谷' '分命和仲, 宅西, 曰昧谷' '申命羲叔, 宅南交' '申命和叔, 宅朔方, 曰幽都' 참조.

讓)할 수는 없으니 사악이란 한 사람이다.

考證《書大傳·虞傳》云:"唯元祀,【鄭注云:"元祀者, 除堯喪, 舜卽眞之年。"】巡守四岳·八伯。"【見《周禮》賈序】 鄭註云:"舜格文祖之年, 堯始以羲·和爲六卿。春夏秋冬者, 幷掌方岳之事, 是爲四岳, 出則爲伯。其後稍死, 驩兜·共工求代, 乃置八伯。"【亦賈序】 ○孔穎達云:"《書傳》雖出自伏生, 聞諸先達。〈虞傳〉雖說〈舜典〉之四岳, 尙有羲伯·和伯, 是仲·叔子孫, 世掌岳事也。" ○**鏞案** 伏生謂巡守四嶽者, 巡至四方之山嶽也。八伯者, 冀州有牧而無伯, 其餘八州, 皆有方伯, 此之謂八伯。【見〈王制〉】未必羲·和是四岳也。

고증 『상서대전』「우전(虞傳)」에 "원사(元祀)에【정현의 주에 "원사란 요의 상(喪)을 마치고 순이 즉위한 해이다."라고 하였다.】 사악과 팔백을 순수하였다."【『주례주소』 가공언의 서에 보인다.】라고 하였는데, 정현의 주에서 이렇게 말했다. "순이 문조(文祖)에 나아간 해에 요가 처음으로 희와 화를 육경으로 삼았다. 춘·하·추·동을 맡은 사람이 방악(方岳)의 일까지 함께 맡았는데 이들이 사악으로서 지방으로 나가면 백이 된다. 그 뒤 점차 그들이 죽고 환도와 공공이 후임이 되고자 하였으므로 마침내 팔백을 두게 된 것이다.[98]【역시 가공언의 서에 보인다.】

○공영달이 말했다. "『상서대전』은 비록 복생에게서 나왔지만 선현

98 『상서대전』…… 것이다: 이 내용 전부가 『周禮注疏』 賈公彦의 序에 보인다. 원문은 다음과 같다. 案『尙書傳』云: "惟元祀, 巡狩四岳·八伯." 注云: "舜格文祖之年, 堯始以羲·和爲六卿, 春夏秋冬者, 幷掌方岳之事, 是爲四岳, 出則爲伯. 其後稍死, 驩兜·共工求代, 乃置八伯. 元祀者, 除堯喪舜卽眞之年."

들에게 들은 것이다. 「우전」에서 비록 「순전」의 사악을 말하였지만 아직 희백과 화백이라는 관직이 있었으니,[99] 이들은 희중·화중 및 희숙·화숙의 자손들로서 대대로 방악의 일을 관장한 것이다."[100]

○**용안** 복생은 '순수사악(巡守四嶽)이란 순행하여 사방의 산악에 이른 것이다. 팔백이란, 기주(冀州)에는 목(牧)이 있고 백(伯)이 없으며, 그 나머지 8개 주에는 모두 방백이 있었으므로 그들을 팔백이라고 한 것이다.'라고 여겼다.【『예기』「왕제」에 보인다.[101]】 반드시 희씨와 화씨가 사악인 것은 아니다.

考證 〈周語〉, 太子晉曰: "伯禹釐改。【節】 共之從孫四岳佐之。【韋昭云: "共工昆弟之孫也。四岳, 官名, 主四岳之祭, 爲諸侯伯。"】 賜姓曰姒, 氏曰有夏, 胙四岳國, 命爲侯伯,【韋昭云: "堯以四岳佐禹有功, 封於呂, 使長諸侯。"】 賜姓曰姜, 氏曰有呂。【韋昭云: "姜, 四岳之先, 炎帝之姓也。炎帝世衰, 其後變易, 至四岳有德, 帝復賜之祖姓, 使紹炎帝之後。"】 此一王四伯, 皆亡王之後,【韋昭云: "爲四岳伯, 故稱四伯。"】 申·呂雖衰, 齊·許猶在。【韋昭云: "商·周之世, 或封於申,

---

99 희백과 …… 있었으니: 『상서』「夏書·胤征」에 "惟仲康肇位四海, 胤侯命掌六師, 羲·和廢厥職, 酒荒于厥邑, 胤后承王命徂征." 등의 내용이 보인다.

100 공영달이 …… 것이다: 孔穎達의 말은 『尙書正義』 권1에 보인다. 『상서정의』에는 '聞諸先達' 앞에 '其常'이 더 있다.

101 『예기』「왕제」에 보인다: 『예기』「왕제」 원문에는 인용문과 같은 내용은 보이지 않는다. 다만 "千里之外設方伯. 五國以爲屬, 屬有長. 十國以爲連, 連有帥. 三十國以爲卒, 卒有正. 二百一十國以爲州, 州有伯. 八州, 八伯, 五十六正, 百六十八帥, 三百三十六長. 八伯各以其屬屬於天子之老二人, 分天下以爲左右, 曰二伯." 부분의 疏에 按『鄭志』注『尙書』爲八伯, 張逸問云: "九州而八伯者, 何?" 鄭答云: "畿內之州不置伯, 有鄕遂之吏主之." 伯卽牧也.라고 한 내용이 보인다.

齊·許。"】" ○〈鄭語〉, 史伯云: "姜, 伯夷之後也。"【韋昭云: "伯夷, 堯秩宗, 炎帝之後, 四岳之族也。"】 ○《左傳》,【隱十一】 鄭伯曰: "許, 大岳之後也。"【杜云: "大岳, 神農之後, 四岳也。"】 ○《世本》云: "祝融曾孫生伯夷, 封于呂, 爲堯四岳。" **○鏞案** 歷考四岳之世繫, 無以四岳爲羲·和之二仲·二伯者, 不知鄭註何據而如彼也。堯之四岳旣薦鯀, 又佐禹治水, 亦未必然。四岳, 官名, 唐·虞之際, 居是官者, 非止一人, 遠古之事, 不可詳也。

고증 『국어』「주어(周語)」에 다음의 내용이 있다. 태자 진(晉)이 말했다. "백우(伯禹)가 바로잡아 고쳤습니다.【중략】 공공(共工)의 종손(從孫)인 사악이 도왔습니다.【위소(韋昭)가 말했다. "공공의 형제의 자손들이다. 사악은 관명으로 사악의 제사를 주관하며 제후의 우두머리가 된다."】〈우에게〉 성을 사(姒)로, 씨(氏)를 유하(有夏)로 내려주었습니다. 사악에게 나라를 봉해주어 제후의 우두머리가 되도록 명하고,【위소가 말했다. "요가 사악에게 우를 도운 공이 있다고 여겨 여(呂)에 봉하고 제후의 우두머리가 되게 한 것이다."】 성을 강(姜)으로, 씨를 유려(有呂)로 내려주었습니다.【위소가 말했다. "강(姜)은 사악의 선조인 염제(炎帝)의 성이다. 염제의 후손들이 쇠미하였는데 그 뒤 바뀌어 사악 때에 와서 덕을 지녔으므로 제요가 다시 선조의 성을 내려주어 염제의 뒤를 잇게 한 것이다."】 이 일왕(一王)과 사백(四伯)은 모두 망왕(亡王)[102]의 후예들인데【위소가 말했다. "사악의 백이므로 사백이라고 칭한 것이다."】 신(申)과 여(呂)는 비록 쇠망하였지만 제(齊)와 허(許)는 아직 남아 있습니다."【위소가 말했다. "상(商)·주(周)

102 망왕(亡王): 『국어』 韋昭의 주에, "망왕의 후예란, 禹는 鯀의 아들인데 우가 郊祭를 지내면서 곤을 왕으로 追崇하였고, 四岳은 공공의 종손인데 공공이 제후들을 침범하여 스스로 왕이 되었으니, 모두가 무도하여 망하였음을 말한다.[亡王之後. 禹, 鯀之子, 禹郊鯀而追王之也, 四嶽, 共工從孫, 共工侵陵諸侯以自王, 言皆無道而亡]"라고 하였다.

시대에 누군가 신에 봉해졌을 것이다. 제 · 허 또한 그 종족이다."[103]】

○『국어』「정어(鄭語)」에 다음의 내용이 보인다. 사백(史伯)이 말했다. "강씨는 백이(伯夷)의 후예입니다."【위소가 말했다. "백이는 요의 질종(秩宗)[104]이며 염제의 후예로서 사악의 종족이다."】

○『춘추좌씨전』【은공 11년】에 다음의 내용이 보인다. 정백(鄭伯)이 말했다. "허는 대악(大岳)의 후예이다."[105]【두예(杜預)가 말했다. "대악은 신농의 후예로서 사악이다."】

○『세본(世本)』[106]에 "축융(祝融)의 증손이 백이를 낳자 여에 봉하고 요의 사악으로 삼았다."라고 하였다.

○**용안** 사악의 세계(世系)를 두루 살펴보았지만, 사악을 희 · 화의 이중(二仲) · 이백(二伯)[107]이라고 한 곳은 없는데 정현의 주에서는 무엇을 근거로 그렇게 말하였는지 모르겠다. 요의 사악이 곤을 천

---

103 상(商) · 주(周) …… 종족이다 : 『국어』 위소의 주에 "申 · 呂, 四嶽之後, 商 · 周之世或封於申, 齊 · 許亦其族也."라고 하였다. 그런데 저본의 인용 부분에는 '許' 뒤의 '亦其族也'가 생략되어 신 · 제 · 허에 봉해진 것처럼 읽힌다. 여기서는 그 부분을 살려서 번역하였다.

104 질종(秩宗) : 郊廟의 제사나 禮樂을 담당하는 관직이다.

105 『춘추좌씨전』에 …… 후예이다 : 『춘추좌씨전』에는 "夫許, 大岳之胤也."라고 되어 있다.

106 『세본(世本)』 : 『한서』「藝文志」에 따르면 劉向이 撰한 책 중에 '옛날 사관이 黃帝 이래 춘추 때까지의 제후와 대부에 대해 기록한 『세본』 15편[世本十五篇. 古史官記黃帝以來訖春秋時諸侯大夫]'이 있다고 하였고, 『隋書』「經籍志」에 劉向이 찬한 『세본』 2권과 宋衷이 찬한 『세본』 4권이 있다고 하였으나 전하지 않고, 청나라 때 輯逸된 책이 있다.

107 이백(二伯) : 앞에서 又鄭云 : "堯既分陰陽爲四時, 命羲仲 · 和仲 · 羲叔 · 和叔等, 爲主方岳之事, 是謂四岳."이라고 한 내용을 볼 때 여기 '伯'은 '叔'의 誤記인 듯하다.

거하고나서 또 우의 치수를 도왔다는 것도 확실하지 않다. 사악은 관명으로 당·우 시대에 이 관직에 있었던 사람이 한두 명이 아니었겠지만 먼 옛날의 일이라 상세히 알 수 없다.

梅云: "割, 害也。懷, 包。襄, 上也。"【蔡云: "襄, 駕出其上也。"】

〔湯湯 …… **襄陵**〕 매색이 말했다. "'할(割)'은 해[害: 해치다]의 뜻이고, '회(懷)'는 포[包: 에워싸다][108]의 뜻이며, '양(襄)'은 상[上: 오르다]의 뜻이다."【채침이 말했다. "양(襄)은 그 위를 타넘는다는 뜻이다.[駕出其上也]"】

馬云: "鯀, 臣名, 禹父。【見《史》注】 方, 放也。" ○梅云: "咈, 戾。圮, 毁。族, 類也。异, 已也,【徐云: "鄭音異, 王音怡。"】 退也。言唯鯀可試, 無功乃退。" ○馬云: "堯以大聖, 知時運當然, 人力所不能治。下民其咨, 亦當屈己之是, 從人之非, 遂用於鯀。" **○鏞案** 古書每云'堯有九年之水, 湯有七年之旱', 水患不止於九年也。此云'九載績用弗成'者, 堯·舜之法, 三載考績, 三考黜陟幽明, 三經三考, 則猶委任以責成。法制一定, 雖衆言崩騰, 莫之小撓, 至其敗黜而後, 殛之勿赦。此帝王任人責功之大經大法, 不可違也。

〔鯀哉 …… **弗成**〕 마융이 말했다. "곤(鯀)은 신하의 이름으로 우의 아비이다.【『사기』「요본기」의 『집해』에 보인다.】 '방(方)'은 방[放: 버리다·폐기하다]의 뜻이다." ○매색이 말했다. "'불(咈)'은 려[戾: 도리에 어긋나다]의 뜻이고, '비(圮)'는 훼[毁: 훼손하다, 파괴하다]의 뜻이

---

108 포[包: 에워싸다]: 『水經注』「河水」의 "河水分流, 包山而過."라고 한 데에서 뜻을 취하여 '포위하다, 에워싸다'의 뜻으로 풀이하였다.

고, '족(族)'은 류[類 : 무리]의 뜻이다. '이(异)'는 이[已 : 그만두다]의 뜻이고,【서개(徐鍇)가 말했다. "정현은 거성(去聲)인 '이(異)', 왕숙은 평성(平聲)인 '이(怡)'로 읽었다."】 퇴[退 : 물리치다]의 뜻이다. 곤만은 시험해볼 만하니, 공이 없으면 물리쳐야 한다는 말이다."[109] ○마융이 말했다. "요는 대성인으로서 시운(時運)이 그러하므로 인력으로 다스릴 수 없는 일임을 알았다. 하지만 백성들이 탄식하니 그 또한 걱정해야 할 일이므로 자신의 옳은 생각을 굽히고 다른 사람의 그릇된 생각을 따라주어 드디어 곤을 등용한 것이다."[110]

○용안 고서(古書)에서는 매양 '요의 시대에 9년간의 홍수가 있었고, 탕의 시대에 7년간의 가뭄이 있었다.'라고 하지만, 홍수의 근심이 9년에 그치지는 않았을 것이다. 여기에서 '구재적용불성(九載績用弗成)'이라고 한 것은, 요·순 시대의 법은 3년마다 고적(考績)하고 세 번 고적하여 무능한 사람을 내쫓고 현명한 사람을 올려주었기 때문이다. 3년마다 하는 고적을 세 차례 거치고나면 그대로 맡겨서 공을 이루도록 책임을 지운다. 법제가 일관되게 정해져 있으므로 비록 여러 사람이 분분하게 말을 해도 조금도 흔들리지 않지만, 실패하여 내쫓을 상황에 이르면 죽이고 용서하지 않는다. 이것

---

109 '이(异)'는 …… 말이다 : 경문의 岳曰 : "异哉. 試可乃已."에 대한 설명으로, 『상서정의』의 傳에 보인다. 원문은 다음과 같다. 异, 已也, 退也. 言'餘人盡已, 唯鯀可試, 無成乃退.'○异, 徐云 : "鄭音異, 孔王音怡."

110 마융이 …… 것이다 : 『상서정의』 원문은 禹稱'帝德廣運乃聖乃神', 夫以聖神之資, 聰明之鑒, 旣知鯀性很戾, 何故使之治水者? 馬融云 : "堯以大聖, 知時運當然, 人力所不能治. 下民其咨, 亦當憂勞, 屈己之是, 從人之非, 遂用於鯀."인데, 저본의 인용문에는 "亦當憂勞, 屈己之是" 중 憂勞가 빠져 있어 전후 의미가 통하지 않으므로 이를 보충하여 번역하였다.

은 제왕이 사람을 임용하여 공을 이루도록 책임을 지우는 대경대법(大經大法)으로, 어길 수 없는 것이다.

考異 《史記》洪水或作鴻水。【〈夏本紀〉】 ○《漢書・地理志》, 懷山作褱山。○《說文》, 俾乂作俾嬖。【與乂同, 薛本同】 ○《漢書・傅喜傳》, 方命作放命。【應劭云 : "放, 棄也。"】 ○金云 : "方, 始也。"【始命時, 卽敗群自用】

고이 『사기』에는 '洪水'가 '鴻水'로 되어 있는 곳이 더러 있다.【「하본기(夏本紀)」에 보인다.[111]】
○『한서』「지리지」에는 '懷山'이 '褱山'으로 되어 있다.
○『설문해자』에는 '俾乂'가 '俾嬖'로 되어 있다."【乂와 같다. 설계선본도 같다.】
○『한서』「부희전(傅喜傳)」에는 '方命'이 '放命'으로 되어 있다."【응소(應劭)가 말했다. "'방(放)'은 기[棄 : 버리다]의 뜻이다."】
○김이상이 말했다. "'방(方)'은 시[始 : 처음]의 뜻이다."【처음 명을 받았을 때에 즉시 여러 사람을 해치고 제 마음대로 하였다는 말이다.】

考異 〈堯本紀〉, 堯曰 : "鯀負命毁族。" 嶽曰 : "异哉。試不可用而已。" ○〈夏本紀〉, 四嶽曰 : "等之, 未有賢於鯀者, 願帝試之。"

고이 『사기』「요본기」에는 堯曰 : "鯀負命毁族." 嶽曰 : "异哉. 試不可用而已."로 되어 있다.

---

111 「하본기(夏本紀)」에 보인다 : 『사기』「夏本紀」에 "當帝堯之時, 鴻水滔天, 浩浩懷山襄陵" "禹曰, 鴻水滔天, 浩浩懷山襄陵, 下民皆服於水."라고 하였다. 또 「五帝本紀」에도 "四嶽擧鯀治鴻水, 堯以爲不可"라고 하여 '鴻水'로 쓴 부분이 있다.

○『사기』「하본기」에는 四嶽曰："等之, 未有賢於鯀者, 願帝試之."로 되어 있다.

考證 〈周語〉云：穀・洛鬪, 王欲壅之。【周靈王】 太子晉諫曰："古之長民者, 不墮山不防川。疏爲川谷, 以導其氣, 陂唐汚庳, 以鍾其美。昔共工棄此道也, 壅防百川, 墮高堙庳, 以害天下。皇天弗福, 共工用滅。其在有虞, 有崇伯鯀, 播其淫心, 稱遂共工之過, 堯用殛之於羽山。" ○〈祭法〉云："鯀鄣鴻水而殛死。" ○**鏞案** 鯀蓋障水以敗事也。

고증 『국어』「주어(周語)」에 다음과 같은 내용이 있다. 곡수(穀水)와 낙수(洛水)가 싸우자[112] 왕【주 영왕(周靈王)이다.】이 곡수를 막으려고 하였다. 그러자 태자 진(晉)이 간하였다. "옛날의 임금들은 산을 허물지 않고 물의 흐름을 막지 않았습니다. 물의 흐름을 소통시켜 내와 골짜기를 만들어 기를 통하게 하고 낮은 곳에 웅덩이를 만들어 물을 모아 마르지 않게 하였습니다. 그런데 옛날 공공이 이 방법을 버리고 모든 물의 흐름을 막아 높은 곳을 허물고 낮은 곳을 메워서 천하에 해를 끼쳤습니다. 그러므로 황천이 복을 내리지 않아 공공이 멸망한 것입니다. 유우(有虞) 때에 종백(崇伯)인 곤(鯀)이 방만한 생각으로 공공의 잘못을 고스란히 이어받았으므로 요가 그를 우산(羽山)에서 죽인 것입니다."

112 곡수(穀水)와 …… 싸우자：『국어』 위소의 주에, 洛水는 王城의 남쪽, 穀水는 북쪽에 있는 물로 모두 동쪽으로 흘러 瀍水로 들어가는데, 靈王 때에 곡수가 넘쳐 왕성의 서쪽으로 나갔다가 남쪽으로 흘러 낙수와 합류하여 왕성의 서남쪽을 무너뜨리고 왕궁까지 침범하며 두 물이 격렬하게 부딪치는 모습이 서로 싸우는 것 같았다고 하였다.

○『예기』「제법(祭法)」에 "곤은 홍수를 막다가 주벌을 받아 죽었다."라고 하였다.

○용안 곤은 아마 물을 막았기 때문에 일을 망쳤을 것이다.

01. 요전상 - 12

帝曰 : "咨四岳, 朕在位七十載, 汝能庸命, 巽朕位。" 岳曰 : "否德, 忝帝位。" 曰 : "明明, 揚側陋。" 師錫帝曰 : "有鰥在下, 曰虞舜。"

제요가 말했다. "아, 사악아, 내가 제위에 오른 지 70년이나 되었다. 네가 천명을 잘 따르니 나의 자리를 양보하겠다." 사악이 말했다. "덕이 부족하여 제위를 욕되게 할 것입니다." 제요가 말했다. "현달한 지위에 있는 사람을 밝게 드러내고, 미천한 사람을 천거하라." 여럿이 함께 제요에게 대답했다. "백성 중에 홀아비가 있는데 우순이라고 합니다."

馬云 : "朕, 我也。" ○梅云 : "堯年十六, 以唐侯升爲天子, 在位七十年, 則時年八十六。"【疏云 : "蓋踰年改元。"】 ○馬云 : "巽, 讓也。"【金云 : "巽, 入也。使入居帝位。"】 ○鄭云 : "言女諸侯之中, 有能順事用天命者, 入處我位,【巽, 入也】 統治天子之事者乎?"【見《史》注】 ○梅云 : "否, 不。忝, 辱也。" ○孔疏云 : "明[교1)]擧其明德之人於僻隱鄙陋之處, 何必在位之人。"[교2)]【蔡云 : "明, 謂已在顯位。側陋, 微賤之人。"】 ○梅云 : "師, 衆。錫, 與也。無妻

曰鰥。"【疏云:"愁悒不寐, 目恒鰥鰥然, 如魚目恒不閉。"】○馬云:"舜, 謚也。舜死後賢臣錄之, 臣子爲諱, 故變名言謚。"○鄭云:"若堯知命在舜, 舜知命在禹, 猶求於群臣, 擧於側陋, 上下交讓, 務在服人。孔子曰'民可使由之, 不可使知之', 此之謂也。"【《六藝論》, 見《正義》】○金云:"虞幕爲始封之君。"【義詳下】○**鏞案** 鄭康成誤以四岳爲羲・和等四人。至'汝能庸命, 巽朕位'之句, 解釋極難, 爲天位不可讓之於四人也。一誤再誤, 强解如此。【言女諸侯之中】明明之義, 梅不如蔡。且舜, 一字名也。馬說非。

교1) 案明:『상서정의』의 소에는 뒤에 '白'이 더 있다.
교2) 案人:『상서정의』의 소에는 '臣'으로 되어 있다.

〔朕在位 …… 巽朕位〕마융이 말했다. "'짐(朕)'은 아[我:나]의 뜻이다." ○매색이 말했다. "요는 16세에 당후(唐侯)에서 천자로 등극하여 재위 70년이 되었으니, 당시 나이는 86세였다."【소에서 "아마 유년개원(踰年改元)하였을 것이다."라고 하였다.】○마융이 말했다. "'손(巽)'은 양[讓:양보하다]의 뜻이다."【김이상이 말했다. "'손(巽)'은 입[入:들어오다]의 뜻으로 들어와서 제위에 앉게 하겠다는 말이다."】○정현이 말했다. "'너희 제후들 가운데 사리를 따르고 천명을 받들 수 있는 사람으로서 들어와 나의 자리에 앉아서【손(巽)을 입(入)으로 풀이한 것이다.】천자의 일을 통치할 수 있는 사람이 있는가?'라는 뜻이다."【『사기』「요본기」의 『집해』에 보인다.】

〔否德, 忝帝位〕○매색이 말했다. "'부(否)'는 불(不)의 뜻이다. '첨(忝)'은 욕[辱:욕되게 하다]의 뜻이다."

〔明明, 揚側陋〕○공영달의 소에 "'명(明)'은 후미지고 낮은 곳에 있으면서 밝은 덕을 가진 이를 천거하라는 말이다. 어찌 굳이 높은

자리에 있는 사람이어야 하겠는가?"라고 하였다.【채침이 말했다. "〈뒤의〉 '명(明)'은 이미 현달한 자리에 있는 사람을 말하고, '측루(側陋)'는 미천한 사람을 말한다."】

〔師錫 …… 虞舜〕○매색이 말했다. "'사(師)'는 중[衆 : 대중]의 뜻이다. '석(錫)'은 여[與 : 주다]의 뜻이다. 아내가 없는 사람을 '환(鰥)'이라고 한다."【소에서 "시름 때문에 잠들지 못하여 눈이 항상 퀭한 것이 마치 물고기 눈처럼 늘 감기지 않는 것이다."라고 하였다.】 ○마융이 말했다. "순(舜)은 시호[諡]이다. 순이 죽은 다음 현신(賢臣)들이 그에 대해 기록하면서 신하가 그를 위해 휘(諱)하였으므로 이름을 바꾸어 시를 말한 것이다." ○정현이 말했다. "요는 천명이 순에게 있음을 알고, 순은 천명이 우에게 있음을 알았다. 그런데도 오히려 신하들에게 묻고 후미지고 낮은 데서 천거하게 하여 상하가 서로 사양하는 것처럼 한 것은, 모쪼록 사람들이 승복하게 하려고 해서였다. 공자가 '백성은 따르게 할 수는 있어도 알게 할 수는 없다.'라고 한 것이 이를 두고 한 말이다."【『육예론(六藝論)』의 내용으로 『상서정의』에 보인다.】 ○김이상이 말했다. "우막(虞幕)은 처음 봉해진 임금이다."【뜻은 뒤에서 상세히 풀이할 것이다.】

○용안 정강성[鄭康成 : 정현]은 사악을 희씨와 화씨 등 네 사람이라고 오해하였는데, '여능용명 손짐위(汝能庸命, 巽朕位)' 구에 와서 해석이 매우 곤란해졌으니, 천위(天位)를 네 사람에게 양보할 수는 없기 때문이다. 한 번 잘못 이해하고 다시 잘못 이해하여 이렇게 억지 해석을 한 것이다.【'너희 제후들 가운데'라고 한 것을 말한다.】 '명명(明明)'의 뜻에 대해서는 매색의 풀이가 채침의 풀이만 못하다.[113]

113 명명(明明)의 …… 못하다 : 매색은 "明明揚側陋"를 "明擧明人在側陋者, 廣求

또 순(舜)은 외자 이름으로, 〈시호라고 한〉 마융의 설은 틀렸다.

考證 《書大傳》,【〈唐傳〉】 孔子對子張曰 : "舜父頑母嚚, 無室家之端, 故謂之鰥。"【疏云 : "《詩》云'何人不鰥', 暫離尙謂之鰥, 不獨老而無妻始稱鰥。"】 ○金云 : "古者三十而娶者, 期之極也。至此而未娶, 卽鰥也。"

고증 『상서대전』【「당전(唐傳)」[114]】에 다음과 같은 내용이 보인다. 공자가 자장(子張)에게 대답했다. "순의 아비는 완악하고 어미는 어리석어서 장가들 길이 없었으므로 홀아비라고 하였다."【소에 "『시』에 '누군들 홀아비가 되지 않으리오.'라고 하였다. 잠시 이별하는 것도 홀아비라고 하니[115] 단지 늙고 아내가 없어야 비로소 홀아비라고 부르는 것은 아니다."라고 하였다.】

○김이상이 말했다. "옛날에는 서른에 장가들면 혼기가 꽉 찬 것이었는데, 이때까지 장가들지 못하였으니 곧 홀아비이다."[116]

賢也."라고 하였고, 채침은 "上明, 謂明顯之, 下明, 謂已在顯位者. 揚, 擧也, 側陋, 微賤之人也. 言惟德是擧, 不拘貴賤也."라고 하였다. 매색의 풀이대로면 明人만을 천거하게 한 것이 되고, 채침의 풀이를 따르면 顯位者와 微賤者를 가리지 말고 덕이 있는 사람을 천거하라는 뜻이 된다.

114 「당전(唐傳)」: 「堯典」을 말한다. 『尙書古訓』「序例」에, "복생의 『상서대전』에서는 매양 「唐傳」, 「虞傳」, 「夏傳」, 「殷傳」이라고 칭하였으니 그 경의 편목이, 「堯典」을 「唐書」로, 「舜典」을 「虞書」로, 「大禹謨」를 「夏書」로, 「商書」를 「殷書」로 불렀음을 알 수 있다."라고 하였다.

115 『시』에 …… 하니 : 인용한 시는 『시경』「小雅・何草不黃」 제2장의 내용이다. 이 시는 周나라 말기 빈번한 부역으로 가장이 집을 떠나 있는 일이 많아서 가정생활의 즐거움을 누리지 못하는 상황을 노래한 것이다. 『시경』 원문에는 '鰥'이 '矜'으로 되어 있는데 朱熹의 『詩集傳』에서 '無妻曰矜'이라고 하였다.

116 김이상이 …… 홀아비이다 : 『資治通鑑前編』 권1에 보인다.

考訂 王肅云："虞, 地名也。" 皇甫謐云："堯以二女妻舜, 封之於虞, 以虞爲氏, 及王天下, 遂爲號。" ○金【履祥】云："《書》曰虞舜, 曰嬪于虞, 是虞者, 有國之稱。《國語》史伯之言曰, '成天地之大功者, 其子孫未嘗不章。虞幕能聽協風, 以成樂物生者也。【此下敍夏禹·商契·周棄】其後皆爲王·公·侯·伯。' 夫以虞幕竝稷·契而言, 則幕爲有功始封之君, 虞爲有國之號也。又《左傳》史趙之言曰, '自幕至于瞽瞍無違命, 舜重之以明德。' 夫自幕至于瞽瞍, 則非自黃帝·昌意·顓頊·窮蟬·敬康·句望·橋牛, 以至瞽瞍也。又《國語》曰, '幕能帥顓頊。'《左傳》曰, '陳, 顓頊之族。' 幕之出於顓頊, 固足徵也。顓頊之必出於黃帝, 其足徵乎?【此下論《史記》, 五帝世系, 出於《世本》, 而《世本》原不足徵信】堯·舜果同出於黃帝, 則九族之內也, 妻以二女可乎? 以天下之大聖人, 推而納諸天下之大夷狄禽獸, 則《史記》·《世本》誣聖之罪, 不可勝誅矣。" ○**鏞案** 仁山之論, 有證有據, 虞之爲國號審矣。微小不振, 而瞽又失德, 家道乖亂, 使其子耕稼陶漁, 則不害其爲側陋也。但幕之生, 旣出於顓頊, 則安知所謂窮蟬·敬康, 非幕也二字名乎。同姓不婚, 又周道也, 不可以此律之於上古之世也。

고정 왕숙이 말했다. "'우(虞)'는 지명이다." 황보밀이 말했다. "요가 두 딸을 순에게 시집보내고, 〈순을〉 우에 봉해주고 우를 씨로 삼아주었는데, 천하의 왕이 된 뒤 드디어 호(號)가 된 것이다." ○김이상이 말했다. "『상서』에서 '우순(虞舜)'이라고 하고 '우의 아내가 되게 하였다.[嬪于虞]'라고 하였는데, 이때의 우는 나라를 소유한 다음의 호칭이다. 『국어』 사백(史伯)의 말에 '천지의 큰 공을 이룬 사람 중에 그 자손들이 현달하지 않은 경우가 없다. 우막(虞幕)은 능히 온화한 바람이 불어오는 소리를 듣고 만물을 생육하여 즐겁게 살도록 해준 사람이다.[117]【이 내용 다음에 하우(夏禹)·상설(商契)·주기(周棄)에 대해 서술하였다.[118]】 그들의 후손은 모두 왕이 되거나 공(公)·후(侯)·백(伯)이 되었다.'라고 하였다. 우막을 직(稷)·설(契)과 나란히 말하였으니, 막은 공을 세워 처음 봉해진 임금이 되고 우는 나라를 가진 다음의 호칭이 된다. 또 『춘추좌씨전』 사조(史趙)의 말에 '막에서 고수(瞽瞍)에 이르기까지 천명을 어긴 사람이 없었고 순이 거듭 밝은 덕을 가졌다.'[119]라고 하였다. '막에서 고수에 이르기까지'라고 하였으니, 황제(黃帝)·창의(昌意)·전욱(顓頊)·궁선(窮蟬)·경강(敬康)·구망(句望)·교우(橋牛)에서 고수까지를 말하는 것은 아니다. 또 『국어』에 '막은 능히 전욱을 따랐다.[幕能帥顓頊]'[120]라고 하였고, 『춘추좌씨전』에 '진은 전욱의 종족이다.[陳顓頊之族]'[121]라고 하였으니, 막이 전욱에게서 나왔다는 것은 진실로 증명할 수 있다. 그러나 전욱이 확실히 황제에게서 나왔다는 것을 증명할 수 있겠는가?【이 내용 뒤에는, 『사기』에 기록된 오제(五帝)의 세계(世系)는 『세본』에서 나온 것인데, 『세본』은 원래 믿을 수 없다는 것을 논한 내용이 나온다.】 요와 순이 과연 똑같이 황제에게서 나왔다면 구족(九族) 이내인데 두 딸을 아내로 줄 수 있었겠는가? 천하의

117 우막(虞幕)은 …… 사람이다 : 『국어』 「鄭語」의 "虞幕能聽協風, 以成樂物生者也." 절에 대한 韋昭의 주에 "協, 和也. 言能聽知和風, 因時順氣, 以成育萬物, 使之樂生."이라고 하였다.

118 하우(夏禹) …… 서술하였다 : 虞幕에 대한 서술에 이어 "夏禹能單平水土, 以品處庶類者也. 商契能和合五教, 以保于百姓者也. 周棄能播殖百穀蔬, 以衣食民人者也."라고 하였다.

119 사조(史趙)의 …… 가졌다 : 『춘추좌씨전』 昭公 8년에 보인다.

120 막은 …… 따랐다[幕能帥顓頊] : 『국어』 「魯語上」에 보인다.

121 진은 전욱의 종족이다[陳顓頊之族] : 『춘추좌씨전』 昭公 8년에 보인다.

대성인을 천하의 대이적 금수로 밀어넣었으니, 『사기』와 『세본』이 성인을 무함한 죄는 이루 다 주벌할 수 없을 정도이다."

○**용안** 인산[仁山: 김이상]의 주장에 증거가 있고 근거가 있으니, 우가 국호임이 확실하다. 그러나 변변찮고 힘을 떨치지 못한데다가 고수가 또 덕을 잃고 집안의 법도가 무너져 아들을 농사짓고 도자기를 구우며 물고기를 잡게 하였으니, 후미지고 낮은 곳에 있다고 하여도 문제가 없다. 다만 막의 출생이 이미 전욱에게서 나왔다면 궁선과 경강이라는 것이 막(幕)의 두 자 이름[122]이 아니라고 어찌 장담하겠는가? 또 동성끼리 혼인하지 않는 것은 주나라의 법도인데 이것을 가지고 상고시대를 가늠해서는 안 된다.

考異 堯曰:"嗟四嶽。【節】汝能庸命, 踐朕位。" 嶽應曰:"鄙德, 忝帝位。" 堯曰:"悉擧貴戚及疏遠隱匿者。" 衆皆曰:"有矜在民間, 曰虞舜。"
○**案** 據此, '明明'之解, 蔡注是也。

고이 〈『사기』 「요본기」에는〉 堯曰:"嗟四嶽.【중략】 汝能庸命, 踐朕位" 嶽應曰:"鄙德忝帝位." 堯曰:"悉擧貴戚及疏遠隱匿者." 衆皆曰:"有矜在民間曰虞舜."로 되어 있다.

○**안** 이 내용에 근거하면 '명명(明明)'에 대한 풀이는 채침의 주가 옳다.

122 막(幕)의 …… 이름: 원문 '幕也二字名'의 '也'는 오자인 듯하다. 여기에서는 '之'의 뜻으로 보고 번역하였다.

01. 요전상 - 13

帝曰:“兪。予聞, 如何?” 岳曰:“瞽子, 父頑母嚚象傲, 克諧以孝, 烝烝乂, 不格姦。” 帝曰:“我其試哉。”【馬·鄭·王本, 無'帝曰'】 **帝曰:“女于時, 觀厥刑于二女。” 釐降二女于嬀汭, 濱[교1]于虞。帝曰:“欽哉。”**

교1) 案濱:『상서』에는 '嬪'으로 되어 있다.

제요가 말했다. “그렇다. 나도 들은 적이 있다. 어떤 사람인가?” 사악이 대답했다. “맹인의 아들입니다. 아비는 완악하고 어미는 어리석으며 동생 상(象)은 오만하였는데, 온화한 기상으로 효도하여 차츰차츰 선으로 나아가 스스로 다스리게 하였을 뿐, 그들과 맞서서 싸우지 않았습니다.” 제요가 말했다. “내가 시험해볼 것이다. 그에게 딸을 시집보내어 두 딸에게 어떻게 모범이 되는지를 살펴보겠다.”[123]【마융본·정현본·왕숙본에는 '제왈(帝曰)'이 없다.】 혼수를 꾸려서 두 딸을 규예(嬀汭)로 내려보내 우에게 시집보내면서 제요가 말했다. “공경하라.”

梅云:“兪, 然也。舜父有目, 不能分別好惡。故時人謂之瞽瞍。”【蔡云:“瞽者子。”】 ○梅云:“進進以善自治,【烝烝乂】 不至於姦惡。”【蔡義同】 金云

123 내가 …… 살펴보겠다: 다산은 원문 帝曰:“我其試哉.” 帝曰:“女于時 ……” 중 뒤의 '帝曰'을 衍字로 보았으므로 생략하고 번역하였다. 아래의 '考證' 부분 '案' 참조.

: "眞誠克[교1)]積和氣之薰烝也。" **○鏞案** 格者, 鬪也, 敵也。父母與弟, 雖有姦惡,【如謀殺之事】 舜但以和氣熏之蒸之, 不與之角立爲敵也。

교1) 案誠克 : 김이상의 『資治通鑑前編』 권1에는 '誠之充'으로 되어 있다.

〔兪 …… 格姦〕 매색이 말했다. "'유(兪)'는 연[然 : 그러하다]의 뜻이다. 순의 아비는 눈이 있지만 좋은 것과 악한 것을 분별하지 못하였으므로 당시 사람들이 그를 고수(瞽瞍)라고 하였다."【채침이 말했다. "장님의 아들이다."】

【烝烝乂】○매색이 말했다. "차츰 선으로 나아가 스스로를 다스려 간악한 데에 이르지 않았다는 말이다."【채침의 해석도 같다.】 김이상이 말했다. "정성을 다하며 온화한 기운으로 감화시킨 것이다."

○용안 '격(格)'이란 투[鬪 : 싸우다] · 적[敵 : 맞서다]의 뜻이다. 부모와 아우가 비록 간악한 짓을 하였지만【예컨대 죽이려고 하였던 일 같은 것이다.】 순은 단지 온화한 기운으로 감화시켰을 뿐 그들과 맞서서 싸우지 않은 것이다.

鄭云 : "試以爲臣之事。"【我其試】 ○梅云 : "刑, 法也。【《詩》云 : "刑于寡妻, 以御于家邦。"】 舜爲匹夫, 能以義理下帝女之心。"【據《史記》】 ○蔡云 : "治裝下嫁。" ○疏云 : "嬀水在河東虞鄕縣, 西流至蒲坂縣南, 入于河。"【周武王賜陳胡公之姓爲嬀, 爲舜居】 ○馬云 : "水所出曰汭。"【王云 : "嬀汭, 虞地名。" 竝見《水經注 河水下》】 **○鏞案** 梅註釐降之解,【下帝女之心】 本據《史記》, 而《史》本有誤也。舜不能下其心, 則堯竟以二女貯于宮中, 不令事舜乎。

【我其試】 정현이 말했다. "신하 노릇 하는 일로 시험한 것이다."

〔厥刑〕○매색이 말했다. "'형(刑)'은 법[法: 모범·본보기가 되다]의 뜻이다."【『시경』에 "아내에게 모범을 보여 〈형제에 이르게 하고〉 집안과 나라를 다스렸다."[124]라고 하였다.】 순은 필부(匹夫)이지만 능히 의리로 제요의 딸들의 마음을 굴복시킨 것이다."【『사기』에 근거하였다.[125]】

〔釐降〕○채침이 말했다. "치장하여 시집보냈다는 말이다."

〔二女于汭〕○소에 "규수(嬀水)는 하동(河東) 우향현(虞鄕縣)에 있다. 서쪽으로 흐르다가 포판현(蒲坂縣)에 이르러 남쪽으로 꺾여 하수(河水)로 들어간다."라고 하였다.【주 무왕(周武王)이 진 호공(陳胡公)에게 규(嬀)라는 성을 내려준 것은 순이 살던 곳이기 때문이다.[126]】 ○마융이 말했다. "물이 나오는 곳이 예(汭)이다."【왕숙이 말했다. "규예(嬀汭)는 우(虞)가 사는 곳의 지명이다." 모두[127] 『수경주(水經注)』「하수하(河水下)」에 보인다."】

○**용안** 매색 주의 '이강(釐降)'에 대한 풀이는【'하제녀지심(下帝女之心)'을 말한다.】 본래 『사기』에 근거한 것인데, 『사기』에는 본래 오류가

---

124 아내에게 …… 다스렸다: 『시경』「大雅·思齊」의 구절이다.

125 『사기』에 근거하였다: 『사기』「五帝本紀」에 "於是堯妻之二女, 觀其德於二女. 舜飭下二女於嬀汭, 如婦禮."라고 하였다.

126 주 무왕(周武王)이 …… 때문이다: 경문의 '釐降二女于嬀汭嬪于虞'에 대해 공안국의 전에 "舜爲匹夫, 能以義理下帝女之心, 於所居嬀水之汭使, 行婦道於虞氏."라고 하였다. 이 부분의 공영달의 소는 경문의 '虞'를 공안국이 '虞氏'라고 한 이유를 부연한 내용이다. 『상서정의』의 해당 부분 전문은 다음과 같다. 嬀水在河東虞鄕縣, 歷山西西流, 至蒲坂縣南, 入於河, 舜居其旁. 周武王賜陳胡公之姓爲嬀, 爲舜居嬀水故也.

127 모두: 마융과 왕숙의 설 모두를 말한다. 『水經注』 권4「河水下」에 "『尙書』所謂'釐降二女于嬀汭'也. 孔安國曰: '居嬀水之內.' 王肅曰: '嬀汭, 虞地名.' 皇甫謐曰: '納二女于嬀水之汭.' 馬季長曰: '水所出曰汭.'"라고 하였다.

있었다. 순이 그들의 마음을 굴복시키지 못하였다면 요가 끝내 두 딸을 궁중에 붙잡아두고 순을 섬기지 못하게 하였겠는가?

考異 馬・鄭・王本, '我其試哉'之上, 無'帝曰'字。〇孔疏云: "當時庸生之徒漏之也。" 〇閻云: "'我其試哉', 四岳之言也。" 〇**鏞案**《史記》有'堯曰', 梅增二字, 非無據也。

고이 마융본・정현본・왕숙본에는 '아기시재(我其試哉)' 앞에 '제왈(帝曰)' 자가 없다. 〇공영달의 소에 "당시 용생(庸生)의 무리가 빠뜨린 것이다."라고 하였다.
〇염약거가 말했다. "'아기시재(我其試哉)'는 사악의 말이다."

〇**용안** 『사기』에 '요왈(堯曰)'이 있으니 매색이 두 글자를 더한 것도 근거가 없지는 않다.

考證 〈堯本紀〉: "堯曰, '然, 朕聞之, 其何如?' 嶽曰, '盲者子。【節】 能和以孝, 烝烝治不至姦。' 堯曰, '吾其試哉。'【梅本'帝曰', 出於此】 於是堯妻之二女, 觀其德於二女。舜飭下二女於嬀汭, 如婦禮, 堯善之。" 〇**案** 史遷所見之本, '釐降'之上, 必有舜字。故其繹之爲文如此。然當是衍字。

고증 『사기』 「요본기」에 다음의 내용이 있다. 요가 말했다. "그렇다. 나도 들었다. 어떤 사람인가?" 악이 대답했다. "맹인의 아들입니다. 【중략】 능히 효도로 화목하게 하여 점점 선으로 나아가 다스리고 간악한 데에 이르지 않게 하였습니다." 요가 말했다. "내가 그를 시험해볼 것이다."【매색본의 '제왈'이 여기에서 나온 것이다.】 이에 요가 두 딸을 그에게 시집보내어 두 딸을 통해 그의 덕을 살펴보려고 하였다. 순이 두 딸을 규예로 내려오도록 타일러 신부례(新婦禮)와 같이 하자 요가 훌륭하게 여겼다.

○**안** 사마천이 본 본(本)에는 '이강(釐降)' 앞에 필시 순(舜) 자가 있었을 것이다. 그렇기 때문에 그것을 연역하여 이렇게 글을 만든 것이다. 그러나 이것은 연자(衍字)로 보아야 한다.

考訂 王肅云: "試之以官。"【鄭云: "試以爲臣之事。"】 ○疏云: "鄭·王皆以〈舜典〉合於此篇, 故指歷試之事, 充此'試哉'之言。" ○**案** 先許其試之以官, 又命其觀刑于妻, 未嘗不通。上云'試可乃已', 下云'明試以功', 皆官試也。以女試人, 於禮或似未允。

고정 왕숙이 말했다. "관직으로 시험한 것이다."【정현이 말했다. "신하의 일을 하는 것으로 시험한 것이다."】
○소에 "정현과 왕숙은 모두 「순전」을 이 편에 합쳤기 때문에 두루 시험해본 일을 지적하여 여기에 시재(試哉)라는 말을 보충한 것이다."라고 하였다.

○**안** 먼저 관직으로 그를 시험할 것을 허락하고, 다시 아내에게 법도를 관찰하도록 명하였다고 해도 뜻이 통하지 않는 것은 아니다. 그러나 앞에 나온 '시가내이(試可乃已)'[128]와 뒤에 나오는 '명시이공(明試以功)'[129]은 모두 관직으로 시험하는 것이다. 딸들을 통해 사람을 시험하는 것은 아마도 예(禮)에 맞지 않을 듯하다.

---

128 시가내이(試可乃已): 『상서고훈』 01.요전 상-11 참조.
129 명시이공(明試以功): 『상서고훈』 02.요전 하-02 참조.

愼徽五典, 五典克從。納于百揆, 百揆時敍。賓于四門, 四門穆穆。納于大麓, 烈風雷雨弗迷。【自此下, 非梅氏之注, 猶以梅錄之】

삼가 오전(五典)을 펴게 하니, 〈백성들이〉 오전에 순종하였다. 〈순을〉 백규에 제수하여 신하들을 다스리게 하니, 모든 일이 때에 맞게 펴졌다. 사방의 문에서 조회하러 오는 사람들을 맞이하게 하니, 사방의 문이 화목하였다. 큰 산기슭에 들어가게 하니, 사나운 바람이 불고 천둥이 치며 비가 오는데도 길을 잃지 않았다.【이 뒤부터는 매색의 주가 아닌데도 여전히 매색이라고 기록하였다.[130]】

馬云: "徽, 善也。"【王云: "美也。"】 ○鄭云: "五典, 五教。蓋試以司徒之職。"【見《史》注】 ○梅云: "度百事,【揆, 度也】 總百官, 納舜於此官。" ○鄭以賓爲擯,【主人之副以接賓者】 謂'舜爲上擯, 以迎諸侯'。【見《史》注】 ○馬云: "四門, 四方之門。諸侯群臣朝者, 舜賓迎之, 皆有美德。"【見《史》注。○梅注純同】 ○梅云: "穆穆, 美也。"【案。穆, 敬也, 和也, 淸也】 ○馬云: "麓, 山足也。" ○梅云: "麓, 錄也。納舜使大錄萬機之政,【王肅云: "錄也。"】 陰陽和, 風雨時, 明舜之德合於天。" ○蔡云: "使舜入山林。" ○**鏞案** 先儒解此一段, 皆以爲史臣總敍舜一生功德, 如'克明俊德'一段, 爲堯[교1]德之總敍。蓋因《春秋傳》魯太史克, 語舜如是也。【文十八】 然此是舜初年三載之間。所奏功績, 必非舜一生總敍。何者? 史臣本作〈堯[교2]典〉

130 이 뒤부터는…… 기록하였다: 이 이후의 부분에서 매색의 주로 기록된 내용은 『상서정의』 孔安國의 傳이다. 다산은 공안국의 전을 매색의 僞作으로 보았다.

中段, 不作〈舜典〉首段, '觀刑'之下, '讓位'之上, 忽揷總敍一節, 必無是理。且舜流四凶族, 明在受終文祖之後, 帝乃殂落之前。舜於此時, 端章甫爲小相, 以擯諸侯, 恐損體貌。【梅云: "四方來朝者, 舜賓迎之。"】況舜命棄·命契, 以備九官, 明在堯崩之後。踐帝之時, 百揆時敍, 豈是之謂乎? 舜生三十徵庸, 三十曆紀有數, 加減不得。【見篇末】今除側陋三十年, 乃三載考績, 二十八載攝政, 適當徵庸三十之年數。【三十齡被徵, 三十三齡受終文祖】舜之歷試, 皆在三載之間。'愼徽五典'者, 始授以司徒, 使敷五敎也。'納于百揆'者, 次授以冢宰, 使釐百工也。【義見前】'賓于四門'者, 兼使之接賓也。'納于大麓'者, 時掌乎朕虞, 以行山林也。梅以'納于百揆'爲擧八凱, 以'賓于四門'爲流四凶。蓋唯《左傳》是信, 而不念百揆·四門非攝天子者所可爲也。或曰: "唐·虞之法, 三考黜陟, 今一考之內, 歷試四職, 不太驟乎?" 曰: "堯之求舜, 本求以天子之材, 不求臣佐之材。本讓天子之位, 而師錫天子之材, 其所歷試, 不過令明章聖德, 使民信服而已, 豈若庶僚之爲哉!" ○左氏說經, 本多浮夸。'觀國之光', 不可從陳敬仲之筮詞, '夙夜基命', 不可從羊舌肸之釋義,【見〈周語〉】何必史克之言, 有順無違哉! 馬·鄭不以是節爲總敍, 蓋當時〈堯典〉未分也。○大麓之義, 見左。

교1) 堯: 문맥상 '舜'이 옳은 듯하다. 案'克明俊德'은 「堯典」 제1장에 나오는 요의 덕을 總敍한 내용으로, '堯'가 옳다.
교2) 堯: 문맥상 '舜'이 옳은 듯하다. 案'堯'가 옳다. 위의 교1) 참조.

〔愼徽五典, 五典克從〕 마융이 말했다. "'휘(徽)'는 선[善: 선하다, 좋다]의 뜻이다."【왕숙이 말했다. "미[美: 아름답다, 훌륭하다]의 뜻이다."】 ○정현이 말했다. "'오전(五典)'은 오교(五敎)이니, 대개 사도(司徒)의 직

책을 맡겨 시험한 것이다."【『사기』「요본기」의 『집해』에 보인다.】

〔納于百揆, 百揆時敍〕○매색이 말했다. "모든 사무를 헤아리고【'규(揆)'는 탁[度 : 헤아리다]의 뜻이다.】 모든 관리를 총괄하는 직임인데, 순을 이 관직에 받아들인 것이다."

〔賓于四門, 四門穆穆〕○정현은 '빈(賓)'을 '빈(擯)'【주인을 도와 빈객을 맞이하는 사람이다.】으로 보고 '순이 상빈(上擯)이 되어 제후를 맞이하였다.'라고 하였다.【『사기』 주에 보인다.[131]】 ○마융이 말했다. "'사문(四門)'은 사방의 문이다. 조회하러 오는 제후들과 신하들을 순이 맞이하자 모두가 훌륭한 덕을 지니게 되었다."【『사기』「요본기」의 『집해』에 보인다. ○매색의 주도 똑같다.】 ○매색이 말했다. "'목목(穆穆)'은 미[美 : 아름답다, 훌륭하다]의 뜻이다."【안. '목(穆)'은 경[敬 : 공경하다] · 화[和 : 화목하다] · 청[淸 : 맑다]의 뜻이다.】

〔納于大麓, 烈風雷雨弗迷〕○마융이 말했다. "'녹(麓)'은 산기슭[山足]이다." ○매색이 말했다. "'녹(麓)'은 녹[錄 : 총괄하다]의 뜻이다. 순을 받아들여 모든 정무를 총괄하게 하자【왕숙이 말했다. "녹(錄)을 말한다."】 음양이 조화를 이루어 때에 맞게 바람이 불고 비가 내렸으니, 순의 덕이 천심에 부합함을 증명한 것이다." ○채침이 말했다. "순을 산림에 들어가게 한 것이다."

○**용안** 앞 시대의 유학자들은 이 한 단락을 모두 '사신(史臣)이 순의 일생 동안의 공덕을 종합하여 서술한 것으로 극명준덕(克明俊德) 한 단락이 요의 덕을 포괄하여 서술한 것과 같다.'라고 풀이하였다. 그것은 대체로 『춘추좌씨전』에서 노나라 태사(太史) 극(克)

131 『사기』 주에 보인다 : 인용 부분은 『상서정의』의 소에 나오며, 『사기』의 주 중에서는 이 내용이 확인되지 않는다.

이 순에 대해 말한 것[132]이 이러했던 데에 기인한다.【문공 18년에 보인다.】 그러나 이는 순이 처음 3년 동안에 이룬 공적을 아뢴 내용이지 반드시 순의 일생을 종합하여 서술한 것은 아니다. 왜냐하면 사신은 본래 〈이 절을〉 「요전」의 중간 단락으로 지었고 「순전」의 첫 단락으로 지은 것이 아닌 만큼, '관형(觀刑)'의 다음 '양위(讓位)'의 앞에 느닷없이 종합하여 서술하는 한 구절[133]을 끼워 넣었을 리는 없기 때문이다. 게다가 순이 사흉(四凶)의 족속을 추방한 것은 문조(文祖)에서 제위(帝位)를 물려받은 다음 제요가 죽기 전에 있었던 일임이 분명하다. 그런데 순이 이때에 예복을 갖추어 입고 소상(小相)이 되어 제후들을 맞이한다면 체모가 손상될 듯하다.【매색이 말했다. "사방에서 조회하러 오는 사람을 순이 맞이한 것이다."】 하물며 순이 기(棄)와 설(契)을 임명하여 구관(九官)을 구비한 것은 명백히 요가 죽은 다음의 일이다. 제위에 올랐을 때의 '백규시서(百揆時敍)'가 이를 말하는 것이 아니겠는가? 순은 30세에 부름을 받아 등용되었으니, 30년이라는 햇수는 늘리거나 줄일 수 없다.【이 편의 끝에 보인다.】 지금 미천하게 지낸 30년을 제하고나면 바로 3년 만에 업적을 평가받고 28년 동안 정사를 대리한 것이 되어 '징용삼십(徵庸

132 『춘추좌씨전』에서 …… 것 : 太史 克의 말은 아래 '考證'에 보인다.

133 '관형(觀刑)'의 …… 구절 : '관형'은 『고문상서』 「요전」의 마지막 장 "帝曰 : '我其試哉! 女于時, 觀厥刑于二女.'" 이하 설을 말하고, '讓位'는 『고문상서』 「순전」 제3장 "帝曰 : '格, 汝舜. 詢事考言, 乃言厎可績三載, 汝陟帝位.' 舜讓于德, 弗嗣." 절을 말한다. 『금문상서』에는 이상의 두 절이 바로 이어져 있는데, 『고문상서』에는 '관형' 절 다음 「순전」의 첫머리에 "曰若稽古帝舜, 曰重華協于帝, 濬哲文明, 溫恭允塞, 玄德升聞, 乃命以位." 1절이 더 있다. 다산은 이 절 때문에 '愼徽五典' 이하의 절을, 순의 일생 공적을 총괄적으로 서술한 것이라는 오해가 생겼다고 본 것이다.

三十)'이라는 햇수와 딱 맞는다.【30세에 부름을 받고 33세에 문조에서 제위를 물려받았다.】 순을 두루 시험해본 것은 모두 3년 동안에 있었던 일이다.

'신휘오전(愼徽五典)'이란 처음 사도에 제수하여 오교를 펴게 한 것을 말한다. '납우백규(納于百揆)'는 다음으로 총재(冢宰)에 제수하여 모든 신하들을 다스리게 한 것을 말한다.【뜻은 앞에 나왔다.】 '빈우사문(賓于四門)'이란 조회하러 오는 사람들을 맞이하는 일을 겸하게 한 것을 말한다. '납우대록(納于大麓)'이란 그때 짐우(朕虞)를 맡아 산림에 간 것이다. 매색은, '납우백규'는 팔개(八凱)를 천거한 일이고, '빈우사문'은 사흉을 추방한 일이라고 여겼다. 그것은 대개 『춘추좌씨전』만 믿고, 백규와 사문은 천자를 대리하는 사람이 할 수 있는 일이 아니라는 점은 생각하지 않았기 때문이다.

혹 "당(唐)・우(虞)의 법은 세 차례의 고적을 거쳐서 출척하는데, 지금 한 차례 고적하고나서 네 관직을 주어 두루 시험하는 것은 너무 갑작스럽지 않은가?"라고 의문을 제기할 수 있을 것이다. 그에 대해서는 "요가 순을 찾은 것은 본래 천자의 재목으로서 찾은 것이지 보좌할 신하의 재목으로서 찾은 것이 아니었다. 본래 천자의 지위를 넘겨주려고 여러 사람에게 천자의 재목을 천거하게 하였고, 두루 시험한 것은 성덕(聖德)을 밝게 드러내게 하여 백성이 믿고 따르게 만드는 능력을 보려는 데에 지나지 않았을 뿐이다. 어찌 일반 관리의 후보자를 시험하듯이 하였겠는가?"라고 답하겠다.

○좌씨(左氏)의 경 해석에는 본래 허황한 내용이 많다. '관국지광(觀國之光)'에 대해서는 진경중(陳敬仲)의 점사(占辭)를 따를 수 없고 '숙야기명(夙夜基命)'에 대해서는 양설힐(羊舌肸)의 뜻풀이를 따를 수 없는데,【『국어』「주어(周語)」에 보인다.】 어찌 굳이 사극(史克)의

말만은 그대로 따르고 어기지 않는단 말인가? 마융과 정현은 이 절을 종합적 서술이라고 보지 않았으니, 대개 당시에는 「요전」이 나뉘지 않았을 것이다. ○대록(大麓)의 의미는 다음에 보인다.

考證 《左傳》【文十八】 魯太史克曰："昔高陽氏有才子八人, 天下謂之八愷。高辛氏有才子八人, 天下謂之八元。此十六族也, 世濟其美, 不隕其名, 堯不能擧。舜擧八愷, 使主后土, 以揆百事, 莫不時序, 地平天成。【案。此不知百揆爲何物, 舍舜而論禹功】 擧八元, 使布五敎于四方, 父義・母慈・兄友・弟恭・子孝, 內平外成。【案。此以一禹當八愷, 又以一契當八元】" 又曰："舜臣堯, 賓于四門, 流四凶族。是以堯崩, 而天下同心戴舜,【案。賓于四門與流四凶, 全不相當】 以其擧十六相, 去四凶也。故〈虞書〉數舜之功, 曰'愼徽五典, 五典克從', 無違敎也。【案。此以命契爲舜功也。徽庸之初, 預言命契之功, 何義】 曰'納于百揆, 百揆時敍', 無廢事也。【案。禹平水土與百揆何干】 曰'賓于四門, 四門穆穆', 無凶人也。【案。驩・共・鯀, 非自外來之賓】" ○**鏞案** 《左傳》之中, 時有增入之筆, 朱子亦嘗疑之。如史克此說, 節節非理, 必係秦・漢之際, 俗儒之筆, 不足據也。

고증 『춘추좌씨전』【문공 18년】에 다음과 같이 되어 있다. 노나라 태사 극이 말했다. "옛날 고양씨(高陽氏)에게 재덕(才德)이 있는 아들 여덟 명이 있었는데, 천하 사람들이 그들을 팔개(八愷)라고 불렀습니다. 고신씨(高辛氏)에게 재덕이 있는 아들 여덟 명이 있었는데, 천하 사람들이 그들을 팔원(八元)이라고 불렀습니다. 이 16족은 대대로 선대의 훌륭한 덕을 잘 계승하여 명성을 실추시키지 않았는데 요는 그들을 등용하지 못하였습니다. 그런데 순이 팔개를 등용하여 후토(后土)를 주관하게 하고 백사를 헤아리게 하자, 모든 일이 적시에 질서 있게 다스려져 수토(水土)가 평정되고 사시가 절서(節序)를 잃지 않았습니다.【안. 이것은 백규가 무엇인지를 몰라서 순을 제쳐놓고 우(禹)의 공을 논한 것이다.】 또 팔원을 등용하여 사방에 오교를 펴게 하자, 아비는 의롭고 어미는 자애로우며 형은 우애가 있고 아우는 공손하며 자식은 효성스러워 중국이 평화롭고 이적도 화평하였습니다."【안. 이것은 우(禹) 한 사람의 공적을 팔개에게 해당시키고, 또 설(契) 한 사람의 공적을 팔원에게 해당시킨 것이다.】 또 "순이 요의 신하가 되어 사방의 문에서 조회하러 오는 사람들을 맞이하고 사흉의 족속을 추방하였습니다. 그러므로 요가 죽자 천하 사람들이 한마음으로 순을 추대하였으니,【안. '빈우사문'과 '유사흉'은 전혀 맞지 않는다.】 그것은 16명을 재상으로 등용하고 사흉을 제거하였기 때문입니다. 그러므로 「우서(虞書)」에서 순의 공을 꼽으면서 '신휘오전, 오전극종'이라고 한 것은 그 가르침에 잘못된 점이 없었다는 말이고,【안. 이는 설을 임명한 것을 순의 공으로 삼은 것이다. 부름을 받아 등용된 초기에 설을 임명한 공을 미리 말한 것은 무슨 뜻인가?】 '납우백규, 백규시서'라고 한 것은 폐기된 일이 없었다는 말이며,【안. 우가 수토를 평정한 것이 백규와 무슨 관련이 있는가?】 '빈우사문, 사문목목'이라고 한 것은 흉인이 없었다는 말입니다."【안. 환도(驩兜)·공공(共公)·곤(鯀)은 밖에서 온 빈객이 아니다.】라고 하였다.

○**용안** 『춘추좌씨전』에는 수시로 추가한 글이 있다고 주자도 의심한 적이 있다. 예컨대 태사 극의 이 말과 같은 것은 모두 이치에 맞지 않으니, 필시 진(秦)·한(漢) 무렵 속유(俗儒)들이 추가한 내용일 것이다. 전거로 삼기에는 부족하다.

考訂 蔡云: "五典, 五常也, 父子有親, 君臣有義。" ○**鏞案** 古注, 凡五典・五教, 皆訓之如史克之言。朱子以來, 皆以《孟子》所言'五倫'【'使契爲司徒'之節】及《中庸》所言'五達道', 釋之。史克之可信, 不如二書。然《大學》之孝・弟・慈, 施之於父母・兄弟・子則合, 施之於五倫則不合。蓋孝・弟・慈, 天屬之愛也。君臣・夫婦・朋友, 人合之倫也, 相見必以贄, 相合必以義。資於事父以事君, 自我內敎推於外。所以立敎, 先自天屬之愛與。俟更商也。

고정 채침이 말했다. "오전은 오상(五常)으로, 부자유친(父子有親)과 군신유의(君臣有義) 같은 것이다."[134]

○**용안** 고주(古注)에서는 오전과 오교를 모두 사극의 말인 것처럼 풀이하였다. 그런데 주자 이후로는 모두 『맹자』에서 말한 '오륜(五倫)'【'사설위사도(使契爲司徒)' 절[135]】과 『중용』에서 말하는 '오달도(五達道)'[136]로 해석하였다. 사극의 말은 『맹자』나 『중용』만큼 믿음직하지는 않다. 그러나 『대학』의 효(孝)・제(弟)・자(慈)[137]를 부모・형제・자식의 관계에 적용하면 맞지만 그것을 오륜에 적용하면 맞지 않는다. 대체로 효・제・자는 천속(天屬)에 대한 사랑이다. 그러나

134 오전은 …… 것이다: 채침의 『서집전』에는 '君臣有義' 다음에 '夫婦有別, 長幼有序, 朋友有信, 是也.'가 더 있다.

135 '사설위사도(使契爲司徒)' 절: 『맹자』「등문공상」의 "聖人有憂之, 使契爲司徒, 教以人倫, 父子有親, 君臣有義, 夫婦有別, 長幼有序, 朋友有信."을 말한다.

136 오달도(五達道): 『중용』 제20장에 "日君臣也, 父子也, 夫婦也, 昆弟也, 朋友之交也, 五者天下之達道也."라고 하였다.

137 『대학』의 효(孝)・제(弟)・자(慈): 『대학장구』 傳文 9장에 "所謂治國必先齊其家者, 其家不可教而能教人者無之. 故君子不出家而成教於國. 孝者, 所以事君也, 弟者, 所以事長也, 慈者, 所以使衆也."라고 하였다.

군신·부부·붕우는 인륜 관계로서, 서로의 만남에는 반드시 예물이 있어야 하고 서로의 결합에는 반드시 의(義)가 있어야 한다. 아비 섬기는 마음을 바탕으로 임금을 섬기고, 내 집안을 가르치는 것을 외부로 미루어 나아가는 것이다. 이 때문에 가르침을 세울 때에는 먼저 천속(天屬)에 대한 사랑을 우선하는 것인가? 다시 생각해보아야 한다.

考證 王充《論衡》云："大麓, 三公之位。以一公之位而統錄三[교1]公之事。" ○桓譚《新論》云："昔堯試舜于大麓者, 領錄天下事, 如今之尙書官。" ○《漢書》, 陳崇奏曰："莽秉冢宰職, 塡安國家。《書》曰, '納於大麓, 列風雷雨不迷。'"【〈王莽傳〉。又莽曰："予前在大麓, 至于攝假。"】 ○《孔叢子》云："宰我問孔子曰, '《書》云「納于大麓, 烈風雷雨弗迷」, 何謂也?' 曰, '此言人事之應乎天也。堯旣得舜, 歷試諸難, 已而納于尊顯之官, 使大麓萬機之政。是故陰陽淸和, 五星來備, 烈風雷雨, 各以其應, 不有迷錯, 明舜之行合乎天也。'" ○晉摯虞〈尙書令箴〉云："舜納大麓, 七政以齊, 內成外平, 風雨不迷。" ○**鏞案** 五典克從·百揆時敍·四門穆穆, 皆功效也, 舜不迷於風雨, 則是舜之德行, 非功效也。故王充以下爲大麓之說, 使四事均之爲功效。又司徒·冢宰, 其職任尊重, 納于山林, 其職任卑輕, 不應歷試之法先大後小, 故爲此大錄之解。然擯相接賓, 其視百揆, 已是左遷, 不必作先後看。蓋先擧大功, 次論小績也。【《孔叢子》, 贋書也, 專爲護梅而作, 不足言也】 大麓萬機, 何說也?

교1) 案三：『논형』에는 '二'로 되어 있다.

고증 왕충(王充)의 『논형(論衡)』에 "대록은 삼공(三公)의 지위이다. 한 공의 자리에 있으면서 두 공의 일까지 총괄하여 다스린 것이다."라고 하였다.[138]

○환담(桓譚)의 『신론(新論)』에 "옛날에 요가 순을 대록의 관직으로 시험한 것은 천하의 일을 총괄하여 다스리게 한 것이니, 지금의 상서(尙書)와 같은 관직이다."라고 하였다.

○『한서』에 다음과 같이 되어 있다. 진숭(陳崇)이 아뢰었다. "왕망(王莽)이 총재(冢宰)의 직무를 맡아 국가를 안정시켰습니다. 『상서』에 '납어대록, 열풍뇌우불미(納於大麓, 列風雷雨不迷)[139]'라고 하였습니다."【「왕망전」에 보인다. 또 왕망이 말했다. "내가 전에 대록으로 있었는데, 황제의 일을 대리하고 가황제가 되기에 이르렀다."】

○『공총자(孔叢子)』에 다음과 같은 내용이 있다. 재아(宰我)가 공자에게 "『상서』에서 '납우대록, 열풍뇌우불미'라고 하였는데 무슨 말입니까?"라고 물으니, 공자가 대답했다. "그것은 사람이 하는 일이 천도에 부응하였음을 말한 것이다. 요가 순을 얻고나서 여러 가지 어려운 일을 맡겨 차례로 시험해본 다음 이윽고 높은 관직에 받아들여 만기의 정사를 총괄하게 하였다. 그래서 음양이 맑게 조화를 이루고 오성(五星)이 정상적으로 운행되어, 매서운 비바람이 각기 그 궤도에 따라 순응하므로 혼미하거나 순조롭지 못한 현상이 없

---

138 『논형(論衡)』에 …… 하였다 : 『논형』 권26 「正說81」에 다음과 같이 되어 있다. 又曰 : "四門穆穆, 入于大麓, 烈風雷雨不迷." 言大麓, 三公之位也. 居一公之位, 大總錄二公之事, 衆多並吉, 若疾風大雨.

139 납어대록, 열풍뇌우불미(納於大麓, 列風雷雨不迷) : "大麓者, 謂爲大司馬・宰衡時, 妄引'舜納于大麓, 烈風雷雨不迷.'也."라고 한 『한서』 顔師古의 주에 따르면, 이 구절은 "대록의 자리에 들여놓자 열풍과 뇌우에도 혼미하지 않았다."라고 해석할 수 있다.

어졌다. 이는 순이 한 일이 천도에 부합함을 밝힌 것이다.”

○진(晉) 지우(摯虞)의 「상서영잠(尙書令箴)」에, “순을 받아들여 대록으로 삼으니 칠정이 정제되어 내치가 이루어지고 외치가 안정되며 풍우가 혼미하지 않았다.”라고 하였다.

○용안 ‘오전극종’·‘백규시서’·‘사문목목’은 모두 공적이지만, 순이 비바람 속에서도 길을 잃지 않은 것은 순의 덕행이지 공적이 아니다. 그래서 왕충 이후의 사람들이 대록의 설을 만들어 사사(四事)를 고르게 한 것으로 공적을 만든 것이다. 또 사도와 총재는 그 직임이 높고 중요하며, 산림에 들여보낸 것은 그 직임이 낮고 가볍다. 차례로 시험하는 법은, 먼저 큰일을 시키고나서 뒤에 작은 일을 시키지는 않았을 것이라고 생각하였으므로 이러한 대록의 설을 만들어낸 것이다. 그러나 빈상(擯相)이 되어 빈객을 접대하는 것은 백규에 비하면 이미 좌천이니, 굳이 선후로 만들어서 볼 것은 없다. 대체로 먼저 큰 공을 거론하고나서 다음으로 작은 업적을 논한 것이다.【『공총자』는 위서(僞書)로, 오로지 매색을 비호하기 위해 지은 것이므로 말할 가치도 없다.】 대록이니 만기니 하는 게 무슨 말인가?

考證 〈堯本紀〉: “乃使舜愼和五典, 五典能從。乃徧入百官, 百官時序。【案。《史》以百揆爲百官, 謬】 賓於四門,[교1] 諸侯·遠方賓客皆敬。堯使舜入山林川澤, 暴風雷雨, 舜行不迷。” ○《淮南子》云: “任以百官, 以觀其外, 旣入大麓, 烈風雷雨而不迷。” ○《水經注》,【‘鉅鹿’節】 應劭云: “鹿者, 林之大者也。【案。《易》曰: “卽鹿无虞。”】《尙書》曰, ‘堯將禪舜, 納之大麓之野, 烈風雷雨不迷, 致之以昭華之玉。’”【〈濁漳水〉】 ○蘇軾云: “舜不迷, 其度量有絶人者。” ○金云: “納于泰山之麓, 使之主祭。蓋堯時有風雷

之變, 使舜禱之泰山而息也。"【《淮南子》云: "堯有大風之變。" 又班固〈燕然山銘〉云: "納于大麓, 維淸緝熙。"】 ◯**案** 金說, 亦求之以功效也。

교1) 案門: 『사기』 「오제본기」에는 뒤에 '四門穆穆'이 더 있다.

고증 『사기』 「요본기」에 "이에 순에게 오전(五典)을 펴게 하자, 〈백성들이〉 오전의 가르침을 따랐다. 이에 백관의 업무에 두루 참여하게 하니, 백관의 업무가 적시에 질서 있게 다스려졌다.【안. 『사기』에서는 백규를 백관으로 본 것인데, 잘못이다.】 사방의 문에서 빈객을 맞이하게 하니, 〈사방의 문에서 공경스럽고 엄숙하게 맞이하여〉 제후와 먼 지방에서 온 빈객들이 모두 공경하였다. 요가 순을 산림과 천택으로 들여보내니, 폭풍과 뇌우를 만나서도 순은 길을 잃지 않았다."라고 하였다.

◯『회남자』에 "〈요가 이에 두 딸을 시집보내어 그가 집안 다스리는 것을 보고〉[140] 백관을 맡겨 바깥일을 다스리는 것을 보았다. 그러고나서 대록에 들여보내니 열풍뇌우에도 길을 잃지 않았다."라고 하였다.

◯『수경주』【'거록(鉅鹿)' 절[141]이다.】에서 응소(應劭)가 말했다. "녹(鹿)이란 큰 숲이다.【안. 『주역』에 '즉록무우(卽鹿无虞)'라고 하였다.】 『상서』에 '요가 장차 순에게 제위를 선양하려고 대록의 들로 들여보내니, 열풍뇌우에도 길을 잃지 않고 소화(昭華)의 옥을 바쳤다.'라고 하였다."【『수경주』 권10 「탁장수(濁漳水)」에 보인다.】라고 하였다.

140 요가 …… 보고: 『회남자』 권20 「泰族訓」의 인용 부분 바로 앞에 있는 '堯乃妻以二女, 以觀其內'를 보충하여 번역하였다.

141 '거록(鉅鹿)' 절: 『수경주』 권10의 "衡水, 又北逕鉅鹿縣故城東" 절을 가리킨다.

○소식이 말했다. "순이 길을 잃지 않은 것은 그 도량이 보통 사람보다 매우 뛰어났기 때문이다."[142]

○김이상이 말했다. "태산 기슭에 들여보내 제사를 주관하게 한 것이다. 대체로 요의 시대에 바람이 불고 천둥이 치는 변고가 있었는데, 순을 시켜 태산에 기도하게 하자 그쳤을 것이다."【『회남자』에 "요의 시대에 태풍이 부는 변고가 있었다."라고 하였다.[143] 또 반고의 「연연산명(燕然山銘)」에는 "대록에 들여보내자 청명하게 하여 이어 밝혔다.[納于大麓, 維清緝熙]"라고 하였다.】

○**안** 김이상의 설 또한 공효로 해석하려고 한 것이다.

01. 요전상 - 15

帝曰:"格, 汝舜。詢事考言, 乃言底可績三載, 汝陟帝位。" 舜讓于德, 弗嗣。【鄭本, 載爲年】

제요가 말했다. "오라, 그대 순이여, 그대가 말하는 모책을 듣고 그 말을 실행했는지 공적을 평가하였다. 이제 그 말대로 공적을

142 소식이 …… 때문이다: 蘇軾의 『尙書』 권2 중 '納于大鹿烈風雷雨弗迷' 구를 해석한 부분에 나오는 내용이다. 원문은 "洪水爲患, 使舜入山林相視原濕. 雷雨大至, 衆懼失常, 而舜不迷, 其度量有絶人者, 而天地鬼神亦或有以相之歟?"이다.

143 김이상이 …… 하였다: 『資治通鑑綱目前編』 권1에서 '納于大麓' 구에 대해 설명한 내용인데 원문과는 약간의 글자 출입이 있다. 사고전서에 수록된 원문은 다음과 같다. 一云: "'納于大麓', 蓋納于泰山之麓, 使之主祭也. '烈風雷雨弗迷', 百神享之也. 蓋堯時曾有風雷之變, 使舜禱之泰山而息也." 按『淮南子外記』亦言, '堯有大風之變.' 今不敢信用.

이룰 수 있는지를 시험한 지 3년이 되었으니 그대가 제위에 오르라." 순은 덕 있는 사람에게 양보하고 제위를 이어받지 않았다.【정현본에는 '載'가 '年'으로 되어 있다.】

梅云: "格, 來。厎, 致。" ○鄭云: "三年者, 賓四門之後三年。"【見《史》注。○《正義》云: "馬融等以爲'鯀旣九年, 又如[교1)]此三年, 爲十二年。唯兗州未得盡平, 至明年乃畢。' 八州已平, 一州未畢, 足以爲成功也。"】 ○馬云: "厎, 定也。" ○**鏞案** 舜生三十徵庸, 三十總數昭然。'三載'者, 大婚之年, 卽授司徒, 未幾而爲百揆, 兼之接賓·行麓, 其歷試之年, 總不過三載也。一考而陟, 至讓帝位, 特例也, 不可以法拘也。三載考績, 遂以受終, 二十八載, 帝乃殂落, 遂以卽眞, 無一歲之隙, 可揷他說。馬·鄭皆忘篇末之文也。
'詢事考言'者, 敷奏以言, 明試以功也。每有一事, 先詢其謀, 乃命以職, 後考其功, 以驗其言。此考績之大法, 堯乃述之也。不詢考而用人, 後世之失也。

교1) 案如: 『상서정의』에는 '加'로 되어 있다.

〔格〕 매색이 말했다. "'격(格)'은 래[來: 오다]의 뜻이다. '지(厎)'는 치[致: 이루다]의 뜻이다."
〔乃言厎可績三載〕○정현이 말했다. "3년이란 사방의 문에서 빈객을 맞이하고나서 3년이 지난 때이다."【『사기』「요본기」의 『집해』에 보인다. ○『상서정의』에 "마융 등은 '곤이 이미 9년을 다스렸고 또 이 3년을 더하면 12년이 된다. 오직 연주(兗州)만이 완전히 평정되지 못하다가 다음해에 가서야 비로소 마무리되었다.'라고 하였다. 8주가 이미 평정되고 한 주만 마무리되지 못하였으니 성공이라고 하기에 충분하다."라고 하였다.】 ○마융이 말했다.

"'지(厎)'는 정[定 : 확정하다]의 뜻이다."

○**용안** 순은 30세에 부름을 받아 등용되었으니 30이라는 총 숫자는 분명하다. '삼재(三載)'란, 대혼(大婚)을 올린 해에 곧바로 사도에 제수되고, 얼마 지나지 않아서 백규가 되어 접빈(接賓)과 행록(行麓)을 겸하였으니, 두루 시험해본 햇수가 총 3년에 불과하다는 뜻이다. 한 번 고과(考課)하여 승진시키고 제위를 선양하기에 이른 것은 특례(特例)로서 법[144]에 구애받아서는 안 된다. 3년 만에 고적을 받고 드디어 제(帝)의 일을 넘겨받았으며,[145] 28년 만에 제요가 죽자 드디어 제위에 올랐으니 1년의 틈도 없는데 다른 설을 끼워 넣을 수 있겠는가? 마융과 정현은 모두 편말의 글[146]을 잊어버린 것이다.

'순사고언(詢事考言)'이란 말로 펴서 아뢰고 공적으로 분명하게 시험하는 것이다. 한 가지 일이 있을 때마다 먼저 그 일에 대한 모책을 묻고서야 직책에 임명하고, 그런 뒤에 그 공적을 평가하여 그 말대로 실행했는지 증험한다. 이것이 고적(考績)의 대법으로, 요

---

144 법 : 考績法을 말한다. 당시의 고적법은 3년마다 실적을 평가하고 3번의 평가를 거친 뒤에야 黜陟을 결정하였다.

145 제(帝)의 일을 넘겨받았으며 : 受終의 번역이다. 다음에 나오는 "正月上日, 受終于文祖"의 '受終'에 대해 매색은 '堯終帝位之事'라고 하였고 정현은 '堯尊如故, 舜攝其事'라고 하였는데, 다산이 이견을 제시하지 않았다.

146 편말의 글 : 「堯典」(『고문상서』의 「舜典」)의 마지막 부분 "舜生三十 徵庸三十, 在位五十載 陟方乃死."를 말한다. 이 부분에 대한 채침의 주에 "순의 나이 30세에 요가 불러서 등용하고 3년 동안 시험한 다음 섭정하게 하여 28년 동안 섭정하였으니 통틀어 30년 만에 비로소 제위에 올랐다.[舜生三十年, 堯方召用, 歷試三年, 居攝二十八年, 通三十年, 乃卽帝位]"라고 하였는데, 다산은 "唯蔡註極是."라고 하여 이 주석을 지지하였다.

가 여기서 그것을 설명한 것이다. 계획을 묻고 실적을 평가하지도 않은 채 사람을 등용하는 것은 후대의 잘못이다.

考異 弗嗣, 伏本[교1)]作不怡。【見《史》注】《史記》作不懌,【〈堯本紀〉】或作不台。【〈自序傳〉·〈五帝本紀序〉云: "唐堯遜位, 虞舜不台."】 班固〈典引〉亦作不台。【〈典引〉云: "有于德不台, 淵穆之讓."】 ○《漢書》: "陳崇奏引《書》曰, '舜讓于德, 不嗣.' 公之謂矣."【〈王莽傳〉】 **○鏞案** 王莽之時, 惲·歆得志, 『古文』立學。弗嗣者, 『古文』之字, 傳至馬·鄭也。

교1) 案伏本 : 『사기집해』에는 '今文尙書'로 되어 있다.

고이 '弗嗣'가 복생본에는 '不怡'로 되어 있고,【『사기』「요본기」의 『집해』에 보인다.】『사기』에는 '不懌'【「요본기」에 보인다.】으로도 되어 있고 '不台'로도 되어 있으며,【「태사공자서(太史公自序)」와 「오제본기서」에 "唐堯遜位, 虞舜不台."라고 하였다.】 반고의 「전인(典引)」에도 '不台'로 되어 있다.【「전인」에 "有于德不台, 淵穆之讓."이라고 하였다.】

○『한서』에 다음의 내용이 있다. "진숭(陳崇)의 주문(奏文)에서 『상서』를 인용하여, '舜讓于德, 不嗣.'라고 하였으니 공(公)을 말하는 것입니다."【「왕망전(王莽傳)」에 보인다.】

○용안 왕망 때에 양운(楊惲)과 유흠(劉歆)이 뜻을 이루어 학관에 『고문상서』를 정규과목으로 개설하였다. '弗嗣'란 『고문상서』에 있던 글자인데 마융과 정현에게 전해진 것이다.

考訂 〈舜本紀〉云: "堯乃以二女妻舜, 九男與處。【節】 一年而成聚, 二年成邑, 三年成都。【節】 於是乃試舜五典・百官, 以揆百事, 莫不時序。【節】 堯老, 使舜攝行天子政。舜用事二十年而攝政, 攝政八年而堯崩。三年喪畢, 讓丹朱。" ○**鏞案** 九男二女及三年喪畢避讓丹朱, 皆《孟子》之言, 而史遷錄之也。然大婚徵庸之後, 攝政受終之前, 唯有三年之隙。玆所云'厎可績三載'也, 諸說不可從也。【〈伯夷傳〉云: "典職數十年, 乃命以位。" 此太史公從來誤認者】

고정 『사기』「순본기」에 "요가 이에 두 딸을 순에게 시집보내고, 아홉 아들을 순과 함께 지내게 하였다. 【중략】 1년 만에 취락을 이루고 2년 만에 고을을 이루었으며 3년 만에 도회를 이루었다. 【중략】 이에 오전(五典)과 백관(百官)을 순에게 맡겨 시험하고 백사를 총괄하게 하니, 모든 일이 적시에 질서 있게 이루어졌다. 【중략】 요가 늙자 순에게 천자의 정사를 대행하게 하였다. 순이 정사를 맡은 지 20년 만에 섭정하고, 섭정한 지 8년 만에 요가 죽었다. 삼년상을 마친 뒤 단주(丹朱)에게 〈제위를〉 양보하였다."라고 하였다.

○**용안** 9남 2녀를 보냈다는 것과 삼년상을 마친 뒤 자리를 피해 단주에게 양보하였다는 것은 모두 『맹자』의 말인데 사마천이 이를 수록한 것이다. 그러나 대혼을 치르고 불러서 등용한 뒤 섭정하여 제의 일을 넘겨받기 전까지는 오직 3년의 기간이 있을 뿐이다. 이것이 이른바 '지가적삼재(厎可績三載)'이고, 제설(諸說)은 따를 수 없다.【『사기』「백이열전」에 "직책을 맡은 지 수십 년 만에 비로소 제위에 오르도록 명하였다."라고 하였는데, 이는 태사공이 본래부터 잘못 알고 있었던 것이다.】

考證 堯曰: "咨爾舜, 天之曆數在爾躬, 允執其中。四海困窮, 天祿永終。"

○金云："讓德弗嗣之下, 無再命之辭, 何也?《論語・堯曰》篇首二十四字, 乃其脫文也。" ○**案** 此說甚好。誠若揷之於此間, 泯然無跡矣。

고증 〈『논어』「요왈(堯曰)」 첫머리에〉 요가 말하기를, "아, 그대 순이여, 하늘의 역수가 그대에게 있으니 진실로 중도를 지켜라. 사해의 백성이 곤궁해지면 천록이 영원히 끝날 것이다."라고 하였다. ○김이상이 말했다. "'양덕불사(讓德弗嗣)' 다음에 재차 명하는 말이 없는 것은 어째서인가? 『논어』「요왈」 편의 첫머리에 있는 24자가 바로 그 탈락된 내용이다."[147]

○**안** 이 설이 매우 좋다. 참으로 그 사이에 이 내용을 삽입하면 딱 맞아서 표시가 나지 않는다.

01. 요전상 - 16

正月上日, 受終于文祖。

정월 초하루에 문조에서 제(帝)의 일을 넘겨받았다.

馬云："上日, 朔日也。"【見《史》注】 ○鄭云："帝王易代, 莫不改正建朔。[교1] 堯正建丑, 舜正建子。此時未改堯正, 故云'正月上日'。即位, 乃改堯正, 故云'月正元日', 以異文。"【見《史》注】 ○**案** 鄭玄溺於緯書之邪說, 有此乖

147 김이상이 …… 내용이다 : 『資治通鑑前編』 권1에 보인다. 원문은 다음과 같다. 讓德弗嗣之下, 無再命之辭, 遜位之際, 亦無丁寧告戒之語, 何也? 按, 『論語』「堯曰」篇首二十四字, 乃二典之其脫文也.

僻之義也。堯之羲・和之宅, 以四仲月配四方, 舜之巡守之期, 以四仲月配四方, 則堯・舜皆建寅之正, 何云建丑・建寅也? 迷惑如此, 宜受潛丘文廟黜享之駁矣。

교1) 案建朔 : 『사기정의』에는 이 두 글자가 없다.

〔正月上日〕 마융이 말했다. "'상일(上日)'은 초하루이다."【『사기』「요본기」의 『집해』에 보인다.】 ○정현이 말했다. "제왕은 왕조가 바뀌면 모두 정월을 새로 정하였다. 요는 축월[丑月 : 음력 11월]을 정월로 정하고, 순은 자월[子月 : 음력 12월]을 정월로 정하였다. 이때는 아직 요의 정월을 바꾸지 않았으므로 '정월상일'이라고 했고, 즉위하고나서는 요의 정월을 바꾸었으므로 '월정원일'이라고 하여 표현을 달리한 것이다."【『사기』「요본기」의 『정의』에 보인다.】[148]

○**안** 정현은 위서(緯書)의 사설(邪說)에 빠져 있었기 때문에 이처럼 이상하게 풀이한 것이다. 요가 희씨(羲氏)・화씨(和氏)의 임지를 정해줄 때 사계절의 중월(仲月)을 사방(四方)에 배속하고, 순이 순수(巡守)한 시기도 사계절의 중월을 사방에 배속하였으니, 요와 순은 모두 인월[寅月 : 음력 1월]을 정월로 정한 것이다. 어째서 축월을 정월로 정했느니 인월을 정월로 정했느니 하는 말을 하는가. 이렇

148 정현이 …… 보인다 : 『사기정의』의 내용과 『상서정의』의 내용이 섞여 있다. 『상서정의』에는 "鄭玄云 : '帝王易代, 莫不改正. 堯正建丑, 舜正建子, 此時未改, 故依堯正月上日也.'"라고 되어 있고, '卽位 …… 異文' 구는 보이지 않으며, 『상서정의』에는 "鄭玄以爲 : '帝王易代, 莫不改正. 堯正建丑, 舜正建子. 此時未改堯正, 故云正月上日. 卽位, 乃改堯正, 故云月正元日, 故以異文'이라고 되어 있다.

게 미혹되었으니 잠구[潛丘: 염약거]로부터 문묘(文廟)에서 출향(黜享)해야 한다는 논박을 받은 것도 당연하다.

梅云: "堯終帝位之事。" ○鄭云: "堯尊如故, 舜攝其事。" ○馬云: "文祖, 天也。天爲文萬物之祖, 故曰文祖。" ○鄭云: "文祖,[교1] 五府之大名, 猶周之明堂。"【見《史》注】 ○蔡云: "堯始祖之廟。"【蘇軾云: "嚳廟。"】 ○**鏞案** 文祖之或黃或顓, 雖不可詳, 要之, 配天而后爲祖爲宗。馬融之說, 非無據也。

교1) 案祖: 『사기집해』에는 뒤에 '者'가 더 있다.

〔受終于文祖〕 매색이 말했다. "요가 제위에서 할 일을 마친 것이다." ○정현이 말했다. "요의 존위(尊位)는 여전한 채 순이 그 일을 대리한 것이다." ○마융이 말했다. "'문조(文祖)'는 하늘이다. 하늘이 만물을 문식한 시조이므로 '문조'라고 한 것이다." ○정현이 말했다. "'문조'는 오부(五府)[149]를 대표하는 명칭으로 주(周)나라의 명당(明堂)과 같다."【『사기』「요본기」의 『집해』에 보인다.】 ○채침이 말했다. "요의 시조를 모신 사당이다."【소식이 말했다. "제곡의 사당이다."】

○**용안** 문조가 황제(黃帝)인지 혹은 전욱(顓頊)인지 비록 상세히 알 수는 없지만, 요컨대 하늘에 배향(配享)한 다음에 조제(祖祭)를 올리고 종제(宗祭)를 올린다. 마융의 설에 근거가 없지 않다.

149 오부(五府): 五帝의 사당이라고 한다. 이 부분의 『사기색은』에, "『尚書帝命驗』曰: '五府, 五帝之廟. 蒼曰靈府, 赤曰文祖, 黃曰神斗, 白曰顯紀, 黑曰玄矩. 唐虞謂之五府, 夏謂世室, 殷謂重屋, 周謂明堂, 皆祀五帝之所也.'"라고 하였다.

考訂 〈堯本紀〉: "文祖者, 堯太祖也。" ○孔疏云: "'七世之廟, 可以觀德。' 黃帝爲堯之高祖, 黃帝以上, 不知復祭何人充此七數。" ○**辨曰** 唐·虞廟制, 後世無傳。唯〈魯語〉展禽之言曰: "有虞氏禘黃帝而祖顓頊, 郊堯而宗舜。"【賈逵云: "有虞氏, 舜後, 在夏·殷, 爲二王後, 故有禘·郊·祖·宗之禮。"】〈祭法〉云: "有虞氏禘黃帝而郊嚳, 祖顓頊而宗堯。"【韋昭云: "舜在則宗堯, 舜崩而子孫宗舜郊堯。"】只此二文, 微見一斑。今考〈帝繫〉, 堯與帝嚳皆非舜祖, 有虞氏之禮, 胡若是也? 竊嘗思之, 五帝之禮與三王之禮, 截然不同, 不可以後世習狃之見議其得失也。三王傳世, 其祭以祖考血脈之傳爲重, 五帝禪受, 其祭以神聖道統之傳爲重, 豈可一例論哉? 不唯是也, 祭祀之禮, 本起於祭天, 祖宗之祭, 首繇於配天, 不配天則不祖宗。大義玄遠, 未易測也。郊·禘·祖·宗四祭, 皆所以配天。郊鯀·郊冥·郊稷, 無一而非配天。禘黃·禘嚳, 無一而非配天。【《周禮》: "凡祭五帝皆禘也。"】祖顓·祖契, 宗舜·宗禹, 無一而非配天。故《孝經》云'后[교1]稷以配天, 宗祀文王, 以配上帝', 猶可據也。其配天則同, 而五帝之禮, 唯聖德是衡, 三王之禮, 唯祖考是崇, 斯其所不同也。

蓋五帝官天下, 顓·嚳·堯·舜, 雖皆黃帝之孫, 所重在道·在功·在德, 非在血脈也。堯與帝嚳, 雖非有虞之祖, 而不害其宗之·郊之也。若如孔疏之義, 必立七世之廟, 則帝嚳必崇橋極·玄囂, 帝舜必崇瞽叟·橋牛, 以至於句望·敬康矣。纔得位, 必立七廟, 旣禪受, 毁廟而退, 如後世革命之法, 必無是理。有虞氏之郊嚳而宗堯, 又何足疑哉!

降及夏·商, 其禮始變。鯀殛死於堯·舜之世, 而夏人郊之。冥勤其官而水死, 聖德未著, 而殷人郊之。雖謂之不由時勢, 吾不信也。然此時去古未遠, 有功·有德, 乃能配天, 配天而後乃躋宗祀。【宗祀, 如今之預定不祧】殷有三宗, 太甲曰太宗, 太戊曰中宗, 武丁曰高宗, 此所謂'有殷多先哲王', '禮陟配天'也。【周·召之所言】 周唯文·武·成·康, 列於世祀。至漢猶有摹擬, 太宗·世宗·世祖·肅宗, 謂之世室, 乃可稱宗。唐·宋以降, 無帝不宗, 無祀不世, 其視五帝之世, 邈乎其天淵矣。

郊·禘·祖·宗之外, 不配天而祭以私者, 名之曰報, 謂私報其恩也。【亦展禽之言】 當時七世之廟, 顧何以推究哉? ○或曰: "文祖之廟, 容有非祖而祭, 則神弗歆匪類, 於禮何如?" 曰: "社稷之祭句龍·姬棄, 百世而不替,【自夏已上, 稷祀柱】 文廟之祭孔·孟·顏·曾, 百王之所同, 將亦以匪類而疑之乎? 當時文祖之廟, 想亦如此。"

교1) 案后: 『효경』에는 앞에 '郊祀'가 더 있다.

고정 『사기』「요본기」에 "문조란 요의 태조이다."라고 하였다. ○공영달의 소에 "〈「함유일덕(咸有一德)」에서〉 '칠세(七世)의 사당에서 덕을 볼 수 있다.'라고 하였다. 황제(黃帝)는 요의 고조인데 황제 이상은 누구를 더 제사하여 이 '칠'이라는 수를 채우는지 모르겠다."150라고 하였다.

○**변왈** 당(唐)·우(虞)의 묘제(廟制)는 후세에 전하지 않는다. 다만 『국어』「노어(魯語)」 전금[展禽: 유하혜(柳下惠)]의 말에, "유우씨(有虞氏)는 황제에게 체제(禘祭)를 지내고, 전욱(顓頊)에게 조제(祖祭)를 지냈으며, 요에게 교제(郊祭)를 지내고, 순에게 종제(宗祭)를 지

150 공영달의 …… 모르겠다: 공영달 소의 전문은 다음과 같다. 「咸有一德」云, '七世之廟, 可以觀德', 則天子七廟, 其來自遠. 堯之文祖, 蓋是堯始祖之廟, 不知爲誰也. 「帝繫」及『世本』皆云, '黃帝生玄囂, 玄囂生僑極, 僑極生帝嚳, 帝嚳生堯. 卽如彼言, 黃帝爲堯之高祖. 黃帝以上, 不知復祭何人充此七數. 況彼二書, 未必可信, 堯之文祖, 不可强言.

냈다."라고 하였고,【가규가 말했다. "유우씨는 순의 후예이다. 하와 은은 이왕(二王)의 후예이기 때문에 체제 · 교제 · 조제 · 종제를 올리는 예가 있었다."】 『예기』 「제법」에 "유우씨는 황제에게 체제를 지내고, 제곡(帝嚳)에게 교제를 지냈으며, 전욱에게 조제를 지내고, 요에게 종제를 지냈다."라고 하였다.【위소가 말했다. "순이 살아 있을 때에는 요에게 종제를 지냈고, 순이 죽고나서는 자손들이 순에게 종제를 지내고 요에게 교제를 지냈다."】 단지 이 두 글에서 희미하게나마 일부를 볼 수 있다. 하지만 지금 「제계(帝繫)」를 보면 요와 제곡은 모두 순의 조상이 아닌데, 유우씨의 예가 어찌 이러했겠는가?

나는 일찍이 오제(五帝)의 예는 삼왕(三王)의 예와는 완전히 달랐을 것이므로 후세의 시각으로 그 득실을 논해서는 안 된다고 생각하였다. 삼왕은 후손에게 왕위를 전하였으므로 그들의 제사에서는 조고(祖考)의 혈맥을 전하는 것으로 중[重 : 종통 계승]을 삼았고, 오제는 현인에게 선양하였으므로 그들의 제사에서는 신성(神聖)의 도통을 전하는 것으로 중(重)을 삼았다. 어찌 일률적으로 논할 수 있겠는가? 이뿐이 아니다. 제사의 예는 본래 하늘에 제사하는 데서 기원하고, 조 · 종의 제사는 하늘에 배향(配享)하는 데서 비롯하였으니, 하늘에 배향하지 않고는 조 · 종의 제사를 올리지 않았다. 그러나 대의가 심원하여 헤아리기가 쉽지 않다. 교 · 체 · 조 · 종의 네 가지 제사는 모두 하늘에 배향하는 것이다. 그러므로 곤(鯀) · 명(冥) · 직(稷)에게 교제를 올릴 때 하늘에 배향하지 않은 경우가 하나도 없고, 황제와 제곡에게 체제를 올릴 때에도 하늘에 배향하지 않은 경우가 하나도 없으며,【『주례』에 "오제에게 올리는 제사는 모두 체제이다."라고 하였다.】 전욱 · 설(契)에게 조제를 올리고 순 · 우에게 종제를 올릴 때에도 하늘에 배향하지 않은 경우가 하나도 없었다.

그러므로 『효경』에 '후직(后稷)에게 〈교사(郊祀)를〉 올리면서 하늘에 배향하였고, 문왕에게 종사를 올리면서 상제에 배향하였다.'라고 한 것이 오히려 근거할 만하다. 하늘에 배향하는 것은 마찬가지이지만 오제의 예는 오직 성덕(聖德)만을 헤아렸고 삼왕의 예는 오직 조고만을 높였다. 이것이 둘의 다른 점이다.

대체로 오제는 관천하(官天下)[151]를 하였으니 전욱·제곡·요·순이 비록 모두 황제의 후손이지만 중으로 삼은 바는 도와 공과 덕에 있었지 혈맥에 있지 않았다. 그러므로 요와 제곡이 비록 유우씨의 선조는 아니지만 그들에게 종제나 교제를 올려도 문제가 없다. 공영달 소의 풀이와 같이 반드시 7세의 사당을 세워야 한다면 제곡은 반드시 교극(橋極)과 현효(玄囂)를 높이고, 제순은 반드시 고수(瞽叟)와 교우(橋牛)를 높여서 구망(句望)과 경강(敬康)에까지 이르렀을 것이다. 제위에 오르자마자 반드시 칠묘를 세우고 선위하고 나면 사당을 철거하고 물러나서, 마치 후세의 혁명하는 법과 같이 했을 리는 결코 없다. 유우씨가 제곡에게 교제를 올리고 요에게 종제를 올린 것을 또 어찌 의심하겠는가?

하(夏)·상대(商代)로 내려와서 그 예가 비로소 바뀌었다. 곤은 요·순의 시대에 죽임을 당하였지만 하나라에서는 그에게 교제를

151 관천하(官天下): 천하를 사유물이 아닌 公物로 보는 시각이다. 그렇기 때문에 자손이 아닌 賢人에게 자리를 전한다. 이와 대비되는 개념이 家天下 곧 천하를 자기 집안의 사유물로 보는 시각으로, 그렇기 때문에 자손에게 자리를 물려주는 것이다. 『한서』「蓋寬饒傳」에 "引『韓氏易傳』言: '五帝官天下, 三王家天下, 家以傳子, 官以傳賢, 若四時之運, 功成者去, 不得其人則不居其位.'"라고 하였다.

올렸다. 명(冥)은 정사에 부지런하였지만 물에 빠져 죽어[152] 성덕(聖德)이 드러나지 않았는데도 은(殷)나라에서는 그에게 교제를 올렸다. 그것을 두고 비록 시세를 따르지 않았다고 하더라도 나는 믿지 않는다. 그러나 이때는 고대와 시대가 멀리 떨어지지 않았으므로 공이 있고 덕이 있어 하늘과 짝할 수 있으면 하늘에 배향한 뒤에 비로소 종사(宗祀)에 올렸을 것이다.【종사는 지금의 조천(祧遷)하지 않을 왕의 신주(神主)를 미리 정하는 것과 같다.】 은나라에 삼종(三宗)이 있었으니 태갑(太甲)을 태종(太宗)이라고 하고, 태무(太戊)를 중종(中宗)이라고 하며, 무정(武丁)을 고종(高宗)이라고 한다. 이것이 이른바 '은나라의 많은 선철왕(先哲王)', '예에 따라 올려서 하늘에 배향하였다.'[153]라는 것이다.【주공과 소공의 말이다.】 주나라는 문왕·무왕·성왕(成王)·강왕(康王)만을 세사(世祀)에 배열하였다. 한나라에 와서도 여전히 그것을 본떠서 태종(太宗)·세종(世宗)·세조(世祖)·숙종(肅宗)에 대해서만 세실(世室)이라고 하여 '종'이라고 칭할 수 있었다. 그런데 당·송 이후로는 모든 황제를 '종'이라고 하여 모든 제사를 세사로 지냈으니, 오제의 시대와 비교하면 하늘과 땅만큼이나 멀다.

교제·체제·조제·종제 외에 하늘에 배향하지 않고 사사로이 올리는 제사는 명칭을 보(報)라고 하는데, 그 은혜에 개인적으로 보

152 명(冥)은 …… 죽어 : 명은 契의 6세손인 根圉의 아들이라고 한다. 『국어』 「魯語上」의 '冥勤其官而水死' 구에 대한 韋昭의 주에서 "冥, 契後六世孫根圉之子也, 爲夏水官, 勤於其職而死於水也."라고 하였다.

153 은나라의 …… 배향하였다 : 『상서』 「周書·召誥」에 "天旣遐終大邦殷之命, 玆殷多先哲王在天 ……"이라고 하였고, 「周書·君奭」에 "率惟玆有陳, 保乂有殷, 故殷禮陟配天, 多歷年所."라고 하였다.

답한다는 뜻이다.【역시 전금(展禽)의 말이다.】 당시에 7세의 사당이 있었다는 것을 어떻게 미루어 밝히겠는가? ○혹 "문조의 사당에서 선조가 아닌 사람에게 제사를 올리는 일이 있다면, 귀신은 자손이 올린 제사가 아니면 흠향하지 않는데 예에 문제가 없겠는가?"라고 물을 수도 있다. 그러면 "사직에서 구룡(句龍)과 희기(姬棄)의 제사를 대대로 폐하지 않았고,【하나라 이전에는 직(稷)에 대한 제사에서 주(柱)를 제사하였다.】[154] 문묘(文廟)에서 공자·맹자·안자·증자를 제사하는 것은 모든 왕조에서 동일했는데, 이 또한 자손이 올린 제사가 아니라고 의심하겠는가? 당시 문조의 사당 또한 아마 이와 같았을 것이다."라고 대답하겠다.

01. 요전상 - 17

在璿璣玉衡, 以齊七政。【伏本, 璿爲璇, 璣爲機。《後漢書》亦爲璇】

선기[자]와 옥형[저울]을 살펴서 칠정을 정비하였다.【복생본에는 '璿'이 '璇'으로, '璣'가 '機'로 되어 있다. 『후한서』에도 '璇'으로 되어 있다.】

154 사직에서 …… 제사하였다 : 『춘추좌씨전』 昭公 29년에 魏獻子가 社稷의 五祀는 어느 때의 다섯 관리를 제사하는 것이냐고 묻자, 晉나라 太史 蔡墨이 "…… 전욱씨의 아들 리가 축융을 맡고 공공씨의 아들 구룡이 후토를 맡았다. 이것이 두 가지 제사이다. 유열산씨의 아들 주가 직을 맡았는데 하나라 이전에는 그를 제사하였고, 주기 또한 직을 맡았는데 상나라 이후부터는 그를 제사하였다.[此其三祀也. 顓頊氏有子曰犁, 爲祝融; 共工氏有子曰句龍, 爲后土, 此其二祀也. 有烈山氏之子曰柱爲稷, 自夏以上祀之. 周棄亦爲稷, 自商以來祀之]"라고 대답하였다.

梅云 : "在, 察也。" ○馬云 : "璿, 美玉也。 璣,[교1] 渾天儀, 可轉旋, 故曰璣。[교2] 衡, 其中橫簫,[교3] 所以視星宿也。[교4] 以璿爲璣, 以玉爲衡, 蓋貴天象也。"【見《史 · 天官書》注】 ○鄭云 : "璿璣玉衡, 渾天儀也。運轉者爲璣, 持正者爲衡。"【見《史》注】 ○梅云 : "正天文之器。"【蔡云 : "璣, 機也。以璿飾璣, 所以象天體。[교5] 衡, 謂橫簫也, 所以窺璣。"】

교1) 案璣 : 『사기』 「天官書」의 『색은』에는 '機'로 되어 있다.
교2) 案璣 : 『사기』 「天官書」의 『색은』에는 '機'로 되어 있다.
교3) 案簫 : 『사기』 「天官書」의 『색은』에는 '箫'으로 되어 있다.
교4) 案所以視星宿也 : 『사기』 「天官書」의 『색은』에는 이 6글자가 없다.
교5) 案體 : 『서집전』에는 뒤에 '之轉運也'가 더 있다.

〔在璇璣玉衡〕 매색이 말했다. "'재(在)'는 찰[察 : 살피다]의 뜻이다." ○마융이 말했다. "'선(璿)'은 좋은 옥이다. '기(璣)'는 혼천의(渾天儀)인데 회전할 수 있으므로 '기(璣)'라고 하였다. '형(衡)'은 그 안에 들어 있는 가로 관으로, 그것을 가지고 별자리를 살핀다.[155] 선(璿)으로 기(璣)를 만들고 옥(玉)으로 형(衡)을 만든 것은 대체로 천상(天象)을 중시해서이다."【『사기』 「천관서(天官書)」의 『색은』에 보인다.】 ○정현이 말했다. "'선기옥형(璇璣玉衡)'은 혼천의이다. 회전하는 부분이 '기(璣)', 고정되어 있는 부분이 '형(衡)'이다."【『사기』의 주에 보인다.[156]】 ○매색이 말했다. "천문을 바로잡는 기구이다."【채침이 말했다. "'기(璣)'는 기[機 : 틀]이다. 선(璿)으로 기(璣)를 꾸며서 천체의 운행을 형상한 것이

155 그것을 …… 살핀다 : 『사기색은』에 인용된 마융의 설에는 이 내용이 보이지 않고, 왕응린의 『六經天文編』에 인용된 마융의 설 중에 보인다.
156 『사기』의 주에 보인다 : '璿璣玉衡, 渾天儀也.'는 『사기』 「五帝本紀」의 『集解』에 보이고, '運轉者爲璣, 持正者爲衡'은 「五帝本紀」의 『正義』에 보인다.

다. '형(衡)'은 가로로 된 관을 말하는데, 그것을 가지고 기를 살폈다."[157]】

伏云："璿璣·玉衡。【鄭注云："中簫爲璇璣, 外規爲玉衡。"】政者, 齊, 中也, 謂春·秋·冬·夏·天文·地理·人道, 所以爲政也。【四時·三才之政】道正而萬事順成, 故天道政之大者也。"【《書大傳》】○馬云："七政者, 北斗七星, 各有所主。第一曰主日, 法天。[교1)]【案。主日·主月, 見〈郊祀志〉】第二曰主月, 法地。[교2)]【緯書也】第三曰命火, 謂熒惑也。第四曰煞土, 謂塡星也。第五曰伐水, 謂辰星也。第六曰危木, 謂歲星也。第七曰罰[교3)]金, 謂太白也。日月五星各異, 故名曰七政。"【《史·天官書》注】○鄭云："七政, 日月五星也。"【見《史》注】○梅云："日月五星, 各異政。"【蔡云："七者運行於天, 猶人君之有政事。"】○**鏞案** 緯書直以北斗七星爲璇機玉衡。【文見左】馬融乃以北斗七點爲兩曜·五緯之所主, 已再轉也。鄭玄直以七曜爲七政, 則三轉也。

교1) 案主日法天：『사기』「천관서」의 『索隱』에는 '正日'로 되어 있다.
교2) 案主月法地：『사기』「천관서」의 『索隱』에는 '主月法'으로 되어 있다.
교3) 案罰：『사기』「天官書」의 『索隱』에는 '剽'로 되어 있다.

〔以齊七政〕복생이 말했다. "〈선기옥형은〉 선기와 옥형이다.【정현의 주에 "가운데 있는 관이 선기이고, 바깥의 틀이 옥형이다."라고 하였다.】'정(政)'이란 제[齊：고르다]의 뜻이고 중[中：바르다, 고르다]의 뜻이다. 〈선기와 옥형을 가지고〉 봄·가을·겨울·여름·천문(天文)·지

157 채침이 …… 살폈다：이 부분의 『서집전』 채침의 주는 다음과 같다. "美珠, 謂之璿. 璣, 機也, 以璿飾璣, 所以象天體之轉運也. 衡, 橫也, 謂衡簫也, 以玉爲管, 橫而設之, 所以窺璣而齊七政之運行, 猶今之渾天儀也."

리(地理)·인도(人道)를 바르게 한다는 말이다.【사시와 삼재(三才)를 바로잡는다는 말이다.】 도가 바르면 모든 일이 순조롭게 이루어지므로 천도가 바로잡아야 할 대상 중에 중요한 것이다."【『상서대전』에 보인다.】 ○마융이 말했다. "'칠정(七政)'이란 북두칠성으로 각 별이 주관하는 바가 있다. 첫째는 주일(主日)이니, 하늘을 본받음[法天]이다.【안. 주일(主日)과 주월(主月)은 『한서』「교사지(郊祀志)」에 보인다.】 둘째는 주월(主月)이니, 땅을 본받음[法地]이다.【위서(緯書)의 내용이다.】 셋째는 명화(命火)이니, 형혹(熒惑)을 말한다. 넷째는 살토(煞土)이니, 전성(塡星)을 말한다. 다섯째는 벌수(伐水)이니, 신성(辰星)을 말한다. 여섯째는 위목(危木)이니, 세성(歲星)을 말한다. 일곱째는 벌금[罰金 : 표금(剽金)]이니, 태백(太白)을 말한다. 일월과 오성이 각기 〈맡은 바가〉 다르므로 '칠정'이라고 이름 한 것이다."【『사기』「천관서(天官書)」의 『색은』에 보인다.】 ○정현이 말했다. "'칠정'은 일월과 오성이다."【『사기』「요본기」의 『집해』에 보인다.】 ○매색이 말했다. "일월과 오성은 각기 정사를 달리한다."【채침이 말했다. "일곱 가지가 하늘에서 운행하는 것이 임금에게 정사가 있는 것과 같다."】

○**용안** 위서(緯書)에서는 곧바로 북두칠성을 선기옥형이라고 하였다.【내용은 다음에 보인다.】 그런데 마융은 북두칠성[北斗七點]을 양요[兩曜 : 해와 달]와 오위[五緯 : 오성]를 주관하는 것이라고 하였으니 이미 재차 뜻이 바뀌었고, 정현은 곧바로 칠요[七曜 : 일월과 오성]를 칠정이라고 하였으니 다시 뜻이 바뀌었다.

考證 緯書云 :【《春秋運斗樞》】"斗, 第一天樞, 第二璇, 第三機, 第四權, 第五衡, 第六開陽, 第七搖光。" ○〈天官書〉云 : "北斗七星, 所謂'璇

璣玉衡, 以齊七政'。衡殷南斗, 魁枕參首。" ○〈律書〉云'琁璣玉衡, 以齊七政', 卽天・地・二十八宿・十母・十二字[교1]・鍾律・運歷也。"【又〈封禪書〉引璇璣玉衡】○《漢書・律曆志》云: "其在天也, 佐助旋機, 斟酌建指, 以齊七政, 故曰玉衡。"【顔師古云: "七政, 日月五星也。"】

교1) 案字: 『사기』「律書」에는 '子'로 되어 있다.

고증 위서(緯書)【『춘추운두추(春秋運斗樞)』이다.】에 "두(斗)는 첫째가 천추(天樞), 둘째가 선(璇), 셋째가 기(璣), 넷째가 권(權), 다섯째가 형(衡), 여섯째가 개양(開陽), 일곱째가 요광(搖光)이다."라고 하였다. ○『사기』「천관서」에 "북두칠성은 '선기옥형으로 칠정을 고르게 한다.'라고 한 별자리이다. 두형(斗衡)은 남두(南斗)를 마주하고 두괴(斗魁)는 참수(參宿)의 머리를 베고 있다."라고 하였다.[158]
○『사기』「율서」에 "'선기옥형을 살펴서 칠정을 가지런히 한다.'라는 것은, 곧 천・지・28수・십간[十母]・십이지[十二子]・종률(鍾律)・운력(運歷)이다."라고 하였다.[159]【또 『사기』「봉선서」에서도 선기옥형을 인용하였다.[160]】

158 북두칠성은 …… 하였다: 『사기』「천관서」의 이 부분 全文은 "北斗七星, 所謂'琁璣玉衡, 以齊七政'. 杓攜龍角, 衡殷南斗, 魁枕參首魁."이다. 衡은 '북두칠성의 중앙[斗之中央]'이라고도 하고, 斗衡이라고도 한다. 또 塊는 북두칠성의 첫 번째 별이라고도 하고, 북두칠성의 첫째 별부터 넷째 별 곧 『춘추운두추』에서 말한 樞, 琁, 璣, 權을 통칭한다고도 한다.
159 「율서」에 …… 하였다: 『사기』「율서」 司馬遷의 史評을 발췌한 것이다. 원문은 다음과 같다. '琁璣玉衡, 以齊七政', 卽天地二十八宿十母十二子鍾律調自上古建律運歷日度可據而度也.
160 「봉선서」에서도 선기옥형을 인용하였다: 『사기』「봉선서」에 "『尙書』曰: '舜在璇璣玉衡, 以齊七政.'"이라고 하였다.

○『한서』「율력지」에 “〈형권(衡權)은〉 하늘에서는 〈북두칠성의〉 선성(旋星)과 기성(機星)을 보좌하니, 북두자루가 가리키는 방향을 짐작하여 칠정을 고르게 한다. 그러므로 옥형이라고 한 것이다.”[161] 라고 하였다.【안사고(顔師古)가 말했다. “칠정은 일월과 오성이다.”】

考訂 馬融云：“日・月・星, 皆以璿璣玉衡度, 知其盈縮・進退・失政所在。聖人謙讓, 猶不自安, 視璿璣玉衡, 以驗齊日月五星行度, 知其政是與否, 重審己之事也。” 上天之體, 不可得知, 測天之事, 見於經者, 唯有此璿璣玉衡一事而已。○梅云：“舜察天文, 以審己當天心與否。” ○**鏞案** 察彼躔次之愆協, 以審己政之臧否, 而命彼曰‘七政’, 不可。

고정 〈공영달의 『상서정의』에 다음과 같이 되어 있다.〉 마융이 말했다. “해・달・별을 모두 선기옥형을 가지고 헤아려서 영축(盈縮)・진퇴(進退)와 어느 부분이 바르지 못한지를 알아본다. 성인은 겸양하여 오히려 스스로 안심하지 않고 선기옥형을 살펴서 일월과 오성의 운행 도수를 모두 조사하여 그것이 바른지 아닌지를 알아보고 자신의 일을 거듭 살피는 것이다.” 상천의 본체는 알 수 없지만 하늘의 일을 관측하는 일에 대해 경에 보이는 것은 오직 이 선기옥형 한 가지가 있을 뿐이다.[162]

---

161 『한서』…… 것이다：『한서』 원문은 “權衡者, 衡, 平也, 權, 重也. 衡, 所以任權而均物平輕重也. 其道如底, 以見準之正・繩之直, 左旋見規, 右折見矩. 其在天也, 佐助旋機, 斟酌建指, 以齊七政, 故曰‘玉衡’.”이다.

162 마융이 …… 뿐이다：이 부분은 공영달 『상서정의』의 내용으로 1999년 북경대학출판사에서 나온 표점본 십삼경주소 『상서정의』에는 馬融云：“日月星皆以璿璣玉衡度知其盈縮・進退・失政所在. …… 重審己之事也.” 上天之體, 不可得知, …… 見於經者唯有此“璿璣玉衡”一事而已.로 표점하였다. 이에 따

○매색이 말했다. "순이 천문을 살펴서 자신이 천심에 맞는지 아닌지를 살핀 것이다."

○용안 저 일월성신의 운행 도수가 어긋나는지 맞는지를 관찰하여 자신의 정사가 좋은지 나쁜지를 살피면서 그것을 '칠정'이라고 부를 수는 없다.

總辨 辨曰[163] 璿璣玉衡, 非象天之儀器也。其謂之渾天儀之類者, 馬融之謬也。蓋自黃帝以來, 世修曆紀, 逮嚳至堯, 其術彌備, 故堯令羲·和曆象日月星辰。象也者, 儀器也。【《東漢志》·《晉志》皆引《春秋文耀鉤》云: "唐堯卽位, 羲·和立象儀。"】 堯已爲之, 況於舜乎? 余之難之者, 非謂舜之時朴不能有儀器也。假使有之, 飾以珠簫以玉, 非理也。馬融曰: "璿, 美玉也。" 蔡沈曰: "璿, 美珠也。" 馬通身材之以山出之玉, 而蔡歷錄然文

르면 '已之事也'까지만 마융의 설이고, '上天之體' 이하는 공영달의 설이 된다. 그런데 2007년 상해고적출판사에서 나온 십삼경주소정리본 중 『상서정의』에는 馬融云: "日·月·星, 皆以璿璣·玉衡度知其盈縮·進退, 失政所在." 聖人謙讓, …… 測天之事見於經者, 唯有此璿璣·玉衡一事而已.로 표점되어 있다. 이에 따르면 '失政所在'까지만 마융의 설이고 '聖人謙讓' 이하는 공영달의 설이 된다. 여기에서는 북경대본 『상서정의』의 표점에 따라 번역하였다.

163 總辨 辨曰: '考辨'의 특례이다. 『상서고훈』의 일반 체재에서 '考辨' 항목에서는 '考辨'이라는 분류표지 다음에 다루고자 하는 주제를 제시하고, 이어 '辨曰' 등의 안설표지를 부여한 다음 그에 대한 다산 자신의 견해를 논술한다. 그런데 여기서는 '고변'이라는 분류표지 대신 '총변'이라는 표지를 쓰고, '변왈' 아래에서 주제 제시와 안설 내용을 한꺼번에 제시하였는데, 내용은 '璇璣玉衡'에 대한 것과 '以齊七政'의 두 가지로 대별되고 있다. 번역에서도 각 주제의 시작 부분의 번역문 앞에 [ ]로 주제를 표시하는 특례를 사용하였다.

之以水物之珠。如馬之義, 則鉏牙刻鏤回合之巧, 無以如銅鐵也。【梅注用馬義】 如蔡之說, 則舜爲奢侈主, 好作淫技奇物無益之觀者也。孔冲遠引《左氏》'璚[교1)]弁·玉纓', 以文其誤。何其勞也? 且璣, 小珠也。〈貨殖傳〉'珠璣'·'瑇[교2)]瑁', 得以竝稱。而緯書'二曰琁, 三曰璣', 亦必雙擧。此又何物也? 且馬融以外儀爲璿璣, 中筩爲玉衡, 而其親弟子鄭玄已違其師說, 其註《書大傳》以中筩爲璿璣, 外規爲玉衡。使其言有所承受可徵者, 豈有師弟二人, 遷移不安若是哉? 其臆創而無所據可知也。旣以北斗七星爲璿璣玉衡,【〈天官書〉·緯書】 又以北斗七星爲七曜之主,【馬氏說】 又直以七曜爲七政,【鄭·梅已下】 而考古伏生之學, 則乃以四時·三才爲七政。七政竟是何物?【王勃〈益州廟碑〉'珠衡玉斗', 亦出緯書, 而以斗四星爲玉斗, 杓三星爲珠衡云】 其說之周章眩轉, 不可執定如此。而世之討經義·談象緯者, 堅以璣衡認作渾儀, 其實無一定之論也。大抵渾天儀之制, 無所爲衡。凡稱物之輕重者, 謂之衡。車之有衡, 亦以其前後軒輊, 衡能平之, 故得衡名也。今渾天儀之橫簫, 無軒輊低昂之用, 何以謂之衡也? 蔡邕云: "玉衡, 長八尺, 孔徑一寸, 下端望之, 以視星辰."【又宋錢樂作渾天儀, 衡長八尺, 璣徑八尺, 圓周二丈五尺云】 其制非衡, 强名爲衡, 眼慣耳熟, 不復置疑。然〈堯典〉一篇, 衡字有二,【其一卽量衡】 不應其義若是之懸殊也。璿玉不可以爲渾儀, 故耿壽昌作渾儀, 則鑄銅爲之, 錢樂作渾儀, 則鑄銅爲之。蓋其機軸環轉之巧, 牙輪刻鏤之工, 非銅不可也。安得堯·舜之時, 獨以美玉爲機, 又以美玉爲簫哉? 雖般·倕奏巧, 無以細雕。此謬悠之說耳。

교1) 案 璚: 『춘추좌씨전』과 『상서정의』에는 '瓊'으로 되어 있다.
교2) 案 瑇: 『사기』에는 '玳'로 되어 있다.

총변 변왈 〔璿璣玉衡〕 선기옥형은 천상(天象)을 형상한 의기(儀器)가 아니다. 그것을 혼천의의 종류라고 한 것은 마융의 오류이다. 황제(黃帝) 이래 대대로 역기[曆紀 : 역수(曆數)의 강기(綱紀)]를 정비하였는데, 제곡을 거쳐 요에 이르러서는 그 방법이 더욱 자세해졌다. 그러므로 요가 희(羲)와 화(和)에게 일·월·성·신을 관찰하여 기록하도록 명한 것이다. 상(象)이란 의기(儀器)이다.【『동한지(東漢志)』와 『진지(晉志)』에서 모두 『춘추문요구(春秋文耀鉤)』를 인용하여 "당요가 즉위하자 희씨와 화씨가 상의(象儀)를 세웠다."라고 하였다.】 요가 이미 그렇게 했는데 하물며 순이 하지 않았겠는가? 내가 논란하는 것은 순의 시대에는 질박하여 의기가 있을 수 없었다고 생각해서가 아니다. 있었다고 하더라도 구슬로 장식하고 옥으로 관을 만든다는 것이 이치에 맞지 않아서이다.

마융은 "'선(璿)'은 아름다운 옥[美玉]이다."라고 하였고, 채침은 "'선'은 아름다운 구슬[美珠]이다."라고 하였다. 마융은 전체 몸통을 산에서 나는 옥을 재료로 하여 만들었다고 본 것이고, 채침은 물에서 나는 물건인 구슬로 알록달록하게 꾸몄다[164]고 보았다. 마융의 풀이와 같다면 들쭉날쭉하게 새기고 돌려서 맞추는 정교함에 있어 동이나 철만 할 수가 없다.【매색의 주는 마융의 풀이를 따른 것이다.】 또 채침의 설과 같다면 순은 사치한 임금으로서 지나친 기교로 기이한 물건을 만들어 무익한 것을 관찰하기를 좋아한 사람이 된다. 공충원[孔沖遠 : 공영달]은 『춘추좌씨전』의 '경변(瓊弁)과 옥영

164 알록달록하게 꾸몄다 : 원문은 '歷錄然文之'이다. 『시경』 「秦風·小戎」의 '五楘梁輈[다섯 곳 묶은 문채 나는 끌채]'의 楘을 『시집전』에서 '歷錄然文章之貌'라고 풀이하였다. 이에 대해 다산은 『詩經講義』에서, 『說文解字』의 '錄, 金色也'와 『玉篇』의 '錄, 貝文也'란 풀이를 합친 말이라고 설명하였다.

(玉纓)' 구를 인용하여 그 잘못을 문식하였는데,[165] 무엇 때문에 그런 수고를 한단 말인가.

또한 '기(璣)'는 작은 구슬[小珠]이다. 『사기』 「화식열전(貨殖列傳)」에 '주기(珠璣)' · '대모(玳瑁)'라고 하였으니 병칭할 수 있다. 위서(緯書)에서는 '둘째가 선(璇), 셋째가 기(璣)'라고 하여 역시 반드시 짝을 지어 거론하였는데, 이것은 또 무슨 물건인가? 게다가 마융은 외부의 틀을 선기(璿璣), 속의 관을 옥형(玉衡)이라고 하였는데, 그에게 직접 배운 제자인 정현이 이미 사설(師說)을 어기고 『상서대전』의 주에서 속의 관을 선기, 외부의 틀을 옥형이라고 하였다. 그 말에 전수받은 내용을 증명할 만한 근거가 있었다면 어찌 사제 두 사람이 이렇게 온당치 못하게 바꾸었겠는가? 억측으로 만들어내어 근거가 없는 말임을 알 수 있다.

이미 북두칠성을 선기옥형이라고 하고【『사기』 「천관서」와 위서(緯書)에 보인다.】 또 북두칠성이 칠요(七曜)를 주관한다고 해놓고는【마융의 설이다.】 또 곧바로 칠요를 칠정(七政)이라고 하였는데,【정현과 매색 이후의 설이다.】 고대 복생의 학설을 상고하면 바로 사시(四時)와 삼재(三才)가 칠정이 된다. 결국 칠정이란 무슨 물건인가?【왕발(王勃)의 「익주묘비(益州廟碑)」의 '주형옥두(珠衡玉斗)' 또한 위서(緯書)에서 나왔는데, 두사성(斗四星)을 옥두(玉斗)라고 하고 표삼성(杓三星)을 주형(珠衡)이라고 한다고 하였다.】 그 설이 이리저리 어지럽게 바뀌어서 확정할

165 공충원[孔沖遠 : 공영달]은 …… 문식하였는데 : 『춘추좌씨전』 僖公 28년에 "楚子玉, 自爲瓊弁 · 玉纓, 未之服也."라고 하였는데, 공영달이 『상서정의』에서 "『釋詁文』 · 『說文』云 : 璿, 美玉也. 玉, 是大名, 璿, 是玉之別稱. 璣衡, 俱以玉飾, 但史之立文, 不可以玉璣玉衡, 一指玉體, 一指玉名, 猶『左傳』云'瓊弁 · 玉纓', 所以變其文."이라고 하였다.

수 없음이 이와 같다. 세상에서 경전의 뜻을 토론하고 상위[象緯 : 일월과 오성]에 대해 담론하는 자들이 기형(璣衡)을 혼천의라고 굳게 믿고 있지만 실제로는 일정한 이론이 없다. 대체로 혼천의의 제도에는 형(衡)이라는 것이 없다.

무릇 물건의 무게를 다는 것을 형이라고 한다. 수레에 형[衡 : 가로대]이 있는 것 또한 수레가 앞뒤로 오르내리는 것을 형이 능히 고르게 하기 때문에 형이라는 이름을 얻은 것이다. 지금 혼천의의 가로 관은 올라갔다 내려갔다 하는 쓰임이 없는데 그것을 어떻게 형이라고 하겠는가? 채옹(蔡邕)이 말했다. "옥형은 길이가 여덟 자, 구멍의 지름이 한 치이다. 아래에서 바라보아 성신을 살피는 것이다."【또 송나라 전낙지(錢樂之)[166]가 만든 혼천의는 형의 길이가 여덟 자, 기의 지름이 여덟 자, 원의 둘레가 두 길 다섯 자라고 하였다.】 그 제도가 형이 아닌데 억지로 형이라는 이름을 붙이고는 익숙히 보고 들어서 더 이상 의심하지 않은 것이다. 그러나 「요전」 한 편에 형(衡)이라는 글자가 두 번 나오는데【한 번은 양형(量衡)[167]이다.】 그 의미가 이렇게까지 현저히 다르지는 않을 것이다.

선옥(璿玉)으로는 혼천의를 만들 수 없다. 그러므로 경수창(耿壽昌)[168]이 혼천의를 만들 때에는 구리를 부어서 만들었고, 전낙지가 혼천의를 만들 때에도 구리를 부어서 만들었다. 그것은 대체로 기

166 전낙지(錢樂之) : 南朝 宋文帝 때 太史令을 지냈으며, 혼천의를 주소하였다.

167 양형(量衡) : 『상서고훈』 01.요전 상-20장의 舜이 동쪽을 巡守하여 岱宗에 이르러 "同律度量衡"을 했다는 부분이다. 이때의 衡은 무게를 다는 저울을 말한다.

168 경수창(耿壽昌) : 漢宣帝 때 사람으로 수학에 정통하여 『九章算術』을 수정하고, 혼천의설을 검증하기 위해 黃道를 새긴 渾天儀觀天象을 만들었으며, 『日月帛圖』 232권과 『月行圖』 2권을 지었다고 한다.

축(機軸)이 돌아가게 하고 톱니바퀴를 조각하는 공교함은 동이 아니면 만들 수 없기 때문이다. 어찌 요순의 시대에만 유독 아름다운 옥으로 틀을 만들고 또 아름다운 옥으로 관을 만들 수 있었겠는가? 비록 노반(魯般)과 공수(工倕)가 솜씨를 다 쏟아 부어도 세밀하게 새길 수 없었을 것이다. 이것은 황당무계한 주장이다.

政也者, 正也。上以政正民, 故謂之政。日月五星, 何得爲政? 若云'聖人察此璣衡, 以驗己之失政',【馬氏云】則七政仍是王政, 與七曜無涉也。〈洪範〉八政, 一曰食, 二曰貨, 三曰祀,【祭祀之供用】四曰司空,【山林川澤之所收】五曰司徒, 六曰司寇,【有罰金 · 罰貨】七曰賓,【饔餼之所供】八曰師。【軍旅之費】〈王制〉八政, 一曰飮食, 二曰衣服, 三曰事爲, 四曰異別, 五曰度, 六曰量, 七曰數, 八曰制。古人言政, 皆是此類。《管子》五政,【如授祿位 · 修溝瀆之類】《申鑑》六政,【如恤民 · 立業之類】荀悅之五政,【武備 · 賞罰類】胡大初之四政,【學校 · 農桑類】又如《周禮》之十二荒政,【散利 · 薄征 · 弛力類】我邦之守令三政,【軍 · 田 · 糴】自古及今, 凡以政爲名者, 皆財賦斂散之類。豈有日月五星, 在天成象, 而可云七政者? 然且天下之最不可齊者, 卽日月五星之躔次度數也, 故曆法彌精彌不得齊。天有歲差, 朞有積分, 離合交食, 振古不齊。舜雖以美玉創造渾儀, 以之齊七曜, 則非其用也。察之則可, 齊之奈何?

〔以齊七政〕'정(政)'이란 정[正 : 바르게 하다]의 뜻이다. 임금은 정사로 백성을 바르게 하므로 '정(政)'이라고 한 것이다. 일월오성이 어떻게 정(政)이 될 수 있겠는가? 만약 '성인이 이 선기옥형을 관찰하여 자기의 실정(失政)을 조사하였다.'라고 한다면,【마융의 설이다.】칠정이 그대로 왕정이고 칠요와는 상관이 없게 된다. 『상서』「홍범」

의 8정은 첫째가 식(食), 둘째가 화(貨), 셋째가 사(祀),【제사에 이바지한다.】 넷째가 사공(司空),【산림과 천택(川澤)에서 거두는 것이다.】 다섯째가 사도(司徒), 여섯째가 사구(司寇),【벌금(罰金)과 벌화(罰貨)가 있다.】 일곱째가 빈(賓),【빈객 접대에 이바지한다.】 여덟째가 사(師)이다.【군대의 비용이다.】『예기』「왕제」의 8정은 첫째가 음식, 둘째가 의복, 셋째가 사위(事爲), 넷째가 이별(異別), 다섯째가 도(度), 여섯째가 양(量), 일곱째가 수(數), 여덟째가 제(制)이다. 옛날 사람들이 말하는 정(政)은 모두 이런 종류이다.『관자』의 5정,【수녹위(授祿位)·수구독(修溝瀆) 같은 종류이다.】『신감(申鑑)』의 6정,【휼민(恤民)·입업(立業) 같은 종류이다.】 순열(荀悅)[169]의 5정,【무비(武備)·상벌(賞罰) 같은 종류이다.】 호대초(胡大初)의 4정,【학교(學校)·농상(農桑) 같은 종류이다.】 또『주례』의 12황정(荒政)이나【산리(散利)·박정(薄征)·이력(弛力) 같은 종류이다.】 우리나라의 수령삼정(守令三政)【군정(軍政)·전정(田政)·적정[糴政: 환정(還政)]이다.】 등과 같이 예부터 지금까지 무릇 정이라고 이름 붙은 것들은 모두 재부(財賦)를 거두고 사용하는 종류이다. 어찌 일월과 오성이 하늘에서 형상을 이룬다고 해서 칠정이라고 할 수 있겠는가?

또한 천하에서 가장 가지런히 할 수 없는 것이 바로 일월과 오성의 운행 궤도와 도수(度數)이다. 그러므로 역법이 정밀해질수록 더욱 바르게 할 수가 없다. 하늘에는 세차(歲差)[170]가 있고 1기(朞)마

169 순열(荀悅): 후한 獻帝 때의 侍中으로, 헌제의 명을 받아 班固의『한서』를『춘추』의 체제에 따라 요약하여『漢紀』30편을 지었고,『申鑑』·『崇德』등의 저술이 있다. 앞의 六政과 이 부분의 五政은 모두『申鑑』에 보인다. 6정은 承天, 正身, 任賢, 恤民, 明制, 立業이고, 5정은 興農桑, 審好惡, 宣文教, 立武備, 明賞罰이다.

170 세차(歲差): 黃道와 赤道의 交點이 매년 황도를 따라 서쪽으로 물러나는 年差이다.

다 적분(積分)이 있어 헤어졌다가 다시 만나며 일식과 월식이 번갈아 일어나므로 옛날부터 가지런하지 않았다. 순이 비록 아름다운 옥으로 혼천의를 처음 만들었다고 하더라도 그것으로 칠요를 바르게 하는 것은 본래의 용도가 아니었을 것이다. 관찰하는 것은 가능하겠지만 어떻게 가지런히 하겠는가?

竊謂 璿璣者, 尺度也。玉衡者, 權秤也。七政者, 〈洪範〉八政之類也。何以言之? 璣者, 幾也。【以玉爲之, 故以幾爲璣】 幾者, 度也。《詩》云: “卜爾百福, 如幾如式。” 幾者, 度也。【〈楚茨〉文】《書》曰: “爾無以釗, 冒貢于非幾。” 幾者, 度也。【〈顧命〉文】《易》曰: “知至至之, 可與幾也。” 幾者, 度也。【度量之度, 與測度之度, 音雖不同, 義有相連】《禮》曰: “御瞽幾聲之上下。” 幾者, 度也。【〈玉藻〉文】 又幾者, 界限也。〈少儀〉曰: “車不雕幾。”【謂漆飾之限】《春秋傳》曰: “易幾而哭。”【易其代哭之限】 皆此義也。古制, 方千里曰畿, 積十爲百, 積百爲千, 而其文從幾作畿。幾者, 尺度也。【尺度者, 物之限, 畿者, 限也】 後世問數曰‘幾何’, 幾者, 尺度也。〈王制〉曰: “齊其政, 不易其宜。” 齊其政者, 齊八政也。聖王之爲治也, 齊其政而已。故巡守方岳, 其第一件最大事, 曰‘同律度量衡’。同之也者, 所以齊之也。〈王制〉曰: “齊八政, 以防淫。” 〈王制〉之齊八政, 〈帝典〉之齊七政, 其將異釋乎?【《大戴禮 · 盛德》篇云‘均五政, 齊五法’, 王政必務均齊】 七政者, 〈洪範〉之八政也。

절위 ‘선기(璿璣)’는 척도[尺度: 자]이고, ‘옥형(玉衡)’은 권칭[權秤: 저울]이며, ‘칠정(七政)’은 「홍범」의 8정과 같은 종류이다. 어째서 그렇게 말하는가? ‘기(璣)’란 기(幾)이고【옥으로 만들었으므로 기(幾)를 기(璣)라고 한 것이다.】 ‘기(幾)’란 탁[度: 헤아리다, 재다]의 뜻이다. 『시경』

에 나오는 '복이백복(卜爾百福), 여기여식(如幾如式)'의 '기(幾)'는 탁(度)의 뜻이다.[171]【「소아(小雅)·초자(楚茨)」의 내용이다.】『상서』에 나오는 '이무이소(爾無以釗), 모공우비기(冒貢于非幾)'의 '기(幾)'는 탁(度)의 뜻이다.【「고명(顧命)」의 내용이다.[172]】『주역』에 나오는 '지지지지(知至至之) 가여기야(可與幾也)'의 '기(幾)'는 탁(度)의 뜻이다.【도량(度量)의 '도(度)'와 측탁(測度)의 '탁(度)'은 음은 비록 다르지만 의미는 서로 통한다.】『예기』에 나오는 '어고기성지상하(御瞽幾聲之上下)' 의 '기(幾)'는 도(度)의 뜻이다.【「옥조(玉藻)」의 내용이다.】

또 '기(幾)'란 한계[界限]이다. 『예기』「소의(少儀)」의 '거불조기(車不雕幾)'【옻칠하여 꾸미는 기한을 말한다.】, 『춘추좌씨전』의 '역기이곡(易幾而哭)'[173]【대곡(代哭)의 기한을 바꾸는 것이다.】도 모두 이 뜻이다. 고제(古制)에 방천리(方千里)를 '기(畿)'라고 하고 십을 곱하여 백이 되고 백을 곱하여 천이 되는데, 그 글자에 기(幾) 자를 넣어서 기(畿) 자를 만들었다. '기(幾)'란 척도이다.【척도란 사물의 한계이니 기(畿)란 한계이다.】 후세에 수를 물을 때 기하(幾何)라고 하는데 이때의 기(幾)는 척도이다.

『예기』「왕제」에 '제기정(齊其政), 불역기의(不易其宜)'라고 하였는데, 제기정(齊其政)이란 8정을 바르게 하는 것이다. 성왕의 통치는 그 정사를 고르게 하는 것일 뿐이다. 그러므로 방악(方岳)을 순

171 『시경』에 뜻이다 : 「小雅·楚茨」의 '卜爾百福, 如幾如式'에 내해 『시십전』에서는 "幾, 期也, 『春秋傳』曰 : '易幾而哭', 是也."라고 하였고, 『모시정의』의 箋에도 마찬가지이다. 이 부분의 '幾'를 '度'으로 풀이한 주석은 확인하지 못하였으며, 다산의 『시경강의』에도 별다른 언급이 없다.

172 「고명(顧命)」의 내용이다 : 『시경강의』「고명」의 해당 부분에서 다산은 "補云 : 幾, 危殆也."라고 하였다.

173 역기이곡(易幾而哭) : 『춘추좌씨전』 定公 12년에 보인다.

수(巡守)할 때 첫째로 챙긴 가장 중요한 일로 '동률도량형(同律度量衡)'을 말한 것이다. 같게 한다[同之]는 것은 그것으로 고르게 한다는 말이다. 『예기』「왕제」에 '제팔정(齊八政), 이방음(以防淫)'이라고 하였는데 「왕제」의 '제팔정(齊八政)'과 「제전(帝典)」의 '제칠정(齊七政)'을 어찌 다르게 해석하겠는가?【『대대례(大戴禮)』「성덕(盛德)」편에 '균오정(均五政), 제오법(齊五法)'이라고 하였으니 왕정에서는 반드시 공평하고 고르게 하기에 힘쓰는 것이다.】 '칠정(七政)'이란 「홍범」의 8정과 같은 것이다.

《論語》之末, 載周武王革命之初, 第一大政曰："謹權量, 審法度。" 繼之曰："四方之政行焉。" 權量, 固所以行政也。《禮記》載周公攝政之初, 第一大政曰："制禮樂, 頒度量。" 繼之曰："天下大服。" 度量, 固所以行政也。【〈明堂位〉】〈月令〉曰："日夜分, 則同度量, 鈞衡石, 角斗甬, 正權槪。"【《春秋》再言之】《管子・七法》曰："尺寸也,교1) 衡石也, 斗斛也, 角量也, 謂之法。"【皆所以求齊】《吳越春秋》云："禹調權衡, 平斗斛, 以爲法度。"【巡方之時】舜受堯禪, 其一初大政之必在於尺度權衡, 又何疑哉? 穀粟之食, 非此不齊, 刀布之貨, 非此不齊, 祭祀・賓客之共, 司空・司徒・司寇之掌饔餼・服食・日用百物之劑, 非此不齊, 天下事有大於是者乎? 度量衡精則天下治, 度量衡不精則奸僞・詐竊・紛爭・辨訟起焉。故朱子謂'黃鍾爲萬事之根本'。舜之初政, 顧不當先察璣・衡乎? 古人尙儉, 其必以璿玉爲之者, 何也? 木尺・木衡, 詐僞之所由興也。物體彌堅則其刻鏤彌精, 物品彌貴則其詐冒彌難。此其所以璿玉也。故㮚氏嘉교2)量, 改煎金錫。【〈考工記〉】

《漢書・律曆志》云："律・度・量・衡, 皆以銅鑄。" 班固曰："銅爲物至精, 不爲燥濕寒暑變其節, 不爲風雨暴露改其形, 是以用銅也。"

《晉書·律曆志》: "泰始十年, 考古器, 有玉律·銅斛·銅尺。"【又〈律曆志〉云: "蔡邕銅籥尺, 同後周玉尺。"】《北史·趙煚傳》: "煚出爲冀州刺史, 市多奸詐, 煚爲銅斗·鐵尺, 置于肆, 百姓便之。"【《三器圖》云: "隋開皇官尺, 謂之鐵尺。"】《唐書·禮樂志》云: "張文收旣定樂, 鑄銅律·銅斛·銅秤, 與古玉尺·玉斗同, 藏于太樂署。"【《知遠錄》】

교1) 案也: 『관자』에는 뒤에 '繩墨也'가 더 있다.
교2) 案嘉: 『주례』에는 '爲'로 되어 있다.

『논어』의 마지막 부분에 주 무왕의 혁명 초기의 일이 실려 있는데, 제일 처음 시행한 대정(大政)이 "권량(權量)을 엄격하게 지키고 법도를 살폈다."라고 하고, 이어 "사방의 정사가 제대로 시행되었다."[174] 라고 하였다. 권량은 본래 정사를 시행하는 도구이다. 『예기』에 주공(周公)의 섭정 초기의 일이 실려 있는데, 제일 처음 시행한 대정으로 "예악을 제정하고 도량을 나누어주었다."라고 하고, 이어 "천하가 크게 승복하였다."라고 하였다.[175] 도량(度量)은 본래 정사를 시행하는 도구이다.【「명당위(明堂位)」의 내용이다.】『예기』「월령」에는 "〈중춘(仲春)의 달에는〉 낮과 밤의 길이가 같으니 도량(度量)을 통일하고 형석(衡石)을 고르게 하고 두용(斗甬)을 고르게 하며 권개(權

174 권량(權量)을 …… 시행되었다: 『논어』「요왈」에 "謹權量, 審法度, 修廢官, 四方之政行焉."이라고 하였다.

175 『예기』에 …… 하였다: 이 부분 『예기』 원문은 다음과 같다. "武王崩, 成王幼弱, 周公踐天子之位, 以治天下, 六年, 朝諸侯於明堂, 制禮作樂, 頒度量, 而天下大服."

槪)를 바로잡았다."176【『춘추』에서도 다시 말했다.】라고 하였고, 『관자』「칠법(七法)」에 "척촌(尺寸), 형석(衡石), 두곡(斗斛), 각량(角量)을 법이라고 한다."【모두 고르게 하기 위한 것들이다.】라고 하였으며, 『오월춘추(吳越春秋)』에 "우는 권형(權衡)을 조정하고 두곡(斗斛)을 고르게 하여 법도로 삼았다."【사방을 순수할 때이다.】라고 하였다.

순이 요에게서 선위 받고 처음으로 시행한 대정이 반드시 도량형기에 관한 것이었음을 또 어찌 의심하겠는가? 곡속(穀粟)을 먹는 것을 이것이 아니면 고르게 하지 못하고, 도포(刀布) 같은 재화를 이것이 아니면 고르게 하지 못하며, 제사와 빈객 접대에 공급하는 것이나 사공·사도·사구가 관장하는 옹희(饔餼)·복식(服食)·날마다 사용하는 모든 물건의 조절을 이것이 아니면 고르게 할 수 없으니, 천하에 이보다 큰일이 있겠는가? 도량형이 정밀하면 천하가 다스려지고 도량형이 정밀하지 않으면 간교한 속임수·사기와 절도·분쟁·송사가 일어난다. 그러므로 주자가 '황종(黃鐘)이 만사의 근본이다.'라고 한 것이다. 순이 처음 정사를 펼치면서 응당 먼저 기[璣: 자]와 형[衡: 저울]을 살피지 않았겠는가?

옛사람들은 검소함을 숭상하였는데 반드시 선옥(璿玉)으로 만든 것은 어째서인가? 나무 자[木尺]와 나무 저울[木衡]은 속임수가 생겨나는 원인이다. 물체가 단단하면 할수록 새기는 것이 더욱 정밀해지고, 물품이 귀할수록 속이기는 더욱 어려워진다. 이것이 선옥

176 도량(度量)을 …… 바로잡았다: 정현의 주에 "장과 척을 도, 말과 곡을 량, 30근을 균, 저울의 윗부분을 형, 120근을 석이라고 하고, 용은 지금의 곡이다. 저울의 추를 권이라고 하고, 개는 말과 곡을 고르는 것이다.[丈尺曰度, 斗斛曰量, 三十斤曰鈞, 稱上曰衡, 百二十斤曰石, 甬今斛也, 稱錘曰權, 槪, 平斗斛者]"라고 하였다.

으로 만드는 이유이다. 그러므로 율씨(㮚氏)가 분량을 헤아리는 도구를 만들면서 쇠와 주석을 다시 끓여서 만든 것이다.[177]【『주례』 「고공기(考工記)」에 보인다.】

『한서』 「율력지(律曆志)」에 "율[律: 12율(律)] · 도(度) · 량(量) · 형(衡)은 모두 구리로 주조한다."라고 하였는데, 이에 대해 반고가 "구리는 물성이 지극히 정밀하여 습도나 온도에 따라 그 절개를 바꾸지 않고 비바람에 노출되어도 형체가 바뀌지 않는다. 그래서 구리를 사용한다."라고 하였다.

『진서(晉書)』 「율력지」에 "태시[泰始: 서진(西晉) 무제(武帝)의 연호. 265~274] 10년에 고대의 기기들을 조사하였는데, 옥률(玉律) · 동곡(銅斛) · 동척(銅尺)이 있었다."라고 하였다.【또 『송사(宋史)』 「율력지」에 "채옹(蔡邕)이 만든 동약척(銅籥尺)은 후주(後周)의 옥척(玉尺)과 같았다."라고 하였다.】 『북사(北史)』 「조경전(趙煚傳)」에, "조경이 기주 자사(冀州刺史)로 나갔을 때 저자에 간교한 속임수가 많았는데, 조경이 동두(銅斗)와 철척(鐵尺)을 만들어 가게에 비치하니 백성들이 편하게 여겼다."라고 하였다.【『삼기도(三器圖)』[178]에 "수(隋) 나라 개황[開皇: 수 문제(隋文帝)의 연호. 581~600] 연간의 관척(官尺)을 철척(鐵尺)이라고 한다."라고 하였다.】 『신당서』 「예악지(禮樂志)」에 "장문수(張文收)가 음악

---

177 율씨(㮚氏)가 …… 것이다: 「고공기」의 원문은 "율씨는 분량을 헤아리는 도구를 만드는데 구리와 쇠를 새로 끓이니 줄어들지 않는다.[㮚氏爲量改煎金錫則不秏]"인데 다산이 필요한 부분만을 발췌했으므로 전후의 문맥에 맞추어 번역하였다.

178 『삼기도(三器圖)』: 宋 孝宗 淳熙 10년(1183)에 程迥이 지었다. 도량형기에 관해 역대의 문헌에 남아 있는 기록을 채집하여 『삼기도』의 의의를 기술한 저서로 원 명칭은 '三器圖義'이다.

을 제정하고나서 동률(銅律)·동곡(銅斛)·동칭(銅秤)을 주조했는데, 〈곡은〉 고대의 옥척(玉尺)·옥두(玉斗)와 같았다. 태악서(太樂署)에 보관하였다."[179]라고 하였다.【『상서지원록』[180]】

01. 요전상 - 018

肆類于上帝, 禋于六宗, 望于山川, 徧于群臣。[교1)]【《說文》, 肆爲緣。薛本同。《說文》, 類爲禷。伏本, 禋爲湮】

교1) 案臣 : 『상서』에는 '神'으로 되어 있다.

드디어 상제에게 유제사를 지내고, 육종에 인제사를 지내고, 산천에 망제사를 지내며, 여러 신에게 두루 제사하였다.【『설문해자』에는 '肆'가 '緣'로 되어 있다. 설계선본도 같다. 『설문해자』에는 '類'가 '禷'로 되어 있다. 복생본에는 '禋'이 '湮'으로 되어 있다.】

歐陽·夏侯說云 : "以事類祭之, 在南方, 就南郊祭之"【〈大雅·皇矣〉疏】○許愼云 : "非時祭天謂之類, 言以事類告也。時舜告攝, 非常祭也。"

179 장문수(張文收)가 …… 보관하였다 : 내용을 발췌하여 인용한 것이다. 『신당서』「예악지」의 이 부분 원문은 다음과 같다. 文收旣定樂, 復鑄銅律三百六十, 銅斛二, 銅秤二, 銅甌十四, 秤尺一. 斛左右耳與臀皆方, 積十而登, 以至於斛, 與古玉尺·玉斗同. 皆藏於太樂署.

180 『상서지원록』 : '知遠錄'이라는 원주는 여기에 처음 나온다. 이전 부분에도 『상서지원록』에서 옮겨온 것이 확실한 내용이 있지만 이 표시가 없는 것으로 보아 원래는 모두 삭제하려고 하였으나 되지 않은 것으로 보인다.

【見《五經異義》】 ○馬云："上帝, 太一神, 在紫微宮, 天之最尊者。" ○鄭云："禮祭上帝於圓[교1]丘。"【見《史》注】 ○孔疏云："鄭玄篤信讖緯, 以昊天上帝謂天皇大帝, 北辰之星也, 太微宮中有五帝座星, 五帝謂靈威仰等。如鄭之言則天神有六也。"【《家語》云："季康子問五帝之名。孔子曰, '天有五行, 水火金木土。分時化育, 以成萬物, 其神謂之五帝。'"】 ○**鏞案** 《漢書·郊祀志》, 齊人繆忌論郊祀之禮, 有太一·三一之稱, 其言有稽, 以其純一無二之義, 謂之太一。馬融之註, 有所本也。但以紫微宮爲說, 亦指星爲帝之謬論也。"【《楚詞·東皇太一》及〈天文志〉太一等說, 皆邪義也】 鄭玄'五帝之座', 是緯家之邪說。乃《周禮》·《禮記》之注, 《詩》·《書》昭事之義, 悉以是亂之, 謬妄極矣。圓丘奏樂, 亦本禬禳之法, 鄭以爲祭天。後世祀典之瀆亂不經, 半由於王莽, 半由於鄭玄。竝詳《春秋》說, 今略之。

교1) 案圓 : 『사기집해』에는 '圜'으로 되어 있다.

〔肆類于上帝〕 구양승과 하후씨의 설에, "일이 있어 유제(類祭)를 지낼 경우 남방에서는 남쪽 교외에 나아가 제사한다."라고 하였다. 【『시경』「대아(大雅)·황의(皇矣)」의 소에 보인다.】 ○허신이 말했다. "정해진 때가 아닌데 하늘에 제사하는 것을 유제라고 하는데, 일의 종류에 대해 고한다는 말이다. 이때는 순이 섭정하게 된 것을 고하였으니 정기적으로 지내는 제사가 아니다."【『오경이의(五經異義)』에 보인다.】 ○마융이 말했다. "상제는 태일신(太一神)으로, 자미궁(紫微宮)에 있으며 하늘에서 가장 높은 신이다." ○정현이 말했다. "환구(圜丘)에서 상제에게 예제(禮祭)를 올린 것이다."【『사기』「요본기」의 『집해』에 보인다.】 ○공영달의 소에, "정현은 참위설(讖緯說)을 굳게 믿었기 때문에 호천상제(昊天上帝)를 천황태제(天皇大帝)이며 북신

(北辰)의 별로서 태미궁 안에 오제좌(五帝座)의 별이 있다고 생각하고, 오제는 영위앙(靈威仰) 등이라고 하였다. 정현의 말대로라면 천신이 여섯이 있게 된다."【『공자가어』에 다음의 내용이 있다. 계강자(季康子)가 오제의 이름을 묻자 공자가 대답하였다. "하늘에 오행이 있으니 수·화·목·금·토입니다. 이들이 계절별로 화육(化育)하여 만물을 이루어주는데 그 신을 오제라고 합니다."】

○**용안** 『한서』「교사지(郊祀志)」의 제인(齊人) 무기(繆忌)[181]가 교사(郊祀)의 예를 논하는 부분에 '태일(太一)'·'삼일(三一)'이라는 명칭이 나오는데, 그 말에는 근거가 있으니 순일무이(純一無二)의 의미에서 태일이라고 한 것이다. 마융의 주는 근거가 있는 것이다. 다만 자미궁이라고 한 설은 역시 별을 제(帝)라고 보는 잘못된 이론이다.【『초사(楚詞)』의 「동황태일(東皇太一)」[182] 및 『한서』「천문지(天文志)」에 나오는 태일 등의 설은 모두 삿된 뜻이다.】 정현이 말한 '오제의 성좌(星座)'는 참위가의 사설(邪說)이다. 그래서 『주례』와 『예기』의 주, 그리고 『시경』과 『상서』 중의 밝게 섬긴다[昭事]는 뜻이 모두 이 때문에 어지러워졌으니 지극히 허황되다. 원구(圓丘)에서 음악을 연주하는 것 또한 본래 회양[禬禳 : 액막이]의 법인데 정현은 제천(祭天)이

181 제인(齊人) 무기(繆忌) : 『한서』「교사지」에서 태일신 등에 대한 제사를 권한 사람은 '亳人謬忌'로 되어 있고 『사기』에는 '亳人薄誘忌'로 되어 있다. 『한서』 주에는 如淳曰 : "亳亦薄也, 下所謂薄忌也." 晉灼曰 : "濟陰薄縣人也."라고 하였고, 『사기집해』에서 徐廣은 "一云亳人謬忌也."라고 하였고, 『사기색은』에서는 "亳, 山陽縣名. 姓謬, 名忌, 居亳, 故下稱薄忌. 此文則衍'薄'字, 而'謬'又誤作'誘'矣."라고 하였다. 또 『太平御覽』, 『宋文鑑』 등 몇몇 책에 '繆忌'로 표기된 곳도 있다. 그러나 '齊人'으로 된 기록은 확인되지 않는다.

182 「동황태일(東皇太一)」 : 屈原이 쫓겨난 뒤에 지은 가곡인 「九歌」 중의 한 편이다.

라고 여겼다. 후세에 사전(祀典)이 어지러워져 정상적이지 않게 된 것은, 반은 왕망(王莽) 때문이고 반은 정현 때문이다. 이에 대해서는 『춘추』에 관한 설[183]에서 모두 상세히 다루었으므로 여기서는 생략한다.

馬云："禋, 精意以享也。"【據《國語》】鄭云："禋之言煙。周人尙臭, 煙, 氣之臭聞者也。"【《周禮·大宗伯》】○歐陽·夏侯說云："六宗, 上不及天, 下不及地, 旁不及四方, 在六者之間, 助陰陽變化。實一而名六。"【《漢書·郊祀志》○《五經異義》云："上及天, 下及地, 旁及四方。中央恍惚。助陰陽變化, 有益於人者也。" ○其文有不同】○古尙書說云："天宗日月北辰, 地宗岱河海也。日爲陽宗, 月爲陰宗, 北辰爲星宗, 河爲水宗, 海爲澤宗, 岱爲山宗。"【見《五經異義》】○賈逵·許愼說同。【古尙書之義】○鄭駁云："《書》云, '類于上帝, 禋于六宗, 望于山川。' 旣六宗云禋, 山川言望, 則六宗無山川, 明矣。〈大宗伯〉云, '以禋祀祀昊天上帝, 以實柴祀日月星辰, 以槱燎祀司中·司命·風師·雨師。' 凡此所祭, 皆天神也。〈郊特牲〉曰, '郊之祭也, 大報天而主日也。' 又〈祭義〉曰, '郊之祭, 大報天而主日, 配以月。' 則郊天竝祭日月可知。【案。此謂日月不在六宗之中】其餘星也·辰也·司中也·司命也·風師也·雨師也, 此之謂六宗, 亦明矣。"【〈祭法〉疏】○孔晁【一作光】·劉歆云："六宗謂乾坤六子, 水火雷風山澤。" ○馬融云："萬物, 非天不覆, 非地不載, 非春不生, 非夏不長, 非秋不收, 非冬[교1]不藏。此其謂六也。"【此本伏生說, 見〈祭法〉疏】○鄭玄云："六宗, 星【謂五緯】·辰【日月所會十二次】·司中【文昌第五星】·司命【文昌第四星】·風師【箕也】·雨師。【畢也】"【見《史》注】○王肅云："六

183 『춘추』에 관한 설 : 『春秋考徵』을 말한다.

宗, 四時也, 寒暑也, 日也, 月也, 星也, 水旱也。"【〈祭法〉疏云: "案《聖證論》, 王肅六宗之說, 用《家語》之文。"】 ○梅・蔡說皆與王肅同。 ○**鏞案** 〈祭法〉六祭, 一泰昭, 祭時, 二坎壇, 祭寒暑, 三王宮, 祭日, 四夜明, 祭月, 五幽宗, 祭星, 六雩宗, 祭水旱。" 王肅以來, 皆以此爲六宗。然〈祭法〉本非古經, 上段取《國語》魯 展禽之言, 推演立義。【如宗堯推於宗舜】 下段五祀增爲七祀, 而名目都變。玆蓋秦・漢俗儒之筆, 不足據也。【其六宗名目, 亦雜亂無義】 古昔祭祀之義, 雖不可詳, 要之, 神道無形。昭事上帝, 旣非有形之天, 則〈大宗伯〉所祭日月・星辰・司中・司命・風師・雨師, 皆是無形之神, 受帝命而典司者。【日月星辰之祭, 亦祭所司之明神, 非祭有形之三光】 乃鄭玄之註, 直以有形之星, 指之爲神, 上自昊天上帝, 下至風師・雨師, 皆以星點當之。玆皆緯書妖妄之說, 酷信不疑, 致玆大誤也, 豈不惜哉? 總之, 六宗之解, 無一可用。下至晉儒, 亦多異義, 如張髦・司馬彪・荀顗・摯虞等說, 竝見孔疏, 玆不贅。 ○張髦三昭・三穆之說, 尤爲謬妄。夫三昭・三穆者, 七世之廟也。是堯之七廟耶? 舜受堯之天下, 不受堯之宗祧, 祭堯之三昭・三穆, 無義也。是舜之七廟耶? 舜方攝政, 未及踐位, 立七廟, 太早也。

교1) 冬: 신조선사본에는 빠져 있으나『尚書正義』에 따라 보충한다.

〔禋于六宗〕 마융이 말했다. "인(禋)은 정성스러운 마음으로 제향하는 것이다."【『국어』에 근거한다.】 정현이 말했다. "인(禋)이란 연[煙: 연기]을 말한다. 주나라 사람은 냄새를 좋아하였는데, 연(煙)은 냄새를 맡을 수 있는 기(氣)이다."【『주례』「대종백(大宗伯)」에 보인다.】 ○구양생과 하후씨가 말했다. "육종(六宗)은 위로 하늘에 미치지 못하

고, 아래로 땅에 미치지 못하며, 옆으로 사방에 미치지 못한다. 천하 사방의 사이에 있으면서 음양의 변화를 돕는다. 실체는 하나인데 이름이 여섯이다."【『한서』「교사지(郊祀志)」에 보인다. ○『오경이의』에는 "위로 하늘에 미치고, 아래로 땅에 미치며, 옆으로 사방에 미친다. 중앙에 황홀하게 있으면서 음양의 변화를 도우니 사람에게 유익하다."라고 하였다. ○두 글의 내용이 다르다.】 ○고문상서가들의 설에 "〈'육종(六宗)'은〉 천종(天宗)인 일·월·북신과 지종(地宗)인 대(岱)·하(河)·해(海)이다. 일(日)은 양종(陽宗), 월(月)은 음종(陰宗), 북신(北辰)은 성종(星宗), 하(河)는 수종(水宗), 해(海)는 택종(澤宗), 대(岱)는 산종(山宗)이 된다."라고 하였다.【『오경이의』에 보인다.】[184] ○가규(賈逵)와 허신(許愼)의 설도 같다.【고문상서가들의 설이다.】

○정현이 논박했다. "『상서』에 '상제에게 유제를 지내고, 육종에 인제를 지내고, 산천에 망제를 지낸다.'라고 하였다. 육종에 대해 '인'이라고 하고나서 산천에 대해 '망'이라고 말하였으니, 육종에 산천은 없는 것이 분명하다. 『주례』「대종백」에, '인사(禋祀)로 호천상제를 제사하고, 실시(實柴)로 일월성신을 제사하고, 유료(槱燎)로 사중(司中)·사명(司命)·풍사(風師)·우사(雨師)를 제사한다.'라고 하였다. 여기에서 제사하는 대상은 모두 천신이다. 『예기』「교특생(郊特牲)」에, '교제(郊祭)는 여러 천신에게 두루 보답하되[185] 해를 주향으로 한다.'라고 하고, 또 「제의(祭義)」에, '교제는 여러 천신에게

184 고문상서가들의 …… 보인다 : 『駁五經異義』에 보인다. 원문은 다음과 같다. 古尙書雪賈逵等云 : "六宗者, 天地屬神之宗者, 謂天宗三地宗三. 天宗日月北辰, 地宗岱山河海. 日月爲陰陽宗, 北辰爲星宗, 岱山爲山宗, 河爲水宗, 海爲澤宗."

185 교제(郊祭)는 …… 보답하되 : 「교특생」의 '大報天而主日也'에 대해 "大, 猶徧也. 雖特尊所出之帝, 而又徧報天之一切神."이라고 한 공영달의 소에 따라 번역하였다.

두루 보답하되 해를 주향으로 하고 달을 배향(配享)한다.'라고 하였으니, 하늘에 교제를 지낼 때에는 해와 달을 함께 제향하였음을 알 수 있다.【안. 이것은 일월은 육종에 포함되지 않는다는 말이다.】 그 나머지 성·신·사중·사명·풍사·우사, 이들을 육종이라고 하는 것 또한 분명하다."【『예기』「제법(祭法)」의 소에 보인다.】 ○공조(孔晁)【〈'晁'가〉 '光'으로 되어 있는 곳도 있다.】와 유흠(劉歆)이 말했다. "육종은 건·곤의 여섯 아들을 말하는 것으로, 수(水)·화(火)·뇌(雷)·풍(風)·산(山)·택(澤)이다." ○마융이 말했다. "만물은 하늘이 아니면 덮지 못하고, 땅이 아니면 싣지 못하고, 봄이 아니면 낳지 못하고, 여름이 아니면 자라지 못하고, 가을이 아니면 거두지 못하고, 겨울이 아니면 수장하지 못한다. 이것을 '육(六)'이라고 한다."【이것은 복생의 설에 근거한 것으로 『예기』「제법(祭法)」의 소에 보인다.】 ○정현이 말했다. "육종은 성(星)【다섯 개의 위성(緯星)을 말한다.】, 신(辰)【해와 달이 만나는 12차[次 : 자리]이다.】, 사중(司中)【문창성(文昌星)의 제5성이다.】, 사명(司命)【문창성의 제4성이다.】, 풍사(風師)【기성(箕星)이다.】, 우사(雨師)【필성(畢星)이다.】이다."라고 하였다.【『사기』「요본기」의 『집해』에 보인다.】 ○왕숙(王肅)이 말했다. "육종은 사시(四時), 한서(寒暑), 일, 월, 성, 수한(水旱)이다."【『예기』「제법」의 소에, "『성증론(聖證論)』을 살펴보면 육종에 대한 왕숙의 설은 『공자가어』의 글을 인용한 것이다."라고 하였다.】 ○매색과 채침의 설도 모두 왕숙과 같다.

○용안 「제법」에 거론된 육제(六祭)는 첫째 태소(泰昭)에서 사시(四時)를 제사하고, 둘째 감단(坎壇)에서 한서(寒暑)를 제사하고, 셋째 왕궁(王宮)에서 해를 제사하고, 넷째 야명(夜明)에서 달을 제사하고, 다섯째 유종(幽宗)에서 별을 제사하고, 여섯째 우종(雩宗)에서

수한(水旱)을 제사하는 것이다.[186] 왕숙 이래로 모두가 이것을 육종이라고 하였다. 그러나 「제법」은 본래 고경(古經)이 아니다. 상단은 『국어』에 있는 노(魯)나라 전금(展禽)의 말을 가져다가 미루어 연역하여 의미를 갖다 붙인 것이다.【이를테면 요에게 종제(宗祭)를 지냈다는 것은 순에게 종제를 지낸 데서 유추한 것이다.[187]】 또 하단에서는 오사를 칠사(七祀)로 늘렸는데 명목이 모두 바뀌었다.[188] 이것은 대체로 진(秦)·한(漢) 시대 속유(俗儒)의 글이니 근거로 삼을 수 없다.【그 육종의 명목 또한 잡란하여 의미가 없다.】

옛날 제사의 의의를 비록 상세히 알 수는 없지만 요컨대 신도(神道)는 형체가 없다. 밝게 섬기는 상제가 이미 형체가 있는 하늘이 아니니, 『주례』「대종백」에서 제사하는 일월·성신·사중·사명·풍사·우사는 모두 무형의 신으로 천제의 명을 받아 그것을 관장하는 신들이다.【일월과 성신에게 지내는 제사 또한 밝음을 관장하는 신에게 제사하는 것이지 유형의 삼광[三光 : 해·달·별]에게 제사하는 것이 아니다.】 그런데 정현의 주에서 곧바로 유형의 별을 가리켜 신이라고 하고는, 위로 호천상제부터 아래로 풍사·우사까지 모두 별에 갖다 붙였다. 이는 모두 위서(緯書)의 요망한 설인데 혹신(酷信)하

186 「제법」에 …… 것이다 : 『예기』「제법」에 "埋少牢於泰昭, 祭時也. 相近於坎壇, 祭寒暑也. 王宮, 祭日也. 夜明, 祭月也. 幽宗, 祭星也. 雩宗, 祭水旱也."라고 하였다. 또 그 疏에 泰昭, 坎壇, 王宮, 夜明, 幽宗, 雩宗은 모두 壇名이라고 하였다.

187 요에게 …… 것이다 : 『국어』「魯語上」에 "有虞氏禘黃帝而祖顓頊, 郊堯而宗舜"이라고 하였는데, 『예기』「제법」에는 "有虞氏禘黃帝而郊嚳, 祖顓頊而宗堯"라고 하였다.

188 오사를 …… 바뀌었다 : 「제법」에 "王爲羣姓, 立七祀, 曰司命, 曰中霤, 曰國門, 曰國行, 曰泰厲, 曰戶, 曰竈."라고 한 것을 말한다.

고 의심하지 않는 바람에 이렇게 큰 오류를 불렀으니 어찌 애석하지 않은가? 종합적으로 말하면 육종에 대한 해석은 쓸 만한 것이 하나도 없다. 이에 대해서는 시대가 내려와 진(晉)나라의 유자(儒者)들에 이르러서도 이의(異義)가 많았다. 장모(張髦)·사마표(司馬彪)·순의(荀顗)·지우(摯虞) 등의 설도 모두 공영달의 소에 보이는데 여기서는 길게 말하지 않겠다.

○장모의 삼소(三昭)와 삼목(三穆)에 대한 설[189]은 더욱 황당무계하다. 삼소와 삼목이란 7세의 사당인데 이것은 요의 7묘(廟)인가? 순이 요에게 천하를 받았지 요의 종묘를 받은 것이 아니니, 요의 삼소와 삼목을 제사하는 것은 의미가 없다. 그렇다면 이것은 순의 7묘인가? 순은 섭정을 하고 있지만 아직 즉위하지는 않았으니, 7묘를 세우기에는 너무 이르다.

梅云: "名山大川, 五嶽·四瀆之屬, 皆一時望祭之, 古之聖賢, 皆祭之。"【蔡注同】 ○鄭云: "徧以尊卑, 次秩祭之。【〈周頌·時邁〉疏】 群神, 若丘陵·墳衍。"【見《史》注】 ○**案** 六宗原皆誤指。凡上下神祇之名, 悉皆擧擬, 今神竭矣, 乃及於丘陵·墳衍·聖賢之人, 先儒之迂陋至此矣。早以六宗爲古聖帝, 若羲·農之類, 則群神尙多可指, 奚至於丘陵·墳衍哉?

〔望于山川〕 매색이 말했다. "명산대천은 오악(五嶽)과 사독(四瀆)의 종류로 모두 일시에 바라보면서 제사를 올리고, 옛날의 성현에게도 모두 제사를 올린 것이다."【채침의 주도 같다.】

189 장모의 …… 설: 『상서정의』 소에 "禋于六宗, 祀祖考所尊者六, 三昭·三穆, 是也."라고 한 張髦의 설이 실려 있다.

〔徧于群神〕○정현이 말했다. "〈변우(徧于)는〉 존비(尊卑)의 차례대로 두루 제사한다는 뜻이다."【『시경』「주송(周頌)·시매(時邁)」의 소에 보인다.】 군신(群神)은 구릉과 분연[墳衍: 평지와 물가] 같은 것이다."【『사기』「요본기」의 『집해』에 보인다.】

○안 육종에 대해서는 원래 모두가 잘못 지적하였다. 상하 신기(神祇)의 이름이 모두 거론되어 이제는 신도 고갈되자 구릉·분연에다 사람인 성현까지 나왔으니, 앞 시대의 유학자들이 이렇게까지 오활하였다. 일찍이 육종을 복희나 신농 같은 고대의 성제(聖帝)라고 하였다면 아직 군신(群神)으로 꼽을 사람이 많을 것이니, 어찌 구릉이나 분연에까지 이르겠는가?

考異 〈堯本紀〉: "遂類於上帝,【節】 辯於群神。" ○《漢書·郊祀志》引〈虞書〉曰: "望秩于山川,【多'秩'字】 徧于群神。"

고이 『사기』「요본기」에는 "遂類於上帝,【중략】 辯於群神."으로 되어 있다.
○『한서』「교사지」에서 「우서(虞書)」를 인용하여 "望秩于山川,【'秩' 자가 더 있다.】 徧于群神."이라고 하였다.

考證 《漢書·郊祀志》引《書》禋于六宗曰: "《禮記》祀典, 功施於民則祀之。天文日月星辰, 所照仰也。地理山川海澤, 所生殖也。" "又日月雷風山澤, 易卦六子之尊氣, 所謂六宗也。星辰水火溝瀆, 皆六宗之屬也。"【孟康云: "或云, '六宗, 天地間游神。'"】 ○**案** 議禮荒亂如此, 罪大矣。

고증 『한서』「교사지」에서 『상서』의 '인우육종(禋于六宗)'을 인용하고서 "『예기』의 사전(祀典)은 백성에게 공을 베풀었으면 제사를 지낸다. 천문인 일월과 성신은 비춰주고 우러러보는 것이며, 지리인 산천과 해택(海澤)은 낳고 길러주는 것이다."라고 하고, "또 일·월·뇌·풍·산·택은 역괘(易卦) 중 육자(六子)[190]의 존귀한 기운이니 이른바 육종(六宗)이다. 성·신·수·화·구(溝)·독(瀆)은 모두 육종에 딸린 것이다."라고 하였다.【맹강(孟康)이 말했다. "어떤 사람은 '육종은 하늘과 땅 사이에서 노니는 신들이다.'라고 한다."】

○**안** 예에 대한 논의가 이렇게 황당하고 어지러우니 죄가 크다.

01. 요전상 - 19

輯五瑞, 旣月, 乃日覲四岳群牧, 班瑞于群后。【馬本, 輯爲揖。《史》·《漢》同】

오복(五服) 제후의 부신을 거두었는데, 그 달이 지난 뒤에야 오는 사람이 있었으므로 날마다 사악의 제후들을 만난 다음 여러 제후에게 부신을 다시 돌려주었다.【마융본에는 '輯'이 '揖'으로 되어 있다. 『사기』와 『한서』도 같다.】

馬云: "輯, 斂也。五瑞, 公·侯·伯·子·男所執, 以爲瑞信也。堯將禪舜, 使群牧斂之, 使舜親往班之。"【見《史》注】 ○王云: "輯, 合也。"

190 역괘(易卦) 중 육자(六子): 易의 8卦 가운데 乾卦와 坤卦를 제외한 6괘를 말한다.

○梅云：“還五瑞於諸侯，與之正始。”【疏云：“斂而又還之，若言舜新付之，改爲舜臣，與之正新君之始也。”】 ○蔡云：“輯五瑞[교1]已上，皆正月事。至盡此月，則四方諸[교2]侯有至者，[교3] 遠近不同，來有先後，故日日見之。【又云：“‘天子執瑁，[교4] 以朝諸侯。’ 鄭注[교5]云，‘諸侯始受命，天子錫以圭，圭頭斜銳，其冒下斜刻，小大長短，[교6] 諸侯來朝，天子以刻處，冒其圭頭，有不同者，則辨其僞也。’”】 旣見，審知非僞，則還其瑞。” ○**案** ‘輯五瑞’，謂正月受終之後，卽以詔令布告五服諸侯，使各親來，納其圭瑞于舜也。‘旣月’，乃有至者也。此云四岳，應是從四方來者。若然又有一峻秩大臣在內，統領在外之四岳，因名曰四岳，卽上受堯之巽者也。

교1) 案輯五瑞：『서집전』에는 ‘此’로 되어 있다.
교2) 案諸：『서집전』에는 앞에 ‘之’가 더 있다.
교3) 案者：『서집전』에는 뒤에 ‘矣’가 더 있다.
교4) 案瑁：『서집전』에는 ‘冒’로 되어 있다.
교5) 案注：『서집전』에는 ‘氏註’로 되어 있다.
교6) 案短：『서집전』에는 뒤에 ‘廣狹如之’가 더 있다.

〔輯五瑞 …… 群后〕 마융이 말했다. “‘집(輯)’은 렴[斂：거두다]의 뜻이다. ‘오서(五瑞)’는 공・후・백・자・남이 잡는 것으로 서신[瑞信：부신(符信)]을 말한다. 요가 순에게 선위(禪位)할 때가 되자 군목(群牧)을 시켜 거두게 하였는데, 그것은 순이 직접 가서 주게 하려고 해서이다.”【『사기』「요본기」의 『집해』에 보인다.】 ○왕숙이 말했다. “‘집(輯)’은 합[合：모음]의 뜻이다.” ○매색이 말했다. “오서를 제후에게 돌려주어 그들과 함께 시작을 바루게 한 것이다.”【소에 “거두었다가 다시 돌려준 것이니, 순이 그것을 새로 주어 다시 순의 신하로 만들어서 그들과 함께 새 군주의 시작을 바르게 했다는 말과 같다.”라고 하였다.】 ○채

침이 말했다. "'집오서(輯五瑞)' 이상은 모두 정월의 일이다. 이 달 말에 이르면 사방의 제후들이 오는데 거리가 같지 않아서 먼저 오는 자도 있고 뒤에 오는 자도 있으므로 날마다 만난 것이다. 【또 "〈『주례』에〉 '천자가 모(瑁)를 잡고 제후들의 조회를 받는다.'라고 한 데 대한 정현의 주에 '제후가 처음 명을 받으면 천자가 규(圭)를 하사하는데, 규의 윗부분은 비스듬하고 뾰족하게 하고 그 모의 아랫부분은 비스듬하게 깎되 크기와 길이와 너비를 같게 한다. 제후가 조회하러 오면 천자는 깎은 부분에 규의 윗부분을 씌워서 맞지 않는 것이 있으면 가짜임을 분별한다."라고 하였다.】 〈제후들을〉 만나고나서 가짜가 아님을 확인하면 그 서를 돌려준다."

○**안** '집오서'는 정월에 제의 일을 넘겨받은 뒤에 즉시 오복(五服)의 제후에게 조령(詔令)을 선포하여 각자 직접 와서 그 규서(圭瑞)를 순에게 바치게 하였음을 말한다. '기월'은 그제야 온 자가 있는 것이다. 여기서 말하는 사악(四岳)은 당연히 사방에서 온 자들이다. 그러나 또 내직에 직질이 높은 한 명의 대신이 있는데, 외직인 사악을 총괄하기 때문에 그대로 명칭을 '사악'이라고 하였으니, 그는 곧 앞에서 요에게 선발된 사람일 것이다.

考異 〈堯本紀〉: "揖五瑞, 擇吉月日, 見四岳諸牧, 班瑞。" ○〈封禪書〉引《書》曰: "輯五瑞, 擇吉月日, 見四嶽諸牧, 還瑞。" ○《漢書·郊祀志》引〈虞書〉曰: "揖五瑞,【師古云: "揖古輯字。"】 擇吉月, 日見四嶽諸牧, 班瑞。" ○**案** 三文皆同, 或者, 伏生之本, 有'吉日'之字。

고이 『사기』「요본기」에는 "揖五瑞, 擇吉月日, 見四岳諸牧, 班瑞."로 되어 있다.
○『한서』「봉선서」에서 『상서』를 인용하여 "輯五瑞, 擇吉月日, 見四

嶽諸牧, 還瑞."라고 하였다.

○『한서』「교사지」에서 「우서(虞書)」를 인용하여 "揖五瑞,【안사고가 말했다. "'揖'은 '輯'의 고자이다."】擇吉月, 日見四嶽諸牧, 班瑞."라고 하였다.

○안 세 글이 모두 같은 것을 보면 아마 복생본에 '吉日'이라는 글자가 있었을 것이다.

01. 요전상 - 20

歲二月, 東巡守, 至于岱宗, 柴,【句】**望秩于山川, 肆覲東后, 協時月正日, 同律度量衡。修五禮, 五玉·三帛, 二生·一死贄, 如五器。卒乃復。**【《史記》, 巡守皆爲巡狩 ○鄭本, 柴[교1]爲祡。《說文》同, 薛本同 ○《史記》贄爲摯。《說文》作墊】

교1) 案柴: 신조선사본에는 '祡'로 되어 있다.

2월에는 동쪽을 순수하였다. 대종에 이르러 시제를 올리고,【단구】산천에 차례로 망제를 지낸 다음, 동후[東后: 희중(羲仲)]의 조회를 받고, 역(曆)의 계절·달·날짜를 맞추고, 율(律)과 도량형을 통일하였다. 5등 제후의 예를 닦았는데, 〈제후들은〉 다섯 가지 서옥(瑞玉)과 삼색의 속백(束帛)을 갖추고 두 가지 살아 있는 폐백과 한 가지 죽은 폐백을 갖고 알현하였다. 예가 끝난 뒤에 오옥을 올려놓았던 그릇을 돌려주었다. 모든 예를 마치고 〈경사(京師)로〉 돌아왔다.【『사기』에는 '巡守'가 모두 '巡狩'로 되어 있다. ○정현본에는 '柴'가 '祡'로 되어 있다. 『설문해자』와 설계선본도 같다. ○『사기』에는 '贊'가 '摯'로 되어 있다. 『설문해자』에는 '𧸖'로 되어 있다.】

馬云:“舜受終後五年之二月。”【見《史》注】 鄭云:“歲二月者, 正歲, 建卯之月。” ○鄭云:“巡守者, 行視所守也。【《孟子》曰:“巡所守也。”】 岱宗者, 東嶽名也。” ○馬云:“祭時積柴, 加牲其上而燔之也。”【見《正義》】 鄭云:“柴교1)祭東嶽者, 考積。柴, 燎也。”【見《正교2)》注】 ○梅云:“燔柴, 祭天告至。” ○鄭云:“望秩于山川者, 徧以尊卑祭之。五嶽視三公, 四瀆視諸侯。其餘小者, 或視卿・大夫, 或視伯・子・男也。秩, 次也。”【已上鄭注, 竝見《公羊傳》隱八年疏】 ○**鏞案** 岱宗者, 泰山之明堂也。古文宗者, 廟也。【字從宀, 象室中祭神示】 上云'六宗', 亦廟也。齊宣王欲毁明堂, 孟子勸行王道, 請其勿毁。所謂王道者, 何? 東巡守至于岱宗,【卽明堂】 會群后, 行此諸禮也。【非以山宗之故謂之岱宗也】 唯泰山有堂者, 古昔郊祭, 必行於春分之時, 所謂郊而后始耕也。【春分, 是東作之期】 啓蟄而郊者, 蟄蟲雖已驚寤, 若其啓戶而出, 亦在春分之時也。若然明堂之祭, 仍値郊期, 故岱獨有之。或四嶽皆有, 而無文可知也。考績, 柴者, 先王之大禮也。【鄭注必有據】《禮》曰:“天子適四方, 先柴。”【〈郊特牲〉】 四方者, 四嶽也。雖然若云告至而柴, 則凡車駕所停, 皆當有柴, 柴太數矣。若云無故而祭天, 卽秦皇・漢武封禪之謬典, 非堯・舜之所得有也。唐・虞之治, 考績而已。百官考績, 皆於京師, 至於諸侯之績, 必於方嶽考之。誠以入其境, 觀其風, 察其田野, 審其溝洫, 稽其制度, 驗其謠俗而后, 乃考其績, 此所以必於方岳也。故古者巡守之禮, 謂之巡功。《春秋傳》薳啓疆之言曰:“小有述職, 大有巡功。”【昭五年 ○謂小國述職, 大邦巡功】〈夏本紀〉曰:“禹會諸侯於江南, 計功而崩, 因葬焉, 命曰會稽。會稽者, 會計也。”【贊文也】 其

云計功, 豈非考績乎? 《周禮》·《漢書》皆以考績謂之會計, 文相合也。考績之必先柴, 何也? 古者, 會盟亦必祭天。〈覲禮〉方明之祭, 亦其緒餘也。【方明, 非祭上帝, 乃以祭天神】 考績大禮, 關係生民休戚, 毫末不公, 天必殛之。所以天子領率群后, 燔柴祭告而后, 群后各奏其功, 天子合考其績。此堯·舜·禹之通法也。【考績, 柴, 如後世之焚香告天】

교1) 案柴 : 『사기집해』에는 '祡'로 되어 있다.
교2) 案正 : '史'의 오기인 듯하다. 인용 내용은 『사기집해』에 보인다.

〔歲二月〕 마융이 말했다. "순이 정사를 넘겨받고 5년이 지난 뒤의 2월이다.【『사기』「요본기」의 『집해』에 보인다.】 정현이 말했다. "'세이월(歲二月)'이란 정세(正歲)의 2월[建卯之月]이다."

〔東巡守, 至于岱宗, 柴〕○정현이 말했다. "'순수(巡守)'란 가서 다스리는 곳을 살핀다는 말이다."[191]【『맹자』에 "제후가 지키는 경내를 순행한다는 뜻이다.[巡所守也]"[192]라고 하였다.】 대종(岱宗)이란 동악(東嶽)의 이름이다." ○마융이 말했다. "〈'시(柴)'는〉 제사를 지낼 때 섶을 쌓고 그 위에 희생을 올려서 태우는 것이다."【『상서정의』에 보인다.】 정현이 말했다. "동악에서 시제를 올리는 것은 고적(考積)을 위한 의식이다. '시(柴)'는 료[燎 : 태우다]의 뜻이다."【『사기』「요본기」의 『집해』에 보인다.】 ○매색이 말했다. "섶[柴]을 태워서 하늘에 제사를 올려 그

191 순수(巡守)란 …… 말이다 : 『주례』「地官·土訓」 "王巡守則夾王車"에 대한 정현의 주에 "巡狩, 行視所守也. 天子以四海爲守."라고 하였다.
192 제후가 …… 뜻이다[巡所守也] : 『맹자』「梁惠王下」에 "天子適諸侯曰巡狩, 巡狩者, 巡所守也."라고 하였는데, 주희는 『맹자집주』에서 "巡所守, 巡行諸侯所守之土也."라고 하였다.

곳에 왔음을 고하는 것이다."

〔望秩于山川〕○정현이 말했다. "'망질우산천(望秩于山川)'이란 존비(尊卑)의 차례대로 두루 제사하는 것이다. 오악(五嶽)은 삼공(三公)에 견주고, 사독(四瀆)은 제후에 견주고, 그 나머지 작은 산들은 경·대부에 견주기도 하고 백·자·남에 견주기도 한다. '질(秩)'은 차[次 : 차례]의 뜻이다."【이상 정현의 주는 모두 『춘추공양전』 은공(隱公) 8년의 소에 보인다.】

○용안 '대종(岱宗)'이란 태산(泰山)의 명당(明堂)이다. 고문의 종(宗)은 묘[廟 : 사당]를 말한다.【글자를 宀 변에 쓴 것은 집안에서 신기(神示)에게 제사 지내는 것을 형상한 것이다.】 위에서 말한 '육종(六宗)' 또한 사당이다. 제 선왕(齊宣王)이 명당을 허물려고 하자 맹자가 왕도(王道)를 행하도록 권하며 허물지 말라고 청하였다. 왕도란 무엇인가? 동쪽을 순수하여 대종【즉 명당이다.】에 이르러 여러 제후를 모아놓고 이 여러 예를 행하는 것이다.【산종(山宗)이기 때문에 대종이라고 한 것이 아니다.】 그런데 오직 태산에만 명당이 있는 것은, 옛날에 교제(郊祭)는 반드시 춘분 때에 행하였기 때문이니, 이른바 '교제를 올린 뒤에 경작을 시작한다.'[193]라는 것이다.【춘분은 동작(東作)의 시기이다.】 계칩[啓蟄 : 경칩]에 교제사를 올리는 것은 겨울잠을 자던 벌레들이 비록 이미 잠에서 깨어났지만 문을 열고 나오는 시기는 역시 춘분 때이기 때문이다. 만약 그렇다면 명당의 제사가 그대로 교제사를 올리는 시기와 맞으므로 대종에만 〈명당이〉 있는 것이다. 혹

193 교제를 …… 시작한다 : 『시경』 「小雅·北山·甫田」의 "琴瑟擊鼓, 以御田祖, 以祈甘雨" 절에 대한 공영달의 소에 "設樂以迎, 祭先嗇謂郊, 後始耕也, 以求甘雨佑助我禾稼."라고 하였다.

사악에 모두 있었을 수도 있겠지만 알 수 있는 문헌이 없다.

고적할 때 시제를 올리는 것은 선왕의 큰 예이다.【정현의 주에 필시 근거가 있었을 것이다.】『예기』에, "천자가 사방에 가면 먼저 시제를 지낸다."【「교특생(郊特牲)」에 보인다.】라고 하였다. 사방이란 사악(四嶽)이다. 비록 그렇지만 왔다는 것을 고하기 위해 시제를 지낸다면 천자의 수레가 머무는 곳마다 모두 시제가 있어야 하니 시제가 너무 잦다. 또 만약 이유 없이 하늘에 제사를 지낸다면 그것은 진시황과 한 무제가 봉선(封禪)한 것과 같은 잘못된 예전(禮典)인데, 요·순 시대에 있을 수 있는 예가 아니다. 당(唐)·우(虞)의 다스림은 고적(考績)일 뿐이다. 백관에 대한 고적은 모두 경사에서 하지만 제후의 공적에 대해서는 반드시 방악에서 고찰하였다. 참으로 제후의 경내에 들어가면 그 풍속을 관찰하고, 전야를 살피고, 구혁(溝洫)을 자세히 살피고, 제도를 점검하고, 요속(謠俗)을 증험한 뒤에 비로소 그 공적을 평가한다. 이 때문에 반드시 방악에서 하는 것이다. 그러므로 옛날에 순수하는 예를 순공(巡功)이라고 한 것이다. 『춘추좌씨전』 위계강(薳啓疆)의 말에, "작은 나라에는 술직(述職)이 있고 큰 나라에는 순공(巡功)이 있다."【소공(昭公) 5년에 보인다. ○작은 나라는 술직하고 큰 나라는 순공한다는 말이다.】라고 하였다. 『사기』 「하본기」에는, "우(禹)가 강남에서 제후들을 모아놓고 공을 헤아리다가[計功] 죽자 그대로 그곳에 장사하고는 회계(會稽)라고 하였다. 회계(會稽)란 회계(會計)이다."[194]라고 하였다.【색은술찬(索隱述贊)의 내용[195]이다.】 계공이라고 하였으니 어찌 고적이 아니겠는가? 『주례』

194 회계(會稽)란 회계(會計)이다 : 會가 총계의 뜻일 때에는 원음이 'kuài'이므로 '쾌'로 읽어야 하나 여기서는 한국에서 통용되는 음을 따랐다.

와 『한서』에서도 모두 고적을 회계라고 하여 내용이 일치한다.

고적을 할 때 반드시 시제를 먼저 올리는 것은 무엇 때문인가? 옛날에는 회맹(會盟)할 때에도 반드시 하늘에 제사를 지냈다. 『의례』「근례(覲禮)」에 나오는 방명(方明)의 제사[196] 또한 그 유습(遺習)이다.【'방명(方明)'은 상제에게 올리는 제사가 아니라 천신에게 제사하는 것이다.】 고적은 큰 예이고 백성의 휴척(休戚)과 관계되므로 조금이라도 공정하지 못하면 하늘이 반드시 죽인다. 그렇기 때문에 천자가 여러 제후를 거느리고 섶을 태워 고유제를 지낸 뒤에, 여러 제후가 자기의 공적을 주달하고 천자는 그 공적을 종합하여 살피는 것이다. 이것은 요·순·우 시대의 공통된 법이었다.【고적할 때 시제를 올리는 것은 후대에 향을 살라 하늘에 고하는 것과 같다.】

考訂 梅云:【歲二月】"旣班瑞之明月。" **○案** 馬說太緩,【說見上】 梅說太急。旣班瑞之明月, 日覲四岳群牧, 奚暇東巡守哉?

고정 매색이 말했다.【세이월(歲二月)은】 "서옥(瑞玉)을 돌려준 다음 달이다."

○안 마융의 설은 너무 늦고【설은 앞에 보인다.】 매색의 설은 너무 촉급하다. 서옥을 돌려준 다음 달에는 날마다 사악의 제후들을 만

195 색은술찬(索隱述贊)의 내용: 인용 내용은 '太史公曰' 부분에 보인다. 색은술찬이라고 한 것은 오류인 듯하다.

196 방명(方明)의 제사:『의례』「覲禮」에 "諸侯覲于天子, 爲宮方三百步, 四門, 壇十有二尋, 深四尺, 加方明于其上."이라고 하였는데, 정현의 주에 "方明者, 上下四方神明之象也. 上下四方之神者, 所謂神明也."라고 하였다.

났는데, 어찌 동쪽을 순수할 겨를이 있었겠는가?

考證 《書大傳》曰："望秩于山川，五嶽視三公，四瀆視諸侯。"【鄭注云："所視者，謂其牲帛[교1)]·粢盛·籩豆·爵獻之數。"】○〈封禪書〉云："歲二月，東巡守，至于岱宗。岱宗，泰山也。"【《漢書·郊祀志》同】○《定本集注》，'望秩山川'之下，皆有'徧于群神'一句。【見〈周頌·時邁〉疏】

교1) 案 其牲帛 : 『상서대전』에는 '視其牲幣'로 되어 있다.

고증 『상서대전』에 "산천에 차례로 망제를 지내는데, 오악에 올리는 제사는 삼공에 비등하게[視] 하고, 사독(四瀆)에 올리는 제사는 제후에 비등하게 한다."라고 하였다.【정현의 주에, "비등하다[視]는 것은 그 희생과 폐백·자성(粢盛)·변두(籩豆)·작헌(爵獻)의 수(數)를 비등하게 한다는 말이다."라고 하였다.】
○『사기』「봉선서」에, "2월에 동쪽으로 순수하여 대종에 이르렀다. 대종은 태산(泰山)이다."라고 하였다.【『한서』「교사지」의 내용도 같다.】
○『정본집주』에는 '망질산천(望秩山川)' 다음에 모두 '변우군신(徧于群神)' 한 구절이 있다.【『시경』「주송(周頌)·시매(時邁)」의 소[197]에 보인다.】

鄭云："東后，東方之諸侯也。" ○鄭云："協正四時之月數及日名，備有失誤者。"[교1)] ○工云："同，齊也。律，六律也。" ○馬云："律，法也。" 鄭云："陰呂·陽律也。"【案。鄭以同律爲呂律】度，丈尺也。量，斗斛也。衡，

197 「주송(周頌)·시매(時邁)」의 소 : 『모시정의』「時邁」에 대한 鄭元의 箋에, "時邁, 巡守告祭柴望也. 巡守告祭者, 天子巡行邦國, 至于方岳之下而封禪也. 『書』曰 : 歲二月, 東巡守, 至于岱宗柴, 望秩于山川, 偏于羣神遠行也."라고 하였다.

稱也。○**鏞案** 東后, 疑卽羲仲也。古者, 律・曆同科。協時月正日, 爲羲仲之職, 掌曆象也。同律度量衡, 爲羲仲之職, 掌律度也。先正此二事, 乃見五等群后, 修五等諸侯之禮, 其文歷然可。【東方諸侯合言之曰東后, 必非古文之例】 ○**又按** 《周禮》, 六呂謂之六同, 故鄭以同律爲呂律。【上無'協正'等字, 舜所行者何事, 其義不可立】《周禮・春官・典同》註云: "同, 陰律也。《書》曰, '同律度量衡。' 太師職曰, '執同律以聽軍事。'"교2) 其義非也。同者, 齊一也。【鄭又云: "同, 音律, 度, 丈尺, 量, 斗斛, 衡, 斤兩。" 見《史》注】

교1) 案者: 『사기집해』에 실린 정현의 주에는 이 글자가 없다.
교2) 案事: 『주례』「春官・典同」의 정현 주와 「春官・太師」의 원문에는 모두 '聲'으로 되어 있다.

〔肆覲東后〕 정현이 말했다. "'동후(東后)'는 동방의 제후이다."
〔協時月正日〕○정현이 말했다. "사시의 달수 및 날의 명칭을 일치하도록 바로잡은 것은 모두 잘못이 있어서이다."
〔同律度量衡〕○왕숙이 말했다. "'동(同)'은 제[齊: 가지런히 하다]의 뜻이다. '율(律)'은 육률(六律)이다." ○마융이 말했다. "'율(律)'은 법이다." ○정현이 말했다. "음려(陰呂)와 양률(陽律)이다.【안. 정현은 동률(同律)을 여율(呂律)로 보았다.】 '도(度)'는 장척[丈尺: 자]이다. '양(量)'은 두곡[斗斛: 말]이다. '형(衡)'은 칭[稱: 저울]이다."

○**용안** '동후(東后)'는 아마 희중(羲仲)일 것이다. 옛날에는 율(律)과 역(曆)이 같은 업무였다. '협시월정일(協時月正日)'은 희중의 직무 중 역상(曆象)을 관장하는 것이고, '동율도량형(同律度量衡)'은 희중의 직무 중 율도(律度)를 관장하는 것이다. 먼저 이 두 가지를

바로잡고 나서 비로소 5등의 제후들을 만나서 5등 제후의 예를 닦은 것으로 보아야 글이 분명해진다.【동방의 제후를 합쳐서 '동후'라고 하는 것이 반드시 고문의 용례인 것은 아니다.】

○**우안** 『주례』에서 육려(六呂)를 육동(六同)이라고 하였으므로 정현이 동률(同律)을 려(呂)와 율(律)이라고 한 것이다.【그러나 앞에 '협정(協正)' 등의 글자가 없으면 순이 행한 것이 무슨 일인지 의미가 성립되지 않는다.】『주례』「춘관・전동(典同)」의 주에 "동(同)은 음률(陰律)이다. 『상서』에 '동률도량형(同律度量衡)'이라고 하였고, 태사의 직장(職掌)에 '율과 여를 가지고 군의 함성 소리를 듣는다.'[198]라고 하였다."라고 하였다. 그러나 그 풀이가 잘못되었다. '동(同)'이란 제일[齊一 : 통일하다]의 뜻이다.【정현은 또 "'동(同)'은 음률(音律)이고, '도(度)'는 장척(丈尺)이고, '양(量)'은 두곡(斗斛)이며, '형(衡)'은 근량(斤兩)이다."라고 하였다. 『사기』「요본기」의 『집해』에 보인다.】

考訂 梅云 : "合四時之氣節, 月之大小, 日之甲乙, 使齊一也。" ○**訂曰** 天下之不可齊一者, 時月日也。北極出地千里差四度, 則節氣時刻, 各國不同, 不可齊一也。日出入時刻, 千里差一刻有奇, 則日月交會, 各國不同, 不可齊一也。舜之所以協時月正日者, 正欲考四方節氣早晚及日出入時刻, 以驗曆法之差合, 而改之正之。梅欲齊一之, 難矣。且周制太史頒告朔于邦國。羲伯當時曆象授時, 亦必頒布于諸國, 諸國但當遵而用之, 豈有私自造曆, 違時亂日, 以待皇曆之來協哉? 協時月正日者, 明與二仲・二叔, 稽其東西之差, 算其南北之差, 以正京師之曆耳。【協者,

198 율과 …… 듣는다 : 『주례』「춘관・태사」에 "太師執同律以聽軍聲而詔吉凶"이라고 하였다.

比校以合之】 舜之所求正, 欲於羲・和四宅, 聞其差度, 以驗吾曆之無滯。假如日食其在京師, 明在一日卯初, 而其在各方, 或在卯正, 不能早見, 或在寅正, 不能看驗。【日未出】 或經緯有舛, 彼食而此否,【人目不成三直則不食】 或差舛未多, 彼旣而此半。【人目所見, 隨地不同故】 帝舜於此, 當知各方日月之會, 原有不同, 豈必力求其齊一乎? 春秋之時, 曆法不明, 日食或在晦日,【莊十八年三月】 或在二日。【隱三年二月】 帝舜巡至四嶽, 羲・和朝于行在, 則察其紀錄, 或有如是者, 便知時月有舛, 卽行釐正。此之謂協時月正日。

고정 매색이 말했다. "사계절의 절기와 달의 대소, 날짜의 간지를 종합하여 모두 같게 한 것이다."

○**정왈** 천하에 같게 할 수 없는 것이 계절・달・날짜이다. 북극출지(北極出地)[199]는 1000리마다 4도씩 차이가 나니, 절기와 시각이 나라마다 달라서 같게 할 수가 없다. 일출 시각과 일몰 시각은 1000리마다 1각 남짓 차이가 나니, 해와 달이 만나는 시각은 나라마다 달라서 같게 할 수가 없다. 순이 '협시정일월(協時月正日)'한 것은 바로 사방 절기의 조만(早晩) 및 일출 시각과 일몰 시각을 살펴서 역법(曆法)과 어긋나는 점을 조사해 합쳐서 고치고 바로잡으려고 한 것이다. 그런데 매색은 그것을 통일하려고 한 것으로 보았으니 곤란하다. 또 주나라의 제도에서는 태사(太史)가 방국(邦國)에 곡삭(告朔)을 반포하였다. 희백(羲伯)이 당시 〈일월성신을〉 기록하

199 북극출지(北極出地): 북극고도(北極高度)라고도 한다. 지면에서 북극성을 바라본 각도, 즉 북극성에서 오는 별빛과 지면이 이루는 각도를 말하는데, 오늘날 위도의 개념과 비슷하다.

고 관찰하여 〈백성들에게〉 농사철을 알려주는 직무를 맡았으니, 또한 틀림없이 여러 나라에 반포했을 것이다. 그러면 여러 나라는 그것을 따라 사용했을 뿐이다. 어찌 개별적으로 역(曆)을 만들어 계절을 어기고 날짜를 혼란스럽게 하여 황력(皇曆)이 오기를 기다려서야 바로잡았겠는가?

'협시월정일'이란 희중(羲仲)·화중(和仲), 희숙(羲叔)·화숙(和叔)과 함께 동서의 차이를 알아보고 남북의 차이를 계산하여 경사의 역을 바로잡은 것임이 분명하다.【'협(協)'이란 비교하여 맞춘다는 뜻이다.】 순이 바로잡으려고 한 것은 희씨와 화씨가 있는 네 지역에서 그 차이 나는 각도를 들어보고, 그것으로 우리의 역에서 빠뜨린 점이 없는지 증명하려고 한 것이다. 가령 일식이 경사에서는 분명히 1일 묘시[卯時 : 오전 5~7시] 초각(初刻)에 일어났는데, 각 지방에서는 묘시 정각(正刻)에 일어나서 일식의 시작을 볼 수 없는 지역이 있고, 인시[寅時 : 오전 3~5시] 정각에 일어나서 아예 관찰할 수 없는 지역도 있다.【그 시각에는 해가 뜨지 않기 때문이다.】 또 경도와 위도가 어긋나서 저쪽에서는 일식이 일어났지만 이쪽에서는 그렇지 않은 경우가 있고,【사람의 눈은 관찰기구와 달과 눈이 일직선을 이루지 않으면 일식을 보지 못한다.】 경도와 위도의 차이가 크지 않아서 저쪽에서는 해가 완전히 먹혔는데 이쪽에서는 반만 먹히는 경우도 있다.【사람 눈에 보이는 것이 지역에 따라 같지 않기 때문이다.】 제순(帝舜)은 이때 각 지방에서 해와 달이 만나는 시각이 원래 같지 않다는 사실을 알았을 텐데 어찌 굳이 힘들게 그것을 같게 하려고 하였겠는가? 춘추 때에는 역법에 밝지 못하여 일식이 그믐날에 일어났다고 기록한 경우【장공 28년 3월】도 있고 2일에 일어났다고 기록한 경우【은공 3년 2월】도 있었다. 그러나 제순이 순수하여 사악에 이르렀을 때

희씨와 화씨가 행재소(行在所)에서 조회하였으니, 그들의 기록을 살펴서 혹 그런 경우가 있으면 곧바로 계절과 달에 어긋난 점이 있다는 것을 알고 즉시 바로잡았을 것이다. 이것을 '협시월정일'이라고 한 것이다.

考異 〈堯本紀〉: "遂見東方君長, 合時月正日。" ○〈封禪書〉引《書》曰: "遂覲東后。東后者, 諸侯也。" ○鄭玄《周禮》注引《書》曰: "遂覲東后。"【〈大行人〉】 ○何休《公羊傳》註引《書》曰: "遂覲東后。"【隱入[교1]年】

교1) 案入: 문맥으로 보아 '八'이 되어야 한다.

고이 『사기』「요본기」에는 "遂見東方君長, 合時月正日."로 되어 있다.
○『사기』「봉선서」에서 『상서』를 인용하여 "遂覲東后. 東后者, 諸侯也."라고 하였다.
○정현의 『주례』 주에서 『상서』를 인용하여 "遂覲東后."라고 하였다.【「대행인(大行人)」에 보인다.】
○하휴(何休)[200]의 『춘추공양전』 주에서 『상서』를 인용하여 "遂覲東后."라고 하였다.【은공 8년에 보인다.】

馬云: "五禮, 吉・凶・軍・賓・嘉也。"【見《史》注】 鄭云: "五禮, 公・侯・伯・子・男朝聘之禮。【梅・蔡皆云: "吉・凶・軍・賓・嘉。"】 五玉, 瑞

200 하휴(何休): 129~182. 後漢. 자는 邵公. 董仲舒의 四傳弟子이다. 羊弼에게 『춘추공양전』을 배웠으며, 고문 경학을 반대하고 금문 경학을 집대성하였다. 대부분의 저술은 逸失되고, 『春秋公羊傳解詁』가 십삼경주소의 『春秋公羊傳注疏』에 채택되었다.

節, 執之曰瑞, 陳列曰玉也。" ○馬云: "三帛, 三孤所執。"【見《史》注】 鄭云: "帛, 所以薦玉也。受瑞玉者, 以帛薦之。帛必三者, 高陽之後用赤繒, 高辛之後用黑繒, 其餘諸侯皆用白繒。【案。此必緯書所言】《周禮》改之爲纁也。" ○王云: "三帛, 纁·玄·黃也。附庸與諸侯之適子·公之孤, 執皮帛, 其執之色未聞。或曰, '孤執玄, 諸侯之適子執纁, 附庸執黃。'"【梅·蔡皆從王肅注】 ○馬云: "贄, 二生, 羔·鴈, 卿·大夫所執,【馬本, 贄作摯】 一死, 雉, 士所執。"【見《史》注】 鄭云: "二生一死贄者, 羔·鴈, 生也, 卿·大夫所執, 雉, 死也, 士所執。" **○鏞案** 吉·凶·軍·賓·嘉, 雖亦王者之大政, 喪禮·鄕禮·冠婚之禮, 恐非此日之所修治。後儒之棄鄭取馬, 非矣。禮目本無定數, 〈王制〉有六禮, 《管子》有八禮, 何必五禮之目一定而無易? 竊詳五等諸侯之禮, 截然不同。服章有等,【一·三·五·七·九】 旗旍有數, 饔牢有差, 籩豆有級, 田祿有限, 封疆有度, 一物一文, 莫或相同。考諸〈司服〉·〈巾車〉·〈大行人〉·〈掌客〉·《孟子》·〈王制〉·《春秋傳》諸文, 其別森然。二帝·三王, 雖有損益, 五等諸侯之有五等禮制, 必無二也。原夫公·侯·子·男, 其爲人君則一也, 勢均位偪, 最易侵越, 一或僭踰, 亂之本也。天子巡方之日, 苟不能點檢整頓, 而任其汎濫, 唯意所欲, 不出十年, 天下必大亂矣。'修五禮'者, 修五等諸侯之禮也。

五禮·五玉, 文句相連。五玉旣爲五等諸侯之玉, 則五禮亦是五等諸侯之禮。【《知遠錄》】 **○又按** 王肅三帛之解, 其視馬·鄭之說, 亦魯·衛之政, 後儒奚取焉? 王說蓋有所誤據者。《周禮·典命》云: "凡諸侯之適子攝其君,【代其父而朝】 未誓則以皮帛繼子男。"【未誓, 未受命】 又云: "公之孤, 四命以皮帛, 眡小國之君。"【鄭云: "上公置孤卿一人。"】 故艱辛附合, 遂有此說。然附庸執帛, 三禮無文, 又將何解? 附庸之君, 未嘗無爵。【孔疏云'附庸之君, 未有爵命, 不得執玉', 非也。】 郲子・宿男, 儼列五等, 穀璧・蒲璧, 孰能遏之? 禁其瑞玉, 降諸繒帛, 已屬非理。

何況帛之爲幣, 或以玉加, 或與皮兼? 單執一帛, 在禮無徵, 何況束帛之法, 必具玄纁, 所以象天地也?【獻帛之意, 以共衣裳, 古衣裳必上玄下黃或下纁】 聘禮・覲禮・昏禮・喪禮, 玄纁束帛, 屢見正經。【多不能悉指】 其或不纁者, 必具玄黃。故〈說卦〉'震爲玄黃', 而歸妹上六曰'女承筐'。【兌女奉, 震幣】 《孟子》引古書曰'筐厥玄黃'。誠以天地之色不具, 則不以爲幣也。今乃曰'甲者執玄, 乙者執纁, 丙者執黃', 羲・農以來, 有如是幣帛乎? 若云周禮如此, 虞禮如彼, 則〈禹貢〉曰'厥篚玄纁璣組', 明玄纁之制自古已然, 不自周始也。○馬融以三帛爲三孤所執, 蓋欲謹守〈大宗伯〉六摯之文, 【其一曰'孤執皮帛。' ○又〈大行人〉云: "大國之孤, 執皮帛, 以繼小國之君。"】 無敢踰越。故以此三人, 當彼三色。然少師執玄, 少傅執纁, 少保執黃, 仍是不成模樣。何況上公之孤, 本止一人,【《周禮》注】 何得有三孤? 余謂摯幣之法, 圭璋特達, 琮璧有帛。考之〈聘禮〉, 其文歷然。【〈聘義〉亦言之】 君享則束帛加璧, 夫人享則束帛加琮。【〈聘禮〉文】 圭璋則不帛, 此之謂特達也。五等諸侯之摯, 公與侯・伯, 皆執圭瑞, 唯子與男, 穀璧・蒲璧。執此二璧者, 宜有束帛, 其有束帛者, 必具玄纁。【束者, 十也。物十曰束也。參天兩地, 故玄三纁二, 倍之爲匹則十也。故束帛者, 玄纁之稱, 單一色, 不能爲束帛】 其或不纁者, 必具玄黃, 此皆五等諸侯之摯也。【意者, 子執玄纁, 男執玄黃, 但無文可知】 五玉・三帛皆具然後, 五等諸侯之摯, 方得全備。故《春秋傳》曰'禹會塗山, 執玉帛者萬國'。【已上《知遠錄》】

〔修五禮, 五玉〕 마융이 말했다. "'오례(五禮)'는 길례(吉禮), 흉례(凶禮), 군례(軍禮), 빈례(賓禮), 가례(嘉禮)이다."【『사기』「요본기」의 『집해』에 보인다.】 정현이 말했다. "'오례'는 공・후・백・자・남이 조빙(朝

聘)하는 예이다.【매색과 채침도 모두 "길례, 흉례, 군례, 빈례, 가례이다."라고 하였다.】 '오옥(五玉)'은 서절(瑞節)인데, 잡는 것을 서(瑞)라고 하고 진열하는 것을 옥(玉)이라고 한다."

〔三帛〕○마융이 말했다. "'삼백(三帛)'은 삼고(三孤)가 잡는 것이다."【『사기』「요본기」의 『집해』에 보인다.】 정현이 말했다. "'백(帛)'은 옥을 싸는 것이다. 서옥을 받는 사람은 백으로 그것을 싼다. 백이 반드시 세 가지여야 하는 이유는, 고양씨의 후예는 붉은 명주[赤繒]를 쓰고, 고신씨의 후예는 검은 명주[黑繒]를 쓰고, 그 나머지 제후는 모두 흰 명주[白繒]를 썼기 때문이다.【안. 이것은 필시 위서(緯書)의 말일 것이다.】『주례』에서는 그것을 고쳐 소(繅)라고 하였다."[201] ○왕숙이 말했다. "'삼백'은 훈[纁 : 분홍]·현[玄 : 검정]·황[黃 : 노랑]색의 백(帛)이다. 부용(附庸)과 제후의 적자 및 공의 고(孤)는 피백(皮帛)을 잡는데 무슨 색을 잡는지는 듣지 못하였다. 혹 '고는 현을 잡고, 제후의 적자는 훈을 잡고, 부용은 황을 잡는다.'고도 한다."【매색과 채침은 모두 왕숙의 주를 따랐다.】

〔二生·一死贄〕○마융이 말했다. "예물[贄] 중 산 것 두 가지[二生]는 염소[羔]와 기러기[鴈]로 경과 대부가 잡는 것이고,【마융본에는 '贄'가 '摯'로 되어 있다.】 죽은 것 한 가지[一死]는 꿩[雉]으로 사(士)가 잡는 것이다."【『사기』「요본기」의 『집해』에 보인다.】 정현이 말했다. "'이생일사지(二生一死贄)'는, 염소와 기러기는 산 것으로 경과 대부가 잡는 것이고, 꿩은 죽은 것으로 사가 잡는 것이다."

○**용안** 길례, 흉례, 군례, 빈례, 가례 또한 비록 왕자(王者)의 대정

201 '백(帛)'은 옥을 …… 하였다 : 『춘추공양전』隱公 8년의 소에 보인다.

(大政)이지만, 상례(喪禮), 향례(鄕禮), 관례(冠禮), 혼례(婚禮)가 이날에 정비할 일은 아닐 듯하다. 후대의 유자들이 정현의 설을 버리고 마융의 설을 취한 것은 잘못이다. 예의 수목(數目)에는 본래 정해진 수가 없다. 『예기』「왕제」에는 6례(六禮)가 있고, 『관자』에는 8례(八禮)가 있는데, 하필 5례라는 수목만 하나로 정해져서 바꾸지 못하겠는가? 내가 5등 제후의 예를 자세히 살펴보니 완전히 달랐다. 복장에 등급【1·3·5·7·9장(章)으로 나뉜다.】이 있고, 기유[旗斿 : 깃발에 늘어뜨리는 장식]에 〈등급별로 정해진〉 수가 있고, 희뢰(餼牢)에 차이가 있고, 변두(籩豆)에 등급이 있으며, 전록(田祿)에 제한이 있고, 봉강(封疆)에 한도가 있어 문물 하나하나에 같은 것이 없다. 『주례』「춘관」의 「사복(司服)」과 「건거(巾車)」, 「추관」의 「대행인(大行人)」과 「장객(掌客)」, 『맹자』, 『예기』「왕제」, 『춘추좌씨전』 등의 여러 글을 살펴보면 그 구별이 엄격하다. 이제(二帝)의 제도와 삼왕(三王)의 제도에는 비록 증감이 있었겠지만 5등의 제후에 대해 5등의 예제(禮制)를 둔 것은 필시 다르지 않았을 것이다. 원래 공, 후, 백, 자, 남은 임금인 점에서는 마찬가지여서 세력이 같고 위치가 가까우면 매우 쉽게 침범할 수 있는데, 혹 한 번이라도 법도를 어기고 침범하면 난의 근본이 된다. 천자가 순방할 때에 만약 점검하여 정돈하지 못하고 법도에서 벗어난 짓을 하도록 내버려두어 하고 싶은 대로 하게 되면, 10년이 안 되어 천하가 반드시 크게 어지러워질 것이다. '수오례'란 5등 제후의 예를 닦는 것이다.

오례(五禮)와 오옥(五玉)은 구절이 붙어 있다. 오옥이 5등 제후의 서옥인 이상 오례 또한 5등 제후의 예이다.【『상서지원록』】

○**우안** 삼백(三帛)에 대한 왕숙의 해석을 마융·정현의 설과 비교해보면 역시 노(魯)와 위(衛)의 정사인데, 후대의 유자들이 어째서 취하였는가? 왕숙의 설은 전거에 잘못이 있을 것이다. 『주례』「춘관·전명(典命)」에, "제후의 적자(適子)가 자기 임금을 대행할 때【자기 아비를 대신하여 조회하는 것이다.】 천자의 명을 받지 않았으면[未誓] 피백(皮帛)을 잡고 자(子)·남(男)의 뒤에 선다."【'미서(未誓)'는 명을 받지 않은 것이다.】라고 하고, 또 "공(公)의 고(孤)는 4명(命)으로, 피백을 잡고 소국의 군주와 같은 예를 올린다."【정현이 말했다. "상공(上公)은 고경(孤卿) 1인을 둔다."】라고 하였으므로 간신히 갖다 붙여서 드디어 그런 주장을 한 것이다. 그러나 부용(附庸)의 군주가 백(帛)을 잡는다는 것은 삼례(三禮)에 그에 관한 글이 없는데 또 무엇을 가지고 해석하려고 하는가? 부용국의 임금도 작명(爵命)이 없었던 적이 없다.【공영달의 소에 '부용국의 임금은 작명이 없으므로 서옥을 잡을 수 없다.'[202] 라고 한 것은 잘못이다.】 주자(邾子)와 숙남(宿男)은 엄연히 5등의 작위에 들어 있는데, 곡벽(穀璧)과 포벽(蒲璧)을 잡는 것을 누가 막을 수 있겠는가? 그들에게 서옥 잡는 것을 금하고 증백(繒帛)으로 강등했다는 것은 이미 이치에 맞지 않는다.

하물며 백(帛)을 예물로 바칠 때 어떤 경우에는 옥을 더하고 어떤 경우에는 피(皮)까지 겸하여 바치니 더 말할 것이 있겠는가? 단품으로 백 하나만을 잡는 것은 예서에 증거가 없다. 또 하물며 속백을 바치는 법에 반드시 현(玄)과 훈(纁)을 갖추는 것은 하늘과 땅을

202 공영달의 …… 없다 : 『상서정의』 공영달의 소에, "附庸雖則無文, 而爲南面之君, 是一國之主. 春秋時, 附庸之君適魯, 皆稱來朝. 未有爵命, 不得執玉, 則亦繼小國之君, 同執帛也."라고 하였다.

상징하기 때문이니 더 말할 것이 있겠는가?【백을 바치는 뜻은 의상을 위해서 공상(供上)하는 것이다. 고대의 의상은 반드시 상의를 현색, 하의를 황색이나 훈색으로 만들었다.】 빙례(聘禮), 근례(覲禮), 혼례(昏禮), 상례(喪禮)에 현색과 훈색의 속백을 쓰는 것은 정경(正經)에 여러 군데 보인다.【많아서 다 지적할 수가 없다.】 혹 훈색을 쓰지 않는 경우에는 반드시 현색과 황색을 갖추어야 한다. 그러므로 『주역』「설괘전(說卦傳)」에 '진은 현과 황이 된다.[震爲玄黃]'라고 하고, 귀매괘(歸妹卦) 상륙(上六)의 효사에 '여자가 광주리를 받든다.[女承筐]'【태괘(兌卦)가 여봉(女奉)이고, 진괘(震卦)가 폐백이다.[203]】라고 하였고, 또 『맹자』에서 고서를 인용하여 '현색과 황색의 예물을 광주리에 담았다.[篚厥玄黃]'[204]라고 한 것이다. 진실로 천지의 색이 갖추어지지 않았으면 폐백이라고 하지 않았다. 그런데 지금 '갑은 현(玄)을 바치고, 을은 훈(纁)을 바치며, 병은 황(黃)을 바친다.'라고 하는데, 복희 · 신농 이래로 이런 폐백이 있었겠는가? 만약 주나라의 예는 이러하였고 우나라의 예는 저러하였다고 한다면 맞지 않는 점이 있다. 『상서』「우공」에 '궤에 싸서 바치는 예물은 현과 훈과 기와 조이다.[厥篚玄纁璣組]'라고 하였으니, 현과 훈을 바치는 제도는 옛날부터 이미 있

203 태괘(兌卦)가 …… 폐백이다 : 歸妹卦는 괘의 구성이 兌下震上(䷵)으로 되어 있기 때문에 이렇게 말한 것이다. 「설괘전」에 따르면 태괘는 가족 중 '막내딸[小女]'이고, 진괘는 예물 중 玄黃이 된다.

204 현색과 …… 담았다.[篚厥玄黃] : 『맹자』「滕文公下」에 "有攸不爲臣, 東征, 綏厥士女, 匪厥玄黃, 紹我周王見休, 惟臣附于大邑周."라고 하였다. 주희는 '匪厥玄黃'을 '사녀들이 광주리에 현과 황의 예물을 담아서 가지고 왔다.[其士女以匪盛玄黃之幣]'라고 풀이하였는데, 다산은 『孟子要義』에서 "현과 황은 사녀가 바칠 수 있는 물건이 아니다.[玄黃, 非士女之所得執也]"라고 하고, "속백이 현색과 황색이 아니었겠는가?[束帛, 非玄黃乎]"라고 하였다.

었지 주나라 때부터 시작되지는 않았음이 분명하다.

○마융이 삼백(三帛)을 삼고(三孤)가 잡는 것이라고 한 것은, 대체로 『주례』 「대종백」에 나오는 육지(六摯)[205]의 내용을 지켜서【그 중 첫째가 '고는 피백을 잡는다.[孤執皮帛]'이다. ○또 「대행인」에 "대국의 고는 피백(皮帛)을 잡고 소국의 임금 뒤에 선다."라고 하였다.】 감히 어기지 않으려고 해서이다. 그러므로 이 세 사람을 저 세 가지 색깔에 배당한 것이다. 그러나 소사(少師)는 현을 잡고, 소부(少傅)는 훈을 잡고, 소보(少保)는 황을 잡는 것은 모양을 이루지 못한다. 하물며 상공의 고는 본래 한 사람뿐인데【『주례』 주에 보인다.[206]】 어떻게 삼고가 있을 수 있겠는가. 나는, 폐백을 바치는 법은 규(圭)와 장(璋)을 바칠 때에는 그것만 단독으로 바치고, 종(琮)과 벽(璧)을 바칠 때에는 백(帛)이 있었다고 생각한다. 『의례』 「빙례(聘禮)」를 살펴보면 그 내용이 분명하다.【『예기』 「빙의(聘義)」에서도 그렇게 말하였다.】 임금에게 드릴 때에는 속백에 벽(璧)을 더하고, 부인에게 드릴 때에는 속백에 종(琮)을 더한다.【「빙례」의 내용이다.】 규장에는 백을 더하지 않으므로 특달(特達)이라고 한다.

5등 제후가 폐백을 바칠 때 공(公)·후(侯)·백(伯)은 모두 규서(圭瑞)를 잡는데 자(子)와 남(男)만은 곡벽(穀璧)과 포벽(蒲璧)을 잡는다. 이 두 가지 벽을 잡을 때에는 속백이 있어야 마땅하고, 속백이 있을 때에는 반드시 현색과 훈색을 갖추어야 한다.【'속(束)'이란 십

205 육지(六摯) : 皮帛, 羔, 鴈, 雉, 鶩, 雞이다. 『주례』 「대종백」에 "以禽作六摯以等諸臣, 孤執皮帛, 卿執羔, 大夫執鴈, 士執雉, 庶人執鶩, 工商執雞."라고 하였다.

206 『주례』 주에 보인다 : 『주례주소』 「典命」의 주에, 鄭司農云 : "九命上公得置孤卿一人."이라고 하였다.

(十)이다. 물건 열 개를 속이라고 한다. 삼은 하늘, 양[兩: 이]은 땅이므로 현색이 셋, 훈색이 둘이 되고 그것을 두 배씩 하면 열이 된다. 그러므로 속백이란 현색과 훈색을 말하고, 단일 색으로는 속백이 될 수 없다.】 혹 훈색을 마련하지 못하는 경우에는 반드시 현색과 황색을 갖추어야 하니, 이 모두가 5등 제후의 폐백이다.【어쩌면 자는 현색과 훈색을 잡고, 남은 현색과 황색을 잡았을 수도 있다. 그러나 알 수 있는 문헌이 없다.】 오옥과 삼백이 모두 갖추어져야 5등 제후의 예물이 바야흐로 완비될 수 있다. 그러므로 『춘추좌씨전』에 '우(禹)가 도산(塗山)에서 회맹할 때 옥백을 잡은 자가 만국이었다.'라고 한 것이다.【이상 『상서지원록』】

考訂 蔡云: "五玉卽五瑞。"【毛云: "五瑞・五玉, 似有分別。《周禮》六瑞・六摯, 原屬兩事。"】 **○訂曰** 玉有二制, 一曰玉瑞, 二曰玉器。據《周禮・大宗伯》: "以玉作六瑞, 以等邦國。【王執鎭圭, 公執桓圭, 侯執信圭, 伯執躬圭, 子・男執二璧】 以玉作六器, 以禮天地四方。【蒼璧禮天, 黃琮禮地, 靑圭・赤璋・白琥・玄璜禮四方】" 又: "典瑞掌玉瑞・玉器之藏。" 鄭註: "人執曰瑞, 禮神曰器。" 瑞・器有別, 而均之爲玉。毛說未然。此節不云五瑞而謂之五玉者, 玉・帛是對頭之物, 帛若言幣, 玉當言瑞, 旣云帛, 玉亦云玉也。【瑞亦摯也。執玉曰瑞, 執禽曰摯, 而可分乎】

고정 채침이 말했다. "오옥은 다섯 가지 서옥[五瑞]이다."【모기령이 말했다. "오서와 오옥에는 분별이 있는 듯하다. 『주례』의 육서(六瑞)와 육지(六摯)는 원래 두 가지 일에 속한다."[207]】

---

207 오서와 …… 속한다: 모기령의 『尙書廣聽錄』에 "五瑞・五玉, 似有分別. 『周禮』六瑞・六摯, 原屬兩事. 瑞, 是天子所頒, 故執以爲信. 玉, 是諸臣所將, 故執以行禮. 五瑞, 是瑞, 五玉, 是贄. 似不可混."이라고 하였다.

○**정왈** 옥을 사용하는 데는 두 가지 제도가 있는데, 첫째는 옥서(玉瑞)이고 둘째는 옥기(玉器)이다. 『주례』「대종백」에 "옥으로 여섯 가지 서옥을 만들어 방국의 등급을 구분한다.【왕은 진규(鎭圭)를 잡고, 공은 환규(桓圭)를 잡고, 후는 신규(信圭)를 잡고, 백은 궁규(躬圭)를 잡고, 자와 남은 이벽[二璧 : 곡벽(穀璧)과 포벽(蒲璧)]을 잡는다.】 옥으로 여섯 가지 기물을 만들어 천지와 사방에 예를 올린다.【창벽(蒼璧)으로 하늘에 예를 올리고, 황종(黃琮)으로 땅에 예를 올리고, 청규(靑圭)·적장(赤璋)·백호(白琥)·현황(玄璜)으로 사방에 예를 올린다.】"라고 하였고, 또 "전서(典瑞)는 옥서와 옥기의 보관을 담당한다."라고 한 데 대한 정현의 주에 "사람이 잡는 것을 서(瑞), 신에게 예를 올리는 것을 기(器)라고 한다."라고 하였다. 이들 글에 근거하면 서와 기는 다르지만 다 같이 옥으로 만든 것이다. 모기령의 설은 옳지 않다. 이 절에서는 '오서'라고 하지 않고 '오옥'이라고 하였다. 옥과 백은 서로 대를 이루는 물건인데, 백(帛)을 폐(幣)라고 말한다면 옥은 서(瑞)라고 말해야 한다. 그런데 이미 백이라고 말하였으므로 옥은 또 옥이라고 한 것이다.【서(瑞) 또한 지(摯)이다. 옥을 잡는 것을 '서(瑞)'라고 하고, 금(禽)을 잡는 것을 '지(摯)'라고 하는데 나눌 수 있겠는가?】

考訂 鄭云 : "贄之言至, 所執以自至也。"【見《正義》】 ○疏云 : "玉帛·生死, 皆所以爲贄, 以見君與自相見, 其贄同。" ○**案** 手執曰摯, 執貝曰贄, 無他義也。羔·鴈·雉, 誰之所執, 獻之於誰? 是日, 列國之卿·大夫及其受命之士,【自一命已上】 從其君來者, 皆以生死之贄, 庭見于天子。故連言於玉帛之次。【注疏不明言】

고정 정현이 말했다. "지(贄)란 말은 지[至 : 이르다]의 뜻이니, 잡고

서 스스로 오는 것이다."【『상서정의』에 보인다.】

○소에 "옥백과 생사(生死)를 모두 폐백[贄]이라고 한 것은 임금을 알현할 때나 사적으로 서로 만날 때나 그 폐백은 같기 때문이다."라고 하였다.

○안 손에 잡는 것을 '지(摯)'라고 하니, 패(貝)를 잡는 것이 '지(贄)'이고 다른 의미는 없다. 염소[羔]·기러기[鴈]·꿩[雉]은 누가 잡는 것이며 누구에게 바치는가? 이날 열국의 경·대부와 명을 받은 사(士)【1명(命)부터 그 이상을 말한다.】로서 자기 임금을 따라온 자들은 모두 살아 있는 폐백과 죽은 폐백을 가지고 뜰에서 천자를 알현한다. 그러므로 옥백의 다음에 이어서 말한 것이다.【주소(注疏)에서는 명확하게 말하지 않았다.】

考訂 毛云:"此註出于安國, 則所據者是眞正虞禮, 以安國不曾見《周禮》也。《周禮》出于武帝末, 至成帝校書, 始頒于世。"【或曰:"五瑞·五禮, 玉帛·生死之註, 皆出《周禮》, 安國不見《周禮》, 何以如是僞也. 毛曰云云。"】 **○訂曰** 周禮·虞禮姑舍是, 梅賾獻《書》, 自稱〈舜典〉本缺。故〈堯典〉自'愼徽五典'以下, 當時諸生雜取王·范之註補之,【上丙三】 毛亦知之。今也盛氣努力, 欲以王·范輩引用《周禮》者, 竝作孔安國之手筆, 抑何故也?

고정 모기령이 말했다. "이 주는 공안국에게서 나왔으니 그 근거는 참으로 우(虞)나라의 예일 것이다. 공안국은 『주례』를 본 적이 없기 때문이다. 『주례』는 한 무제[漢武帝: 재위 B.C.141~87] 말엽에 나왔는데 성제[成帝: 재위 B.C.52~7] 때에 가서야 교정하여 처음으로 세상에 반포하였다."[208]【어떤 사람은 "오서와 오례, 옥백과 생사의 폐백에 관한 주는 모두 『주례』에서 나왔다. 공안국이 『주례』를 보지 못하였다면 어떻게 이런 식으로 위작하였겠는가. 모기령은…….”이라고 하였다.】

○**정왈** 주의 예인지 우(虞)의 예인지는 우선 제쳐놓고, 매색이 『상서』를 바칠 때 스스로 「순전」은 원래 결락(缺落)되었다고 하였다. 그래서 「요전」의 ‘신휘오전(愼徽五典)’부터 그 이하의 내용을 당시의 제생이 왕숙과 범녕(范寗)의 주를 뒤섞어 취하여 보충하였는데, 【『매씨서평』의 상병삼(上丙三)에 보인다.】 모기령 역시 그 사실을 알았다. 그런데 지금 기세를 올리고 힘을 써서 왕숙·범녕의 무리가 『주례』를 인용한 내용을 모두 공안국이 직접 쓴 것으로 만들려고 하는 것은 또 무엇 때문인가?

馬云:“五器, 上五玉。五玉禮終則還之, 三帛以下不還也。”【見《史》注】○鄭云:“‘如’者, 以物相授與之言。【字義也】 授贄之器有五, 卿·大夫·上士·中士·下士也, 器各異飾, 飾未聞所用也。《周禮》改之, 飾羔鴈·飾雉, 執之而已, 皆去器。【去五器】 卒, 已也。復, 歸也。巡守禮畢, 乃反歸。”【自‘歲二月’已下鄭主,교1) 竝見《公羊傳》隱八年疏】 ○梅註與馬義同。○蔡云:“如, 同也。五器, 卽五禮之器也。【劉侍講之言 ○又云:“《周禮》六

208 모기령이 …… 반포하였다:『尙書廣聽錄』 권1에 보인다. ‘이 주’란, ‘五禮’는 吉·凶·軍·賓·嘉禮, ‘五玉’은 公·侯·伯·子·男이 잡는 圭璧, ‘二生’과 ‘一死’는 羔·鴈·雉로 각각 경·대부·士가 잡는 것이라고 한 내용을 말하는데, 모기령은 이 주들을 공안국이 직접 쓴 것이라고 보았다. 그러나 모기령은, 이 주들의 내용은 『주례』의 내용과 일치하지만 공안국이 『상서』의 주를 쓴 한 무제 말엽에는 『주례』가 궁중에 秘藏되어 있었을 뿐 세상에 공개되지 않았으므로 공안국은 그것을 보지 못하였으니 주나라의 예일 수 없고, 내용이 일치하는 것은 우연이거나 원래 전해 오는 『상서』에 있던 내용을 공안국이 襲入했을 수는 있다고 하였다.

器・六摯, 卽舜之遺法。"】 '卒乃復'者, 修五禮・如五器, 數事皆畢, 遂西向, 且轉而南行也。" ○**鏞案** 此節當以馬說爲正。按《周禮・大行人》云'十有一歲, 達瑞節, 同度量, 同數器。【鄭云: "數器, 銓衡也。"】 十有二歲, 王巡守殷國', 〈王制〉'巡守之禮, 革制度衣服者討之', 則劉侍講如五器之說, 意思亦好。雖然喪禮・昏禮所用諸器, 不必携至山上。且凡朝聘之法, 禮畢則還圭璋。【見〈聘義〉】 〈大宗伯〉六瑞・六器, 雖有分別, 〈聘禮〉則圭・璧・璋・琮謂之四器, 《春秋傳》圭璧之等, 謂之不腆先君之敝器, 馬義不可易也。卒者, 禮畢也。【《義교2禮》十七篇, 皆以禮畢爲卒】 且如劉侍講之說, 則'修五禮如五器', 文應相連, 爲此改經, 亦所愼重, 不如仍舊之爲便也。卒乃復, 雖是還圭璋, 東巡旣畢, 宜還京師。【鄭以爲'每岳禮畢而歸, 仲月乃復更去'】 蔡意自東而南, 迤西而朔, 一年而返。觀於朔巡之末, 始言歸格, 則此義爲長。【鄭義見孔疏】

교1) 主: 문맥상 '注'가 옳은 듯하다.
교2) 案義: 책명이므로 '儀'가 되어야 한다.

〔如五器, 卒乃復〕 마융이 말했다. "'오기(五器)'는 오옥(五玉)을 올려놓는 그릇이다. 오옥은 예가 끝나면 돌려주고, 삼백 이하는 돌려주지 않는다."【『사기』 「요본기」의 『집해』에 보인다.】 ○정현이 말했다. "'여(如)'란 물건을 서로 준다는 말이다.【자의(字義)이다.】 지(贄)를 주는 그릇에 다섯 가지가 있는데, 경・대부・상사・중사・하사의 그릇이다. 그릇에는 각기 장식을 다르게 하였는데, 장식에 무엇을 사용했는지는 전하지 않는다. 그런데 『주례』에서 염소와 기러기를 장식하고 꿩을 장식한다고 고쳤다. 그것을 잡고나면 모두 그릇을 치운다.【오기(五器)를 치우는 것이다.】 '졸(卒)'은 이[已: 마치다]의 뜻이

고, '복(復)'은 귀[歸 : 돌아가다]의 뜻으로 순수의 예를 마치고 돌아갔다는 뜻이다."【'세이월(歲二月)' 이하의 정현의 주는 모두 『춘추공양전』 은공 8년의 소에 보인다.】 ○매색의 주는 마융의 풀이와 같다. ○채침이 말했다. ""여(如)'는 동[同 : 같다]의 뜻이다. '오기'는 오례(五禮)에 사용하는 기물이다.【유시강(劉侍講)의 말이다. ○또 "『주례』의 육기(六器)와 육지(六摯)는 순의 유법(遺法)이다."라고 하였다.】 '졸내복(卒乃復)'은 '수오례'와 '여오기' 등의 여러 일을 모두 끝내고 드디어 서쪽으로 향하였다가 다시 길을 돌려 남쪽으로 갔다는 말이다."[209]

○**용안** 이 구절에 대해서는 마융의 설을 옳은 것으로 보아야 한다. 『주례』「대행인」에 '11년마다 서절(瑞節)을 통하게 하고, 도량형을 통일하고, 수기(數器)를 통일한다.【정현이 말했다. "수기(數器)는 저울[銓衡]이다."】 12년마다 왕이 여러 나라를 순수한다.'라고 하였고, 『예기』「왕제」에 '순수하는 예에, 제도와 의복을 고친 자는 처벌한다.'라고 하였다. 이런 글들을 살펴보면 유시강의 '여오기(如五器)'에 대한 설은 의미가 또한 좋다. 비록 그러하나 상례(喪禮)와 혼례에 사용하는 기물들을 산위에까지 가지고 갈 필요는 없을 것이다. 게다가 조빙(朝聘)하는 법은 예가 끝나면 규장(圭璋)을 돌려준다.【『예기』「빙의(聘義)」에 보인다.】[210] 『주례』「대종백」에서는 육서(六瑞)와 육기(六器)를 비록 구별하였지만, 『의례』「빙례」에서는 규(圭)·벽(璧)·

209 채침이 …… 말이다 : 『서집전』에 如五器, 劉侍講曰 : "如, 同也. 五器, 卽五禮之器也. 『周禮』六器·六贄, 卽舜之遺法也." '卒乃復'者, 擧祀禮, 覲諸侯, 一正朔, 同制度, 修五禮, 如五器, 數事皆畢, 則不復東行, 而遂西向, 且轉而南行也. 故曰'卒乃復'이라고 하였다.

210 조빙(朝聘)하는 …… 보인다 : 『예기』「聘義」에 "以圭璋聘, 重禮也. 已聘而還圭璋, 此輕財而重禮之義也."라고 하였다.

장(璋)·종(琮)을 사기(四器)라고 하였고, 『춘추좌씨전』에서는 규벽 등을 '변변치 못한 선군(先君)의 폐기(敝器)'라고 하였으니 마융의 해설은 바꿀 수 없다. '졸(卒)'이란 예가 끝났다는 뜻이다.【『의례』 17편에 모두 예가 끝나는 것을 '졸'이라고 하였다.】 게다가 유시강의 설대로 하면 '수오례여오기(修五禮如五器)'로 해야 문맥이 연결되므로 이것 때문에 경을 고치게 되니[211] 역시 신중해야 할 문제이다. 구설대로 하는 것이 더 적합하다. '졸내복(卒乃復)'은 비록 규장(圭璋)을 돌려주었지만 동악의 순수를 마치고나서 경사로 돌아갔다고 보아야 한다.【정현이 말했다. "매 악(岳)에서 예를 마치면 돌아왔다가 중월에 다시 간다."】 채침의 뜻은 동쪽에서 남쪽으로 갔다가 서쪽을 에둘러서 북쪽을 순행하고 1년 만에 돌아온다는 것이다. 북쪽 지방의 순행을 끝내고 비로소 귀격(歸格)했다고 말한 것[212]을 보면 이 풀이가 더 낫다.【정현의 풀이는 공영달의 소에 보인다.】

考訂 蔡云: "'五玉三帛二生一死贄', 此九字, 當在'肆覲東后'之下, '協時月正日'之上。"【是欲令'修五禮如五器'文句相承】 ○**案** 東后若是羲仲, 律曆在所, 先正五器。若遵馬說, 經文不必改易。

211 게다가 …… 되니 : 앞에 나온 유시강의 설대로 하면 경문은 '오례를 닦고 오기도 그와 같이 하고, 그 일을 마친 다음 돌아갔다.[修五禮, 如五器, 卒乃復]'라는 의미가 되어야 한다. 이 때문에 『서집전』에서 채침이 '五玉三帛二生一死贄'를 제후가 帝를 알현할 때 갖추는 예물이므로 이 아홉 글자는 '肆覲東后'와 '協時月正日' 사이에 있어야 하는데 '修五禮' 다음에 있는 것은 오류라고 하였다.

212 북쪽 …… 것 : 『상서』 경문의 "十有一月, 朔巡守, 至于北岳, 如西禮, 歸格于藝祖." 절을 말한다.

고정 채침이 말했다. "'오옥삼백이생일사지(五玉三帛二生一死贄)' 이 아홉 글자는 '사근동후(肆覲東后)' 뒤 '협시월정일(協時月正日)' 앞에 있어야 한다."【이것은 '수오례여오기(修五禮如五器)'로 문맥이 이어지게 만들려고 해서이다.】

○**안** 동후(東后)가 희중이라면 율력이 있는 곳에서 먼저 오기(五器)를 바로잡았을 것이다. 마융의 설을 따르면 경문을 고칠 필요가 없다.

考證 〈王制〉云: "歲二月, 東巡守, 至于岱宗, 柴而望祀山川, 覲諸侯。[교1] 命典禮, 考時月, 正[교2]日, 同律禮樂制度衣服正之。"【鄭云: "柴, 祭天告至也。同, 陰律也。"】 ○《漢書·郊祀志》云: "《書》曰, '同律度量衡, 修五禮·五樂, 三帛·二生·一死爲贄。'"【師古云: "樂亦作玉。"】

교1) 案侯: 『예기』에는 뒤에 '問百年者, 就見之. 命大師陳詩, 以觀民風. 命市納賈, 以觀民之所好惡, 志淫好辟.'이 더 있다.
교2) 案正: 『예기』에는 '定'으로 되어 있다.

고증 『예기』「왕제」에 "2월에 동쪽으로 순수하여 대종에 이르러 시제를 올려 하늘에 고하고, 망제를 올려 산천에 제사를 지내고, 제후를 만난다. 전례에게 명하여 사계절의 달수를 살피고 날을 정하며, 음률(音律)과 예악과 제도와 의복을 바로잡는다."라고 하였다.【정현이 말했다. "'시(柴)'는 하늘에 제사를 올려 그곳에 왔음을 고하는 것이다. '동(同)'은 음률(陰律)이다."】
○『한서』「교사지」에서 "『상서』에, '육률(六律)과 도량형을 통일하

고 오례와 오악을 정비하는데 삼백 · 이생 · 일사가 폐백이다.'"라고 하였다.【안사고가 말했다. "악(樂)은 옥(玉)으로 쓰기도 한다."[213]】

213 안사고가 …… 한다 : 이 부분은 『한서』 안사고의 주석을 발췌 요약한 것이다. 안사고 주석의 원문은 "五樂, 『尙書』作五玉, 今志亦有作五玉者, 五玉卽五瑞."이다.

『상서고훈』 권2

02. 요전 하(堯典下)

【《大學》, 稱帝典。薛本, 作㚁典】
【『대학』에서는 「제전(帝典)」이라고 하였다. 설계선본에는 '㚁典'으로 되어 있다.】

02. 요전하 - 01

五月, 南巡守, 至于南岳, 如岱禮。八月, 西巡守, 至于西岳, 如初。十有一月, 朔巡守, 至于北岳, 如西禮。歸格于藝祖, 用特。【馬本, 如西禮, 作如初 ○姚方興本, 作如西禮 ○伏本, 藝爲禰】

5월에는 남쪽을 순수하였다. 남악에 이르러 대종에서와 같은 예를 올렸다. 8월에는 서쪽을 순수하였다. 서악에 이르러 남악에서와 같은 예를 올렸다. 11월에는 삭방을 순수하였다. 북악에 이르러 서악에서와 같은 예를 올렸다. 〈순수를 마치고〉 돌아와 예조에 나아갔는데, 특생(特牲)을 사용하였다.【마융본에는 '如西禮'가 '如初'로 되어 있다. ○요방흥본에는 '如西禮'로 되어 있다. ○복생본에는 '藝'가 '禰'로 되어 있다.】

梅云："南岳，衡山。西岳，華山。北岳，恒山。自東岳南巡，五月至。" ○鄭云："五月，不言'初'者，以其文相近，【梅云："初謂岱。"】八月·十一日，[교1] 言'初'者，文相遠故也。"【《公羊傳》隱八年疏】 ○馬云："藝，禰也。" ○鄭云："藝祖，文[교2]祖，猶周之明堂。巡守之歸，其告止用特牲，則迎氣之還，其祭亦不是過也。"【〈周頌·我將〉疏】 ○鄭云："禮畢還歸，每歸，用特牛告于文祖。"【《公羊》疏】 ○**鏞案** 〈王制〉'巡守禮畢，歸格于祖禰'，藝·禰，聲相近。故馬·王諸人，以藝爲禰，《史記》亦然。【文見下】 然是爲堯禰乎？《集傳》所云'孝子不忍死其親，出告反面之義'，無所當矣。是爲舜禰乎？《史記》云'舜踐天子位，載天子旗，以朝瞽叟'，則此時舜初攝政，瞽叟未死，安有禰廟？鄭訓，是也。

교1) 案日：『春秋公羊傳注疏』에는 '月'로 되어 있다.
교2) 案文：『모시정의』에는 앞에 '爲'가 더 있다.

〔南岳·西岳·北岳〕 매색이 말했다. "남악(南岳)은 형산(衡山)이다. 서악(西岳)은 화산(華山)이다. 북악(北岳)은 항산(恒山)이다. 동악부터 〈순수를〉 시작하여 남쪽을 순수(巡守)할 때 5월이 된 것이다."
〔如初〕○정현이 말했다. "5월 부분에서 '초(初)'를 말하지 않은 것은 문장이 붙어 있기 때문이고,【매색이 말했다. "'초(初)'는 대종(岱宗)을 말한다."】 8월과 11월 부분에서 '초'를 말한 것은 문장이 떨어져 있기 때문이다."[1]【『춘추공양전』 은공 8년의 소에 보인다.】
〔歸格于藝祖，用特〕○마융이 말했다. "'예(藝)'는 녜[禰：아비의 사당]

1 8월과 …… 때문이다：현재의 『상서』 경문에는 11월 부분에 '如西禮'로 되어 있는데 『춘추공양전』의 『상서』를 인용한 부분에는 '如西禮'와 '歸格' 사이에 '還至嵩，如初禮'가 더 있다.

의 뜻이다." ○정현이 말했다. "'예조(藝祖)'는 문조(文祖)로 주(周)나라의 명당(明堂)과 같다. 순수에서 돌아와 고할 때에는 단지 특생(特牲)을 쓸 뿐이니, 돌아온 절기를 맞이하는 것이므로 그 제사 또한 이런 정도에 불과한 것이다."【『시경』「주송(周頌)·아장(我將)」의 소에 보인다.】 ○정현이 말했다. "예를 마치고 돌아와서는 돌아올 때마다 특우(特牛)를 써서 문조에 고한다."【『춘추공양전』 은공 8년의 소에 보인다.】

○용안 『예기』「왕제」에 '순수의 예를 마치고 돌아와 조녜(祖禰)에 나아갔다.'라고 하였는데, 예(藝)와 녜(禰)는 발음이 비슷하다. 그래서 마융과 왕숙 등 여러 사람이 '예(藝)'를 '녜(禰)'라고 하였고, 『사기』에도 그렇게 되어 있다.【내용은 뒤에 보인다.】 그렇다면 이것은 요의 아비의 사당인가? 『서집전』에서 '효자는 차마 그 어버이가 죽었다고 여기지 못하여 나갈 때 고하고 돌아오면 얼굴을 뵙는다는 뜻'이라고 한 것은 해당되는 바가 없다. 그러면 이것은 순의 아비의 사당인가? 『사기』에 '순이 천자의 자리에 오르고는 천자의 기(旗)를 싣고 가서 고수(瞽叟)를 뵈었다.'라고 하였는데, 이때는 순이 처음 섭정하던 때로 고수가 아직 죽지 않았는데 어떻게 아비의 사당이 있단 말인가? 정현의 풀이가 옳다.

考訂 梅云: "文祖之廟, 言祖則考著。" ○蔡云: "或曰, '藝祖, 文祖之所自出。'" **○案** 文祖決是古聖帝之廟,【羲·農·軒·嚳等】 何謂考著?【梅亦有顧於馬氏禰廟之說】 文祖未明, 何言乎所自出? 且當闕疑。

고정 매색이 말했다. "문조(文祖)의 사당인데 조(祖)라고 말하였으니, 아비를 드러낸 것이다."
○채침이 말했다. "혹자는 '예조는 문조의 아비[所自出]이다.'라고 하였다."

○안 문조는 옛날 성제(聖帝)의 사당임이 분명한데【복희, 신농, 헌원, 제곡 등이다.】 어떻게 아비를 드러내었다고 하겠는가?【매색 역시 녜묘라고 한 마음의 설을 의식한 것이다.】 문조가 〈누구인지〉 분명하지 않은데 어떻게 아비라고 말하는가? 또한 의문으로 남겨두어야 한다.

考證 〈堯本紀〉: "歸至于祖禰廟, 用特牛禮." ○〈封禪書〉: "南嶽, 衡山也。西嶽, 華山也。北嶽, 恒山也。皆如岱宗之禮。中嶽, 嵩高也。"【《漢書·郊祀志》同】 ○〈王制〉云: "五月, 南巡守, 至于南嶽, 如東巡守之禮。八月, 西巡守, 至于西嶽, 如南巡守之禮。十有一月, 北巡守, 至于北嶽, 如西巡守之禮。歸假于祖禰, 用特。"【鄭云: "假, 至也。特, 特牛也。祖下及禰, 皆一牛。"】 ○何休《公羊傳》注引《書》曰: "十有一月, 朔巡守, 至于北嶽, 如西禮, 還至嵩, 如初禮。歸格于禰祖, 用特。"【隱八年, 上文今刪之】 **○鏞案** 唐·虞命官, 有四嶽而無五嶽, 巡守之禮, 宜亦四嶽而止也。然〈封禪書〉·《公羊》註, 皆多'中嶽'字, 所未曉也。

고증 『사기』「요본기」에 "돌아와 조녜(祖禰)의 사당에 나아가 특우를 써서 예를 올렸다."라고 하였다.
○『사기』「봉선서」에 "남악은 형산이고, 서악은 화산이며, 북악은 항산이다. 〈이 산들에〉 모두 대종(岱宗)에서와 같은 예를 올린 것이다. 중악은 숭고(嵩高)이다."라고 하였다.【『한서』「교사지」의 내용도 같다.】
○『예기』「왕제」에 "5월에는 남쪽을 순수하는데, 남악에 이르면

동쪽을 순수할 때와 같은 예를 올린다. 8월에는 서쪽을 순수하는데, 서악에 이르면 남쪽을 순수할 때와 같은 예를 올린다. 11월에는 북쪽을 순수하는데, 북악에 이르면 서쪽을 순수할 때와 같은 예를 올린다. 그런 다음 돌아와 조녜에 나아가 특생(特牲)을 써서 제사한다."라고 하였다.【정현이 말했다. "'격(假)'은 지[至 : 이르다]의 뜻이고, '특(特)'은 특우(特牛)이다. 할아비[祖] 이하 아비[禰]까지의 제사에는 모두 소 한 마리를 쓴다."】

○하휴(何休)는 『춘추공양전』의 주에서 『상서』를 인용하여 "11월에 삭방을 순수하는데 북악에 이르면 서쪽을 순수할 때와 같은 예를 올리고, 다시 숭(嵩)에 이르면 처음과 같은 예를 올린다. 그런 다음 돌아와 녜조에 이르러 특우를 써서 제사한다."라고 하였다.【은공 8년의 내용이지만 지금은 산절(刪節)되었다.[2]】

○**용안** 당·우의 명관(命官)에 사악(四嶽)은 있지만 오악(五嶽)은 없다. 그러니 순수의 예도 사악에서 그쳐야 한다. 그런데 『사기』「봉선서」와 『춘추공양전』의 주에 모두 '중악'이라는 글자가 더 있는 것은 이해되지 않는다.

02. 요전하 - 02

五載, 一巡守, 群后四朝, 敷奏以言, 明試以功, 車服以庸。

〈왕은〉 5년에 한 번 순수하고 제후들은 4년에 한 번 조회하는데,

2 산절(刪節)되었다 : 현재 전하는 『춘추공양전』에는 인용한 내용이 보이지 않는다. 다만 『續儀禮經傳通解』 권26의 주에 이렇게 인용되어 있다.

〈제후가 조회할 때 자신의 치적을〉 말로 펴서 보고하면 〈왕이 순수할 때〉 실적을 분명히 시험하여 〈보고한 내용과 같으면〉 수레와 복식으로 표창하였다.

馬云："四面朝於方岳之下。" ○鄭云："四朝, 四季朝京師。"【王肅與馬同】鄭云："巡守之年, 諸侯朝於方嶽之下, 其間四年, 四方諸侯分來, 朝於京師, 歲徧。"【〈王制〉疏】 ○梅云："各朝于方嶽之下, 凡四處。" ○蔡云："巡守之明年, 東方諸侯來朝, 後三年, 南·西·北諸侯來朝。" **○鏞案** 梅注本馬·王之說, 蔡註卽鄭玄之義也。然《周禮·大行人》曰："侯服歲一見,【王畿之外五百里】 甸服二歲一見, 男服三歲一見, 采服四歲一見。"【衛服·要服, 五·六歲一見】 周制巡守之期, 與虞制絶殊。【十二年一巡】 曠然遼闊, 而群后朝見之法, 若是頻數。況於堯·舜之時, 其考功奏績, 無異於今之守令, 顧乃偃處踰年, 一往一來, 不恪修其侯度, 有是理乎? 群后於不巡之年, 每年一朝, 故謂之'四朝', 不是一往而一來。乃是君逸而臣勞也。〈魯語〉曹劌之言曰："先王制諸侯, 使五年四王, 一相朝也。"【唐尙書云："先王謂堯也。五載一巡守, 諸侯四朝。"】 正是每年一朝之確證。〈王制〉曰："諸侯五年一朝, 天子五年一巡。" 此是漢儒因時制宜之法, 非所以釋〈堯典〉也。○〈王制〉云："諸侯礿則不禘, 禘則不嘗, 嘗則不烝, 烝則不礿。" 鄭註云："虞·夏之制, 諸侯歲朝, 廢一時之祭." 每年一朝, 未嘗非鄭義也。"【鄭說至此凡三變】

〔四朝〕 마융이 말했다. "방악(方岳) 아래에서 사방의 조회를 받는다." ○정현이 말했다. "사조(四朝)는 4년마다 경사(京師)에서 조회하는 것이다."[3]【왕숙의 풀이는 마융의 설과 같다.】 정현이 말했다. "순수하는 해에는 제후들이 방악의 아래에서 조회하고, 그 중간의 4년

동안은 사방의 제후들이 나누어 경사에 와서 조회하여 〈순수와 조빙을 하도록 정해진〉 해가 다하는 것이다."【『예기』「왕제」의 소에 보인다.】 ○매색이 말했다. "각기 방악의 아래에서 조회하는데, 모두 네 곳이다." ○채침이 말했다. "순수한 다음해에는 동방의 제후들이 〈천자국에〉 와서 조회하고, 그 뒤 3년 동안은 남방·서방·북방의 제후들이 〈차례로〉 와서 조회한다."[4]

○**용안** 매색의 주는 마융과 왕숙의 설에 근거하였고, 채침의 주는 곧 정현의 풀이이다. 그러나 『주례』「대행인」에 "후복(侯服)은 1년에 한 번 조현(朝見)하고,【왕기(王畿) 밖 500리 지역이다.】 전복(甸服)은 2년에 한 번 조현하고, 남복(男服)은 3년에 한 번 조현하며, 채복(采服)은 4년에 한 번 조현한다."【위복(衛服)과 요복(要服)은 각각 5년·6년 만에 한 번 조현한다.】[5]라고 하였다. 주나라 제도에서 순수하는 기한은 우(虞)나라의 제도와는 매우 달랐다.【12년 만에 한 번 순수한다.[6]】

3 사조(四朝)는 …… 것이다 : 원문은 '四季朝京師'인데 2007년 중국 上海古籍出版社 刊 十三經注疏整理本 『尙書正義』에서는 黃焯의 校寫本과 淸 盧文弨의 『尙書注疏校正』에 근거하여 '季'를 '年'으로 교감하였다. 여기서는 이 정리본에 따라 번역하였다.

4 채침이 …… 조회한다 : 『서집전』에 있는 채침 설의 일부가 생략되었다. 원문은 다음과 같다. 蓋巡守之明年則東方諸侯來朝于天子之國, 又明年則南方之諸侯來朝, 又明年則西方之諸侯來朝, 又明年則北方之諸侯來朝.

5 후복(侯服)은 …… 조현한다 : 『주례』「대행인」의 원문은 다음과 같다. 邦畿方千里, 其外方五百里, 謂之侯服, 歲壹見, 其貢祀物. 又其外方五百里, 謂之甸服, 二歲壹見, 其貢嬪物. 又其外方五百里, 謂之男服, 三歲壹見, 其貢器物. 又其外方五百里, 謂之采服, 四歲壹見, 其貢服物. 又其外方五百里, 謂之衛服, 五歲壹見, 其貢材物. 又其外方五百里, 謂之要服, 六歲壹見, 其貢貨物.

6 12년 …… 순수한다 : 『주례』「秋官·大行人」에 "十有二歲王巡守殷國"이라고 하였다.

지역이 아득히 넓고 먼데도 여러 제후가 조현하는 법은 이렇게 잦았다. 하물며 요·순 시대에는 공적을 살피고 실적을 보고하는 것은 지금의 수령〈을 고적하는 법〉과 다름이 없었는데, 어찌 몇 년간 편안히 지내면서 천자가 한 번 가야 제후가 한 번 와서 제후의 법도를 정성스럽게 닦지 않았을 리가 있겠는가? 여러 제후들이 순수하지 않는 해에 매년 한 번씩 조회하므로 '사조'라고 한 것이지, 천자가 한 번 가고 제후가 한 번 오는 것이 아니다. 이래야 임금은 편안하고 신하는 수고롭게 된다. 『국어』「노어」 조귀(曹劌)의 말에 "선왕의 제도에 제후는 5년 동안 네 번 천자를 조현하게 하고 한 번 서로 조회하게 하였다."라고 하였다.【당상서(唐尙書)[7]가 말했다. "선왕은 요를 말한다. 5년에 한 번 순수하고 제후는 네 번 조회한다."】 이것이 바로 매년 한 번씩 조회했다는 확실한 증거이다.

『예기』「왕제」에, "제후는 5년에 한 번 조현하고 천자는 5년에 한 번 순수한다."라고 하였다. 그러나 이것은 한유(漢儒)들이 시대 상황에 맞추어 제정한 법이지 「요전」을 해석한 것이 아니다. ○『예기』「왕제」에, "제후는 약제(礿祭)를 지내면 체제(禘祭)는 지내지 않고, 체제를 지내면 상제(嘗祭)는 지내지 않고, 상제를 지내면 증제(烝祭)는 지내지 않으며, 증제를 지내면 약제는 지내지 않는다."라고 하였다. 이에 대한 정현의 주에 "우·하의 제도에 제후는 매년 조회하였으므로 한 계절의 제사를 폐한 것이다."라고 하였다. 매년 한 번 조회한다는 것은 모두 정현의 풀이이다.【정현의 설은 여기까지 모두 세 번 바뀌었다.】

7 당상서(唐尙書) : 삼국시대 吳나라의 尙書僕射로 唐은 성이고, 이름은 固, 자는 子正이다. 『국어』의 주를 썼다.

梅云："諸侯四朝，各使進[교1)]治理[교2)]之言，明試其言，以要其功。"【疏云："表顯其人有才能可用。"】 ○**鏞案** 此二句，乃巡守之大義也。諸侯朝於天子曰'述職'，述職者，'敷奏以言'也。【稱述其所職之事】 天子適諸侯曰'巡守'，巡守者，'明試以功'也。【巡察其所守之功】 '敷奏以言'，四朝時事也，'明試以功'，一巡時事也。註家若以二句，皆作四朝時事，恐謬。《周禮》五路之車，其樊纓有九就・七就・五就・三就之等，六冕之服有九章・七章・五章・三章之差，隨其功庸，加其命數，而章采有增，玆之謂'車服以庸'。○**論曰** 唐・虞之治，考績而已。京官三年一考，諸侯五年一考，五載一巡，良以是也。奏績而後考績，其法如試院考藝，諸生納卷，而主司爲之考校優劣，定其黜陟也。然其奏績之法，嚴密峻烈，不令以文字馳奏，不令以使价替奏，必令本身親至面前，覿面相對，自口說道，此之謂'敷奏以言'也。當其敷奏之時，天子聽之而已，史臣錄之而已。及至巡守之年，按其所奏，驗其實跡，曰'田野闢誠如所奏乎'，曰'溝瀆修誠如所奏乎'，'敎化行乎'，'孤獨養乎'，'封疆固乎'，'祿秩平乎'，'制度一乎'，'禮俗成乎'。誠如所奏，車服以庸，有敢僞冒者，削地貶爵，此之謂'明試以功'也。此經有賞而無罰者，堯化旣洽，萬邦雍協，功賞者居多耳。【又詳〈皐陶謨〉】 ○今者不聞奏績，但聞考績，不知所考者何物。

교1) 案進：『상서정의』에는 앞에 '陳'이 더 있다.
교2) 案理：'禮'로 되어 있는 본도 있다.

〔敷奏以言，明試以功〕 매색이 말했다. "제후가 네 곳에 와서 조회할 때 각기 자신의 다스림에 대한 말을 아뢰게 하여 그 말을 분명히 시험하고 그 공적을 요구하는 것이다."【소에 "그 사람에게 재능이 있어 쓸 만함을 현양한다는 말이다."라고 하였다.】[8]

○**용안** 이 두 구는 바로 순수의 대의(大義)이다. 제후가 천자에게 조회하는 것을 '술직(述職)'이라고 하는데, 술직이란 '말로 펴서 아뢴다[敷奏以言]'는 뜻이다.【자기가 맡은 일에 대해 칭술(稱述)하는 것이다.】 천자가 제후에게 가는 것을 '순수(巡守)'라고 하는데, 순수란 '공적을 분명하게 시험한다[明試以功]'는 뜻이다.【그가 지키는 일을 순찰(巡察)하는 것이다.】 '부주이언'은 네 번 조회할 때 하는 일이고, '명시이공'은 한 번 순수할 때 하는 일이다. 그런데 주가(註家)들이 이 두 구를 모두 네 번 조회할 때의 일로 만든 것은 오류인 듯하다. 『주례』에, 다섯 가지 수레는 번영(樊纓)에 9취(就)·7취·5취·3취의 등급을 두고, 여섯 가지 면복(冕服)은 9장(章)·7장·5장·3장의 차등을 두어[9] 공로에 따라 명수(命數)를 더하고 무늬와 채색을 늘려주었다. 이것을 '거복이용(車服以庸)'이라고 한다.

○**논왈** 당·우의 다스림은 고적(考績)일 뿐이었다. 경관(京官)은 3년마다 한 번 고적을 하고, 제후는 5년마다 한 번 고적을 하였다. 5년에 한 번 순수하는 이유가 진실로 이 때문이었다. 실적을 보고하게 한 뒤에 고적하였는데, 그 법은 원생(院生)들을 시험하여 기예를 평가할 때 생도들이 시권(試券)을 바치면 시관(試官)이 우열

8 제후가 …… 하였다 : 경문의 '敷奏 …… 以庸'을 『상서정의』의 傳에서 "諸侯四朝, 各使陳進治禮之言, 明試其言, 以要其功, 功成則賜車服, 以表顯其能用."이라고 하였는데, 공영달의 소에서 "諸侯四處來朝, 每朝之處, 舜各使陳進其治理之言, 令自說已之治政. 旣得其言, 乃依其言, 明試之以要其功. 以如其言, 卽功實成, 則賜之車服, 以表顯其人有才能可用也."라고 풀이하였다.

9 다섯 …… 두어 : 樊은 수레를 끄는 말의 腹帶이고, 纓은 말의 목에 거는 가슴걸이이다. 就는 말의 복대와 가슴걸이에 사용하는 색깔의 수를 말하고, 章은 면복의 무늬를 말한다.

을 평가하여 출척(黜陟)을 결정하는 것과 같다. 그러나 그 실적을 보고하는 법은 매우 치밀하고 매서워서, 멀리서 글을 올려 보고하지 못하게 하고, 사자(使者)를 보내 대신 보고하지도 못하게 하며, 반드시 본인이 면전에 직접 와서 얼굴을 맞대고 자기 입으로 말하게 하였다. 이것을 '부주이언'이라고 한다.

부주할 때에는 천자는 듣기만 하고 사신(史臣)은 기록만 한다. 그러다 순수하는 해가 되면 그가 보고한 내용을 살펴보고 그 실적을 조사하는데, 항목은 '전야의 개간은 참으로 보고한 대로 되었는가?', '구독(溝瀆)의 정비는 참으로 보고한 대로 되었는가?', '교화가 행해졌는가?', '고아와 홀아비를 돌보았는가?', '봉강(封疆)이 굳건한가?', '녹질(祿秩)이 공평한가?', '제도가 통일되었는가?', '예속(禮俗)이 이루어졌는가?'이다. 이 모든 일이 참으로 보고한 대로 되었으면 수레와 복식으로 표창하고, 감히 거짓말을 한 자가 있으면 봉지(封地)를 깎고 작위를 강등하였다. 이것을 '명시이공'이라고 한다. 그런데 이 부분의 경문에 상만 있고 벌이 없는 것은, 요의 교화가 이미 스며들었으므로 만방이 화목하고 공을 이루어 상을 받은 자가 대부분이었기 때문일 뿐이다.【또한 「고요모」에 상세히 나온다.】

○지금은 실적을 보고하는 말을 듣지 않고 실적을 평가한 말만 듣는데, 고적하는 내용이 무엇인지 모르겠다.

考異 〈堯本紀〉: "偏[교1]告以言, 明試以功。"

교1) 案偏: '遍'으로 되어 있는 본도 있다.

고이 『사기』 「요본기」에는 〈'敷奏以言, 明試以功'이〉 "偏告以言, 明試

以功."으로 되어 있다.

02. 요전하 - 03

肇十有二州, 封十有二山, 濬川。【《書大傳》, 肇爲兆。《說文》, 濬爲容】

처음으로 12주를 설치하고, 12주의 진산에 봉표(封標)하며, 하천을 준설하였다.【『상서대전』에는 '肇'가 '兆'로 되어 있다. 『설문해자』에는 '濬'이 '容'으로 되어 있다.】

梅云: "肇, 始也。" ○馬云: "禹平水土, 置九州, 舜以冀州之北廣大, 分置幷州, 燕·齊遼遠, 分燕置幽州, 分齊爲營州, 於是爲十二州。"【見《史》注】 梅云: "分冀州爲幽州·幷州, 分青州爲營州。"【蔡云: "分冀東恒山之地爲幷州, 其東北醫無閭之地爲幽州, 又分青之東北遼東等處爲營州, 而冀州止有河內之地。"】 ○梅云: "封, 大也。名山殊大者, 以爲其州之鎭。"【蔡云: "如〈職方氏〉言'揚州, 其鎭山[교1]曰會稽'之類。"】 ○鄭云: "濬川, 更爲之定界, 濬水害也。"【見《史》注】 ○梅云: "有流川則深之, 使通利。"【呂氏云: "不言十二, 川[교2]無大小, 皆濬也。"】 ○**鏞案** 肇者, 始也。九州之名, 未詳所始, 而黃帝畫野分州之時, 定此九州, 至顓至嚳, 止此九州。堯禪舜攝之際, 北伐戎狄, 大拓境宇, 始置幽·幷·營三州。故史臣鋪張功德, 書之曰'肇'。'肇'也者, 慶之也。若如前人之語, 割冀爲三, 分青爲二, 則一時變通, 何足云肇哉? 幽·幷·營三州, 是於中國流來幅員之外, 別開州牧。蓋今燕·薊之北, 遼·瀋之間, 金州之海, 契丹之界, 卽其舊疆。何嘗於冀·青境內, 割肉以增飽哉? 然此三州置之藩籬之外, 不與九州

同數。故雖封山爲鎭, 與他同例, 而濬川之役, 不及三州, 禹跡所及, 亦止九州。故〈禹貢〉一篇, 絶無幽・幷・營之跡也。○**又按** 十二州建置之後, 仍以九州爲中邦, 新建三州, 唯建其牧, 立其監, 而田賦貢納, 不束之以九州之例。故〈禹貢〉無三州之說, 非此十二州暫設而旋罷之也。竝詳下論。

校1) 案鎭山 : 『서집전』과 『주례』에는 '山鎭'으로 되어 있다.
校2) 案川 : 『尙書埤傳』에는 '水'로 되어 있다.

〔肇十有二州〕 매색이 말했다. "'조(肇)'는 시[始 : 시작, 처음]의 뜻이다." ○마융이 말했다. "우(禹)가 수토(水土)를 다스리고 9주(州)를 설치하였는데, 순은 기주(冀州)의 북쪽이 광대하다고 여겨 나누어 병주(幷州)를 설치하고, 연(燕)과 제(齊)가 멀다고 여겨 연을 나누어 유주(幽州)를 설치하고, 제를 나누어 영주(營州)를 설치하였다. 이리하여 12주가 되었다."【『사기』「요본기」의 『집해』에 보인다.】 매색이 말했다. "기주를 나누어 유주와 병주를 만들고, 청주를 나누어 영주를 만들었다."【채침이 말했다. "기주의 동쪽인 항산(恒山) 지역을 나누어 병주를 만들고, 그 동북쪽인 의무려(醫無閭) 지역을 나누어 유주를 만들고, 또 청주의 동북쪽인 요동(遼東) 등지를 나누어 영주를 만들었으며, 기주는 하내(河內) 지역을 소유하는 데 그쳤다.】

〔封十有二山〕○매색이 말했다. "'봉(封)'은 대[大 : 크다]의 뜻이다. 특별히 큰 명산(名山)을 그 주의 진산(鎭山)으로 삼았다는 말이다."【채침이 말했다. "『주례』「직방씨(職方氏)」에 '양주(揚州)의 진산은 회계(會稽)라고 한다.'라고 한 것과 같은 종류이다."】

〔濬川〕○정현이 말했다. "'준천(濬川)'은 경계를 다시 정하여 수해

를 제거하는 것이다."【『사기』「요본기」의 『집해』에 보인다.】 ○매색이 말했다. "흐르는 내가 있으면 〈바닥을〉 깊게 파서 잘 소통되게 한다는 말이다."【여조겸(呂祖謙)이 말했다. "〈하천에 대해〉 12라고 말하지 않은 것은, 하천은 대소를 막론하고 모두 깊이 파내었기 때문이다."[10]】

○**용안** '조(肇)'란 시[始: 시작, 처음]의 뜻이다. 9주라는 명칭의 시초는 상세하지 않다. 그러나 황제(黃帝)가 전야를 구획하고 주를 나눌 때에 이 9주를 정했고, 전욱과 제곡에 이르러서도 이 9주에 그쳤다. 그런데 요가 선양(禪讓)하여 순이 섭정하던 무렵에 북쪽으로 융적(戎狄)을 정벌하여 경역(境域)을 크게 개척하고 처음으로 유주·병주·영주의 세 주를 설치했다. 그래서 사신(史臣)이 공덕을 찬양하여 '조(肇)'라고 쓴 것이다. '조'라고 한 것은 그 일을 축하하는 의미이다. 전인(前人)의 말과 같이 기주를 잘라서 세 개의 주로 만들고 청주를 나누어 두 개의 주로 만들었다면 일시적으로 변통한 것인데 어찌 '조'라고 말할 수 있겠는가? 유주·병주·영주의 세 주는 예전부터 내려오는 중국의 영토 외에 별도로 개척한 주목(州牧)이다. 대체로 지금의 연주(燕州)·계주(薊州)의 북쪽까지, 요동(遼東)과 심양(瀋陽) 사이까지, 금주(金州)의 바다까지, 거란(契丹)의 경계까지가 바로 그 옛 강역이었다. 어찌 일찍이 기주·청주의 경계 안에서 살을 베어 배를 불리는 것과 같은 분할을 하였겠는가? 그러나 이 세 개의 주는 국경의 밖에 설치하였으므로 9주에 포함하여 헤아리지 않았다. 그러므로 비록 산을 봉표(封標)하여 진산을 삼은 것은 다른 주와 같았지만 준천의 공사는 세 개의 주에

10 12라고 …… 때문이다: 清 朱鶴齡의 『尙書埤傳』 권2에 인용되어 있다. 원문은 '川不言十二, 水無大小, 皆濬之也.'이다.

미치지 않았고, 우의 행적이 미친 바도 9주에 그쳤다. 그러므로 「우공」 편에 유주·병주·영주의 자취가 전혀 없는 것이다.

○우안 12주를 처음 설치한 뒤 이어 9주를 중방(中邦)으로 삼고, 새로 세 개의 주를 세운 다음 〈그곳에는〉 목(牧)을 설치하고 감(監)을 세웠을 뿐, 전부(田賦)와 공납(貢納)에서는 9주와 같은 예로 묶지 않은 것이다. 그러므로 「우공」에 세 개의 주에 관한 말이 없는 것이지 이 12주를 잠시 설치했다가 곧바로 폐지해서가 아니다. 모두 아래에서 상세히 논한다.

考訂 梅云: "禹治水之後, 舜分冀州。"【疏云: "〈禹貢〉之時, 猶爲九州, 今始爲十二州。"】 ○蔡云: "此一節在禹治水之後, 其次序不當在四罪之先。"【本吳棫之言】 ○金仁山《綱目》: "舜受終, 初年輯五瑞, 二年巡守, 四年竄三苗, 八年禹平土告成功,【錄〈禹貢〉於此】 九年舜肇十有二州, 濬川。" **○辨曰** 此大誤也。〈禹貢〉立制, 是聖王繼天造, 開天荒, 立經陳紀, 與天地更始之大法。必於是時, 舜·禹同德, 而稷·契·皐·益, 一堂同會, 相與都兪吁咈, 以之定田等·定賦等·定貢額·定貢路, 立五服之制, 修六府之政, 皆以九州立制, 天成鐵鑄, 爲此金石之典。而行之一年, 卽毁之壞之, 改立一王之制, 曰'建十有二州, 封十有二山', 天下其有是乎? 濬川之功, 禹旣告成, 而至厥明年, 水害如故, 依然濬川, 安在其地平天成, 告厥成功乎? 先儒皆以此經退在〈禹貢〉之後者, 命鯀治水, 明在擧舜之年,【古今說皆同】 而'九載績用弗成', 乃史家附見之筆, 諸家誤據此文, 乃以鯀之弗績, 係乎擧舜之前年。而又謂治水之事, 不可一日停息, 卽以鯀去之明年, 遂作禹治之初年。【斯則擧舜之年】 九年而告成, 十三年而作貢,【據兗州之文】 卽帝舜攝政之八年也, 以來後遙遠之事,

引之爲初年之紀, 迫迮窘遁, 無以疏理。至以十有二州, 謂在〈禹貢〉之後, 吾人之纒繞迷昧, 本如是矣。竊詳鯀之受命, 本與舜擧同年。舜徵庸三年, 遂受堯禪, 其攝政六年, 鯀之九載也, 績用弗成。弗績之後, 鯀則殛死。【要在攝政六七年】 禹未及嗣興, 舜以其間, 有此濬川之政。'肇十有二州, 封十有二山'者, 初建三州之功紀也。'濬川'者, 唯於九州之內, 承鯀之敝, 而別起新役, 開禹之路, 而使建丕績, 此舜之大功德, 急宜表章者也。原夫鯀・禹所治者, 河患也。黃河汎濫, 非人力所能隄防, 乃鯀剛愎自用, 陻鴻水, 障百川, 以至於債事。舜曰'不然。川不可防, 汝其濬之', 始於濬河, 凡江・淮・濟・漯長流之水, 悉令疏濬。於是下流不壅, 於是畎澮溝洫, 悉可疏濬, 而田作以興。如是者, 十餘年。禹未及嗣興, 所使濬川者, 意是稷・益之等耳。至攝政二十餘年,【鯀之死, 近二十年】 禹乃嗣興, 舜仍以濬川之役, 委任責成於禹, 九年而成功。其告成功之奏文, 布在方冊, 顧人未之察耳。其告功之奏曰 : "洪水滔天, 浩浩懷山襄陵, 下民昏墊, 予乘四載, 隨山刊木, 暨益奏庶鮮食。予決九川, 距四海, 濬畎澮距川, 暨稷播, 奏庶艱食鮮食, 懋遷有無化居, 烝民乃粒, 萬邦作乂。"【六十三字】 是禹告功之辭也。曰 : "何以知夫攝政二十餘年, 禹乃嗣興也?" 曰 : "此禹告功之日, 帝曰, '來, 禹。汝亦昌言。' 帝者舜也, 舜旣稱帝, 則堯[교1]已崩矣。二十有八載, 帝乃殂落, 而禹之告功, 必在三考之後, 則其受命治水, 顧不在攝政二十年之際乎?" 曰 : "洪水滔天, 下民墊溺, 鯀・禹之間, 十五六年, 舜袖手而觀之乎?" 曰 : "舜何得袖手? 經曰'濬川', 濬川者, 天荒以來, 舜所創始之役, 禹成厥功, 不過受舜之成算耳。'洪水'者, 河患也。自堯至今, 四千二百年, 河患未息。其時十餘年濡滯, 何以病之? 如前人之說, 則禹方治水之時, 殛鯀于羽山, 其于人情天理, 必不當如是也。"【又詳論在下】 ○**又按** 十有二州之名, 不見於

《尙書》, 不見於遷《史》。割冀爲三, 分青爲二, 亦意度之言。然《爾雅》九州之目, 去青・梁而加幽・營,【註謂之殷制】《周禮》九州之目, 去徐・梁而加幽・幷。【〈職方氏〉】今若參互二文, 存其所去, 增其所加, 則三州之爲幽・幷・營, 審矣。

교1) 堯 : 문맥상 '舜'이 옳은 듯하다. 案'堯'가 옳다.

고정 매색이 말했다. "우가 치수한 뒤에 순이 기주를 나눈 것이다."【소에 "「우공」의 시기에는 여전히 9주였는데 지금 비로소 12주가 되었다."라고 하였다.】

○채침이 말했다. "이 1절의 내용은 우가 치수한 뒤에 있었던 일이니, 그 차례가 사흉(四凶)을 처벌한 일보다 앞에 있어서는 안 된다."【본래 오역(吳棫)의 말이다.】[11]

○김인산[金仁山 : 김이상(金履祥)]의 『자치통감강목전편』에 "순이 제(帝)의 일을 넘겨받은 다음, 첫해에 오복(五服) 제후의 부서(符瑞)를 거두어들이고, 2년에 순수하고, 4년에 삼묘(三苗)를 쫓아내고, 8년에 우가 수토를 다스려 성공을 고하였으며,【이 부분에 「우공」을 채록하였다.】 9년에 순이 처음으로 12주를 설치하고 하천을 준설하였다."라고 하였다.[12]

---

11 채침이 …… 말이다 : 『서집전』에 인용되어 있다. 원문은 다음과 같다. 吳氏曰 : "此一節, 在禹治水之後, 其次序不當在四罪之先. 蓋史官泛記舜所行之大事, 初不計先後之敍也."

12 김인산[金仁山 : 김이상(金履祥)]의 …… 하였다 : 『資治通鑑綱目前編』 권1에 "丙辰七十有三載, 薦舜于天, 舜受終于文祖" "七十有四載, 巡狩" "七十有六載, 竄三苗于三危" "八十載, 禹告成功" 등으로 나누어 기록하고, 각 항목에 『상서』의 해당 구절을 안배해 넣었다. 이 내용을 다산이 다시 편집하여 이와

○**변왈** 이는 큰 오류이다. 「우공」에서 수립한 제도는 성왕(聖王)이 하늘의 조화를 계승하여 황무지를 개간하며, 원칙을 세우고 기강을 펴서 혁신하는 천지의 대법(大法)에 참여한 것이다. 필시 이때에는 순과 우가 마음을 함께하고 직·설·고요·익이 한 자리에 모여 함께 찬반의 의견을 개진하고 토론하였을 것이다. 그리하여 전야의 등급을 정하고, 부세의 등급을 정하고, 공물의 액수를 정하며, 공로(貢路)를 정하여 오복(五服)의 제도를 수립하고, 육부(六府)의 정사를 닦아서 모두 9주로 제도를 확립하고 바꿀 수 없는 확고한 법으로 삼았다. 그런데 시행한 지 1년 만에 곧바로 그것을 훼손하여 무너뜨리고 다시 일개 왕의 제도를 세우고는 '12주를 세우고 12산에 봉표했다.'라고 하니 천하에 그런 일이 있겠는가? 하천을 준설하는 일은 우가 이미 성공을 고하였는데, 그 다음해에 이르러서도 수해가 여전하여 그대로 계속 하천을 준설하였다면 수토가 다스려지고 만물이 조화를 이루어 성공을 고한 의미가 어디에 있겠는가? 앞 시대의 유학자들은 모두 이 부분의 경을 「우공」의 뒤에 두었지만 곤(鯀)에게 치수를 명한 것은 분명히 순을 천거한 해에 있었던 일이고,【고금의 설이 모두 같다.】 '9년 동안 실적을 평가하였지만 〈곤은〉 공을 이루지 못하였다.[九載績用弗成]'라는 것은 사가(史家)들이 의견을 덧붙인 글이다. 그런데 제가(諸家)가 잘못 이 문장에 근거하여 마침내 곤이 공을 이루지 못한 일을 순을 천거하기 전해에 연결한 것이다. 그러고나서 또 치수의 일은 하루도 정지할 수 없다고 여기고는 곤이 떠난 다음해를 마침내 우의 치수 원년으로 만든 것이다.【이것은 순을 천거한 해이다.】 9년 만에 성공을 고하고

같이 인용한 것이다.

13년 만에 공물을 내게 한 것은【「우공」 연주(兗州)의 내용[13]에 근거한 것이다.】 바로 순이 섭정한 지 8년째 되는 해인데, 먼 뒷날의 일을 끌어나가 초년의 기록으로 만들고보니 족박하고 군색하여 이치가 통하지 않게 되었다. 그래서 12주에 관한 기록은 「우공」의 뒤에 있어야 한다고까지 하였으니, 우리 사람들이 본래 이토록 얽매여서 헷갈리는 것이다.

내가 살피건대 곤이 명을 받은 것은 본래 순이 천거된 것과 같은 해였다. 순이 부름을 받아 등용된 지 3년 만에 드디어 요의 일을 물려받았으니 섭정 6년째 되는 해는 곤이 〈치수의 명을 받은 지〉 9년째 되는 해인데, 그간의 실적을 평가해보니 공을 이루지 못한 것이다. 실적을 이루지 못한 뒤에 곤은 죽임을 당했다.【섭정한 지 6, 7년째 되는 해에 있어야 한다.】 〈이때는〉 우가 아직 사흥[嗣興 : 계승하여 일어남]하기 전인데 순이 그 사이에 이 준천의 정사를 한 것이다. '조십유이주, 봉십유이산(肇十有二州, 封十有二山)'이란 처음으로 세 개의 주를 세운 공을 기록한 것이다. '준천'은 단지 9주 안에서만 시행하였다. 곤의 폐정(敝政)을 이어받아 별도로 새로운 공사를 일으키고 우의 길을 열어서 큰 업적을 세우게 한 것이다. 이것은 순의 큰 공덕으로 빨리 드러내어야 마땅한 일이다.

원래 곤과 우가 다스린 것은 황하의 우환이었다. 황하의 범람은 인력으로 막을 수 있는 일이 아닌데, 곤은 고집 세고 포악하여 남의 말을 듣지 않고 자기 마음대로 하여 홍수(鴻水)를 막고 백천(百川)을 막아서 일을 그르치기에 이르렀다. 하지만 순은 '그렇지 않

13 「우공」 연주(兗州)의 내용 : 「우공」의 연주 부분에 "厥田惟中下, 厥賦貞, 作十有三載乃同."이라고 하였다.

다. 하천은 막을 수 없으니 네가 그것을 파서 소통시키도록 하라.' 라고 하였다. 이에 황하의 준설을 시작으로 강수(江水), 회수(淮水), 제수(濟水), 탑수(漯水) 등 긴 강을 모두 소통되도록 준설한 것이다. 이에 하류가 막히지 않고, 이에 견회(畎澮)와 구혁(溝洫)이 모두 소통될 수 있게 되어 전작(田作)이 일어난 것이다. 이렇게 하는 데 걸린 기간이 10여 년이었다. 우가 아직 사홍하기 전에 준천을 맡긴 사람은 아마도 직과 익 등이었을 것이다. 그러다 섭정한 지 20여 년이 되었을 때【곤이 죽은 지 20년 가까운 때이다.】 우가 비로소 사홍하자 순은 그대로 준천하는 일을 우에게 맡기고 공을 이루도록 책임을 지웠는데 9년 만에 공을 이루었다. 그 성공을 고하는 주문(奏文)이 방책(方冊)에 실려 있는데 다만 사람들이 살피지 않았을 뿐이다. 그 공을 고하는 주문이 "큰물이 하늘까지 뻗쳐서 넘실거리며 산을 에워싸고 언덕으로 솟구쳐 백성들이 혼란에 빠졌습니다. 내가 네 가지 탈것을 타고 산을 따라가며 나무를 베고, 익과 함께 갓 잡은 짐승을 백성에게 가져다 먹였습니다. 또 내가 9주의 하천을 터서 사해로 보내고 밭도랑 사이에 크고 작은 수로를 파서 하천으로 보냈으며, 직과 함께 〈오곡을〉 파종하게 하고 어려움을 이겨낼 식량과 갓 잡은 짐승을 가져다 먹게 하며, 있는 것과 없는 것을 교역하도록 힘썼습니다. 이에 백성들이 쌀을 먹게 되고 만방이 다스려졌습니다.[洪水滔天, 浩浩懷山襄陵, 下民昏墊, 予乘四載, 隨山刊木, 暨益奏庶鮮食. 予決九川, 距四海, 濬畎澮距川, 暨稷播, 奏庶艱食鮮食, 懋遷有無化居, 烝民乃粒, 萬邦作乂]"[14]【예순세 자이다.】이다. 이것은 우가 공을 고한 말이다.

14 큰물이 …… 다스려졌습니다 : 『상서고훈』 03.고요모-11 참조.

"섭정한 지 20여 년에 우가 비로소 사홍하였음을 어떻게 아는가?"라고 물을 수 있다. 이에 대해서는 "이날은 우가 공을 고하는 날인데, 제(帝)가 '오라, 우여. 그대도 창언(昌言)을 하라.'라고 하였다. '제'란 순인데 순을 이미 '제'라고 칭하였으니 요가 죽은 다음이다. 〈순이 섭정한 지〉 28년 만에 제요가 사망하였고, 우가 공을 고한 것은 필시 세 번 고적한 다음이었을 것이니, 그가 명을 받아 물을 다스린 것이 어찌 〈순이〉 섭정한 지 20년 되는 즈음이 아니었겠는가?"라고 답할 수 있다.

또 "큰물이 하늘까지 뻗쳐서 백성들이 혼란에 빠졌는데 곤에서 우까지의 15, 6년 동안 순이 팔짱 끼고 보기만 하였겠는가?"라고 물을 수 있다. 이에 대해서는 "순이 어찌 수수방관하였겠는가? 경문에 '준천'이라고 하였는데, 준천이란 천지가 생긴 이래로 순이 처음 시작한 공사이고, 우가 그 일을 성공시킨 것은 순이 세워놓은 계획을 이어받은 것에 불과할 뿐이다. '홍수'란 황하가 범람하는 걱정이다. 요에서 지금까지 4200년이 지났지만 황하가 범람하는 근심은 끝나지 않고 있다. 그때 10여 년 지체된 것을 어찌 흠 잡겠는가? 전인의 설과 같다면 우가 홍수를 다스리고 있을 때에 우산(羽山)에서 곤을 죽인 게 되는데, 인정과 천리로 보아 필시 그러지는 않았을 것이다."라고 대답할 수 있다.【또한 뒤에서 상세히 논할 것이다.】

○**우안** 12주의 명칭은 『상서』에 보이지 않고 사마천의 『사기』에도 보이지 않는다. 기주를 잘라서 세 개의 주로 만들고 청주를 나누어서 두 개의 주로 만들었다는 것도 추측한 말이다. 그러나 『이아』의 9주 항목에는 청주와 양주(梁州)를 빼고 유주와 영주를 넣었으며,【주에서 은의 제도라고 하였다.】『주례』의 9주 항목에는 서주와 양주를

빼고 유주와 병주를 넣었다.【「직방씨」에 보인다.】 지금 이 두 글을 참고하여 뺀 것을 보존하고 추가한 것을 더하면 세 개의 주는 유주·병주·영주임이 확실하다.

考異 〈堯本紀〉: "肇十有二州, 決川。"【無'封十有二山'句】

고이 『사기』「요본기」에는 "肇十有二州, 決川."으로 되어 있다.【'封十有二山' 구는 없다.】

02. 요전하 - 04

象以典刑, 流宥五刑, 鞭作官刑, 扑作教刑, 金作贖刑。眚災肆赦, 怙終賊刑。欽哉欽哉, 唯刑之恤哉。

형벌의 형상을 그림으로 그려서 형벌하는 법을 제정하고, 멀리 추방하는 것으로 오형을 용서하고, 채찍을 치는 벌로 관형을 만들고, 회초리를 때리는 벌로 교형을 만들었으며, 벌금을 받는 것으로 속형을 만들었다. 운수가 좋지 못하여 다른 사람에게 해를 끼친 경우에는 용서하고, 세력이나 재산을 믿고 구악(舊惡)을 고치지 않는 자는 사형에 처하였다. 이 여러 가지 형벌을 삼가고 조심하여 신중하게 살폈다.

馬云: "言咎繇制五常之刑, 無犯之者, 但有其象, 無其人也。"【見《史》注】○梅云: "象, 法也。"【疏云: "象爲倣法, 故爲法。"】 蔡云: "如天之垂象。"【典,常也】 ○**鏞案**《周禮·大司寇》: "正月之吉, 布政于邦國。乃縣刑象之法于象魏, 使萬民觀刑象, 挾日而斂之。"【象魏, 卽門闕】 又〈小司寇〉: "正歲, 帥其屬而觀刑象, 令以木鐸, 曰'不用法者, 國有常刑'。" 此帝舜象刑之遺法也。蓋以刀·鋸·鑽·笮之凶, 劓·刵·剕·墨之慘, 圖畫形象, 縣之雉門, 欲民之望而畏之, 不敢經犯。此之謂象刑也。【愚民不曉文字, 故圖象賢於詔誥】 然此諸刑, 不但縣象而已, 民有犯者, 按其象而施其刑。下篇云'皐陶, 方施象刑, 唯明', 是也。蓋象魏縣法, 本自象刑始, 而《周禮》治象·敎象, 皆縣象魏, 推而廣之也。○典, 法律也, 謂以刑象爲諸刑之法律也。

〔象以典刑〕 마융이 말했다. "고요(咎繇)가 다섯 가지의 일정한 형벌을 제정하였는데 그것을 범하는 사람이 없으므로 그 상(象)만 있고 그 벌을 받은 사람이 없었음을 말한다."【『사기』「요본기」의 『집해』에 보인다.】 ○매색이 말했다. "'상(象)'은 법[法 : 본보기]의 뜻이다."【소에 "형상[象]을 본보기로 삼았다는 말이다. 그러므로 법이 된다."라고 하였다.[15]】 채침이 말했다. "〈'상(象)'은〉 하늘이 형상을 드리우는 것과 같다."【'전(典)'은 상[常 : 영원하다, 일정하다]의 뜻이다.】

○**용안** 『주례』「대사구」에, "정월 길일에 방국(邦國)에 정사를 포고한다. 이에 형벌하는 법을 상위(象魏)에 걸어서 백성들이 형벌하는 법을 보게 하고 열흘 만에 거두어들인다."【상위(象魏)는 문궐(門闕)이다.】라고 하고, 또 「소사구」에, "정세(正歲)에 소속 무리를 이끌고

15 소에 …… 하였다 : 『상서정의』 傳에 "象, 法也."라고 하였는데, 공영달의 소에 "『易』繫辭云'象'也者, 象此者也. 又曰'天垂象, 聖人則之, 是象爲倣法. 故爲法也."라고 하였다.

형벌하는 법을 보고 목탁을 쳐서 '법을 지키지 않으면 국가에서 일정한 법을 두어 처벌한다.'라고 명한다."라고 하였다. 이것들은 제순이 시행한 상형(象刑)의 유법이다. 대체로 도(刀)·거(鋸)·찬(鑽)·작(笮)의 흉악함과 의(劓)·이(刵)·비(剕)·묵(墨)의 참혹한 형상을 그림으로 그려서 치문(雉門)에 걸어둠으로써 백성들이 그것을 보고 두려워하여 감히 범하지 못하게 하려는 것이었다. 이것을 상형(象刑)이라고 한다.【어리석은 백성이 문자를 모르므로 형상을 그려서 보여주는 편이 조서(詔書)로 알리는 것보다 낫다.】 그러나 이 여러 가지 형벌은 단지 형상을 걸어둔 것일 뿐만 아니라 백성 중에 범하는 자가 있으면 그 형상을 살펴서 그에 해당하는 형벌을 시행한 것이다. 다음 편에서 '고요가 상형(象刑)을 시행하되 분명하게 한다.'라고 한 것이 이것이다. 대체로 궐문에 법을 걸어두는 것은 본래 상형에서 시작하였는데, 『주례』에서 치상(治象)과 교상(敎象)을 모두 상위에 걸어둔 것은 이를 미루어 확대한 것이다.

○'전(典)'은 법률이니, 형벌의 상을 그려서 여러 가지 형벌을 시행하는 법률로 삼는다는 말이다.

考訂 《書大傳》【〈唐傳〉】云:"唐·虞之象刑, 上刑赭衣不純。"【《公羊傳[교1]》襄廿九疏】 犯墨者, 皁巾。【見《酉陽雜俎》】 ○《荀子》曰:"治古無肉刑而有象刑, 墨黥之屬,[교2] 澡纓, 艾韠,[교3]【艾, 蒼色】 菲用紃屨,[교4]【紃, 枲也】 殺, 赭衣不純。"【殺, 謂當殺者】 ○班固《白虎通》云:"畫象者, 其衣服, 象五刑也。犯墨者, 蒙巾, 犯劓者, 以赭著其衣, 犯髕者, 以墨蒙其髕, 象而畫之, 犯宮者, 扉,[교5] 犯大辟者, 布衣無領。" ○《漢書·刑法志》云:"漢文帝下詔曰,【因太倉令淳于公事】 '蓋聞有虞氏之時, 畫衣冠異章服以爲戮, 而民不

犯。'"【漢武교6)帝亦詔曰:"昔在唐·虞, 象刑而民不犯。"】 ○任昉請刊改律令表曰:"畫衣象服, 以致刑厝, 草纓, 艾韠, 民不能犯。" ○《周禮·司圜》註云:【凡害人者, 不使冠飾。既교7)出三年不齒之注】"不使冠飾者, 著墨幪, 若古之象刑。" ○孝經緯云:"五帝畫象, 三王肉刑。畫象者, 上罪, 墨幪교8)·赭衣·雜屨。中罪, 赭衣·雜屨。下罪, 雜屨而已。"【《周禮·司圜》疏】 ○**案**此說始於荀子, 盛於緯家, 而荀子斥其非理。【見〈刑法志〉】 班固亦盛斥之, 以爲'象刑唯明者, 言象天道而作刑, 安有菲屨·赭衣者哉?'

今詳, 畫衣菲屨, 雖非象刑, 然古者原有此法。《禮》曰:"垂緌五寸, 惰游之士也。玄冠縞武, 不齒之服也。"【〈玉藻〉, 與〈司圜〉不齒之服, 文相合也】蒙巾·截領, 於經無文。幪一作幏【《史記·淮南王傳》, '如發蒙耳', 韋昭云:"如蒙巾, 發之甚易。"】 墨幪者, 緯書之文也。秦法旣用赭衣, 又竟殺之。故〈刑法志〉云:"赭衣塞路。" ○總之, 學者仰聖人太高, 故安於下愚, 人主推唐·虞太盛, 故遠於至治。豈可以畫衣墨幪, 馭天下之惡人, 使之不犯于姦慝哉。皆迂陋之見也。

교1) 傳: 신조선사본에는 '傅'로 되어 있으나 書名이므로 바로잡는다.

교2) 案之屬:『순자』에는 이 두 글자가 없다.

교3) 案澡纓, 艾韠:『순자』에는 '慅嬰, 共艾畢'로 되어 있는데, 唐 楊倞의 주에 '當爲澡嬰', '共未詳或衍字' '畢與韠同蔽也'라고 하였다.

교4) 案用綁屨:『순자』에는 '對屨'로 되어 있는데, 唐 楊倞의 주에 '對當爲綁, 傳寫誤已'라고 하였다.

교5) 案屝:『漢書』顔師古의 주 등을 참고할 때 '屝'가 되어야 할 듯하다.

교6) 案武:『한서』를 참고할 때 '元'이 되어야 한다.

교7) 案旣:『주례』를 참고할 때 '雖'가 되어야 한다.

교8) 案幪:『주례주소』에는 '象'으로 되어 있다.

고정 『상서대전』【「당전(唐傳)」이다.】에, "당·우의 상형(象刑)에서 상형(上刑)은 자의불순(赭衣不純)[16]하였다."라고 하고,【『춘추공양전』 양공 29년 소에 보인다.】 "묵형에 해당하는 죄를 지은 자에게는 조건(皁巾)을 쓰게 하였다."【『유양잡조(酉陽雜俎)』[17]에 보인다.】라고 하였다.

○『순자』에, "고대의 다스림에는 육형(肉刑)이 없고 상형(象刑)만 있었다. 묵형(墨刑)은 경(黥)[18]으로 대신하고, 〈의형(劓刑)은〉 조영(澡纓)[19]으로 대신하고, 〈궁형(宮刑)은〉 애필(艾韠)[20]로 대신하고,【'애(艾)'는 창색(蒼色)이다.】 비형(剕刑)은 봉구(紼屨)[21]로 대신하였으며,【'봉(紼)'은 시[枲: 대마의 수그루]의 뜻이다.】 사형[殺]은 자의불순으로 대신하였다."【살(殺)은 죽여야 할 죄를 말한다.】라고 하였다.[22]

○반고의 『백호통』에 "화상(畫象)이란 그 의복으로 다섯 가지 형벌을 형상한 것이다. 묵형에 처할 죄를 지은 자는 두건을 씌우고[蒙

16 자의불순(赭衣不純): 赭衣는 赤土로 물들인 옷이고, 不純은 옷의 가장자리에 선을 두르지 않는 것이다.

17 『유양잡조(酉陽雜俎)』: 唐의 문인 段成式(803~863)이 지은 志怪小說이다. 기괴망측하고 황당무계한 내용이 많지만, 내용 중에 遺文·秘籍이 자주 섞여 나오기 때문에 論者들이 인용하지 않을 수 없었다고 한다. 이 부분의 인용문은 『유양잡조』 권8에 보이는데, 원문은 "『尙書大傳』, 虞舜象刑, 犯墨者皀巾."이다.

18 경(黥): 얼굴에 刺字하는 대신 검은 두건을 씌우는 벌이다.

19 조영(澡纓): 베를 빨아서 만든 갓끈으로, 원래 凶冠에 사용하던 것인데 그것을 죄인에게 쓰게 하였다고 한다. '草嬰'이라고도 한다.

20 애필(艾韠): 蒼白色 가리개이다.

21 봉구(紼屨): 삼으로 엮은 신이다.

22 『순자』에 …… 하였다: 이 부분의 번역은 尹五榮의 번역(1977. 현암사 刊)을 참고하였다. 윤오영은 일본 富山房版 『漢文大系』 본에 근거하여 『순자』 원문의 '澡纓' 앞에는 '劓'가 탈락되었고, '共艾韠'의 '共'은 '宮'의 오기, '菲對屨'의 '菲'는 '剕'의 오기라고 주석하였다.

巾], 의형(劓刑)에 처할 죄를 지은 자는 자색 옷을 입게 하고[以赭著其衣], 빈형(髕刑)에 처할 죄를 지은 자는 종지뼈에 먹칠을 하여[以墨蒙其髕] 그림으로 형상하였고, 궁형(宮刑)에 처할 죄를 지은 자는 짚신[屝]을 신게 하였으며, 대벽[大辟 : 사형]에 처할 죄를 지은 자는 깃이 없는 무명옷[布衣無領]을 입게 하였다."라고 하였다.

○『한서』「형법지」에, "한 문제(漢文帝)가 조서를 내리기를,【태창령(太倉令) 순우공(淳于公)의 일[23] 때문이었다.】'듣건대 유우씨의 시대에는 의관에 그림을 그려 복식을 달리함으로써 사형을 대신하였지만 백성들이 죄를 범하지 않았다고 한다.'라고 하였다."라고 되어 있다.【한 원제(漢元帝) 역시 조서에서 "옛날 당·우 시대에는 상형(象刑)하는 법을 시행하였으나 백성들이 죄를 범하지 않았다."라고 하였다.[24]】

○임방(任昉)이 율령을 수정하기를 청하는 표문(表文)에서 "의복에 형상을 그려서 형벌을 쓰지 않고 초영[草纓 : 조영(澡纓)]과 애필(艾韠)만 하였는데도 백성들이 능히 범하지 않았습니다."라고 하였다.

○『주례』「사환(司圜)」의 주에,【범해인자불사관식(凡害人者不使冠飾) …… 수출삼년불치지(雖出三年不齒之)의 주이다.】"불사관식(不使冠飾)이란 검은 두건을 씌워서 옛날의 상형과 같게 하는 것이다."라고 하였다.[25]

---

23 태창령(太倉令) 순우공(淳于公)의 일 : 漢 효문제 13년에 齊國의 太倉令 순우공이 죄를 지어 肉刑을 당할 처지에 이르렀는데, 순우공의 딸 緹縈이 자신을 官婢로 삼아 아비의 죄를 대신 받게 해 달라고 上書하자 황제가 불쌍히 생각하여 조서를 내리고 형을 감해 주었다.

24 한 원제(漢元帝) …… 하였다 : 『한서』「元帝紀」에 "二年春二月, 詔曰 : '蓋聞唐虞象刑而民不犯, 殷周法行而姦軌服."이라고 하였다.

25 『주례』 …… 하였다 : 『주례』「추관·司圜」의 "凡害人者, 弗使冠飾而加明刑焉, 任之以事而收敎之. 能改者, 上罪三年而舍, 中罪二年而舍, 下罪一年而舍. 其

○효경위(孝經緯)에 "오제는 화상(畫象)을 시행하고 삼왕은 육형(肉刑)을 시행하였다. 화상이란 상죄(上罪)에는 묵몽(墨幪)·자의(赭衣)·잡구(雜屨)를 착용하게 하고, 중죄(中罪)에는 자의와 잡구를 착용하게 하며, 하죄(下罪)에는 잡구만 착용하게 하는 것이다."라고 하였다.【『주례』「사환」의 소에 보인다.】

○**안** 이 설은 순자에서 시작되어 위가(緯家)들 사이에서 유행하였지만 순자는 그것이 이치에 닿지 않는다고 논척하였다.【『한서』「형법지」에 보인다.】 반고 또한 매우 배척하고, '상형유명(象刑唯明)이란 천도를 형상하여 형벌을 만들었다는 말이지 어찌 비구나 자의를 입히는 일이 있었겠는가?'라고 하였다.[26]

지금 상세히 생각해보면 화의비구(畫衣菲屨)는 비록 상형(象刑)은 아니지만 옛날에 원래 이런 법이 있었을 것이다. 『예기』에, "〈흰 관[縞冠]에〉 다섯 치의 〈소비(素紕)〉를 드리운 것은 빈둥거리며 노는 사(士)의 복식이다. 현관(玄冠)에 호무(縞武)를 단 것은 추방된 자의 복식이다."라고 하였다.【『예기』「옥조」의 내용으로, 『주례』「사환」의 '불치지복(不齒之服)'과 내용이 부합한다.】 두건을 씌우거나[蒙巾] 옷깃을 자르는 것[截領]에 대해서는 경에 그런 내용이 없다. 몽(幪)은 어떤 본에는 몽(幏)으로 되어 있다.【『사기』「회남왕열전(淮南王列傳)」의

不能改而出圜土者, 殺, 雖出三年不齒."에 대한 정현의 주에 "弗使冠飾者, 著墨幪, 若古之象刑與舍釋之也."라고 하였다.

26 이 설은 …… 하였다 : 『순자』에는 앞에 인용한 "治古無肉刑而有象刑" 云云 다음에 그 말을 비판하면서 '象刑은 잘 다스려졌던 고대에 생긴 것이 아니고 근대 같은 난세에 생긴 것'이라는 내용이 더 있는데, 『한서』「형법지」에서 "善乎, 孫卿之論刑也"라고 하고서 『순자』의 해당 부분 全文을 인용한 다음 "所謂'象刑惟明'者, 言象天道而作刑, 安有菲屨赭衣者哉."라고 하였다.

'여발몽이(如發蒙耳)'에 대해 위소(韋昭)가 "두건을 쓴 것과 같아서 뽑기가 매우 쉽다.[如蒙巾, 發之甚易]"라고 하였다.】 묵몽(墨幪)이란 위서(緯書)의 글이다. 진(秦)나라 법에서는 자의(赭衣)를 입게 하고나서 또 결국은 죽였다. 그러므로 『한서』「형법지」에서 "자의를 입은 자들이 길을 메웠다.[赭衣塞路]"라고 한 것이다.

○위의 내용을 종합하면 학자들은 성인을 너무 높이 우러러보기 때문에 하우(下愚)에 안주하고, 인주(人主)는 당·우를 너무 성대하게 추앙하므로 지치(至治)에서 멀어진 것이다. 어찌 옷에 그림을 그리고 검은 두건을 씌우는 것으로 천하의 악인들을 제어하여 간특한 짓을 저지르지 않게 할 수 있겠는가? 모두 우활하고 비루한 견해들이다.

馬云: "流, 放。宥, 寬也。一曰幼少, 二曰老耄, 三曰惷愚。【馬云: "三宥也。"】 五刑, 墨·劓·剕·宮·大辟。"【見《史》注】 ○鄭云: "三宥, 一曰弗識, 二曰過失, 三曰遺忘。"【見《史》注】 又云: "其輕者, 或流放之, 四罪是也。" ○梅云: "以流放之法寬五刑。" ○**案** 馬·鄭所引三赦·三宥之法, 是在'眚災肆赦'之中, 豈所以釋此句乎? 梅註, 是也。○**又按** 諸家皆以〈呂刑〉之五刑訓此經, 固宜然也。但五刑之目, 諸文不同。〈魯語〉臧文仲, 以甲兵【大刑也】·斧鉞·刀鋸[교1]【中刑也】·鑽笮【韋昭云: "鑽, 臏也。笮, 黥也。"】·鞭扑【薄刑也】爲五刑。《周禮·大司寇》以野刑·軍刑·鄕刑·官刑·國刑爲五刑。【案。鄕刑, 卽敎刑也】〈司刑〉則以〈呂刑〉所列爲五刑。〈呂刑〉以墨·劓·剕·宮·大辟爲五刑。《漢書·刑法志》用《國語》之目。【鑽笮曰鑽鑿】 揚子《法言》謂'唐·虞無肉刑'。【《法言》云: "唐·虞象刑唯明, 夏后肉刑[교2]三千。"】 唐律以笞·杖·徒·流·死爲五刑。【明律同】

范蜀公釋此經, 以官・教・流・贖・賊爲五刑。【王應麟《考異》】 然流在五刑之目, 則豈得云'流宥五刑'? 范說, 非矣。五刑之目, 當從〈呂刑〉。然〈康誥〉有截耳之刑,【劓刵人】《周易》有髡髮之刑,【睽六三云: "其人天且劓。"】此皆五刑之所脫也。《周易》噬嗑之詞'何校滅耳'與'滅趾'・'滅鼻', 竝列爲文。古有截耳之刑, 不旣明乎? 說者謂截耳者, 軍刑也。〈大雅〉云'攸馘安安', 注云'軍法, 獲而不服則殺而獻其左耳'者, 是也。【《說文》馘作聝, 截耳則從耳旁】 然噬嗑本爲刑嶽[교3]之卦, '何校'又非戰場之事。或者五刑之中, 原有刵刑, 而大辟不在數。**又按**《周禮・掌戮》云: "墨者使守門, 劓者使守關, 宮者使守內, 刖者使守囿, 髡者使守積。" 又似五刑之中, 原有髡刑, 而大辟不在數也。今不可詳。【《知遠錄》】 ○流宥者, 三古之通法也。《禮》曰: "刑不上大夫。" 賈誼《新書》曰: "黥劓之辠, 不及大夫。" 古之道也。〈伊訓〉曰: "臣下不匡, 其刑墨。" 此僞書也。商鞅黥太子傅, 此亂邦也。驩兜・共工, 罪無可原, 而亦必流放而止者, 刑不上大夫也。驩兜・共工, 於三赦・三宥之法, 一無所當, 而亦必流放而止者, 刑不上大夫也。

《周禮・小司寇》有八議之法, 議親・議貴・議賢・議能・議功之等, 其大者也。今人尙酷, 一落文法, 再無議宥之法。【《知遠錄》】

교1) 案鉅: 『국어』 권4 「魯語」에는 '鋸'로 되어 있다.
교2) 案刑: 『법언』에는 '辟'으로 되어 있다.
교3) 嶽: 문맥상 '獄'이 옳은 듯하다. 案『상서지원록』에는 '獄'으로 되어 있다.

〔流宥五刑〕 마융이 말했다. "'유(流)'는 방[放: 쫓아내다, 추방하다]의 뜻이다. '유(宥)'는 관[寬: 관대하다, 너그럽다]의 뜻이다. 〈'삼유(三宥)'

는〉 첫째 유소(幼少), 둘째 노모(老耄), 셋째 준우(惷愚)이다.【마융이 말했다. "〈'유(宥)'는〉 삼유(三宥)를 말한다."[27]】 오형은 묵(墨), 의(劓), 비(剕), 궁(宮), 대벽(大辟)이다."【『사기』「요본기」의 『집해』에 보인다.】 ○정현이 말했다. "'삼유(三宥)'는 첫째가 불식(弗識), 둘째가 과실(過失), 셋째가 유망(遺忘)이다."【『사기』「요본기」의 『정의』에 보인다.】 〈정현이〉 또 말했다. "죄가 가벼운 자들은 더러 추방하기도 하였으니, 사흉을 처벌한 것이 이런 경우이다." ○매색이 말했다. "유방(流放)하는 법을 써서 오형을 관대하게 하였다는 말이다."

○**안** 마융과 정현이 인용한 삼사(三赦)와 삼유(三宥)의 법은 '생재사사(眚災肆赦)'하는 대상에 들어 있는데 어찌 이 구를 해석한 것이겠는가? 매색의 주가 옳다.

○**우안** 제가가 모두 「여형」의 오형으로 이 경문을 풀이하였는데 그것은 참으로 당연하다. 그러나 오형의 항목에 대해서는 여러 글의 내용이 같지 않다. 『국어』「노어」에서 장문중(臧文仲)은 갑병(甲兵),【대형(大刑)이다.】 부월(斧鉞), 도거(刀鉅),【중형(中刑)이다.】 찬착(鑽笮),【위소가 말했다. "'찬(鑽)'은 빈[臏 : 정강이를 베는 형벌]이고, '착(笮)'은 경[黥 : 얼굴에 자자하는 형벌]이다."】 편박(鞭扑)【박형(薄刑)이다.】을 오형이라고 하였다.[28] 『주례』「대사구(大司寇)」에서는 야형(野刑), 군형(軍刑), 향형(鄕刑), 관형(官刑), 국형(國刑)을 오형이라고 하였고,【안. 향

---

27 삼유(三宥)를 말한다 : 『상서정의』 傳에 "馬云 : '宥, 三宥也.'"라고 하였다.
28 장문중(臧文仲)은 …… 하였다 : 『국어』「노어」의 해당 부분 원문은 다음과 같다. 臧文仲言於僖公曰 : "夫衛君殆無罪矣. 刑五而已, 無有隱者, 隱乃諱也. 大刑用甲兵, 其次用斧鉞, 中刑用刀鋸, 其次用鑽笮, 薄刑用鞭扑, 以威民也. 故大者陳之原野, 小者致之市朝, 五刑三次, 是無隱也."

형(鄕刑)은 교형(敎刑)이다.】「사형(司刑)」에서는 『상서』「여형」에 열거된 것을 오형이라고 하였다. 또 「여형」에서는 묵(墨), 의(劓), 비(剕), 궁(宮), 대벽(大辟)을 오형이라고 하였다. 『한서』「형법지」에서는 『국어』의 항목을 썼다.[29]【찬착(鑽笮)을 찬착(鑽鑿)이라고 하였다.】 양자(揚子)의 『법언(法言)』에 '당・우 때에는 육형(肉刑)이 없었다.'라고 하였다.【『법언』에 "당・우 때에는 상형(象刑)을 밝게 시행하였을 뿐인데, 하후(夏后)는 육형이 3천이나 되었다."라고 하였다.】 당률(唐律)에서는 태(笞), 장(杖), 도(徒), 유(流), 사(死)를 오형이라고 하였다.【명률(明律)도 같다.】 범촉공[范蜀公 : 범진(范鎭)[30]]은 이 경문을 해석하여 관(官), 교(敎), 유(流), 속(贖), 적(賊)을 오형이라고 하였다.【왕응린의 『서경고이』에 보인다.】[31] 그러나 유형(流刑)이 오형의 항목에 들어간다면 어찌 '유유오형(流宥五刑)'이라고 할 수 있겠는가? 범진의 설은 틀렸다.

오형의 항목은 「여형」을 따라야 한다. 그러나 「강고」에 귀를 자르는 형벌이 있고【의이인(劓刵人)[32]이 그것이다.】『주역』에 머리를 깎는

29 『한서』…… 썼다 : 『한서』「형법지」 해당 부분의 원문은 "聖人因天秩而制五禮, 因天討而作五刑. 大刑用甲兵, 其次用斧鉞. 中刑用刀鋸, 其次用鑽鑿. 薄刑用鞭扑."이다.

30 범진(范鎭) : 1008~1089. 北宋. 자는 景仁, 시호는 忠文, 哲宗 때 蜀郡公에 봉해졌으므로 범촉공이라고 부른다. 范百祿의 숙부이자 范祖禹의 從祖父이며, 龐直溫을 사사하였다. 翰林學士, 判太常寺 등을 지냈으며, 왕안석의 신법을 반대하다가 벼슬을 그만두고 물러났다. 학문은 육경을 근본으로 하고 古樂을 정밀히 연구하였다. 저서에 『正言』, 『國朝韻對』, 『范蜀公集』 등이 있다.

31 범촉공[范蜀公 : 범진(范鎭)]은 …… 것이다 : 王應麟의 『困學紀聞』 권2에 范蜀公正書曰 : "舜之五刑, 流也, 官也, 教也, 贖也, 賊也. 流宥五刑者, 舜制五流以宥三苗之劓・刵・劅・宮・大辟也."라고 하였다.

32 의이인(劓刵人) : 『상서고훈』「강고」 제8장(『서집전』 제10장)에 "非汝封, 又曰劓刵人, 無或劓刵人"이라고 하였다.

형벌이 있는데,【규괘(睽卦) 육삼의 효사에 "그 사람이 머리가 깎이고 코가 베이다.[其人天且劓]"라고 하였다.】 이것들은 모두 오형에서 빠진 것들이다. 또 『주역』 서합괘(噬嗑卦)의 효사에서는 '하교멸이(何校滅耳)'를 '멸지(滅趾)'·'멸비(滅鼻)'와 병렬하여 글을 만들었다.[33] 그러니 옛날에 귀를 베는 형벌이 있었던 것이 분명하지 않은가? 설자(說者)가 "귀를 베는 것은 군형(軍刑)이다. 『시경』 「대아·황의(皇矣)」의 '유괵안안[攸馘安安 : 귀를 베어 바치기를 천천히 하도다]'에 대한 주에 '군법에, 사로잡은 자가 복종하지 않으면 죽여서 그 왼쪽 귀를 바친다.[軍法, 獲而不服則殺而獻其左耳]'라고 한 것이 이것이다."라고 하였다.【『설문해자』에는 '馘'이 '聝'으로 되어 있는데, 귀를 자르는 것이어서 '耳' 변을 쓴 것이다.】 그러나 서합괘는 본래 형옥을 상징하는 괘이고,[34] '하교(何校)' 또한 전장(戰場)의 일이 아니다. 어쩌면 오형 중에 원래 이형(刵刑)은 있었지만 대벽(大辟)은 그 수에 들지 않았을 것이다.

우안 『주례』 「장륙(掌戮)」에, "묵형(墨刑)을 받은 자는 문을 지키게 하고, 의형(劓刑)을 받은 자는 관문을 지키게 하고, 궁형(宮刑)을 받은 자는 궐내를 지키게 하고, 월형(刖刑)을 받은 자는 원유(園囿)를 지키게 하며, 곤형(髡刑)을 받은 자는 창고를 지키게 한다."라고 하

33 하교멸이(何校滅耳) …… 만들었다 : 『주역』 「서합괘」 初九 효사에 "屨校滅趾, 无咎"라고 하고, 六二 효사에 "噬膚滅鼻, 无咎"라고 하며, 上九 효사에 "何校滅耳, 凶"이라고 하였다. '구교멸지'는 발에 차꼬를 채워 발꿈치를 상하게 하는 것, '서부멸비'는 살을 깨물어서 코가 없어지게 하는 것, '하교멸이'는 칼을 씌우고 귀를 베는 것이다.

34 서합괘는 …… 괘이고 : 서합괘의 卦辭에 "噬嗑, 亨, 利用獄"이라고 하였고, 象傳에서 "雷電噬嗑, 先王以明罰勅法"이라고 하였다.

였으니, 또한 오형 중에 원래 곤형은 있었지만 대벽(大辟)은 그 수에 들지 않았던 듯한데, 지금은 자세히 알 수 없다.【『상서지원록』】

○'유유(流宥)'는 삼고[三古: 하·은·주]의 공통된 법이었다. 『예기』에 "형벌은 위로 대부에 이르지 않는다."라고 하였고, 가의(賈誼)의 『신서(新書)』에서 "얼굴에 자자하거나 코를 베는 형벌은 대부에까지 미치지 않는다."[35]라고 하였으니, 이것이 옛 도이다. 〈『고문상서』의〉 「이훈」에 "신하가 〈임금의 잘못을〉 바로잡지 않으면 그에 대한 형벌은 묵형이다."라고 하였는데, 이것은 위서(僞書)이다. 상앙(商鞅)이 태자의 사부에게 경형(黥刑)을 시행하였는데,[36] 이런 것이 나라를 어지럽힌다. 환도와 공공은 죄를 용서할 수 없는데도 또한 반드시 멀리 추방하는 데 그친 것은 형벌은 위로 대부에 이르지 않기 때문이다. 환도와 공공은 삼사(三赦)와 삼유(三宥)의 법에 해당되는 바가 전혀 없는데도 또한 반드시 멀리 추방하는 데 그친 것은 형벌은 위로 대부에 이르지 않기 때문이다.[37]

『주례』 「소사구」에 팔의(八議)의 법이 있는데 의친(議親), 의귀(議

35 얼굴에 …… 않는다: 賈誼가 漢文帝에게 올린 상소 중에 나오는 내용으로, 『新書』에는 보이지 않고 『한서』 권48 「賈誼傳」에 보인다.

36 상앙(商鞅)이 …… 시행하였는데: 『사기』 「商君列傳」에 보인다. 상앙이 秦孝公에게 발탁되어 처음 법을 시행하자 백성들의 반발이 심하였다. 이를 누르기 위해 새 법에 대해 불평하는 자들을 가혹하게 처벌하였는데, 태자가 법을 어기자 태자 대신 태자의 사부를 黥刑에 처하였다.

37 환도와 공공은 죄를 …… 때문이다: 『상서지원록』의 일부가 누락되어 내용이 중복되는 것처럼 되었다. 『상서지원록』에는 "驩兜·共工, 罪無可原而亦必流放者, 刑不上大夫也. 『周禮』 「司刺」之法, 一宥曰不識, 再宥曰過失, 三宥曰遺忘, 驩兜·共工, 無所當於三宥, 而亦必流放者, 刑不上大夫也."라고 되어 있다.

貴), 의현(議賢), 의능(議能), 의공(議功) 등이 그 중 큰 것이다. 그런데 지금 사람들은 혹형을 높이 치면서 한 번 법망에 걸려들면 다시는 형을 덜어줄 것을 의논하는 법이 없다.【『상서지원록』】

考訂 王肅云："言宥五刑, 則正五刑見矣。"【又云："謂君不忍刑殺, 宥之以遠方。"】 ○王應麟云："《大紀》, 以墨・劓・剕・宮・大辟, 爲賊刑之科目。" **○訂曰** 經文無多少義例, 但云'流宥五刑'而已, 其必以驩兜・共工當之。其必云'刑不上大夫'者, 亦拘滯多文之言也。舜, 大聖人也, 其德至仁, 凡萬民之罹於五刑之科者, 一以流放宥之。故史臣特書之曰'流宥五刑'。若罪在疑, 赦而宥之, 議在貴親而宥之, 仍是百王之恒典, 何得槪之曰'流宥五刑'乎? 舜揭示五刑之象, 使民知畏,【卽象以典刑】 而民有罹者, 卽以流而宥之, 至其怙終而后, 乃施五刑。【卽怙終賊刑, 未必非正義也】

고정 왕숙이 말했다. "유오형(宥五刑)이라고 말하였으니 정형(正刑)이 다섯 가지임을 알 수 있다."【또 말했다. "임금이 차마 형벌로 죽이지 못해서 용서하여 먼 지방으로 보내는 것이다."】
○왕응린이 말했다. "『황왕대기(皇王大紀)』에서는 묵, 의, 비, 궁, 대벽을 적형(賊刑)의 과목(科目)으로 삼았다."[38]

○정왈 경문에는 별다른 의례(義例)가 없고, 단지 '유유오형'이라고만 하였으니 그것은 필시 환도와 공공에 해당되는 일일 것이다.

38 『황왕대기(皇王大紀)』에서는 …… 삼았다: 왕응린의 『困學紀聞』 권2의 내용을 발췌한 것이다. 『곤학기문』의 해당 부분 원문은 다음과 같다. 范蜀公正書曰："舜之五刑, 流也, 官也, 教也, 贖也, 賊也. '流宥五刑'者, 舜制五流以宥三苗之劓・刵・剕・宮・大辟也." 『皇王大紀』之說本諸此, 而以劓・刵・剕・宮・大辟爲賊刑之科目.

그런데 굳이 '형불상대부(刑不上大夫)'라고 하는 것 또한 여러 글의 말에 구애되어서일 것이다. 순은 대성인으로서 그 덕이 지극히 어질었으므로 만민 중에 오형의 죄과에 걸린 자를 모두 먼 지방으로 추방하여 용서하였다. 그러므로 사신이 그것을 '유유오형'이라고 특별히 기록한 것이다. 죄가 의심스러울 경우 용서하여 풀어주고, 귀친(貴親)의 의(議)가 있을 경우 용서하는 것 같은 일은 모든 왕들이 늘 시행한 법인데, 어찌 그것을 개략하여 '유유오형'이라고 할 수 있겠는가? 순은 오형의 형상을 게시하여 백성들이 두려워할 줄을 알게 하였다.【즉 상이형전(象以典刑)이다.】 그런데도 백성이 죄에 걸리는 일이 있으면 멀리 추방하는 것으로 용서하고, 끝내 뉘우치지 않고 다시 죄를 짓는 데에 이른 뒤에야 오형을 시행한 것이다.【즉 호종적형(怙終賊刑)이 반드시 정의(正義)가 아닌 것은 아니다.】

【鞭作官刑】馬云："爲辨治官事者, 爲刑。"【見《史》注】 ○鄭云："扑, 檟楚也。扑爲教官爲刑者。"【見《史》注】 ○疏云："《周禮·條[교1]狼氏》誓, 大夫曰, '敢不關, 鞭五百。'【案。此卽孔子所云執鞭之士】《左傳》鞭[교2]徒人費·圉人犖。子玉使鞭七人, 衛侯鞭師曹三百。" "〈學記〉云：'榎·楚二物, 收[교3]其威也。' 又〈大射〉·〈鄉射〉皆云：'司馬搢扑。'" ○**案** 鞭至於五百·三百, 亦衰亂之世也。

교1) 案條：『상서정의』에는 '滌'으로 되어 있다.
교2) 案鞭：『상서정의』에는 앞에 '有'가 더 있다.
교3) 案收：『상서정의』에는 앞에 '以'가 더 있다.

【鞭作官刑】 마융이 말했다. "〈'편(鞭)'은〉 관사(官事)를 맡은 자를 구

분하여 다스리기 위한 형벌이다."【『사기』「요본기」의 『집해』에 보인다.】

〔扑作教刑〕○정현이 말했다. "'복[扑 : 회초리]'은 가[檟 : 개오동나무]와 초[楚 : 가시나무]로 만든다. 회초리는 교관(教官)을 위한 형벌이다."【『사기』「요본기」의 『집해』에 보인다.】 ○소에 "『주례』「척랑씨(絛狼氏)」에, 맹서할 때 대부는 '〈임금의 일에는〉 감히 관여하지 않으니, 〈관여하면〉 채찍 500대를 맞을 것입니다.'라고 하고,【안. 이것이 바로 공자가 말한 집편지사(執鞭之士)[39]이다.】 『춘추좌씨전』에는 도인(徒人)인 비(費)와 어인(圉人)인 낙(犖)에게 채찍을 때렸다는 기록이 있다.[40] 또 자옥(子玉)은 7인에게 채찍을 때리게 하고,[41] 위후(衛侯)는 사조(師曹)에게 채찍 300대를 때렸다[42]는 기록이 있다."라고 하였다. 또 "『예기』「학기」에 '개오동나무 회초리와 가시나무 회초리의 두 물건을 두어 그것으로 언행을 정제(整齊)하여 위의(威儀)를 갖추게 하였다.'라고 하였고, 또 『의례』「대사례(大射禮)」와 「향사례

39 집편지사(執鞭之士) : 『논어』「述而」에서 공자가 "富而可求也, 雖執鞭之士, 吾亦爲之."라고 하였는데, 다산은 『論語古今註』에서 '부귀를 구할 수 있는 세상이란 벼슬할 만한 治世'라고 풀이하고 '집편지사'란 '卑官末職'이라고 하였다.

40 도인(徒人)인 …… 있다 : 『춘추좌씨전』 莊公 8년에, 사냥을 하다가 신을 잃어버린 齊侯가 사냥에서 돌아온 뒤 '도인인 비에게 신을 찾아오게 하였는데 찾아오지 못하자 피가 나도록 채찍질을 하였다.[誅屨於徒人費. 弗得, 鞭之, 見血]'라는 기록이 있다. 또 장공 32년에는, 장공의 아들인 子般의 누이동생이 虞祭의 의식을 구경하고 있을 때 '어인인 낙이 담장 밖에서 그를 희롱하자 자반이 노하여 그에게 채찍질을 하게 하였다.[圉人犖自墻外與之戲. 子般怒, 使鞭之]'라는 기록이 있다.

41 자옥(子玉)은 …… 하고 : 『춘추좌씨전』 희공 27년에 "子玉復治兵於蔿. 終日而畢, 鞭七人, 貫三人之耳."라고 한 기록이 있다.

42 위후(衛侯)는 …… 때렸다 : 『춘추좌씨전』 양공 14년에 "初, 公有嬖妾, 使師曹誨之琴, 師曹鞭之. 公怒, 鞭師曹三百."이라고 한 기록이 있다.

(鄕射禮)」에도 모두 '사마(司馬)가 회초리를 허리띠에 꽂는다.[搢扑]' 라고 하였다."

○**안** 채찍질이 500대와 300대에 이르렀다면 또한 쇠퇴하고 혼란한 세상이다.

考證 〈鄕射禮〉疏引〈堯典〉曰:"扑作教刑。"【賈以爲〈堯典〉】○鄭云:"正刑五。【句】加之流宥·鞭·扑·贖刑, 此之謂九刑。"【見《周禮·司刑》疏】○**案** 九刑之目, 不齊整也。

고증 『의례』「향사례」의 소에서 「요전」을 인용하여 "복작교형(扑作教刑)"이라고 하였다.【가공언은 「요전」이라고 여긴 것이다.】
○정현이 말했다. "정형(正刑)이 다섯 가지이다.【단구】 거기에 유유(流宥), 편(鞭), 복(扑), 속형(贖刑)을 더하여 이를 9형(九刑)이라고 한다."【『주례』「사형(司刑)」의 소에 보인다.】

○**안** 9형의 과목은 일정하지 않다.

馬云:"金, 黃金也。意善功惡, 使出金贖罪, 坐不戒愼者。"【見《史》注】○梅云:"誤而入刑, 出金以贖罪。"○疏云:"此以爲黃金, 〈呂刑〉爲黃鐵, 皆今之銅也。"○**案** 〈禹貢〉之三品金, 皆可以納贖, 不必一定。故經不言某金也。但物有貴賤, 價或倍差, 貴者寡輸, 賤者多算, 宜有定率。【假如赤金六兩爲一鍰, 則黃金只二錢爲一鍰, 黑金須二斤爲一鍰。餘仿此】鍰者, 鋝也。鋝者, 率也。〈呂刑〉不言銖兩, 必言幾鍰, 蓋以是也。梅註, 或言黃金, 或言黃鐵, 謬矣。
《周禮·職金》:"受士之金罰·貨罰, 入于司兵。"【鄭云:"貨, 泉貝。"】以此觀之, 凡刀・布・貝・玉之類, 皆令價値相當, 以充鍰數, 不必金・銀・銅是徵也。

〔金作贖刑〕 마융이 말했다. "'금(金)'은 황금(黃金)이다. 의도는 좋았으나 공적이 나쁘면 금을 내어 죗값을 치르게 하는 것으로, 경계하고 삼가지 못한 죄에 대한 처벌이다."【『사기』「요본기」의 『집해』에 보인다.】 ○매색이 말했다. "잘못하여 형벌을 받게 되면 금을 내어 죗값을 치르게 한다는 말이다." ○소에 "여기에서 황금이라고 하고, 「여형」에서 황철(黃鐵)이라고 한 것은 모두 지금의 동(銅)이다."[43]라고 하였다.

○안 「우공」에 나오는 삼품금(三品金)[44]을 모두 죗값으로 바칠 수 있었고 반드시 한 종류로 정해진 것은 아니다. 그래서 경문에 어떤 금인지를 말하지 않은 것이다. 다만 물건에는 귀한 것이 있고 천한 것이 있어서 값이 배나 차이나기도 하므로, 귀한 것은 적게 받고 천한 것은 많이 계산하되 일정한 비율이 있어야 한다.【가령 적금(赤金) 여섯 냥이 1환(鍰)이라면 황금은 두 돈만으로 1환이 되고, 흑금(黑金)은 두 근(斤)이라야 1환이 되는 것과 같은 식이다. 나머지는 모두 이에 준한다.】 '환(鍰)'이란 열(鋝)이고, '열(鋝)'은 율[率 : 비율]의 뜻이다. 「여형」에서 수(銖)나 냥(兩)이라고 말하지 않고 굳이 몇 환이라고 한 것[45]이

43 여기에서 …… 동(銅)이다 : 『상서정의』 傳에 '金作贖刑'의 '金'은 '黃金'이라고 하고, 「여형」 '墨辟疑赦, 其罰百鍰'의 '鍰'은 '黃鐵'이라고 하였다. 공영달 소의 인용 부분 전문은 다음과 같다. 此傳黃金, 「呂刑」黃鐵, 皆是今之銅也.

44 「우공」에 나오는 삼품금(三品金) : 「우공」에서, '揚州'와 '荊州'에서 바치는 貢物로 '惟金三品'을 꼽았다.

45 「여형」에서 …… 것 : 墨, 劓, 剕, 宮, 大辟에 해당하나 죄가 실형에 처하기는 의심스러울 경우 벌금으로 대신하게 하고, 각각의 형에 대한 벌금의 액수

대체로 이 때문이다. 매색의 주에서 황금이라고도 하고 황철이라고도 한 것은 오류이다.

『주례』「직금(職金)」에 "사(士)에게서 금벌(金罰)과 화벌(貨罰)을 받아서 사병(司兵)에게 보낸다."【정현이 말했다. "화(貨)는 천패(泉貝)이다."】라고 하였다. 이로 보면 무릇 도(刀), 포(布), 패(貝), 옥(玉) 같은 종류로 모두 값을 서로 맞추어서 환의 수를 채운 것이지 반드시 금, 은, 동으로만 징수한 것은 아니다.

考訂 梅云: "鞭·扑雖輕, 猶虧其體, 亦容輸贖, 故後言之。" ○蔡云: "五刑, 有流宥而無金贖。《周禮·秋官》亦無其文。至〈呂刑〉, 乃有五等之罰, 疑穆王始制之。"【當刑而贖則失之輕, 疑赦而贖則失之重, 又使富者幸免, 貧者受刑也】 ○**鏞案** 贖者, 續也, 謂以貨貝續其肉體之當斷者也。古字本相通, 故《漢書》緹縈上書云: "斷者, 不可復續。"《史記》須賈云: "擢賈之髮, 以續賈之罪。" 古文以贖爲續者甚多。正唯五刑有贖。若鞭·扑之續, 是乃因五刑之贖, 而附生於其後也。

《周禮·秋官》有司圜之職: "凡圜土之刑人也, 不虧體。其罰人也, 不虧財。" 虧體者, 劓·刖之謂也。虧財者, 金贖之謂也。古唯虧體之刑, 而后乃有虧財之罰。曷謂《周禮》無文哉?【賈疏云: "刑人不虧體, 對五刑虧體者也。其罰人不虧財, 對五刑疑, 出金罰虧財者也。"】 且〈呂刑〉所異, 在於科目, 不在贖金也。《周禮·司刑》: "墨罪五百, 劓罪五百, 宮罪五百, 刖罪五百, 殺罪五百。" 〈呂刑〉加減其目, 墨罪千, 劓罪千, 剕罪五百, 宮罪三百, 大辟二百。〈司刑〉之時, 五刑之屬, 二千五百,【五五二十五】〈呂刑〉之時, 增

를 百鍰, 惟倍, 倍差, 六百鍰, 千鍰으로 규정하였다.

爲三千。然大辟減三百, 宮罪減二百, 欽恤之仁, 未嘗不增光祖宗。創出貪濁之新法, 以亂仁淸之舊章, 匪所圖也, 〈呂刑〉不必輕訾。

又凡贖刑之法, 罪在疑赦, 然後方許收贖。罪無可疑, 則雖陶・猗之富, 必不幸免。罪在疑赦, 則雖榮・黔之貧, 必不就贖。先王於此, 必有以處之, 不必過慮。且考《周禮》, 或爲罪隷, 使服賤役,【見〈司隷〉】 或囚圜土, 以至三年,【見〈司圜〉】 又以流放, 待其疑赦之類。【如今之絶島極邊】 貧不能贖者, 處之有術, 律應收贖, 乃或用刑, 必無是理。豈可以經無細目, 爲玆閒慮? ○ **又按** '扑作敎刑'者, 《周禮》之鄕刑也。其罪大者, 送于司寇, 其小小罪愆, 鄕大夫・黨正之等, 隨施扑罰。【雖不孝・不弟之科, 其中容有小罪】 先儒但以爲學校之刑, 不思當時司徒爲敎官也。

고정 매색이 말했다. "편(鞭)과 복(扑)은 비록 가벼운 형벌이지만 그래도 신체를 훼손하므로 역시 속전(贖錢) 바치는 것을 용납하였다. 그러므로 뒤에 말한 것이다."

○채침이 말했다. "오형에 대해서는 유유(流宥)만 있고 금속(金贖)은 없다. 『주례』「추관」에도 그런 내용은 없다. 그런데 「여형」에 이르러 마침내 5등급의 벌금이 있으니 아마 목왕(穆王)이 처음 제정한 듯하다."【형(刑)에 처해야 하는데 속전을 받으면 가볍게 처벌하는 잘못이 되고, 죄가 의심스러워서 용서해야 하는데 속전을 받으면 무겁게 처벌하는 잘못이 된다. 게다가 부자는 요행으로 벌을 면하게 되고 가난한 자는 형을 받게 된다】

○**용안** '속(贖)'이란 속[續 : 잇다]의 뜻으로, 끊어져야 하는 그 육체를 화패(貨貝)로 잇는다는 말이다. 고자(古字)에는 두 글자가 서로 통용되었다. 그러므로 『한서』에 제영(緹縈)이 상서하기를 "끊어진 것은 다시 이을 수 없습니다."라고 하였고, 『사기』에서 수가(須賈)

는 "저의 머리털을 뽑아서 저의 죄를 갚겠습니다."라고 한 것이다. 고문(古文)에서 속(贖)을 속(續)으로 쓴 예는 매우 많은데, 오형에 대해서만 속(贖)이 있었다. 편(鞭)·복(扑)에 대한 속(續)은 오형에 대한 속전으로 인하여 뒤에 부수적으로 생겨난 것이다.

『주례』「추관」사환(司圜)의 직분에 "환토(圜土)에 가둔 죄인에게 형벌을 가할 때에는 신체를 훼손[虧體]하지 않는다. 그 사람을 처벌할 때에는 재물을 훼손[虧財]하지 않는다."라고 하였다. '휴체'란 의(劓)나 월(刖) 같은 형을 말한다. '휴재'란 금속[金贖 : 금으로 속전(贖錢)을 내는 것]을 말한다. 고대에는 오직 휴체의 형만 있었는데 뒤에 와서 휴재의 처벌이 생겼다. 어찌 『주례』에 그 글이 없다고 하겠는가?【가공언의 소에 "'형인불휴체(刑人不虧體)'는 오형(五刑)에 대해 신체를 훼손하는 것이고, '기벌인불휴재(其罰人不虧財)'는 오형을 가하기 의심스러운 죄에 대해서는 벌금을 내게 하여 재물을 훼손하는 것이다."라고 하였다.】 또 「여형」의 다른 점은 과목(科目)에 있지 속금(贖金)에 있지 않다. 『주례』「사형」에 "묵형(墨刑)에 처해야 할 죄가 500가지, 의형(劓刑)에 처해야 할 죄가 500가지, 궁형(宮刑)에 처해야 할 죄가 500가지, 월형(刖刑)에 처해야 할 죄가 500가지, 살형[殺刑 : 사형]에 처해야 할 죄가 500가지이다."라고 하였는데, 「여형」에서는 그 과목을 가감하여 묵형에 처해야 할 죄가 1000가지, 의형에 처해야 할 죄가 1000가지, 비형(剕刑)에 처해야 할 죄가 500가지, 궁형에 처해야 할 죄가 300가지, 대벽[大辟 : 사형]에 처해야 할 죄가 200가지로 되어 있다. 「사형」을 제정한 시기에는 오형에 속하는 죄가 2500가지였는데,【5가지에 각 500을 곱하면 2500이 된다.】 「여형」을 기록한 시기에는 3000가지로 늘었다. 그러나 대벽에 해당하는 죄는 300가지를 줄이고, 궁죄에 해당하는 죄는 200가지를 줄였으니, 신중하게 심리하고 죄수를 불쌍히 여기는 어진 마음이 조종(祖宗)에 빛을 더하였다. 탐욕스럽고 혼탁한 신법을 만들어 어질고 맑은 옛 법을 어지럽혔지만 의도한 바는 아니었다. 「여형」이 반드시 경시하고 비방할 것은 아니다.

또한 속형(贖刑)하는 법은 죄가 의심스러워 용서할 만해야 비로소 속전을 받도록 허락한다. 죄가 〈실형에 처하기는〉 의심스러운 경우가 아니면 비록 도주공(陶朱公)이나 의돈(猗頓)[46] 같은 부자라도 필시 요행으로 죄를 면하지는 못하였을 것이다. 죄가 〈실형에 처하기에는〉 의심스러워서 용서할 소지가 있는 경우에는, 비록 영계기(榮啓期)나 검루(黔婁)[47] 같이 가난한 사람이라도 반드시 죗값을 내지는 않았을 것이다. 선왕은 이 점에 대해 반드시 처리할 방법이 있었을 것이니 지나치게 염려할 필요는 없다. 또 『주례』를 살펴보면 어떤 경우에는 벌로 종[隷]이 되어 천한 일에 종사하게 하고,【「사예(司隷)」에 보인다.】 어떤 경우에는 3년 동안 환토(圜土)에 가두기도 하였으며,【「사환(司圜)」에 보인다.】 또 멀리 추방하는 것으로 죄가 의심스러워서 용서해야 할 부류에 대처하기도 하였다.【이를테면 지금의 절도유배(絶島流配)나 극변유배(極邊流配) 같은 것이다.】 가난하여 벌금으로 형을 대신할 수 없는 자를 처리하는 방법이 있었을 것이니,

46 도주공(陶朱公)이나 의돈(猗頓) : 도주공은 춘추시대 越王 句踐의 신하 范蠡의 變名으로, 貨殖에 뛰어난 능력을 발휘하여 세 번이나 千金을 소유한 부자가 되었으며, 의돈은 도주공에게 商術을 배운 뒤 목축업으로 巨富가 되었다고 한다.

47 영계기(榮啓期)나 검루(黔婁) : 영계기는 춘추시대의 隱士이고, 검루는 전국시대 齊나라의 高士로 둘 다 가난하게 살면서도 벼슬을 마다하고 道를 즐겼다고 한다.

법으로 보아 속전을 거두어야 당연한데 혹시라도 형벌을 썼을 리는 없다. 어찌 경에 세목(細目)이 없다고 하여 이렇게 한가한 생각을 할 수 있겠는가?

○**우안** '복작교형'이란 『주례』의 향형(鄕刑)이다. 죄가 큰 경우에는 사구(司寇)에게 이송하지만 자잘한 잘못이면 향대부(鄕大夫)와 당정(黨正) 등이 그때그때 채찍을 치는 형벌을 시행하였다.【비록 불효나 부제(不弟)의 죄과라도 그 중에는 작은 죄도 있기 마련이다.】 앞 시대의 유학자들이 단지 학교의 형벌이라고만 한 것은 당시에는 사도(司徒)가 교관(敎官)이었음을 생각하지 않았기 때문이다.

鄭云: "眚烖, 爲人作患害者也。過失, 雖有害則赦之。【見《史》注】 怙其姦邪, 終身以爲殘賊, 則用刑之。【見《史》注】" ○梅云: "肆, 緩。賊, 殺也。" ○蔡云: "眚謂過誤, 災謂不幸, 怙有恃, 終謂再犯。" ○**案** 天災流行, 是不幸際也。人身亦有不幸而離法者,【今律謂之邂逅, 俚言謂之數厄】 是眚災也。怙者, 或倚勢, 或挾財, 以自恣横, 不悛舊惡者, 是怙終也, 舊說疎矣。三赦・三宥之法, 宜以釋此。

〔**眚災肆赦, 怙終賊刑**〕 정현이 말했다. "'생재(眚烖)'는 사람들에게 우환과 피해를 주는 짓을 하는 것인데, 실수로 저지른 일이면 비록 해를 끼치더라도 용서한다.[48]【『사기』「요본기」의 『집해』에 보인다.】 믿는 데가 있어 간사한 짓을 저지르며 종신토록 사람을 해치는 짓을 하면 형벌을 가한다."【『사기』「요본기」의 『집해』에 보인다.】 ○매색이

48 '생재(眚烖)'는 …… 용서한다: 『사기』「오제본기」에 '眚災過赦'라고 되어 있으므로 정현이 이렇게 주석한 것이다.

말했다. "'사(肆)'는 완[緩 : 늦추다]의 뜻이다. '적(賊)'은 살[殺 : 죽이다]의 뜻이다." ○채침이 말했다. "'생(眚)'은 과오를 말하고, '재(災)'는 불행을 말하며, '호(怙)'는 믿는 데가 있음을 말하고, '종(終)'은 재범(再犯)을 말한다."

○안 천재(天災)가 유행(流行)하는 것이 바로 불행한 때이다. 사람도 불행하여 법을 어기는 일이 있으니【지금의 법에서는 해후[邂逅 : 우연]라고 하고, 속언(俗言)에서는 수액[數厄 : 액운]이라고 한다.】 이것이 '생재(眚災)'이다. '호(怙)'란 세력에 의지하거나 재물을 끼고서 제멋대로 설치면서 구악(舊惡)을 고치지 않는 것이니 이것이 '호종(怙終)'인데, 구설은 허술하다. 삼사(三赦)·삼유(三宥)의 법은 이렇게 해석해야 한다.

考異 〈堯本紀〉: "眚烖過赦, 怙終賊刑。【節】 唯刑之靜哉。" ○伏本, 恤作謐。【見《史》注】 ○鄭本亦作'眚烖過赦'。【見《史》注】 **○案** 鄭本作過赦, 故鄭注有'過失'·'有害'之說。《史記》亦然, 則眞本皆然。以其難解之故, 僞者改以肆赦也。然過赦猶言疑赦, 謂以過誤赦之也。**○又按** 眞本作謐哉, 故《史記》訓之爲靜。謐者, 靜也。掌刑案獄者, 宜安詳靜密, 以盡服念之誠。僞者, 改之爲恤, 有何深味也?

고이 『사기』「요본기」에는 "眚烖過赦, 怙終賊刑.【중략】 唯刑之靜哉."로 되어 있다.

○복생본에는 '恤'이 '謐'로 되어 있다.[49]【『사기집해』에 보인다.】

---

49 복생본에는 …… 있다 : 『사기』「요본기」의 '惟刑之靜哉' 구에 대해 『사기집해』에 徐廣曰 : "『今文』云'惟刑之謐哉'"라고 되어 있다.

○정현본에도 '眚烖過赦'로 되어 있었을 것이다.【『사기집해』에 보인다.】[50]

○안 정현본에 '過赦'로 되어 있었으므로 정현의 주에 '과실'·'유해'라는 설이 있는 것이다. 『사기』에도 그렇게 되어 있으니 진본이 모두 그러하였을 것이다. 그런데 그것을 해석하기가 어렵기 때문에 위작(僞作)한 자가 '사사(肆赦)'로 고친 것이다. 그러나 과사(過赦)는 의사(疑赦)라는 말과 같으니 과오로 지은 죄는 용서한다는 뜻이다.

○우안 진본에 〈'恤哉'가〉 '謐哉'로 되어 있었기 때문에 『사기』에서 정(靜)으로 해석한 것이다. '밀(謐)'이란 정[靜 : 고요하다, 침중(沈重)하다]의 뜻이다. 형벌을 관장하고 옥사를 살피는 자는 마땅히 마음을 편안하게 가라앉히고 꼼꼼하게 살핌으로써 정성을 다해 생각해야 한다. 그런데 위작하는 자가 그것을 '휼(恤)'로 고쳤으니 무슨 깊은 맛이 있는가?

02. 요전하 - 05

流共工于幽洲, 放驩兜于崇山, 竄三苗于三危, 殛鯀于羽

50 정현본에도 …… 보인다 : 『사기』 「요본기」의 '眚災過赦' 구에 대해 『사기집해』에서 鄭玄曰 : "眚災, 爲人作患害者也. 過失, 雖有害則赦之."라고 한 정현의 설을 소개한 것을 근거로 한 말이다. 『상서고훈수략』에서 다산은 "鄭本, 眚災肆赦, 疑作眚烖過赦."라고 하였다. 이 밖에는 정현본의 원문이 어떠했는지에 대한 근거를 제시하지 않은 점으로 보아 『상서고훈수략』과 『상서지원록』을 합편하면서 일부 글자가 누락된 듯하다.

山。四罪而天下咸服。【《說文》竄爲𥨍。薛本, 作𥨍。《孟子》作殺。《莊子》作投, 〈在宥〉篇】

공공을 유주에 유배하고, 환도를 숭산으로 추방하고, 삼묘를 삼위로 쫓아내고, 곤을 우산에 가두었다. 사흉을 처벌하자 천하가 모두 승복하였다.【『설문해자』에는 '竄'이 '𥨍'으로 되어 있다. 설계선본에는 '𥨍'으로 되어 있고, 『맹자』에는 '殺'로 되어 있으며, 『장자』「재유(在宥)」 편에는 '投'로 되어 있다.】

馬云 : "幽洲, 北裔也。"【梅云 : "水中可居曰洲。"】 ○梅云 : "崇山, 南裔。"【疏云 : "蓋在衡嶺之南。"】 ○馬云 : "三苗, 國名也。縉雲氏之後, 爲諸侯, 蓋饕餮也。【王肅亦云】 三危, 西裔也。"【〈禹貢〉雍州云'三危旣宅, 三苗丕敍'。】 ○馬云 : "殛, 誅也。羽山, 東裔也。"【徐州云'蒙·羽其藝'。已上馬注, 竝見《史》注】

〔流共工于幽洲〕 마융이 말했다. "'유주(幽洲)'는 북쪽 변방[北裔]이다."【매색이 말했다. "물에서 사람이 살 수 있는 곳이 '주(洲)'이다."】
〔放驩兜于崇山〕○매색이 말했다. "'숭산(崇山)'은 남쪽 변방[南裔]이다."【소에 "형령(衡嶺)의 남쪽에 있었을 것이다."라고 하였다.】
〔竄三苗于三危〕○마융이 말했다. "'삼묘(三苗)'는 국명이다. 진운씨(縉雲氏)의 후예가 제후가 되었는데 대체로 탐욕스러웠다.【왕숙도 그렇게 말하였다.】 '삼위(三危)'는 서쪽 변방[西裔]이다."[51]【「우공」 옹주

51 '삼묘(三苗)'는 …… 변방[西裔]이다 : 『사기』 「요본기」의 '三苗在江淮 ……' 구절의 주에 나오는데, "'삼묘(三苗)'는 국명이다."는 『집해』에 마융의 주석으로 되어 있고, "진운씨(縉雲氏)의 …… 탐욕스러웠다."는 같은 부분의 『정의』에 나오는데 공안국의 주로 되어 있다.

(雍州)에 '삼위 지역에 집을 지을 수 있게 되니, 삼묘에게 전리(廛里)를 주어 편호의 백성이 되게 하였다.[三危旣宅, 三苗丕敍]'[52]라고 한 곳이다.】

〔殛鯀于羽山〕○마융이 말했다. "'극(殛)'은 주[誅: 벌하다, 추방하다]의 뜻이다. '우산(羽山)'은 동쪽 변방[東裔]이다."【「우공」 서주(徐州)에 '몽산과 우산에 곡식을 심을 수 있게 되었다.[蒙·羽其藝]'라고 한 곳이다. 이상 마융의 주는 모두 『사기』 「요본기」의 『집해』에 보인다.】

考訂 梅云: "殛·竄·放·流, 皆誅也。異其文, 述作之體。" ○蔡云: "流, 遣之遠去, 如水之流也。放, 置之於此, 不得他適也。竄, 則驅逐禁錮之。殛, 則拘囚困苦之。" **○案** 竄, 本藏匿之意。【從鼠入穴中】〈周語〉云'不窋, 自竄於戎·狄之間', 是也。三苗之君, 與其臣民, 黨惡梗化。故執其君鋤其黨, 徒之三危極遠之地, 使之藏身匿跡, 毋得發現也。

殛, 當讀之如'極之於其所往'之極,【見《孟子》】蔡註是也。馬融獨以殛爲誅者, 蓋殛死之文, 見於〈洪範〉, 見於〈祭法〉, 見於〈魯語〉, 見於《楚辭》。【〈離騷〉云: "終然殀乎羽之野。"】故馬說如彼。然五刑有服, 五服三就。三就者, 野·市·朝也。【見《國語》】三就之外, 宜無他就。且觀史克之言, 旣曰'流四凶族', 又曰'投諸四裔', 殛亦流放之類, 非卽殺之也。【〈太宰〉八柄, 七曰'廢'。鄭云: "廢猶放也。舜殛鯀于羽山, 是也。"】朱子曰: "殛, 非殺也。〈洪範〉言'殛死', 猶今言貶死。"

堯·舜之法, 五刑之流, 謂之五流。流·放·竄·殛, 必是五流之四。梅乃一之, 謂之述作之體, 非矣。四凶當時, 必令士師先議其當律, 定其

52 삼묘에게 …… 하였다: 이 부분은 『상서고훈』에서 "四罪明是四人, 而若據此經, 其族類小民, 亦多竝徙者矣. 丕敍者, 授之廛里, 使爲編戶之民也."라고 한 다산의 풀이에 따라 번역하였다.

墨・劓・剕・宮之名, 然後乃以貴臣之故, 流以宥之也。本律各殊, 故流名不同, 如今之徒・流・竄・置, 各有分別也。

或曰："流・放・竄・殛・縶爲五流。" 未知然否。縶縶叔, 是周法。【《知遠錄》】

고정 매색이 말했다. "'극(殛)'・'찬(竄)'・'방(放)'・'류(流)'는 모두 주(誅)의 뜻인데, 문장의 표현을 다르게 한 것은 술작(述作)한 문체이기 때문이다."

○채침이 말했다. "'류(流)'는 물이 흘러가듯이 멀리 가도록 보내는 것이다. '방(放)'은 이곳에 두어 다른 데로 가지 못하게 하는 것이다. '찬(竄)'은 몰아내어 금고(禁錮)하는 것이다. '극(殛)'은 가두어서 고생하게 하는 것이다."

○안 '찬(竄)'은 본래 장익[藏匿 : 감추고 숨기다]의 뜻이다.【서(鼠) 변에 써서, 쥐가 구멍[穴] 속에 들어가는 것을 상형한 글자이다.】『국어』「주어(周語)」에 '부줄(不窋)이 스스로 융(戎)・적(狄) 지역에 숨었다.'라고 한 것이 이것이다. 삼묘의 임금이 그 신민(臣民)과 함께 무리지어 악행을 저지르며 교화를 따르지 않고 저항하였다. 그래서 그 임금을 체포하고 그 무리를 찾아내어 지극히 먼 삼위(三危)의 땅으로 이주시켜 그곳에 몸을 감추고 흔적을 숨겨서 나타나지 못하게 한 것이다.

'극(殛)'은 '극지어기소왕[極之於其所往 : 그가 가는 곳에서 궁하게 하다]'의 '극(極)'과 같은 뜻으로 읽어야 한다.【『맹자』「이루하(離婁下)」에 보인다.】 채침의 주가 옳다. 마융이 홀로 극(殛)을 주(誅)라고 하였는데, 대개 극사(殛死)라는 글이 『상서』「홍범」에 나오고, 『예기』「제법(祭法)」에 나오고, 『국어』「노어(魯語)」에 나오며,[53] 『초사(楚辭)』

에 나오기 때문에【『초사』「이소(離騷)」에, "끝내 우의 들판에서 요절하였다.[終然殀乎羽之野]"라고 하였다.】 마융의 설이 저러하였을 것이다. 그러나 오형의 벌을 받게 하되 오형의 벌을 삼취(三就)에서 받게 하는데,[54] 삼취란 들판[野]과 시장[市]과 조정[朝]이니,[55]【『국어』에 보인다.】 삼취 외에 다른 장소가 없어야 한다. 또 〈『춘추좌씨전』〉 사극(史克)의 말을 보면 '유사흉족(流四凶族)'이라고 하고나서 또 '투저사예(投諸四裔)'라고 하였으니,[56] 극(殛) 또한 유방(流放)의 종류이지 즉시 죽이는 것이 아니다.【『주례』「천관·태재(太宰)」의 8병(八柄) 중 일곱째가 '폐(廢)'이다. 이에 대해 정현은 "'폐(廢)'는 방[放 : 추방]과 같다. 순이 곤을 우산으로 추방한 것[舜殛鯀于羽山]이 이것이다."라고 하였다.】 주자가 말했다. "'극(殛)'은 죽이는 것이 아니다. 「홍범」에서 '극사(殛死)'라고 한 것은 지금의 폄사(貶死)[57]라는 말과 같다."[58]

요·순의 법에서 오형으로 유배 보내는 것을 '오류(五流)'라고 하였

53 극사(殛死)라는 …… 나오며 : 『상서』「홍범」 3장에 "鯀則殛死, 禹乃嗣興."이라고 하였고, 『예기』「제법」에 "鯀鄣鴻水而殛死, 禹能脩鯀之功."이라고 하였으며, 『국어』「노어」에 "鮌鄣洪水而殛死, 禹能以德修鮌之功."이라고 하였다.

54 오형의 …… 하는데 : 『고문상서』「순전」 제20장에 보인다.

55 삼취란 들판[野]·시장[市]·조정[朝]이니 : 『국어』「노어」에, 臧文仲이 魯僖公에게 諫한 내용 중에 "大刑用甲兵, 其次用斧鉞, 中刑用刀鋸, 其次用鑽笮, 薄刑用鞭扑, 以威民也. 故大者陳之原野, 小者致之市朝, 五刑三次, 是無隱也."라고 하였다. 여기의 '次'는 '處'의 뜻으로, '三次'는 '三就'와 같다.

56 사극(史克)의 …… 하였으니 : 『춘추좌씨전』 문공 18년에 "舜臣堯, 賓于四門, 流四凶族, 渾敦·窮奇·檮杌·饕餮, 投諸四裔, 以禦螭魅."라고 하였다.

57 폄사(貶死) : 귀양 가서 죽는 것을 말한다.

58 주자가 …… 같다 : 『朱子語類』 권78 「尙書」 중 舜典 조목에서 "流·放·竄, 不是死刑. 殛, 伊川言'亦不是死'."라고 하였고, 또 洪範 조목에서 "伊川說'殛死只是貶死之類."라고 하였다.

다. '유' · '방' · '찬' · '극'은 필시 오류 중의 네 가지일 것이다. 매색이 그것을 하나로 보고 술작하는 문체라고 한 것은 잘못이다. 사흉(四凶)에 대해 당시에 필시 사사(士師)로 하여금 번서 그들에게 해당하는 형률을 의논하여 묵 · 의 · 비 · 궁의 죄명을 정하게 하고, 그런 다음에 귀신(貴臣)이기 때문에 유방(流放)하는 것으로 그들을 용서한 것이다. 본래 해당하는 율문이 각기 달랐기 때문에 유방의 명칭이 같지 않은 것으로, 지금의 도(徒) · 류(流) · 찬(竄) · 치(置)에 각기 분별이 있는 것과 같다.

혹지는 "류 · 방 · 친 · 극 · 채[蔡: 유배]가 오류(五流)이다."라고 하는데, 그런지 아닌지 알 수 없다. 채숙(蔡叔)을 유방한 것[59]은 주나라의 법이다.【『상서지원록』】

考訂 鄭云: "禹治水事畢, 乃流四凶。" ○王肅難云: "若待禹治水功成而後, 以鯀爲無功, 殛之, 是舜用人子之功, 而流放其父, 則禹之勤勞, 適足使父致殛, 爲舜失五典克從之義, 禹陷三千莫大之罪, 進退無據, 亦甚迂哉。"【見《正義》】 ○**訂曰** 王子雍奮筆駁鄭, 辭則快矣。而於鯀 · 禹廢興之本事, 仍無考正之論, 則寧舜 · 禹二聖之爲不仁 · 不孝, 而鄭則不服矣。何也? 自有〈堯典〉以來, 諸家註經, 皆以鯀治水九載弗績之後, 舜乃徵庸, 而鯀敗禹興, 事又相連, 曾無數年之隔。【鯀九年, 禹九年, 合之爲十八年故】 則舜攝政六七年之際, 正是禹告成功之年也。【金仁山《綱目》及他編年之史, 皆然】 乃視經文, 則殛鯀之下, 卽云'帝乃殂落'。殛鯀, 要在攝政十年之後, 或在二十年之後, 決非初年之事也。鄭云: "禹治水事畢, 乃

59 채숙(蔡叔)을 유방한 것: 『춘추좌씨전』 소공 1년에 보인다.

流四凶。" 斯豈可駁之言乎? 余固曰, 鯀之九載弗績, 是史家附見之筆。鯀與舜同時被薦而被用, 舜三載厎績, 厥明年攝帝。鯀六年再考, 九載而被黜, 正是攝政之六·七年也。鯀已敗事, 禹未嗣興, 其間十餘年, 舜有濬川之役, 鯀有羽山之謫。及其貶死之後, 禹始嗣興, 禹之受任, 要在堯崩前八年, 不然, 堯崩之後耳。【〈夏本紀〉: "禹之承命, 在堯崩之後。"】事實如此, 而未有考正之論, 但擊康成之說, 康成其伏乎。大抵鯀殛之後, 容有禹興之理, 而禹興之日, 必無鯀殛之法。人情天理, 古今無不同矣。【〈夏本紀〉明文也。全文見下'禹作司空'之節】

고정 정현이 말했다. "우(禹)의 치수(治水) 사업이 끝나고 비로소 사흉(四凶)을 유방하였다."

○왕숙이 논란하였다. "만약 우가 치수에 성공하기를 기다렸다가 그런 뒤에 곤이 공을 세우지 못했다 하여 유방하였다면, 이것은 순이 남의 아들의 공을 이용하여 그 아비를 유방한 셈이 된다. 그렇게 되면 우의 근로는 아비를 유배되도록 하기에 족할 뿐이어서 순은 오전극종(五典克從)의 의리를 잃게 되고, 우는 크나큰 불효의 죄에 빠지게 된다. 이쪽이나 저쪽이나 모두 근거가 없고 또한 매우 우활하다."【『상서정의』에 보인다.】

○**정왈** 왕자옹[王子雍: 왕숙]은 정현을 거침없이 논박하였는데, 말은 시원하다. 그러나 곤이 폐해지고 우가 일어난 본래의 일에 대해서는 여전히 고정(考正)하는 논리가 없으니, 차라리 순과 우 두 성인을 불인하고 불효한 사람으로 만들지언정 정현은 승복하지 않을 것이다. 어째서인가? 「요전」이 생긴 이래로 제가(諸家)가 경을 주석하면서 모두 곤이 9년 동안 치수하였으나 공을 이루지 못한 뒤에 순이 비로소 부름을 받아 등용되었으며, 곤이 실패하고 우가

일어난 것은 일이 또 연속되어 일찍이 몇 년의 간격도 없었다고 여겼다.【곤이 9년, 우가 9년으로 도합 18년이 되기 때문이다.】 그렇게 되면 순이 섭정한 지 6, 7년 되는 무렵이 바로 우가 공을 이룬 해가 된다.【김인산[김이상]의 『자치통감강목전편』 및 다른 편년체 역사에도 모두 그렇게 되어 있다.】 그런데 경문을 보면 곤을 유방한 내용 다음에 바로 '제요가 죽었다.[帝乃殂落]'라고 하였다. 따라서 곤을 유방한 것은 섭정한 지 10년 뒤이거나 20년 뒤가 되어야 하고 결코 초년의 일이 아니다. 정현이 "우가 치수 사업을 마치자 이에 사흉을 유방하였다."라고 하였는데, 이것이 어찌 반박할 수 있는 말이겠는가?

나는 본디 이렇게 생각하였다. 곤이 9년 동안 공을 이루지 못하였다는 것은 사가(史家)들이 자기 견해를 덧붙인 말이다. 곤은 순과 같은 시기에 천거되고 등용되었는데, 순은 3년 만에 공을 이루고 그 다음해에 제요의 일을 대리하였다. 곤은 6년 동안 두 번 고적을 받고 9년 만에 파출되었으니, 바로 〈순이〉 섭정한 지 6, 7년 되는 무렵이다. 곤이 일에 실패하고 우가 아직 사흥(嗣興)하기 전까지, 그 사이 10여 년 동안 순이 하천을 준설하는 공사가 있었고 곤이 우산에 유배되는 일이 있었다. 그러다가 그가 유배지에서 죽은 뒤에 우가 비로소 사흥하였다. 우가 임무를 받은 것은 요가 죽기 8년 전이거나 그렇지 않으면 요가 죽은 뒤여야 한다.【『사기』 「하본기」에 "우가 명을 받은 것은 요가 죽은 뒤에 있었다."라고 하였다.】 사실이 이와 같은데 고정하는 논리는 없이 단지 강성[康成 : 정현의 자]의 설을 공격하기만 하였으니, 강성이 어찌 승복하겠는가? 대체로 곤을 유방한 뒤에 어찌 우가 사흥할 리가 있겠으며, 또 우가 사흥한 날에 곤을 유방하는 법은 필시 없었을 것이다. 인정과 천리는 고금이 다르지 않다.【『사기』 「하본기」는 명백한 글이다. 전문은 다음의 '우작사공

(禹作司空)' 절에 보인다.】

考異 幽洲, 〈堯本紀〉作幽陵。【《楚詞 · 大招》云 : "北至幽陵, 南交趾只。" 王逸云 : "幽州也。"】《孟子》作幽州。鄭玄〈射義〉注, 作幽州。○《說文》, 竄作敫。

고이 '幽洲'가 『사기』 「요본기」에는 '幽陵'으로 되어 있다.【『초사』 「대초(大招)」에도 "北至幽陵, 南交趾只."로 되어 있는데, 왕일(王逸)[60]이 "유주(幽州)이다."라고 하였다.】 『맹자』에는 '幽州'로 되어 있고, 정현의 『주례』 「사의(射義)」 주에도 '幽州'로 되어 있다.
○『설문해자』에는 '竄'이 '敫'으로 되어 있다.

考證 〈堯本紀〉: "驩兜進言共工。堯曰'不可'而試之工師, 共工果淫辟。四嶽擧鯀治鴻水, 堯以爲不可, 嶽彊請,[교1] 試之而無功, 故百姓不便。三苗在江淮 · 荊州數爲亂。於是舜歸而言於帝, 請流共工于幽陵, 以變北狄, 放驩兜于崇山, 以變南蠻, 遷三苗於三危, 以變西戎, 殛鯀於羽山, 以變東夷。四罪而天下咸服。"【《大戴禮 · 五帝德》篇, '流共工'以下, 與《史》文同。但云'殺三苗於三危', 小異】

교1) 案 請 : 『사기』 「오제본기」에는 뒤에 '試之'가 더 있다.

고증 『사기』 「요본기」에 "환도가 공공을 추천하자 요가 '안 된다.' 라고 하고서도 공사(工師)를 맡겨 시험하였는데, 공공은 과연 음벽

---

60 왕일(王逸) : 생몰년 미상. 漢. 安帝 · 順帝 연간에 校書郎 · 侍中 · 豫章太守를 지냈다. 자는 叔師. 저술로 『楚辭章句』가 있고, 屈原을 애도하여 지은 『九思』가 있다. 明나라 때 그의 詩文을 모아 편찬한 『王叔師集』이 있다.

(淫辟)하였다. 사악이 홍수를 다스릴 사람으로 곤을 천거하자 요가 '안 된다.'라고 하였지만, 사악이 시험해볼 것을 강청하였다. 그래서 시험해보았지만 공을 이루지 못하여 백성들이 편하게 살지 못하였다. 삼묘가 강회(江淮) 부근과 형주(荊州)에 살면서 자주 난을 일으켰다. 그래서 순이 돌아가 제요에게 말하고, 공공을 유릉(幽陵)으로 유방하여 북적(北狄)으로 변화시키고, 환도를 숭산(崇山)으로 쫓아내어 남만(南蠻)으로 변화시키고, 삼묘(三苗)를 삼위(三危)로 옮겨 서융(西戎)으로 변화시키고, 곤(鯀)을 우산(羽山)으로 유방하여 동이(東夷)로 변화시키기를 청하였다. 사흉을 처벌하자 천하가 모두 승복하였다."라고 하였다.【『대대례기』「오제덕(五帝德)」편의 내용은 '流共工' 이하는 『사기』와 같다. 다만 '殺三苗於三危'라고 한 것만 조금 다르다.】

考證 〈周語〉, 太子晉曰："王無亦鑑於黎・苗之王, 不共神祇, 蔑其五則, 夷其宗廟, 焚其彝器。"【韋云："三苗也。"】 ○〈魏世家〉, 吳起曰："昔, 三苗氏, 左洞庭, 右彭蠡, 禹滅之。" ○杜預云："三苗地闕, 不知其處。" **○案** 舜竄之苗, 禹滅之苗, 容有不同。故杜云'地闕'。

고증 『국어』「주어(周語)」에, 태자 진(晉)이 "왕께서는 또한 구려(九黎)와 삼묘의 왕을 거울삼지 마십시오. 〈중략〉[61] 신기(神祇)를 받들지 않고 다섯 가지 법을 멸시하였으며 종묘를 훼철하고 제기들을 불태웠습니다."라고 한 기록이 있다.【위소가 말했다. "〈'묘(苗)'는〉 삼묘(三苗)이다.[62]"】

61 〈중략〉: 생략된 내용은 "下及夏・商之季, 上不象天而下不儀地, 中不和民而方不順時."이다.

62 〈묘(苗)는〉 삼묘(三苗)이다: 『국어』 위소의 주에 "黎, 九黎. 苗, 三苗."라고

○『사기』「위세가(魏世家)」에, 오기(吳起)가 "옛날 삼묘씨는 동정(洞庭)을 왼쪽에, 팽려(彭蠡)를 오른쪽에 두고 있었는데 〈덕과 의를 닦지 않아[德義不修]〉 우가 멸하였다."라고 한 기록이 있다.
○두예가 말했다. "삼묘의 땅이 없어져서 그 장소를 모른다."

○안 순이 쫓아낸 묘(苗)와 우가 멸한 묘(苗)가 어찌 다르겠는가? 그러므로 두예가 '땅이 없어졌다[地闕]'라고 한 것이다.

考證《左傳》,【文十八】 魯太史克曰："昔帝鴻氏【卽黃帝】有不才子,【猶言不肖之子孫】 掩義隱賊, 好行凶德, 醜類惡物, 頑嚚不友, 是與比周。天下之民, 謂之渾敦。【卽驩兜】 少皥氏有不才子, 毁信廢忠, 崇飾惡言, 靖譖庸回, 服讒蒐慝, 以誣盛德。天下之民, 謂之窮奇。【卽共工】 顓頊氏有不才子, 不可教訓, 不知話言, 告之則頑, 舍之則嚚, 傲狠明德, 以亂天常。天下之民, 謂之檮杌。【崇伯鯀】 此三族也, 世濟其凶, 增其惡名, 以至于堯, 堯不能去。縉雲氏有不才子, 貪于飮食, 冒于貨賄, 侵欲崇侈, 不可盈厭, 聚斂積實, 不知紀極, 不分孤寡, 不恤窮匱。天下之民, 以比三凶, 謂之饕餮。【卽三苗之君】 舜臣堯, 賓于四門, 流四凶族, 投諸四裔, 以禦魑魅。【節】 四門穆穆, 無凶人也。" **○案** 史克之言, 浮而無實, 不足以徵信也。【賈逵云："四裔之地, 去王城四千里。"】

고증 『춘추좌씨전』【문공 18년】에, 노나라 태사 극(克)이 "옛날 제홍씨(帝鴻氏)에게【곧 황제(黃帝)이다.】 불초한 자손이 있어【〈'부재자(不才子)'는〉 불초한 자손과 같은 말이다.】 의로운 사람을 가로막고 적도(賊徒)를 숨겨주며 흉덕(凶德) 행하기를 좋아하여, 추악한 무리나 완악하

하였다.

여 벗 삼지 말아야 할 자들과 친밀하게 지냈습니다. 천하의 백성들이 그를 혼돈(渾敦)이라고 하였습니다.【곧 환도(驩兜)이다.】 소호씨(少皞氏)에게 불초한 자손이 있어, 신의를 헐뜯고 충직을 폐기하며, 사악한 말을 모아 수식하고 아첨과 참소를 편하게 여기며, 부정(不正)한 사람을 신용하고 참소를 자행하며, 악인을 비호하여 현인을 무함하였습니다. 천하의 백성들이 그를 궁기(窮奇)라고 하였습니다.【곧 공공(共工)이다.】 전욱씨(顓頊氏)에게 불초한 자손이 있어, 가르칠 수도 없고 좋은 말을 할 줄도 모르며, 덕의(德義)를 일러주면 따르지 않고 내버려두면 나쁜 말만 하며, 밝은 덕을 무시하고 강상(綱常)을 어지럽혔습니다. 천하의 백성들이 그를 도올(檮杌)이라고 하였습니다.【숭백(崇伯) 곤(鯀)이다.】 이 세 종족은 대대로 흉한 덕을 계승하여 그 악명을 높였는데, 요의 시대에 이르러서도 요가 제거하지 못하였습니다. 진운씨(縉雲氏)에게 불초한 자손이 있어, 음식을 탐하고 재물을 탐하여 침탈하려는 욕심을 부리고, 자만하여 만족할 줄을 몰라서 거두어들인 재물이 얼마인지도 모를 만큼 쌓였는데도, 고아와 과부에게 나누어주지도 않고 곤궁한 사람을 구제하지도 않았습니다. 천하의 백성들이 이들을 삼흉에 견주어 도철(饕餮)이라고 하였습니다.【즉 삼묘의 임금이다.】 순이 요의 신하가 된 뒤 사방의 문에서 빈객을 맞이하고 네 흉족을 유방하여 사방의 변방으로 내쳐 사람을 해치는 괴물들을 막게 하였습니다. 【중략】 사방의 문이 화목하고 흉한 사람이 없어졌습니다."라고 하였다.

○**안** 사극의 말은 부화(浮華)하여 내실이 없으니 믿을 수 없다.【가규가 말했다. "사예(四裔)의 땅은 왕성에서 4000리가 떨어져 있다."】

考證《韓非子》曰 : "堯欲傳天下於舜, 鯀諫曰, '不祥哉。孰以天下而傳之於匹夫乎?' 堯不聽, 擧兵而誅殺鯀於羽山之郊。共工又諫, 堯不聽, 又擧兵而誅共工於幽州之都。於是天下莫敢言。" ○**案** 此眞是齊東野人之說。

고증 『한비자』에, "요가 천하를 순에게 전하려고 하자 곤이 간하였다. '좋지 않습니다. 누가 천하를 필부에게 전하겠습니까?' 그러나 요가 듣지 않고 군사를 동원하여 곤을 우산(羽山)의 교외에서 주살(誅殺)하였다. 공공이 또 간하였지만 요가 듣지 않고 다시 군사를 동원하여 공공을 유주(幽州)의 도읍에서 죽였다. 그리하여 천하에 감히 말하는 사람이 없어졌다."라고 하였다.

○**안** 이는 참으로 제(齊)나라 동쪽 야인의 말이다.

02. 요전하 - 06

二十有八載, 帝乃殂落。百姓如喪考妣, 三載, 四海遏密八音。

28년 만에 제요가 운명하였다. 백성들은 부모상을 치르듯 3년 동안 복상(服喪)하였고, 천하 사람들은 음악을 연주하지 않고 조용히 지냈다.

孔疏云 : "舜受終之後, 攝天子之事二十有八載。" ○許愼云 : "殂, 往死也。"【《說文》云】 ○梅云 : "百官,【謂百姓】 感德思慕。" ○梅云 : "遏, 絶。

密, 靜也。" ○蔡云: "魂氣歸于天, 故曰'殂'。體魄歸于地, 故曰'落'。" ○蔡云: "《儀禮》, 圻內之民, 爲天子齊衰三月, 圻外之民無服。" ○疏云: "〈喪服〉, 諸侯之大夫, 爲天子正服繐衰, 旣葬除之。" ○**鏞案** 百姓, 非畿內之民, 畿內之民, 未必皆齊衰三月。【義見下】 梅每以百姓訓爲百官, 亦恐少差。當時人文始闢, 衆生蚩愚。唯帝系・侯伯之裔, 纔能文明, 通解法理, 可以治民, 可以居官任職, 故當時最重氏族。然且有功有德而后, 得姓得氏, 黃帝二十五子, 其得姓者十四人。又必居官而后, 纔能得氏, 若爽鳩氏・祝鳩氏・縉雲氏・青雲氏・重・黎・羲・和之等, 始有氏族。元・凱之稱十六族, 軒裔之稱十二族, 某帝有才子幾人, 某帝有不才子幾人, 皆氏・族之論也。世官世祿, 子姓相承, 百姓之訓爲百官, 未爲不可。但當時百姓云者, 貴族之稱。貴族之中, 容有未官者, 或以冑子入太學, 或以游倅習道藝, 無不如喪考妣。直云'百官', 亦非當時之實也。○**又按** '天子畿內之民, 爲天子齊衰三月', 不見正經。正經但云'庶人, 爲國君齊衰三月'。鄭註以爲'庶人在官者'。【經不云民而云庶人者, 以此】 又云'天子畿內之民亦如之', 則國中・畿內, 凡在官者, 有服。是鄭義也。夏畦甿隸之賤, 何以制衰? ○周制, 百官, 爲天子斬衰三年, 括髮,【見〈聘禮〉】 苴杖, 居廬, 食粥,【見《禮記》】 是或自唐・虞已然乎? 其服固皆然矣。其哀之如喪考妣, 唯堯而已。故史臣特書之。【畿內之民, 無爲堯斬衰之理, 百姓必非庶民】

〔二十有八載〕 공영달의 소에, "순이 제(帝)의 일을 넘겨받은 뒤 천자의 일을 대리한 지 28년 된 해이다."라고 하였다.

〔帝乃殂落〕○허신이 말했다. "'조(殂)'는 왕사[往死: 죽음으로 가다]의 뜻이다."【『설문해자』에서 말한 것이다.】

〔百姓如喪考妣〕○매색이 말했다. "백관(百官)이【백성(百姓)을 말한다.】

덕에 감격하여 사모한 것이다."

〔四海遏密八音〕○매색이 말했다. "'알(遏)'은 절[絶 : 끊어지다]의 뜻이다. '밀(密)'은 정[靜 : 고요하다]의 뜻이다."

〔帝乃殂落〕○채침이 말했다. "〈사람이 죽으면〉 혼기(魂氣)는 하늘로 돌아가기 때문에 '조(殂)'라고 하고, 체백(體魄)은 땅으로 돌아가기 때문에 '낙(落)'이라고 한다."

〔百姓如喪考妣三載〕○채침이 말했다. "『의례』에, '기내(圻內)의 백성은 천자를 위해 자최(齊衰) 3월의 복(服)을 입고, 기외(圻外)의 백성은 복이 없다.'라고 하였다." ○소에 "『의례』「상복(喪服)」에, '제후의 대부가 천자의 상에 입는 정복(正服)은 세최(繐衰)이고, 장례를 치르고나면 벗는다.'라고 되어 있다."라고 하였다.

○용안 '백성'은 기내의 백성이 아니고, 기내의 백성이 반드시 모두 자최 3월의 복을 입는 것도 아니다.【풀이는 뒤에 보인다.】 매색은 매번 백성을 백관이라고 풀이하는데 역시 조금 틀린 듯하다. 당시는 인문(人文)이 처음 열려서 중생(衆生)이 우매하였다. 오직 제왕의 세계(世系)와 후백(侯伯)의 후예만이 겨우 문명하여 법리(法理)를 이해하고 백성을 다스릴 수 있으며 관직에 앉아 직무를 맡을 수 있었다. 그러므로 당시에는 씨족(氏族)을 매우 중시하였다. 그렇지만 또한 공이 있고 덕이 있어야 성(姓)과 씨(氏)를 얻을 수 있었으니, 황제의 아들 25명 가운데 성을 얻은 자는 14명이었다. 또 반드시 관직에 복무해야 겨우 씨를 얻을 수 있었으니, 이를테면 상구씨(爽鳩氏)·축구씨(祝鳩氏)·진운씨(縉雲氏)·청운씨(靑雲氏)·중(重)·려(黎)·희(羲)·화(和) 등에게 겨우 씨족이 있었다. 원(元)·개(凱)를 16족(族)이라고 일컫고, 헌원(軒轅)의 후예를 12족이라고

일컬으며,[63] 어느 황제에게 훌륭한 아들 몇 명이 있었고 어느 황제에게 불초한 아들 몇 명이 있었다는 것은 모두 씨와 족을 논한 것이다. 대대로 관직에 올라 대대로 녹을 받으며 아들이 성을 계승하니, 백성을 백관이라고 풀이하는 것이 불가하지는 않다. 다만 당시의 백성이란 귀족을 일컫는다. 귀족 가운데 벼슬하지 않은 사람이 있을 수 있지만 더러는 주자(冑子)가 태학에 입학하고 더러는 수령에게 배워 도예(道藝)를 익히기도 하였으니, 모두가 부모의 상을 당한 것처럼 하였을 것이다. 그러나 곧바로 '백관'이라고 하는 것은 역시 당시의 실상이 아니다.

○**우안** '천자 기내의 백성은 천자를 위해 자최 3월의 복을 입는다.'라는 것은 정경(正經)에 보이지 않는다. 정경에는 다만 '서인(庶人)은 국군(國君)을 위해 자최 3월의 복을 입는다.'라고만 하였다. 그런데 정현의 주에서 '서인 중에 관직에 있는 사람이다.'라고 하고,【경에서 '민(民)'이라고 하지 않고 '서인(庶人)'이라고 한 것이 이 때문이다.】 또 '천자 기내의 백성 역시 그렇게 한다.'[64]라고 하였으니, 도성과 기내

63 헌원(軒轅)의 …… 일컬으며 : 『사기』「오제본기」에 "黃帝二十五子, 其得姓者十四人"라고 되어 있다. 이에 대해 『사기색은』에 "舊解破四爲三, 言得姓十三人耳. 今按, 『國語』胥臣云 : '黃帝之子二十五宗, 其得姓者十四人, 爲十二姓, 姬·酉·祁·己·滕·葴·任·荀·僖·姞·儇·衣是也. 唯青陽與夷鼓同己姓'. 又云 : '青陽與蒼林爲姬姓.' 是則十四人爲十二姓, 其文甚明. 唯姬姓再稱青陽與蒼林, 蓋『國語』文誤, 所以致令前儒共疑. 其姬姓青陽當爲玄囂, 是帝嚳祖, 本與黃帝同姬姓. 其『國語』上文青陽, 卽是少昊金天氏爲己姓者耳. 旣理在不疑, 無煩破四爲三."이라고 하였다.

64 정경에는 …… 한다 : 『의례』「喪服」'疏衰裳齊牡麻絰無受者'의 항목에 '庶人爲國君'이 들어 있는데, 이 부분 정현의 주에 "不言民而言庶人, 庶人或有在官者. 天子畿內之民服天子亦如之."라고 하였다.

의 관직에 있는 자는 모두 복이 있는 것이다. 이것이 정현의 뜻이다. 하지만 여름철 밭 매는 천한 자들이 어떻게 최복(衰服)을 만들겠는가?

○주나라 제도에, 백관은 천자를 위해 참최(斬衰) 3년의 복을 입고, 괄발(括髮)하고,【『의례』「빙례(聘禮)」에 보인다.】 상장(喪杖)을 짚고[苴杖], 거려(居廬)하며 죽을 먹었는데[食粥],【『예기』에 보인다.】 어쩌면 당·우 때부터 이미 그러하였고, 그 복은 본래 모두 그러하였을 것이다. 그러나 부모를 잃은 것처럼 슬퍼한 것은 요에 대해서만 그러하였을 뿐이다. 그러므로 사신이 특별히 기록한 것이다.【기내의 백성이 요를 위해 참최의 복을 입을 이치는 없고, 백성이 반드시 서민인 것은 아니다.】

考證 〈堯本紀〉: "堯立七十年得舜, 二十年而老, 令舜攝行天子之政, 薦之於天。堯辟位凡二十八年而崩。百姓悲哀, 如喪父母, 三年。"【案。喪, 是服喪之名】 ○王肅云: "徵用三載, 其一在徵用之年, 其餘二載, 與攝位二十八年, 凡三十歲也。" ○梅云: "堯年十六卽位, 七十載求禪, 試舜三載。自正月上日至崩二十八載, 堯死, 壽一百一十七歲。"【疏云: "唯有一百一十六,[교1] 不得有七。"】 **○案** 堯生十五年,【卽位之年, 屬之位】 在帝位七十年,【是年得舜】 又帝位三年,【舜厎績三年】 舜攝後二十八年,【正月上日以後】 其壽百十六也。

교1) 案六: 『상서정의』에는 뒤에 '歲'가 더 있다.

고증 『사기』「요본기」에, "요가 즉위 70년에 순을 얻고, 20년 만에 늙어서 순에게 천자의 정사를 섭행하게 하고 하늘에 순을 천거하였다. 요는 제위(帝位)를 피한 지 28년 만에 죽었다. 백성들이 슬퍼하면서 부모의 상을 치르듯 3년 동안 복을 입었다."라고 하였다. 【안. '상(喪)'은 복상(服喪)의 명칭이다.】

○왕숙이 말했다. "불러서 등용한 지 3년째이니 첫해는 불러서 등용한 해이고, 그 나머지 2년과 제위를 대리한 28년을 합치면 모두 30년이다."

○매색이 말했다. "요는 16세에 즉위하고 70세에 선위(禪位)할 사람을 찾아서 순을 3년 동안 시험하였다. '정월상일(正月上日)'부터 사망하기까지는 28년이니, 요가 죽었을 때 향년은 117세였다."【소에 "116년만 있을 뿐 7이 있을 수 없다."라고 하였다.[65]】

○안 요는 태어난 지 15년 만에 〈즉위하고〉【즉위한 해는 재위 기간에 속한다.】 제위에 70년 동안 있었으며,【이해에 순을 얻었다.】 〈순을 얻은 뒤〉 제위에 3년을 더 있었다.【순이 공을 이룬 3년간이다.】 그리고 순이 섭정한 뒤 28년이 지났으니【정월상일(正月上日) 이후이다.】 그의 향년은 116세이다.

考異 《孟子》引〈堯典〉曰："放勳乃殂落。"【〈萬章〉篇】 ○《說文》云："放

---

65 116년만 …… 하였다 : 『상서정의』 공영달의 소에 "孔傳云'歷試二年', 明其一年在徵用之限. 以此計之, 唯有一百一十六歲, 不得有七, 蓋誤爲七也."라고 하였다. 매색은 요가 16세에 즉위하고 즉위한 지 70년 되는 해 곧 86세에 순을 등용하여 3년간 시험해본 뒤 89세 되는 해에 제위를 물려주고 그로부터 28년 만에 죽었으므로 사망 시의 나이는 117세라고 계산하였다. 그러나 공영달은 『금문상서』 「요전」 마지막 장(『상서고훈』 02.요전 하-22장)의 '徵庸三十' 구에 대해 '歷試二年'이라고 한 공안국의 전에 근거하여, 徵庸 30년에 등용한 해가 포함된 것이므로 순수하게 시험한 기간은 2년뿐이라고 보아 사망 시 요의 나이는 116세라고 계산한 것이다.

勛乃殂落。”

고이 『맹자』에서 「요전」을 인용한 부분에는 〈‘帝乃殂落’이〉 “放勳乃殂落.”으로 되어 있다.【「만장」 편에 보인다.】

○『설문해자』에는 〈‘帝乃殂落’이〉 “放勛乃殂落.”으로 되어 있다.

02. 요전하 - 07

月正元日，舜格于文祖。

정월 초하루에 순이 문조에 나아갔다.

王肅云：“月正元日，猶言正月上日，變文耳。”【《禮》云‘令月吉日’，又變文言‘吉月令辰’，此類也】○梅云：“舜服堯喪三年畢，將卽政。故復至文祖廟告。”○蔡云：“《春秋》，國君皆以遭喪之明年正月卽位。此云‘喪畢之明年’，不知何據。”○**鏞案** 梅之所據者，《孟子》也。夏啓以前，天下不必傳子，何讓乎堯[교1]之子矣。舜攝政二十有八載，旣受終文祖矣，卽巡守方岳矣。南面受諸侯朝，考五玉・旅[교2]三帛。至是，辟位南河，飾讓者乎，要名者乎？‘春王正月公卽位’，其源本在此，卽位必於祖。月正元日者，告朔・朝享畢，遂告卽位，因於廟前負扆，受群臣朝，因以視朔禮也。《孟子》七篇，非皆孟子之手筆，何以舍經而從之？

舜側陋三十載，【舜生三十徵】徵庸三十載，【三載底績，攝政二十八載，實爲三十年】在位五十載。考之經文，歲算完整，服喪三年，避位一年，其亦無隙而可揷矣。‘月正元日’者，堯崩之明年也。

교1) 堯 : 문맥상 '舜'이 옳은 듯하다. 案원문대로 '堯'여야 한다.
교2) 案旅 : 衍字인 듯하다.

〔月正元日〕 왕숙이 말했다. "'월정원일(月正元日)'은 정월상일(正月上日)과 같은 말인데 표현을 바꾼 것뿐이다."【『의례』에서 '영월길일(令月吉日)'이라고 하고, 또 표현을 바꾸어서 '길월영신(吉月令辰)'이라고 한 것[66]이 이런 유이다.】 ○매색이 말했다. "순이 요의 삼년상을 마치고나서 즉위하려고 하였다. 그래서 다시 문조의 사당에 가서 고한 것이다." ○채침이 말했다. "『춘추』에 국군(國君)은 모두 상을 당한 다음해 정월에 즉위하였다. 여기서 '상을 마친 다음해'라고 한 것은 어디에 근거한 것인지 모르겠다."[67]

○용안 매색이 근거한 것은 『맹자』이다. 하계(夏啓) 이전에는 천하를 반드시 아들에게 전하지는 않았는데, 어찌 요의 아들에게 제위를 양보하였겠는가.[68] 순은 섭정한 지 28년이 되는 해에 문조(文祖)

66 영월길일(令月吉日)이라고 …… 것 : 『의례』「士冠禮」에 나온다. 원문은 다음과 같다. 始加, 祝曰 : "令月吉日, 始加元服. ……" 再加曰 : "吉月令辰, 乃申爾服. ……"

67 『춘추』에 …… 모르겠다 : 이는 蘇軾의 말로 『서집전』에 인용되어 있다. 『서집전』 해당 부분의 全文은 다음과 같다. 蘇氏曰 : "受終, 告攝. 此告卽位也. 然『春秋』, 國君皆以遭喪之明年正月, 卽位於廟而改元, 孔氏云'喪畢之明年', 不知何所據也."

68 하계(夏啓) …… 양보하였겠는가 : 『맹자』「萬章上」에, 요가 붕어하자 순이 삼년상을 마치고 요의 아들을 피해 南河의 남쪽으로 갔는데, 천하의 백성들이 모두 요의 아들을 따르지 않고 순을 따랐다는 내용이 보인다. 이에 대해 다산은 『孟子要義』에서 丹朱에게 제위를 양보하였다는 것은 허위이며, 맹자의 親筆이 아니라고 하였다. 『맹자요의』 원문은 다음과 같다. 至是避位南河以讓丹朱, 則詐僞不誠, 莫此爲甚. 『孟子』此章, 與「堯典」不合. 以此推

에서 제의 일을 넘겨받고 곧바로 방악(方岳)을 순수하였다. 또한 남면(南面)하여 제후들의 조회를 받고 5등 제후의 서옥(瑞玉)과 삼백(三帛)을 살폈다. 그런데 이때에 와서 제위를 피하여 남하(南河)로 갔다면 가식적인 사양인가, 명성을 얻기 위한 사양인가? '춘왕정월공즉위(春王正月公卽位)'[69]는 그 기원이 본디 여기에 있는 것으로, 즉위는 반드시 조묘(祖廟)에서 하였다. '월정원일(月正元日)'이란 곡삭(告朔)과 조향(朝享)[70]을 마치고 드디어 즉위를 고하고는, 이어 사당 앞에 부의(負扆)[71]하고, 여러 신하로부터 조회를 받았으며, 이어 시삭(視朔)[72]의 예를 행한 것이다. 『맹자』 7편을 모두 맹자가 직접 쓴 것은 아닌데 어째서 경을 놔두고 그것을 따르겠는가?

순은 미천하게 지낸 기간이 30년,【순은 태어난 지 30년에 부름을 받았다.】 부름을 받아 등용된 이후 30년,【3년 동안 공적을 올리고 섭정한 것이 28년이니 실제로 30년이 된다.】 재위 기간이 50년이다. 경문을 살펴보면 햇수가 완벽하게 정리되어 복상(服喪) 3년과 피위(避位) 1년은 또한 끼워 넣을 틈이 없다. '월정원일'이란 요가 죽은 다음해이다.

之, 則下章所言禹·益之事, 亦恐不然. 余故曰: "『孟子』非皆孟子之親筆."

69 춘왕정월공즉위(春王正月公卽位): 『춘추』에서 魯나라 임금의 즉위를 기록하는 體例이다.

70 곡삭(告朔)과 조향(朝享): 곡삭은 천자가 제후에게 正朔을 반포하는 것이고, 조향은 곡삭을 마친 다음 小牢의 제물로 祖禰에 제사하는 것으로 祭朔이라고도 한다.

71 부의(負扆): '扆'는 제왕의 자리 뒤에 치는 도끼를 그린 병풍이다. '부의'는 의를 등 뒤에 둘러쳤다는 뜻으로 자리에 앉아 정사를 본다는 의미이다.

72 시삭(視朔): 천자가 매달 초하루에 祖廟에 朝享하고나서 정사를 보는 것을 말한다.

考訂 孔穎達云："此猶是堯之文祖。自此以後, 舜當自立文祖之廟, 堯之文祖, 當遷於丹朱之國。" ○朱子曰："堯之廟, 當立于丹朱之國。蓋神不歆非類, 民不祀非族。故《禮記》有虞氏禘黃帝而郊嚳, 祖顓頊而宗堯。【〈祭法〉文】 伊川以爲可疑。" **○議曰** 禪受者, 官天下, 傳世者, 家天下, 其禮自不得相同。今以三王之禮, 冒之五帝, 其有合乎? 文祖, 不知爲誰, 要之, 非軒則顓, 非顓則嚳。使其爲軒, 自當不遷。【舜亦軒之裔】 使其爲顓・嚳, 亦頗難動。何者? 舜攝天子時, 受于文祖, 踐天子時, 格于文祖。及其堯崩已遠, 爵位已固之後, 毁其廟, 廢其祀, 出而遷之於丹朱之國, 改立文祖之廟, 以奉虞幕・敬唐之等, 其於情理, 大不允協。

且舜命官之初, 伯禹已平水土, 踐于司空, 進宅百揆, 而商均依然不肖。舜之禪禹, 其勢已成, 不過數十年之後, 禹之文祖, 來據新廟, 舜之文祖, 又將遷于商均之國。舜逆睹此事, 如視掌紋, 何爲是紛紛變更哉。文祖必不遷矣。

若云'神弗[교1]歆非類'者, 族類之私祭也,【本指紀[교2]・鄙言】 帝・王家・公大禮, 非所當引。故五帝之祀, 周人擧之。《周禮・小宗伯》："兆五帝於四郊。"【兆者, 壇域也】〈大司寇〉："禋祀五帝, 則莅誓百官。"【大祭也】〈小司寇〉："凡禋祀五帝, 實鑊水。"【又〈士師〉, 祀五帝, 則沃尸. 六官, 此文尙多】 其祀五帝, 必夏・商之舊章, 三王之所不廢, 舜顧外之乎? 鄭玄酷信讖緯, 每以靈威仰・赤熛怒之說, 交亂典章。【天有五帝者, 邪說也】 然猶以軒・嚳等五帝, 謂之配食,【〈大宗伯〉之注】 其祀五帝, 一也, 玆之謂禘。楚觀射父云'禘・郊之事, 則有全烝', 此祭也。古之祭法, 以德以功, 德配上帝, 功被下民, 然後配食於郊・禘, 此百祭之源本也。此非一人一家之所得私報者, 亦豈一人一家之所得擅廢哉? 甯武・狐突之語,【僖三十一】 非所當於此禮也。社祭句龍, 稷祭姬棄, 百世之所不變, 夫孰云非其

類乎?

五帝之視天位, 如官署·驛亭, 立七廟於帝京, 亦未可知。如其立之, 必於商均之國, 因其舊制, 稍增其文。橋牛·瞽叟, 雖有私廟, 必不與郊·禘·祖·宗之禮等而同之。百辟·卿士, 駿奔走助祭者, 必在乎郊·禘·祖·宗之地, 立七廟於帝京, 似無是理。

〈魯語〉, 展禽謂'有虞氏郊堯而宗舜', 此商均·虞思之禮也。【韋注然】〈祭法〉謂'郊嚳而宗堯', 此卽帝舜在位五十年所行之禮也。

古者廟制, 一帝一廟, 非如後世同堂異室之制, 亦不必左昭右穆。如韋玄成所論, 異姓諸帝, 不害竝祀, 假如同堂共食, 亦且無礙。今學宮之祀孔·孟·顏·曾, 同堂竝食, 而人不言非類, 祖顓宗堯, 何以異是?【《知遠錄》。○毛奇齡言舜宜立七廟, 故上有七廟之說】

교1) 案弗 : 『춘추좌씨전』에는 '不'로 되어 있다.
교2) 案紀 : 『춘추좌씨전』을 참고할 때 '杞'로 되어야 할 듯하다.

고정 공영달이 말했다. "이때까지는 아직 요의 문조의 사당이다. 이 이후에 순은 응당 스스로 문조의 사당을 세우고, 요의 문조의 사당은 응당 단주(丹朱)의 나라로 옮겼을 것이다."

○주자가 말했다. "요의 사당은 당연히 단주의 나라에 세워야 한다. 대체로 신은 자기 자손이 아닌 사람이 지내는 제사에는 흠향하지 않고, 백성은 자기 조상이 아니면 제사하지 않는다. 그러므로 『예기』에 유우씨는 황제에게 체제(禘祭)를 지내고 제곡에게 교제(郊祭)를 지냈으며, 전욱에게 조제(祖祭)를 지내고 요에게 종제(宗祭)를 지냈다고 한 데 대해【「제법(祭法)」의 글이다.】 이천(伊川)이 의심스럽다고 한 것이다."[73]

○**의왈** 선위(禪位)를 받은 자는 천하를 공물(公物)로 보고, 세습 받은 자는 천하를 자기 집안의 소유로 보기 때문에 그 예가 본래 서로 같을 수 없다. 그런데 지금 삼왕(三王)의 예를 오제(五帝)에게 씌우니 그것이 맞겠는가? 문조가 누구인지는 모르지만 요컨대 헌원이 아니면 전욱이고, 전욱이 아니면 제곡일 것이다. 가령 그가 헌원이라면 본래 옮기지 않아야 한다.【순 또한 헌원의 후예이기 때문이다.】 가령 그가 전욱이나 제곡이라고 해도 역시 옮기기는 매우 어렵다. 어째서인가? 순은 천자의 일을 섭행할 때 문조에서 그 일을 넘겨받았고, 천자에 즉위할 때에도 문조에 나아가서 하였다. 그런데 요가 죽은 지 한참이 지나고 작위가 이미 굳건해진 뒤에, 그 사당을 헐어 그 제사를 폐하고 내보내 단주의 나라로 옮겨서 문조의 사당을 새로 세우고, 우막(虞幕)·경당(敬唐) 등의 제사를 받들게 하는 것은 인정과 사리에 매우 부합되지 않는다.

또 순이 관리를 임명하던 초기에 백우(伯禹)는 이미 수토(水土)를 평정하여 사공(司空)에 오르고 나아가 백규의 자리에 앉았지만 상균(商均)은 여전히 불초하였다. 순이 우에게 선위할 것은 그 형세가 이미 이루어져 있었으니, 불과 수십 년 뒤에는 우의 문조가 와서 새 사당을 차지하고 순의 문조는 또 장차 상균의 나라로 옮겨질 것이다. 순은 그런 사태를 손금 보듯 환히 내다보고 있었을 텐데 어찌 그리 분분하게 변경하였겠는가? 문조는 필시 옮기지 않았을 것이다.

신은 자손이 아닌 사람이 지내는 제사에는 흠향하지 않는다고 하

73 요의 사당은 …… 것이다 : 『주자어류』 권78 「尙書1」에 보인다.

는 것은 족류(族類)의 사사로운 제사로서,【본래 기(杞)나라와 증(鄫)나라를 가리켜 말한 것이다.[74]】 황제나 왕 · 공의 대례(大禮)에는 끌어댈 바가 아니다. 그러므로 오제의 제사를 주나라에서 거행한 것이다. 『주례』「소종백(小宗伯)」에 "사방 교외에 제단을 만들어서 오제를 제사하였다."【'조(兆)'란 제단이 있는 구역[壇域]이다.】라고 하고, 「대사구(大司寇)」에는 "오제에게 인사(禋祀)를 올릴 때에는 백관에게 맹서하는 자리에 참석한다."[75]【대제(大祭)이다.】라고 하였으며, 「소사구(小司寇)」에는 "오제에게 인사를 올릴 때에는 가마솥에 물을 채우는 일을 한다."【또 「사사(士師)」에는, 오제에게 제사할 때에는 시동(尸童)을 씻기는 일을 한다고 하였다. 『주례』의 육관(六官)에는 이런 내용이 매우 많다.】라고 하였다. 오제에게 제사를 올렸으니 하(夏) · 상(商)의 옛 전장(典章)을 삼왕이 폐하지 않았던 것이 분명한데, 순이 어찌 그것을 외면하였겠는가? 정현은 참위(讖緯)를 혹신하여 매번 영위앙(靈威仰) · 적표노(赤熛怒) 같은 설[76]을 가지고 전장(典章)을 교란하였다.【하늘에 오제가 있다는 것은 사설(邪說)이다.】 그러면서도 여전히 헌원 · 제곡 등 오제를 그들에게 배식한다고 하였으니,【『주례』「대종백(大宗伯)」의 주에 보인다.】 오제에게 제사하는 것은 마찬가지이지만 이것을 체(禘)제사라고 한다. 초나라 관야보(觀射父)가 '체제(禘祭)와 교

74 본래 …… 것이다 : 뒤에 나오는 각주79) 참조.

75 오제에게 …… 참석한다 : 『주례』에 大司寇의 직무 중 하나로 "若禋祀五帝, 則戒之日, 莅誓百官, 戒于百族."이 있는데, 가공언의 소에 "云'莅誓百官'者, 謂'餘官誓百官之時, 大司寇則臨之', 云'戒於百族'者, 大司寇親自戒之."라고 하였다.

76 영위앙(靈威仰) · 적표노(赤熛怒) 같은 설 : 『주례』 주에서 정현은 오제를 하늘에 있는 다섯 신으로 보고 "蒼曰'靈威仰', 太昊食焉, 赤曰'赤熛怒', 炎帝食焉, 黃曰'含樞紐', 黃帝食焉, 白曰'白招拒', 少昊食焉, 黑曰'汁光紀', 顓頊食焉."이라고 풀이하였다.

제(郊祭)를 지낼 때에는 전증(全烝)[77]이 있다.'[78]라고 한 것이 이 제사이다. 고대의 제법은 덕이 있고 공이 있어야 올렸으니, 덕이 상제와 짝하고 공이 하민에게 입혀져야 교제와 체제에 배식하였다. 이것이 모든 제사의 근본이다. 이들은 한 사람이나 한 집안이 사사로이 보답할 수 있는 바가 아닌데, 또 어찌 한 사람이나 한 집안에서 마음대로 폐할 수 있는 것이겠는가? 영무자(甯武子)와 호돌(狐突)의 말[79]은【희공 31년에 보인다.】 이 예에 해당되는 바가 아니다. 사(社)에서 구룡(句龍)을 제사하고 직(稷)에서 희기(姬棄)를 제사하는 것은 영원히 바꿀 수 없는 일인데, 누가 그 자손이 아니라고 하겠는가?

오제는 천위(天位)를 관서(官署)나 역정(驛亭) 같이 여겼고, 제경(帝京)에 7묘(廟)를 세웠는지도 알 수 없다. 만약 세웠다면 반드시 상균의 나라에 세웠을 것이고, 옛 제도를 따르되 문식을 조금 더하였을 것이다. 교우(橋牛)와 고수(瞽叟)에 대해서는 비록 사묘(私廟)가

---

77 전증(全烝): 희생을 통째로 바치는 것은 말한다. 『국어』 위소의 주에 "全烝, 全其牲體而升之. 凡郊・禘皆血腥."라고 하였다.

78 관야보(觀射父)가 …… 있다: 인용 내용은 『국어』「周語中」에 보이는 내용으로 周 定王이 晉 范武子에게 한 말이다. '초나라 관야보'라고 한 것은 오류이다.

79 영무자(甯武子)와 호돌(狐突)의 말: 모두 귀신은 자기 족류가 올리는 제사가 아니면 흠향하지 않는다는 설로, 호돌의 말은 『춘추좌씨전』 僖公 10년, 영무자의 말은 僖公 31년에 보인다. 僖公 10년: 秋, 狐突適下國, 遇大子. 大子使登, 僕, 而告之曰, "夷吾無禮, 余得請於帝矣, 將以晉畀秦, 秦將祀余." 對曰, "臣聞之, '神不歆非類, 民不祀非族.' 君祀無乃殄乎? 且民何罪? 31년: 冬, 狄圍衛, 衛遷于帝丘, 卜曰三百年. 衛成公夢, 康叔曰, "相奪予享." 公命祀相, 甯武子不可曰, "鬼神非其族類, 不歆其祀. 杞・鄫何事? 相之不享於此久矣, 非衛之罪也, 不可以間成王・周公之命祀, 請改祀命."

있었겠지만, 필시 교·체·조·종 등의 제사의 예와 대등하게 하지는 않았을 것이다. 백벽(百辟)과 경사(卿士)의 빼어난 인사들이 분주히 달려가 제사를 도운 것은 반드시 교·체·조·종을 올리는 자리였을 것이고, 제경에 7묘를 세웠을 리는 없을 듯하다.

『국어』「노어」에서 전금(展禽)이 '유우씨는 요에게 교제를 지내고 순에게 종제를 지냈다.'라고 하였는데, 이는 상균(商均)과 우사(虞思)의 예이다.【위소의 주[80]에 그렇게 되어 있다.】『예기』「제법」에 '제곡에게 교제를 올리고 요에게 종제를 올린다.'라고 하였는데, 이것은 제순이 재위한 50년 동안 행한 예이다.

옛날의 묘제(廟制)는 황제 1명 당 하나의 사당을 세워서 후세의 동당이실(同堂異室)의 제도와는 같지 않았고, 또 반드시 좌소우목(左昭右穆)으로 배열한 것도 아니었다. 위현성(韋玄成)[81]이 논한 바와 같이 이성(異姓)의 여러 황제를 함께 제사해도 문제되지 않고, 가령 동당공식(同堂共食)하더라도 구애될 것이 없다. 지금 학궁(學宮)에서 공자·맹자·안자·증자를 제사하면서 동당병식(同堂竝食)해도 사람들이 비류(非類)라고 하지 않는데, 전욱에게 조제를 올리고 요에게 종제를 올리는 것이 이것과 무엇이 다르겠는가?【『상서지원

80 위소의 주 : 『국어』「노어」의 "有虞氏禘黃帝而祖顓頊, 郊堯而宗舜" 구에 대한 韋昭의 주에, "此上四者, 謂祭天以配食也. 祭昊天於圓丘曰'禘', 祭五帝於明堂曰'祖'·'宗', 祭上帝於南郊曰'郊'. 有虞氏出自黃帝·顓頊之後, 故禘黃帝而祖顓頊, 舜受禪於堯, 故郊堯. 禮祭法, '有虞氏郊嚳而宗堯.' 與此異者, 舜在時則宗堯, 舜崩而子孫宗舜, 故郊堯也."라고 하였다.

81 위현성(韋玄成) : ?~B.C.36. 前漢. 韋賢의 막내아들로 경학에 밝았다. 宣帝 때 石渠閣에서 五經의 同異를 논할 때 참여하였고, 元帝 때 아버지의 뒤를 이어 승상이 되었다.

록』 ○모기령이 '순은 응당 7묘를 세웠을 것'이라고 하였으므로 위에 7묘에 관한 설을 두었다.[82]】

02. 요전하 - 08

詢于四岳, 闢四門, 明四目, 達四聰。

사악에게 자문하여 사문을 열고 사목을 밝히고 사총을 통하게 하였다.

梅云 : "廣致衆賢, 視聽於四方。"【疏云 : "多設取士之科。"】 ○**鏞案** 上云'日覲四岳群牧'者, 在外藩者, 四人也。此云'詢于四岳'及下云'咨四岳'者, 在內朝統領外四岳者, 一人也。【堯'咨四岳巽朕位'者, 亦在內者一人】 廣賢路, 達視聽, 必'詢于四岳'者, 不限於在內之百姓, 欲通血脈於四遠, 無有壅塞也。四目・四聰, 非指有形之耳目, 則四門亦非雉門・應門之類。昔下扃鎖而今始啓闢也, 攝政之年, 非或因循, 而正位之日, 尤愼一初, 以新天下之心。一曰廣賢路, 二曰察民隱, 三曰開言路。舜一初之政, 三者而已。

82 모기령이 …… 두었다 : '五帝之天位'~'似無是理' 한 단락을 이 부분에 포함한 이유가, '순이 7묘를 세웠다.'라고 한 모기령의 설이 잘못임을 말하기 위해서라는 뜻인 듯하다. 『고문상서』「益稷」의 '祖考來格, 虞賓在位, 群后德讓' 구의 '虞賓'을 채침이 堯의 아들 丹朱라고 하였는데, 모기령이 『尚書廣聽錄』 권2에서 그렇다면 순이 즉위한 이후 7묘를 세운 것이 분명하다고 하였다. 원문은 다음과 같다. 『書集傳』 : "虞賓丹朱也, 堯之後爲賓於虞" 『尚書廣聽錄』 : "既曰'虞賓'者, 以堯子丹朱爲勝國之賓反來助祭, 則舜于卽位後明立七廟."

〔明四目, 達四聰〕 매색이 말했다. "여러 현자를 널리 불러들여서 사방의 일을 보고 들었다는 뜻이다."【소에 "취사(取士)하는 과목을 많이 설치한 것이다."[83]라고 하였다.】

○**용안** 앞에 말한 '일근사악군목(日覲四岳群牧)'의 〈사악은〉 외번(外藩)에 있는 사람으로서 4인이다. 여기서 말하는 '순우사악(詢于四岳)' 및 다음에 말하는 '자사악(咨四岳)'의 〈사악은〉 중앙 조정에 있으면서 외번의 사악을 통령(統領)하는 사람으로서 1인이다.【요가 '자사악손짐위(咨四岳巽朕位)'라고 한 부분의 〈사악〉 역시 중앙 조정에 있는 사람으로서 1인이다.】 현인들이 나아올 길을 넓히고 보고 듣는 것을 통하게 하려고 하면서 굳이 '사악에게 자문'한 것은, 기내에 있는 백성에 한정하지 않고 사방의 변방에까지 혈맥을 통하게 하여 가로막히는 바가 없게 하려고 해서이다. '사목(四目)'과 '사총(四聰)'은 형체가 있는 귀와 눈을 가리키는 것이 아니니, '사문(四門)' 역시 치문(雉門)이나 응문(應門) 같은 종류가 아닐 것이다. 옛날에는 자물쇠를 채워두었는데 지금 비로소 관문을 열었으니, 섭정하던 시기에 혹시라도 옛 관습을 그대로 따른 것은 아니지만, 제위를 바르게 한 날에는 더더욱 처음 시작하는 정사를 신중하게 하여 천하의 마음을 새롭게 하려고 해서이다. 그 첫째가 현자가 나아올 길을 넓히고[廣賢路], 둘째가 백성의 고충을 살피며[察民隱], 셋째가 언로를 연 것[開言路]이다. 순이 즉위하여 처음 시행한 정사는 세 가지뿐이다.

83 취사(取士)하는 …… 것이다 : 『상서정의』 소의 원문은 다음과 같다. 以堯舜之聖求賢久矣. 今更言'開門', 是開其未開者, 謂多設取士之科, 以此廣致衆賢.

咨十有二牧曰："食哉惟時, 柔遠能邇, 惇德允元, 而難任人, 蠻夷率服。"

12목에게 자문하였다. "식량을 넉넉하게 해야 하니 농사철을 어기지 말아야 하고, 멀리 있는 사람을 너그럽게 어루만지고 가까이 있는 사람을 길들여 익숙하게 하며, 덕이 있는 사람을 후대하고 인후(仁厚)한 사람을 믿으며, 마음이 간악한 자를 거절하면 만이도 와서 복종할 것이다."

蔡云："十有[교1]二州之牧。" ○王肅云："能安遠者, 先能安近。"【梅云："當安遠, 乃能安近。"】○鄭云："能, 恣也。"【〈大雅·民勞〉疏】○梅云："任, 佞。難, 拒也。" ○**案** 此經訓詁, 蔡註備矣。【今略之】十二州肇建於攝政之初。此時禹平水土, 九州之制已成, 而十有二牧, 依然受命者。幽·幷·營三州, 其田賦·貢納之制, 不與九州同例, 故不入〈禹貢〉之內, 而建牧立監, 固自若也。〈禹貢〉雖止九州, 十二之制, 至夏猶存也。舜咨十二牧, 其首戒曰食, 〈洪範〉之一曰食, 亦此意也。足食之政, 唯時宜察, 孟子以不奪農時爲王政之首, 亦此意也。

교1) 案有：『서집전』에는 이 글자가 없다.

〔十有二牧〕 채침이 말했다. "12주의 목(牧)이다."
〔柔遠能邇〕○왕숙이 말했다. "능히 멀리 있는 자를 편안하게 하려면 먼저 가까이 있는 사람을 편안하게 해줄 수 있어야 한다는 말

이다.”【매색이 말했다. “멀리 있는 자를 편안하게 해주어야 가까이 있는 사람을 편안하게 해줄 수 있다는 말이다.”】 ○정현이 말했다. “‘능(能)’은 자[恣: 따르다, 순종하다]의 뜻이다.”【『시경』「대아·민로(民勞)」의 소[84]에 보인다.】

〔難任人〕○매색이 말했다. “‘임(任)’은 녕[佞: 아첨하다]의 뜻이다. ‘난(難)’은 거[拒: 막다, 거부하다]의 뜻이다.”

○**안** 이 부분의 경문에 대한 훈고는 채침의 주[85]에 자세하다.【지금은 생략한다.】 12주는 섭정 초기에 처음 세웠다. 이때는 우가 수토를 평정하여 9주의 제도가 이미 완성되었지만 12목은 예전 그대로 명을 받은 사람들이다. 그러나 유주·병주·영주 3개 주의 경우 전부(田賦)와 공납(貢納)의 제도는 9주와 예(例)를 같이하지 않았다. 그래서 「우공」 중에는 들어가지 않았지만 목(牧)과 감(監)을 세운 것은 본래 같았다. 「우공」은 비록 9주에 그치지만 12주의 제도는 하나라에 이르기까지 여전히 남아 있었다. 순이 12목에게 자문하면서 가장 먼저 경계한 것이 ‘식량[食]’이고 「홍범」의 ‘첫째가 식량[一曰食]’인 것 또한 이 뜻이다. 식량을 넉넉하게 하는 정사에서는 오직 농사철을 살펴야 한다. 맹자가 ‘농사지을 때를 빼앗지 않는 것’

84 「대아·민로(民勞)」의 소: 「民勞」의 ‘柔遠能邇以定我王’ 구에 대한 箋에 “能, 猶伽也. 邇, 近也. 安遠方之國, 順伽其近者, 當以此定我國家爲王之功.”이라고 하고, 또 “鄭注『尙書』云: ‘能, 恣也, 與此不同.”이라고 하였다.

85 채침의 주: 『서집전』에 “牧, 養民之官, 十二牧, 十二州之牧也. 王政以食爲首, 農事以時爲先, 舜言足食之道, 惟在於不違農時也. 柔者, 寬而撫之也, 能者, 擾而習之也. …… 惇, 厚, 允, 信也, 德, 有德之人也, 元, 仁厚之人也. 難, 拒絶也, 任, 古文作壬, 包藏凶惡之人也. 言‘當厚有德, 信仁人, 而拒奸惡也. 凡此五者, 處之各得其宜 則不特中國順治, 雖蠻夷之國, 亦相率而服從矣.”라고 하였다.

을 왕정에서 가장 먼저 할 일이라고 한 것도 이 뜻이다.

考證《吳越春秋》: "堯號禹曰'伯禹', 官曰'司空', 賜姓姒氏, 領統州伯, 以巡十二部。"【金云: "禹治水成功而後, 巡十二部。"】 ○**案**《吳越春秋》, 雖異於正經, 九州與十二州, 竝行而不相悖, 可知也。

고증 『오월춘추』에 "요가 우를 '백우(伯禹)'라고 부르고, 관직을 '사공(司空)'이라고 하고, 성을 사씨(姒氏)로 내려주고, 주백(州伯)을 통솔하여 12부(部)를 순수하게 하였다."라고 하였다.【김이상이 말했다. "우가 치수에 성공한 뒤에 12부를 순수하였다."[86]】

○**안** 『오월춘추』는 비록 정경(正經)과는 다르지만 9주와 12주가 병행하여 서로 어그러지지 않았음을 알 수 있다.

考訂 〈王制〉二百一十國爲[교1)]州, 一州一伯, 八州八伯。【九州其一爲帝都, 故只有八牧】 伯者, 牧也。鄭註'八伯'每帝都一州, 不建牧伯, 故止有八伯。虞制雖十有二州, 若除冀州, 十一牧也。此云'十有二牧', 何也? 或於公卿之中, 立一牧, 使牧冀州也。

召陵之盟, 管仲對楚曰: "五侯九伯, 女實征之。" 周亦九伯可知。以此觀之, 〈王制〉鄭說謂'畿內無牧伯'者, 非矣。

86 우가 …… 순수하였다: 『資治通鑑前編』 권1 「甲子八十有一載肇十有二州」 조에 『吳越春秋』曰: "堯號 …… 十二部"라고 하고, 그 주에 "『吳越春秋』敍禹治水成功而後巡十二部, 則分十二州在此時, 可知."라고 하였다. 해당 부분 『오월춘추』의 원문은 堯曰: "兪! 以固冀於此." 乃號禹曰'伯禹', 官曰'司空', 賜姓姒氏, 領統州伯, 以巡十二部이다.

교1) 案爲 : 『예기』 원문에는 앞에 '以'가 더 있다.

고정 『예기』 「왕제(王制)」에, 210국을 주(州)로 하고 1주에 1명의 백(伯)을 두어 8주에 8명의 백이 있다고 되어 있다.[87] 【9주에서 그 중 하나는 제도(帝都)이므로 8목(牧)만 있는 것이다.】 '백(伯)'이란 목(牧)이다. 정현은 '팔백(八伯)'에 대한 주에서 매번 제도(帝都) 1주에는 목백을 세우지 않으므로 8명의 백만 있다고 하였다. 우제(虞制)에는 비록 12주가 있었지만 기주(冀州)를 제하면 11목이다. 그런데 여기서 '12목'이라고 한 것은 어째서인가? 어쩌면 공경 중에서 1명을 목으로 세워서 기주를 다스리게 하였을 것이다.

소릉(召陵)에서 결맹(結盟)할 때 관중(管仲)이 초나라 〈사자에게〉 대답하기를 "5후(侯)와 9백(伯)을 네가 실로 정벌하라."[88]라고 한 데서 주나라 역시 9명의 백을 두었음을 알 수 있다. 이것으로 보면 「왕제」 정현의 설에 '기내에는 목백이 없다[畿內無牧伯]'라고 한 것은 틀렸다.

87 210국을 …… 있다 : 『예기』 「왕제」의 원문은 "二百一十國以爲州, 州有伯, 八州八伯."이다.

88 소릉(召陵)에서 …… 정벌하라 : 『춘추좌씨전』 희공 4년에 관련 내용이 보인다. 희공 4년 봄에 齊侯가 諸侯의 연합군을 이끌고 楚나라를 토벌하였는데, 楚子가 연합군의 진영으로 사자를 보내 초나라와 제나라는 南北으로 멀리 떨어져 있어 전혀 상관이 없는데 이렇게 토벌하는 이유가 무엇인지를 물었다. 이때 齊의 재상인 관중이 "옛날 召康公이 우리 先君 太公에게 '5후와 9백을 네가 실로 토벌하여 周 왕실을 보좌하라.'라고 하였다."라고 대답하였다. 같은 해 여름 열세에 놓인 초나라가 승복하였으므로 소릉에서 결맹을 하게 되었다. 저본의 인용에는 약간의 착오가 있으나 여기서는 원문대로 번역하였다.

舜曰："咨四岳，有能奮庸，熙帝之載，使宅百揆，亮采惠疇。" 僉曰："伯禹作司空。" 帝曰："俞。咨禹，汝平水土，惟時懋哉。" 禹拜稽首，讓于稷·契暨皋陶。帝曰："俞。汝往哉。"【伏本，皐陶作咎繇】

순이 말했다. "아, 사악아, 능히 분발하여 제요의 일을 넓히고, 백규의 자리에 앉히면 인재를 잘 선택하여 무리가 따르게 할 사람이 있겠는가?" 여럿이 모두 대답했다. "백우가 사공으로 있습니다." 제순이 말했다. "그렇다. 아, 우야, 네가 수토를 잘 다스렸으니 이 일에 힘쓰라." 우가 절하고 머리를 조아리며 직·설·고요에게 사양하자 제순이 말했다. "너의 말이 옳다. 그러나 네가 〈그 자리에〉 나아가라."【복생본에는 '皐陶'가 '咎繇'로 되어 있다.】

梅云："言'舜曰'以別堯。"【蔡云："堯在時，舜未嘗稱帝，此後方稱帝。"】○馬云："奮，明。庸，功也。"【見《史》注】梅云："奮，起也。有能起發其功，廣堯之事者。" ○鄭云："載，行也。"【王云："載，成也。"】○梅云："使居百揆之官。" ○**鏞案** '亮采'，謂明於選擇之術，'惠疇'，謂順其疇類之心也。'百揆'者，周之大冢宰也，統率百僚，揆度百事，而以八法治官府，以八柄馭群臣，以八統馭萬民。凡尊賢使能，進秩授職，皆太宰之職。必明於采擇之術，絶去偏黨之私，乃順其疇類之心，帝所求者此人也。【前人每訓采爲事，以失經旨】○**論曰** '奮庸'二字，最要淸省。《爾雅》："雞絶有力曰奮，羊絶有力曰奮。" 奮者，奞也。奞與卂通，奮迅之意也。《詩》曰'不能奮飛'，《易》曰'雷出地奮豫'，《史記·蘇秦傳》曰'奮擊百萬'，奮之字義，居

可知也。余觀開荒以來, 奮發事功, 莫如堯·舜。曆象日月, 察其耕穫, 選賢任職, 平治水害, 五載一巡, 比年受朝, 詢事考言, 天下旣紛紛矣。重之以鑿山瀹水, 濬畎疏澮, 立敎明刑, 制禮作樂, 誅凶退佞, 以至上下草木鳥獸魚鼈, 莫不擇人援任, 計功責成, 其用心用力, 可謂奮矣。後世言治道者, 誤解《魯論》'舜恭已無爲'一語, 遂謂守成之法, 莫如靜鎭。漢文躬修玄默, 則自以爲薄三王遵五帝, 而釀成七國之亂。魏相·丙吉, 不親細務, 則自以爲調二氣順四時, 而瘝廢三公之職, 庸陋蔑裂之徒, 號爲鎭安。戒在興作, 務持大體, 自掩其短, 以賈誼爲少年, 以王安石爲殷鑑, 懲羹而吹齏, 因噎而廢食, 委靡頹墮, 苟且泄沓。一毛一髮, 無不受病, 而操藥石者爲妄人。一榱一桶,[교1] 無不破壞, 而談繩者爲喜事。諸如是者, 請把'有能奮庸'一句, 三復玩味。【《知遠錄》】

교1) 案桶 : 문맥으로 보아 '桷'의 오기인 듯하다.

〔舜曰〕 매색이 말했다. "'순왈(舜曰)'이라고 말한 것은 요와 구별하기 위해서이다."【채침이 말했다. "요가 살아 있을 때에는 순을 제라고 칭한 적이 없었는데 이 부분 이후부터 비로소 제라고 칭하였다."[89]】

〔有能奮庸, 熙帝之載〕○마융이 말했다. "'분(奮)'은 명[明 : 밝다, 밝히다]의 뜻이고, '용(庸)'은 공(功)의 뜻이다."【『사기』「순본기」의 『집해』에 보인다.】 매색이 말했다. "'분(奮)'은 기[起 : 일어나다]의 뜻이다. 일어나 그 공을 펼쳐 요의 일을 확장할 수 있는 사람을 말한다."[90] ○정

89 요가 …… 칭하였다 : 『서집전』의 내용을 축약하여 인용하였다. 원문은 다음과 같다. 此章稱'舜曰', 此下方稱'帝曰'者, 以見堯老舜攝, 堯在時, 舜未嘗稱帝, 此後, 舜方眞卽帝位而稱帝也.

90 '분(奮)'은 …… 말한다 : 『상서정의』 傳에 "訪羣臣有能起發其功廣堯之事者"

현이 말했다. "'재(載)'는 행[行 : 가다]의 뜻이다."【왕숙이 말했다. "'재(載)'는 성[成 : 이루다]의 뜻이다."】

〔使宅百揆〕○매색이 말했다. "백규의 관직에 앉히셨다는 말이다."

○**용안** '양채(亮采)'는 선택하는 방법에 밝다는 말이고, '혜주(惠疇)'는 무리의 마음을 따르게 한다는 말이다. '백규'란 주나라의 대총재(大冢宰)와 같은 관직으로서 모든 관료를 통솔하고 모든 일을 헤아려서, 8법(八法)으로 관부를 다스리고, 8병(八柄)으로 군신(群臣)을 부리며, 8통(八統)으로 만민을 부린다. 어진 이를 높이고, 유능한 사람을 부리며, 작위를 올려주고, 관직을 주는 것이 모두 태재(太宰)의 직무이다. 그러므로 반드시 채택하는 방법에 밝고 편당(偏黨)하는 사심을 끊어버려야 비로소 무리의 마음을 따르게 할 수 있으니, 제순이 찾는 것이 이런 사람이었다.【전인(前人)은 매번 채(采)를 사(事)로 풀이하여 경의 본지(本旨)를 놓쳤다.】

○**논왈** '분용(奮庸)' 두 글자를 매우 분명하게 살펴야 한다. 『이아』에 "닭이 매우 힘찬 것이 분(奮)이고, 양(羊)이 매우 힘찬 것이 분(奮)이다."라고 하였다. '분(奮)'이란 분(奞)이다. 분(奞)은 신(卂)과 통용되니 분신[奮迅 : 세차다, 민첩하다]의 뜻이다. 『시』에 '힘차게 날아가지 못한다[不能奮飛]'[91]라고 하였고, 『역』에 '우레가 땅에서 나와 움직이는 것이 예이다[雷出地奮, 豫]'[92]라고 하였으며, 『사기』「소진열전(蘇秦列傳)」[93]에 '일어나 민첩하게 공격할 수 있는 군사

라고 하였다.

91 힘차게 날아가지 못한다.[不能奮飛] : 『시경』「邶風 · 柏舟」에 보인다.

92 우레가 …… 예이다[雷出地奮, 豫] : '雷出地奮豫'는 『주역』豫卦의 象傳에 보이는데, 다산은 『易學緒言』권1에서 "奮, 動也."라고 하였다.

가 백만입니다.[奮擊百萬]'라고 하였다. 이런 데에 근거하여 분(奮)의 뜻을 알 수 있다.

내가 보기에 개벽 이래로 요·순 만큼 사공(事功)을 세차게 일으킨 사람은 없었다. 천상(天象)을 기록·관찰하여 농사철을 살피고, 현인을 뽑아 관직에 임명하여 수해를 다스리게 하고, 5년에 한 번 순수하고 매년 조회를 받아 모책을 듣고 그 말을 실행하였는지 공적을 살피니, 천하가 이미 분분하였다. 거기에 더하여 산을 뚫어 물길을 트고, 밭도랑을 쳐서 물을 소통시키고, 가르침을 세우고 형벌을 분명하게 하며, 예를 제정하고 음악을 만들며, 흉한 자들을 주벌하고 간사한 자들을 물리치며, 상하의 초목·조수·어별(魚鼈)에 이르기까지 모두 사람을 선택하여 임무를 맡기고 공을 계산하여 성공을 책임지게 하였으니, 그 마음을 쓰고 힘을 쓰는 것이 민첩하였다고 할 수 있다.

후세에 치도(治道)를 논하는 사람들이 『노론(魯論)』의 '순공기무위(舜恭己無爲)'[94] 한마디를 잘못 해석하는 바람에 드디어 수성(守成)하는 방법으로는 조용히 진정시키는 것보다 좋은 방법이 없다고 여기게 되었다. 그래서 한나라 문제는 몸소 현묵(玄默)을 닦았

93 「소진열전(蘇秦列傳)」: '奮擊百萬'은 范雎가 秦 昭王에게 한 말로 「范雎列傳」에 나온다. 「蘇秦列傳」이라고 한 것은 오류이다.

94 순공기무위(舜恭己無爲): 『논어』 「위령공」의 "無爲而治者, 其舜也與! 夫何爲哉? 恭己正南面而已矣."를 말한다. 何休, 邢昺, 朱熹 등 역대의 주석가들이 모두 이 구절의 의미를 '無爲而治'라고 풀이하였다. 그러나 다산은 『論語古今註』에서 "恭己, 猶敬身, 謂篤恭而端坐也. 正南面, 謂居其位而不動也."라고 풀이하고, 또 『상서』에 순의 즉위 이후 事功이 보이지 않는 것은 "三載一考, 三考一黜, 五載一巡, 群后四朝, 詢事考言, 敷奏試功" 등의 법과 제도가 구비되었기 때문이라고 하였다. 그리하여 고적·순수·형옥·教訓을 매년 직접 행하였는데, 모든 일을 법대로 처리하여 "舜雖得人, 未嘗無爲."라고 하였다.

으니, 스스로는 삼왕에 근접하고 오제를 따른다고 여겼지만 7국의 난을 빚었다. 또 위상(魏相)과 병길(丙吉)[95]은 세세한 업무를 직접 보지 않았으니, 스스로는 음양을 소화시키고 사시를 순소롭게 한다고 하였지만 삼공(三公)의 직무를 폐기한 용렬하고 어리석은 무리인데, 진무(鎭撫)하고 안정시킨 사람이라고 소문이 났다.

흥작(興作)을 경계하되 대체(大體)를 지키는 데 힘써야 하는데, 스스로 단점을 숨기고는 가의(賈誼)를 소년이라고 하고 왕안석(王安石)을 은감(殷鑑)이라고 하며, 뜨거운 국을 먹다가 입을 데고는 냉채까지 불어서 먹고 목이 막힐까 봐 밥을 먹지 않는 꼴이 되어, 느른하게 게으름을 피우면서 구차하게 얼버무리기만 하였다. 그리하여 터럭 하나 머리카락 한 올까지도 모두 병이 들었는데 치료하려는 자를 망령된 사람으로 여기고, 서까래가 모두 부서졌는데도 수리하자고 말하는 자는 일을 벌이기 좋아하는 사람으로 여긴다. 이런 사람들은 '유능분용(有能奮庸)' 한 구절을 거듭 완미(玩味)해보기 바란다.【『상서지원록』】

【僉曰】梅云 : "四岳同辭而對。【蔡云 : "四岳所領諸侯, 有在朝者。"】 禹代鯀爲崇伯。"【賈逵云 : "禹代鯀爲崇伯, 入爲天子司空, 以其伯爵, 故稱伯禹。"】 ○【汝平水土】 梅云 : "稱禹前功以命之。" ○馬云 : "懋, 美也。"【王肅云 : "勉也。"】 ○【汝往

95 위상(魏相)과 병길(丙吉) : 두 사람 모두 漢 宣帝 때의 名宰相으로 꼽히는 인물이다. 위상은 『易』에 밝아 陰陽이 王事의 근본이라고 주장하였다. 병길은 길에 사람 시체가 있는 것을 보고는 담당 관리가 알아서 할 일이라며 그냥 지나치고, 소가 헐떡이는 것을 보고는 덥지도 않은 시기에 소가 헐떡이는 것은 음양의 조화가 어그러진 것이라고 하여 이유를 물었다는 고사가 있다. 『한서』에 「魏相丙吉傳」이 전한다.

哉】鄭云：“然, 其擧得其人, 汝往居此官, 不聽其所讓也。”【見《史》注】 梅云：“勑使往宅百揆。” ○**鏞案** 梅註, 本以四岳爲羲·和之四子, 故云同辭以對。然堯咨四岳之時, ‘師錫帝’, 何也? 彼之‘師錫’, 旣非四子, 則此之‘僉曰’, 亦是諸臣。四岳者一人也。

【僉曰】 매색이 말했다. “사악이 같은 말로 대답한 것이다.【채침이 말했다. “〈‘첨’은〉 사악이 거느리는 제후들로서 조정에 있는 사람들이다.”】 우가 곤의 후임으로 숭백(崇伯)이 되어 있었다.”【가규가 말했다. “우가 곤의 후임으로 숭백이 되고 조정에 들어가 천자의 사공(司空)이 되었는데, 〈그 작위가〉 백작이므로 백우(伯禹)라고 부른 것이다.”】

【汝平水土】○매색이 말했다. “우의 이전 공적을 일컬으며 명한 것이다.” ○마융이 말했다. “‘무(懋)’는 미[美：아름답다, 훌륭하다]의 뜻이다.”【왕숙이 말했다. “면[勉：힘쓰다]의 뜻이다.”】

【汝往哉】○정현이 말했다. “그렇다. 적임자를 얻었으니 네가 가서 이 관직에 앉으라고 하고, 그가 사양하는 말을 들어주지 않은 것이다.”【『사기』「순본기」의 『집해』에 보인다.】 매색이 말했다. “가서 백규의 자리에 앉도록 타이른 것이다.”

○용안 매색의 주는 본래 사악을 희·화의 네 아들로 보았기 때문에 같은 말로 대답하였다고 한 것이다. 그러나 요가 사악에게 자문할 때 ‘여럿이 함께 제에게 대답한 것[師錫帝]’은 어째서인가? 거기의 ‘사사(師錫)’가 이미 네 아들이 아니니 여기의 ‘첨왈’도 여러 신하이다. 사악은 한 사람이다.

考訂 鄭云：“初堯冬官爲共工, 舜擧禹治水, 堯知其有聖德必成功。故改命司空, 以官名寵異之, 非常官也。至禹登百揆之任, 捨司空之職, 爲共工與虞。故曰'垂作共工', '益作朕虞'。"【見《周禮》賈序】 ○**案** 鄭以舜之擧禹, 謂在堯時, 禹作司空, 亦是堯命, 而〈夏本紀〉不然。

고정 정현이 말했다. "처음에 요는 동관(冬官)을 공공(共工)이라고 하였다. 그런데 순이 우를 등용하여 치수하게 하자 요가 그에게 성덕(聖德)이 있어 반드시 성공시킬 것을 알았으므로 '사공'이라고 이름을 고치고 관명으로 삼아 특별히 총애한 것이지 상설 관직[常官]은 아니었다. 그러다가 우가 백규의 직임에 오르게 되었을 때 사공의 직임을 놔두고 공공(共工)과 우(虞)를 만들었다. 그러므로 '수가 공공이 되어라.[垂作共工]'라고 하고 '익이 나의 우가 되어라.[益作朕虞]'라고 한 것이다."【『주례』 가공언의 서(序)에 보인다.】

○**안** 정현은 순이 우를 등용한 것이 요가 살아 있을 때의 일이고, 우가 사공이 된 것도 요의 명이라고 하였는데, 『사기』「하본기」[96]에는 그렇게 되어 있지 않다.

考證 〈夏本紀〉: "鯀治水九年, 功用不成。於是帝堯求人, 更得舜。【謂鯀旣敗事之後, 舜始徵庸】 舜巡狩, 行視鯀之治水無狀, 乃殛鯀於羽山以死。於是舜擧鯀子禹, 使續鯀之業。堯崩, 舜[교1]問四岳曰, '有能成美堯之事者使居官。'【〈虞本紀〉云: "使居官相事。"】 皆曰, '伯禹爲司空, 可成美堯之功。' 舜曰, '嗟, 然!' 命禹, '汝[교2]平水土, 維是勉之。' 禹拜稽首, 讓於契・后稷・皐陶。舜曰, '女其往視爾事矣。'【節】 禹乃與[교3]益・后稷奉帝命, 諸[교4]侯百姓興人徒以傅土, 行山表木, 定高山大川。禹傷先人父鯀功之不成

96 『사기』「하본기」: 「하본기」의 내용은 아래 '考證'에 보인다.

受誅, 乃勞身焦思, 居外十三年, 過家門不敢入。"【此下錄〈禹貢〉】 ○**鏞案** 史遷讀此經, 僉曰:"伯禹若作司空, 可以熙帝之載。" 舜遂命禹曰:"汝其往平水土。" 禹乃推讓不獲, 命往而治水也, 此讀大誤。舜之咨岳, 本求百揆之材, 不求治水之人。蓋此時水害已平, 畎澮旣正, 不復求治水之工也。然禹之奏績, 明在堯崩之後,【義見前。據〈皐陶謨〉】 則禹之受命, 雖在堯時, 其作司空, 必在奏績之後。鄭說不知何據。

교1) 案舜:『사기』에는 앞에 '帝'가 더 있다.
교2) 案汝:『사기』에는 '女'로 되어 있다.
교3) 案與:『사기』에는 앞에 '遂'가 더 있다.
교4) 案諸:『사기』에는 앞에 '命'이 더 있다.

고증 『사기』「하본기」에 다음과 같이 기록되어 있다. "곤이 9년 동안 물을 다스렸으나 공을 이루지 못하였다. 이에 제요가 사람을 구하여 다시 순을 얻었다.【곤이 일에 실패한 뒤에 순이 비로소 부름을 받아 등용되었다는 말이다.】 순이 순수하면서 곤의 치수가 형편없음을 보고 마침내 곤을 우산으로 추방하여 죽였다.[97] 이에 순이 곤의 아들인 우를 등용하여 곤이 하던 사업을 계속하게 하였다. 요가 죽은 다음 순이 사악에게 '요의 훌륭한 사업을 성공시킬 수 있는 사람으로 이 관직에 앉힐 만한 사람이 있는가?'라고 물었다.【『사기』「우본기(虞本紀)」에서는 '사거관상사(使居官相事)'라고 하였다.】 그러자 모두가

97 순이 …… 죽였다: 이 부분은 『사기』「하본기」의 내용을 축약한 것이다. 『사기』 원문은 다음과 같다. 堯聽四嶽, 用鯀治水. 九年而水不息, 功用不成. 於是帝堯乃求人, 更得舜. 舜登用, 攝行天子之政, 巡狩. 行視鯀之治水無狀, 乃殛鯀於羽山以死. 天下皆以舜之誅爲是.

'백우가 사공이 되면 요의 훌륭한 일을 성공시킬 것입니다.'라고 하였다. 순이 '아, 그렇다.' 하고는 우에게 '네가 수토를 평정하되 오직 힘쓰라.'라고 명하였다. 우가 절하고 머리를 조아리며 설·후직·고요에게 양보하였다. 순이 '네가 가서 너의 일을 살피라.' 하였다.【중략】 우가 드디어 익·후직과 함께 제의 명을 받들어 제후와 백성에게 명하여 부역을 일으켜서 땅을 구분해주고, 산을 따라가며 나무를 베어 표지(表識)를 만들고 고산(高山)과 대천(大川)을 정하였다. 우는 죽은 아비 곤이 공을 이루지 못하여 주벌된 것을 마음 아파하여 노심초사하며 밖에서 13년을 지내고 집 앞을 지나면서도 감히 들어가지 않았다."【이 이하의 내용은 「우공」에 기록되었다.[98]】

○**용안** 사마천은 이 부분의 경문을 僉曰: "伯禹若作司空, 可以熙帝之載." 舜遂命禹曰: "汝其往平水土." 禹乃推讓不獲, 命往而治水也.[여럿이 말했다. "백우가 사공이 되면 제의 일을 넓힐 수 있을 것입니다." 순이 드디어 우에게 명하였다. "네가 가서 수토를 평정하라." 우가 사양하고 받으려고 하지 않았으나 허락하지 않고 가서 홍수를 다스리라고 명한 것이다.]로 읽은 것이다. 그러나 이렇게 읽은 것은 큰 오류이다. 순이 사악에게 물은 것은 본래 백규의 재목을 구하려고 해서이지 치수할 사람을 구하려고 해서가 아니었다. 대체로 이 시기에는 수해는 이미 평정되고 밭도랑이 이미 바르게 정리되었으므로 더 이상 치수 사업을 할 사람을 구할 필요가 없었다. 그러나 우가 실적을 보고한 것은 분명 요가 사망한 다음이었으니,【풀이는 앞에 나왔다. 「고요모」에 근거한 것이다.】 우가 명을 받은 것은 비록 요가 살아 있을 때였지만

98 「우공」에 기록되었다: 「하본기」의 이 이하 부분 내용이 「우공」의 내용과 같다는 말인 듯하다.

그를 사공으로 삼은 것은 실적을 보고한 다음이었음이 틀림없다. 정현의 설은 어디에 근거한 것인지 모르겠다.

考訂 鄭云: "時天下賴后稷之功, 故以官名。"【經不言'讓于棄·契', 而云'讓于稷·契', 故鄭明之】 ○疏云: "獨稱官者, 出自禹意耳, 不必著義耳。"[교1] ○**案** 〈皐陶謨〉, 禹之奏績, 亦名益而官稷。

교1) 案耳: 『상서정의』 소에는 이 글자가 없다.

고정 정현이 말했다. "이때 천하는 후직의 공에 힘입고 있었으므로 관직을 이름으로 삼은 것이다."【경에 '기와 설에게 양보하였다.[讓于棄·契]'라고 말하지 않고 '직과 설에게 양보하였다.[讓于稷·契]'라고 하였으므로 정현이 그 사실을 밝힌 것이다.】
○소에, "관명만 일컬은 것은 우의 생각에서 나온 것일 뿐으로 의미를 붙일 필요가 없다."라고 하였다.

○**안** 「고요모」의 우가 실적을 보고하는 부분[99]에도 이름은 익이고 관직은 직으로 되어 있다.

考證 《大戴禮》云: "舜使禹敷土, 主明[교1]山川。"【〈五帝德〉】 ○**案** 禹之治水, 蓋舜命也。

99 「고요모」의 …… 부분: 『상서고훈』 03.고요모-11(『고문상서』의 「益稷」 제1장) 이하의 내용을 말한다. 다산은 그 부분을 9년 만에 하는 3차 考績 석상에서 우가 자신의 치적을 보고한 내용으로 풀이하고 있다.

교1) 案明 : 『대대례기』에는 '名'으로 되어 있다.

고증 『대대례기』에 "순이 우에게 땅을 구분하고 산천에 이름 짓는 일을 주관하게 하였다."라고 하였다.【「오제덕(五帝德)」에 보인다.】

○**안** 우가 물을 다스린 것은 순이 명한 일일 것이다.

02. 요전하 - 11

帝曰 : "棄, 黎民阻飢, 汝后稷, 播時百穀。"

제순이 말했다. "기여, 백성들이 굶주리고 있을 때 그대가 후직이 되어 이 백곡을 파종하였다."

鄭云 : "阻讀曰俎, 阻, 戹也。【見〈周頌 · 思文〉疏。○〈周頌〉釋文云 : "鄭注《尙書》, 阻音刈, 五蓋反。"】堯初天官爲稷, 舜登用[교1)]年, 擧棄爲之。" ○王云 : "阻, 難也。" ○鄭云 : "時讀曰蒔。始者洪水時, 衆民戹於飢, 汝居稷官, 種蒔五穀, 以救活之。"【〈周頌 · 思文〉疏】 ○梅云 : "美其前功以勉之。" ○王云 : "播, 敷也。堯遭洪水, 民不粒食, 衆民之難, 在於飢。"【謂追美其功】 ○**鏞案** 於禹追美其功, 而繼曰'勉哉'者, 改命爲百揆故也。於稷追美其功, 而遂無勉語者, 仍舊職也。

교1) 案用 : 『毛詩正義』에는 뒤에 '之'가 더 있다.

〔黎民阻飢, 汝后稷〕 정현이 말했다. "'조(阻)'는 조(俎)로 읽는다. '조

(阻)'는 액[厄: 재앙]의 뜻이다.【『시경』「주송(周頌) · 사문(思文)」의 소에 보인다. ○「주송」의 석문(釋文)에 "정현의 『상서』 주에, 조(阻)는 음이 예(刈)로 오(五)와 개(蓋)의 반절이다."라고 하였다.[100]】 요는 처음에 천관을 직(稷)이라고 하였는데, 순이 등용되던 해에 기(棄)를 등용하여 직으로 삼은 것이다."[101] ○왕숙이 말했다. "'조(阻)'는 난[難: 어렵다]의 뜻이다."

〔播時百穀〕○정현이 말했다. "'시(時)'는 시[蒔: 심다, 모종을 내다]로 읽는다. 처음 홍수가 범람하던 시기에 백성들이 굶주림으로 곤란을 겪었는데, 그대가 직(稷)의 관직에 앉아서 이 오곡을 파종하여 그들을 구제하여 살렸다는 뜻이다."【『시경』「주송 · 사문」의 소에 보인다.】 ○매색이 말했다. "이전의 공을 칭찬하여 그를 면려한 것이다." ○왕숙이 말했다. "'파(播)'는 부[敷: 뿌리다]의 뜻이다. 요의 시대에 홍수를 만나 백성이 알곡을 먹지 못하였으니 백성들의 어려움은 굶주림에 있었다."【그 공을 소급하여 칭찬하였다는 말이다.】

○**용안** 우에게 그의 공을 소급하여 칭찬하고 이어서 '힘쓰라'라고

100 「주송」의 석문(釋文)에 …… 하였다: 인용 과정에서 내용을 축약하면서 오류가 생긴 듯하다. 『모시정의』의 「주송 · 사문」의 箋에서 이 시의 의미를 '周公思先祖有文德者, 后稷之功能配天. 昔堯遭洪水, 黎民阻飢, 后稷播殖百穀, 烝民乃粒, 萬邦作乂, 天下之人無不於女時得其中者.'라고 풀이한 다음 "艾音刈, 鄭注『尙書』五蓋反."이라고 하였다. 따라서 '刈(예)'로 읽어야 하는 글자는 '艾'이지 '阻'가 아니다.

101 요는 …… 것이다: 이 부분은 '后稷'에 대한 해석으로 『毛詩正義』「大雅 · 生民」의 소에 보인다. 『상서고훈수략』에는 '堯初 ……' 앞에 '后稷'이라는 표시와 '鄭云'이 더 있고, '爲之' 뒤에 '見「大雅 · 生民」疏'라고 附記되어 있는데, 합편하면서 그 내용들이 누락되어 앞부분 '阻飢'에 대한 訓詁와 구분하기 어렵게 섞였다.

한 것은 다시 명하여 백규로 삼았기 때문이다. 직에게는 그의 공을 소급하여 칭찬하고나서 면려하는 말이 없는데, 그것은 옛 관직에 그대로 누었기 때눈이다.

考異 阻飢, 〈舜本紀〉作始飢。【〈周本紀〉亦始飢】 ○伏本, 作祖飢。【見《史》注】 馬本亦作祖飢。【馬云: "祖, 始也。" 見〈周頌〉釋文】 《漢書 · 食貨志》亦作祖飢。 ○鄭本, 或作艾飢。【艾音刈。見〈周頌〉釋文】

고이 '阻飢'가 『사기』「순본기」에는 '始飢'로 되어 있다.【「주본기」에도 '始飢'로 되어 있다.】

○복생본에는 '祖飢'로 되어 있다.【『사기』「순본기」의 『집해』에 보인다.】 마융본에도 '祖飢'로 되어 있다.【마융이 말했다. "'조(祖)'는 시[始 : 처음]의 뜻이다." 『시경』「주송」의 석문(釋文)에 보인다.】 『한서』「식화지(食貨志)」에도 '祖飢'로 되어 있다.

○정현본에는 '艾飢'로 되어 있는 곳도 있다.【'艾'는 음이 刈(예)이다. 『시경』「주송」의 석문에 보인다.】

考訂 孔穎達云: "〈呂刑〉云, '稷降播種', 《國語》云, '稷爲天官'。單名爲稷, 尊而君之, 謂之后稷。"

고정 공영달이 말했다. "「여형」에서는 '직강파종(稷降播種)'이라고 하였고, 『국어』에서는 '직위천관(稷爲天官)'이라고 하였다. 이름만 말할 때에는 직(稷)이라고 하고, 높여서 임금으로 대우할 때에는 후직(后稷)이라고 한다."

帝曰："契, 百姓不親, 五品不遜, 汝作司徒, 敬敷五教, 在寬。"

제순이 말했다. "설이여, 백성이 친목하지 않고 오품이 순종하지 않았는데, 그대가 사도가 되어 공경히 오교를 펴되 너그럽게 하였다."

鄭云："五品, 父・母・兄・弟・子也。"【見《史》注】 王云："五品, 五常也。"【梅注同】 ○馬云："五教, 五品之教。"【見《史》注】 鄭云："擧八元, 使布五教。"【〈大雅・生民〉疏】 ○孔疏云："品謂品秩。一家之內, 尊卑之差, 卽父・母・兄・弟・子, 是也。教之義・慈・友・恭・孝。" ○梅云："遜, 順也。"【疏云："謂不義・不慈・不友・不恭・不孝。"】 ○蔡云："五教, 父子有親, 君臣有義, 夫婦有別, 長幼有序, 朋友有信。" **○案** 漢所據者, 太史克也。蔡所據者, 《孟子》也, 《中庸》也。【達道五】 前人相傳如是, 無異論者。經云'百姓不親', 君臣之義, 夫婦之別, 雖有未盡, 不可曰'百姓不親'。經云'五品不遜', 君臣之義, 朋友之信, 又與不遜字不相應。不唯是也。〈康誥〉者, 敷教之書, 而父不字,[교1] 兄不友, 弟不恭, 子不孝, 謂之'民彝大泯亂', 仍與舊說相合。《大學》者, 親民之道, 而孝・弟・慈三德, 卽五品皆遜, 玆所以存彼而取此也。

교1) 字 : 문맥상 '慈'가 옳은 듯하다. 案字가 옳다. 「康誥」에 '于父不能字厥子'라고 하였다.

〔五品 …… 五教〕 정현이 말했다. "'오품(五品)'은 부・모・형・제・

자이다."【『사기』「순본기」의 『집해』에 보인다.】 왕숙이 말했다. "오품은 오상(五常)이다."[102]【매색의 주도 같다.】 ○마융이 말했다. "'오교'는 오품의 가르침이다."【『사기』「순본기」의 『집해』에 보인다.】 정현이 말했다. "팔원(八元)을 등용하여 오교를 펴게 하였다는 말이다."【『시경』「대아(大雅)·생민(生民)」의 소[103]에 보인다.】 ○공영달의 소에, "'품(品)'은 품질(品秩)을 말한다. 한집안 내 존비(尊卑)의 차등으로, 곧 부·모·형·제·자가 그것이다. 그들에게 의(義)·자(慈)·우(友)·공(恭)·효(孝)를 가르친다는 말이다."라고 하였다. ○매색이 말했다. "'손(遜)'은 순[順: 온순하다, 순종하다]의 뜻이다."【소에 "〈'불순(不順)'은〉 불의(不義)·부자(不慈)·불우(不友)·불공(不恭)·불효(不孝)를 말한다."라고 하였다.】 ○채침이 말했다. "'오교'는 부자유친(父子有親), 군신유의(君臣有義), 부부유별(夫婦有別), 장유유서(長幼有序), 붕우유신(朋友有信)이다."

○안 한유(漢儒)가 근거로 삼은 것은 태사(太史) 극(克)의 말이고, 채침이 근거로 삼은 것은 『맹자』와 『중용』인데,【〈『중용』의〉 달도(達道) 다섯 가지이다.】 전인(前人)들이 서로 이렇게 전하며 이론을 제기한 사람이 없었다. 경에 '백성불친(百姓不親)'이라고 하였는데, 임금과 신하 사이의 의리나 부부 사이의 구별에 비록 미진한 점이 있더라도 '백성불친'이라고 할 수는 없다. 또 경에 '오품불손(五品不遜)'이라고 하였는데, 임금과 신하 사이의 의리나 붕우 사이의 신의는

102 왕숙이 …… 오상(五常)이다: 『사기집해』에 보인다.

103 팔원(八元)을 …… 소: 인용한 내용은 『모시정의』 권20 「商頌譜」의 소에 『左傳』云: "高辛氏有才子八人, 天下之民謂之八元. 舜臣堯, 擧八元, 使布五教於四方."이라고 한 내용을 발췌한 것이다. 「생민」의 소라고 한 것은 오류인 듯하다.

또한 불손(不遜)이라는 글자와는 상응(相應)하지 않는다. 이뿐만이 아니다. 「강고(康誥)」란 가르침을 펴는 글인데, 아비가 사랑하지 않고 형이 우애하지 않고 아우가 공손하지 않고 자식이 효도하지 않는 것을 두고 '인륜이 크게 무너져 혼란할 것이다.'[104]라고 하였으니, 그대로 구설과 서로 부합한다. 『대학』이란 친민(親民)하는 도인데, 효·제·자의 삼덕이 갖추어지면 오품이 모두 순종한다고 하였으니, 이 때문에 저것을 보존하되 이것을 취한 것이다.

考證 《左傳》,【文十八】 魯太史克曰："舜擧八元, 使布五教于四方, 父義, 母慈, 兄友, 弟恭, 子孝。" ○《孟子》曰："使契爲司徒, 教以人倫, 父子有親, 君臣有義, 夫婦有別, 長幼有序, 朋友有信。"【〈滕文公〉】 ○〈祭法〉云："契爲司徒而民成。"

고증 『춘추좌씨전』【문공 18년】에 노나라 태사 극(克)이 "순이 팔원을 등용하여 사방에 오교를 펴게 하니, 아비는 의롭고 어미는 자애하고 형은 우애하고 아우는 공손하며 자식은 효도하였다."라고 하였다.

○『맹자』에, "설(契)을 사도(司徒)로 삼아 인륜을 가르치게 하니, 부자 사이에 친밀함이 있고, 군신 사이에 의리가 있고, 부부 사이에 분별이 있고, 장유 사이에 질서가 있고, 붕우 사이에 신의가 있었다."라고 하였다.【「등문공」에 보인다.】

104 아비가 …… 것이다 : 『상서』 「康誥」에 "封, 元惡大憝, 矧惟不孝·不友. 子弗祇服厥父事, 大傷厥考心, 于父不能字厥子, 乃疾厥子. 于弟弗念天顯, 乃弗克恭厥兄, 兄亦不念鞠子哀, 大不友于弟. 惟弔茲, 不于我政人得罪, 天惟與我民彝大泯亂, 曰乃其速由."라고 하였다.

○『예기』「제법(祭法)」에 "설이 사도가 되자 백성이 오교의 예를 알았다.[民成][105]"라고 하였다.

考異 〈舜本紀〉, 作五品不馴。《書大傳》, 作不訓。○《說文》, 遜爲愻。【許云:"愻, 順也。"】

고이 『사기』「순본기」에는 〈'五品不遜'이〉 '五品不馴'으로 되어 있다. 『상서대전』에는 '不訓'으로 되어 있다.
○『설문해자』에 '遜(손)은 愻(손)이다.'라고 하였다.【허신이 말했다. "'愻'은 순(順)의 뜻이다."】

考訂 孔疏云:"寬, 所以得民心。" ○**鏞案** 舊註每遇百姓, 訓曰百官,【〈堯典〉中再見】今於此節, 遂無皁白。孔疏直以民心爲說, 將此百姓, 獨可爲萬民乎? 必不然矣。《周禮·大司徒》'以鄕三物敎萬民', 卽命契之遺法也。〈大司樂〉'以六德敎國子', 卽命夔之遺法也。冑子旣爲國子, 則百姓豈非萬民乎? 曰不然。舜但云'百姓不親', 何嘗命契使敎百姓乎? 百姓不親者, 憂世之言也。孝弟之敎, 上行下效, 而百官貴族, 已不能親其九族, 況彼萬民, 將何以觀感, 使五品皆順乎? 汝作司徒, 敷五敎於萬民, 夔將典樂, 敎六德於冑子也。又冑子者, 承家之子, 雖貴族子弟, 其冑子之外, 竝就司徒, 古之制也。

고정 공영달의 소에 "'관(寬)'은 백성의 마음을 얻는 방법이다."라고 하였다.

---

105 오교의 예를 알았다.[民成]:『예기』정현의 주에 "民成, 謂知五敎之禮也."라고 하였다.

○**용안** 구주(舊註)에서는 백성(百姓)이란 말이 나올 때마다 '백관'이라고 풀이하였다.【「요전」 중에 두 번 나온다.】[106] 그런데 지금 이 절에서는 끝내 이렇다저렇다 말이 없다. 공영달의 소에서 곧바로 '민심'이라고 설명하였는데, 이 백성을 가지고 어찌 만민이라고 할 수 있겠는가. 반드시 그렇지는 않을 것이다. 『주례』 「대사도(大司徒)」에서 '향삼물로 만민을 가르친다.[以鄕三物教萬民]'라고 한 것은 설에게 명한 유법(遺法)이다. 「대사악(大司樂)」에서 '6덕으로 국자를 가르친다.[以六德教國子]'라고 한 것은 기에게 명한 유법이다. 주자(冑子)가 이미 국자라면 백성이 어찌 만민이 아니겠는가? 그러나 그렇지 않다고 하겠다. 순은 단지 '백성불친(百姓不親)'이라고 하였지 언제 설에게 백성을 가르치도록 명한 적이 있는가? '백성불친'이란 세도(世道)를 걱정하는 말이다. 효제의 가르침은 위에서 행하면 아래에서 본받는 것이다. 백관과 귀족이 이미 그 구족(九族)과 친목하지 못하는데 하물며 저 만민이 장차 무엇을 보고 느껴서 오품이 모두 순종하게 하겠는가. 그대가 사도가 되어 만민에게 오교를 펴고, 기는 전악을 맡아서 주자(冑子)에게 6덕을 가르치라는 말이다. 또 주자란 가문을 계승하는 아들이니, 비록 귀족의 자제라도 주자 외에는 모두 사도에게 나아가는 것이 고대의 제도였다.

106 구주(舊註)에서는 …… 나온다 : 구주는 『상서정의』의 주, 즉 매색의 주를 말한다. 『상서고훈』 01.요전 상-02장(『고문상서』 「요전」 제2장) '平章百姓' 구의 주에서 매색은 "百姓, 百官."이라고 하였고, 『상서고훈』 02.요전 하-06장(「순전」 제6장) '百姓如喪考妣' 구의 주에서는 "百官, 感德思慕."라고 하였다.

帝曰："皐陶，蠻夷猾夏，寇賊姦宄。汝作士，五刑有服，五服三就，五流有宅，五宅三居，惟明，克允。"【《大傳》猾爲滑，姦爲奸。《史記》宄爲軌】

제순이 말했다. "고요여, 만이가 중하(中夏)를 어지럽혀 안팎에서 사람을 겁박하며 죽이고 있다. 그대를 사(士)로 삼으니 다섯 가지 형벌로 처벌하되 세 등급으로 나누어 다섯 가지 형벌을 집행하며, 다섯 가지 형벌을 〈집행하지 않고 용시하여 유배할 자들에게는〉 유배지를 정해주되 세 등급으로 나누어 정하라. 〈이 일을 함에 있어〉 밝게 살펴야 백성들이 믿을 것이다."【『상서대전』에는 '猾'이 '滑'로 되어 있고, '姦'이 '奸'으로 되어 있다. 『사기』에는 '宄'가 '軌'로 되어 있다.】

鄭云："猾夏，侵亂中國也。【見《史》注】强聚爲寇，殺人爲賊，由內爲姦，由外爲宄。[교1)]【見《周禮・司刑》疏，又見《史》注】" ○梅云："攻[교2)]劫曰寇，殺人曰賊，在外曰姦，在內曰宄。"【據《左傳》】 ○馬云："士，獄官之長。"【見《史》注】鄭云："士，察也，主察獄訟之事。"【《周禮・士師》注】梅云："士，理官也。"【〈月令〉云："命大理。"《左傳》云："叔魚攝理。"】 ○馬云："五刑，墨・劓・剕・宮・大辟。"【見《史》注。梅同】 ○梅云："服，從也。言得輕重之中正。" ○馬云："三就，謂大罪陳諸原野，次罪於市・朝，同族適甸師氏。旣服五刑，當就三處。"【見《史》注。○《正義》云："馬・鄭・王三家同."】 ○梅云："不忍加刑，則流放之，若四凶也。"[교3)] 鄭云："舜不刑此四人者，以爲堯臣，不忍刑之。" ○馬云："謂在八議，【〈小司寇〉所云議親・議故・議賢・議能・議功・議貴・議賓・議勤】君不忍刑，宥之以遠。【王肅同】五等之

次, 亦有三等之居, 大罪投四裔, 次九州之外, 次中國之外。當明其罪, 能使信服之。"【見《史》注】 ○鄭云:"宅讀曰咤, 懲刈之器, 謂五刑之流皆有器懲刈。【刈·艾同】 五咤者, 是五種之器, 謂桎一梏二拲三。【當作二】 三居, 謂周之夷服·鎭服·蕃服。【見〈王制〉疏】 ○**鏞案** 姦宄之訓, 梅·鄭相反者, 據《左傳》也。《左傳》長魚矯之言:"在外爲姦, 在內爲軌。"【成十七】 梅所據也。又〈魯語〉里革之言曰:"毁則者爲賊,【則, 法也】 掩賊者爲臧,【通作贓】 竊寶者爲軌, 用軌之財者爲姦。"【韋昭亦以姦爲外】 又《左傳》史克之言曰:"毁則爲賊, 掩賊爲藏, 竊賄爲盜, 盜器爲姦。"【文十八】 無一定之訓也。

교1) 案由外爲宄: 『주례주소』와 『사기집해』에 모두 '起外爲軌'로 되어 있다.
교2) 案攻: 『상서정의』에는 앞에 '群行'이 더 있다.
교3) 案也: 『상서정의』에는 '者'로 되어 있다.

〔蠻夷猾夏, 寇賊姦宄〕 정현이 말했다. "'활하(猾夏)'는 중국을 침범하여 어지럽히는 것이다.【『사기』「순본기」의 『집해』에 보인다.】 억지로 모으는 것을 '구(寇)', 사람을 죽이는 것을 '적(賊)', 내부에서 저지르는 것을 '간(姦)', 외부에서 일어나는 것을 '궤(宄)'라고 한다."【『주례』「사형(司刑)」의 소에 보이고, 『사기』「순본기」의 『집해』에도 보인다.】 ○매색이 말했다. "〈무리지어 다니며〉 노략질하는 것을 '구(寇)'라고 하고, 사람을 죽이는 것을 '적(賊)'이라고 하고, 외부에서 발생하는 것을 '간(姦)'이라고 하고, 내부에서 발생하는 것을 '궤(宄)'라고 한다."【『춘추좌씨전』에 근거한 것이다.】

〔汝作士〕○마융이 말했다. "'사(士)'는 옥관(獄官)의 장(長)이다."【『사

기』「순본기」의 『집해』에 보인다.】 정현이 말했다. "'사(士)'는 찰[察 : 살피다]의 뜻으로 옥송(獄訟)을 살피는 일을 주관한다."【『주례』「사사(士師)」의 주[107]에 보인다.】 매색이 말했다. "'사(士)'는 이관[理官 : 죄를 다스리는 관직]이다."【『예기』「월령(月令)」에서는 "명대리(命大理)"[108]라고 하였고, 『춘추좌씨전』에서는 "숙어섭리(叔魚攝理)"라고 하였다.】

〔五刑有服〕○마융이 말했다. "'오형'은 묵(墨)·의(劓)·비(剕)·궁(宮)·대벽(大辟)이다."【『사기』「순본기」의 『집해』에 보인다. 매색의 주도 같다.】 ○매색이 말했다. "'복(服)'은 종[從 : 복종하다]의 뜻으로, 경중이 합당하게 되었다는 말이다."

〔五服三就〕○마융이 말했다. "'삼취(三就)'는, 대죄(大罪)는 원야(原野)에서 형벌을 시행하고, 다음가는 죄는 시장과 조정에서 형벌을 시행하며, 동족은 전사씨(甸師氏)에게 가는데, 이미 오형에 복종하였으면 세 곳으로 나아가야 한다는 말이다."【『사기』「순본기」의 『집해』에 보인다. ○『상서정의』에 "마융·정현·왕숙 세 사람의 주가 같다."라고 하였다.[109]】

〔五流有宅〕○매색이 말했다. "차마 형을 가할 수 없으면 사흉(四凶)처럼 추방한다." 정현이 말했다. "순이 이 네 사람을 처형하지 않은 것은 요의 신하이므로 차마 처형할 수 없다고 여겨서이다."

---

107 『주례』「사사(士師)」의 주 : 인용한 내용은 『주례』「秋官·司寇」의 職掌을 총괄한 부분의 정현 주에 보인다. 「사사」의 주라고 한 것은 오류인 듯하다.

108 명대리(命大理) : 『예기』「월령」 원문에는 이 말이 보이지 않는다. 다만 "命理, 瞻傷察創視折."에 대한 정현의 주에, "虞氏曰士, 夏曰大理, 周曰大司寇."라고 하였는데, 공영달이 『상서정의』 소에서 "「月令」云'命大理'"라고 인용하였다.

109 『상서정의』에 …… 하였다 : 공영달의 『상서정의』에 "馬·鄭·王三家, 皆以三就爲原野也·市朝也·甸師氏也."라고 하였다.

〔五宅三居〕○마융이 말했다. "팔의(八議)【『주례』「소사구(小司寇)」에서 말하는 의친(議親), 의고(議故), 의현(議賢), 의능(議能), 의공(議功), 의귀(議貴), 의빈(議賓), 의근(議勤)이다.】에 해당하면 임금이 차마 처형하지 못하고 용서하여 멀리 보낸다는 말이다.【왕숙의 주도 같다.】〈처벌에〉 5등급의 차이를 두고 또 3등급의 거처가 있어서, 대죄는 사예(四裔)에 투비(投畀)하고, 그 다음은 9주의 밖, 그 다음은 중국(中國)의 밖에 투비하였다. 그 죄를 정당하게 밝혀서 신복(信服)하게 할 수 있었다는 말이다."【『사기』「순본기」의 『집해』에 보인다.】 ○정현이 말했다. "'宅(타)'는 '咤(타)'로 읽는다. 응징하는 기구이니 오형으로 유배할 때에는 모두 응징하는 기구가 있었다는 말이다.【'예(刈)'는 예(艾)와 같다.】 '오타(五咤)'란 이 다섯 종류의 기구로, 족쇄[桎]가 한 종류, 쇠고랑[梏]이 두 종류, 수갑이 세 종류[拲三]이다.【〈三은〉 이(二)가 되어야 한다.】 '삼거(三居)'는 주나라의 이복(夷服)·진복(鎭服)·번복(蕃服)[110]을 말한다."【『예기』「왕제(王制)」의 소에 보인다.】

○**용안** '간궤(姦宄)'를 풀이하면서 매색이 정현과 반대로 한 것은 『춘추좌씨전』에 근거하였기 때문이다. 『춘추좌씨전』 장어교(長魚矯)의 말에 "〈난이〉 외부에서 발생하는 것을 간(姦)이라고 하고, 내부에서 발생하는 것을 궤(軌)라고 합니다."【성공 17년】라고 하였는데, 이것이 매색이 근거로 삼은 것이다. 또 『국어』「노어(魯語)」 이혁(里革)의 말에 "법을 훼손하는 것을 적(賊)이라고 하고,【'칙(則)'은 법(法)의 뜻이다.】 적을 숨겨주는 것을 장(臧)이라고 하고,【장(贓)과 통용된다.】 보화를 훔치는 것을 궤(軌)라고 하며, 훔친 재물을 쓰는 것

110 이복(夷服)·진복(鎭服)·번복(蕃服) : 王城과의 거리가 이복은 4000리, 진복은 4500리, 번복은 5000리이다.

을 간(姦)이라고 한다."【위소 또한 간(姦)은 외(外)라고 하였다.】라고 하였다. 또 『춘추좌씨전』 사극(史克)의 말에 "법을 훼손하는 것을 적(賊)이라고 하고, 적을 숨겨주는 것을 장(藏)이라고 하고, 재물을 훔치는 것을 도(盜)라고 하고, 기물을 훔치는 것을 간(姦)이라고 한다."【문공 18년】라고 하였다. 통일된 풀이가 없다.

考訂 孔疏云: "唐堯協和萬邦, 不應末年頓至於此。" ○**論曰** 俗儒推尊唐・虞, 太高太邈, 使人主自畫, 此世道之大病也。堯之時, 驩兜・共工作慝於內朝, 三苗梗化於外藩, 丹朱朋淫于家庭, 瞽叟稔惡於戚里, 象謀殺兄, 有治棲之言, 鯀敗事以墊萬民之命。今人唯執'平章百姓'・'協和萬邦'二句, 遂謂當時普天之下, 都無一二惡人, 豈不遠於情乎? 堯・舜明明設五刑, 以待天下之惡人, 而皐陶以明允得名。當其明允之時, 必不免發姦摘伏, 引繩批律。若一直淳厚, 天下必多冤獄, 惡人必多倖逭, 豈得爲至治哉。今人過斥刑名, 士大夫全不讀律, 亦一蔽也。【《知遠錄》】

고정 공영달의 소에, "당요(唐堯)는 협화만방(協和萬邦)하였는데 말년에 갑자기 이런 상황에 이르지는 않았을 것이다."라고 하였다.

○**논왈** 속유들이 당・우를 떠받드는 것이 너무 높고 너무 멀어서 임금으로 하여금 스스로 한계를 짓게 하니 이것이 세도의 큰 병통이다. 요의 시대에 환도와 공공은 내조(內朝)에서 간특한 짓을 하였고, 삼묘는 외번(外藩)에서 교화를 거슬렀고, 단주는 집안에서 붕당을 지어 못된 짓을 하였고, 고수는 척리(戚里)에서 악을 키웠으며, 상(象)은 형을 죽이려고 하고 형수를 아내로 삼겠다는 말을 하였으며, 곤은 일에 실패하여 만민의 목숨을 위태롭게 하였다. 그런

데 지금 사람들은 오직 '편장백성(平章百姓)'과 '협화만방(協和萬邦)'의 두 구절에 집착하여 드디어 당시에는 온 천하에 악인이 한두 명도 없었다고 여기니 실정과 멀지 않은가? 요·순은 오형을 밝게 설치하여 천하의 악인에 대처하였고, 고요는 공명하고 진실한 것으로 이름을 얻었다. 그가 공명하고 진실하게 할 때에 필시 간악함을 드러내고 숨겨진 악을 적발하여 법에 따라 처벌하지 않을 수 없었을 것이다. 만약 한결같이 순후하기만 하였다면 천하에 필시 억울한 옥사가 많고, 악인들은 필시 요행으로 처벌을 피하는 일이 많았을 것이니, 어찌 지치(至治)가 될 수 있겠는가. 지금 사람들은 형명(刑名)을 지나치게 배척하여 사대부가 율서(律書)를 전혀 읽지 않는데 이 또한 하나의 폐단이다.【『상서지원록』】

考訂 梅云:"大罪於原野, 大夫於朝, 士於市。" ○蔡云:"舊說, 不知何據。竊恐唯大辟棄之於市, 宮辟則下於[교1)]蠶室, 餘刑亦就屛處, 不[교2)]欲使風中其瘡, 誤而至死。" ○**鏞案** 梅所據者,《國語》也,《論語》也。【此篇非梅注也, 乃王肅之注】〈魯語〉, 臧文仲曰:"刑五而已, 無有隱者。故大者陳之原野, 小者致之市·朝, 五刑三次, 是無隱也。"【三次卽三就】《論語》云:"吾力猶能肆諸市·朝。" 舊註云:"大夫於朝, 士於市。"【見《周禮·鄕士》疏】應劭云:"大夫已上於朝, 士已下於市。"【見《論語》公伯寮疏】非無據也。朝者, 百官府署之所聚。【朱子云】〈考工記〉云'面朝後市', 是也。甸師氏者, 〈天官·甸師〉之署,【〈甸師〉云:"王之同族有罪[교3)]則死刑焉。"】非〈考工〉所謂朝乎? 然其行刑之法, 又於屋中爲之。故《易》曰:"鼎折足, 其刑剭。"【今作渥】剭者, 屋誅也。《國語》謂之無隱,《禮記》謂之隱者,【公族之刑, 見〈文王世子〉】語若不合。然甸師亦公署也, 不於私屋, 而必於公署者, 無

隱之義也。

馬・鄭之註, 乃以市・朝合作一處, 又以甸師別爲一處, 其義非也。虞制司馬・司寇, 合作一官, 則臧文仲以甲兵・斧鉞, 列爲五刑, 而原野爲三就之一, 斯則可矣。文仲之言, 又以鞭扑爲五刑之末, 則仍與此經不合。鞭扑豈有就有流乎? 諸家以彼三陳, 解此三就, 未必是正義。蔡九峰云'唯大辟棄於市'者, 犁然有契于中也。凡肆於市・朝者, 皆是大辟。劓・刖・宮・墨之行於市・朝, 無明文也。〈王制〉曰: "刑人於市, 與衆棄之。"【棄市, 死刑也】〈掌戮〉云: "刑盜于市。"【掌戮者, 主於殺】〈掌囚〉云: "凡刑殺適市。"【鄭云: "庶姓無爵者, 皆刑殺於市。"】〈掌戮〉云: "殺人者, 踣諸市。"【踣, 謂僵其尸】《左傳》云: "晉人尸雍子與叔魚於市。"【昭十四】劓・刖之行於市, 其有據乎?

又王之同族及爵爲大夫者, 其刑殺不於市。故〈掌囚〉・〈掌戮〉皆云: "凡有爵者與王之同族, 奉而適甸師氏。" 雖〈小司寇〉及〈文王世子〉, 但擧同族, 不言有爵, 而大凡死罪赴公朝, 宮・墨之行於朝, 其有證乎?【〈小司寇〉云: "凡王之同族, 有罪不卽市。" ○〈文王世子〉云: "公族有死罪則磬于甸人。" ○鄭云: "磬, 縊殺之。"】經旣云'五刑有服, 五服三就', 則必墨・劓・剕・宮, 均有三就之法, 然後方云'五服三就', 豈得以大辟之三陳, 遂當五刑之三就乎? 竊謂服者, 〈呂刑〉所謂上服・下服, 謂審其情之輕重, 而定其上下之律也。【讀之如牛馬服軛之服】旣服于某刑,【五之一】卽又以三就而成之。'三就'者, 一曰行刑, 二曰流宥, 三曰金贖。不必以罪在五刑, 而盡行斬截也。'五流有宅'者, 其五刑之流宥者, 各有配宅。【讀之如宅嵎夷・宅南交之宅】'三居'者, 一曰大辟流之居,【最遠惡】二曰宮流之居,【次遠惡】三曰劓・剕・墨之居。【亦蕃外】不可混五刑而言之曰大罪・小罪也。雖無引據, 但以本經之文, 體究精思, 其必如斯矣。

敎1) 案於 : 『서집전』에는 이 글자가 없다.
敎2) 案不 : 『서집전』에는 앞에 '蓋非死刑'이 더 있다.
敎3) 案族有罪 : 『주례』에는 '姓有辠'로 되어 있다.

고정 매색이 말했다. "대죄는 원야(原野)에서 처형하고, 대부는 조정에서 처형하고, 사(士)는 시장에서 처형한다."
○채침이 말했다. "구설[111]은 어디에 근거한 것인지 모르겠다. 오직 대벽(大辟)만은 시장에서 사형하고, 궁벽(宮辟)은 잠실(蠶室)로 내려보내어 시행하며, 나머지 형벌 또한 보이지 않는 곳에 가서 시행한 듯하니, 〈사형이 아니면〉 상처에 바람을 쐬어 잘못하여 죽음에 이르게 하지 않으려고 해서일 것이다."

○**용안** 매색이 근거로 삼은 것은 『국어』와 『논어』이다.【이 편은 매색의 주가 아니고 왕숙의 주이다.】『국어』「노어(魯語)」에, 장문중이 말하기를 "형벌은 다섯 가지뿐인데 짐독을 사용하는 형벌은 없었습니다. 그러므로 큰 죄는 원야에서 처형하고, 작은 죄는 시장과 조정에서 처형하여, 다섯 가지 형벌을 세 군데[三次]에 나아가 시행하는데 여기에 짐독은 없습니다."[112]라고 하였다.【삼차(三次)가 바로 삼취(三就)이다.】『논어』에 "내 힘이 그래도 시장과 조정에 진시(陳

111 구설 : 앞에 나온 매색의 주를 말한다. 『서집전』에는 '孔氏曰'로 되어 있다. 孔은 공안국인데, 다산은 공안국의 전을 매색이 위작한 것이라고 보았다.
112 형벌은 …… 없습니다 : 춘추 때 溫의 회합에서 晉나라가 衛成公을 잡아 周나라로 보내자 그를 죽이려고 鴆毒을 마시게 하였으나 죽지 않았다. 이 사건에 대해 臧文仲이 魯僖公에게 말하기를, "夫衛君殆無罪矣. 刑五而已, 無有隱者, 隱乃諱也. 大刑用甲兵, 其次用斧鉞, 中刑用刀鋸, 其次用鑽笮, 薄刑用鞭扑, 以威民也. 故大者陳之原野, 小者致之市朝,五刑三次, 是無隱也."라고 하였다. 이 부분 위소의 주에 "隱, 謂鴆也."라고 하였다.

尸)할 수는 있습니다.[吾力猶能肆諸市・朝]"라고 한 데 대해, 구주에서 "대부는 조정에서, 사는 시장에서 진시한다."라고 하였고,【『주례』「향사(鄕士)」의 소에 보인다.】 용소는 "대부 이상은 조정에서, 사 이하는 시장에서 진시한다."라고 하였다.【『논어』「헌문」 공백료(公伯寮) 장의 소에 보인다.】 그러니 근거가 없지는 않다.

조(朝)란 백관의 관서가 모여 있는 곳이다.【주자의 말이다.】『주례』「고공기(考工記)」에 '조정을 앞에 두고 시장을 뒤에 둔다.[面朝後市]'라고 한 것이 이것이다. 전사씨(甸師氏)란 「천관(天官)・전사(甸師)」의 관서이니【「전사」에 "왕의 동족에게 죄가 있으면 사형한다."라고 하였다.】「고공기」에서 말하는 조(朝)가 아니겠는가? 그러나 형을 시행하는 법은 또 집안에서 하였다. 그러므로 『역』에 "솥의 다리가 부러지니 집안에서 처형한다.[鼎折足, 其刑剭]"[113]【지금은 악(渥)으로 쓴다.】라고 하였는데, '악(剭)'이란 집안에서 죽이는 것[屋誅]이다. 『국어』에서는 무은(無隱)이라고 하고 『예기』에서는 은(隱)이라고 하여,[114]【공족(公族)에 대한 형벌로 「문왕세자(文王世子)」에 보인다.】 말이 일치하지 않는 것 같다. 그러나 전사(甸師) 역시 공식 관서이니 사가(私家)에서 하지 않고 반드시 공서(公署)에서 하는 것이 무은(無隱)의 뜻이다.

---

113 솥의 …… 처형한다[鼎折足, 其刑剭] : 『주역』 鼎卦 九四 효사의 일부이다. 전문은 "九四, 鼎折足, 覆公餗, 其形渥, 凶"인데 '形渥'을 '刑剭' '刑屋'으로 쓴 본도 있다. 다산의 『易學緖言』 권1 「異字」에 "鼎九四, 其刑, 屋."이라고 하고, "刑之于屋中. 『周禮』注云 : '其刑剭, 音屋.'"이라는 원주가 붙어 있다. 『周易四箋』에서도 "剭者, 屋誅也, 敬大臣, 故不殺于市."라고 하였다.

114 『예기』에서는 은(隱)이라고 하여 : 『예기』「文王世子」에 "公族其有死罪則磬于甸人"이라고 하고 또 "刑于隱者, 不與國人慮兄弟也."라고 하였다. '磬于甸人'에 대해 정현의 주에서 "不於市朝者, 隱之也."라고 하였다.

마융과 정현의 주에서는 시장과 조정을 합쳐서 한 장소로 보고, 또 전사(甸師)를 따로 한 장소로 보았는데, 그 풀이는 틀렸다. 우(虞)의 제도는 사마(司馬)와 사구(司寇)를 합쳐서 하나의 관직으로 만들었으니, 장문중(臧文仲)이 갑병(甲兵)과 부월(斧鉞)을 오형에 열거하고 원야(原野)를 삼취(三就)의 하나로 본 것은 있을 수 있다. 그러나 장문중의 말에 또 편복[鞭扑 : 채찍을 치는 형벌]을 오형의 마지막 항목으로 삼았으니, 그것은 이 경문과는 부합되지 않는다. 채찍을 치는 형에 어찌 취(就)가 있고 유(流)가 있겠는가? 제가가 저 삼진(三陳)을 가지고 이 삼취(三就)를 해석하였는데, 반드시 올바른 풀이라고 할 수는 없다. 채구봉[蔡九峰 : 채침]이 '대벽만 시장에서 진시한다.'라고 한 것은 분명히 부합되는 점이 있다. 무릇 시장과 조정에서 진시하는 것은 모두 대벽(大辟)이다. 의(劓) · 월(刖) · 궁(宮) · 묵(墨)형을 시장과 조정에서 시행한다는 데 대해서는 명문(明文)이 없다. 『예기』「왕제(王制)」에 "사람을 시장에서 처형하는 것은 대중과 함께 그를 버리는 것이다."【기시(棄市)는 사형이다.】라고 하고, 「장륙(掌戮)」에 "시장에서 도적을 처형한다.[刑盜于市]"【장륙(掌戮)은 사형을 주관한다는 뜻이다.】라고 하였으며, 「장수(掌囚)」에, "무릇 형벌로 죽일 때에는 시장에 가서 한다."【정현이 말했다. "서성(庶姓) 중에 작위가 없는 자는 모두 시장에서 사형을 시행한다."】라고 하였다. 또 「장륙」에 "사람을 죽인 자는 시장에 시체를 버린다.[踣諸市]"라고 하였다.【부(踣)는 그 시체를 내버려둔다는 말이다.】『춘추좌씨전』에, "진인(晉人)이 옹자(雍子)와 숙어(叔魚)를 시장에서 진시하였다."【소공 14년】라고 하였다. 하지만 의형(劓刑)과 월형(刖刑)을 시장에서 시행한다는 것은 근거가 있는가?

또 왕의 동족 및 작위를 받아 대부가 된 자는 사형을 시장에서 시행하지 않는다. 그러므로 「장수」와 「장륙」에서 모두 "작위가 있는 자와 왕의 동족은 명을 받아 선사씨에세로 간다."라고 한 것이다. 비록 「소사구(小司寇)」와 「문왕세자(文王世子)」에서는 동족만 거론하고 작위가 있는 사람은 말하지 않았지만, 대체로 사죄(死罪)는 공의 조정으로 가고 궁형(宮刑)과 묵형(墨刑)은 조정에서 시행한다는 것은 증거가 있는가?【「소사구」에 "왕의 동족은 사죄가 있어도 시장에 가지 않는다."라고 하였다. ○「문왕세자」에 "공족에게 죄가 있으면 전인에게 보내 목을 졸라 죽인다."라고 하였다. ○정현이 말했다. "경(磬)은 목 졸라 죽이는 것이다."】 경에서 이미 '오형유복, 오복삼취'라고 하였으니 반드시 묵형·의형·비형·궁형에도 똑같이 삼취하는 법이 있어야 비로소 '오복삼취'라고 할 것이다. 어찌 대벽의 3진(陳)을 오형의 삼취에 해당시킬 수 있겠는가?

내가 생각하기에 '복(服)'이란 『상서』「여형」에서 말하는 상복(上服)과 하복(下服)[115]으로, 그 실정의 경중을 살펴서 등급을 조정하여 형률을 결정하는 것을 말한다.【〈복(服)은〉 '우마복액(牛馬服軛)'의 복[服[116]: 감당하다. 형을 받다]과 같은 뜻으로 읽어야 한다.】 이미 어떤 형을 받고나면【오형 중의 하나를 말한다.】 곧 또 삼취로써 그것을 완성한다.

115 상복(上服)과 하복(下服): 죄목이 정해진 뒤 정상을 살펴서 처벌의 등급을 높이거나 낮추어 조정하는[上下] 것을 말한다. 「呂刑」의 "上刑, 適輕下服, 下刑, 適重上服."에 대해 『상서고훈』에서 "律應服墨, 而其用意重者, 劓之. 律應服宮, 而其用意輕者, 剕之."라고 풀이하였다.

116 우마복액(牛馬服軛)의 복(服): 『논어고금주』 권1에서 子夏問孝. 子曰: "色難. 有事, 弟子服其勞."에 대해 '服, 躬任也, 如牛服軛然.'이라고 풀이하였다. 이로 보아 다산은 服을 '직접 어떤 일을 감당하다', 혹은 '그에 해당하는 대가를 받다'는 뜻으로 보는 듯하다.

'삼취'란 첫째 행형[行刑 : 형을 집행함], 둘째 유유[流宥 : 사형을 용서하여 유배함], 셋째 금속[金贖 : 속전(贖錢)을 받음]이다. 죄가 오형에 해당된다고 하여 반드시 모두 목을 베거나 수족을 자르는 형을 집행하는 것은 아니다.

'오류유택'이란 오형에 해당하되 용서하여 유배할 자들을 각기 유배하는 처소에 두는 것이다.【〈'택(宅)'은〉 '택우이(宅嵎夷)' · '택남교(宅南交)'의 택(宅)과 같이 읽는다.】 '삼거'란, 첫째는 대벽에 처할 죄를 지은 자를 유배하는 처소이고,【가장 멀고 험한 곳[最遠惡]이다.】 둘째는 궁형에 처할 죄를 지은 자를 유배하는 처소이며,【다음으로 멀고 험한 곳[次遠惡]이다.】 셋째는 의형 · 비형 · 묵형에 처할 죄를 지은 자를 유배하는 처소이다.【역시 번외(蕃外)이다.】 오형과 섞어서 대죄(大罪) · 소죄(小罪)라고 해서는 안 된다. 비록 인용 근거는 없지만 본경의 내용을 구체적으로 탐구하고 정밀히 생각하건대 필시 이와 같았을 것이다.

考訂 鄭玄云 : "'三處'者, 自九州之外至於四海, 三分其地, 遠近若周之夷 · 鎭 · 蕃也。"【見《正義》】 ○**案** 鄭康成'三咤之器', 欲於流宥之後, 復施桎 · 梏 · 拲之械, 行不得之政也。今又三宅之處, 欲於臣服之外, 任遣流 · 放 · 竄之人, 亦行不得之政也。九州之外, 朝貢之所不至, 聲教之所不及, 何以發遣哉。【《周禮》九畿之制, 是擬議而未行者, 不必引也】

고정 정현이 말했다. "'삼처'란 9주 밖에서부터 사해(四海)까지로, 그 땅을 셋으로 나눈 것인데, 거리는 주(周)의 이복(夷服) · 진복(鎭服) · 번복(蕃服)과 같다."【『상서정의』에 보인다.】

○**안** 정강성[鄭康成 : 정현]이 '세 종류의 응징 기구'[117]라고 한 것은 용서하여 유배한 뒤에 다시 질(桎) · 곡(梏) · 공(拲) 같은 형구를 씌우는 벌을 시행하려는 것이니, 해서는 안 되는 정사이다. 여기서는 또 '삼택지처(三宅之處)'를 신복(臣服)의 바깥 지역에 유(流) · 방(放) · 찬(竄)한 사람을 방치해두려는 것이라고 하였는데, 역시 해서는 안 되는 정사이다. 9주의 밖은 조공(朝貢)이 이르지 않는 곳이고 교화가 미치지 않는 곳인데 어떻게 보내겠는가?【『주례』에 나오는 9기(畿)의 제도는 의논은 하였지만 시행하지는 않았으니 끌어올 필요가 없다.】

考異 〈舜本紀〉: "寇 · 賊 · 姦 · 軌, 汝作士。【節】 五流有度, 五度三居。【《今文》宅嵎夷, 宅作度, 五流有度, 亦《今文》】 維明能信。" ○鄭本, 宄作軌。【〈王制〉注引〈虞書〉曰 : "五流有宅, 五宅三居。"】

고이 『사기』 「순본기」에는 "寇 · 賊 · 姦 · 軌, 汝作士.【중략】 五流有度, 五度三居.【『금문상서』에서는 '宅嵎夷'의 '宅'을 '度'으로 썼으니, '五流有度'이라는 것 역시 『금문상서』일 것이다.】 維明能信."으로 되어 있다.
○정현본에는 '宄'가 '軌'로 되어 있다.【『예기』 「왕제」의 주에서 『상서』 「우서」를 인용한 부분에는 "五流有宅, 五宅三居."로 되어 있다.】

02. 요전하 - 14

帝曰 : "疇若予工。" 僉曰 : "垂哉。" 帝曰 : "兪。咨垂, 汝共

117 세 종류의 응징 기구 : 이 장의 고훈 부분에 나온 '五宅三居'에 대한 정현의 주 참조.

工。" 垂拜稽首, 讓于殳·暨伯與。帝曰:"兪。往哉汝諧。"

제순이 말했다. "누가 나의 백공을 잘 다스릴 수 있겠는가?" 여럿이 대답하였다. "수(垂)입니다." 제순이 말했다. "그렇다. 수여, 그대가 공공이 되어라." 수(垂)가 절하고 머리를 조아리며 수(殳)와 장(斨) 및 백여(伯與)에게 양보하였다. 제순이 말했다. "그렇다. 가서 그대가 조화롭게 이끌어라."

馬云: "謂主百工之官。"【釋'疇若予工'】【見《史》注】 ○梅云: "誰能順我百工事者?" ○馬云: "爲司空, 共理百工之事。"【見《史》注】 ○梅云: "諧, 和。" ○蔡云: "垂有巧思。《莊子》曰'攦工倕之指', 卽此也。殳【句】·斨·伯與, 三臣名。【梅云: "二臣名。"】 殳, 以積竹爲兵, 建兵車者。斨, 方銎斧也。古者多以其所能爲名。" **○鏞案** 上古之世, 開物成務, 制器利用, 須明於物理, 通於數理, 審曲面勢, 以詔百工者, 可居此職。若夫手自操器, 攻金攻木者, 所謂賤工, 豈足以授大官哉?

【疇若予工】 마융이 말했다. "백공(百工)을 주관하는 관직을 말한다."【『사기』「순본기」의 『집해』에 보인다.】 ○매색이 말했다. "'누가 나의 백공의 일을 잘 이끌 수 있겠는가?'라고 물은 것이다."
〔汝共工〕○마융이 말했다. "사공(司空)이 되어 백공의 일을 다스린다는 뜻이다."【『사기』「순본기」의 『집해』에 보인다.】
〔往哉汝諧〕○매색이 말했다. "'해(諧)'는 화[和: 조화하다]의 뜻이다."
〔殳·斨暨伯與〕○채침이 말했다. "수(垂)에게는 기발한 생각이 있었다. 『장자』에, '공인(工人)인 수(倕)의 손가락을 꺾어놓았다.'라고 한 그 '수'가 바로 이 사람이다. 수【단구】·장·백여는 세 신하의 이

름이다.【매색이 말했다. "두 신하의 이름이다."】 '수(殳)'는 대나무를 모아 만든 병기로 병거에 꽂는 것이다. '장(斨)'은 자루를 꽂는 구멍이 네모난 도끼이다. 옛날에는 그 사람이 잘하는 것으로 이름을 삼는 경우가 많았다."

○**용안** 상고시대에 만물의 속성을 밝혀서 천하의 일을 성취하고 기물을 만들어 편리하게 쓰도록 하는 일에는, 물리(物理)에 밝고 수리(數理)에 통달하며 곡직과 방면과 형세를 자세히 살펴서 백공을 지도할 수 있는 사람이라야 이 관직에 앉을 수 있었다. 그런데 손으로 직접 도구를 잡고 쇠나 나무를 다듬는 것은 이른바 천한 일[賤工]인데 어찌 대관(大官)을 제수할 수 있겠는가?

考異 〈舜本紀〉, 舜曰:"誰能馴予工?" 皆曰:"垂可。"

고이 『사기』「순본기」에는 舜曰:"誰能馴予工?" 皆曰:"垂可."로 되어 있다.

考證 《書大傳》, 鄭註云:【〈夏書傳〉】"所謂六卿者, 一后稷, 二司徒, 三秩宗, 四司馬, 五作士, 六共工。" ○孔疏云:"〈堯典〉傳云, '共工, 官稱。'【'共工'二字爲官名】 上云'予工', 今命此人云'汝共工', 明是帝謂此人供[교1] 此職, 非是官[교2]名爲共工也。" ○**案** 共工之稱, 遠自邃古。〈祭法〉云:"共工之子,[교3] 能平水土。" 卽舜初年, 流共工于幽洲, 沖遠皆忘之耶? 梅註云:"供其職事。" 自是錯誤, 伏與鄭何失焉。鄭以作士, 列數若官名, 斯則誤矣。作士爲官名, 則'汝作司徒'·'汝作秩宗', 又將何解? 黃帝六相, 北方曰李, 李者, 士也。【本刑官】《孟子》曰:"管仲[교4]擧於士。"【自囚而

爲相】士本一字官名。漢儒又以朕虞爲官名, 非不知之, 爲便於擧稱耳。

校1) 案供 : 『상서정의』 공영달의 소에는 앞에 '堪'이 더 있다.
校2) 案官 : 『상서정의』 공영달의 소에는 앞에 '呼此'가 더 있다.
校3) 案共工之子 : 『예기정의』 공영달의 소에는 '句龍'으로 되어 있다.
校4) 案仲 : 『맹자』에는 '夷吾'로 되어 있다.

고증 『상서대전』 정현의 주에,【「하서전(夏書傳)」이다.】 "육경(六卿)이란 첫째 후직(后稷), 둘째 사도(司徒), 셋째 질종(秩宗), 넷째 사마(司馬), 다섯째 작사(作士), 여섯째 공공(共工)이다."[118]라고 하였다. ○공영달의 소에, "「요전」의 전(傳)에서 '공공(共工)은 관명으로 부른 것이다.'[119]【'공공' 두 자를 관명으로 본 것이다.】라고 하였다. 그러나 위에서는 '여공(予工)'이라고 하고, 여기서는 이 사람을 명하면서 '여공공(汝共工)'이라고 하였으니, 제순이 이 사람이 이 직무를 맡아 수행할 수 있을 것이라고 여긴 것이지 그 관명을 공공이라고 부른 것이 아님이 분명하다."라고 하였다.

○안 공공이라는 명칭은 아득한 옛날부터 있었다. 『예기』 「제법(祭法)」에, "공공의 아들이 능히 수토(水土)를 평정하였다."[120]라고 하였고, 순의 즉위 초기에 공공을 유주(幽洲)에 유배하였는데, 충원

118 『상서대전』 …… 공공(共公)이다 : 『상서대전』 정현 주의 원문은 다음과 같다. 所謂六卿者, 后稷·司徒·秩宗·司馬·士·共公爲六卿.
119 「요전」의 …… 것이다 : 「요전」의 帝曰 : "疇咨若予采?" 驩兜曰 : "都. 共工方鳩僝功." 구에 대한 공안국의 傳에 "共工, 官稱."이라고 하였다.
120 「제법(祭法)」에 …… 평정하였다 : 『예기』 「제법」에는 이 내용이 보이지 않고, 「郊特牲」의 소에 祭法及昭二十九年傳云 : "句龍能平水土"라고 한 내용이 보인다. 구룡이 공공의 아들이다.

[沖遠 : 공영달]은 그것을 모두 잊어버렸는가? 매색의 주에, "그 직사(職事)에 이바지하는 것이다."라고 한 것은 본래 착오이지만, 복생과 정현은 어째서 놓쳤는가? 정현이 작사(作士)를 관명인 것처럼 꼽았는데 그것은 잘못이다. 작사가 관명이라면 '여작사도(汝作司徒)'와 '여작질종(汝作秩宗)'은 또 어떻게 해석할 것인가? 황제(黃帝)의 육상(六相) 중에 북방을 맡은 재상이 이(李)인데, '이'란 사(士)이다.【본래 법을 맡은 관직이다.】『맹자』에 "관중(管仲)은 사(士)에게 구금되었다가 등용되었다."【죄수에서 재상이 되었다는 말이다.】라고 하였다. 사(士)는 본래 한 글자로 된 관명이다. 한유(漢儒)들은 또 짐우(朕虞)를 관명이라고 하였는데, 그런 사실을 몰라서가 아니라 편하게 일컫기 위해서였을 뿐이다.

02. 요전하 - 15

帝曰 : "疇若予上下草木鳥獸。" 僉曰 : "益哉。" 帝曰 : "兪。咨益, 汝作朕虞。" 益拜稽首, 讓于朱·虎·熊·羆。帝曰 : "兪。往哉汝諧。"

제순이 말했다. "누가 내 산택의 초목과 조수를 다스릴 수 있겠는가?" 여럿이 대답하였다. "익입니다." 제순이 말했다. "그렇다. 익이여, 그대가 나의 우가 되어라." 익이 절하고 머리를 조아리며 주·호·웅·비에게 양보하였다. 제순이 말했다. "그렇다. 가서 그대가 조화롭게 이끌어라."

馬云："上謂原, 下謂隰。"【見《史》注】 梅云："上謂山, 下謂澤。" ○馬云："虞, 掌山澤之官名。"【見《史》注】 鄭云："言朕虞, 重鳥獸・草木。"【疏云："《漢書》, 王莽立[교1)]予虞之官。"】 ○梅云："朱虎・熊羆, 二臣名。【蔡云："四臣名。"】 垂・益所讓四人, 皆在元・凱之中。"【疏云："文十八年《左傳》, 八元之內, 有叔虎[교2)]・仲熊, 是也。益是皐陶之子, 在八凱之內。"】 ○**鏞案** 后稷・司徒, 不言朕, 虞獨言朕, 豈彼二官爲帝所重, 不若鳥獸・草木乎? 鄭之弇陋, 往往如此。

교1) 案立：『상서정의』 소에는 '自稱爲予立'으로 되어 있다.
교2) 案虎：『춘추좌씨전』에는 '獻'으로 되어 있다.

〔上下草木鳥獸〕 마융이 말했다. "'상(上)'은 원[原：언덕]을 말하고, '하(下)'는 습[隰：습지]을 말한다."【『사기』「순본기」의 『집해』에 보인다.】 매색이 말했다. "'상(上)'은 산(山)을 말하고, '하(下)'는 택[澤：못]을 말한다."

〔汝作朕虞〕○마융이 말했다. "'우(虞)'는 산택(山澤)을 관장하는 관직의 이름이다."【『사기』「순본기」의 『집해』에 보인다.】 정현이 말했다. "'짐우(朕虞)'라고 말한 것은 조수와 초목을 중시해서이다."【소에 "『한서』에, 왕망이 스스로 여우(予虞)의 관직을 세웠다고 하였다."라고 하였다.】

〔讓于朱・虎・熊・羆〕○매색이 말했다. "주호(朱虎)와 웅비(熊羆)는 두 신하의 이름이다.【채침이 말했다. "네 신하의 이름이다."】 수(垂)와 익(益)이 양보한 네 사람[121]은 모두 원(元)・개(凱)에 포함되는 사람

121 수(垂)와 …… 사람：『상서고훈』 02.요전 하-14장의 '殳斨暨伯與'를 殳斨과 伯與 두 사람으로, 이 장의 '朱虎熊羆'를 朱虎와 熊羆의 두 사람으로 본 것이다.

들이다."【소에 "『춘추좌씨전』 문공 18년에, 팔원(八元) 중에 숙호(叔虎)와 중웅(仲熊)이 있다[122]고 한 것이 이들이다. 익은 고요의 아들로 팔개(八凱) 중에 포함된다."라고 하였다.】

○용안 후직(后稷)과 사도(司徒)에 대해서는 짐(朕)이라고 말하지 않고 우(虞)에 대해서만 짐이라고 말하였는데, 어찌 저 두 관직에 대해 제순이 소중히 여기는 바가 조수와 초목만 못하였겠는가? 정현의 천박함이 종종 이런 식이다.

考異 〈舜本紀〉: "舜曰, '誰能馴予?'【節】 皆曰益可。於是以益爲朕虞。【節】 遂以朱虎·熊羆爲佐。"

고이 『사기』「순본기」에는 "舜曰, '誰能馴予?'【중략】 皆曰益可. 於是以益爲朕虞.【중략】 遂以朱虎·熊羆爲佐."로 되어 있다.

考異 馬·鄭本, '僉曰益哉'作'禹曰益哉'。【王肅本亦然】 ○《漢書·百官表》, 葬作朕虞。【益爲葬】 **○案** 《史記》云'皆曰益可', 則舊本原有作'僉曰'者, 非僞者擅改之也。特欲與馬·鄭本相異, 故改從別本耳。閻潛丘云: "蓋禹同治水者二人, 曰益曰稷。禹深知其才習於草木·鳥獸, 故特薦之。"【止此】 此言有味。

고이 마융본과 정현본에는 '僉曰益哉'가 '禹曰益哉'로 되어 있다.【왕숙본도 그러하다.】

---

122 팔원(八元) …… 있다 : 『춘추좌씨전』 문공 18년에 "高辛氏有才子八人, 伯奮·仲堪·叔獻·季仲·伯虎·仲熊·叔豹·季狸, …… 天下之民謂之八元."이라고 하였다.

○『한서』「백관표(百官表)」에는 '蕣作朕虞'로 되어 있다.【'益'을 '蕣'으로 쓴 것이다.】

○안『사기』에서 '皆曰益可'라고 한 것을 보면 구본에 원래 '僉曰'이라고 쓴 본이 있었던 것이지 위서(僞書)를 만든 자가 마음대로 고친 것은 아니다. 다만 마융본이나 정현본과 다르게 하려고 고치면서 별본을 따랐을 뿐이다. 염잠구[閻潛丘 : 염약거]가 "우가 치수를 함께 한 두 사람이 익과 직이었을 것이다. 우는 그들의 재능이 초목과 조수에 익숙하다는 사실을 깊이 알고 있었기 때문에 특별히 그들을 천거한 것이다."[123]【〈염약거 설의 인용은〉 여기까지이다.】라고 하였는데, 이 말이 음미할 만하다.

考證 陸德明《音義》云 : "益卽皐陶之子。" ○閻云 : "此說自曹大家注《列女傳》, 高誘注《呂氏春秋》及鄭玄《詩譜》中來。"【孔穎達《正義》亦有此言】今姑略之。

고증 육덕명의『이아음의(爾雅音義)』에 "익은 고요의 아들이다."라고 하였다.

○염약거가 말했다. "이 설은 조대고(曹大家)[124]의『열녀전(列女傳)』

---

123 우가 …… 것이다 : 염약거의『尙書古文疏證』권4 제58조에 "'僉曰益哉', 三家本'僉'作'禹'. 蓋禹同治水者二人, 曰益曰稷. 旣命之仍舊職矣. 益是時烈山澤之功又畢, 虞適缺官, 禹蓋深知其才習於草木鳥獸. 故薦之."라고 하였다.

124 조대고(曹大家) : 이름은 班昭 혹은 班姬, 자는 惠班이다. 후한 班固의 누이로 曹世叔에게 출가하였다. 조세숙이 요절한 뒤 반고를 이어『한서』의 表와「天文志」를 완성하였고, 마융에게『한서』를 가르쳤다. 博學高才하여 궁중에 드나들며 황후와 貴人 등의 스승 노릇을 하여 '조대고'로 불렸다.『후한서』권84「列女傳」에 曹世叔妻라는 이름으로 傳이 실려 있다.

주, 고유(高誘)의 『여씨춘추』 주 및 정현의 『시보(詩譜)』에서 온 것이다."[125]【공영달의 『상서정의』에도 이 말이 있다.】 여기서는 생략한다.

考證 〈鄭語〉, 史伯云: "嬴伯翳之後也。"【韋昭云: "伯翳, 舜虞官, 少皡之後伯益也。"】 ○〈秦本紀〉云: "大費佐舜, 調馴鳥獸, 是爲伯翳。"【司馬貞云: "《尙書》謂之伯益。"】 ○王應麟云: "〈陳杞世家〉謂, '伯翳之後, 封爲秦。垂・益・夔・龍, 其後不知所封', 則伯翳非伯益矣。"

고증 『국어』「정어(鄭語)」 사백(史伯)의 말에 "영(嬴)은 백예(伯翳)의 후예이다."라고 하였다.【위소가 말했다. "백예(伯翳)는 순의 우관(虞官)으로, 소호(少皡)의 후예인 백익(伯益)이다."】
○『사기』「진본기(秦本紀)」에 "대비(大費)가 순을 도와 조수를 길들였는데 이 사람이 백예(伯翳)이다."라고 하였다.【사마정(司馬貞)이 말했다. "『상서』에서는 백익(伯益)이라고 하였다."】
○왕응린이 말했다. "『사기』「진기세가(陳杞世家)」에, '백예(伯翳)의 후예를 진(秦)에 봉하였다. 수(垂)・익(益)・기(夔)・용(龍)에 대해서는 그 후예가 봉해진 곳을 모른다.'라고 하였으니, 백예는 백익이 아니다."[126]

考證 《孟子》曰: "舜使益掌火, 益烈山澤而[교1]焚之。" ○《大戴禮》云: "舜使益行火, 以辟山萊。"【〈五帝德〉】 ○《漢書・揚雄傳》云: "禹任益虞,

125 육덕명의 …… 것이다: 이 내용 전체가 염약거의 『尙書古文疏證』 권4 제57조에 보인다. 원문은 다음과 같다. 陸德明『音義』謂'益卽皐陶之子'. 此自遠從曹大家注『列女傳』, 高誘注『呂氏春秋』及『詩譜』得來.

126 『사기』「진기세가(陳杞世家)」에 …… 아니다: 『困學紀聞』 권2 「書」에 보인다.

而上下和屮木茂。"

교1) 案而 : 『맹자』에는 '以'로 되어 있다.

고증 『맹자』에 "순이 익에게 불을 관장하게 하였는데 익이 산택에 불을 질러 태웠다."라고 하였다.
○『대대례기』에 "순이 익에게 불을 질러 묵어 있는 산을 개간하게 하였다."라고 하였다.【「오제덕(五帝德)」에 보인다.】
○『한서』「양웅전(揚雄傳)」에 "우가 익에게 우(虞)를 맡기자 산지와 평지가 알맞게 다스려져 초목이 무성하였다."라고 하였다.

02. 요전하 - 16

帝曰 : "咨四岳, 有能典朕三禮。" 僉曰 : "伯夷。" 帝曰 : "俞。咨伯, 汝作秩宗, 夙夜惟寅, 直哉, 惟清。" 伯拜稽首, 讓于夔·龍。帝曰 : "俞, 往欽哉。"

제순이 말했다. "아, 사악아, 나의 삼례를 맡을 수 있는 사람이 있겠는가?" 여럿이 대답했다. "백이입니다." 제순이 말했다. "그렇다. 백이여, 그대가 질종이 되어라. 새벽부터 밤까지 오직 공경하여 곧게 해야 맑아질 것이다." 백이가 절하고 머리를 조아리며 기와 용에게 양보하였다. 제순이 말했다. "그렇다. 가서 공경히 하라."

馬云 : "三禮, 天神·地祇·人鬼之禮。"【見《史》注】 鄭云 : "天事·地

事・人事之禮。"【見《史》注】 ○鄭云："秩宗, 主次秩尊卑。" ○蔡云："夙, 早, 寅, 敬也。敬以直內, 則其心潔淸, 可以交神明。" ○**案** 《周禮・大宗伯》, 其天神之禮, 曰'昊天上帝', 曰'日月星辰',【明神之司其轉運者, 是祭之】 曰'司中'・'司命',【亦天之明神】 曰'風師'・'雨師'。【明神之司其宣發者】 其地示之禮, 曰'社稷'【明神之司土・司穀者】・'五祀',【司水火金木土者】 曰'五嶽', 曰'山林'・'川澤'。【皆有明神, 司之以養人】 其云'地示', 亦天之明神。'蓐收'者所謂'金神',【五祀之一】 而史嚚之言曰'蓐收者, 天之明[교1)]神'。【見《國語》】 地示之亦本天神明矣。

교1) 案明 : 『국어』에는 '刑'으로 되어 있다.

〔典朕三禮〕 마융이 말했다. "'삼례(三禮)'는 천신(天神)・지기(地祇)・인귀(人鬼)에게 올리는 예이다."【『사기』「순본기」의 『집해』에 보인다.】 정현이 말했다. "천사(天事)・지사(地事)・인사(人事)의 예이다."【『사기』「순본기」의 『집해』에 보인다.】

〔汝作秩宗〕○정현이 말했다. "'질종(秩宗)'은 존비(尊卑)의 차례를 잡는 일을 주관한다."

〔夙夜惟寅, 直哉, 惟淸〕○채침이 말했다. "'숙(夙)'은 조[早 : 새벽]의 뜻이고, '인(寅)'은 경[敬 : 공경하다]의 뜻이다. 경으로 내면을 곧게 하면 그 마음이 깨끗하고 맑아져서 신명과 교감할 수 있다는 말이다."[127]

127 '숙(夙)'은 …… 말이다 : 이 부분은 『서집전』의 내용을 축약한 것으로 원문은 다음과 같다. 夙, 早, 寅, 敬畏也. 直者, 心無私曲之謂. 人能敬以直內, 不使少有私曲, 則其心潔淸而無物欲之汚, 可以交於神明矣.

○안 『주례』 「대종백(大宗伯)」에, 예를 올리는 대상인 천신은 '호천상제(昊天上帝)', '일월성신',【운행을 맡은 명신(明神)으로, 이는 그들에 제사하는 것이다.】 '사중(司中)' · '사명(司命)',【역시 하늘의 명신이다.】 '풍사(風師)' · '우사(雨師)'【펴서 드러내는 일을 맡은 명신이다.】라고 하였다. 예를 올리는 대상인 '지기[地示 : 지기(地祇)]'는 '사직(社稷)'【토지를 맡은 명신과 곡식을 맡은 명신이다.】 · '오사(五祀)',【수(水) · 화(火) · 금(金) · 목(木) · 토(土)를 맡은 명신이다.】 '오악(五嶽)', '산림(山林) · 천택(川澤)'【모두 명신이 있어 그것을 맡아 사람을 기른다.】이라고 하였다.[128] '지기(地示)'라고 한 것 또한 하늘의 명신이다. '욕수(蓐收)'란 이른바 '금신(金神)'인데【오사(五祀)의 하나이다.】 사은(史嚚)의 말에 '욕수(蓐收)란 하늘의 형신(刑神)이다.'[129]라고 하였으니,【『국어』에 보인다.】 지기(地示) 또한 본래 천신임이 분명하다.

考訂 蔡云 : "宗, 祖廟也。" **○案** 蔡註梅氏〈周官〉之篇, 其訓宗伯曰'春於四序爲長, 故謂之宗'。其義非也。周之宗伯, 卽虞之秩宗, 此訓爲廟, 彼訓爲長, 可乎? 梅訓宗爲尊亦誤。

고정 채침이 말했다. "'종(宗)'은 조묘[祖廟 : 선조의 사당]이다."

128 '호천상제(昊天上帝)' …… 하였다 : 『주례』 「대종백」에 "以禋祀祀昊天上帝, 以實柴祀日月星辰, 以槱燎祀司中 · 司命 · 飌師 · 雨師, 以血祭祭社稷 · 五祀 · 五嶽, 以貍沈祭山林 · 川澤."이라고 하였다.

129 '욕수(蓐收)'란 하늘의 형신(刑神)이다 : 『국어』 「晉語1」에 보인다. 虢公이 얼굴에 흰 털이 나고 호랑이 발톱을 가진 신이 도끼를 잡고 서 있는 꿈을 꾸고는 太史인 史嚚을 불러 점을 치게 하였는데, 사은이 "如君之言, 則蓐收也, 天之刑神也."라고 하였다는 기록이 있다. 이 부분 韋昭의 주에 "蓐收, 西方白虎金正之官也."라고 하였다. 여기서는 地示가 地神이 아닌 天神이라는 典據로 인용한 것이다.

○안 매색의 위작인 『상서』 「주관(周官)」 편에 대한 채침의 주에 종백(宗伯)을 '봄은 사시의 순서에서 우두머리가 되므로 종(宗)이라고 한 것이다.'[130]라고 풀이하였는데, 그 풀이는 틀렸다. 주나라의 종백(宗伯)이 바로 우(虞)의 질종인데, 여기서는 묘[廟 : 사당]라고 풀이하고 「주관」에서는 장[長 : 우두머리]이라고 풀이해서야 되겠는가? 매색이 종(宗)을 존(尊)이라고 풀이한 것[131]도 잘못이다.

考證 〈舜本紀〉: "夙夜惟敬, 直哉維靜潔。" ○〈鄭語〉, 史伯曰 : "姜, 伯夷之後也。伯夷能禮於神, 以佐堯者也。" ○《大戴禮》云 : "虞史伯夷曰, '明, 孟也。幽, 幼也。'" **○案** 禹爲崇伯, 故曰伯禹, 則伯夷亦或侯伯之仕于帝廷者也。〈呂刑〉云'伯夷降典, 折民惟刑'者, 禮與刑, 皆所以齊民也。齊之以刑, 不如齊之以禮, 而伯夷掌禮, 能使民節性以合軌。故《大戴禮》云 : "伯夷主禮, 以節天下。"【〈五帝德〉】〈舜本紀〉云 : "伯夷主禮, 上下咸讓。" 蓋不獨三禮是典也。

고증 『사기』 「순본기」에 "밤낮으로 공경하여 곧게 해야 정결할 것이다."라고 하였다.
○『국어』 「정어(鄭語)」에, 사백(史伯)이 "강(姜)은 백이(伯夷)의 후예이다. 백이는 신에게 예를 잘 올려서 요를 보좌한 사람이다."라고 하였다는 구절이 있다.
○『대대례기』에 "우사(虞史) 백이(伯夷)가 '명(明)은 맹[孟 : 맏이]의

130 봄은 …… 것이다 : 『서집전』 「周書 · 周官」에 "春官, 於四時之序爲長. 故其官謂之'宗伯'."이라고 하였다.

131 매색이 …… 풀이한 것 : "僉, 咨伯, 汝作秩宗."에 대한 『상서정의』의 傳에 "秩, 序, 宗, 尊也, 主郊廟之官."이라고 하였다.

뜻이다. 유(幽)는 유[幼: 어리다]의 뜻이다.'라고 하였다."라고 하였다.

○안 우가 숭백(崇伯)이 되었기 때문에 백우(伯禹)라고 한 것이니, 백이(伯夷)도 어쩌면 제순의 조정에서 벼슬한 후백(侯伯)이었을 것이다. 「여형」에 '백이는 오전(五典)을 가르쳐서 백성을 예로써 바르게 하되, 가르침을 따르지 않고 예를 지키지 않으면 비로소 결단하여 형관(刑官)에게 넘겨 형벌을 썼다.[132]'라고 하였는데, 예와 형벌은 모두 백성을 바로잡는 수단이다. 형벌을 써서 바르게 하는 것은 예를 써서 바르게 하는 것만 못한데, 백이가 예를 관장하여 능히 백성들로 하여금 본성을 절제하게 하여 법도에 맞게 하였다. 그러므로 『대대례기』에 "백이가 예를 주관하여 천하를 절제(節制)하였다."라고 하였다.【「오제덕」에 보인다.】 또 『사기』 「순본기」에 "백이가 예를 주관하자 상하가 모두 양보하였다."라고 하였으니, 아마 삼례만을 맡은 것은 아닐 것이다.

考訂 金履祥云: "《史記》敍〈齊世家〉, 繫出四岳, 及其敍十一國, 則又曰'伯夷之後, 周封於齊', 豈伯夷四岳之子與? 若是則岳爲能內擧矣。" **○案** 史伯之言, 不云四岳, 東西捏合, 追定大倫, 不可也。

고정 김이상이 말했다. "『사기』에서 「제세가(齊世家)」를 서술한 부분에는 세계(世系)가 사악에서 나왔다고 하고, 11개국을 서술한 부분에 가서는 또 '백이의 후예를 주나라가 제(齊)에 봉하였다.'[133]라

132 백이는 …… 썼다: 「여형」 해당 구절에 대해 『상서고훈』에서 "降典, 降五典之教, 齊之以禮也. 折民, 其不率教, 不循禮者, 始決折之, 移于士, 用刑也."라고 한 다산의 풀이에 따라 번역하였다.

133 『사기』에서 …… 봉하였다: 『사기』 「齊世家」에서는 "太公望呂尚者, 東海上

고 하였는데, 어찌 백이가 사악의 아들이겠는가? 그렇다면 사악이 친속을 천거할 수 있었던 것이 된다."[134]

○**안** 사백의 말에서는 사악이라고 하지 않았다. 이리저리 꾸며 맞추어서 대륜(大倫)을 소급해서 정하였지만[追定] 그래서는 안 된다.

02. 요전하 - 17

帝曰 : "夔, 命汝典樂, 敎冑子。直而溫, 寬而栗, 剛而無虐, 簡而無傲。詩言志, 歌永言, 聲依永, 律和聲, 八音克諧, 無相奪倫, 神人以和。" 夔曰 : "於, 予擊石拊石, 百獸率舞。"

제순이 말했다. "기여, 그대를 전악으로 명하니 주자(冑子)를 가르쳐라. 반듯하되 온화하며, 너그럽되 엄격하며, 강하되 사나움이 없게 하며, 뜻이 크되 오만함이 없게 하라. 시는 뜻을 말하는 것이고, 노래는 말을 길게 하는 것이고, 소리는 긴 말의 곡조를 따르고, 율로 여러 악기의 도수를 조화시켜야 팔음을 내는 악기가 조화롭게 어울려 서로 차례를 빼앗지 않고 귀신과 사람이 화목할 것이다." 기가 대답했다. "아, 제가 석경을 치면 짐승들도 모두 춤을 출 것입니다."

人. 其先祖嘗爲四嶽, 佐禹平水土甚有功."이라고 하고, 「陳杞世家」의 끝에 舜・禹・契・后稷・皐陶・伯夷・伯翳・垂・益・夔・龍의 후예에 대해 서술한 부분에서는 "伯夷之後, 至周武王復封於齊, 曰太公望."이라고 하였다.

134 김이상이 …… 된다 : 『資治通鑑講目前編』 권2 「有虞氏帝舜」의 주에 보인다.

馬云："冑, 長也。教長天下之子弟。" ○鄭云："冑子, 國子也。"【見《史》注。王肅同】 梅云："元子以下至卿大夫子弟。"【疏云："教교1)世適長子。"】

교1) 案教：『상서정의』에는 뒤에 '訓'이 더 있다.

〔教冑子〕 마융이 말했다. "'주(冑)'는 장[長：기르다]의 뜻이다. 천하의 자제들을 기른다는 말이다." ○정현이 말했다. "'주자(冑子)'는 국자[國子：공경대부의 자제]이다."【『사기』「순본기」의 『집해』에 보인다. 왕숙의 주도 같다.】 매색이 말했다. "원자(元子) 이하부터 경대부의 자제까지이다."【소에 "대를 잇는 적장자를 가르치는 것이다."라고 하였다.】

馬云："正直而色溫和, 寬大而敬謹戰栗也。" ○梅云："教國子中・和・祗・庸・孝・友。" ○馬云："歌, 所以長言詩之意。"【見《史》注】 ○鄭云："聲之曲折又依長言, 聲中律, 乃爲和也。"【見《史》注】 ○梅云："聲謂五聲。【宮・商・角・徵・羽】 律謂六律・六呂。倫, 理也。" ○鄭云："祖考來格, 群后德讓, 其一隅也。"【神人以和】【見《史》注】 ○鄭云："百獸, 服不氏所養者也。率舞, 言音和也。"【見《史》注】 ○**鏞案** 此經約含三大義。一, 太學教冑之法。二, 中和育德之理。三, 詩歌習樂之規。三古教化之源本在此, 謹取三大義, 疏理如左。

〔直而溫, 寬而栗〕 마융이 말했다. "반듯하되 기색이 온화하고, 관대하되 공경히 삼가며 두려워하는 것이다." ○매색이 말했다. "국자(國子)에게 중(中)・화(和)・지(祗)・용(庸)・효(孝)・우(友)를 가르치는 것이다."
〔歌永言〕○마융이 말했다. "'가[歌：노래]'는 시에 담긴 뜻을 길게

늘여서 말하는 것이다."【『사기』「순본기」의 『집해』에 보인다.】

〔律和聲 · 奪倫〕○정현이 말했다. "가성(歌聲)의 꺾임이 장언(長言)을 따르면서도 소리가 율소에 맞아야 조화를 이룬다는 말이다."【『사기』「순본기」의 『집해』에 보인다.】 ○매색이 말했다. "'성(聲)'은 5성(聲)을 말한다.【궁 · 상 · 각 · 치 · 우이다.】 '율(律)'은 6율(律)과 6려(呂)를 말한다. '윤(倫)'은 리[理 : 리듬]의 뜻이다."

【神人以和】○정현이 말했다. "조고(祖考)가 와서 이르고 군후(群后)가 덕으로 양보하는 것을 대표하는 표현[一隅]이다."【『사기』「순본기」의 『집해』에 보인다.】

〔百獸率舞〕○정현이 말했다. "'백수(百獸)'는 복불씨(服不氏)[135]가 기르는 것이다. '솔무(率舞)'는 음이 조화를 이루었다는 말이다."【『사기』「순본기」의 『집해』에 보인다.】

○용안 이 부분의 경문은 대략 세 가지 큰 의미를 포함하고 있다. 첫째, 태학에서 주자(胄子)를 가르치는 제도이다. 둘째, 중화(中和)로 덕을 기르는 이치이다. 셋째, 시와 노래를 통해 악(樂)을 익히는 규정이다. 삼고(三古) 교화의 근본이 여기에 있으므로 삼가 세 가지 큰 의미를 취하여 다음과 같이 정리한다.

考訂 蔡云 : "胄, 長也。自天子至卿大夫之適子。"【用孔疏之義】 **○案** 胄子之解, 凡有三等。孔疏只取世適, 梅註博取貴族, 馬融盡取天下之子弟, 將誰適從? 虞制無徵, 今以周制言之, 可乎? 虞之胄子, 周之所謂國子也。古者教人之法, 原有二塗。一是教萬民, 司徒主之。一是教國子,

135 복불씨(服不氏) : 주나라 夏官 司馬 소속의 관직으로, 맹수를 길들이는 일을 담당하였다.

典樂主之。契教萬民, 是爲鄕學。夔教胄子, 是爲太學。此法歷夏·殷·周, 猶然不變。《周禮》大司徒教萬民, 而鄕大夫·州長·黨正·族師之所教, 司諫·司救之所糾, 皆此屬也。大司樂教國子, 而樂師·學正·大胥·小胥之所教, 師氏·保氏之所養, 皆此屬也。

天子·邦君之子, 適庶皆入太學。唯所謂游倅者, 乃公卿大夫之庶子。【倅, 貳也】 雖亦受教於師氏, 領籍於諸子,【〈夏官〉有〈諸子〉】 而仍與適子有別。至於凡民之俊秀者, 自鄕學而賓興之, 乃升太學, 〈鄕大夫〉有其文也。【亦見〈大司徒〉】 〈王制〉曰: "王太子·王子, 群后之太子, 卿大夫·元士之適子, 國之俊選, 皆造焉。"【《書大傳》大同】

〈王制〉者, 漢文時博士所論也。自漢而降, 爵不世襲, 才不族選。故其學校之政, 一變古制, 凡民庶姓咸造太學, 而鄕學賓興之法廢。此古今之異也。或曰: "舜之命契, 先言'百姓不親', 百姓者, 貴族也。虞制貴族子弟, 咸隸司徒, 唯其適子承世之胤, 乃入太學。故虞曰胄子, 周曰國子。"【胄字嚴, 國字博】 未知然否。

고정 채침이 말했다. "'주(胄)'는 장[長: 맏이]의 뜻으로, 천자부터 경대부까지의 적자를 말한다."【공영달 소의 풀이를 채용한 것이다.】

○**안** 주자(胄子)에 대한 풀이에는 모두 3등급이 있다. 공영달의 소에서는 대대로 이어지는 적장자[世適]만을 취하였고, 매색의 주에서는 귀족을 널리 취하였으며, 마융은 천하의 자제를 모두 취하였는데, 누구를 따라야 하는가? 우제(虞制)는 징험할 데가 없는데 지금 주의 제도를 가지고 말해서야 되겠는가? 우(虞)의 주자(胄子)는 주나라에서 말하는 국자(國子)이다. 옛날에 사람을 교육하는 법에는 원래 두 갈래가 있었다. 하나는 만민을 교육하는 것으로 사도가

그것을 주관하였다. 또 하나는 국자를 교육하는 것으로 전악(典樂)이 그것을 주관하였다. 설(契)이 만민을 교육한 것은 향학(鄕學)이다. 기(夔)가 주자(冑子)를 교육한 것은 태학(太學)이다. 이 법은 하·은·주를 거치면서도 여전하여 변하지 않았다. 『주례』의 대사도는 만민을 교육하는데, 향대부(鄕大夫)·주장(州長)·당정(黨正)·족사(族師)가 가르치는 사람과, 사간(司諫)·사구(司救)가 살피는 사람이 모두 이 부류이다. 대사악(大司樂)은 국자를 가르치는데, 악사(樂師)·학정(學正)·태서(大胥)·소서(小胥)가 가르치는 사람과, 사씨(師氏)·보씨(保氏)가 기르는 사람이 모두 이 부류이다.

천자와 방군(邦君)의 아들은 적서(適庶) 모두 태학에 입학한다. 다만 이른바 유쉬(游倅)는 바로 공경대부의 서자이다.【'쉬(倅)'는 이(貳)의 뜻이다.】 그들도 비록 사씨에게 교육을 받지만 제자(諸子)[136]에 등록하여,【『주례』「하관(夏官)」에 제자(諸子)가 있다.】 그대로 적자와 구별한다. 일반 백성 중에서 뛰어난 자는 향학에서 빈객의 예로 천거[賓興]하여야 태학으로 올라간다. 「향대부」에 그 내용이 있다.【「대사도(大司徒)」에도 보인다.】 『예기』「왕제」에, "왕의 태자와 왕자, 군후(群后)의 태자, 경대부와 원사(元士)의 적자, 국가의 준사(俊士)와 선사(選士)가 모두 여기에 나아간다."라고 하였다.【『상서대전』의 내용도 대체로 같다.】

「왕제」란 한 문제(漢文帝) 때의 박사들이 논한 내용이다. 한나라 이후로는 작위가 세습되지 않고 인재는 문벌로 선발하지 않게 되었으므로, 학교의 정사에서 고제(古制)를 크게 바꾸어 일반 백성도

136 제자(諸子): 國子 중 次子를 가르치는 일을 담당하는 관직이다.

모두 태학에 들어가게 하고, 향학에서 빈객의 예로 인재를 천거하는 법은 폐지한 것이다. 이것이 옛날과 지금의 차이이다. 혹자는 "순이 설에게 명하면서 먼저 '백성이 친목하지 못함[百姓不親]'을 말하였는데, 백성이란 귀족이다. 우제(虞制)에서 귀족의 자제는 모두 사도(司徒)에게 예속되고, 오직 적자로서 대를 이을 장자라야 태학에 입학하였다. 그러므로 우에서는 '주자'라고 하고, 주에서는 '국자'라고 하였다."【'주(胄)' 자는 의미가 엄밀하고 '국(國)' 자는 의미가 넓다.】라고 하는데, 그런지 아닌지는 모르겠다.

考訂 蔡云："直欲溫, 寬欲栗, 慮其偏而輔翼之。剛欲無虐, 簡欲無傲, 防其過而戒禁之。" ○**案** 此《中庸》之源也。《周禮》大司樂, 以六德教國子, 曰中・和・祇・庸・孝・友。六德者,《中庸》・《大學》之書所祖述也。中・和・祇・庸之義, 演之爲《中庸》。【戒愼恐懼, 祇也。須臾不離, 庸也】孝・友・慈・順之義, 演之爲《大學》。其源本在是也。大抵養德之要, 在於中和。不偏不倚, 無過不及者, 中和之德也。皐陶九德之目, 中和之細列也。典樂四言之戒, 中和之要領也。凡人養德, 皆失其要領, 故及其成也, 必其所短起於所長, 所病生於所能。直者不溫, 寬者不栗,【栗者, 堅也, 密也, 嚴也。〈聘義〉云："縝密以栗。"〈大雅〉云："實穎實栗。"〈豳風〉云："二之日栗烈。"】剛者易虐, 簡者易傲。守其所長, 矯其所短, 存其所能, 去其所病, 則中和之全德也。彰厥有常, 能於久中, 則中庸之成德也。胄子者, 將以承父之統, 治國家而平天下者也。道之大源, 起於堯・舜, 歷夏與殷, 流于《周禮》, 終于孔門, 爲《中庸》・《大學》二書而止。讀〈堯典〉而逢此大源, 爲之太息而欷歔也。

고정 채침이 말했다. "곧은 자는 온화해지려고 하고 너그러운 자는 엄숙해지려고 하니, 한쪽으로 치우칠까 염려하여 그들을 도와 바른 길로 인도하는 것이다. 강한 자는 사나움을 없애려고 하고 뜻이 큰 자는 오만함을 없애려고 하니, 지나침을 막아서 경계하고 금지시키는 것이다."[137]

○**안** 이것은 『중용』의 근원이다. 『주례』의 대사악은 여섯 가지 덕을 국자에게 가르치는데, 중(中)·화(和)·지(祗)·용(庸)·효(孝)·우(友)이다. 육덕이란 『중용』·『대학』이 모범으로 여겨 서술하여 밝힌 것이다. 중·화·지·용의 뜻을 부연한 것이 『중용』이고,【'계신공구(戒愼恐懼)'가 지(祗)이고, '수유불리(須臾不離)'가 용(庸)이다.】 효·우·자(慈)·순(順)의 뜻을 부연한 것이 『대학』인데, 그 근원이 여기에 있다.

대체로 덕을 기르는 요체는 중화에 달려 있다. 치우치지 않고 기울어지지 않으며, 지나치지도 않고 모자라지도 않은 것이 중화의 덕이다. 고요가 말한 아홉 가지 덕[138]의 조목은 중화를 세부적으로 열거한 것이고, 〈이 장에서〉 전악(典樂)에게 말한 네 마디의 경계는 중화의 기본 골자이다. 그런데 사람이 덕을 기를 때 모두 그 기본 골자를 놓치기 때문에 완성 단계에 이르면 반드시 장점 속에서 단점이 나오고 능통한 부분에서 병통이 생겨난다. 곧은 자는

---

137 곧은 …… 것이다 : 『서집전』의 내용을 축약한 것이다. 원문은 다음과 같다. 凡人直者, 必不足於溫, 故欲其溫. 寬者, 必不足於栗, 故欲其栗. 所以慮其偏而輔翼之也. 剛者, 必至於虐, 故欲其無虐. 簡者, 必至於傲, 故欲其無傲. 所以防其過而戒禁之也.

138 아홉 가지 덕 : 「고요모」에서 고요가 우에게 말한 행실의 아홉 가지 덕으로, '寬而栗, 柔而立, 愿而恭, 亂而敬, 擾而毅, 直而溫, 簡而廉, 剛而塞, 彊而義.'를 말한다.

온화하지 못하고, 너그러운 자는 엄격하지 못하며,【'율(栗)'은 견[堅 : 굳세다]이고 밀[密 : 치밀하다]이고 엄[嚴 : 엄격하다]이다. 『예기』「빙의」에 "치밀하면서 굳세다.[縝密以栗]"라고 하였고, 『시경』「대아 · 생민(生民)」에 "낟알이 주렁주렁하고 낟알이 단단하다.[實穎實栗]"라고 하였으며, 「빈풍(豳風)」에 "섣달에는 추위가 매섭다.[二之日栗烈]"라고 하였다.】 강한 자는 사나워지기 쉽고, 뜻이 큰 자는 오만해지기 쉽다. 그 장점을 지키면서 그 단점을 바로잡고, 잘하는 바를 보존하면서 병통이 되는 점을 제거하면, 중화가 덕에 온전히 갖추어진다. 〈그 덕이〉 몸에 드러나고 한결같이 유지되어 오래도록 중에 머무를 수 있으면 중용이 덕으로 이루어진다.

주자(胄子)란 장차 아비의 법통을 계승하여 국가를 다스리고 천하를 평정할 사람이다. 도의 큰 근원이 요 · 순에서 시작되어 하와 은을 거쳐 『주례』로 전해지고, 마지막으로 공문(孔門)에 이르러 『중용』 · 『대학』 두 책을 이루는 데서 그친다. 「요전」을 읽다가 이 큰 근원을 만났으니, 그 때문에 한숨을 쉬고 탄식한다.

考訂 蔡云 : "黃鍾爲宮, 則太簇爲商, 姑洗爲角, 林鍾爲徵, 南呂爲羽。" **○案** 歌樂以教人者, 所以養其中和之德也。上悅神示, 下悅人心, 樂之用也。譙訶叱喝, 不足以導人爲善, 禁人爲惡。於是作爲詩歌之法。風 · 賦 · 比 · 興, 謂之風言, 〈大雅〉 · 〈小雅〉, 謂之正言, 以美以刺, 以著其善惡。其善者, 感發人之善心, 其惡者, 懲創人之逸志。人主聽之, 學者習之, 皆以養其中和之德, 此亦堯 · 舜之法。惜乎! 虞 · 夏 · 殷 · 周之詩, 蕩然皆軼, 今所存者, 多晩周之所採耳。

'詩言志'者, 謂詩卽言也。【自言其內志】 '歌永言'者, 恒言不足以動人, 故引而長之, 以永其所言, 所謂詠也。'聲依永'者, 宮 · 商 · 角 · 徵 · 羽,

其清濁高下之音，依於永言之曲折，使有抑揚沈激之變也。【古法，每詩一章之內，必五音再周，故音十曰章。宋・元以來，歌聲曲折之譜，所謂㐃仕伬仜伬，卽其流法】'律和聲'者，八音諸器，其大小・長短・厚薄之度，不中比例，則雖歌者善歌，而八音不諧矣。律者，樂器製造之時，其劑量比例之度數也。黃鍾之瑟，其額幾寸，其頸幾寸。○[교1]太蔟之琴，其額幾寸，其頸幾寸。【鍾・磬・笙・籥皆仿此】此之謂律。漢儒誤看《周禮》'圜鍾爲宮'一章及〈禮運〉'旋[교2]相爲宮'一章，遂以六律配之於五聲。千言萬語，愈辯愈亂，遂至二千年長夜，大夢未寤，所謂六律・六同，今爲不可究詰之物，卽玆'律和聲'一句，亦何以解矣?【竝詳余《樂書考訂》】《周禮》："典同，掌六律・六同之和，以爲樂器。凡爲樂器，以十有二律爲之數度，以十有二聲爲之齊量。"據此一文，其爲鑄造樂器之尺度，審矣。舜曰'律和聲'，漢儒曰'律配聲'，孟子曰'以六律正五音'，漢儒曰'以六律作五音'，尙何言哉? 律以制器，乃可和聲。故'律和聲'之下，繼之曰'八音克諧'。八音者，器也。

교1) 案○:『상서고훈』의 체재로 볼 때 이 권점은 잘못 들어간 듯하다.
교2) 案旋:『예기』 원문에는 '還'으로 되어 있다.

고정 채침이 말했다. "황종(黃鍾)이 궁(宮)이 되면 태주(太簇)는 상(商), 고선(姑洗)은 각(角), 임종(林鍾)은 치(徵), 남려(南呂)는 우(羽)가 된다."

○안 가악(歌樂)으로 사람을 가르치는 것은 중화의 덕을 기르기 위해서이다. 위로는 귀신을 기쁘게 하고, 아래로는 사람의 마음을 기쁘게 하는 것이 음악의 효용이다. 호되게 나무라고 꾸짖는 것으로는

사람이 선을 하도록 이끌기에 부족하고, 사람이 악을 저지르는 것을 금하기에 부족하다. 그래서 시와 노래를 짓는 법이 만들어졌다. 풍(風)·부(賦)·비(比)·흥(興)을 풍언(風言)이라고 하고, 「대아」와 「소아」를 정언(正言)이라고 하여, 찬미와 풍자로 선과 악을 드러낸다. 선한 내용은 사람의 선한 마음을 감동시켜 분발하게 하고, 악한 내용은 사람의 방종한 생각을 경계하게 한다. 인주(人主)가 그것을 듣고, 배우는 자가 그것을 익히는 것은 모두 중화의 덕을 기르기 위해서이다. 이 또한 요·순의 법인데, 안타깝다! 우·하·은·주의 시들은 쓸어버린 듯 모두 없어지고, 지금 남아 있는 것은 대부분 주나라 말기에 채집한 것이다.

'시언지(詩言志)'란 시가 곧 말이라는 의미이다.【자신의 속마음을 스스로 말하는 것이다.】 '가영언(歌永言)'이란 보통 하는 말로는 사람을 감동시키기에 부족하므로 말을 늘여서 길게 하는 것이니, 그 말하는 바를 길게 하기 때문에 '영(詠)'이라고 한다. '성의영(聲依永)'이란 궁·상·각·치·우이니, 그 맑고 탁하며 높고 낮은 음이 영언(永言)의 곡절(曲切)에 따라 낮아지고 높아지며 잦아들고 격렬해지는 변화가 있게 하는 것이다.【고법(古法)에는 시 1장 안에 반드시 5음이 두 번 돌아와야 하였다. 그러므로 10음을 장(章)이라고 한 것이다. 송·원 이후로 가성(歌聲) 곡절의 악보에서 사(佪)·상(仩)·척(伬)·공(仜)·육(伬)[139]이라고 하는 것이 바로 그 유법이다.】 '율화성(律和聲)'이란 팔음을 내는 여러 악기의 크기·길이·두께의 도수(度數)가 비례에 맞지 않으면, 노

139 사(佪)·상(仩)·척(伬)·공(仜)·육(伬): 악보에 사용하는 부호인 듯하다. 『樂書孤存』에 따르면 악기별로 다른 부호를 쓰는데 일례로 笛의 경우 正音에는 四·上·尺·工·六을 쓰고 淸音에는 高佪·高仩·高伬·高仜을 쓴다. 다산의 『樂書孤存』 권2 「駁四上尺工六以定古樂」에서 자세히 다루었다.

래하는 사람이 아무리 노래를 잘해도 팔음이 조화를 이루지 못한다는 말이다. '율(律)'이란 악기를 제작할 때 비례를 조절하는 도수로서, 황종[黃鍾: 12율의 첫째 음]의 음률을 내는 슬(瑟)은 액(額)이 몇 치(寸)이고 경(頸)이 몇 치이며, 태주[太蔟: 12율의 셋째 음]의 음률을 내는 금(琴)은 액이 몇 치이고 경이 몇 치인지 정해져 있다. 【종(鍾)·경(磬)·생(笙)·약(籥)도 모두 이와 같다.】 이것을 '율(律)'이라고 한다. 그런데 한유(漢儒)들이 『주례』의 '환종위궁(圜鍾爲宮)' 1장 및 『예기』「예운」의 '선상위궁(旋相爲宮)' 1장을 오독하는 바람에 드디어 육률을 오성에 배합하였다. 그래서 온갖 말로 변별하였지만 그럴수록 더욱 혼란해져서 마침내 2000년에 이르는 긴 밤의 꿈에서 깨어나지 못하고, 이른바 육율(六律)과 육동(六同)이 지금은 구명할 수 없는 물건이 되고 말았다. 그러니 이 '율화성(律和聲)' 1구를 또 어떻게 해석하겠는가?【모두 나의 『악서고정(樂書考訂)』[140]에서 상세히 다루었다.】

『주례』에, "전동(典同)은 육률과 육동을 조화시켜 악기 만드는 일을 관장한다. 무릇 악기를 만들 때에는 12율로 악기의 폭과 길이를 정하고, 12성으로 종의 아가리 크기를 정한다."[141]라고 하였다.

140 『악서고정(樂書考訂)』: 현전하는 與猶堂全書에는 이 서명이 없고, 다산이 회갑을 맞아 자신의 저술을 정리한 「자찬묘지명」에도 『악서고정』이란 서명은 보이지 않는다. 樂을 다룬 다산의 저술로는 『樂書孤存』 12권이 있다. 그 중 권1 「論六律五聲不同」에서 六律을 五聲에 배합해서는 안 된다는 것을 자세히 논하였다.

141 전동(典同)은 …… 정한다: 『주례』「춘관·전동」에 "典同, 掌六律·六同之和, 以辨天地·四方·陰陽之聲, 以爲樂器."라고 하고, 또 "凡爲樂器, 以十有二律爲之數度, 以十有二聲爲之齊量."라고 하였는데, 정현의 주에 "數度, 廣長也. 齊量, 侈弇之所容."이라고 하였다. 侈弇은 종 아가리의 크기로, 중앙부가 좁고 아가리 부분이 넓은 것이 '侈', 중앙부가 넓고 아가리 부분이 좁은

이 한 문장에 근거하여 악기를 주조하는 척도를 살필 수 있다. 순은 '율화성(律和聲)'이라고 하였는데 한유(漢儒)는 '율배성(律配聲)'이라고 하고, 맹자는 '육률로 오음을 바로잡는다.[以六律正五音]'라고 하였는데 한유는 '육률로 오음을 만든다.[以六律作五音]'라고 하였으니, 그것은 또 무슨 말인가? 율(律)에 맞추어 악기를 제작해야 소리를 조화롭게 할 수 있다. 그러므로 '율화성' 다음에 이어서 '팔음극해(八音克諧)'라고 한 것이다. 팔음(八音)이란 악기이다.

考訂 蘇軾云: "舜方命九官, 濟濟相讓, 無緣夔於此獨言其功。此〈益稷〉之文, 簡編脫誤, 復見於此。"【謂'擊石'等十二字】 ○**案** 此說亦好。然石聲難諧, 獸性難化, 而帝德所感, 已能咸和, 則承上'神人以和'之喩, 稱揚帝德, 未爲不可。古經何以輕疑之。《史記》亦有此十二字。

고정 소식이 말했다. "순이 바야흐로 9관(官)을 명할 때 위의(威儀)를 갖추어 서로 양보하였는데, 기가 여기서 혼자 자기 공을 말할 이유가 없다. 이는 「익직(益稷)」의 글인데 죽간을 엮을 때 오류가 생겨 여기에 중복되어 나온 것이다."[142]【'격석(擊石)' 등 12자[143]를 말한다.】

○**안** 이 설 또한 좋다. 그러나 석성(石聲)은 조화시키기 어렵고 수성(獸性)은 변화시키기 어려운데, 제순의 덕에 느낀 바 있어 이미 능히 모두 조화를 이루었으니, 앞의 '신인이화(神人以和)'를 이어받

것이 '弁'이다.

142 소식이 …… 것이다: 明 胡廣의 『書經大全』에 인용되어 있다.

143 '격석(擊石)' 등 12자: 경문의 夔曰: "於, 予擊石拊石, 百獸率舞."를 말한다.

은 비유로 제순의 덕을 드러내어 칭송한 것이라고 해도 불가하지 않다. 고경(古經)을 어찌 함부로 의심하겠는가? 『사기』에도 이 12자가 있다.

考異 鄭玄〈王制〉注'命女典樂'.【汝作女】 ○〈舜本紀〉'敎稺[교1)]子',【《史》注云: "《尙書》, 作胄子, 稺[교2)]·胄聲相近。"】 '詩言意, 歌長言'。○《說文》, '胄子'作'育子', '克諧'作'克龤'。【薛本同】《漢書·藝文志》引《書》曰: "哥詠言。"【或云: "馬本, 一作歌長言。"】〈禮樂志〉引《書》曰: "直而溫, 寬而栗。"

교1) 案稺: 『사기』에는 '稚'로 되어 있다.
교2) 案稺: 『사기집해』에는 '稚'로 되어 있다.

고이 정현의 『예기』「왕제」 주에는 〈'命汝典樂'이〉 '命女典樂'으로 되어 있다.【'汝'를 '女'로 썼다.】
○『사기』「순본기」에는 〈'敎胄子'가〉 '敎稺子'로,【『사기집해』에 "『상서』에는 胄子로 되어 있는데, 稺와 胄는 음이 비슷하다."라고 하였다.】〈'詩言志, 歌永言'이〉 '詩言意, 歌長言'으로 되어 있다.
○『설문해자』에는 '胄子'가 '育子'로, '克諧'가 '克龤'으로 되어 있다.【설계선본도 같다.】『한서』「예문지」에서는 『상서』를 인용하여 "哥詠言"이라고 하고,【혹자는 "마융본에는 '歌長言'으로 되어 있는 곳도 있다."라고 하였다.】「예악지」에서는 『상서』를 인용하여 "直而溫, 寬而栗"이라고 하였다.

考證 《左傳》云:【昭卄八】 "昔有仍氏生女, 名曰玄妻。樂正后夔取之, 生伯封, 謂之封豕。有窮后羿滅之, 夔是以不祀。" ○《呂氏春秋》云: "舜欲以樂傳敎於天下, 乃令重黎, 擧夔於草莽之中而進之。舜以爲樂正。" ○〈樂記〉云 : "夔始制樂, 以賞諸侯。" 又曰 : "詩, 言其志也。歌, 詠其聲也。【案。聲字似誤】 舞, 動其容也。"

고증 『춘추좌씨전』【소공 28년】에 "옛날 유잉씨(有仍氏)가 딸을 낳았는데 이름을 현처(玄妻)라고 하였다. 악정(樂正) 후기(后夔)가 그를 아내로 맞아 백봉(伯封)을 낳았는데 그를 봉시(封豕)라고 하였다. 유궁후(有窮后) 예(羿)가 그를 멸하였다. 기(夔)가 그래서 제사를 지내지 않았다."라고 하였다.
○『여씨춘추』에 "순이 음악을 가지고 천하에 가르침을 전하려고 하였다. 이에 중려(重黎)로 하여금 초야에 묻힌 사람 중에서 기(夔)를 천거하게 하여 나아오게 하였다. 순이 그를 악정으로 삼았다."라고 하였다.
○『예기』「악기(樂記)」에 "기가 처음으로 음악을 제정하였으므로 상으로 제후에 봉하였다."라고 하고, 또 "시는 뜻을 말하는 것이다. '가(歌)'는 소리[聲]를 내어 읊조리는 것이다.【안. '성(聲)' 자는 잘못된 듯하다.】 '무(舞)'는 몸을 움직이는 것이다."라고 하였다.

02. 요전하 - 18

帝曰 : "龍, 朕堲讒說殄行, 震驚朕師。命汝作納言, 夙夜出納朕命, 惟允。"

제순이 말했다. "용이여, 나는 참설이 옳은 행실을 저지하여 나의 무리를 놀라고 동요하게 하는 것을 막으려고 한다. 그대를 납언으로 임명하니 밤낮으로 나의 명을 출납하되 오직 진실한 것만을 출납하라.”

梅云：“堲，疾。殄，絶。震，動也。我疾讒說絶君子之行。” ○鄭云：“所謂‘色取仁而行違’，是驚動我之衆臣，使之疑惑。”【見《史》注】 ○梅云：“欲遏絶之。” ○**鏞案** 火塾[교1)]曰堲，四周無罅之壙，謂之堲周。【見〈檀弓〉】 堲者，杜塞之意也。當時亦有書奏如今之疏啓，其中容有讒說，故令納言杜塞之也。人方致力於功行，而彈駁忽起，則事功中絶，帝之所憂也。‘納言’者，漢之尙書令也。朝臣章奏，司其出納，而帝之詔令，亦有所中格勿頒，故下節戒之。

교1) 案塾：『예기정의』에는 ‘熱’로 되어 있다.

〔堲讒說殄行，震驚朕師〕 매색이 말했다. “‘즐(堲)’은 질[疾：미워하다]의 뜻이다. ‘진(殄)’은 절[絶：끊다]의 뜻이다. ‘진(震)’은 동[動：동요시키다]의 뜻이다. 나는 참설(讒說)이 군자의 행실을 끊는 것을 미워한다는 말이다.” ○정현이 말했다. “이른바 ‘안색은 인(仁)한 척하지만 행실은 그와 어긋난다.[色取仁而行違]’[144]라는 것이니, 이것이 나의 여러 신하들을 놀라게 하고 동요시켜서 의혹하게 한다는 뜻이다.”【『사기』「순본기」의 『집해』에 보인다.】 ○매색이 말했다. “그것을 막아 끊으려고 한다는 뜻이다.”[145]

144 안색은 …… 어긋난다：『논어』「顔淵」에 보인다.
145 그것을 …… 뜻이다：『상서정의』에는 앞에 나온 매색의 주 ‘즐(堲)은 …… 미워한다는 말이다.’와 연결되는 하나의 문장으로 되어 있다. 원문은 다음과 같다. 卽，疾. 殄，絶. 震，動也. 言我疾讒說絶君子之行而動驚我衆，欲遏絶之.

○**용안** 불에 굽는 것[火熱]이 '즐(堲)'이니, 사방 둘레에 틈이 없는 광[壙 : 구덩이]을 '즐주(堲周)'라고 한다.【『예기』「단궁(檀弓)」[146]에 보인다.】 '즐(堲)'은 막는다는 뜻이다. 당시에도 지금의 소계(疏啓)와 같이 글로 써서 아뢰는 제도가 있었는데, 그 중에는 참설도 있을 수 있으므로 납언을 시켜 그것을 막게 한 것이다. 사람이 바야흐로 일을 수행하느라 노력하고 있는데 탄핵과 논박이 갑자기 일어나면 사업이 중단되므로 제순이 그것을 염려한 것이다. '납언(納言)'이란 한나라의 상서령(尙書令)과 같은 관직이다. 조신(朝臣)들의 장주(章奏)에 대해서는 그 출납을 담당하고, 황제의 조령(詔令) 또한 중간에서 막고 반포하지 않는 일이 있었다. 그러므로 다음 구절에서 그것을 경계한 것이다.

考訂 梅云 : "聽下言納於上, 受上言宣於下。" ○蔡云 : "敷奏復逆, 必使審之, 旣允而後入。" ○陳櫟云 : "君命當者出之, 否者納之。"【如後世批勑審覆之官】 ○**案** 陳說極是。孔子對哀[교1)]公之問曰 : "'予無樂乎爲君, 唯其言而莫予違也'。如其善而莫之違也, 不亦善乎? 如其不善而莫之違也, 不幾乎一言而喪邦乎?"【《知遠錄》】

교1) 案哀 : 『논어』「자로」에는 '定'으로 되어 있다.

고정 매색이 말했다. "아랫사람의 말을 듣고 그것을 임금에게 들여보내며, 임금의 말을 듣고 그것을 아래에 선포하는 것이다."

146 『예기』「단궁(檀弓)」 : 夏后氏堲周 구에 대한 정현의 주에 "火熟曰堲, 燒土冶以周於棺也."라고 하였다.

○채침이 말했다. "펴서 아뢰고 복역[復逆 : 상주]하는 말을 반드시 자세히 살펴서 진실임을 확인한 뒤에 받아들이게 하는 것이다."

○진역(陳櫟)이 말했다. "임금의 명이라도 합당한 것은 내보내고 그렇지 못한 것은 〈임금에게 다시〉 들여보낸다."【후세에 황제의 조칙에 부당한 내용이 있을 경우 반대 의견을 제시하여 다시 검토하게 하는[批勑[147]審覆] 관직 같은 것이다.】

○**안** 진역의 설이 지극히 옳다. 공자가 정공(定公)의 물음에 "'나는 임금 노릇하는 데 즐거울 것이 없지만, 오직 내 말을 어기는 사람이 없는 것만이 즐겁다.'라고 하는 사람이 있습니다. 임금의 말이 선한데 어기는 사람이 없다면 또한 좋지 않겠습니까. 그러나 임금의 말이 선하지 않은데도 어기는 사람이 없다면 한마디 말로 나라를 거의 잃게 되지 않겠습니까?"[148]라고 대답하였다.【『상서지원록』】

02. 요전하 - 19

帝曰 : "咨, 汝二十有二人, 欽哉, 惟時亮天功。"

147 批勑 : 조칙에 대한 비평이란 뜻으로, 황제의 조서에 불가한 내용이 있을 경우 신하가 사기 의견을 밀미에 적는 것을 말한다. 唐의 李藩이 給事中으로 있을 때 황제의 칙서에 옳지 못한 부분이 있으면 칙서의 끝에다가 반대하는 이유를 쓴 데서 유래한다.

148 나는 …… 않겠습니까? : 『논어』「자로」에 나오는 내용이다. "一言而喪邦, 有諸?"라는 정공의 물음에, 공자가 "言不可以若是其幾也, 人之言曰, '予無樂乎爲君, 唯其言而莫予違也.' 如其善而莫之違也, 不亦善乎? 如不善而莫之違也, 不幾乎一言而喪邦乎?"라고 대답하였다.

제순이 말했다. "아, 그대들 22인은 공경하여 때에 맞게 천공을 도우라."

馬云: "稷·契·皐陶皆居官久, 有成功, 但述而美之, 無所復勑。禹及垂以下, 皆初命凡六人, 與上十二牧·四嶽, 凡二十二人。"【見《史》注】 ○鄭云: "皆格于文祖時所勑命也。"【見《史》注】《正義》云: "鄭以[교1]二十二人, 數殳·斨·伯與·朱·虎·熊·羆, 不數四岳。" ○梅註用馬義。○蔡云: "四岳·九官·十二牧。" ○**案** 梅《書》自'愼徽五典'以下, 本無註解, 當時雜取諸家註補之。【上丙三】 今所用, 蓋馬融之說也。馬必以四岳爲四人, 故不數稷·契·皐陶, 卽此驗之。四岳之爲一人, 亦明矣。《春秋傳》曰: "許大嶽[교2]之胤。" 大岳者, 正是四岳之總領, 止有一人者也。【'日觀四岳', 是四人在外者, '帝咨四岳', 是一人在內者】 此經當以蔡義爲正。

교1) 案以: 『상서정의』에는 뒤에 '爲'가 더 있다.
교2) 案嶽: 『춘추좌씨전』에는 '岳'으로 되어 있다.

〔二十有二人〕 마융이 말했다. "직·설·고요는 모두 오랫동안 관직에 있으면서 이룬 공이 있으므로 그것을 기술하여 칭찬하였을 뿐이고 다시 당부하는 말이 없다. 우(禹)와 수(垂) 이하는 모두 처음 명한 사람으로 6인이고, 위의 12목·4악과 합쳐서 모두 22인이다."【『사기』「순본기」의 『집해』에 보인다.】 ○정현이 말했다. "모두 문조(文祖)의 사당에 나아갔을 때 명한 사람들이다."【『사기』「순본기」의 『집해』에 보인다.】 『상서정의』에 "정현은 22인을 말하면서 수(殳)·장(斨)·백여(伯與)·주(朱)·호(虎)·웅(熊)·비(羆)만 꼽고 4악은 꼽지 않았다."라고 하였다. ○매색의 주[149]는 마융의 풀이를 채용하

였다. ○채침이 말했다. "4악과 9관(官)과 12목(牧)이다."

○안 매색이 바친 『상서』에는 '신휘오전(愼徽五典)'부터 그 이하에는 본래 주해가 없었는데, 당시에 제가의 주석을 섞어 취하여 보완한 것이다.【상병삼(上丙三)[150]】 여기서 채용한 것은 대체로 마융의 설이다. 마융은, 사악은 네 사람이 틀림없다고 여겼으므로 직·설·고요를 꼽지 않았는데, 여기에서 그것을 증명할 수 있다. 그러나 사악이 1인임은 또한 명백하다. 『춘추좌씨전』에 "허(許)나라는 대악(大岳)의 후예이다."[151]라고 한 부분의 대악은 바로 사악을 총괄하는 직책으로 1인이 있었을 뿐이다.【'일근사악[日覲四岳 : 날마다 사악을 만났다]'의 사악은 지방에 있는 4인이고, '제자사악[帝咨四岳 : 제가 사악에게 물었다]'의 사악은 중앙에 있는 1인이다.】 이 부분의 경문에 대한 〈주석은〉 채침의 풀이를 정론(正論)으로 보아야 한다.

考異 〈舜本紀〉: "敬哉! 惟時相天事。"

고이 『사기』「순본기」에는 〈'欽哉! 惟時亮天功'〉이 "敬哉! 惟時相天

---

149 매색의 주 : 『상서정의』 傳에 "禹·垂·益·伯夷·夔·龍六人新命, 有職四岳·十二牧, 凡二十二人, 特勅命之."라고 되어 있다.

150 상병삼(上丙三) : 『梅氏書平』 권1의 「梅賾所奏孔傳尙書」 중 上丙三 항을 말한다. 여기에서 말하는 다산의 주장은 다음과 같다. 매색은, 정현본 58편의 숫자를 채우기 위해 「요전」을 「요전」과 「순전」의 두 편으로 나누었다. 하지만 원래 「요전」은 문리가 매우 자연스럽게 접속되어 있었는데 나누고보니 그것이 분리되어 쉽게 믿을 수가 없게 되었다. 그래서 모호하게 얼버무려서 傳注를 뺐는데, 뒷날 晉 元帝 때 학관에 매색의 상서학이 설립될 때 박사들이 王肅의 주를 가져다 보충하였고, 또 남북조시대 濟나라 明帝 때 姚方興이 28자를 추가한 뒤에 范甯의 주를 보충한 듯하다.

151 허(許)나라는 대악(大岳)의 후예이다 : 『춘추좌씨전』 은공 11년 3월에 보인다.

事.”로 되어 있다.

02. 요전하 - 20

三載考績, 三考黜陟幽明, 庶績咸熙。【《大傳》, 考爲攷】

3년마다 고적하고, 세 번 고적하여 실적이 나쁜 자를 쫓아내고 실적이 뛰어난 자를 승진시키니, 여러 업적이 모두 밝게 드러났다.【『상서대전』에는 ‘考’가 ‘攷’로 되어 있다.】

梅云: “九歲則黜退其幽者, 升進其明者,【疏云: “明者升之, 闇者退之。”】衆功皆廣。” ○**鏞案** 黜而降之, 則其人幽晦, 如幽洲·崇山, 豈非幽地乎? 陟而升之, 則其人明顯, 如司空·百揆, 豈非明揚乎? 熙, 明也。

〔三載考績 …… 咸熙〕 매색이 말했다. “9년이 지나면 실적이 미미한 자[幽者]를 퇴출하고 실적이 밝게 드러난 자[明者]를 승진시키니,【소에 “밝은 자는 승진시키고 어두운 자는 물리치는 것이다.”라고 하였다.】 여러 일이 모두 넓혀졌다.”

○**용안** 내쫓아서 강등시키면 그 사람은 어두워지니 유주(幽洲)와 숭산(崇山) 같은 곳이 어두운 지역이 아니겠는가? 올려서 승진시키면 그 사람은 밝게 드러나니 사공(司空)과 백규(百揆) 같은 관직이 밝게 드러나는 자리가 아니겠는가? ‘희(熙)’는 명[明: 밝다]의 뜻이다.

考訂 蔡云: “考, 核實也。” ○**論曰** 後世考績, 唯執微官·小吏, 殘卑可憐之人, 第其高下。舜之考績, 雖元勳・大臣, 莫之饒焉。四岳者, 周之二伯之類也。十二牧者, 周之八伯也。百揆者, 大冢宰也。后稷者, 漢之大司農也。司徒・司馬・司寇・秩宗, 周之六卿也。共工・朕虞, 後世合之, 爲司空者也。典樂, 周之大司樂也。納言, 漢之尙書令也。此皆大臣・上卿之職。何況稷・契皆先帝之懿親, 禹・益皆平水之元勳, 其尊重碩大何如也。何況此數十人者, 皆神聖大智, 學問純粹, 功績茂著, 人主但當信而任之, 其在禮遇之義, 不宜稽其臧否, 察其勤慢, 以傷敬大臣之體。然猶三載必考, 三考必黜陟, 曾無絲髮之寬假者, 抑何以哉? 誠以天工不可以瘝曠也, 民事不可使縱弛也。

吾東之法, 大官姑舍, 凡京官三品以上, 稱爲下大夫者, 都不考績。外官如觀察使・節度使者, 亦無考績之法, 貪虐唯意, 荒淫無度, 而人莫之誰何。遂使百度廢壞, 萬姓顚連, 而無藥可救, 無法可施, 其視唐・虞之制, 豈不疎哉? 三公久已尊重, 未可輕議, 六卿以下, 不宜然也。○《周禮》百官・群吏, 皆有會計, 而六官之長, 太宰・小宰之等, 皆無考績之法。漢法雖不可詳, 〈丙吉傳〉稱'歲竟, 丞相課其殿最, 奏行賞罰', 則大臣無考績之法。唯永光元年, '大鴻臚卿野王能行第一', 則九卿有考績矣。唐高宗時, 滕王元嬰爲全州刺史, 帝自書下下考, 則刺史有考績矣。至肅宗乾元二年, 御製郭子儀・李光弼・苗進卿・李輔國考辭, 則元勳・重臣有考績矣。【郭子儀稱'二十四考中書門下', 則宰相有考績矣】 鯀之治水, 其一考・再考之時, 其成敗之機, 必有著見。然必三考而後始行黜陟, 其間民生昏墊, 事力糜費, 疾苦呼痛, 必日急一日。然法一定, 雖大利害, 莫之撓焉。聖人立法定制, 其牢確堅貞如此。

고정 채침이 말했다. "'고(考)'는 핵실[核實: 실상을 조사하다]의 뜻이다."

○논왈 후세의 고적(考績)에서는 미관(微官)과 소리(小吏) 같은 직급이 낮고 불쌍한 사람만을 잡아서 고하의 등급을 매긴다. 그러나 순의 고적에서는 비록 원훈과 대신이라도 예외를 두지 않았다. 사악은 주나라의 2백(伯)과 비슷하고, 12목은 주나라의 8백(伯)과 같다. 백규는 대총재(大冢宰), 후직은 한나라의 대사농(大司農), 사도·사마·사구·질종은 주나라의 6경에 해당된다. 공공과 짐우는 후세에 둘을 합쳐서 사공(司空)을 만들었고, 전악(典樂)은 주나라의 대사악(大司樂)이며, 납언은 한나라의 상서령(尙書令)이다. 이들은 모두 대신과 상경(上卿)의 직책이다. 하물며 직과 설은 모두 선제(先帝)의 의친(懿親)이고, 우와 익은 모두 수토를 평정한 원훈이니, 얼마나 높고 존귀한 사람들인가? 더구나 이 수십 인은 모두 신성(神聖)하고 매우 지혜로우며 학문이 순수하고 공적이 현저하였다. 임금은 당연히 그를 믿고 임용할 뿐 예우하는 의리로 보아 그가 어진지 아닌지를 조사하고 업무에 부지런한지 아닌지를 살핌으로써 대신을 공경하는 체모를 손상하는 것은 마땅치 않다. 그런데도 오히려 3년마다 반드시 고적하고 세 번의 고적 결과로 내치거나 승진시키는 절차를 일찍이 터럭만큼도 느슨하게 하지 않았던 것은 또 무엇 때문이겠는가? 진실로 관직은 오래 비워두어서는 안 되고 민사는 해이하게 해서는 안 되기 때문이다.

우리나라의 법에는 대관(大官)은 관두고라도, 경관(京官) 중에 3품(品) 이상으로서 하대부라고 일컫는 자들에 대해서도 모두 고적을 하지 않는다. 또 외관 중에 관찰사·절도사 같은 자들에 대해서도 고적하는 법이 없으므로, 마음대로 탐학하고 절도 없이 문란한 짓을 하는데도 뭐라고 할 사람이 아무도 없다. 그리하여 마침내 모든 법도가 무너지고 만백성이 고통 속에서 뒹구는데도 구제할 수 있는 약이 없고 시행할 수 있는 법이 없으니, 당·우의 제도에 비하면 허술하지 않은가? 삼공은 오랫동안 존중받아 왔으니 가볍게 의논하지 못하더라도 6경 이하에 대해서는 그래서는 안 된다.

○『주례』에는 백관·군리(群吏)에 대해서는 모두 회계(會計)가 있지만 6관(官)의 장인 태재(太宰)·소재(小宰) 등에 대해서는 모두 고적하는 법이 없다. 한나라의 법은 비록 상세히 알 수 없지만 『한서』「병길전(丙吉傳)」에 '〈장안령(長安令)과 경조윤(京兆尹)에 대해〉 연말에 승상이 근무 성적을 평가하고 황제에게 아뢰어 상벌을 시행한다.'라고 하였으니, 대신에 대해서는 고적하는 법이 없었던 것이다. 다만 〈후한 원제(元帝)〉 영광[永光 : B.C.43~B.C.39] 원년에 '대홍로경(大鴻臚卿) 야왕(野王)이 1등을 하였다.'[152]라고 하였으니, 9경(卿)에 대해서도 고적이 있었던 것이다. 당 고종[高宗 : 재위 649~683] 때에 등왕(滕王) 원영(元嬰)이 전주 자사(全州刺史)가 되었는데 고종이 직접 하고(下考)라고 써서 내린 것을 보면, 자사에 대해서도 고적이 있었다. 당 숙종(肅宗) 건원[乾元 : 758~760] 2년에는 곽자의(郭子儀)·이광필(李光弼)·묘진경(苗進卿)·이보국(李輔國)에 대한 고적 내용을 황제가 직접 지었다. 그것을 보면 원훈·중신에 대해서도 고적이 있었던 것이다.【곽자의(郭子儀)에 대해 '중서문하(中書門下) 24고(考)'라고 한 것[153]을 보면 재상에 대해서도 고적하는 법이 있었던

152 대홍로경(大鴻臚卿) …… 하였다 : 『文獻通考』 권39 「辟擧」에 "永光元年, …… 使尙書選第中二千石, 而大鴻臚卿野王能行第一."이라고 하였다.

153 곽자의(郭子儀)에 …… 것 : 『舊唐書』 권120 「곽자의열전」의 史評에서 "校中書令考二十有四"라고 하였는데, 『주자어류』 권13 「力行」에서 이를 인용하여 "如郭子儀二十四考中書, 做許大功名也."라고 하였다.

것이다.】 곤이 치수할 때 1차 고적과 2차 고적 때 성패의 기미가 반드시 드러났을 것이다. 그런데도 반드시 세 번 고적한 뒤에 비로소 출척을 행하였으니, 그동안 민생이 혼란에 빠지고 사력(事力)이 낭비되어 고통에 시달려 울부짖는 소리가 필시 나날이 다급해졌을 것이다. 그런데도 법이 정해져 있으므로 비록 큰 이해관계가 있어도 흔들리지 않았다. 성인이 세운 법과 정한 제도가 이처럼 확실하고 견고하였다.

禹亦三考而成功。據〈禹貢〉冀州曰'覃懷厎績', 梁州曰'和夷厎績', 雍州曰'原隰厎績', 其曰'厎績'者, 謂治水至此地。一考其績也, 凡三次厎績, 九州治平, 其文歷然。考績[교1]·巡守, 相須以成制, 非考績不必巡守, 非巡守不能考績。故虞制十有二牧領諸侯, 又以四岳領十有二牧。【不必令一岳各領三牧, 冀與豳[교2]·幷·營, 宜竝屬北岳】 然其巡守之禮, 王必親之。【岳·牧無巡方之法】 夏法亦然。故夏諺曰:"吾王不游, 吾何以休。吾王不豫, 吾何以助。" 周法亦然。故〈時邁〉爲巡守柴望之時,[교3] 〈般〉爲巡守祀嶽之詩。昭王南巡, 穆王西巡, 是禮也本因考績而生。諸侯四朝而述職, 天子一巡以考功, 執其所奏而考其虛實也。若無巡守之法, 必有僞冒之績, 所謂'帝不時, 敷同, 日奏罔功'也。

東西二伯, 亦有巡行之法。故〈燕世家〉云:"召公巡行鄕邑。"【秦穰侯東行郡[교4]邑, 是自巡其私邑】 至漢, 唯郡守·刺史有行部之例, 而天王巡守之禮, 遂寥寥焉。此古今之變也。主勢益尊, 民隱益鬱, 而唐·虞之治, 不可復矣。周制十二年一巡守, 而考績則每年一考, 三考黜陟。故〈天官·太宰〉云:"歲終, 則令百官府各正其治, 受其會,【計功之籍書】 三歲, 則大計群吏之治, 而誅賞之。" 後世皆用周法, 唯晉杜預請以六歲爲期, 定其

優劣。宋文帝時，守宰以六期爲斷。【宋末乃以三年爲斷，謂之小滿】唐代宗時，吏部奏州縣官三考一替。周世宗授官，亦以三周年爲限。宋法亦然，眞宗景德元年，令京外官三年方得磨勘遷官，亦或有六期而遷者。故高宗紹興十四年，李澗言'今知縣再任六考，乃升通判'。

교1) 案績：문맥으로 보아 '績'으로 되어야 할 듯하다.
교2) 案豳：문맥으로 보아 '幽'로 되어야 할 듯하다.
교3) 案時：문맥으로 보아 '詩'로 되어야 할 듯하다.
교4) 案郡：『사기』「范雎蔡澤列傳」에는 '縣'으로 되어 있다.

우 또한 세 번의 고적을 거쳐 공을 이루었다. 「우공」의 기주(冀州) 조에서 '담회지적(覃懷厎績)'이라고 하고, 양주(梁州) 조에서는 '화이지적(和夷厎績)'이라고 하였으며, 옹주(雍州) 조에서는 '원습지적(原隰厎績)'이라고 하였는데, 여기에서 '지적(厎績)'이라고 한 것은 치수가 이 지역까지 이르렀음을 말한다. 한 번 고적할 때마다 그 실적을 살피는데 모두 세 차례 살필 때에 가서 공을 이루어 9주가 다스려졌음은 그 내용이 뚜렷하다. 고적과 순수가 서로 보완되도록 제도를 만들었으니, 고적이 아니면 순수할 필요가 없고 순수하지 않으면 고적을 할 수 없다. 그러므로 우제(虞制)에는 12목이 제후를 통솔하고 또 사악이 12목을 통솔하였다.【반드시 1악이 각기 3목씩을 통솔하게 한 것은 아니지만 기주와 유주(幽州)·병주(幷州)·영주(營州)는 모두 북악(北岳)에 소속되어야 한다.】그러나 그 순수하는 예(禮)는 왕이 반드시 직접 거행하였다.【악과 목은 순방(巡方)하는 법이 없다.】하법(夏法) 또한 그러하였다. 그러므로 하나라의 속담에 "우리 왕이 유람하지 않으면 우리가 어떻게 쉬겠는가? 우리 왕이 즐기지 않으면 우리가 어떻게 도움을 받겠는가?"[154]라고 하였다. 주법(周法) 또한 그러하였다. 그러므로 「시매(時邁)」는 순수하면서 시제(柴祭)와 망제(望祭)를 지내는 시이고, 「반(般)」은 순수하면서 사악에 제사하는 시가 된다.[155] 소왕(昭王)은 남쪽을 순수하고 목왕(穆王)은 서쪽을 순수하였는데,[156] 이러한 예(禮)들 또한 본래 고적으로 말미암아 생겨난 것이다. 제후는 네 번 조회하여 직무에 대해 보고하고 천자는 한 번 순수하여 공적을 평가하는데, 그가 아뢴 바를 가지고 그 허실을 살핀다. 만약 순수하는 법이 없다면 필시 실적을 거짓으로 보고하는 일이 있을 것이니, 이른바 '제께서 이렇게 하지 못하시면 부화뇌동하여 날마다 거짓으로 공을 아뢸 것입니다.[157][帝不時, 敷同, 日奏罔功也]'라고 한 것과 같은 일이 벌어질 것이다.

동백(東伯)과 서백(西伯) 역시 순행(巡行)하는 법이 있었다. 그러므로 『사기』「연세가」에 "소공(召公)이 향읍(鄉邑)을 순행하였다."라는 기록이 있는 것이다.【진(秦)의 양후(穰侯)가 동쪽으로 군읍(郡邑)을 순행한 것[158]은 본래 자기의 사읍(私邑)을 순행한 것이다.】 한나라에 와서는

154 우리 왕이 유람하지 …… 받겠는가 : 『맹자』「梁惠王下」에 보인다.

155 「시매(時邁)」는 …… 된다 : 『毛詩正義』에 "時邁, 巡守告祭柴望也" "般, 巡守而祀四嶽·河海也"라고 하였다.

156 소왕(昭王)은 …… 순수하였는데 : 『사기』「周本紀」에 "昭王이 남쪽을 순수하다가 돌아오지 못하고 강가에서 죽었다.[昭王南巡狩不返, 卒於江上]"라는 기록이 있고, 「趙世家」에는 "목왕이 조보에게 수레를 몰게 하고 서쪽을 순수하다가 서왕모를 만나 향락에 빠져 돌아오는 걸 잊었다.[繆王使造父御, 西巡狩, 見西王母, 樂之忘歸]"라는 기록이 있다.

157 제께서 …… 것입니다 : 『상서고훈』 03.고요모-19(『고문상서』『익직』 제7장)에 보인다.

158 진(秦)의 양후(穰侯)가 …… 것 : 『사기』 권79 「范雎蔡澤列傳」에 "秦相穰侯東行縣邑."이라는 내용이 보인다.

군수와 자사가 관내를 순행하는 규례만 있었고 천왕(天王)이 순행하는 예(禮)는 마침내 없어졌다. 이것이 고금의 변화이다. 그리하여 임금의 위세는 더욱 높아지고, 백성들의 고충은 더욱 깊어졌으며, 당·우의 다스림은 회복할 수 없게 되었다.

주나라의 제도에서는 12년마다 한 번 순수하되 고적은 매년 한 차례 살피고 세 번 고적한 뒤에 출척하였다. 그러므로 『주례』 「천관·태재(太宰)」에 "연말이면 백관의 관부로 하여금 각기 〈치적을 기록한〉 문서를 정리하게 하여[159] 회계를【공을 계산한 문서이다.】 받고, 3년이 되면 군리(群吏)의 치적을 통계하여 주벌하거나 상을 준다."라고 하였다. 후세에는 모두 주나라의 법을 채용하였는데 진(晉)의 두예(杜預)만은 6년을 기한으로 하여 그 우열을 정할 것을 청하였다. 송 문제(文帝) 때에는 수재(守宰)에 대해 6년 만에 치적을 판단하였다.【송의 말기에는 3년 만에 판단하고 그것을 소만(小滿)이라고 하였다.】 당 대종(代宗) 때에 이부(吏部)에서 주현(州縣)의 관원들을 세 번 고적한 다음 한 번 교체하자고 아뢰었다. 주(周)의 세종(世宗)은 관직을 제수할 때 역시 3년을 기한으로 하였다. 송나라의 법도 그러하였는데 진종(眞宗) 경덕[景德: 1004~1007] 원년에 경외(京外)의 관원은 3년이 지나면 마감하여 관직을 옮기게 하였고, 혹 6년 만에 옮기는 경우도 있었다. 그러므로 고종(高宗) 소흥[紹興: 1131~1162] 14년에 이간(李澗)이 '지금의 지현(知縣)은 두 임기 동안 연임하여 여섯 번의 고적을 거쳐야 비로소 통판(通判)으로 올린다.'라고 하였다.

159 각기 …… 하여: 원문의 '各正其治'에 대해 정현의 주에 "正, 正處."라고 하였고, 가공언의 疏에 "正處其所治文書."라고 하였다.

總之, 古人以事功爲重, 事功非久任不凝, 故必待九年。後人以調用爲急, 調用以數遷爲利, 故或止三年, 或止數月, 此虛實之分也。【晉・唐以來, 蓋小官六考, 秩高者三考】唐・虞考績之法, 必分九等。何以知其然也? 〈禹貢〉之田法・賦法, 皆分九等。皐陶定選擧之法, 其科目必以九德, 而九德・六德・三德, 又分爲三等, 考績亦宜然也。

周法雖不可詳, 其考醫師之績, 上下二第, 而中等有三, 明上下亦各三等也。【十全爲上, 十失一次之, 差之爲等】漢法雖不可詳, 蕭育爲茂陵令,【望之子】課在第六, 而人謂之'裁可自脫',【謂僅免下等】其亦九等可知也。魏・晉以降, 雖不可詳, 後魏孝文帝太和詔曰: "五品以上, 朕將親與公卿論其善惡, 上上者遷之, 下下者黜之, 中中者守其本任。" 其亦九等可知也。唐法一最四善爲上上, 一最三善爲上中, 一最二善爲上下,【無最而有二善者爲中上, 無最而有一善者爲中中, 職事粗理, 善最不聞, 爲中下。愛憎任情, 處斷乖理, 爲下上, 背公向私, 職務廢闕, 爲下中, 居官諂詐, 貪濁有狀, 爲下下】則亦九等也。至宋眞宗景德元年, 始令轉運使考所部官吏爲三等, 神宗立考課縣令之法, 亦分三等。至高宗時, 舒淸國請考課分爲三等, 每等又爲三等, 蓋欲復九等之法也。考績之粗分三等, 蓋衰亂之法, 唐・虞必不然矣。【已上竝本《知遠錄》】

종합해서 정리해보자. 옛사람은 사공(事功)을 중요하게 여겼고 사공은 오래 맡기지 않으면 이루어지지 않는다고 여겼다. 그러므로 반드시 9년을 기다렸다. 그런데 후인들은 조용(調用)하는 것을 시급하게 여기고, 조용한 다음에는 자주 옮기는 것이 이롭다고 여긴다. 그러므로 3년에 그치는 경우가 있는가 하면 몇 달에 그치는 경우도 있다. 여기에서 허와 실이 나뉜다.【진(晉)・당(唐) 이후로는 대체로 소관(小官)은 여섯 번 고적하고, 작질이 높은 자는 세 번 고적하여 자리를 옮겼다.】 당·우의 고적하는 법은 반드시 9등으로 나누었다. 그러하다는 것을 어떻게 아는가? 「우공」의 전법(田法)과 부법(賦法)은 모두 9등급으로 나뉘었다. 고요가 인재를 선발하는 법을 정하면서 그 과목을 반드시 구덕(九德)으로 하고, 다시 구덕(九德)·육덕(六德)·삼덕(三德)으로 또 나누어 3등으로 하였으니, 고적 또한 당연히 그러하였을 것이다.

주법(周法)은 비록 상세히 알 수 없지만 의사(醫師)의 실적을 살필 때 상하 2등으로 나누었는데, 중등에 3등급을 두었으니[160] 상등과 하등에도 각각 3등급이 있었음이 분명하다.【10명을 치료하여 10명 모두 완치되었으면 상(上), 10명을 치료하여 완치되지 않은 사람이 1명이면 그 다음, 이런 식으로 차이를 두어 등급을 매겼다.】 한법(漢法)은 비록 상세히 알 수 없지만 소육(蕭育)【소망지(蕭望之)의 아들이다.】이 무릉 영(茂陵令)이었을 때 고과에서 6등을 받았는데, 사람들이 그것을 두고 '겨우 스스로 벗어났다.[裁可自脫]'라고 하였으니,【겨우 하등(下等)을 면하였다는 말이다.】 한나라의 고적 역시 9등으로 나누었음을 알 수 있다.

160 상하 …… 두었으니 : 『주례』「天官·醫師」에 보인다. 醫師는 醫官의 長으로 의료에 관한 법령과 약물 조제를 담당하며, 병자가 발생하면 질병에 따라 해당 질병의 전문의를 분배하여 치료하도록 지시하고, 연말이면 각 의관의 치료 실적을 조사하여 祿을 정한다. 의관이 10명을 치료하여 10명 모두 완치되었으면 上等, 완치되지 않은 사람이 1명이면 그 다음 등급, 2명이면 또 그 다음 등급, 3명이면 또 그 다음 등급, 4명이면 下等의 녹을 준다고 하였다. 원문은 다음과 같다. 醫師, 掌醫之政令, 聚毒藥以共醫事. 凡邦之有疾病者·疕瘍者, 造焉, 則使醫分而治之. 歲終, 則稽其醫事以制其食, 十全爲上, 十失一次之, 十失二次之, 十失三次之, 十失四爲下. 다산은 이 중 十全爲上과 十失四爲下를 상등과 하등의 두 등급으로 보고, 중간의 세 次之를 중등의 3등급으로 해석한 듯하다.

위(魏)·진(晉) 이후의 제도는 비록 자세히 알 수 없지만 후위(後魏) 효문제(孝文帝) 태화[太和: 477~499] 연간의 조칙에 "5품 이상의 관원에 대해서는 짐이 장차 친히 공경(公卿)과 함께 그 치적의 잘잘못을 따져서, 상상(上上)인 자는 승진시키고, 하하(下下)인 자는 자리에서 내쫓으며, 중중(中中)인 자는 본래의 자리를 지키게 하겠다."라고 하였으니, 역시 9등이었음을 알 수 있다.[161] 당법(唐法)에서는 최(最)가 하나이고 선(善)이 넷이면 상상, 최가 하나이고 선이 셋이면 상중, 최가 하나이고 선이 둘이면 상하로 삼았다.[162]【최가 없고 선이 둘이면 중상, 최가 없고 선이 하나면 중중, 직무는 대략 다스렸으나 선과 최 모두 해당 사항이 없으면 중하가 된다. 애증을 제 마음대로 하여 일처리가 사리에 어긋나면 하상, 공무를 외면하고 사욕을 추구하여 직무를 폐기하면 하중, 관직에 있으면서 아첨하고 속임수를 써서 탐욕을 부린 실상이 있으면 하하가 된다.】 그러니 역시 9등이다.

송 진종(宋眞宗) 경덕[景德: 1004~1007] 원년에 이르러 비로소 전운사(轉運使)로 하여금 관할 관리들을 3등으로 고적하게 하였고, 신종[神宗: 재위 1067~1085]은 현령을 고과(考課)하는 법을 제정하였는데 역시 3등으로 나누었다. 고종(高宗) 때에 이르러 서청국(舒淸國)이 고과를 3등으로 나누고 각 등급을 다시 3등으로 할 것을 청하였는데, 대체로 9등의 법을 복구하려고 한 것이다. 고적을 3등으로 엉성하게 나누는 것은 대체로 쇠미한 난세의 법이고, 당·우

161 5품 …… 있다: 『魏書』 권7 「高祖孝文帝紀」에 보인다.

162 당법(唐法)에서는 …… 삼았다: 『新唐書』 권46 「百官志」에 따르면, 관원들의 치적을 善과 最 두 항목으로 나누고, 다시 善은 4가지 細目으로, 最는 27가지 細目으로 나누어 평가하였다. 매년 각 관서의 長이 이 항목에 따라 소속 관원들의 근무 성적에 善과 最의 점수를 주고 이를 종합하여 上上에서 下下까지 모두 9등급으로 考績을 시행하였다.

때에는 필시 그렇지 않았을 것이다.【이상은 모두 본래 『상서지원록』의 내용이다.】

考異 〈舜本紀〉: "三歲一考功, 三考黜[교1]陟, 遠近衆功皆[교2]興。分北三苗。"

교1) 案黜: 『사기』에는 '絀'로 되어 있다.
교2) 案皆: 『사기』에는 '咸'으로 되어 있다.

고이 『사기』「순본기」에는 "三歲一考功, 三考絀陟, 遠近衆功咸興. 分北三苗."로 되어 있다.

02. 요전하 - 21

分北三苗。【舊讀皆連上節 ○《釋文》云: "北如字, 又音佩。"】

삼묘를 분리시켰다.【전에는 모두 윗 구절에 연결하여 읽었다. ○『경전석문』에 "'배(北)'는 글자 그대로 읽어야 한다. 또 패(佩)로 읽기도 한다."라고 하였다.】

鄭云: "北猶別也。【見《吳志 · 虞翻傳》注】 所竄三苗爲西裔諸侯者, 猶爲惡, 乃復分析流之。" ○虞翻云: "北, 古別字。鄭訓'北猶別也'。若此之類, 誠可怪也。" ○王肅云: "三苗之民有赦宥者, 復不從化, 不令相從, 分北流之。" ○孔疏云: "北, 背也。"【鄭以爲: "'流四凶'者, 卿爲伯 · 子, 大夫爲男, 降其位耳, 猶爲國君。故以三苗爲西裔諸侯, 猶爲惡。"】 ○**鏞案** 〈禹貢〉云'三危既宅, 三苗丕敍', 則竄其君時, 容有帶其民以去者, 非封爲諸侯也。【鄭說非】

〔分北三苗〕 정현이 말했다. "'배(北)'는 별[別 : 나누다, 분리하다]과 같다.[163]【『삼국지』「오지(吳志)·우번전(虞翻傳)」의 주에 보인다.】 쫓겨나 서쪽 변방의 제후가 된 삼묘가 여전히 악행을 저지르자 이에 다시 분리하여 유배한 것이다."[164] ○우번(虞翻)이 말했다. "'배(北)'는 별(別)의 고자이다. 정현이 '배는 별과 같다.[北猶別]'라고 풀이하였는데 이런 종류는 참으로 괴이하다."[165] ○왕숙이 말했다. "삼묘의 백성 중 용서받은 자들이 다시 교화를 따르지 않았는데 서로 따르게 할 수가 없으므로 그들을 분리하여 유배한 것이다." ○공영달의 소에, "'배(北)'는 배[背 : 등지다]의 뜻이다."라고 하였다.【정현이 말했다. "'유사흉[流四凶 : 사흉을 유배하다]'이란 경(卿)은 백(伯)·자(子)로, 대부는 남(男)으로 그 지위를 강등할 뿐 여전히 국군(國君)으로 두는 것이다. 그래서 삼묘를 서예(西裔)의 제후로 삼았는데 여전히 악행을 저질렀다."】

○**용안** 「우공」에 '삼위 지역에 집을 지을 수 있게 되니, 삼묘에게 전리(廛里)를 주어 편호(編戶)의 백성이 되게 하였다.'라고 하였으니, 그 임금을 찬배할 때에 그 백성을 데리고 가는 것을 용납한

163 배(北)는 …… 같다 : 『삼국지』「우번전」의 주에는 '北猶別' 앞에 '言' 자가 더 있는데, 이는 정현의 풀이가 아니라 "'北', 古'別'字, 又訓北"이라고 한 정현의 풀이를 우번이 다시 해석한 말로 보인다.

164 쫓겨나 …… 것이다 : 『사기』「오제본기」의 『집해』에 보인다.

165 우번(虞翻)이 …… 괴이하다 : 『삼국지』「吳志·虞翻傳」의 주에 보인다. 원래의 내용은 우번이 정현의 『상서』 해석에서 글자를 잘못 설명한 항목들을 지적한 것인데, 지나치게 생략되어 원의를 파악하기 어렵게 되었다. 「우번전」 주의 원문은 다음과 같다. 又奏鄭玄解尙書違失事目 : "臣聞 …… 伏見故徵士北海鄭玄所注尙書, 以「顧命」康王執瑁, 古'月'似'同', 從誤作'同', 旣不覺定, 復訓爲杯, 謂之酒杯. 成王疾困憑几, 洮頮爲濯, 以爲澣衣成事, '洮'字虛更作'濯', 以從其非. 又古大篆'丣'字讀當爲'柳', 古'柳'·'丣'同字, 而以爲昧. '分北三苗', '北', 古'別'字, 又訓北, 言北猶別也. 若此之類, 誠可怪也.

것이지 봉하여 제후로 삼은 것이 아니다.【정현의 설은 틀렸다.】

考訂 梅云："三苗幽闇。" ○疏云："分北三苗，卽是黜幽之事。"【王氏云："黜幽，止於三苗，黜者寡矣。"】 ○夏撰云："分北三苗，不與上文相連。不可曲爲之說。"【北如字。三苗在南，遷之於北，如周之遷頑民】 ○**案** 此一節，與考績黜陟之事，絶不相涉，夏說是也。但北字之詁，宜從鄭義。【北古作𠔁象，相背之形】 苗君旣竄之後，餘民相聚作亂，故分析以弱之也。此亦舜之大政，而原篇不載。故史臣別錄於篇末，與考績何干。

고정 매색이 말했다. "삼묘가 유암(幽闇)하였다."

○소에 "'분배삼묘(分北三苗)'는 유암(幽暗)한 자를 내쫓은 일을 말한다."라고 하였다.【왕숙이 말했다. "〈'분배삼묘'는〉 유암한 자를 쫓아낸 것인데, 삼묘에 그쳤으니 쫓아낸 자가 적은 것이다."[166]】

○하찬(夏撰)이 말했다. "'분배삼묘(分北三苗)'는 윗글과 연결되지 않는다. 꼬아서 해석해서는 안 된다."【'배(北)'는 글자 그대로 읽어야 한다. 삼묘는 남쪽에 있었는데, 주나라가 완악한 백성을 옮긴 것처럼 북쪽으로 옮긴 것이다.】

○**안** 이 1절은 고적하여 출척(黜陟)한 일과는 전혀 관련되지 않으니 하찬의 설이 옳다. 다만 '北' 자의 훈고는 정현의 풀이를 따라야 한다.【'北'은 옛날에 '𠔁' 모양으로 썼으니 서로 등진 모양이다.】 묘군(苗君)을 찬배한 뒤에 남은 백성들이 보여 난을 일으키므로 그들을 분리하여 약화시킨 것이다. 이것 또한 순의 대정(大政)인데 원편(原篇)

166 왕숙이 …… 것이다 : 왕숙의 주는 明의 胡廣 등이 撰한 『書經大全』 권1의 소주에 인용되어 있다. 원문은 王氏曰 : "分北三苗，黜幽也. 然止於三苗，黜者寡矣."이다.

에 기록되지 않았다. 그래서 사신(史臣)이 편말에 별도로 기록한 것인데 고적과 무슨 상관이 있겠는가?

02. 요전하 - 22

舜生三十,【句】 徵庸三十,【句】 在位五十載, 陟方乃死。

순은 30세에 〈부름을 받고〉,【단구】 부름을 받아 등용되어 30년 동안 〈두루 시험을 받은 다음 제위(帝位)에 오르고〉,【단구】 제위에 오른 지 50년 만에 남방을 순수하다가 죽었다.

鄭云: "'舜生三十', 謂生三十年也。'登庸三[교1)]十', 謂歷試三[교2)]十年。'在位五十載, 陟方乃死', 謂攝位至死, 爲五十年。舜年一百歲也。" ○**案** 鄭以'舜生三十'爲句, 又以'徵庸三十'爲句, 其義極是。但其下所言迷亂,【徵庸三十, 忽以爲二十, 或其經本有誤】 不可曉也。【孔疏移逃或有誤】 舜生三十而被薦, 其歷試三載,【厎可績】 攝政二十有八載, 正合徵用三十之數。堯崩後踐帝位, 五十載乃死, 舜年百十歲也。

교1) 案三 : 『상서정의』에는 '二'로 되어 있다.
교2) 案三 : 『상서정의』에는 '二'로 되어 있다.

〔舜生舜生 …… 陟方乃死〕 정현이 말했다. "'순생삼십(舜生三十)'은 태어난 지 30년이 되었다는 말이다. '등용이십(登庸二十)'은 20년 동안 두루 시험해본 것을 말한다. '재위오십재, 척방내사(在位五十載, 陟方乃死)'는 섭위(攝位)에서 죽을 때까지가 50년이라는 말이다. 순

의 향년(享年)은 100세이다."

○**안** 정현은 '순생삼십(舜生三十)'에서 구를 나누고, 또 '징용삼십(徵庸三十)'에서 구를 나누었는데 그 풀이가 매우 옳다.[167] 다만 그 다음에 한 말은 혼란스러워서【징용삼십(徵庸三十)을 갑자기 이십(二十)이라고 하였는데, 어쩌면 그가 본 경에 본래 오류가 있었을 것이다.】 이해할 수가 없다.【어쩌면 공영달이 소에 옮겨 적으면서 오류가 생겼을 것이다.】 순은 태어난 지 30년 만에 천거되고, 두루 시험 받은 기간이 3년이며,【'지가적(厎可績)'이 그것이다.】 섭정한 기간이 28년이니 '징용삼십(徵用三十)'이라는 수와 정확히 합치한다. 요가 죽은 뒤 제위에 올라 50년 만에 죽었으니, 순의 향년은 110세이다.

考訂 〈舜本紀〉: "舜年二十以孝聞, 年三十堯擧之, 年五十攝行天子事, 年五十八堯崩, 年六十一踐帝位。三十九年南巡守, 崩於蒼梧之野。" ○梅云: "三十徵庸, 三十在位, 服喪三年,【其一在三十之數】 爲天子五十年, 凡壽百一十二歲。" ○**鏞案** 梅之句讀雖誤, 解年差勝於康成。唯於經文之外, 私增二年, 以遵辟位之說, 大誤也。唯蔡註極是。【《史記正義》云'徵庸三十', 鄭本作二十。○寫誤也】

고정 『사기』「순본기」에, "순은 20세에 효행으로 알려졌고, 30세에 요가 그를 등용하였고, 50세에 천자의 일을 섭행하였으며, 58세에 요가 죽고, 61세에 제위에 올랐다. 〈제위에 오른 지〉 39년 만에 남쪽을 순수하다가 창오(蒼梧)의 들에서 죽었다."라고 하였다.

167 정현은 …… 옳다 : 『상서정의』에서는 "舜生三十徵庸, 三十在位, 五十載陟方乃死."로 구를 나누었고, 채침의 『서집전』도 마찬가지이다.

○매색이 말했다. "30세에 부름을 받아 등용되고, 30년간 재위하고, 3년간 복상(服喪)하였으며,【그 중 1년은 30이라는 숫자에 포함된다.】 50년간 천자로 있었으니, 향년은 112세이다."

○용안 매색은 비록 구두를 잘못 나누었지만 향년에 대한 풀이는 강성[康成 : 정현]보다 조금 낫다. 다만 경문에서 벗어나 사사로이 2년을 더하여 제위에 오르지 않으려고 피하였다는 설을 따른 것은 큰 오류이다. 오직 채침의 설[168]이 매우 옳다.【『사기정의』에 '징용삼십(徵庸三十)'[169]이라고 하였는데, 정현본에는 이십(二十)으로 되어 있다. ○전사(轉寫)의 오류이다.】

考證 《大戴禮》云 : "舜二十以孝聞乎天下, 三十在位, 嗣帝所, 五十乃死。"【〈五帝德〉】 **○案** 荒矣。

고증 『대대례기』에 "순은 20세에 효행으로 천하에 알려졌고, 30세에 제위에 올라 제의 자리를 이었고, 50년 만에 죽었다."【「오제덕」에 보인다.】라고 하였다.

○안 허황한 말이다.

梅云 : "方, 道也。"【云'升道南方'】 ○蔡云 : "陟, 升[교1)]也, 謂升[교2)]天也。" ○毛云 : "陟方, 猶言巡方・省方。" **○案**《竹書紀年》: "帝王之死, 皆曰陟。"

---

168 채침의 설 : 『서집전』에 "舜生三十年, 堯方召用, 歷試三年, 居攝二十八年, 通三十年, 乃卽帝位, 又五十年而崩."이라고 되어 있다.

169 '징용삼십(徵庸三十)' : 『사기정의』에서는 이 내용이 확인되지 않는다. 오류가 있는 듯하나 확인할 수 없어 원문대로만 번역한다.

蔡註有據。然舜南巡守, 崩於蒼梧, 葬於零陵, 不唯史載明的, 諸書多證, 不可違也。【《孟子》云'舜卒於鳴條'者, 別是一說】 然則陟方者, 陟于方嶽也。

교1) 案升 : 『서집전』에는 '昇'으로 되어 있다.
교2) 案升 : 『서집전』에는 '昇'으로 되어 있다.

〔陟方〕 매색이 말했다. "'방(方)'은 도[道 : 길]의 뜻이다."【'승도남방(升道南方)'이라고 하였다.】[170] ○채침이 말했다. "'척(陟)'은 승[昇 : 오르다]의 뜻이니, 하늘에 올랐다는 말이다." ○모기령이 말했다. "'척방(陟方)'은 순방(巡方)·성방(省方)이라는 말과 같다."[171]

○안 『죽서기년』에 "제왕의 죽음은 모두 척(陟)이라고 한다."라고 하였으니, 채침의 주에도 근거가 있다. 그러나 순이 남쪽을 순수하다가 창오(蒼梧)에서 죽어 영릉(零陵)에 장사하였다는 것은 사서(史書)에 분명히 기록되어 있을 뿐 아니라 여러 책에 증거가 많이 있으니 어길 수 없다.【『맹자』에서 '순은 명조(鳴條)에서 죽었다.'라고 한 것은 별도의 한 설이다.】 그렇다면 '척방(陟方)'이란 방악(方嶽)에 올랐다는 말이다.

考異 《竹書紀年》云 : "五十載陟。"【無'方乃死'三字】

고이 『죽서기년』에는 "五十載陟"으로 되어 있다.【'方乃死' 3자가 없다.】

---

170 방(方)은 …… 하였다 : 『상서정의』 공안국의 전에 "方, 道也. 舜卽位五十年, 升道南方巡守, 死於蒼梧之野而葬焉."이라고 하였다.

171 척방(陟方)은 …… 같다 : 모기령의 『尙書廣聽錄』 권1에, "巡行曰陟, 四方曰方, 猶言巡方·省方也."라고 하였다.

尙書古訓

03. 고요모(皐陶謨)

【《說文》引〈皐陶謨〉皆稱〈虞書〉。薛本作'咎繇謩'】

【『설문해자』에서 「고요모」를 인용할 때에는 모두 「우서(虞書)」라고 칭하였다. 설계선본에는 '咎繇謩'로 되어 있다.】

〈夏本紀〉: "帝舜朝, 禹・伯夷【當作益】・皐陶相與語帝前。皐陶述其謀。" ○許愼云: "謨, 議謀也。"【《說文》云】

『사기』「하본기」에 "제순이 조회를 받을 때 우(禹)・백이(伯夷)【〈백이(伯夷)는〉 익(益)이 되어야 한다.】・고요가 제 앞에서 함께 말했다. 〈「고요모」는〉 고요가 자신의 모책을 진술한 것이다." ○허신이 말했다. "'모(謨)'는 의모[議謀 : 모책을 의논하다]의 뜻이다."【『설문해자』에서 말한 것이다.】

03. 고요모 - 01

曰若稽古。【句】 皐陶曰: "允迪厥德, 謨明弼諧。" 禹曰: "兪, 如何?" 皐陶曰: "都, 愼厥身修, 思永, 惇敍九族, 庶

明勵翼, 邇可遠, 在茲。" 禹拜昌言曰 : "兪。"【鄭本, 勵爲厲 ○《漢書》皆作咎繇】

상고한다.【단구】 고요가 말했다. "진실로 자신의 덕을 실행하면 모책을 내는 신하들이 밝아지고 보필하는 신하들이 화목할 것입니다." 우가 말했다. "그대의 말이 옳습니다. 어떤 내용입니까?" 고요가 말했다. "그렇습니다. 삼가서 자신을 닦고, 생각을 원대하게 하고, 구족을 도탑고 질서 있게 하고, 여러 현명한 이가 힘써 돕게 해야 합니다. 가까운 데로부터 먼 데로 미쳐 나가는 것이 나에게 달렸습니다." 우가 훌륭한 말에 절하고 말하였다. "옳습니다."【정현본에는 '勵'가 '厲'로 되어 있다. ○『한서』에는 〈'皐陶'가〉 모두 '咎繇'로 되어 있다.】

梅云 : "順考古道。"【若稽古】 鄭云 : "以皐陶下屬爲句。" ○鄭云 : "厲, 作也。以衆賢明作輔翼之臣。" ○王云 : "以衆賢明爲砥礪爲羽翼。" ○梅云 : "衆庶皆明敎而自勉勵, 翼戴上命。" ○鄭云 : "次序九族而親之, 以衆明[교1]作羽翼之臣。此政由近可以及遠。"【見《史》注】 ○**案** 蔡註校明。

교1) 案明 : 『사기집해』에는 앞에 '賢'이 더 있다.

【若稽古】 매색이 말했다. "옛 도를 따라 상고한다는 말이다."
〔**皐陶**〕 정현이 말했다. "고요(皐陶)는 아래로 붙여서 구를 이루어야 한다."
〔**惇敍 …… 邇可遠**〕○정현이 말했다. "'려(厲)'는 작[作 : 되다, 삼다]의 뜻이다. 여러 현명한 사람을 보익(輔翼)하는 신하로 삼는다는 말이다." ○왕숙이 말했다. "여러 현명한 사람을 지려(砥礪)로 삼고 우

익(羽翼)으로 삼는다는 말이다." ○매색이 말했다. "여러 사람이 모두 가르침을 밝게 알아서 스스로 노력하여 천자의 명을 보좌하여 받든다는 말이다."[1] ○정현이 말했다. "구족(九族)을 차례 지어 가까이 하고, 여러 현명한 사람을 우익하는 신하로 삼아야 한다. 이것이 바로 가까운 데서 말미암아 먼 데에 미칠 수 있는 방법이다." 【『사기』「하본기」의 『집해』에 보인다.】

○안 채침의 주[2]가 비교적 명쾌하다.

考訂 蔡云:"身修家齊國治而天下平。" **○論曰** 〈皐陶謨〉一篇,《大學》·《中庸》之本源, 漢儒溺於訓詁, 不省大義, 至朱子始發之也。'允迪厥德'者, 明明德也。'謨明弼諧'者, 一國興仁而佐治者衆也。皐陶約言之, 待禹之問而詳說之。'愼厥身修'者, 誠意以修身也。【《大學》愼獨以誠意, 卽此愼字】'思永'者, 恒思修身爲治國平天下之本, 則永遠之慮也。'惇敍九族'者, 孝·弟·慈之齊家也, 上孝父祖, 旁睦兄弟, 下慈子孫, 於是乎惇敍也。九族旣睦, 百姓昭明。'庶明'者, 昭明之百官也。旣昭明矣, 其

1 매색이 …… 말이다: "惇敍九族, 庶明勵翼, 邇可遠在茲" 전체에 대한 『상서정의』 傳에서 '庶明勵翼'에 해당하는 내용만을 발췌한 것이다. 원문은 "言愼修其身, 厚次敍九族, 則衆庶皆明其教而自勉勵, 翼戴上命, 近可推而遠者, 在此道."이다.

2 채침의 주: 『서집전』의 채침 주에 "皐陶言'爲君而信蹈其德, 則臣之所謀者無不明, 所弼者無不諧也'. 兪如何者, 禹然其言而復問其詳也, 都者, 皐陶美其問也, 愼者, 言不可不致其謹也. 身修則無言行之失, 思永則非淺近之謀, 厚敍九族則親親恩篤而家齊矣, 庶明勵翼則群哲勉輔而國治矣. 邇, 近, 玆, 此也. 言'近而可推之遠者, 在此道也.' 蓋身修家齊國治而天下平矣."라고 하였다. 다산은 이 주석을 수용하였으나, '玆'에 대해서는 아래 '考異' 부분의 '案'에서 "玆者, 己也"라고 하여 채침과는 다르게 풀이하였다.

謨明矣, 旣勵翼矣, 其弼諧矣, 治天下可運於掌上。'邇可遠'者, 身可天下, 此萬世道學之淵源也。【《知遠錄》】

고정 채침이 말했다. "자신이 닦이고 집안이 정돈되고 나라가 다스려져서 천하가 태평해진다."

○**논왈** 「고요모」 1편은 『대학』·『중용』의 근원인데, 한유(漢儒)는 훈고에 빠져서 대의(大義)를 살피지 못하였고, 주자에 이르러 비로소 그것을 밝혔다. '윤적궐덕(允迪厥德)'은 〈『대학』의〉 '명덕을 밝힘[明明德]'이고, '모명필해(謨明弼諧)'는 〈『대학』의〉 '온 나라 사람이 인한 마음을 일으킴[一國興仁]'이니 다스림을 보좌하는 자가 많아진다는 뜻이다. 고요는 그것을 요약하여 말하고나서 우가 질문을 하자 상세하게 설명한 것이다. '신궐신수(愼厥身修)'는 뜻을 진실하게 하여 자신을 닦는 것이고,【『대학』의 '자기만이 아는 곳을 삼감으로써 뜻을 진실하게 한다[愼獨以誠意]'[3]의 신(愼) 자가 바로 이 신(愼) 자이다.】 '사영(思永)'은 항상 자신을 닦는 것이 치국평천하의 근본이 됨을 생각하는 것이니 원대한 생각이다. '돈서구족(惇敍九族)'은 집안을 정돈하는 효(孝)·제(弟)·자(慈)이니, 위로 부조(父祖)에게 효도하고 옆으로 형제와 화목하며 아래로 자손에게 자애로우면, 이에 돈독하고 질서가 잡힌다는 말이다. 구족이 화목해지면 백성이 밝아진다. '서명(庶明)'은 밝은 백관이다. 〈백관이〉 밝아지면 그 모책이 밝아지고 힘써 도우면 보필하는 자가 화목하니, 천하를 다스리는 것은 손바

3 자기만이 …… 한다[愼獨以誠意] : 『대학장구』 傳文 6장 "所謂誠其意者, 毋自欺也, 如惡惡臭, 如好好色, 此之謂自謙, 故君子必愼其獨也."를 압축한 것이다. 『대학장구』의 주자 주에 '獨'을 "人所不知而己所獨知之地也"라고 풀이하였다.

닥 위에서 운용할 수 있다. '이가원(邇可遠)'은 그 몸이 천하의 인정을 받는다는 말이니, 이것이 만세 도학의 연원이다.【『상서지원록』】

考異 〈夏本紀〉: "皐陶曰, '信其道德, 謀明輔和.' 帝曰, '然, 如何?' 皐陶曰, '於, 愼其身修, 思長, 敦序九族, 衆明高翼, 近可遠在已。' 禹拜美言曰, '兪。'" ○**案** 玆者, 己也。《左傳》【襄廿一】引〈夏書〉曰: "念玆在玆, 釋玆在玆。名言玆在玆, 允出玆在玆。" 又仲尼再引'在玆'之句,【襄廿三, 哀六年】皆反己·由己之義。《史》云'邇可遠在已'。是古訓之可貴者。

고이 『사기』「하본기」에는 皐陶曰: "信其道德, 謀明輔和." 帝曰: "然, 如何?" 皐陶曰: "於, 愼其身修, 思長, 敦序九族, 衆明高翼, 近可遠, 在已." 禹拜美言曰: "兪."로 되어 있다.

○안 '자(玆)'란 자신[己]이다. 『춘추좌씨전』【양공 21년】에서 「하서」를 인용하여 "念玆在玆, 釋玆在玆. 名言玆在玆, 允出玆在玆."[4]라고 하였고, 또 중니(仲尼)가 '在玆' 구를 두 번 인용하였는데,【양공 23년, 애공 6년】 모두 반기(反己)와 유기(由己)의 뜻으로 썼다.[5] 『사기』에서는 '邇可遠, 在已'라고 하였다. 이것들은 귀중한 고훈(古訓)이다.

考異 吳澄云: "《今文》無'曰若稽古'四字。" ○不知所出。

---

4 念玆在玆 …… 允出玆在玆: 『고문상서』「大禹謨」에 보인다.

5 중니(仲尼)가 …… 썼다: 『춘추좌씨전』 襄公 23년 8월에 仲尼曰: "知之難也. ……「夏書」曰, '念玆在玆', 順事·恕施也."라고 하였고, 哀公 6년 4월조에 孔子曰: "楚昭王知大道也. 其不失國也, 宜哉!「夏書」曰, '惟彼陶唐 …… 亂其紀綱, 乃滅而亡.' 又曰, '允出玆在玆.' 由己率常, 可矣.'라고 한 내용이 보인다.

고이 오징이 말했다. “『금문상서』에는 ‘왈약계고(曰若稽古)’ 넉 자가 없다.”
○출처를 알 수 없다.[6]

03. 고요모 - 02

皐陶曰：“都。在知人，在安民。” 禹曰：“吁。咸若時，唯帝其難之。知人則哲，能官人。安民則惠，黎民懷之。能哲而惠，何憂乎驩兜，何遷乎有苗，何畏乎巧言令色孔壬。”

고요가 말했다. “훌륭합니다. 사람을 알아보는 데에 달렸고, 백성을 편안하게 하는 데에 달렸습니다.” 우가 말했다. “아닙니다. 모든 일을 그렇게 하기는 제요도 어려워하셨습니다. 사람을 알아보는 것은 지혜로움이니 관리를 제대로 임명할 수 있고, 백성을 편안하게 하는 것은 은혜로움이니 모든 백성이 그를 그리워합니다. 능히 지혜롭고 은혜롭다면 어찌 환도를 걱정하고 어찌 유묘를 귀양 보내며 어찌 교언영색하는 공임을 두려워하겠습니까?”

梅云：“帝堯亦以爲[교1)]難。哲，智也。” ○馬云：“禹爲父隱，故不言鯀。” 【鄭說同。見《史》注】 ○梅云：“孔，甚也。甚佞如此，堯畏其亂政，故遷放之。” **○案** ‘孔壬’當別有一人。‘何憂乎’，‘何遷乎’，‘何畏乎’，詞例酷肖，結語必是人名。

6 출처를 …… 없다：내용으로 보아 다산의 案說인 듯한데 표지가 누락되었다.

교1) 案爲 : 『상서정의』에는 앞에 '知人安民'이 더 있다.

〔唯帝其難之. 知人則哲〕 매색이 말했다. "〈'유제기난지(唯帝其難之)'는〉 제요 또한 〈지인(知人)과 안민(安民)을〉 어렵게 여겼다는 말이다. '철(哲)'은 지[智 : 지혜롭다]의 뜻이다."

〔何憂乎 …… 孔壬〕○마융이 말했다. "우가 아비를 위해 〈잘못을〉 숨겨서 곤(鯀)은 말하지 않은 것이다."【정현의 설도 같다. 〈정현의 설은〉 『사기』「하본기」의 『집해』에 보인다.】 ○매색이 말했다. "'공(孔)'은 심[甚 : 매우, 심하다]의 뜻이다. 이토록 말을 번드르르하게 하므로 요가 그들이 정치를 어지럽힐 것을 두려워하여 유배하고 추방한 것이라는 말이다."

○안 '공임(孔壬)'은 별도로 한 사람이 있어야 한다. '하우호(何憂乎)', '하천호(何遷乎)', '하외호(何畏乎)'는 말의 용례가 매우 비슷하니, 결어(結語)는 필시 인명일 것이다.

考訂 陳大猷云 : "君道在知人・安民。" **○論曰** 知人・安民者,《大學》一篇之宗旨, 亦《大學》一篇之結局, 其淵源在此經, 遙遙其遠矣。原夫太學之道, 卽治國平天下之道也。古唯胄子入太學。胄子者, 天子之元子・衆子,【衆子將受封】 卿大夫之適子,【將襲其父位】 將躬膺大位, 或佐天子出治, 或分封爲列侯, 無一非身任治平之責者也。故誠意・正心以先修身, 而其畢竟結局在於治平, 非如今世匹庶之子, 聊讀其書, 以知治平之道, 而憮然退息者也。故其書誠意・正心, 以至家國, 皆略略提挈, 至'平天下'節, 乃把知人・安民兩大義, 起之爲兩峰, 流之爲兩派, 三翻四覆, 皆以天命結之。知人以寶仁賢爲要務, 安民以薄賦斂爲要旨, 其源頭所發, 非卽此經乎?

其書間架井井, 似若易知, 而伏機發弩, 又有文草家手法。其引〈周頌・烈文〉之詩, 忽云: "君子賢其賢而親其親, 小人樂其樂而利其利, 此以沒世不忘。" 斯則平天下之大論, 預伏機牙者也。【〈淇奧〉, 諸侯之詩, 下應'治國'章。〈烈文〉, 天子之詩, 下應'平天下'】 賢賢親親, 非官人之德乎。樂樂利利, 非惠民之德乎。治天下之大經大法, 唯斯二者。故《大學》以此而結局也。治平之術, 九經・八統, 其目甚廣, 奚必斯二者之爲大乎? 【先朝閣講, 每以是下問講官, 無一人能對者】 原夫生民有欲, 其大欲有二, 一曰富, 二曰貴。凡君子之族, 仕於王朝者, 其所欲在貴。小人之族, 耕於王野者, 其所欲在富。官人失其宜, 則怨詛興於貴族, 惠民有不周, 則怨詛興於小民, 二者皆足以失國。默思人國之所以治亂興亡, 人心之所以向背去就, 不出此二者之外。信乎, 聖人之言, 皆自愼思・明辨中出來, 非衆人麤心者之所能知也。公選擧・薄賦斂, 爲祈天永命之本。【先朝每論治道, 以'去黨懲貪'四字爲要旨, 蓋此一是官人之要, 一是安民之要】 故《大學》四轉之末, 皆以天命結之。此經皐陶奏'九德'之謨, 以贊官人之哲, 伯禹奏'乃粒'之功, 以贊安民之惠。始乃結之曰'天其申命用休', 正是一樣文法。【《知遠錄》】

고정 진대유(陳大猷)가 말했다. "군도(君道)는 사람을 알아보고 백성을 편안하게 해주는 데에 달렸다."

○**논왈** '지인(知人)'과 '안민(安民)'은 『대학』 1편의 종지(宗旨)이자 『대학』 1편의 결론이기도 한데, 그 연원이 이 경문에 있으니 〈기원이〉 아득히 멀다. 태학(太學)의 도를 따져보면 바로 치국평천하의 도이다. 고대에는 주자(胄子)만이 태학에 들어갔다. 주자는 천자의

원자(元子)·중자(衆子)【중자는 장래 봉국(封國)을 받는다.】와 경대부의 적자【장래 그 아비의 지위를 물려받는다.】로서, 장차 직접 대위(大位)를 받아 혹은 천자를 보좌하여 다스리고, 혹은 땅을 나누어 반아 열후(列侯)가 되니, 직접 치국평천하의 책임을 맡지 않는 사람이 아무도 없다. 그러므로 성의(誠意)·정심(正心)으로 먼저 자신을 닦지만 그 마지막 결론은 치국평천하에 있는 것이다. 지금 필서(匹庶)의 아들들이 잠깐 그 책을 읽어서 치국평천하의 도를 알고는 허탈하여 물러나 쉬는 것과는 같지 않았다. 그러므로 그 책에서 성의·정심에서 제가·치국까지는 모두 대략 요점만 들어 보이다가, '평천하' 절에 가서는 지인·안민의 두 대의를 가지고 양대 봉우리로 제시하기도 하고 두 갈래의 지류로 나누기도 하며, 세 번 네 번 이리저리 바꾸어 설명하지만 모두 천명(天命)으로 결론을 지은 것이다. '지인'은 인자(仁者)와 현자(賢者)를 보배로 여김을 요무(要務)로 삼고, '안민'은 부렴(賦斂)을 가볍게 함을 요지로 삼는데, 그 출발점이 바로 이 경문이 아니겠는가?

그 책의 얼개가 조리 정연하여 알기 쉬운 듯하지만, 복선을 깔아두고 뒤에 가서 주제를 말하는 방식의 구성에는 또한 문장가의 솜씨가 있다. 〈『대학』에서〉 「주송(周頌)·열문(烈文)」의 시를 인용하고는 갑자기 "군자는 그가 어질게 여긴 자를 어질게 여기고 그가 친하게 대한 사람을 친하게 대하며, 소인은 그가 즐겁게 해준 것을 즐거워하고 그가 이롭게 해준 것을 이롭게 여긴다. 이 때문에 세상에 없어도 잊지 못하는 것이다."라고 하였는데, 이것은 평천하의 대론(大論)을 펼치기 위해 미리 복선을 깔아둔 것이다.【「기욱(淇奧)」은 제후의 시로 다음에 나오는 '치국' 장과 호응하고, 「열문」은 천자의 시로 다음에 나오는 '평천하'와 호응한다.】 어진 이를 어질게 여기고 가까운 이를 가까이 하는 것은, 관리를 임명하는 덕이 아닌가? 즐겁게 해줌을 즐거워하고 이롭게 해줌을 이롭게 여기는 것은, 백성에게 은혜를 베푸는 덕이 아닌가? 천하를 다스리는 대경대법(大經大法)은 이 두 가지뿐이다. 그러므로 『대학』은 이것으로 결론을 맺은 것이다.

치국평천하의 수단은 9경(經)과 8통(統)[7] 등 그 항목이 매우 광범위한데 어째서 굳이 이 두 가지를 중대하게 여기는가?【선조[先朝 : 정조]께서 내각에서 강의하실 때 매양 이것을 강관(講官)들에게 물으셨는데 제대로 대답한 사람이 한 명도 없었다.】 원래 생민에게는 욕망이 있지만 그 중 큰 욕망은 두 가지가 있으니, 첫째는 부(富)이고 둘째는 귀(貴)이다. 무릇 군자의 족속은 왕의 조정에서 벼슬하는 사람으로서, 그들이 원하는 것은 귀하게 되는 것이다. 소인의 족속은 왕의 들판에서 농사짓는 사람으로서, 그들이 원하는 것은 부유해지는 것이다. 관리를 임명할 때 합당성을 잃으면 원망과 비방이 귀족에게서 일어나고, 백성에게 은혜를 베풀 때 두루 미치지 못하면 원망과 비방이 소민에게서 일어나는데, 두 가지 모두 족히 나라를 잃게 할 수 있다. 국가의 치란과 흥망의 원인, 그리고 민심의 향배와 거취를 묵묵히 생각해보면, 원인은 이 두 가지에서 벗어나지 않는다. 참으로 성인의 말은 모두 신중한 생각과 분명한 분변(分辨)에서 나온 것으로, 생각이 엉성한 일반 사람이 알 수 있는 바가 아니다.

인재 선발을 공정하게 하고 세금을 가볍게 거두는 것은 국조[國

7 9경(經)과 8통(統) : 『중용장구』 제20장에서 천하를 다스리는 9經으로 修身, 尊賢, 親親, 敬大臣, 體群臣, 子庶民, 來百工, 柔遠人, 懷諸侯를 꼽았고, 『주례』 「천관·태재」의 관장 업무 중에 '以八統詔王馭萬民'이 있는데, 팔통의 細目으로 親親, 敬故, 進賢, 使能, 保庸, 尊貴, 達吏, 禮賓을 들었다.

祚 : 나라의 복록]가 영구하기를 비는 근본이 된다.【선조께서는 치도(治道)를 논할 때에 매양 '당파를 없애고 탐욕을 징계한다[去黨懲貪]'는 네 글자를 요지로 삼으셨는데, 대체로 그것이 하나는 관리를 임명하는 요체이고 하나는 백성을 편안하게 하는 요체이기 때문이다.】 그러므로 『대학』은 사전(四轉)의 끝에 모두 천명으로 결론을 맺은 것이다. 이 부분의 경에서 고요가 '9덕'의 모책을 아뢰어서 관리를 임명하는 지혜를 보좌하였고, 백우(伯禹)가 '〈백성들이〉 곡식을 먹게 한[乃粒]' 공을 아뢰어서 백성을 편안하게 해주는 은혜를 보좌하였으며, 그러고나서 비로소 '하늘이 거듭 명하여 아름답게 한다[天其申命用休]'로 결론을 맺은 것이 같은 방식의 문장 수법이다.【『상서지원록』】

考異 〈夏本紀〉: "何畏乎巧言善色佞人。"【'咸若時'云'皆若是'】 ○《漢書》, 哲作悊。

고이 『사기』 「하본기」에는 〈'何畏乎巧言令色孔壬'이〉 "何畏乎巧言善色佞人."으로 되어 있다.【'咸若時'가 '皆若是'로 되어 있다.[8]】
○『한서』에는 '哲'이 '悊'로 되어 있다.

03. 고요모 - 03

皐陶曰 : "都, 亦行有九德, 亦言其人有德, 乃言曰, '載采采。'"【《釋文》云 : "行, 下孟反。"】

8 '咸若時'가 …… 있다 : 「고요모」 이 부분의 禹曰 : "吁. 咸若時, 唯帝其難之." 가 『사기』 「하본기」에는 禹曰 : "吁! 皆若是, 惟帝其難之."로 되어 있다.

고요가 말했다. "훌륭합니다. 총괄해서 말하면 사람의 행실에는 모두 아홉 가지 덕이 있는데, 그 사람에게 덕이 있다고 말할 수 있어야 '비로소 고르고 또 골랐다.'라고 말하는 것입니다."【『경전석문』에 "'行'은 下(하)와 孟(맹)의 반절음이다."라고 하였다.】

梅云: "人性, 行有九德, 以考察眞僞, 則可知。" ○梅云: "采, 事也。稱其人有德, 必言其所行某事某事, 以爲驗。"【蔡義同】 ○**鏞案** 采, 選擇也。采采者, 選之又選也。官人·惠民之謨, 上旣兩陳之矣。遂奏知人之要曰'九德', 以爲選擧之目, 則可以知人, 可以官人。凡欲選擧以進人者, 先以九德觀之, 雖未必全備, 或六或三, 必言其有德, 然後始可曰【載, 始也】'選之選之'也。

〔行有九德〕 매색이 말했다. "인성은, 행실에 아홉 가지 덕이 있으니 그것으로 진위를 고찰해보면 알 수 있다는 뜻이다."

〔載采采〕○매색이 말했다. "'채(采)'는 사[事 : 일]의 뜻이다. 그 사람에게 덕이 있다고 칭할 때에는 반드시 그가 어떤 일 어떤 일을 하였다고 말하여 그 덕을 증명한다."【채침의 풀이[9]도 같다.】

○**용안** '채(采)'는 선택(選擇)의 뜻이다. '채채(采采)'란 고르고 또 고른다는 말이다. 관인(官人)과 혜민(惠民)을 위한 모책을 앞에서 이미 두 가지로 진술하였다. 그러고나서 드디어 지인(知人)의 핵심은 '9덕(德)'이라고 아뢰었는데, 그것을 인재를 선발하는 항목으로 삼으면 사람을 제대로 알아볼 수 있고 관리를 제대로 임명할 수 있

9 채침의 풀이 : 『서집전』에 "亦, 總也. '亦行有九德'者, 總言德之見於行者其凡有九也, '亦言其人有德'者, 總言其人之有德也."라고 하였다.

다. 무릇 사람을 선발하여 등용하고자 하는 자는 먼저 9덕으로 사람을 관찰하는데, 비록 반드시 〈9덕을〉 모두 갖추지는 못하더라도 여섯 가지든 세 가지든 반드시 그에게 덕이 있다고 말할 수 있어야 비로소[‘재(載)’는 시[始: 비로소]의 뜻이다.] ‘고르고 또 골랐다’라고 할 수 있는 것이다.

考異 〈夏本紀〉云: “乃言曰始事事。”

고이 『사기』 「하본기」에는 〈‘乃言曰載采采’가〉 “乃言曰始事事.”로 되어 있다.

03. 고요모 - 04

禹曰: “何?” 皐陶曰: “寬而栗, 柔而立, 愿而恭,[교1] **亂而敬, 擾而毅, 直而溫, 簡而廉, 剛而塞, 彊而義, 彰厥有常, 吉哉。”**【《玉篇》, 擾爲擾】

교1) 恭: 신조선사본에는 ‘泰’로 되어 있으나 『尙書』 「虞書·皐陶謨」에 따라 바로잡는다.

우가 말했다. “어떤 내용입니까?” 고요가 대답했다. “너그럽되 엄격하며, 부드럽되 줏대가 있으며, 소박·성실하되 공손하며, 잘 다스리되 공경하며, 유순하되 굳세며, 반듯하되 온화하며, 간략하되 절도가 있으며, 강하되 내실이 있으며, 용감하되 의를 따라야 합니다. 이런 덕이 몸에 드러나고 항상 지속되는 사람이 길사(吉士)입니다."【『옥편』에는 '擾'가 '擾'로 되어 있다.】

鄭云："凡人之性有異, 有其上者, 不必有下, 有其下者, 不必有上, 上下相協, 乃成其德。" ○鄭云："人能明其德, 所行使有常, 則成善人矣。" ○王云："明其有常則善也。" ○蔡云："而, 轉語辭也。正言而反應者, 所以明其德之不偏。【皆指其成德之自然, 非以彼濟此之謂】 又始終有常, 其吉士哉。" ○**鏞案** 此九德, 卽中和之成德也。不偏不孤如此, 而又能有常, 則中和祗庸之人也。中庸之大源也。

直而溫, 寬而栗, 前已詳論。柔而立, 擾而毅, 其旨易通, 今且詳言之。愿慤者, 過於質直, 則不恭。【侗則伉】 治理者, 過於通練, 則不敬。【遇事而無畏】 馴擾者, 自任嫺熟, 則不毅。【隨衆而不自守】 簡率者, 不拘細節, 則不廉。【脫略不屑爲圭角】 外剛不如中剛, 所貴在塞也。【中實者】 强勇而不揆義則亂, 所比在義也。【《中庸》所云'南方之强'】 九德皆欲執中而不偏, 所謂中和之敎也。若如注疏之義, 則字字各自爲德, 是爲十八德, 豈得爲九德哉? 竊詳其觀人之法, 細入秋毫, 執此繩尺, 先以自修, 又以擇人, 無絲髮之或舛矣。

《易》曰："能久中。" 又曰："常德行。"【坎〈大象〉】 實心爲善者, 其德行有常。假飾僞冒者, 不能期月。今日象恭者, 明日不掩其滔天之驕, 今日色莊者, 明日必露其內荏之慢, 有常·無常, 其心之眞僞著焉。此又養德之首戒, 觀人之要法也。

《中庸》曰："道不可須臾離。" 庸也。曰："民鮮能久矣。" 能久則庸也。曰："不能期月守。" 能久則庸也。曰："得一善拳拳服膺而弗失之。" 庸也。通觀上下, 皆以有常爲持德之要, 其大源在是也, 皐陶中庸之學, 歷夏·殷而不墜。〈洪範〉曰："皇建其有極。" 極者, 中也。曰'無偏無陂', '無黨無偏', 建中于乃心也, '沈潛剛克', '高明柔克', 中和之矯也。

皐陶中庸之學, 傳至周公。其作〈立政〉之戒曰："惟有夏, 籲俊尊上帝, 迪知忱恂于九德之行。" 歷論宅俊之法,【宅後교1)卽官人】 而末乃結之曰："其唯克用常人。"【謂常德之人】 中庸之學, 傳至孔子。乃溯其本而述之曰："堯曰, '咨爾舜允執其中。'" 曰："舜亦以命禹。" 中庸之學, 傳至子思, 乃作《中庸》之書, 源遠矣哉。【《知遠錄》】

교1) 後: 문맥상 '俊'이 옳은 듯하다.

〔寬而栗 …… 彊而義〕 정현이 말했다. "사람의 성(性)은 제각기 달라서 앞의 덕을 가진 자가 반드시 뒤의 덕[10]을 가진 것은 아니고, 뒤의 덕을 가진 자가 반드시 앞의 덕을 가진 것도 아니므로 앞뒤의 덕이 서로 어우러져야 비로소 그 덕을 완성한다."

〔彰厥有常〕○정현이 말했다. "사람이 능히 그 덕을 밝혀서 행하는 바에 항상 지속성이 있게 하면 선인(善人)이 된다." ○왕숙이 말했다. "밝혀서 항상 지속하면 선해진다."

〔而〕○채침이 말했다. "이(而)는 의미 전환을 나타내는 접속사이다. 바로 말하고 뒤집어서 호응한 것은 덕이 치우치지 않아야 함을 밝히기 위해서이다.【모두 그 덕을 자연스럽게 이루었음을 가리키는 것이지 저것으로 이것을 보완한다는 말이 아니다.】 또 처음부터 끝까지 변치 않고 유지하는 사람은 길사(吉士)일 것이다."

10 앞의 덕을…뒤의 덕: 원문의 其上은 경문의 9덕 중 而 자 앞에 있는 寬·柔 등 아홉 가지, 其下는 而 자 뒤의 栗·立 등의 아홉 가지를 지칭하므로 편의상 '앞의 덕'과 '뒤의 덕'으로 번역하였다.

○**용안** 이 아홉 가지 덕은 바로 중화(中和)가 덕으로 완성된 것이다. 이렇게 한쪽으로 치우치지도 않고 하나에만 특출하지도 않으면서 또한 능히 변하지 않으면 중화지용(中和祗庸)[11]한 사람이 된다. 이것이 중용의 대원(大源)이다.

'직이온(直而溫)'과 '관이율(寬而栗)'에 대해서는 앞에서 이미 상세히 논하였다.[12] '유이립(柔而立)'과 '요이의(擾而毅)'는 뜻이 쉽게 통하지만 이제 또 상세히 말하겠다. 원각[愿慤 : 소박하고 성실함]한 자가 지나치게 질직[質直 : 순박하고 반듯함]하면 공손하지 못하게 된다.【곧으면[侗] 오만해진다[伉].】 다스리는 자가 지나치게 통달[通練]하면 공경스럽지 못하게 된다.【일을 대할 때 두려움이 없다.】 유순한 자가 익숙함을 자부하면 굳세지 못하게 된다.【대중을 따르고 자기 소신을 지키지 못한다.】 간솔(簡率)한 자가 세절(細節)에 구애받지 않으면 정직하지 못하게 된다.【마음에 들지 않는 것을 가볍게 여겨 모가 난다.】 겉으로 강한 것은 속이 강한 것만 못하니 중요한 것은 속이 알찬 데에 있다.【속이 실한 것이다.】 강하고 용감하되 의(義)를 헤아리지 않으면 혼란해지니 따를 바는 의(義)에 있다.【『중용』에서 말하는 '남방의 강함'[13]이다.】 아홉 가지 덕에서 모두 중도를 지켜 치우치지 않고자 하는 것이 이른바 중화(中和)의 가르침이다. 주소(注疏)의 풀이[14]와 같다면

11 중화지용(中和祗庸) : 『주례』 「春官・大司樂」의 "以樂德敎國子中和祗庸孝友"에서 나온 말로, 정현의 주에 "中, 猶忠也. 和, 剛柔適也. 祗, 敬. 庸, 有常也."라고 하였다.

12 직이온(直而溫)과 …… 논하였다 : 『상서고훈』 02.요전 하-17장에 보인다.

13 남방의 강함 : 『중용』 제10장에 "寬柔以敎, 不報無道, 南方之强也, 君子居之."라고 하였다.

14 주소(注疏)의 풀이 : 『상서정의』의 傳에서 寬而栗은 '性寬弘而能莊栗', 柔而

글자마다 각각 그것대로 덕이 되니, 이렇게 되면 18덕이 되는데 어찌 9덕이 될 수 있겠는가? 사람을 관찰하는 이 법을 상세히 살피고 세밀한 부분까지 자세히 들어가, 이 기준을 지키면서 만지 이것으로 자신을 닦고 또 사람을 선택하면 터럭만큼도 어긋남이 없을 것이다.

『역』에 "항구히 중에 머무를 수 있다.[能久中]"[15]라고 하고, 또 "항상 덕행을 한다.[常德行]"라고 하였다.【감괘(坎卦) 대상전(大象傳)에 보인다.】 실심(實心)으로 선을 행하는 자는 그 덕행이 항상 변하지 않는다. 가식적으로 꾸미는 자는 기월(期月)을 지속하지 못한다. 오늘 공손한 모습을 보이는 자가 내일은 하늘까지 뻗치는 교만함을 감추지 않고, 오늘 엄숙한 모습을 보이는 자가 내일은 반드시 내면의 유약한 모습을 노출하니, 유상(有常)·무상(無常)에서 그 마음의 진위가 드러난다. 이는 또 덕을 기르는 데 있어 가장 먼저 경계할 일이고, 사람을 관찰하는 데 있어 가장 중요한 원칙이다.

『중용』에서 "도란 잠시도 떠날 수 없는 것이다.[道不可須臾離]"라고 한 것은 용(庸)이다. "오랫동안 실천할 수 있는 사람이 적다.[民鮮能久矣]"[16]라고 하였는데, 오랫동안 실천할 수 있으면 용이다. "기월

立은 '和柔而能立事', 愿而恭는 '慤愿而恭恪', 亂而敬은 '有治而能謹敬', 擾而毅는 '擾, 順也. 致果爲毅', 直而溫은 '行正直而氣溫和', 簡而廉은 '性簡大而有廉隅', 剛而塞은 '剛斷而實塞', 彊而義은 '無所屈撓, 動必合義'라고 풀이하였다.

15 항구히 …… 있다.[能久中] : 『주역』 恒卦 九二 象傳의 내용이다.

16 오랫동안 …… 적다.[民鮮能久矣] : 이 부분은 다산의 풀이에 따라 번역하였다. 다산은 『中庸自箴』에서 "民, 鮮能久矣."로 읽고 "庸之爲字, 原是有常之意, 故君子進德修業, 以能久爲貴."라고 풀이하였다. 또 『논어』의 "民鮮久矣"도 그것대로 문장이 성립된다고 하며 "若云世敎衰而行之者鮮, 則『論語』將柰

도 지키지 못한다.[不能期月守]"라고 하였는데, 오랫동안 지킬 수 있으면 용이다. "한 가지 선을 얻으면 가슴에 절실히 새겨서 잃지 않는다.[得一善拳拳服膺而弗失之]"라고 한 것은 용이다. 상하의 내용을 종합해서 살펴보면 모두 항구불변함을 덕을 지키는 요체로 삼았는데 그 대원(大源)이 여기에 있으니, 고요가 펼친 중용의 학설이 하·은을 지나면서도 추락하지 않은 것이다. 「홍범」에서 "임금이 극을 세운다.[皇建其有極]"라고 하였는데 '극(極)'은 중[中 : 중심]이다.[17] '치우침도 없고 기울도 없다.[無偏無陂]'·'편당함이 없고 치우침이 없다.[無黨無偏]'라는 것은 '너의 마음에 중심을 세우는 것[建中于乃心也]'이고, '낮은 자리에 침체되었으면 강함으로 이겨낸다.[沈潛剛克]'·'높은 지위에 올라 드날릴 때에는 부드러움으로 이겨낸다.[高明柔克]'[18]라고 한 것은 '중화로 교정하는 것[中和之矯]'이다.

고요가 펼친 중용의 학설은 주공에게 전해졌다. 주공은 「입정(立政)」의 경계를 지어 "하나라 때 〈경대부의 가문이 강성해졌는데도 오히려〉 현준(賢俊)을 불러서 함께 상제를 높이 모시고, 제(帝)가 행한 바를 따라 그 사람이 9덕을 행하는 데 진실하여 거짓이 없음을 알았다."라고 하여 현준을 임명하는 법을 두루 논하고,【택준(宅

何?"라고 하여, "世教衰, 民不興行, 故鮮能之今已久矣."라고 한 『중용장구』 주자의 풀이를 부정하였다.

17 극(極)은 중[中 : 중심]이다 : 다산은 『상서고훈』 「홍범」에서 "極之爲字, 本起於屋極. 太古之時, 屋如笠形, 其中央突起者, 謂之屋極. 北極者, 天樞也, 爲天之中心. 故名曰北極, 亦屋極之義也."라고 하여, 두 구를 자신을 다스리는 방법으로 보았다.

18 낮은 …… 이겨낸다.[高明柔克] : 「홍범」의 "沈潛剛克, 高明柔克" 부분에 대해 "克, 勝也.", "沈潛, 我方淹滯於下位也. 高明, 我方登揚於崇秩也."라고 한 『상서고훈』의 풀이에 따라 번역하였다.

俊)은 관리로 임명하는 것이다.】 마지막에 "오직 9덕을 변치 않고 지키는 사람을 등용해야 한다."라고 맺었다.【〈상인(常人)은〉 변치 않는 덕을 지닌 사람을 말한다.】 중용의 학설은 또 공자에게 전해졌다. 공자는 그 근본을 소급하여 "요가 '아, 순아. 진실로 중심을 지켜라.'라고 하였다.[堯曰, '咨爾舜, 允執其中]"라고 하고, 또 "순 또한 우에게 그렇게 명하였다.[舜亦以命禹]"라고 전술(傳述)하였다. 중용의 학설은 다시 자사(子思)에게 전해져서 드디어 『중용』을 지었으니 근원이 멀다.【『상서지원록』】

考異 〈夏本紀〉: "愿而共, 治而敬, 剛而實,【餘皆同】 章其有常, 吉哉。" ○《說文》, 塞作寋。【許云: "寋, 實也。" ○與塞同】

고이 『사기』「하본기」에는 "愿而共, 治而敬, 剛而實,【나머지는 모두 같다.】 章其有常, 吉哉."로 되어 있다.
○『설문해자』에는 '塞'이 '寋'으로 되어 있다.【허신이 말했다. "'寋'은 실(實)의 뜻이다." ○색(塞)과 같다.】

03. 고요모 - 05

日宣三德, 夙夜浚明有家, 日嚴祗敬六德, 亮采有邦。翕受敷施, 九德咸事, 俊乂在官, 百僚師師, 百工惟時, 撫于五辰, 庶績其凝。【《釋文》云: "僚又作寮。" 《說文》, 憮[교1)]爲𢓊】

교1) 憮: 문맥상 '撫'가 옳은 듯하다.

"날마다 세 가지 덕을 실천하는 사람을 밤낮으로 찾아서 경대부로 삼고, 날마다 여섯 가지 덕을 공경하는 사람을 밝게 선발하여 제후로 삼아야 합니다. 이들을 모두 받아들이고 펴서 쓰면, 일당백 일당천의 능력을 지닌 인재가 모두 관직에 있게 되어, 관료들이 서로 스승이 되고 백공이 때맞추어 일을 하여, 오신이 기를 베풀면 만화(萬化)가 이루어지듯 모든 공적이 이루어질 것입니다."【『경전석문』에 "'僚'는 '寮'로도 쓴다."라고 하였다. 『설문해자』에는 '撫'가 '辿'로 되어 있다.】

鄭云: "三德・六德, 皆'亂而敬'以下之文。"【見《正義》】 ○梅云: "三德, 九德之中有其三。能日日布行三德, 可以爲卿大夫。【卿大大[교1)]稱家】 日日敬行六德, 以信治事,[교2)] 則可以爲諸侯。"【蔡義同】 **○鏞案** '日宣'・'日嚴', 先言其日復日如是者, 庸也, 有常也。'日嚴祗敬'者, 〈大司樂〉中和・祗庸之教也。【一字半句, 皆中庸之學】 皐陶立選擧之法,【卽官人】 別有科目爲九等, 七・八・九爲上等, 四・五・六爲中等, 一・二・三爲下等。【孔疏云: "一德・二德, 卽可以爲士。"】 三德者, 下之上也, 六德者, 中之上也。【疏云: "三德, 是九德之內, 課有其三也。" ○六亦然】 '浚'者, 抒取之也。凡有日宣三德之人, 當早夜求取, 以之明登高位。【卿大夫】 凡有日嚴六德之人, 當明昭采拔, 使爲邦君也。

교1) 案大: 『상서정의』에는 '夫'로 되어 있다.
교2) 案事: 『상서정의』에는 앞에 '政'이 더 있다.

〔日宣三德 …… 良采有邦〕 정현이 말했다. "'삼덕(三德)'과 '육덕(六德)'은 모두 '난이경(亂而敬)' 이하의 내용이다."【『상서정의』에 보인다.】

○매색이 말했다. "'삼덕(三德)'은 9덕 가운데 세 가지를 지닌 것이다. 능히 날마다 세 가지 덕을 펴서 행할 수 있으면 경대부가 될 수 있고,【경대부를 가(家)라고 일컫는다.】 날마다 공경히 여섯 가지 덕을 행하여 정사를 미덥게 다스리면 제후가 될 수 있다는 말이다."[19]【채침의 풀이[20]도 같다.】

○**용안** '일선(日宣)'과 '일엄(日嚴)'은 날마다 그렇게 해야 함을 먼저 말한 것이니, 곧 '용(庸)'이고 '유상(有常)'이다. '일엄지경(日嚴祗敬)'은 『주례』「대사악」의 중화(中和)와 지용(祗庸)의 가르침이다.【글자 하나하나 구절 하나하나가 모두 중용의 학문을 말하고 있다.】 고요는 인재를 선발하는 법을 수립하고,【즉 관인(官人)이다.】 따로 과목(科目)을 두되 9등급으로 하여, 7·8·9를 상등(上等), 4·5·6을 중등(中等), 1·2·3을 하등(下等)으로 나누었다.【공영달의 소에 "한 가지나 두 가지 덕을 가졌으면 사(士)가 될 수 있다."라고 하였다.[21]】 세 가지 덕을 가진 사람은 하등 중의 상이고, 여섯 가지 덕을 가진 사람은 중등 중의

---

19 '삼덕(三德)'은 …… 말이다 : 이 부분은 『상서정의』 傳의 내용을 압축한 것이다. 원문에는 "日宣三德, 夙夜浚明有家"에 대해 "三德, 九德之中, 有其三. 卿大夫稱家. 言能日日布行三德, 早夜思之, 須明行之, 可以爲卿大夫."라고 하고, "日嚴祗敬六德, 亮采有邦"에 대해 "有國, 諸侯. 日日嚴敬其身, 敬行六德, 以信治政事, 則可以爲諸侯."라고 하였다.

20 채침의 풀이 : 『서집전』에 "三德·六德者, 九德之中, 有其三·有其六也. …… 有家, 大夫也, 有邦, 諸侯也. 浚明·亮采, 皆言家邦政事明治之義, 氣象則有大小之不同, 三德而爲大夫, 六德而爲諸侯, 以德之多寡·職之大小, 槪言之也."라고 하였다.

21 공영달의 …… 하였다 : 공영달 소의 전문은 다음과 같다. 大夫, 受采邑, 賜氏族, 立宗廟, 世不絶祀. 故稱家. 位不虛受, 非賢臣不可, 言能日日布行三德, 早夜思之, 待明行之, 如此念德不懈怠者, 乃可以爲大夫也. 以士卑故, 言不及也. 計有一德·二德, 卽可以爲士也.

상이 된다.【소에 "'삼덕'은 9덕 가운데 그 셋을 가진 것이다."라고 하였다. ○육(六)도 그러하다.】 '준(浚)'은 뽑아서 취한다는 뜻이다. 무릇 날마다 세 가지 덕을 실천하는 사람이 있으면 응당 밤낮으로 찾아 취하여 그를 높은 지위에 밝게 올려야 하고,【경대부이다.】 무릇 날마다 여섯 가지 덕을 실천하는 사람이 있으면 응당 밝게 선발하여 방군(邦君)을 시켜야 한다.

馬云: "浚, 大也。【梅云: "須也。"】 亮, 信。 采, 事也。" ○**案** 采者, 選擇也。

〔浚明 · 亮采〕 마융이 말했다. "'준(浚)'은 대[大: 크다]의 뜻이다.【매색이 말했다. "수[須: 기다리다]의 뜻이다."】 '양(亮)'은 신[信: 믿다]의 뜻이다. '채(采)'는 사[事: 일]의 뜻이다."[22]

○**안** '채(采)'는 선택(選擇)의 뜻이다.

梅云: "翕, 合也。合[교1)]受三 · 六之德而用之, 以布施政敎。" ○馬云: "千人曰俊, 百人曰乂。"【鄭云: "才德過千人爲俊, 百人爲乂。"】 ○梅云: "師師, 相師法。百官撫順五行之時。" ○馬云: "凝, 定也。"【王肅同】 鄭云: "凝, 成也。" ○**案** 唐 · 虞 · 三代, 但有四時, 至秦呂不韋著〈月令〉, 始於夏 · 秋之交, 攙入中央土一節。皐陶於二千年前, 預言五時乎? 竊謂五辰者, 五緯之大星也。【星者, 列宿也。辰者, 五緯也。已見前】 天地萬物草木百穀之生成, 禽獸昆虫之字育, 五金八石之凝聚, 皆由於風雨霜露之發施, 其含嘘感應之妙, 專係乎日月五緯, 而日月君后之象, 五緯卿士之

22 준(浚)은 …… 뜻이다: "浚, 大也."는 『상서정의』의 傳에 보이고, 그 이하의 내용은 『사기』 「하본기」의 『집해』에 보인다.

象, 列星庶民之衆。[교2)] 斯云'百工撫于五辰', 五辰施氣而萬化以疑,[교3)] 百工施德而庶績以凝, 寔相類也。

교1) 案合 : 『상서정의』에는 앞에 '能'이 더 있다.
교2) 案衆 : 문맥으로 보아 '象'이 옳은 듯하다.
교3) 案疑 : 문맥으로 보아 '凝'이 옳은 듯하다.

〔翕受敷施〕 매색이 말했다. "'흡(翕)'은 합[合 : 모으다]의 뜻이다. 세 가지 덕이나 여섯 가지 덕을 가진 사람을 모아들여 등용해서 정치와 교화를 편다는 말이다."

〔俊乂在官〕○마융이 말했다. "1000인〈을 능가하는 사람이〉 '준(俊)', 100인〈을 능가하는 사람이〉 '예(乂)'이다."【정현이 말했다. "재주와 덕이 1000인을 능가하는 것이 '준(俊)'이고 100인을 능가하는 것이 '예(乂)'이다."】[23]

〔百僚師師 …… 庶績其凝〕○매색이 말했다. "'사사(師師)'는 상사법[相師法 : 서로 본받다]의 뜻이다. 〈'백공유시(百工惟時), 무오신(撫于五辰)'은〉 백관이 오행의 운행 시기를 순조롭게 다스린다는 말이다."[24] ○마융이 말했다. "'응(凝)'은 정[定 : 안정되다, 이루어지다]의 뜻이다."【왕숙의 주도 같다.】 정현이 말했다. "'응(凝)'은 성[成 : 이루어지다, 완성되다]의 뜻이다."

23 마융이 …… 예(乂)이다 : 『상서정의』의 傳에 "馬曰 : '千人曰俊, 百人曰乂.'"라고 하였는데, 공영달의 소에서 "馬·王·鄭皆云 : '才德過千人爲俊, 百人爲乂.'"라고 하였으므로, 다산이 인용한 부분의 '千'과 '百' 앞에도 '過'의 의미가 내포된 것으로 보고 번역하였다.

24 '백공유시(百工惟時) …… 말이다 : 『상서정의』의 傳에 "百僚師師, 百工惟時"에 대해 "師師, 相師法. 百官皆是, 言政無非."라고 풀이하고, "撫于五辰, 庶績其凝"에 대해 "凝, 成也. 言百官撫順五行之時, 衆功皆成."이라고 풀이하였는데, 다산이 둘을 묶어놓은 것이다.

○**안** 당·우·삼대에는 단지 사시(四時)만 있었는데, 진(秦)의 여불위가 「월령(月令)」[25]을 저술할 때에 가서야 비로소 여름과 가을의 교체기에 중앙토(中央土)의 한 절기를 끼워 넣었다. 그런데 고요가 2000년 전에 미리 오시(五時)를 말하였단 말인가? 내가 생각하기에 오신(五辰)이란 오위(五緯)의 큰 별자리[大星]이다.【성(星)이란 열수(列宿)이다. 신(辰)이란 오위(五緯)이다. 앞에 나왔다.[26]】 천지 만물과 초목·백곡이 생성되고, 금수와 곤충이 길러지며, 5금(金)과 8석(石)이 응결되는 것은 모두 비·바람·서리·이슬의 작용으로 말미암아 이루어진다. 그러나 그 품어주고 기운을 불어넣어 주며 감응하는 오묘한 원리는 오로지 일월과 오위(五緯)에 달렸는데, 일월은 군후(君后)의 상징이고 오위는 경사(卿士)의 상징이며, 열성(列星)은 서민(庶民)의 상징이다. 여기에서 '백공무우오신(百工撫于五辰)'이라고 한 것은 오신이 기를 베풀면 만화(萬化)가 그로 인해 이루어지니, 백공이 덕을 베풀면 모든 일이 그로 인해 이루어지는 것과 진실로 서로 유사하다는 의미이다.

考異 〈夏本紀〉: "日宣三德, 蚤夜翊明有家, 日嚴振敬六德, 亮采有國, 翕受普施。【節】 百吏肅謹。" ○《漢書·谷永傳》, '俊乂'作'俊艾'。

25 「월령(月令)」: 『呂氏春秋』의 12紀 부분 61篇을 말한다. 『여씨춘추』는 2紀 8覽 6論 도합 160篇으로 이루어져 있다. 그 중 紀 부분은 사계절을 孟·仲·季로 나누어 孟春부터 季冬까지 12기로 되어 있는데, 『예기』「月令」의 내용을 12개월로 나누어 편집하고 각 편의 끝에 呂不韋가 자기 글을 붙여 놓은 것이다.

26 앞에 나왔다: 『상서고훈』 01.요전 상-03장의 '曆象日月星辰' 구를 풀이하면서 '辰'은 緯星인 五星의 총칭이라고 하였다.

고이 『사기』「하본기」에는 "日宣三德, 蚤夜翊明有家, 日嚴振敬六德, 亮采有國, 翕受普施. 【중략】 百吏肅謹."으로 되어 있다.
○『한서』「곡영전(谷永傳)」에는 '俊乂'가 '俊艾'로 되어 있다.

03. 고요모 - 06

無敎逸欲有邦, 兢兢業業。一日二日萬幾。無曠庶官, 天工人其代之。【《漢書》, 幾爲機】

"나라에 안일과 욕심을 가르치지 말고 삼가며 두려워해야 합니다. 날마다 만 가지 기미가 있습니다. 여러 관직을 비워두지 말아야 하니, 하늘의 일을 사람이 대신하는 것입니다."【『한서』에는 '幾'가 '機'로 되어 있다.】

馬云: "一日二日, 猶日日也。" ○梅云: "幾, 微也。" **○鏞案** 中和·祗庸之敎, 此章是祗·畏也。'無曠庶官'者, '知人則哲, 能官人'也。【王肅云: "天不自下治之, 故人代天居之, 不可不得其人。"】

〔一日二日萬幾〕 마융이 말했다. "'일일이일(一日二日)'은 일일[日日: 날마다]과 같은 뜻이다." ○매색이 말했다. "'기(幾)'는 미[微: 기미]의 뜻이다."

○용안 중화·지용의 가르침이 이 장에서는 공경[祗]과 두려움[畏]으로 표현되었다. '무광서관(無曠庶官)'이란 '지인즉철, 능관인(知人則哲, 能官人)'의 뜻이다.【왕숙이 말했다. "하늘이 직접 내려와서 세상을 다

스리지 못하기 때문에 사람이 하늘을 대신하여 그 자리에 있는 것이므로 적임자를 얻지 않아서는 안 된다는 말이다."】

考證 〈夏本紀〉: "毋教邪淫奇謀。非其人居其官, 是謂亂天事。" ○《漢書》, 王嘉封事云: "咎繇戒舜曰, '亡敖佚欲有國, 一日二日萬機。'" ○又孔光策免詔引《書》云: "毋曠庶官, 天工人其代之。"【師古云: "位非其人 是爲空官。" 又〈律曆志〉引《書》曰: "天功人其代之。"】

고증 『사기』 「하본기」에 "사음(邪淫)과 기모(奇謀)를 가르치지 마소서. 적임자가 아니면서 그 관직에 있는 것을 하늘의 일을 어지럽히는 것이라고 합니다."라고 하였다.

○『한서』 왕가(王嘉)의 봉사(封事)에 "구요(咎繇)가 순에게 경계하기를 '나라를 다스리는 사람은 오만하고 안일하지 말아야 합니다. 날마다 만 가지 정무를 다스려야 합니다.'라고 하였습니다."[27]라고 하였다.

○또 공광(孔光)을 책면(策免)하는 조서에서 『상서』를 인용하여 "여러 관직을 오래 비워두지 마소서, 하늘의 일을 사람이 대신하는 것입니다."[28]라고 하였다.【안사고가 말했다. "적임자가 아닌 사람을 자리에 두면 이것이 관직을 비우는 것이 된다." 또 「율력지」에서 『상서』를 인용하여 "하늘의 일을 사람이 대신하는 것이다."라고 하였다.】

---

27 구요(咎繇)가 …… 하였습니다: 『한서』 권69 「王駕列傳」에 보인다. 원문은 "臣聞咎繇戒帝舜曰: '亡敖佚欲有國, 兢兢業業, 一日二日萬機.'"인데, 안사고의 주에 "「虞書」, 「咎繇謨」之辭也. 言有國之人不可傲慢逸欲, 但當戒愼危懼, 以理萬事之機也. 敖讀曰傲."라고 하였다.

28 여러 …… 것입니다: 『한서』 권81 「孔光列傳」에 보인다.

天敍有典, 勑我五典, 五惇哉。天秩有禮, 自我五禮, 有庸哉。同寅協恭, 和衷哉。【馬本, '有典'作'五典', '有庸'作'五庸'】

"하늘이 〈부·모·형·제·자의〉 질서를 잡아 법을 두셨으니, 우리의 오전을 바로잡아 다섯을 도탑게 해야 합니다. 하늘이 질서를 잡아 〈길(吉)·흉(凶)·빈(賓)·군(軍)·가(嘉)의〉 예를 두셨으니, 우리의 오례를 항구히 견지해야 합니다. 〈오전을 가르치고 오례를 닦음에 있어〉 서로 공경하고 협력하여 중화의 덕을 이루어야 합니다."【마융본에는 '有典'이 '五典'으로 되어 있고, '有庸'이 '五庸'으로 되어 있다.】

疏云: "五典卽父義·母慈·兄友·弟恭·子孝。"【蔡云: "君臣·父子·兄弟[교1)]·夫婦·朋友之倫。"[교2)]】 ○鄭云: "五禮, 天子也, 諸侯也, 卿大夫也, 士也, 庶民也。" ○王云: "五禮, 謂王·公·卿·大夫·士。" ○梅云: "公·侯·伯·子·男五等之禮。"【眞西山云: "君臣·父子·兄弟·夫婦·朋友之品秩。"】 ○**鏞案** 此經五典·五禮·五服·五刑, 各爲一事, 不相聯屬, 五禮不必爲五典之禮。且五典之解, 證以〈康誥〉, 終是古訓爲得, 不可違也。'天敍'者, 彝倫攸敍也。'天秩'者, 秩宗攸名也。【禮之用, 在乎次序節級】 鄭說·王說·梅說·眞說, 俱未翕然。《周禮·大宗伯》, 旣以吉·凶·賓·軍·嘉爲衆禮之宏綱, 不必他解。

五典, 仁也。五刑, 義也。五禮, 禮也。五服, 智也。【古人以知人爲智, 故《孟子》曰'智足以知聖人'】 五典, 親親也。五禮, 尊尊也。五服, 善善也。五刑, 惡惡也。此四者, 足以竭天下之情, 此堯·舜所以平天下之大法也。五典之敎, 五禮之修, 其職在輔臣。故戒之曰'同寅協恭'。五服之賞, 五刑之罰, 其權在人主。故戒之曰'政事懋哉'。各有妙旨也。'和衷哉'者, 中和之德。'懋哉懋哉'者, 庸久之戒也。片言隻字, 皆自中庸學問中出來。【《知遠錄》】

교1) 弟 : 신조선사본에는 '第'로 되어 있으나 蔡沈의 『書經集傳』「虞書 · 皐陶謨」 註釋에 따라 바로잡는다.

교2) 案倫 : 『서집전』에는 뒤에 '敍也'가 더 있다.

〔勑我五典〕 소에 "'오전(五典)'은 부의(父義), 모자(母慈), 형우(兄友), 제공(弟恭), 자효(子孝)이다."라고 하였다.【채침이 말했다. "군신 · 부자 · 형제 · 부부 · 붕우의 윤서(倫敍)이다."】

〔自我五禮〕○정현이 말했다. "'오례(五禮)'는 천자, 제후, 경대부, 사(士), 서민이다." ○왕숙이 말했다. "오례는 왕, 공, 경, 대부, 사를 말한다." ○매색이 말했다. "공, 후, 백, 자, 남 5등의 예이다."【진서산[眞西山 : 진덕수(眞德秀)]이 말했다. "군신 · 부자 · 형제 · 부부 · 붕우의 품질(品秩)이다."[29]】

○용안 이 부분 경문의 '오전(五典)', '오례(五禮)', '오복(五服)', '오형(五刑)'은 별개의 한 가지 일로서 서로 연속되지 않으니, 오례가 반드시 오전의 예인 것은 아니다. 또 오전에 대한 해석은 「강고」의 내용을 가지고 증명하면 결국 고훈(古訓)이 옳으니[30] 어겨서는 안

29 진서산[眞西山 : 진덕수(眞德秀)]이 …… 품질(品秩)이다 : 이는 眞德秀의 별도 주석이 아니고 여러 설 중 채침의 주석이 옳다고 한 것으로, 大全本 『書集傳』의 小注에 수록되어 있다. 원문은 다음과 같다. "按, 五禮, 孔氏以爲 ……. 又以爲 ……. 近世蔡氏曰 : '敍者, 君臣 · 父子 · 夫婦 · 兄弟 · 朋友之倫敍. 秩者 ……. 於義爲得."

된다. '천서(天敍)'는 '떳떳한 윤상이 펴지는 것[彝倫攸敍]'이고, '천질(天秩)'은 '질종유명(秩宗攸名)'이다.【예를 쓰는 일은 차례를 짓고 등급을 조절하는 데에 달려 있다.】 정현·왕숙·매색·진덕수의 설은 모두 맞지 않는다. 『주례』「대종백」에서 이미 길(吉), 흉(凶), 빈(賓), 군(軍), 가(嘉)를 여러 예의 큰 강령으로 삼았으니 달리 해석할 필요가 없다.

오전(五典)은 인(仁)이고, 오형(五刑)은 의(義)이고, 오례(五禮)는 예(禮)이고, 오복(五服)은 지(智)이다.【옛사람들은 지인(知人)을 지(智)라고 여겼다. 그래서 『맹자』에 '지혜가 족히 성인을 알 수 있다.[智足以知聖人]'라고 한 것이다.】 오전은 친친(親親)이고, 오례는 존존(尊尊)이고, 오복은 선선(善善)이고, 오형은 오악(惡惡)이다. 이 네 가지면 족히 천하의 인정을 다할 수 있으니, 이것이 요·순이 천하를 평안히 다스린 대법(大法)이다. 오전을 가르치고 오례를 닦는 것은 그 직무가 보좌하는 신하에게 달려 있다. 그러므로 '동인협공(同寅協恭)'하라고 경계한 것이다. 오복의 상과 오형의 벌은 그 권한이 인주에게 있다. 그러므로 '정사무재(政事懋哉)'라고 경계한 것이다. 각각에 오묘한 뜻이 있다. '화충재(和衷哉)'는 중화의 덕이고, '무재무재(懋哉懋哉)'는 용(庸)을 오래 견지하라는 경계이다. 말 한마디 한마디 글자 하나하나가 모두 중용의 학문에서 나온 것이다.【『상서지원록』】

30 「강고」의 …… 옳으니 : 「강고」 12장 "元惡大憝, 矧惟不孝·不友 ……" 부분에서 다산은 불효와 불우가 바로 원악대대라고 하고, 「虞書」(『상서고훈』의 「요전」)의 '愼徽五典', '敬敷五敎'에 대해서도 父·母·兄·弟·子라고 한 古訓이 옳다고 하였다. 『상서고훈』 01.요전 상-14장, 02.요전 하-12장 참조.

天命有德, 五服五章哉。天討有罪, 五刑五用哉。政事懋哉懋哉。【《後漢書 · 梁統傳》, 用爲庸。《爾雅》注, 懋作茂】

“하늘이 덕 있는 사람을 명하시면 다섯 가지 복식을 내려 5등급으로 표창하고, 하늘이 죄 있는 자를 벌하시면 다섯 가지 형벌을 써서 5등급으로 처벌하시며, 정사에 힘쓰고 또 힘써야 합니다.”【『후한서』「양통전(梁統傳)」에는 ‘用’이 ‘庸’으로 되어 있다. 『이아』의 주에는 ‘懋’가 ‘茂’로 되어 있다.】

鄭云 : “五章, 十二也, 九也, 七也, 五也, 三也。”【《周禮 · 小宗伯》疏】 ○梅云 : “天子 · 諸侯 · 卿 · 大夫 · 士之服。” ○蔡云 : “自九章至一章。” ○**鏞案** 古訓, 非也。鄭於〈春官 · 司服〉之註, 以三章爲末。【鄭云 : “玄冕之服, 裳刺黻而已。”】 故此五服竝數天子。【十二章】 然天子六服, 王后六服, 皆除其第一, 唯以下五服爲公侯以下五等之服。【見〈司服〉】 〈典命〉亦自九命下至一命, 而車旗服纓, 各眡其命之數, 則一命者一章, 奚至三章而止乎? 總之, 五服 · 五刑, 賞罰之具也。天子之服, 何與於是? 當從蔡傳。【《知遠錄》】

〔五服五章〕 정현이 말했다. “오장(五章)은 12장, 9장, 7장, 5장, 3장이다.”【『주례』「소종백」의 소에 보인다.】 ○매색이 말했다. “천자 · 제후 · 경 · 대부 · 사의 복식이다.” ○채침이 말했다. “9장부터 1장까지이다.”

○**용안** 고훈들은 틀렸다. 정현은 『주례』「춘관 · 사복(司服)」의 주

에서 3장이 마지막이라고 보았다.【정현이 말했다. "현면복(玄冕服)은 〈상의에는 무늬가 없고〉 하의에 불(黻)을 수놓을 뿐이다."】[31] 따라서 이 오복은 천자의 복식까지 아울러서 헤아린 것이나.【12장을 말한다.】 그러나 천자는 6복이고 왕후도 6복인데, 모두 첫째를 빼고 그 이하의 오복만 가지고 공과 후 이하 5등의 복식이라고 본 것이다.【「사복」에 보인다.】 「전명(典命)」에도 9명에서 1명까지에 대해 수레·기·복식 등을 각각 그 명수(命數)에 맞추었으니,[32] 1명인 자가 1장인데 어찌 3장에서 그치겠는가?

종합해서 말하면 오복(五服)과 오형(五刑)은 상벌의 도구이다. 천자의 복식이 이것과 무슨 상관이겠는가? 채침의 주[33]를 따라야 한다.【『상서지원록』】

31 정현은 …… 뿐이다 : 『주례』 「춘관·司服」에 왕이 제사를 지낼 때 입는 복식을 규정하고 있는데, 호천상제와 오제에게 제사할 때에는 大裘에 冕服, 선왕에게 제사할 때에는 袞冕, 先公에게 제사하거나 鄕射를 베풀 때에는 鷩冕, 四望山川에 제사할 때에는 毳冕, 사직 제사와 五祀 때에는 希冕, 群小제사를 지낼 때에는 玄冕을 입는다고 하였다. 이에 대해 정현의 주에, 면복에는 모두 아홉 가지의 무늬를 수놓는데, 곤면은 상의에 다섯 가지, 하의에 네 가지로 도합 아홉 가지, 별면은 상의에 세 가지, 하의에 네 가지로 도합 일곱 가지, 취면은 상의에 세 가지, 하의에 두 가지로 도합 다섯 가지, 치면은 상의에 한 가지, 하의에 두 가지로 모두 세 가지 무늬를 쓰며, 현면은 하의에만 黻 한 가지 무늬를 수놓는다고 하였다.

32 「전명(典命)」에도 …… 맞추었으니 : 전명은 제후의 五儀와 신하들의 5등급의 命을 관장하는 직책이다. 여기에서 "上公九命爲伯, 其國家宮室·車旗·衣服·禮儀, 皆以九爲節."이라고 하고, 그 이하 8命부터 1命까지 모두 "其宮室·車旗·衣服·禮儀, 各眡其命之數."라고 하였다.

33 채침의 주 : 『서집전』에 "五服, 五等之服, 自九章以至一章, 是也. 言天命有德之人, 則五等之服, 以彰顯之, 天討有罪之人, 則五等之刑, 以懲戒之. 蓋爵賞刑罰, 乃人君之政事, 君主之, 臣用之, 當勉勉而不可怠者也."라고 하였다.

考證 《漢書》董仲舒對策引《書》云 : "'茂哉茂哉。' 彊勉之謂也。" ○《爾雅 · 釋詁》云 : "茂, 勉也。" 郭註引《書》曰 : "茂哉茂哉。" ○**案** 〈夏本紀〉錄此經, 只錄天討 · 五刑二句。

고증 『한서』 동중서(董仲舒)의 대책(對策)에서 『상서』를 인용하여 "'무재무재(茂哉茂哉)'라고 하였으니 힘쓰라는 말입니다."라고 하였다.
○『이아』 「석고」에 "'무(茂)'는 면[勉 : 힘쓰다]의 뜻이다."라고 한 데 대해, 곽박의 주에서 『상서』를 인용하여 "무재무재(茂哉茂哉)"라고 하였다.

○**안** 『사기』 「하본기」에는 이 부분의 경문을 기록하면서 단지 천토(天討)와 오형(五刑)의 두 구만을 기록하였다.[34]

03. 고요모 - 09

天聰明, 自我民聰明。天明畏, 自我民明威。達于上下, 敬哉, 有土。【馬本, 畏作威 ○蔡云 : "古文, 威作畏。"】

"하늘은 듣고 볼 때에 우리 백성을 통해서 듣고 봅니다. 하늘은 상을 주고 벌을 내릴 때에 우리 백성을 통해서 상을 주고 벌을 내

34 천토(天討)와 …… 기록하였다 : 「하본기」에는 앞 03.고요모-06장에 해당하는 내용인 "…… 毋教邪淫奇謀. 非其人居其官, 是謂亂天事."를 기록하고, 이어 '天敍有典'~'五服五章哉'까지의 내용은 모두 생략하고 "天討有罪, 五刑五用哉'의 두 구만 기록하였다.

립니다. 〈하늘이 상을 주고 벌을 내리는 것은〉 높은 사람과 낮은 사람에 공통되니 경외하십시오, 영토를 소유한 임금이시여."【마융본에는 '畏'가 '威'로 되어 있다. ○채침이 말했다. "고문에는 '威'가 '畏'로 되어 있다."】

鄭云："天之所謂聰明有德者, 由民也, 言天所善惡, 與民同。"【〈大雅·烝民〉疏】 ○梅云："天視聽人君之行, 用民爲聰明。" 又云："天明可畏。" ○梅云："天所賞罰, 唯善惡所在, 不避貴賤。"【釋'達于上下'】 ○蔡云："上下, 上天下民也。" ○**鏞案** '明畏'者, 賞罰之名也。陟則爲明, 黜則爲幽。凡升而顯之者, 時謂之'明', 若'明明揚側陋'·'浚明有家'之類, 是也。威·畏者, 黜罰也。中庸之學, 本之於天命, 持之以戒愼恐懼, 成之以恒久不息, 古所謂'祗庸'之教也。皐陶之學, 純粹無雜, 九德有常, 旣陳中庸之說, 乃曰'兢兢業業, 以代天工'。言教則曰'天敍', 言禮則曰'天秩', 賞曰'天命', 罰曰'天討', 至是直云'天之視聽, 自我下民', 又云'天之賞罰, 無間於貴賤', 以起人主之敬。此今之所謂'戒愼恐懼', 古之所謂'祗庸之德', 源遠矣哉。【《知遠錄》】 '達于上下', 宜如注疏, 文理乃順。【謂'天之賞罰, 無碍於上下尊卑也。'】

〔天聰明 …… 明威〕 정현이 말했다. "하늘이 덕 있는 자를 듣고 본다는 것은 백성을 통해서 하는 것이니, 하늘이 선하게 여기고 악하게 여기는 것은 백성과 같다는 말이다."【『시경』「대아·증민」의 소에 보인다.】 ○매색이 말했다. "하늘이 인군의 행실을 보고 들을 때 백성을 귀와 눈으로 삼는다는 뜻이다." 또 말했다. "〈'천명외(天明畏)'는〉 하늘이 위엄을 밝힌다는 말이다."[35]

【達于上下】○매색이 말했다. "하늘이 상을 주고 벌을 주는 것은 오

직 선과 악에 달렸을 뿐이고 귀천을 피하지 않는다는 말이다." ○채침이 말했다. "상하(上下)는 위의 하늘과 아래의 백성이다."

○용안 '명외(明畏)'란 상벌의 명칭이다. '척(陟)'은 명(明)이 되고, '출(黜)'은 유(幽)가 된다. 무릇 승진시켜서 드러내는 것을 당시에는 '명'이라고 하였으니, '명명양측루(明明揚側陋)'나 '준명유가(浚明有家)'와 같은 것이 이것이다. '위(威)'와 '외(畏)'는 쫓아내는 벌[黜罰]이다. 중용의 학문은 천명에 근본을 두고 '계신공구(戒愼恐懼)'로 지키며 '항구불식(恒久不息)'으로 완성하니, 옛날에 이른바 '지용(祗庸)'의 가르침이다.

고요의 학문은 순수하고 잡되지 않아서 항상 9덕을 유지하였다. 그리하여 중용의 설을 진술하고나서 비로소 '삼가고 두려워함으로써 하늘의 일을 대신해야 한다.[兢兢業業, 以代天工]'라고 한 것이다. 교(敎)를 말할 때에는 '천서(天敍)'라고 하고, 예(禮)를 말할 때에는 '천질(天秩)'이라고 하고, 상(賞)에는 '천명(天命)', 벌(罰)에는 '천토(天討)'라고 하였다. 그리고 여기에 와서 곧바로 '하늘이 보고 듣는 것은 우리 백성을 통해서 한다.[天之視聽, 自我下民]'라고 하고, 또 '하늘이 상을 주고 벌을 내릴 때에는 귀천을 구분하지 않는다.[天之賞罰, 無間於貴賤]'라고 하여 인주의 경외심을 일으켰다. 이것이 지금의 이른바 '계신공구(戒愼恐懼)'이고 옛날의 이른바 '지용의 덕[祗庸之德]'이니 근원이 멀다.【『상서지원록』[36]】 '달우상하(達于上下)'는 주

35 〈'천명외(天明畏)'는〉 …… 말이다 : '天明畏, 自我民明威.'에 대해 『상서정의』 傳에서 "天明可畏, 亦用民成其威. 民所叛者, 天討之, 是天明可畏之效. ○畏如字, 徐音威, 馬本作威"라고 풀이하였다.

36 『상서지원록』 : 현재 남아 있는 규장각본 『상서지원록』에는 이 장에 대한 說은 보이지 않는다.

소의 풀이대로 해석해야 문리가 순조롭다.【'하늘이 상을 내리고 벌을 내릴 때에는 상하와 존비에 구애받지 않는다.'라는 말이다.[37]】

考異 馬本, 威作畏。○王應麟云: "古文'民明畏', 今文作'威', 蓋衛包所改, 當從古。" ○**案** 今文謂今字。

고이 마융본에는 '威'가 '畏'로 되어 있다.
○왕응린이 말했다. "고문의 '민명외(民明畏)'를 금문에서 '위(威)'로 쓴 것은 대개 위포(衛包)가 고친 것으로, 고문을 따라야 한다."[38]

○**안** 금문(今文)은 금자(今字)를 말한다.

考異 《周禮·鄉大夫》, 鄭註引《書》曰: "天明威, 自我民明威。" ○**案** 《釋文》則曰: "馬本, 畏作威。" 王應麟則曰: "馬本, 威作畏。" 今據《周禮》注畏作威也, 馬·鄭不必殊也。

고이 『주례』「향대부」 정현의 주에서 『상서』를 인용한 부분에는 "天明威, 自我民明威."로 되어 있다.

○**안** 『경전석문』에 "마융본에는 '畏'가 '威'로 되어 있다."라고 하였고, 왕응린은 "마융본에는 '威'가 '畏'로 되어 있다."라고 하였다. 지금 『주례』의 주에 '畏'가 '威'로 되어 있는 것에 근거해보면 마융과

37 하늘이 …… 말이다: '達于上下'에 대한 『상서정의』의 傳 "天所賞罰, 惟善惡所在, 不避貴賤."을 해석한 것이다.
38 고문의 …… 한다: 왕응린의 『困學紀聞』 권2에 "古文'天明畏自我民明畏', 今文下'畏'字作'威', 蓋衛包所改, 當從古."라고 하였다.

정현의 주장이 반드시 다른 것은 아니다.

03. 고요모 - 10

皐陶曰："朕言惠，可底行。" 禹曰："兪，乃言底可績。" 皐陶曰："予未有知，思曰贊贊襄哉。"【蔡云："'思曰'之曰，當作日。"】

고요가 말했다. "저의 말이 이치에 맞아서 실행할 수 있었습니다." 우가 말했다. "그렇습니다. 그 말대로 실적을 이룰 수 있었습니다." 고요가 말했다. "저는 아는 것이 없지만 날로 도와서 다스림을 이룰 것을 생각하였습니다."【채침이 말했다. "'思曰'의 '曰'은 '日'이 되어야 한다."】

馬云："襄，因也。"【蔡云："襄，成也。"】 ○鄭云："贊，明也。襄之言暢。言我未有所知・所思，【鄭以'予未有知思'爲一句】 徒贊明帝德，揚我忠言而已，謙也。" ○王云："贊贊猶贊奏也。"【顧云："襄，上也。"】

〔贊贊襄哉〕 마융이 말했다. "'양(襄)'은 인[因 : 말미암다]의 뜻이다."【채침이 말했다. "'양(襄)'은 성[成 : 이루다]의 뜻이다."】 ○정현이 말했다. "'찬(贊)'은 명[明 : 밝다, 밝히다]의 뜻이다. '양(襄)'이란 말은 창[暢 : 펴다]의 뜻이다. 나는 아는 것도 생각하는 것도 없고,【정현은 '여미유지사(予未有知思)'를 한 구로 보았다.】 그저 제의 덕을 도와 밝혀서 나의 충언을 드러낼 뿐이라는 말이니, 겸사(謙辭)이다." ○왕숙이 말했다. "'찬찬(贊贊)'은 찬주(贊奏)와 같다."【고표(顧彪)[39]가 말했다. "'양(襄)'

은 상[上 : 올리다]의 뜻이다.”】

考異 〈夏本紀〉: “‘吾言厎可行乎?’ 禹曰, ‘女言致可績行。’ 皐陶曰, ‘余未有知,【句】 思贊道哉。’” **○案** 似有脫誤。

고이 『사기』 「하본기」에는 “‘吾言厎可行乎?’ 禹曰, ‘女言致可績行.’ 皐陶曰, ‘余未有知,【단구】 思贊道哉’”로 되어 있다.

○안 탈자나 오자가 있는 듯하다.

考訂 梅云 : “用汝言, 致可以立功。” **○論曰** 堯將禪舜曰 : “詢事考言, 乃言厎可績。” ‘厎可績’者, 已成功而考績之辭, 非將成功而論理之言也。舜·禹·皐·夔, 此日此會, 非尋常燕閒之席, 乃是元勳大臣, 九載三考之大朝會也。其詢事考言之法, 親於帝前, 兩人胥考, 禹考皐績, 皐考禹績。若是者何也? 皐·禹兩人, 爵位最尊, 德望最隆, 更有何人, 敢考此績? 此所以親於帝前兩人胥考也。

乃此日此會, 本爲伯禹九載成功之後, 入朝奏績之日, 皐陶亦當同日奏績。乃皐陶未及奏績, 先自述謨, 而其嘉言大猷, 超越古今, 可以輔君德, 可以立世敎, 可以迓天命, 可以澤民生。禹於是考之曰‘不須他績’, 卽今日所奏, 厎可績矣。【卽考績之辭】 皐陶謙言曰‘予未有知, 常自思之曰輔助以成之而已’。

39 고표(顧彪) : 생몰년 미상. 자는 仲文. 餘杭 사람이며, 隋 煬帝 때 秘書學士를 지냈다. 『상서』와 『춘추』에 밝았으며, 『古文尙書疏』 20卷을 지었다. 공영달의 「尙書正義序」에 “近至隋初, 始流河朔, 其爲『正義』者, 蔡大寶·巢猗·費甝·顧彪·劉焯·劉炫等. 其諸公旨趣, 多或因循怗釋注文, 義皆淺略.”이라고 한 내용이 보인다.

原夫大臣建績, 異於卑位。小官或陳格言嘉謀, 以匡人主之心術, 或創良法美制, 以作邦國之彝典。方是茂績, 其考績之法, 亦與典一器·司一禁者, 大有不同也。

臯陶是日奏迪德·治平之戒, 奏官人·安民之戒, 奏九德·選擧之法, 奏萬機·逸欲之箴, 奏天敍·天秩·天命·天討之法, 奏天聰·天威之戒。反復敷陳, 眞得古大臣之體, 爲國家盡忠立績, 孰大於是。許之以厎可績, 不亦可乎? 且其言雖若陳勉於方來, 實皆躬行於旣往, 不是圖功, 乃爲奏績。故禹於帝前, 考定其功曰'乃言厎可績'。【《知遠錄》】

고정 매색이 말했다. "〈'내언지가적(乃言厎可績)'은〉 너의 말을 쓰면 공을 이룰 수 있을 것이라는 뜻이다."

○**논왈** 요가 순에게 선위하려고 하면서 "순사고언, 내언지가적(詢事考言, 乃言厎可績)"이라고 하였으니, '지가적(厎可績)'이란 이미 공을 이루고나서 고적하는 말이지 장차 공을 이룰 것에 대해 이치를 논하는 말이 아니다. 순·우·고요·기의 이날 이 모임은 보통의 한가한 자리가 아니고, 바로 원훈대신(元勳大臣)들에 대해 9년 만에 세 번째 고적을 하는 대조회(大朝會)이다. 그 '순사고언'하는 법은 직접 제(帝)의 앞에서 두 사람이 서로 고적하는데, 우가 고요의 업적을 평가하고 고요가 우의 업적을 평가한 것이다. 이렇게 하는 것은 무엇 때문인가? 고요와 우 두 사람은 작위가 가장 높고 덕망이 가장 융성한 사람들인데, 다시 누가 있어서 감히 이들의 업적을 평가하겠는가? 이것이 직접 제의 앞에서 두 사람이 서로 고적하는 이유이다.

이날의 이 모임은 본래 백우(伯禹)가 9년 동안 공을 이룬 뒤 조정에 들어와 업적을 보고하는 날이었으니, 고요 또한 응당 같은 날 업적을 보고하였을 것이다. 이에 고요가 업적을 보고하기 전에 먼저 스스로 계책을 진술하였는데, 그 훌륭한 말과 큰 계책이 고금을 초월하였으니, 가히 임금의 덕을 보좌하고 세교(世敎)를 수립하고 천명을 맞이하고 백성에게 혜택을 줄 수 있는 것이었다. 우가 이에 그것을 평가하여 '다른 업적이 필요치 않다.[不須他績]'라고 하였으니, 곧 오늘 아뢴 바가 '업적을 이룬 것[底可績]'이라는 말이다.【곧 고적한 말이다.】 그러자 고요가 겸양하여 '나는 아는 것이 없지만 항상 스스로 생각하는 것은 보좌하여 성공시키는 것일 뿐입니다.'라고 말한 것이다.

원래 대신들이 업적을 세우는 것은 낮은 지위의 그것과는 다르다. 소관(小官)도 바른 말과 훌륭한 모책을 진술하여 인주의 심술(心術)을 바로잡는 경우가 있고, 좋은 법과 훌륭한 제도를 창시하여 국가의 좋은 법을 만드는 경우도 있다. 그러나 바야흐로 이 크나큰 공적에 대해서는 그 고적하는 법 또한 일기(一器)를 맡고 일금(一禁)을 담당하는 자의 〈공적을 평가하는〉 것과는 크게 다른 점이 있다.

고요는 이날 적덕(迪德)과 치평(治平)의 경계를 아뢰고, 관인(官人)과 안민(安民)의 경계를 아뢰고, 구덕(九德)과 선거(選擧)의 법을 아뢰고, 만기(萬機)와 일욕(逸欲)의 잠(箴)을 아뢰고, 천서(天敍)·천질(天秩)·천명(天命)·천토(天討)의 법을 아뢰고, 천총(天聰)·천위(天威)의 경계를 아뢰었다. 반복해서 펴 진술한 것이 참으로 옛 대신의 체통에 맞았으니, 국가를 위해 충성을 다하고 공적을 수립한 것이 무엇이 이보다 크겠는가. '지가적'이라고 인정하는 것이 또한 옳지 않은가? 또한 그 말이 비록 다가올 일에 대해 진달하여 면려한 것이었다 해도 실제로는 모두 이미 직접 행한 것으로, 일을 도모하는 것이 아니라 바로 업적을 아뢴 것이다. 그러므로 우가 제의 앞에서 그 공을 평가하고 확정하여 '내언지가적'이라고 한 것이다. 【『상서지원록』】

03. 고요모 - 11

帝曰 : "來, 禹。汝亦昌言。" 禹拜曰 : "都, 帝, 予何言? 予思日孜孜。" 皐陶曰 : "吁, 如何?" 禹曰 : "洪水滔天, 浩浩懷山襄陵, 下民昏墊。予乘四載, 隨山刊木。暨益奏庶鮮食。予決九川, 距四海, 濬畎澮距川。暨稷播奏庶艱食鮮食, 懋遷有無化居。烝民乃粒, 萬邦作乂。" 皐陶曰 : "兪, 師汝昌言。"

제순이 말했다. "오라, 우여. 그대도 창언하라." 우가 절하고 말했다. "아, 제여, 제가 무슨 말을 하겠습니까? 저는 날마다 부지런히 힘쓸 것을 생각하였습니다." 고요가 말했다. "아닙니다. 힘을 쓴 내용이 어떤 것입니까?" 우가 말했다. "큰물이 하늘까지 뻗쳐서 넘실거리며 산을 에워싸고 언덕으로 솟구쳐 백성들이 혼란에 빠졌습니다. 내가 네 가지 탈것을 타고 산을 따라가며 나무껍질을 깎아내어 표지를 새기고,[40] 익과 함께 갓 잡은 짐승을 백성에게 가

40 나무껍질을 …… 새기고 : 「우공」의 '隨山刊木'에 대해 "刊木, 所謂斫樹白書

져다 먹였습니다. 또 내가 9주의 하천을 터서 사해로 보내고 밭도랑 사이에 크고 작은 수로를 파서 하천으로 보냈으며, 직과 함께 〈오곡을〉 파종하게 하고 어려움을 이겨낼 식량과 갓 잡은 짐승을 가져다 먹게 하며, 힘써 있는 것과 없는 것을 교역하게 하였습니다. 이에 백성들이 쌀을 먹게 되고 만방이 다스려졌습니다." 고요가 말했다. "옳습니다. 그대의 창언이 본받을 만합니다."

此一節, 卽禹奏績之言, 先明大義, 次及詁訓, 用特例也。當時考績之法, 非如後世之疏略, 必令本人親至上前, 當面自口說道。其惡者容不得飾詐, 其善者容不得謙晦。既奏, 有考言之法, 考言者, 考績也。今逐句解之。

이 1절은 바로 우가 공적을 보고한 말이다. 먼저 대의를 밝히고 다음으로 훈고에 이르는 특례를 사용한다. 당시 고적하는 법은 후세와 같이 소략하지 않고, 반드시 본인이 직접 상관 앞에 와서 대면하여 자기 입으로 말하게 하였다. 그리하여 잘못한 일에 대해서는 꾸며서 거짓말을 할 수 없고, 잘한 일에 대해서는 겸양하며 숨길 수가 없게 하였다. 보고를 마치면 말에 대해 고찰[考言]하는 법이 있었는데, 고언이란 고적(考績)이다. 이제 구절구절 해석하겠다.

【帝曰'來禹, 汝亦昌言'】禹謙讓不肯奏績, 故帝呼之至前, 使之昌言。

【禹曰'予何言, 予思日孜孜'】○[교1]禹羞澀不忍自揚, 謙云'予何言'也, 只大綱

也. 記道路所經, 記山脈所來, 記水源所發, 隨山橋識."이라고 한 다산의 풀이에 따라 번역하였다.

粗說曰‘予思日孜孜’而已。

【皐陶曰‘吁, 如何?’】皐陶心以爲不可, 故‘吁’以責之也, 曰‘考績之法至嚴, 豈敢如是? 其所云孜孜之狀如何?’

【禹曰‘洪水滔天’, 至‘萬邦作乂’】禹逃遁不得, 含羞冒恥, 說盡自己功勞, 唯挿入益·稷之名, 不掩人功。

【皐陶曰‘兪, 師汝昌言’】‘兪’者, 許其實然之辭。汝今昌言不諱, 以遵成法, 其事可法也。【師, 法也】

교1) 案○: 다른 용례로 보아 이 권점은 잘못 들어간 듯하다.

【帝曰‘來禹, 汝亦昌言’】 우가 겸양하며 업적을 보고하려고 하지 않으므로 제순이 그를 불러 앞으로 오게 하여 창언(昌言)을 하게 한 것이다.

【禹曰‘予何言, 予思日孜孜’】 우는 쑥스러워서 차마 스스로 떠벌이지 못하고 겸양하며 ‘제가 무슨 말을 하겠습니까?’라고 하고는, 큰 줄기만 대략 말하여 ‘저는 날마다 부지런히 힘쓸 것을 생각하였습니다.’라고 하였을 뿐이다.

【皐陶曰‘吁, 如何?’】 고요는 마음으로 그래서는 안 된다고 생각하였으므로 ‘아니다.[吁]’라고 책망하고는, ‘고적하는 법이 지극히 엄한데 어찌 감히 그리하는가? 그대가 말하는 부지런히 힘쓴다는 것의 실상은 어떤 것인가?’라고 물은 것이다.

【禹曰‘洪水滔天’, 至‘萬邦作乂’】 우는 피할 수 없어서 쑥스러움과 부끄러움을 무릅쓰고 자기의 공로를 다 말하였는데, 다만 익과 직의 이름을 끼워 넣어서 다른 사람의 공을 숨기지 않았다.

【皐陶曰‘兪, 師汝昌言’】 ‘유(兪)’는 실제로 그러하다고 인정하는 말이

다. 그대가 지금 숨기지 않고 창언하여 성법(成法)을 따르니, 그 일이 본받을 만하다는 뜻이다.【'사(師)'는 법[法 : 본받다]의 뜻이다.】

若云此節不是奏績, 請問人臣進言, 有此法否? 不勉君德, 不達民隱, 唯滿口自說自己之功勞, 天下有如是廉義乎? 當時立法, 苟有一分闊狹, 禹本謙抑, 豈肯爲此? 乃其儀式嚴峭栗烈, 一無游移, 不許以文字馳奏, 不許以僚官替奏, 但令本人親至帝前, 當面直說, 一毫毋敢過實, 一毫毋敢隱美, 但得老實敷奏。於是大臣考之, 天子考之, 大行黜陟, 以判幽明, 此堯·舜所以做堯·舜之治也。周道旣衰, 典章夷滅, 春秋以降, 絶無考績之說。漢高祖崛起爲天子, 傲睨輔弼, 猜忌勳舊。於是蕭·曹以下, 尸位旅進, 莫敢一言, 瘝廢天工, 苟全性命。魏相·丙吉之等, 自稱理陰陽順四時, 一指不動, 萬鍾徒饗, 而人主亦樂與此輩般樂怠敖, 名之曰'敬禮', 無所督責。於是百度解弛, 萬瘼紛興, 而爲大臣者, 方且內省不疚, 曰'我有何罪'? 其視唐·虞之際, 斯果何如人也。凡欲爲天下國家者, 宜觀此經。【《知遠錄》】

이 절이 실적을 보고하는 내용이 아니고 신하에게 진언(進言)하도록 권하고 묻는 내용이라면, 이런 법이 있겠는가? 임금에게 덕을 닦도록 권면하지도 않고 백성들의 고충을 보고하지도 않고서 오직 제 스스로 자기의 공로만을 잔뜩 말하였을 뿐인데, 천하에 이런 염치와 의리가 있겠는가? 당시에 수립한 법을 진실로 조금이라도 변통할 수 있었다면, 우는 본래 겸손한 사람인데 어찌 그런 짓을 하려고 하였겠는가? 바로 그 의식(儀式)이 엄격하고 매서워서 조금도 변동할 수 없었으니, 멀리서 문서로 보고하는 것을 허용하지 않고 동료 관원이 대신 보고하는 것도 허용하지 않으며, 단지 본인이 직접 제의 앞에 나와서 대면하여 직접 말하게 하였다. 또 터럭만큼이라도 감히 사실을 과장하지 못하고, 터럭만큼이라도 감히 잘한 점을 숨기지 못하며, 단지 성실하게 보고할 수 있었을 뿐이다. 그러면 대신이 그것을 평가하고 천자가 그것을 평가하여 대대적인 출척을 행하여 벌[幽]을 줄지 상[明]을 줄지를 판정하였다. 이것이 요순이 요순의 정치를 이룬 이유이다.

주나라의 도가 쇠하고나자 전장(典章)이 없어져서 춘추시대 이후로는 고적에 관한 설이 전혀 없다. 한 고조가 일어나 천자가 되고는 보필하는 신하에게 거드름을 피우고 훈구대신들을 시기하였다. 그래서 소하(蕭何)·조참(曹參) 이하 모두가 하는 일 없이 자리만 차지하고 떼 지어 나아가서는 아무도 감히 한마디도 하지 못하여, 오랫동안 천공(天工)을 폐기한 채 구차하게 목숨을 보전하였다. 위상(魏相)·병길(丙吉) 등은 스스로 음양을 다스리고 사시를 순조롭게 한다고 칭하며 손가락 하나 까딱하지 않으면서 만종(萬鍾)의 녹만 누리고, 임금 역시 기꺼이 이들과 함께 즐기고 태만을 부리면서 그것을 '공경하는 예[敬禮]'라고 부르며 독책(督責)하는 바가 없었다. 이리하여 모든 법도가 해이해지고 온갖 폐단이 어지럽게 일어나는데도, 대신이 된 자들은 또한 스스로 아무 잘못이 없다고 여겨서 '나에게 무슨 죄가 있는가?'라고 하였다. 당·우 시절과 견주어보면 이들은 과연 어떤 사람들인가. 무릇 천하와 국가를 다스리고자 하는 자는 마땅히 이 경문을 보아야 한다.【『상서지원록』】

王云: "帝在上, 皐陶陳謀於下, 已備矣。我復何所言乎?" ○梅云: "四載,[교1)] 謂水乘舟, 陸乘車, 泥乘輴, 山乘樏。" ○梅云: "隨行山[교2)]林, 刊槎

其木, 開通道路。"교3) ○馬云:"鮮, 生也。" ○梅云:"鳥獸新殺曰鮮。【《儀禮》, 祭每用鮮腊·鮮獸】 槎교4)木穫鳥獸, 民以進食。" ○**鏞案** '暨益奏鮮食'以上, 治洪水之事也。'予決九川'以下, 濬畎·澮之事也。原夫洪水者, 河患也。凡河道所經, 卽有懷·襄之災, 其非所經, 無水災也。禹之治水, 順水之性而疏決之, 不過一年而平, 奚至九年哉?【鯀陻洪水, 宜至九年, 禹必不然】 其至十三年在外者, 濬畎·澮之役也。旣於河道所經, 濬百川而注河, 濬畎·澮以距川, 以正經界, 以畇井地。乃舜命之曰:"豈唯河道所經, 凡九州之內, 悉行疏濬, 悉行疆理, 以再造此天荒以來蕪穢之水土。" 於是禹·稷兩人, 承命同出, 以旣厥事, 此兩事也。'予決九川', 九川者, 九州之流水也。苟非淫兩교5)彌年, 九川必不同溢, 世豈有二十餘年淫雨乎?【《知遠錄》】

교1) 案四載:『상서정의』에는 '所載者四'로 되어 있다.
교2) 案山:『상서정의』에는 앞에 '九州之'가 더 있다.
교3) 案路:『상서정의』에는 뒤에 '以治水也'가 더 있다.
교4) 案槎:『상서정의』에는 앞에 '與益'이 더 있다.
교5) 兩: 문맥상 '雨'가 옳은 듯하다.

〔予何言〕 왕숙이 말했다. "제께서 위에 계시고 고요가 아래에서 모책을 진달하여 이미 완비되었는데, 내가 다시 무슨 말을 하겠는가라는 뜻이다."

〔予乘四載〕○매색이 말했다. "'사재(四載)'는, 물에서는 배[舟]를 타고, 육지에서는 수레[車]를 타고, 진창에서는 순[輴: 썰매]을 타고, 산에서는 류(樏)[41]를 탔다는 말이다."

41 류(樏): 징을 박은 신이라는 설도 있고, 산을 오를 때 타는 가마라는 설도

〔隨山刊木〕○매색이 말했다. "〈9주의〉 산림을 따라가며 그 나무를 베어내고 길을 뚫은 것이다."

〔奏庶鮮食〕○마융이 말했다. "'선(鮮)'은 생[生 : 날것]의 뜻이다." ○매색이 말했다. "날짐승과 길짐승을 갓 잡은 것이 '선(鮮)'이다.【『의례』에, 제사에는 매번 선석[鮮腊 : 신선한 포]과 선수[鮮獸 : 갓 잡은 짐승]를 쓴다고 하였다.[42]】 나무를 베고 날짐승과 길짐승을 잡으면 백성에게 가져다 먹였다는 뜻이다."

○용안 '기익주선식(曁益奏鮮食)' 이상은 홍수를 다스린 일이고, '여결구천(予決九川)' 이하는 견(畎)과 회(澮)를 판 일이다. 원래 홍수는 황하의 걱정거리였다. 황하의 물길이 지나는 곳에는 회산(懷山) · 양릉(襄陵)의 재해가 있었지만, 그것이 지나지 않는 곳에는 수재가 없었다. 우는 물을 다스릴 때 물의 성질에 순응하여 그것을 터주었으므로 불과 1년 만에 평정하였는데 어찌 9년이나 걸렸겠는가?【곤은 홍수를 막았으니 9년이나 걸린 것도 당연하지만, 우는 필시 그러지 않았을 것이다.】 그런데도 그가 13년 동안이나 외지에 있었던 것은 견과 회를 파는 공사 때문이었다. 황하의 물길이 지나는 곳에서 모든 하천을 터서 황하로 흘려보내고 나서, 견과 회를 파서 하천으로 보내어 경계를 바르게 하고 정전(井田)을 개간하였다. 이에 순이 "어찌 황하의 물길이 지나는 곳일 뿐이겠는가? 무릇 9주 안에 물길을 파서 소통시키는 일을 모두 행하고, 전지의 경계를 구획하는 일을 다 행하여, 천지개벽 이래로 황폐하게 묵어 있던 이 수토를 다시 만들라."라고 명한 것이다. 그래서 우와 직 두 사람이 명을

있다.

42 『의례』에 …… 하였다 : 『의례』「聘禮」와 「旣夕禮」 등에 보인다.

받고 함께 나가서 그 일을 마쳤으니, 이것은 두 가지 일이다. '여결구천(予決九川)'의 '구천(九川)'은 9주의 유수(流水)이다. 진실로 1년 넘게 장마가 계속되는 경우가 아니면 필시 9주의 하천이 한꺼번에 범람하지는 않을 것인데, 세상에 어찌 20년 동안 장마가 지속되는 일이 있겠는가?【『상서지원록』】

考異 〈夏本紀〉, "皐陶難禹曰 : '何謂孳孳?' 禹曰 : '鴻水滔天。【節】 下民皆服於水。 予【節】泥行乘橇,【梅作楯】 山行乘檋,【梅作樏】 行山栞木。【《漢書·地理志》·《說文》·《玉篇》·薛本, 皆作栞木。〈禹貢〉同】 與益予衆庶稻鮮食。'" ○〈河渠書〉引〈夏書〉曰 : "禹湮洪水十三年, 三過家, 不入門。【節】 泥行蹈毳,【音蕝, 一作毳】 山行卽橋。"【徐云 : "一作輂, 卽轅車也。"】 ○《漢書·溝洫志》云 : "泥行乘毳,【形如箕, 擿行泥上】 山行則梮。"【如淳云 : "如錐頭, 長半寸, 施之履下, 以上山。"】 ○《尸子》云 : "山行乘樏, 泥行乘蕝。" ○《說文》云 : "山行乘欙, 泥行乘輴。" ○孔疏云 : "古篆變形, 字體改易, 未知孰是。"

고이 『사기』「하본기」에는 "皐陶難禹曰 : '何謂孳孳?' 禹曰 : '鴻水滔天.【중략】 下民皆服於水. 予【중략】泥行乘橇,【매색본에는 〈'橇'이〉 '楯'으로 되어 있다.】 山行乘檋,【매색본에는 〈'檋'가〉 '樏'로 되어 있다.】 行山栞木【『한서』「지리지」, 『설문해자』, 『옥편』, 설계선본에 모두 '栞木'으로 되어 있다. 「우공」에도 같다.】 與益予衆庶稻鮮食.'"으로 되어 있다.

○『사기』「하거서(河渠書)」에서 『상서』「하서」를 인용하여 "禹湮洪水十三年, 三過家, 不入門.【중략】 泥行蹈毳,【음은 '절(蕝)'이다. 어떤 본에는 '毳'로 되어 있다.】 山行卽橋."【서광(徐廣)이 말했다. "어떤 본에는 '輂'으로 되어 있으니 곧 원거(轅車)이다."】라고 하였다.

○『한서』「구혁지(溝洫志)」에는 "泥行乘毳,【모양은 키[箕]와 같은데,

〈그것을 이용하여〉 진흙 위를 기어간다.】 山行則梮."으로 되어 있다.【여순(如淳)이 말했다. "모양은 송곳의 끄트머리 같고 길이가 반치쯤 되는데, 그것을 신 아래에 끼우고 산을 오른다."】

○『시자(尸子)』에는 "山行乘樏, 泥行乘蕝."으로 되어 있다.

○『설문해자』에 "山行乘欙, 泥行乘輴."이라고 하였다.

○공영달의 소에 "고전(古篆)이 변형되어 자체(字體)가 바뀌었으므로 어느 것이 맞는지 모른다." 하였다.

梅云："距, 至也。"【疏云："距者, 相抵之名。"】 ○鄭云："畎・澮, 田間溝也。"【見《史》注】

梅云："一畝之間, 廣尺深尺曰畎, 方百里之間, 廣二尋深二仞曰澮。" ○鄭云："禹復與稷教民種澤物・菜蔬, 難厄之食, 授以水之衆。鱻食, 謂魚鼈也。"【〈周頌・思文〉疏】 "稷功在於種穀, 不主種菜蔬也。"【見《正義》】 ○梅云："勉勸天下, 徙有之無, 魚鹽徙山, 林木徙川澤, 交易其所居積。" ○王云："易居者, 不得空去, 當滿而去, 當滿而來也。" ○鄭云："粒, 米也。衆民乃復粒食, 萬國作相養之禮。"【〈周頌・思文〉疏】 ○**鏞案** 田間水道, 遂大於畎,【廣二尺】 溝大於遂,【廣四尺】 洫大於溝,【廣八尺】 澮大於洫。【廣二尋】 經云'畎澮', 擧兩端以包之也。原夫畎澮之制, 起於井地。一橫一從, 以畫正方之區, 使得三三開方, 以成一井。末乃十十開方, 以爲一成, 非僅疏水以遠害也。【見〈考工記〉・〈溝洫志〉】 然則禹自言'濬畎澮距川'者, 是井地之役, 非洪水之故。九州之川, 不皆爲洪水, 則九州之民, 不皆爲鮮食。而此云'烝民乃粒, 萬邦作乂'者, 沿河之地, 墊于洪水, 不沿河之地, 困于畎・澮之役, 畢竟九州會同, 地平天成而後, 民得安居而耕作。半是天降之災, 半是人作之役, 今人但謂銀河倒瀉, 九州皆渰, 而禹以隻手拯溺, 不復知堯·舜·禹大事業, 全在畎·澮之役, 則大不可矣。原夫天之造物, 本皆賜之以朴, 其裁成輔相, 聽人之自圖, 玉不琢不成器, 木不斲不成宇, 地不經理不成井地, 故堯·舜合謀, 爰始濬川之工。【在攝政初年】 舜·禹合謀, 以旣畎·澮之役, 夫然後中邦之田, 悉爲井地, 而經界大正矣。曰'天下之田, 皆九區以爲井乎?' 曰'否。唯衍沃之地, 畫之如井, 其餘不必皆九區, 或百畝正方, 或四百畝正方, 以至一畯·一畸之田, 無不辨方正位, 以直南東之經緯也,【直子午之線】 奚以悉畫如井字哉。' 另有全論, 今略之。【《知遠錄》】

〔距四海〕 매색이 말했다. "'거(距)'는 지[至 : 이르다]의 뜻이다."【소에 "'거(距)'는 서로 만남[相抵]을 일컫는 명칭이다."라고 하였다.】

〔濬畎澮〕○정현이 말했다. "'견(畎)'과 '회(澮)'는 밭 사이의 도랑이다."【『사기』「하본기」의 『집해』에 보인다.】 매색이 말했다. "1묘(畝) 안에서 너비가 한 자, 깊이가 한 자인 것이 '견', 방백리(方百里) 안에서 너비가 2심(尋), 깊이가 2인(仞)인 것이 '회'이다."

〔暨稷播〕○정현이 말했다. "우가 다시 직과 함께 백성들에게 택물(澤物)[43]과 채소 등 재앙을 극복할[難厄] 먹을거리를 심도록 가르치고 많은 물을 대주었다. 선식(鱻食)은 어별(魚鼈)을 말한다."【『시경』「주송(周頌)·사문(思文)」의 소에 보인다.】 〈이에 대해 공영달은〉 "직의 공은 곡식을 파종한 데에 있고, 채소를 심는 일에 주력하지는 않았다."라고 하였다.【『상서정의』에 보인다.】[44]

43 택물(澤物) : 늪지에서 자라는 식용 식물들을 말한다. 『주례』에 '澤虞는 제사와 빈객 접대를 위해 택물을 바친다.'라고 하였는데, 정현의 주에 '택물'은 미나리[芹], 순채[茆], 마름[蔆], 가시연[芡] 등속이라고 하였다.

44 정현이 …… 보인다 : 『모시정의』「周頌·思文」의 소는 본래 『상서』이 부

〔懋遷有無化居〕○매색이 말했다. "천하 사람들에게 힘껏 권면하여 있는 것을 옮겨 없는 데로 보내게 하여, 어염(魚鹽)을 산으로 옮겨주고, 임목(林木)을 천택(川澤)으로 옮겨주어, 그곳에 쌓여 있는 것과 바꾸게 한 것이다." ○왕숙이 말했다. "쌓여 있는 것을 교역하려면 맨몸으로 갈 수 없으므로 당연히 가득 가지고 갔다가 가득 가지고 온다."

〔烝民乃粒, 萬邦作乂〕○정현이 말했다. "'립(粒)'은 미[米 : 쌀]의 뜻이다. 많은 백성이 이에 다시 쌀을 먹게 되어 만국에 서로 길러주는 예가 일어났다는 말이다."【『시경』「주송·사문」의 소에 보인다.】

○용안 전답 사이의 수도(水道)는, 수(遂)가 견(畎)보다 크고,【너비가 두 자이다.】 구(溝)가 수보다 크고,【너비가 4자이다.】 혁(洫)이 구보다 크며,【너비가 여덟 자이다.】 회(澮)가 혁보다 크다.【너비가 2심(尋)이다.】 경문에서 '견회(畎澮)'라고 한 것은 양단(兩端)을 들어서 전체를 포괄한 것이다. 원래 견회의 제도는 정전에서 시작되었다. 한 줄기는 가로, 한 줄기는 세로로 파서 정방형의 구역을 나누고, 그것을 3×3의 개방(開方)이 되게 하여 1정(井)을 이룬다. 마지막에는 10×10의 개방으로 1성(成)을 만드니, 물을 소통시켜 해(害)를 멀리하려는 목적만이 아니다.【『주례』「고공기」와 『한서』「구혁지」에 보인다.】

그렇게 볼 때 우가 스스로 '준견회거천(濬畎澮距川)'이라고 말한 것은 이 경지를 정리하는 공사이지 홍수 때문에 한 일이 아니다.

분에 대한 정현의 주를 인용한 것인데, 다산은 두 책의 내용을 뒤섞어 인용하여 혼란스럽게 되었다. 『모시정의』에는 「益稷」云 : "……" 注云 : "禹復與稷教民種澤物菜蔬難厄之食, 授以水之衆. 鱻食謂魚鼈也."라고 되어 있는데, 공영달이 『상서정의』의 소에서 "鄭玄云 : "'與稷教人種澤物菜蔬艱厄之食.'"이라고 인용한 다음 "稷功在於種穀, 不主種菜蔬也."이라고 하였다.

9주의 하천이 모두 홍수를 겪은 것이 아니니, 9주의 백성이 모두 선식(鮮食)을 한 것도 아니다. 여기에서 '증민내립, 만방작예(烝民乃粒, 萬邦作乂)'라고 한 것은, 황하 연안 지역은 홍수에 잠기고 황하 연안이 아닌 지역은 견과 회를 파는 공사로 고통을 겪다가, 마침내 9주의 물이 한데 모여 땅이 잘 다스려지고 만물이 제대로 길러진 뒤에야 백성이 편안히 살면서 경작할 수 있게 되었다는 말이다. 그러니 반은 하늘이 내린 재앙이고 반은 사람이 일으킨 공사인데, 지금 사람들은 은하가 쏟아져서 9주가 모두 물에 잠겼는데 우가 혼자서 물에 빠진 것을 구해낸 줄로만 여기고, 요·순·우의 대사업은 전적으로 견과 회를 파는 공사에 있었다는 사실은 모르니 매우 잘못되었다.

원래 하늘이 만물을 창조할 때에는 본래 모든 것을 소박하게 주고, 지나친 것을 덜어내고 모자란 것을 보충해서 조화를 이루는 것은 사람이 스스로 도모하기를 기다린 것이다. 옥은 쪼아서 다듬지 않으면 그릇이 될 수 없고, 나무는 깎아서 다듬지 않으면 집을 짓지 못하며, 땅은 경리(經理)하지 않으면 정지(井地)가 될 수 없다. 그러므로 요·순이 함께 계책을 세워 이에 준천하는 공사를 시작하고,【순의 섭정 초기에 있었다.】 순과 우가 함께 계책을 세워 견과 회를 파는 공역을 마친 것이다. 그런 뒤에야 중방(中邦)의 전답이 모두 정지가 되어 경계가 크게 바르게 되었다.

그렇다면 천하의 전답은 모두 아홉 뙈기로 정을 삼는다는 말인가? 그렇지는 않다. 오직 비옥한 평야 지대만 정(井) 자 모양으로 구획하고, 그 나머지는 반드시 모두 아홉 뙈기인 것은 아니다. 어떤 지역은 100묘로 정방형을 이루고 어떤 지역은 400묘로 정방형을 이루어서, 작은 자투리 땅 하나까지도 모두 네모반듯하게 위치를 분별하여 남북과 동서의 경위(經緯)를 바르게 한 것이다.【가로 세로의 기준선을 곧게 하는 것이다.】 어찌 모두 정 자 모양으로 구획하였겠는가? 이에 대해서는 따로 전모를 논한 것[45]이 있으므로 여기서는 생략한다.【『상서지원록』】

考證 〈夏本紀〉: "決九川, 致四海, 浚畎澮, 致之川, 與稷予衆庶難得之食。食少,【句】 調有餘, 補不足,【《史》以鮮食爲食少】 徙居。衆民乃定, 萬國爲治。皐陶曰然, 此而美也。"

고증 『사기』「하본기」에 "〈우가〉 '아홉 내를 터서 사해에 이르게 하고, 견과 회를 파서 그것을 내로 보내며, 직과 함께 서민들에게 얻기 어려운 식물을 주었습니다. 먹을 것이 부족하므로【단구】 남는 것을 조절하고 부족한 것을 보충해주며【『사기』에서는 '선식(鮮食)'을 '식소(食少)'라고 하였다.】 쌓여 있는 것을 옮기게 하였습니다. 그러자 많은 백성이 비로소 안정되고 만국이 다스려졌습니다.'라고 하자, 고요가 '그렇습니다. 이렇게 해야 훌륭합니다.'라고 하였다."라고 하였다.

考異 《說文》, 濬作容, 畎澮作〈 巜。【薛本同】 ○馬本, 艱食作根食。【馬云: "根生之食, 謂百穀。"】 ○鄭本, 鮮作鱻。○《漢書》, 懋作楙。【〈食貨志〉】 ○《釋文》, 昌言或作讜言。

고이 『설문해자』에는 '濬'이 '容'으로, '畎澮'가 '〈 巜'로 되어 있다.【설

45 전모를 논한 것 : 『경세유표』 권9 「地官修制」에서 정전제에 대해 자세히 논하였다.

계선본도 같다.】

○마융본에는 '艱食'이 '根食'으로 되어 있다.【마융이 말했다. "뿌리에서 나온 먹을거리로, 백곡(百穀)을 말한다."】

○정현본에는 '鮮'이 '𪓟'으로 되어 있다.

○『한서』에는 '懋'가 '楙'로 되어 있다.【「식화지(食貨志)」에 보인다.】

○『경전석문』에는 '昌言'이 '讜言'으로 되어 있는 곳이 있다.

03. 고요모 - 12

禹曰:"都。帝, 愼乃在位。" 帝曰:"兪。" 禹曰:"安汝止。惟幾惟康, 其弼直, 惟動丕應徯志, 以昭受上帝, 天其申命用休。"

우가 말했다. "훌륭합니다. 제여, 제위에 있음을 신중하게 하소서." 제순이 대답했다. "그대의 말이 옳다." 우가 말했다. "당신이 머무르는 것을 편안하게 하십시오. 일의 처음을 살피시고 일이 편안한지를 살피십시오. 보필하는 신하가 반듯하면 움직이기만 해도 천하가 크게 호응하여 제의 뜻을 기다릴 것입니다. 그렇게 하고서 밝게 상제의 명을 받으면 하늘이 거듭 명하여 아름답게 할 것입니다."

鄭云:"安汝之所止, 無妄動, 動則擾民。"【見《史》注】 ○梅云:"帝先安所止, 動則天下大應之, 以[교1]待帝志。" ○鄭云:"天將重命汝以美應, 謂符瑞。"【見《史》注】 ○**案** 符瑞之說, 陋矣。溺於讖緯, 一至於此。【此章乃《大

學》之源, 知人・安民之末, 必結之以天命】

교1) 案以: 『상서정의』에는 앞에 '順命'이 더 있다.

〔安汝止〕 정현이 말했다. "당신이 머무르는 것을 편안히 하고 함부로 행동하지 말아야 하니, 함부로 행동하면 백성을 동요시킨다는 뜻이다."【『사기』 「하본기」의 『집해』에 보인다.】
〔惟動丕應徯志〕○매색이 말했다. "제(帝)가 먼저 그칠 바에 편안히 하고서 움직이면 천하가 크게 호응하여 〈명에 순종하며〉 제의 뜻을 기다릴 것이라는 뜻이다."
〔天其申命用休〕○정현이 말했다. "하늘이 장차 당신에게 아름다운 응답을 주어 거듭 명할 것이라는 뜻으로, 곧 부서(符瑞)를 말한다."【『사기』 「하본기」의 『집해』에 보인다.】

○안 부서(符瑞)라는 설은 비루하다. 참위설에 빠져서 한결같이 이런 결론에 도달한 것이다.【이 장은 바로 『대학』의 근원으로, 지인(知人)과 안민(安民)의 끝에는 반드시 천명으로 맺는다.】

考異 〈夏本紀〉: "安爾志。[교1] 輔德, 天下大應。淸意以昭待上帝命, 天其重命用休。"

교1) 案志: 『사기』에는 '止'로 되어 있다.

고이 『사기』 「하본기」에는 "安爾止. 輔德, 天下大應. 淸意以昭待上帝命, 天其重命用休."로 되어 있다.

03. 고요모 - 13

帝曰："吁。臣哉鄰哉，鄰哉臣哉。" 禹曰："兪。"

제순이 말했다. "아, 그대가 나의 신하이고 이웃이며, 그대가 나의 이웃이고 신하이다." 우가 말했다. "옳습니다."

鄭云："'臣哉'，汝當爲我鄰哉。'鄰哉'，汝當爲我臣哉。反覆言此，欲其志心入禹。" ○梅云："鄰，巡[교1]也。"

교1) 案巡：『상서정의』에는 '近'으로 되어 있다.

〔臣哉鄰哉〕 정현이 말했다. "'신재(臣哉)'는 네가 나의 이웃이 되어야 한다는 말이고, '인재(鄰哉)'는 네가 나의 신하가 되어야 한다는 뜻이다. 반복해서 이를 말한 것은 자신의 뜻과 마음이 우에게 받아들여지게 하려고 해서이다." ○매색이 말했다. "'인(鄰)'은 근[近：가깝다]의 뜻이다."

03. 고요모 - 14

帝曰："臣作朕股肱耳目。予欲左右有民，汝翼，予欲宣力四方，汝爲。"

제순이 말했다. "신하는 나의 팔다리와 귀와 눈이 되어야 한다. 내가 백성을 도우려고 하면 그대가 나를 보좌하고, 내가 사방에 힘을 펼치려고 하면 그대가 그 일을 실행하라."

鄭云 : "動作視聽, 皆由臣也。" ○馬云 : "我欲左右助民, 汝當翼成我。"【見《史》注】 ○**案** 左右者, 手之事也。【字𠂇 又象左右手】 宣力者, 股之事也。《易》曰 : "以左右民"【《史》云 : "予欲左右有民, 女輔之。"】

〔臣作朕股肱耳目〕 정현이 말했다. "움직이고 일을 하고 보고 듣는 것이 모두 신하를 통해 이루어진다는 말이다."

〔予欲左右有民, 汝翼〕○마융이 말했다. "내가 백성을 도우려고 하면 네가 나를 도와서 이루어야 한다는 말이다."【『사기』「하본기」의 『집해』에 보인다.】

○**안** '좌우(左右)'란 손이 하는 일이다.【'𠂇' 자와 '又' 자로 왼손과 오른손의 모양을 본뜬 글자이다.】 '선력(宣力)'이란 다리가 하는 일이다. 『역』에 "백성을 돕는다.[以左右民]"라고 하였다.【『사기』「하본기」에 "내가 백성을 도우려고 하면 네가 그 일을 보좌하라."라고 하였다.】

03. 고요모 - 15

予欲觀古人之象, 日·月·星辰·山·龍·華蟲, 作會, 宗彝·藻·火·粉米·黼·黻, 絺繡, 以五采彰施于五色, 作服, 汝明。【《說文》, 會爲繪】

"내가 고인들이 사용한 형상인 일·월·성신·산·용·화충(華蟲)을 보고 그림으로 그리며, 종이(宗彝)·조(藻)·화(火)·분미(粉

米)·보(黼)·불(黻)을 수로 놓되 다섯 가지 색채를 오색으로 채색하여 복식을 만들려고 하면, 그대가 나의 눈이 되어 분명하게 살피라." 【『설문해자』에는 '會'가 '繪'로 되어 있다.】

蔡云: "上衣·下裳之制, 創自黃帝." ○梅云: "日·月·星爲三辰。華, 象草華。【案。梅以華與蟲爲二物】 蟲, 雉也。"【孔疏云: "雉五色象草華。"】 ○鄭云: "會讀爲繪。"【《書大傳》, 作繪】 ○鄭云: "宗彝, 謂宗廟之鬱鬯樽也。故虞·夏以上, 蓋取虎彝·蜼彝而已。粉米, 白米也。絺讀爲黹, 黹, 紩也。自日月至黼黻, 爲[교1]十二章, 天子以飾祭服。凡畫者爲繪, 刺者爲繡, 此繡與繪, 各有六, 衣用繪, 裳用繡。至周而變之, 以三辰爲旂旗, 謂龍爲袞, 宗彝爲毳, 或損益上下, 更其等差。" ○王云: "舜時三辰, 卽畫於旌旗, 不在衣也, 天子山·龍·華蟲耳。" ○梅云: "粉若粟氷, 米若聚米。" ○鄭云: "性曰采, 施曰色。" ○鄭云: "作服者, 此十二章爲五服, 天子備有焉。公自山·龍而下, 侯·伯自華蟲而下, 子·男自藻·火而下, 卿·大夫自粉米而下。" ○**鏞案** '古人之象', 未易解也。豈上古之人, 身有此象乎? 若上古之人, 衣有此象, 卽此作服, 不過一有司之事。如《周官》司服者, 考其制而共之而已。日·月·山·龍之等, 胡乃歷擧如是? 十二章之服, 明是舜所創制, 而其言若此。或者上古之人, 天質斐燁, 自然有文采與。【《大戴禮》云: "黃帝黼黻衣, 大帶黼裳, 乘龍扆雲, 以順天地之氣。"】 '辰'者, 五緯之大星。古以火星爲大辰, 其實五緯, 皆大辰也。《春秋傳》, 以日月所會謂之辰, 故漢儒皆從而謂之十二次。然十二次不可繪畫, 則辰者, 大星也。大小雖殊, 星則一也。故日·月·星辰, 乃爲三章, 非四章也。○**又按** 梅註華與蟲爲二,【《正義》中, 又或以虎與蜼爲二】 粉與米爲二, 則章數太羨。十二章之目, 當以蔡註爲正。○**又按** 鄭以毳冕之故, 訓宗

彝曰虎蜼, 然虎・蜼本是二物。【有虎彝・蜼彝】 蔡註直以宗彝爲虎蜼, 差矣。又鄭一註云'宗彝虎'也,【見《正義》】 則毳者何物?

교1) 案爲 : 『상서정의』에는 '凡'으로 되어 있다.

〔古人之象〕 채침이 말했다. "상의(上衣)・하상(下裳)의 제도는 황제(黃帝) 때부터 만들어졌다."[46]

〔日・月 …… 作會〕○매색이 말했다. "일・월・성이 삼신(三辰)이다. 화(華)는 초화(草華)를 형상한 것이고,【안. 매색은 화(華)와 충(蟲)을 두 가지 물상으로 보았다.】 충(蟲)은 꿩[雉]이다."【공영달의 소에 "꿩의 다섯 가지 색은 초화(草華)를 형상한 것이다."라고 하였다.】 ○정현이 말했다. "'회(會)'는 회(繪)로 읽어야 한다."【『상서대전』에 '繪'로 되어 있다.】

〔宗彝 …… 五色〕○정현이 말했다. "'종이(宗彝)'는 종묘에서 사용하는 울창주(鬱鬯酒)를 담는 술그릇을 말한다. 그러므로 우・하 이전에는 대체로 호이(虎彝)와 유이(蜼彝)만을 썼다. '분미(粉米)'는 백미(白米)이다. '치(絺)'는 치(黹)로 읽는데, '치(黹)'는 질[紩 : 바느질하다]의 뜻이다. 일월(日月)부터 보불(黼黻)까지 모두 12장(章)으로, 천자가 그것을 가지고 제복(祭服)을 장식한다. 화(畫)는 그리는 것[繪]이고 자(刺)는 수놓는 것[繡]인데, 여기에 수놓는 것과 그리는 것이 각 여섯 가지씩으로, 상의에는 그림을 그리고 하의에는 수를 놓았

46 상의(上衣) …… 만들어졌다 : 채침은 '象'을 상의와 하의에 새기는 日・月 이하의 物象으로 보고 주석한 것인데, 인용 부분이 너무 짧아서 의미가 잘 통하지 않는다. 『서집전』 해당 부분의 전문은 다음과 같다. 象, 像也, 日月以下物象, 是也. 『易』曰 : "黃帝・堯・舜垂衣裳而天下治, 蓋取諸乾坤." 則上衣・下裳之制, 創自黃帝而成於堯・舜也.

다. 주나라에 와서 그것을 바꾸어 삼신(三辰)으로는 기[旂旗]를 수식하고, 용(龍) 무늬로 장식한 의복을 곤(衮), 종이(宗彝) 무늬로 장식한 의복을 취(毳)라고 하였으며, 경우에 따라 상의나 하의에 장식하는 무늬를 덜거나 더하여 다시 차등을 두었다." ○왕숙이 말했다. "순의 시대에는 삼신(三辰)은 정기(旌旗)에 그렸지 의복에 그리지는 않았으니, 천자의 〈복식에는〉 산 · 용 · 화충을 썼을 뿐이다." ○매색이 말했다. "'분(粉)'은 속빙(粟氷)[47]과 같은 것이고, '미(米)'는 취미(聚米)[48]와 같은 것이다." ○정현이 말했다. "성질을 말할 때는 '채(采)'라고 하고, 사용하는 것을 말할 때에는 '색(色)'이라고 한다."

〔作服〕○정현이 말했다. "옷을 만들 경우 이 열두 가지 무늬를 써서 다섯 가지 복식을 만드는데 천자의 의복에는 그것을 모두 갖추고, 공(公)의 의복에는 산과 용 이하를, 후(侯) · 백(伯)의 의복에는 화충 이하를, 자(子) · 남(男)의 의복에는 조(藻)와 화(火) 이하를, 경 · 대부의 의복에는 분미(粉米) 이하를 사용한다."

○용안 '고인지상(古人之象)'은 해석하기가 쉽지 않다. 어찌 상고시대 사람들이 몸에 이런 형상을 가졌겠는가? 만약 상고시대 사람들이 의복에 이런 형상을 표현하였다면 이것으로 옷을 만드는 것은 일개 유사(有司)의 일에 불과하다. 『주례』의 사복(司服)[49] 같은 자가

47 속빙(粟氷) : 좁쌀에 가루가 있어 형태가 얼음처럼 보이는 것이라고 한다.

48 취미(聚米) : 쌓아놓은 쌀이라는 말이다. 고대에 지형 등을 설명할 때 쌀을 가지고 형상하였다고 한다. 후한 光武帝가 隗囂를 치기 위해 親征하였을 때 자문을 구하자 馬援이 쌀을 쌓아서 산과 골짜기 등의 지형을 형상하여 보여주니 광무제가 쉽게 이해하고 기뻐하였다는 고사가 있다.

49 『주례』의 사복(司服) : '사복'은 왕의 의복을 담당하는 관직이다. 『주례』

그 제도를 상고하여 그것을 〈만들어〉 바치면 그 뿐이다. 일·월·산·용 등이 어찌 이렇게 일일이 거론할 것이겠는가? 12장의 복식은 분명히 순이 처음 제정하였으므로 말이 이와 같은 것이다. 어떤 사람들은, 상고시대 사람들은 천성이 아름다워서 저절로 문채가 있었을 것이라고 한다.【『대대례기』에, "황제는 보불을 수놓은 옷을 입고, 보상(黼裳)에 큰 띠를 두르고, 용을 타고 구름을 의지하며, 천지의 기운에 순응하였다."라고 하였다.】

'신(辰)'이란 오위(五緯)의 대성(大星)이다. 옛날에는 화성(火星)을 '대신(大辰)'이라고 하였지만 실제로는 오위가 모두 '대신'이다. 『춘추좌씨전』에 해와 달이 만나는 곳을 '신'이라고 한다고 하였다. 그러므로 한유(漢儒)들이 모두 따라서 그것을 12성차(星次)라고 하였다. 그러나 12성차는 그림으로 그릴 수 없으니 '신'이란 대성이다. 크기는 비록 달라도 별임은 마찬가지이다. 그러므로 일·월·성신이 바로 3장이 되니, 4장이 아니다.

○**우안** 매색의 주에서 화(華)와 충(蟲)을 두 가지라고 하고【『상서정의』에는 또 호(虎)와 유(蜼)를 둘로 본 데도 있다.】 분(粉)과 미(米)를 두 가지라고 하였는데, 그렇게 되면 장수(章數)가 너무 많아진다. 12장의 항목은 당연히 채침의 주[50]를 정론으로 보아야 한다.

○**우안** 정현은 취면(毳冕) 때문에 종이(宗彝)를 호유(虎蜼)라고 풀이하였으나 호(虎)와 유(蜼)는 본래 두 가지 동물이다.【호이(虎彝)와

「춘관·사복」에 "掌王之吉凶衣服, 辨其名物與其用事."라고 하였다.

50 채침의 주: 『서집전』에서 "日也, 月也, 星辰也, 山也, 龍也, 華蟲也, 六者繪之於衣, 宗彜也, 藻也, 火也, 粉米也, 黼也, 黻也, 六者繡之於裳, 所謂十二章也."라고 하였다.

유이(蜼彝)가 있다.】 채침의 주에서 곧바로 종이(宗彝)를 호유(虎蜼)라고 한 것[51]은 잘못이다. 또 정현의 다른 주에서는 '종이는 호이이다[宗彝虎]'[52]라고 하였는데,【『상서정의』에 보인다.】 그렇다면 취(毳)는 무슨 동물인가?

考訂 梅云："汝明制之。"【疏云："作尊卑之服, 汝當分明制之, 令勿[교1)]僭濫。"】

○辨曰 '汝明'者, 汝作朕目。監造衣裳, 是尚衣小臣之職, 安足云'作人主之目'。天命有德, 五服五章, 則五采五等之服,【一・三・五・七・九】命德之器也。命德之器, 宜授賢者, 而朕深居九重, 目視不明, 賢邪淑慝, 無由辨別。是朕雖以五采作服, 其實目不辨五色, 當此之時, 汝作朕目可矣。蓋五采五色, 所以表其人之有德, 若以此服誤授無德之人, 則是人主不辨五色。【楊龜山之言如此】

교1) 案勿 : 『상서정의』에는 '其勿使'로 되어 있다.

고정 매색이 말했다. "네가 그것을 분명하게 제도화하라는 말이다."【소에 "존비(尊卑)의 등급에 따른 의복을 지을 때 네가 분명하게 제도화하여 참람하지 못하게 해야 한다는 말이다."라고 하였다.】

○변왈 '여명(汝明)'이란 네가 나의 눈이 되라는 말이다. 의상 만드는 일을 감독하는 것은 의복을 담당하는 하급 신하의 직무인데, 어찌 '임금의 눈이 된다.'라고 할 수 있겠는가? 하늘이 덕 있는 사람을 명할 때에는 5등급의 복식을 내려 5등급으로 드러내니, 다섯

51 채침의 …… 것 : 『서집전』에서 "宗彝, 虎蜼, 取其孝也."라고 하였다.
52 종이는 호이이다[宗彝虎] : 『상서정의』 '作會宗彝' 부분의 傳에 보인다.

가지 색채를 사용하여 제작하는 5등급의 의복은【1·3·5·7·9등급이다.】 덕 있는 사람을 명하는 기물[命德之器]이다. 덕 있는 사람을 명하는 기물은 어진 사람에게 주어야 하는데, 나는 구중궁궐 깊숙한 곳에 있으니 눈으로 보는 것이 밝지 못하여 현사(賢邪)와 숙특(淑慝)을 분별할 방법이 없다. 이는 내가 비록 다섯 가지 색채를 써서 의복을 만들어도 실제로는 눈으로 오색을 분별하지 못하는 것이나 마찬가지이니, 이러한 때에 네가 나의 눈이 되어주어야 한다. 대개 다섯 가지 색채를 써서 다섯 가지로 채색하는 것은 그 사람에게 덕이 있음을 표시하기 위해서인데, 만약 이 의복을 잘못하여 덕이 없는 사람에게 준다면 이는 인주가 오색을 분별하지 못하는 것이다.【양구산[楊龜山: 양시(楊時)]의 말이 이러하다.】

考異《大傳》, 藻爲璪。《說文》, 藻·火·粉米作璪·火·黺黺【許云: "璪, 玉飾, 如水藻之文。黺, 畫粉也。黺, 繡衣, 如聚米。"】○《釋文》, 藻或作薻。米, 徐本作絲。【《說文》: "或作絲"】

고이 『상서대전』에는 '藻'가 '璪'로 되어 있다. 『설문해자』에는 '藻·火·粉米'가 '璪·火·黺黺'으로 되어 있다.【허신이 말했다. "'조(璪)'는 옥식[玉飾: 옥에 새기는 장식]으로 수조(水藻)와 같은 무늬이다. '분(黺)'은 화분[畫粉: 물감으로 쓰는 쌀가루]이다. '분(黺)'은 수의[繡衣: 옷에 수를 놓는 것]로, 취미[聚米: 쌀을 쌓아놓은 것] 같은 것이다."】
○『경전석문』에는 '藻'가 '薻'로 되어 있는 곳도 있다. '米'가 서본(徐本)[53]에는 '絲'로 되어 있다.【『설문해자』에 "絲로 쓰기도 한다."라고 하였다.】

---

53 서본(徐本): 晉 徐邈(171~249)의 『古文尚書音』을 말하는 듯하다. 『隋書』 권33 「經籍志」에 서막이 지은 『고문상서음』 1권이 있다고 하였다.

考證 鄭云: "《周禮》有袞冕·鷩冕·毳[교1)]冕。其袞·鷩·毳者, 各[교2)]是其服章首所畫, 擧其首章以名服耳。袞, 是袞龍也, 袞冕九章, 以龍爲首。鷩, 是華蟲也, 鷩冕七章, 以華蟲爲首。毳, 是虎蜼也, 毳冕五章, 以虎蜼爲首。虎毛淺, 蜼毛深, 故以毳言之。毳, 亂毛也。"【《左傳》昭卄五年疏】

교1) 案蟲 : 『춘추좌전정의』 소공 25년의 소에는 '毳'로 되어 있다.
교2) 各 : 신조선사본에는 '名'으로 되어 있으나 『춘추좌씨전』 소공 25년의 소에 따라 바로잡는다.

고증 정현이 말했다. "『주례』에 곤면(袞冕)·별면(鷩冕)·취면(毳冕)이 있다. 그 곤·별·취란 각각 해당 복식의 장수(章首)에 그리는 것인데, 그 수장(首章)을 들어서 복식의 이름을 삼았을 뿐이다. '곤'은 곤룡(袞龍)으로, 곤면은 9장인데 용을 수장으로 한다. '별'은 화충(華蟲)으로, 별면은 7장인데 화충을 수장으로 한다. '취'는 호유(虎蜼)로, 취면은 5장인데 호유를 수장으로 한다. 호(虎)는 털이 짧고[淺] 유(蜼)는 털이 길다[深]. 그래서 취로 말한 것이다. 취는 엉킨 털[亂毛]이다."【『춘추좌전정의』 소공 25년의 소에 보인다.】

考異 《周禮·司服》鄭註引《書》, 繪作繢, 絺作希。○**案** 鄭此註, 其論十二章之制最詳。又〈明堂位〉'山·火·龍章'之註, 亦多可徵, 今姑略之。又《左傳》【昭卄五】子大叔'九文'之註, 杜云: "華若草華, 粉米白[교1)]米。"【疏云: "華也, 蟲也, 粉,[교2)] 米也。"】則梅註出於杜也。【華與蟲爲二】孔安國必不見杜註, 則梅之僞案又著矣。蟲一字無以爲雉, 何苦竊之。

교1) 案白 : 『춘추좌씨전』 두예의 주에는 앞에 '若'이 더 있다.

교2) 案粉 : 『춘추좌전정의』 소에는 뒤에 '也'가 더 있다.

고이 『주례』「사복」 정현의 주에서 『상서』 주를 인용하면서 '繪'를 '繢(궤)'로, '絺'를 '希(치)'로 썼다.

○안 정현은 이 부분의 주에서 12장의 제도를 매우 상세하게 논하였다. 또 『예기』「명당위(明堂位)」의 '산(山)·화(火)·용장(龍章)'[54]에 대한 주에도 증거로 삼을 만한 내용이 많지만 여기서는 생략한다. 또 『춘추좌씨전』【소공 25년】 자대숙(子大叔)의 말 중 '구문(九文)'[55]에 대한 주에서 두예가, "'화(華)'는 화초[草華] 같은 것이고, '분미(粉米)'는 백미(白米) 같은 것이다."라고 하였다.【소에서는 "화(華), 충(蟲), 분(粉), 미(米)이다."라고 하였다.[56]】 매색의 주는 두예에게서 나온 것이다.【화(華)와 충(蟲)을 둘로 본 것을 말한다.】 공안국은 필시 두예의 주를 보지 않았을 것이니, 〈공안국의 전은〉 매색의 위작임이 또 드러난다. 충(蟲) 한 자만 가지고는 치(雉)라고 할 수 없는데 무엇 때문에

54 산(山)·화(火)·용장(龍章) : 『예기』「명당위」에서 고대의 韍制에 대해 설명한 "有虞氏服韍, 夏后氏山, 殷火, 周龍章."을 말한다.

55 구문(九文) : 鄭나라 公子 대숙이 趙簡子에게 禮에 대해 설명하면서 "爲九文·六采·五章以奉五色."이라고 하였는데, 이에 대해 두예의 주에서 〈구문은〉 "謂山·龍·華·蟲·藻·火·粉米·黼·黻也. 華若草華, 藻水草, 火畫火, 粉米若白米, 黼若斧, 黻若兩已相戾. 『傳』曰 : '火·龍·黼·黻, 昭其文也.'"라고 하였다.

56 소에서는 …… 하였다 : '九文' 구에 대해 『춘추좌전정의』 공영달의 소에서, 『상서』「익직」 이 부분의 내용을 공안국의 傳대로 하면 "日也, 月也, 星辰也, 山也, 龍也, 華也, 蟲也, 七者畫於衣服·旌旗, 山·龍·華·蟲四者亦畫於宗廟彝器. 藻也, 火也, 粉也, 米也, 黼也, 黻也, 六者繡之於裳."의 뜻이 되어 '이런 식으로 헤아리면 13장이 된다.[如此數之則十三章矣]'라고 하여 공안국의 설을 부정하였다.

그리 힘들게 표절한 것인가?

03. 고요모 - 16

予欲聞六律・五聲・八音, 在治忽, 以出納五言, 汝聽。

"내가 육률과 오성과 팔음을 듣고 정치의 잘잘못을 살펴 오언을 출납하려고 하면, 그대가 나의 귀가 되어 자세히 들으라."

梅云: "欲以聲音察天下治理及忽怠者, 又以出納仁義禮智信五德之言。" ○鄭云: "曶者, 臣見君所秉, 書思對命者, 君亦有焉, 以出納政敎於五官。" ○疏云: "五聲與五德相協。"【〈律曆志〉云: "角爲仁, 商爲義, 徵爲禮, 羽爲智, 宮爲信。"】

〔予欲聞 …… 汝聽〕 매색이 말했다. "성음(聲音)으로 천하가 잘 다스려지고 있는지 제대로 다스려지지 않고 있는지를 살피고, 또 그것으로 인의예지신 오덕의 말을 출납하고자 한다는 말이다."[57] ○정현이 말했다. "'물(曶)'은 신하가 임금을 알현할 때 잡고서 생각한 바를 써서 임금의 명에 답하는 것이고, 임금 또한 그것을 갖고서 오관에게 정교(政敎)를 출납한다."[58] ○소에 "오성은 오덕과 부합

57 성음(聲音)으로 …… 말이다: 『상서정의』 이 부분 傳의 일부 내용이 생략되었다. 전문은 다음과 같다. 言欲以六律和聲音, 在察天下治理及忽怠者, 又以出納仁義禮智信五德之言, 施于民以成化, 汝當聽審之.

58 물(曶)은 …… 출납한다: 정현의 이 주석은 閻若璩의 『尚書古文疏證』 권7에 보인다. 원문은 다음과 같다. '在治忽', 鄭本忽作勿, 注曰: '曶者, 臣見君所秉書思對命也, 君亦有焉, 以出納政敎於五官.'

한다."라고 하였다.【『한서』「율력지(律曆志)」에 "각(角)은 인, 상(商)은 의, 치(徵)는 예, 우(羽)는 지, 궁(宮)은 신이 된다."[59]라고 하였다.】

考異 '在治忽', 伏氏本[교1)]作'采政忽'。【見《史》注 ○劉伯莊云: "聽諸侯能爲政及忽怠者。"】〈夏本紀〉, 作'來始滑'。【注云: "來·采, 字相近, 滑·忽, 聲相亂, 始與治又相似。"】《漢書·律曆志》, 作'七始詠'。【詳見下】 鄭本, '忽'作'曶'。【曶者, 笏也】

교1) 案伏氏本: 『사기색은』에는 '今文'으로 되어 있다.

고이 '在治忽'이 복생본에는 '采政忽'로 되어 있고,【『사기』「하본기」의 『색은』에 보인다. ○유백장(劉伯莊)이 "제후들이 정치를 제대로 하는지 소홀히 하는지를 듣는 것이다."라고 하였다.】『사기』「하본기」에는 '來始滑'로 되어 있으며,【『사기』「하본기」의 『색은』에 "'來'와 '采'는 글꼴이 서로 비슷하고, '滑'과 '忽'은 음이 서로 헷갈리고, '始'와 治 또한 서로 비슷하다."라고 하였다.】『한서』「율력지」에는 '七始詠'으로 되어 있다.【아래에 상세히 보인다.】 정현본에는 '忽'이 '曶'로 되어 있다.【'홀(忽)'이란 홀(笏)이다.】

考訂 蔡云: "'五言'者, 詩歌之協於五聲者也。" ○**案** 卓哉, 斯註也。梅以爲五德之言, 絶無可據。後人或以爲《鬻子》之五聲, 亦未中理。【《鬻子》云: "禹之治天下也, 以五聲聽, 曰教寡人以道者擊鼓, 教以義者擊鍾, 教以事者振鐸, 教以憂者擊磬, 語以獄訟者揮昭。"[교1)]】 帝前命夔云: "詩言志, 歌永言, 聲依

59 각(角)은 …… 된다: 『한서』「율력지」에 "聲者, 宮·商·角·徵·羽也. …… 協之五行, 則角爲木, 五常爲仁, 五事爲貌. 商爲金爲義爲言, 徵爲火爲禮爲視, 羽爲水爲智爲聽, 宮爲土爲信爲思."라고 하였다.

永, 律和聲, 八音克諧, 無相奪倫。” 此又云 : “予欲聞六律・五聲・八音, 以察治否。” 豈是他說, 必詩・歌無疑也。但五言者, 六詩之五也。風・賦・比・興者, 諷諫之體, 雅者, 正言之體。唯頌非所以諫君, 故不在五言中也。原夫諫君實難, 逆耳之言, 何以入矣。采此詩・歌, 被之管絃, 五音・六律, 疎緩鏗訇, 以奏人主之前, 而美刺怨慕之旨, 隱然以章。則其善者, 可以感發善心, 其惡者, 足以懲創逸志, 默有導迪遷改之效, 而外面則歌瑟爲樂而已。此聖人之良法也。炎・黃以來, 早有歌・樂, 而其制爲常憲, 疑自舜始也。

'出納'者, 其詩有或出於邪僻之志而不足有裨於勸懲者, 黜之, 唯其出於性情之正而可輔君德者, 納之也。

'汝聽'者, 朕深居至尊之位, 凡政事之有治忽, 施措之有愆違者, 無由得聞, 又四方歌謠之作, 雖有善者, 無由得聞, 與聾聵者無別, 汝作朕耳, 使朕得聞過失, 得聞五言。嗚呼! 其至矣。【《知遠錄》】

〈樂記〉曰 : “審樂以知政。” 〈玉[교2)]藻〉曰 : “御瞽幾聲之上下。”【以知政令之得失】《左傳》, 屠蒯謂師曠曰 : “女爲君耳, 將司聽也。”【昭九年】 幾聲審樂者, 兼有納言之責, 有如是矣。【下文云'工以納言', 卽此】

교1) 案昭 : 신조선사본과 『鬻子』에는 '鞀'로 되어 있다.
교2) 玉 : 신조선사본에는 '五'로 되어 있으나 『禮記』「玉藻」에 따라 바로잡는다.

고정 채침이 말했다. “오언(五言)은 오성(五聲)에 맞추는 시가이다.”

○안 이 주가 탁월하다. 매색은 '오덕의 말'이라고 하였는데, 전혀 근거가 없다. 후인들은 혹 『육자(鬻子)』에서 말하는 오성이라고도

하지만 역시 이치에 맞지 않는다.【『육자』에 "우가 천하를 다스릴 때 오성으로 〈백성의 소리를〉 들으려고 하여 이르기를, '나에게 도를 가르치려는 자는 북을 치고, 의를 가르치려는 자는 종을 치고, 일을 가르치려는 자는 목탁을 흔들고, 걱정거리를 가르치려는 자는 경을 치고, 옥송에 대해 말하려는 자는 도[鞀 : 작은북]를 흔들라.'[60]라고 하였다."라고 하였다.】 제순이 앞에서는 기에게 "시는 뜻을 말하는 것이고, 노래는 말을 길게 하는 것이고, 소리는 긴 말의 곡조를 따르고, 율로 여러 악기의 도수를 조화시켜야 팔음을 내는 악기가 조화롭게 어울려 서로 차례를 빼앗지 않는다.[詩言志, 歌永言, 聲依永, 律和聲, 八音克諧, 無相奪倫]"라고 명하고, 여기서 또 "나는 육률과 오성과 팔음을 듣고 잘 다스려지는지 아닌지를 살피려고 한다.[予欲聞六律・五聲・八音, 以察治否]"라고 하였으니, 어찌 달리 설명하겠는가, 필시 시와 노래〈를 듣는 것〉임은 의심할 것이 없다. 다만 오언이란 육시[六詩 : 『시경』의 육의(六義)] 중의 다섯 가지이다. 풍(風)・부(賦)・비(比)・흥(興)은 풍간(諷諫)의 시체(詩體)이고, 아(雅)는 정언(正言)의 시체이다. 송(頌)만은 임금에게 간하기 위한 시가 아니므로 오언 중에 포함되지 않은 것이다.

원래 임금에게 간언을 하기는 실로 어려운데 귀에 거슬리는 말을 어떻게 받아들이겠는가? 그래서 시와 노래를 채집하고 그것을 관현(管絃)에 입혀서, 오음과 육률을 임금 앞에서 느린 가락으로 편안하게 연주하기도 하고 큰 소리로 우렁차게 연주하기도 하여,

60 나에게 …… 흔들라 : 인용문은 『육자』 원문과 글자의 출입이 있다. 원문은 다음과 같다. 禹之治天下也, 以五聲聽. 門懸鐘・鼓・鐸・磬而置鞀, 以得四海之士, 爲銘於筍簴, 曰'敎寡人以道者擊鼓, 敎寡人以義者擊鐘, 敎寡人以事者振鐸, 語寡人以憂者擊磬, 敎寡人以獄訟者揮鞀.' 此之謂五聲.

찬미·풍자·원망·사모의 뜻을 은유적으로 드러낸다. 그러면 선한 것은 착한 마음을 감발(感發)시키고 악한 것은 나쁜 생각을 징계할 수 있으므로, 말 없는 가운데 인도하여 개과천선하게 하는 효과가 있다. 그러나 겉으로는 노래하고 연주하는 것일 뿐이다. 이것이 성인의 훌륭한 법으로 염제(炎帝)·황제(黃帝) 이래로 일찍부터 시를 노래하고 음악을 연주하는 법이 있었는데, 그것을 제도화하여 상헌(常憲)으로 삼은 것은 아마 순부터 시작된 듯하다.

'출납(出納)'이란, 시 가운데 혹 간사하고 편벽한 마음에서 나와 선을 권면하고 악을 징계하는 데 아무런 도움이 되지 않는 것은 물리치고, 오직 바른 성정에서 나와 임금의 덕을 보좌할 수 있는 것만 받아들이는 것이다.

'여청(汝聽)'이란, 나는 지존의 지위에 깊숙이 앉아 있으므로 무릇 정사의 잘잘못이나 정령이 이치에 어긋나는 경우가 있어도 들을 수 있는 길이 없고, 또 사방에서 지은 가요 중에 비록 좋은 것이 있더라도 들을 수 있는 길이 없어 귀머거리나 다름이 없다, 그러니 네가 나의 귀가 되어 나로 하여금 과실을 들을 수 있게 하고 오언을 들을 수 있게 하라는 말이다. 오호! 지극하다.【『상서지원록』】

『예기』「악기(樂記)」에 "음악을 살펴서 정사를 안다."라고 하였고, 「옥조(玉藻)」에는 "어고(御瞽)가 악성(樂聲)의 애락(哀樂)을 살핀다."【그럼으로써 정령의 득실을 아는 것이다.】라고 하였다. 또 『춘추좌씨전』에서 도괴(屠蒯)가 사광(師曠)에게 "너는 임금의 귀가 되었으니 밝게 듣는 일을 맡았다."【소공 9년에 보인다.】라고 하였다. 악성을 살피고 음악을 살피는 자가 납언(納言)의 책임을 아울러 맡은 것이

이와 같았다.【아래의 '공이납언(工以納言)'이 바로 이것이다.】

考證《漢書·律曆志》引《書》曰："予欲聞六律·五聲·八音·七始詠, 以出納五言, 汝聽。"【班固以天·地·人·四時之始爲七始, 不知何說】

고증『한서』「율력지」에서『상서』를 인용하여 "내가 육률·오성·팔음·칠시영(七始詠)을 듣고 오언을 출납하려고 하면 네가 그것을 들어라."라고 하였다.【반고(班固)는 천·지·인·사시의 시작을 칠시(七始)라고 하였는데,[61] 무슨 말인지 모르겠다.】

03. 고요모 - 17

予違, 汝弼。汝無面從, 退有後言, 欽四鄰。【梅註'欽四鄰', 爲下章首句】

"내가 도리에 어긋나는 일을 하면 그대가 도와서 바로잡아 주어야 한다. 그대는 면전에서는 뜻을 따르고 물러가서는 뒷말을 하는 짓을 하지 말고, 사린의 직무를 공경히 수행하라."【매색의 주에는 '흠사린(欽四鄰)'이 다음 장의 첫 구로 되어 있다.】

伏云："古者天子必有四鄰, 前曰疑, 後曰丞, 左曰輔, 右曰弼。天子有問, 無以對, 責之疑, 可志而不志, 責之丞, 可正而不正, 責之輔, 可揚而

61 반고(班固)는 …… 하였는데 :『한서』「율력지」에 "予欲 …… 汝聽" 구를 인용한 다음에 "予者, 帝舜也. …… 七者, 天地四時人之始也."라고 해석하였다.

不揚, 責之弼。其爵視卿, 其祿視次國之君。"【《書大傳》】 ○鄭云: "四鄰, 左輔·右弼·前疑·後丞。" ○蔡云: "爾不可不敬爾鄰之職。" **○案** 弼者, 正弓弩之器, 所以正其彌戾也。輔者, 車之兩翼也。

〔欽四鄰〕 복생이 말했다. "옛날 천자에게는 반드시 사린(四鄰)이 있었는데, 앞에 있는 사람을 '의(疑)', 뒤에 있는 사람을 '승(丞)', 왼쪽에 있는 사람을 '보(輔)', 오른쪽에 있는 사람을 '필(弼)'이라고 하였다. 천자가 묻는데 대답하지 못하면 의를 문책하고, 기록해야 하는데 기록하지 않으면 승을 문책하고, 바로잡아야 하는데 바로잡지 않으면 보를 문책하고, 선양해야 하는데 선양하지 않으면 필을 문책하였다. 그들의 작위는 경과 같고 그들의 녹은 차국(次國)의 임금과 같았다."【『상서대전』에 보인다.】 ○정현이 말했다. "사린은 좌보(左輔)·우필(右弼)·전의(前疑)·후승(後丞)이다." ○채침이 말했다. "그대는 그대가 맡은 인(隣)의 직무를 공경히 수행해야 한다고 말한 것이다."

○안 '필(弼)'은 궁노(弓弩)를 바로잡는 기구로, 그것을 이용하여 휘거나 비틀어진 것을 바로잡는다. '보(輔)'는 수레의 양쪽 가장자리에 덧대는 나무이다.

考證 〈夏本紀〉: "予卽辟, 女匡拂予, 女無面諛, 退而謗予, 敬四輔臣。"

고증 『사기』「하본기」에 "내가 잘못하는 데로 나아가면 그대가 나를 바로잡아 주어야 한다. 그대는 면전에서는 아첨하고 물러나서는 나를 비방하는 짓을 하지 말고, 네 보신(輔臣)의 일을 공경히 수행하라."라고 하였다.

03. 고요모 - 18

庶頑讒說, 若不在時, 侯以明之, 撻以記之, 書庸識哉, 欲竝生哉。工以納言, 時而颺之, 格則承之庸之, 否則威之。”

“완악하고 참설하는 자들이 충직하지 못하면 사후(射侯)의 〈예(例)를 준용하여〉 그의 마음이 바른지 아닌지를 밝히고, 채찍질을 하여 〈자신의 잘못을〉 기억하게 하며, 글로 써서 책에 기록하여, 〈이 세 방법으로 가르쳐 개과천선하게 하여〉 함께 살고자 한다. 악관이 받아들인 말을 때때로 그들 앞에서 크게 말하여 잘못을 고치게 하고, 잘못을 고쳤으면 천거하여 등용하되 그렇지 않으면 처벌하여 위엄을 보여야 한다.”

梅云: “讒說之人, 若所行不在於是, 當行射侯之禮, 以明善惡。” ○蔡云: “撻之, 使記而不忘。錄其過惡, 以識於冊。三者之敎, 啓其憤悱, 使之遷改, 欲其竝生於天地之間也。樂官, 以其所納之言, 觀其改過與否。格, 改過也。承, 薦也。” ○**案** 蔡註極備, 宜全考之。‘工以納言’者, 樂官於其所納詩歌之中, 選其勸善懲惡之詞, 颺言於庶頑之前, 使之感發乎格也。【卽所云‘有恥且格’】 格則薦用無礙, 終於不改則威罰乃行。

〔庶頑讒說 …… 侯以明之〕 매색이 말했다. “참설(讒說)을 하는 사람이 행하는 바가 옳지 않은 일이면 사후(射侯)의 예를 행하여 선악을 밝혀야 한다는 말이다.”[62]

---

62 참설(讒說)을 …… 말이다: 『상서정의』에서는 ‘欽四鄰’을 이 장의 첫 부분 ‘庶頑讒說, 若不在時’에 붙여서 구를 나누고, “四近前後左右之臣, 勅使敬其職,

〔侯以明之 …… 承之庸之〕○채침이 말했다. "〈'달(撻)'은〉 그에게 채찍질을 하여 기억하고 잊지 않게 하는 것이다. 〈'지(識)'는〉 그 과실과 악행을 적어서 책에 기록하는 것이다. 세 가지 가르침[63]으로 분발하고 노력할 길을 열어주어 그를 개과천선하게 하여 세상에서 함께 살려는 것이다. 악관(樂官)은 받아들인 말을 통해 그가 잘못을 고쳤는지 아닌지를 관찰한다. '격(格)'은 개과[改過 : 잘못을 고치다]의 뜻이다. '승(承)'은 천[薦 : 천거하다]의 뜻이다."[64]

○안 채침의 주가 매우 자세하니 마땅히 전부 살펴보아야 한다. '공이납언(工以納言)'이란, 악관이 받아들인 시가(詩歌) 중에서 권선징악의 내용을 담은 가사를 골라 여러 완악한 자들 앞에서 크게 말하여 그들을 감동시켜 성실하고 바른 마음을 일으키게 하는 것이다.【곧 '부끄러워하며 또 민첩하게 감응한다.[有恥且格]'[65]라는 뜻이다.】 그

衆頑愚讒說之人, 若所行不在於是而爲非者, 當察之."라고 주석하였다. 또 '侯以明之, 撻以記之'를 하나의 구로 보아 "當行射侯之禮, 以明善惡之敎, 笞撻不是者, 使記識其過"라고 주석하였다. 그런데 다산은 '欽四鄰'은 윗 장에 붙여서 읽고, '庶頑讒說, 若不在時, 侯以明之'를 하나의 구로 보아 『상서정의』의 주석 내용을 자신의 구두에 맞추어 발췌하였다.

63 세 가지 가르침 : '侯以明之, 撻以記之, 書庸識哉'를 말한다.

64 채침이 …… 뜻이다 : 채침의 주를 발췌, 축약하여 인용한 것이다. 『서집전』 해당 부분의 전문은 다음과 같다. 撻, 扑也, 卽扑作敎刑者, 蓋懲之, 使記而不忘也. 識, 誌也, 錄其過惡以識于冊, 如周制鄕黨之官, 以時書民之孝悌睦婣有學者也. 聖人不忍以頑愚讒說而遽棄之, 用此三者之敎, 啓其憤發其悱, 使之遷善改過, 欲其竝生於天地之間也. 工, 掌樂之官也. 格, 有恥且格之格, 謂改過也. 承, 薦也. 聖人於庶頑讒說之人, 旣有以啓發其憤悱遷善之心, 而又命掌樂之官, 以其所納之言, 時而颺之, 以觀其改過與否, 如其改也則進之用之, 如其不改, 然後刑以威之.

65 有恥且格 : 다산은 『논어고금주』에서 "格, 正也"라고 한 何晏의 주석과 "格, 至也"라고 한 주자의 주석을 모두 부정하고, "恐不如直訓孚感之爲簡捷也.

리하여 잘못을 고쳐서 착해졌으면 천거하여 등용하는 데 구애받지 않지만, 끝내 고치지 않으면 그때는 엄한 벌을 시행하는 것이다.

考異 《說文》, 撻爲遽。【古達字, 薛本同】 ○〈夏本紀〉云 : "衆讒嬖臣。"【節】

고이 『설문해자』에는 '撻'이 '遽'로 되어 있다.【'達'의 고자이다. 설계선본도 같다.】
○『사기』「하본기」에는 "衆讒嬖臣"【이하 생략】으로 되어 있다.

03. 고요모 - 19

禹曰 : "兪哉。帝光天之下, 至于海隅蒼生, 萬邦黎獻, 共惟帝臣。惟帝時擧, 敷納以言, 明庶以功, 車服以庸。誰敢不讓, 敢不敬應? 帝不時, 敷同, 日奏罔功。【《左傳》, 庶爲試】

우가 말했다. "옳습니다. 그러나 제의 덕이 천하에 빛나서 저 바닷가 모퉁이의 백성에게까지 이르게 하시면, 만방의 뛰어난 백성들이 모두 제의 신하가 될 것입니다. 제께서는 올바른 방법으로 등용하시되 자신의 계획을 말로 펴서 아뢰게 하고, 공적을 명백하게 평가하여 수레와 복식으로 보답하소서. 그러면 누가 감히 자리를 사양하지 않으며, 누가 감히 공경히 응하지 않겠습니까. 그러나 제께서 이렇게 하지 못하시면 부화뇌동하여 날마다 거짓으로 공을 아뢸 것입니다."

...... 格者, 中心之孚格也."라고 하였다.

梅云："蒼蒼然生草木。【黎獻】黎民之賢者。" ○**案** 《晉書·王衍傳》曰："誤天下蒼生。" 〈謝安傳〉曰："將如蒼生何?" 漢·魏諸家, 必有以蒼生爲民者矣。【蔡注作'蒼蒼,[교1] 視遠之意'。[교2] 此義甚好】 黎民之'黎', 梅訓爲庶, 蔡訓爲黑。【〈堯典〉注】 今此黎獻, 似指衆庶之賢者。○**論曰** 大哉, 禹之言也。當時用人, 概用世族。稷·契者, 嚳子·堯弟, 八元·八愷, 皆是帝裔。二十有二人, 誰非奕閥, 旣善敎之於庠學, 遂以進用於朝著, 庶績咸熙, 天下旣太平矣。帝舜是日, 亦唯在朝之臣鄰, 是勉是戒, 未有加廣之諭。乃禹颺聲大奏曰："帝照如太陽中天, 無物不燭, 無遠不到。彼蓁蓁海隅之民, 林林黎庶之秀, 孰非帝臣? 廣求賢俊, 擧而用之, 唯帝之意。然今用人之法, 已有成規, 必先使之敷奏, 後驗其功績。夫然後賜之以車服, 寵之以爵祿。凡今日在朝之臣, 誰敢不推讓以遜位乎? 苟不能然, 唯玆貴冑世族, 是奬是用, 必將比周而敷同, 日奏欺罔之功矣。" 帝所憂在乎讒說, 而禹所憂在乎敷同, 大公至正之論也。昔在盛際,【謂我朝】 公卿大臣, 館閣邇臣, 多自荒遠之鄕, 而今用人不出於京輦, 敷同罔功之奏, 何以免矣?【《知遠錄》】

교1) 案蒼 : 『서집전』에는 뒤에 '然而生'이 더 있다.
교2) 案意 : 『서집전』에는 '義'로 되어 있다.

〔蒼生〕 매색이 말했다. "〈'창생(蒼生)'은〉 초목이 무성하게 자란다는 뜻이다."
【黎獻】 〈매색이 말했다.〉 "여민(黎民) 중 어진 자이다."

○**안** 『진서(晉書)』 「왕연전(王衍傳)」에 "천하의 창생을 그르쳤다.[誤天下蒼生]"라고 하였고, 「사안전(謝安傳)」에 "장차 창생을 어찌

할 것인가?"라고 하였다. 한(漢)·위(魏)의 학자들 중에 필시 창생을 백성이라고 한 사람들이 있었을 것이다.【채침의 주에 '〈창생(蒼生)〉은 무성하게 〈자라남이니〉 먼 곳을 본다는 뜻이다.[蒼蒼, 視遠之義]'라고 되어 있다. 이 풀이가 매우 좋다.】 여민(黎民)의 '여(黎)'를 매색은 서[庶 : 많다]라고 풀이하였고, 채침은 흑[黑 : 검다]이라고 풀이하였다.【「요전」의 주[66]에 보인다.】 이 부분의 '여헌(黎獻)'은 많은 서민 중의 어진 자를 가리키는 듯하다.

○**논왈** 우의 말이 훌륭하다. 당시에는 사람을 등용할 때 대체로 세족(世族)을 등용하였다. 직(稷)과 설(契)은 제곡의 아들이고 요의 아우이며, 팔원(八元)과 팔개(八愷)는 모두 황제(黃帝)의 후예였다. 22인 중 누가 혁혁한 집안 출신이 아니겠는가마는 학교에서 그들을 잘 가르친 다음에 드디어 조정에서 선발하여 임용하였으므로 모든 일이 넓혀져 천하가 이미 태평하였다. 제순은 이날 또한 조정에 있는 신하들에게만 권면하고 경계하였을 뿐 더 널리 교유(教諭)하지는 않았다. 이에 우가 큰 소리로 "제께서는 중천에 뜬 태양처럼 비추시어 어떤 사물이든 살피지 않는 것이 없고 아무리 멀어도 도달하지 않는 곳이 없어야 합니다. 저 바닷가 모퉁이에까지 퍼져 있는 많은 백성과 빼어난 수많은 백성들이 누군들 제의 신하가 아니겠습니까? 어질고 준수한 인재를 널리 찾고 뽑아서 등용하는 것은 오직 제의 생각대로 하실 뿐입니다. 그러나 지금 인재를 등용하는 법에는 이미 규정이 있어서 반드시 먼저 자신의 계책을 말로 펴서 아뢰게 하고 나중에 그 공적을 증명하며, 그런 뒤에 수레와

66 「요전」의 주 : 『상서고훈』 01.요전 상-02장의 '黎民於變時雍'에 대해 채침은 "黎, 黑也. 民首皆黑, 故曰黎民."이라고 하였다.

복식을 내려주고 작위와 녹봉으로 은혜를 베풀어야 합니다. 그렇게 하면 무릇 오늘날 조정에 있는 신하들이 누가 감히 미루어 사양하며 자리를 양보하지 않겠습니까? 그러나 그러지 못하고 오직 이 귀족의 자제와 세족만을 장려하고 등용한다면 필시 편당을 지어 부화뇌동하며 날마다 거짓된 공을 아뢸 것입니다."라고 아뢴 것이다. 제순이 걱정하는 것은 참설이었지만 우가 걱정하는 것은 부화뇌동하는 것이었으니 매우 공명정대한 논의이다.

옛날 융성하던 시대에는【우리나라의 경우를 말한다.】 공경대신과 관각(館閣)의 근신 중에 먼 변경 지역 출신도 많았다. 그런데 지금은 등용하는 인재가 서울 출신에서 벗어나지 않으니, 부화뇌동하여 거짓으로 공을 아뢰는 것을 어떻게 피하겠는가?【『상서지원록』】

考證 《左傳》,【僖卄七】 趙衰引〈夏書〉曰: "賦納以言, 明試以功, 車服以庸。"【杜云: "〈虞夏書〉。"】 ○〈夏本紀〉: "禹曰然。帝卽不時, 布同善惡則毋功。"

고증 『춘추좌씨전』【희공 27년】에 조최(趙衰)가 『상서』「하서」를 인용하여 "〈사람을 등용할 때에는〉 그 사람의 말을 들어보고, 그 사람이 한 일을 밝게 시험하고, 수레와 복식으로 공로에 보답한다."라고 하였다.【두예가 말했다. "「우하서(虞夏書)」이다."】
○『사기』「하본기」에 "우가 말했다. '옳습니다. 그러나 제께서 사람을 등용하는 방법이 옳지 않아서 선한 사람과 악한 사람을 함께 나아오게 하면 공이 없을 것입니다.'라고 하였다."라고 하였다.

無若丹朱傲。惟慢遊是好, 傲虐是作, 罔晝夜頟頟, 罔水行舟, 朋淫于家, 用殄厥世。【〈夏本紀〉章首有'帝曰'字, 下章首有'禹曰'字。○又'遊'作'游'】

"단주(丹朱)처럼 오만하지 마소서. 단주는 태만하게 놀기만을 좋아하고, 오만과 포악을 행하고, 밤낮으로 쉴 새 없이 악행을 저지르며, 물이 없는 육지에서 배를 끌고 다니며, 소인과 붕당을 지어 집안에서 음란한 짓을 하였으므로 그 천하를 계승하지 못하였습니다."【『사기』「하본기」에는 이 장의 첫머리에 '제왈(帝曰)'이 있고, 다음 장의 첫머리에 '우왈(禹曰)'이 있다. ○또 '遊'가 '游'로 되어 있다.】

梅云: "頟頟, 無[교1)]休息。" ○鄭云: "丹朱見洪水時人乘舟, 今水已治, 猶居舟中, 頟頟使人推行之。" ○鄭云: "朋淫, 淫門內。"【見《史》注】 ○梅云: "群淫于家, 妻妾亂用, 是絶世不得嗣。" ○蔡云: "堯以天下與舜而不與朱。故曰殄世。"

교1) 案無: 『상서정의』에는 앞에 '肆惡'이 더 있다.

〔頟頟〕 매색이 말했다. "'액액(頟頟)'은 쉬지 않고 〈악행을 저지르는〉 것이다."
〔罔水行舟〕○정현이 말했다. "단주(丹朱)는 홍수가 범람하던 때에 사람들이 배를 타고 다니는 것을 보았다. 그래서 지금은 홍수가 이미 다스려졌는데도 여전히 배에서 지내면서 사람들을 시켜 쉴

새 없이 배를 끌고 다니게 한 것이다."

〔朋淫于家, 用殄厥世〕○정현이 말했다. "'붕음(朋淫)'은 집안에서 음란한 짓을 하는 것이다."【『사기』「하본기」의 『집해』에 보인다.】 ○매색이 말했다. "무리 지어 집안에서 음란한 짓을 하여 처첩이 문란하였으므로, 이 때문에 대가 끊어져 후사를 잇지 못한 것이다." ○채침이 말했다. "요는 천하를 순에게 주고 주(朱)에게 주지 않았다. 그래서 진세(殄世)라고 한 것이다."

考異 丹朱, 《說文》作丹絑。【許云: "絑, 純赤也。"】 薛季宣《書云[교1)]古文訓》亦作丹絑。○《說文》, 傲作奡,【許云: "奡, 嫚也。" 引〈虞書〉丹絑奡, 《論語》奡盪舟】 朋淫作堋淫。【薛本同】 ○王應麟云: "《書》有'罔水行舟'之語, 奡盪舟者, 恐卽丹朱。" ○**鏞案** 《管子》【〈宙合〉篇】 若敖之在堯也, 毋訪于佞。【房玄齡注云: "丹朱慢而不恭, 故曰敖。《書》曰'無若丹朱敖'。"】 以朱爲敖, 有據。

교1) 案云: 衍字인 듯하다.

고이 '丹朱'가 『설문해자』에는 '丹絑'로 되어 있다.【허신이 말했다. "'주(絑)'는 순적색이다."】 설계선의 『서고문훈(書古文訓)』에도 '丹絑'로 되어 있다.

○『설문해자』에는 '傲'가 '奡(오)'로 되어 있고【허신이 "'오(奡)'는 만[嫚: 음란하다]의 뜻이다."라고 하고, 『상서』「우서」의 '단주오(丹絑奡)'와 『논어』의 '오탕주(奡盪舟)'를 인용하였다.】 '朋淫'이 '堋淫'으로 되어 있다.【설계선 본도 같다.】

○왕응린이 말했다. "『상서』에 '罔水行舟'라는 말이 있는데 '奡盪舟'라고 한 것은 아마 단주(丹朱)를 말하는 듯하다."[67]

○용안 『관자』【「주합(宙合)」편】에 '若敖之在堯也, 毋訪于佞.'이라고 하였으니【방현령(房玄齡)[68]의 주에, "단주는 오만하고 공손하지 않았으므로 '오(敖)'라고 하였다. 『상서』에 '無若丹朱敖'라고 하였다."라고 하였다.】 주(朱)가 오만하였다고 하는 데에는 근거가 있다.

考異 〈夏本紀〉: "帝曰, '毋若丹朱傲。【節】 用絶其世, 予不能順是。' 禹曰, '予娶塗山。'" **○案** 擧朱以戒舜, 太不稱停。故史遷加此'帝曰', 俾作恭遜之言, 其義非也。

고이 『사기』「하본기」에는 "帝曰, '毋若丹朱傲.【중략】 用絶其世, 予不能順是.' 禹曰, '予娶塗山.'"으로 되어 있다.

○안 단주의 예를 들어서 순을 경계하는 것은 매우 걸맞지 않다. 그래서 사마천이 여기에 '帝曰'을 더하여 공손(恭遜)한 말이 되게 하였지만 그 해석은 틀렸다.

考證 《漢書·律曆志》云: "堯讓舜, 使子朱處於丹淵爲諸侯。"【班固云:

---

67 『설문해자』에는 …… 듯하다 : 이 내용 전부가 왕응린의 『困學紀聞』 권2에 보인다. 원문은 다음과 같다. 『說文』'奡, 嫚也', 引「虞書」'若丹朱奡', 『論語』'奡盪舟'. 按『書』有'罔水行舟'之語, 則'奡盪舟'者, 恐卽謂丹朱.

68 방현령(房玄齡) : 579~648. 唐. 이름은 喬, 현령은 자이다. 五經에 능통하며 산동 지역의 저명 학자였던 房彦謙의 아들이다. 皇位 계승을 둘러싸고 唐高祖 李淵의 장남 李建成과 차남 李世民이 대치한 玄武門의 變에서 이세민을 도움으로써 唐太宗의 공신이 되었다. 당태종 즉위 이후 中書令, 尙書左僕射 등을 지내고, 邢國公, 魏國公, 梁國公 등에 봉해졌다. 당나라의 명재상으로 꼽히며, 詩文에도 능통하였다. 監修國史로서 태종의 명으로 『晉書』 편찬을 주도하였고, 『當律疏議』·『大唐新禮』의 편찬에도 참여하였다.

"丹是國也。"】 ○《書大傳》[교1]云："舜入唐郊，以丹朱爲尸。"【〈曲禮〉'包[교2]孫'疏】 ○《路史》云："帝堯之子十，長曰監明，先死，【其後有劉累】 生朱驁娟。帝使出就丹，夏后封之唐。庶子九人，傳・鑄・冀・郇・櫟・函・高唐・上唐・唐杜，皆其後。" ○**案** 殄世，非絶嗣。

교1) 案書大傳：『예기정의』의 소에는 '虞夏書'로 되어 있다.
교2) 案包：신조선사본과 『예기』에 모두 '抱'로 되어 있다.

고증 『한서』「율력지(律曆志)」에 "요가 순에게 양위하면서 아들 주를 단연(丹淵)에 있게 하고 제후로 삼았다."라고 하였다.【반고가 말했다. "단(丹)은 나라이다."】[69]

○『상서대전』에 "순이 당교(唐郊)에 들어가 단주를 시동으로 삼았다."라고 하였다.【『예기』「곡례(曲禮)」의 '포손(抱孫)' 구[70]에 대한 소에 보인다.】

○『노사(路史)』에 "제요의 아들이 열 명인데 맏이는 감명(監明)으로 일찍 죽었고,【그 후손 중에 유루(劉累)가 있다.】 주를 낳았는데 오만하였다. 제요가 그를 단으로 내보냈는데 하후(夏后)가 그를 당(唐)에 봉하였다. 서자(庶子)가 아홉 명인데 전(傳)・주(鑄)・기(冀)・순(郇)・역(櫟)・함(函)・고당(高唐)・상당(上唐)・당두(唐杜)가 모두 그들의 후손이다."라고 하였다.

69 『한서』…… 나라이다：『한서』「율력지」에는 "陶唐氏，讓天下於虞，使子朱處于丹淵爲諸侯."라고만 되어 있다. 인용 내용은 위요옹의 『尙書要義』 권5 제19조 「丹國朱名以行惡絶其世位」에 보이는데 전문은 다음과 같다. 『漢書』「律曆志」云："堯讓舜，使子朱處於丹淵爲諸侯，則朱是名，丹是國也."
70 '포손(抱孫)' 구：『예기』「곡례」의 禮曰："君子抱孫不抱子."를 말한다.

○**안** 진세(殄世)는 후사를 끊었다는 뜻이 아니다.

03. 고요모 - 21

予創若時, 娶于塗山, 辛·壬·癸·甲, 啓呱呱而泣, 予弗子,【去聲】 **惟荒度土功。**【《說文》, 塗爲嵞。薛本同】

"저는 그런 일을 교훈으로 삼아 도산씨(塗山氏)의 딸에게 장가들고서 겨우 신(辛)·임(壬)·계(癸)·갑(甲)의 4일을 지냈으며, 계(啓)가 첫울음을 터뜨리는데도 저는 자식으로 여겨 사랑하지 못하고 오직 토공(土功)을 크게 헤아렸습니다."【〈'予弗子'의 '子'는〉 거성이다.】【『설문해자』에는 '塗'가 '嵞'로 되어 있다. 설계선본도 같다.】

梅云: "創, 懲也。" ○鄭云: "登用之年, 始娶于塗山氏, 三宿而爲帝所命治水。" ○梅云: "不暇子名之。"【鄭讀'子'爲字】 ○鄭云: "荒, 奄也。奄大九州四海之土。"【〈商頌·殷武〉疏】

〔予創若時〕 매색이 말했다. "'창(創)'은 징[懲: 교훈삼다, 징계하다]의 뜻이다."
〔娶于塗山, 辛壬癸甲〕○정현이 말했다. "등용된 해에 처음 도산씨(塗山氏)의 딸을 아내로 맞아 사흘 밤을 지낸 뒤에 제로부터 홍수를 다스리라는 명을 받은 것이다."
〔予弗子〕○매색이 말했다. "아들에게 이름을 지어줄 겨를이 없었다는 말이다."【정현은 '자(子)'를 '자(字)'의 뜻으로 읽은 것이다.】

〔荒度土功〕○정현이 말했다. "'황(荒)'은 엄[奄 : 가리다, 덮다]의 뜻이다. 큰 9주와 사해의 땅을 덮어 가렸다는 말이다."【『시경』「상송(商頌)·은무(殷武)」의 소에 보인다.】

考異 〈夏本紀〉: "禹辛壬娶塗山, 癸甲生啓.【《索隱》云: "蓋《今文尙書》."】予不子, 以故能成水土功." ○《呂氏春秋》云: "禹娶塗山氏女, 不以私害公, 自辛至甲四日, 復往治水." ○《楚辭 · 天問》云: "禹之力獻功。【句】降省下土四方焉。得彼嵞山女, 而通之於台桑。"【王逸云: "禹治水道, 娶塗山氏之女, 而通夫婦之道於台桑之地。"】 **○案** 《史記》云'癸甲生啓', 似有訛誤。【《史》注云: "蓋《今文》脫陋,[교1] 太史公取以爲言。"】

교1) 案陋 : 『사기색은』에는 '漏'로 되어 있다.

고이 『사기』「하본기」에는 "禹辛壬娶塗山, 癸甲生啓.【『사기색은』에 "『금문상서』일 것이다."라고 하였다.】予不子, 以故能成水土功."으로 되어 있다.
○『여씨춘추』에는 "禹娶塗山氏女, 不以私害公, 自辛至甲四日, 復往治水."로 되어 있다.
○『초사』「천문(天問)」에는 "禹之力獻功.【단구】降省下土四方焉. 得彼嵞山女, 而通之於台桑."으로 되어 있다.【왕일(王逸)[71]이 말했다. "우가 물길을 다스릴 때 도산씨의 딸에게 장가들어 태상(台桑)의 땅에서 부부의 도를 통하였다."】

71 왕일(王逸) : 생몰년 미상. 漢. 자는 叔師. 安帝 · 順帝 연간에 校書郎, 侍中, 豫章太守를 지냈다. 저술로 『楚辭章句』가 있고, 屈原을 애도하여 지은 『九思』가 있다. 明나라 때 그의 詩文을 모아 편찬한 『王叔師集』이 있다.

○**안** 『사기』에서 '癸甲生啓'라고 한 데에는 오류가 있는 듯하다.【『사기』「하본기」의 『색은』에 "대개 『금문상서』에 누락된 부분이 있었는데 태사공이 그것을 가져다 말하였을 것이다."라고 하였다.】

03. 고요모 - 22

弼成五服, 至于五千。【《說文》, 弼爲㢸, 薛本同】 **州十有二師, 外薄四海, 咸建五長, 各迪有功, 苗頑弗卽工, 帝其念哉。" 帝曰: "迪朕德, 時乃功惟敍。" 皐陶方祗厥敍, 方施象刑, 惟明。**【《白虎通》, 方爲旁】

"오복(五服)의 제도를 도와 이루어서 5000리에 이르게 하였습니다.【『설문해자』에는 '弼'이 '㢸'로 되어 있다. 설계선본도 같다.】 12주를 세우고 밖으로 사해에 이르기까지 방(方)마다 다섯 명의 장(長)을 세워서 각각 나아가 공을 이루게 하였는데, 삼묘가 완악하여 나아가 공을 이루려고 하지 않으니 제께서는 이를 생각하소서." 제순이 말했다. "〈사해가〉 나의 덕교(德教)를 따르는 것은 그대의 공이 그것을 폈기 때문이다. 고요가 바야흐로 그대가 펼친 공을 공경히 계승하여 상형(象刑)을 시행하되 오직 분명하게 할 것이다."【『백호통』에는 '方'이 '旁'으로 되어 있다.】

梅云: "五服, 侯·甸·綏·要·荒服。【見〈禹貢〉】 服五百里, 四方相距, 爲方五千里, 治洪水輔成之。"【又云: "一州用三萬人功, 九州用二十七萬庸。"】 馬云: "面五千里, 爲方萬里。" ○鄭云: "五服已五千, 又弼成爲萬里。

州十有二師, 二千五百人爲師。"【鄭云: "師, 長也。"】 ○**鏞案** 五服繞匝王城, 則四方相距爲方五千里,【王畿千里】 四向皆二千五百里, 已是不核之言, 況云方萬里乎? 今按蔡註《大全》之首, 有堯制五服圖, 禹弼五服圖二首, 皆直角正方, 狀如碁局, 此又不通之法也。若如此圖, 凡五服諸侯, 其在子·午·卯·酉之方者, 其距王都道里, 當如〈禹貢〉所列, 其在乾·坤·艮·巽之方者, 其距王都道里, 視本制懸遠, 何得云'五百里甸服, 五百里綏服'乎? 荒服在四角者, 距王都, 奚但五千里哉? 此于句股弦測量之法, 茫昧無分, 而欲以議舜·禹立制之大事, 難矣。凡經理田疇, 雖用方量之法, 至於五服論定之日, 必度圜繞之勢。唯以道里遠近, 爲內服外服之差, 方量如棋局, 萬萬無此理也。

'州十有二師'者, 舜於攝政之初, 肇建十有二州, 草創未成。禹今平水之後, 九州則疆理如法, 其餘三州,【幽·幷·營】 亦從宜順俗, 立制以完聚也。'師'者, 衆之所聚也。因其舊聚而州之, 故曰州十有二師。【鄭·梅之義, 皆非也】 弼成之訟, 因可講也。

〔弼成五服 …… 州十有二師〕 매색이 말했다. "'오복(五服)'은 후복(侯服), 전복(甸服), 수복(綏服), 요복(要服), 황복(荒服)이다.【「우공」에 보인다.】[72] 1복이 500리이고 사방의 거리는 한 방향에 5000리씩인데, 홍수를 다스려 그것을 도와 이룬 것이다."【또 "1주(州)에 3만 명의 인력을 써서 9주에 27만 명의 인력을 썼다."라고 하였다."】 마융이 말했다. "〈'지우오천(至于五千)'은〉 1면이 5000리라는 말이니 사방은 1만 리가 된다." ○정현이 말했다. "오복이 이미 5000리이고 또 도와 이룬 것이

72 오복(五服)은 …… 보인다: 오복의 명칭은 「우공」에 나오는데, 순서는 王畿 내 500리 되는 지역이 甸服이고, 그 바깥으로 500리 단위로 侯服, 綏服, 要服, 荒服으로 되어 있다.

1만 리라는 말이다. 각 주에 12사(師)가 있으니 2500명이 사가 된다."【정현이 말했다. "'사(師)'는 장[長 : 우두머리]의 뜻이다."】

○**용안** 오복이 왕성(王城)을 에워싸고 있으니, 사방의 거리는 1면이 5000리면【왕기(王畿)가 1000리이다.】 네 방향으로 모두 2500리씩이 되어야 한다.[73] 이것도 이미 확실하지 않은 말인데 하물며 사방 1만 리라고 할 수 있겠는가. 지금 채침 주 『서경대전』의 첫머리에 실려 있는 '요제오복도(堯制五服圖)'와 '우필오복도(禹弼五服圖)'의 두 수는 모두 정사각형의 바둑판 같은 모양인데, 이 또한 통하지 않는 법이다. 이 그림과 같다면 오복의 제후 중 자[子 : 정북]·오[午 : 정남]·묘[卯 : 정동]·유[酉 : 정서] 방향에 있는 것은 왕도와의 거리가 당연히 「우공」에 나열된 것과 같겠지만, 건[乾 : 북서]·곤[坤 : 남서]·간[艮 : 북동]·손[巽 : 남도]의 방향에 있는 것은 왕도와의 거리가 본래의 제도에 비해 훨씬 멀어진다. 그런데 어떻게 '500리가 전복(甸服), 500리가 수복(綏服)'이라고 할 수 있겠으며, 사방 모퉁이에 있는 황복(荒服)은 왕도와의 거리가 어찌 5000리만 되겠는가? 이는 구고현(句股弦)의 측량법[74]에 어두워서 구분을 못한 것인

73 1면이 …… 한다 : 전체 영토가 정사각형이고 王城이 그 중심에 있다고 가정할 때, '至于五千'은 정사각형 각 면의 길이가 5000리로서 왕성에서 동서남북 사방 끝까지의 거리는 각각 2500리가 된다고 계산한 것이다. 이에 비해 고훈 중 마융의 설은 '오천'을 왕성에서 사방 끝까지의 거리로 보아 정사각형 각 면의 거리를 계산한 것이고, 매색의 설은 왕성을 에워싸고 동서남북으로 각각 500리마다 侯服, 甸服, 綏服, 要服, 荒服을 두어 매 방향이 황복-요복-수복-전복-후복-왕성-후복-전복-수복-요복-황복으로 구성되므로 정사각형 한 면의 거리가 5000리가 된다고 본 것이다.

74 구고현(句股弦)의 측량법 : 구고현은 직각 삼각형의 세 변을 말한다. 직각을 이룬 두 변 중 짧은 것이 句, 긴 것이 股, 직각에 대한 빗변이 弦이다.

데, 이것을 가지고 순과 우가 제도를 세운 대사를 논하려고 해서는 곤란하다. 무릇 밭두둑을 정리할 때에는 비록 방량법(方量法)[75]을 쓰지만 오복을 논정(論定)할 때에는 반드시 둘레의 지세를 헤아렸을 것이다. 거리만을 가지고 내복(內服)과 외복(外服)의 차이를 만들어서 바둑판처럼 네모반듯하게 구분하였을 리는 만무하다.

'주십유이사(州十有二師)'란 다음과 같은 의미이다. 순이 섭정하던 초기에 일찌감치 12주를 세웠지만 사업을 시작하고 아직 완성하지는 못하였다. 우가 지금 수토를 평정한 다음 9주는 법대로 경계를 정하고, 그 나머지 3주【유주(幽州)·병주(幷州)·영주(營州)이다.】 또한 상황에 맞추고 민속(民俗)에 순응하여 제도를 수립하고 취락을 완성한 것이다. '사(師)'란 많은 사람이 모인 곳이다. 그 옛 취락을 기초로 하여 주(州)를 설치하였으므로 '주십유이사'라고 한 것이다.【정현과 매색의 풀이는 모두 틀렸다.】 '필성(弼成)'에 대한 논쟁은 그것에 기초하여 강구해야 한다.

考訂 歐陽·夏侯說云:"中國方五千里。" ○古尙書說云:"五服旁五千里, 相距萬里。"【見《五經異義》】 ○許愼云:"謹案, 以今漢地考之, 自黑水至東海, 衡山之陽至於朔方, 經略萬里。"【鄭無駁, 與許同】 ○鄭云:"禹弼成五服, 去王城五百里曰甸服。其弼當侯服, 去王城千里。【謂禹之甸弼, 當堯之侯服】 其外五百里, 爲侯服, 當甸服, 去土城一千五百里。其弼當

구고현 측량법은 직각을 낀 두 변의 길이를 측량하여 나머지 빗변의 길이를 연산하는 방법이다.

75 방량법(方量法): 변의 길이로 논밭의 면적을 구하는 방법으로, 방전법(方田法)이라고도 한다.

男服, 去王城二千里。【男服是周制】 又其外五百里, 爲綏服, 當采服, 去王城二千五百里。其弼當衛服, 去王城三千里。【采服・衛服, 皆周制】 又其外五百里爲要服, 與周要服相當, 去王城三千五百里。【兩要服同名】 四面相距, 爲七千里。" 又云: "要服之弼, 當其夷服, 去王城當四千里。又其外五百里曰荒服, 當鎭服, 其弼當蕃服, 去王城五千里。【夷・鎭・蕃服, 皆周制】 四面相距, 爲方萬里也。"【已上竝見〈王制〉疏】 ○鄭又云: "〈禹貢〉云'五百里甸服', 每言五百里一服者, 是堯舊服。每服之外, 更言三百里・二百里者, 是禹所弼之殘數也。堯之五服, 服五百里耳。禹平水土之後, 每服更以五百里輔之, 是五服服別千里, 故一面而爲差, 至於五千也。"【〈商頌・殷武〉疏】 ○**鏞案** 鄭玄弼成之法, 忽取《周禮》九畿之制, 捏合於舜・禹五服之文, 以戰今文家。舊說原夫九畿之制, 是周初擬議之言, 在鎬在洛, 未嘗一試。雖載在經典, 本是紙上之空言, 鄭所據非空言乎? 唐・虞九州之地, 本自狹小。〈王制〉曰: "東不盡東海,[교1] 西不盡流沙, 南不盡衡山, 北不盡恒山。凡四海之內, 斷長補短, 方三千里。"【四海猶言四荒】 平陽・蒲阪北走千里, 已屬胡漠之地, 從何處展得五千? 欲得荒寒不毛之地, 猶不可得。況欲建邦立侯, 畫野經田, 以與雍・豫・荊・揚之地, 比而同之, 不亦難乎。竝此五服之法, 凡王畿之外五百里爲侯服, 若遂地盡, 仍無綏服。若地不盡展至要・荒, 西南或備, 東北多缺, 非能四嚮均平正方如棋局也。況於方萬里云乎? 亦甚迂哉。【《知遠錄》】

교1) 案東不盡東海: 『예기』에는 '南不盡衡山' 뒤에 있으며, '盡'이 '近'으로 되어 있다.

고정 구양생과 하후씨의 설에 "중국은 사방 5000리이다."라고 하였다. ○고문상서가들의 설에 "5복은 한 면이 5000리로 총 거리가 1만

리이다."라고 하였다.【『오경이의』에 보인다.】

○허신이 말했다. "생각건대 지금 『한서』「지리지(地理志)」를 살펴보면 흑수(黑水)에서 동해(東海)까지, 형산(衡山) 남쪽에서 삭방(朔方)까지 1만 리를 경략(經略)한 것이다."【정현은 논박하지 않았으니 허신의 생각과 같은 것이다.】[76]

○정현이 말했다. "우가 도와서 이룬 오복의 내용은 다음과 같다. 왕성에서 500리 떨어진 지역이 전복(甸服)이니, 우가 도운 것은 후복(侯服)으로 왕성에서 1000리 떨어진 지역이다.【우가 도와서 이룬 전복은 요의 후복(侯服)에 해당한다는 말이다.】 그 바깥의 500리가 후복으로 전복에 해당하며 왕성에서 1500리 떨어진 지역이니, 우가 도운 것은 남복(男服)으로 왕성에서 2000리 떨어진 지역이다.【남복(男服)은 주나라의 제도이다.】 또 그 바깥의 500리가 수복(綏服)으로 채복(采服)에 해당하며 왕성에서 2500리 떨어진 지역이니, 우가 도운 것은 위복(衛服)으로 왕성에서 3000리 떨어진 지역이다.【채복(采服)과 위복(衛服)은 모두 주나라의 제도이다.】 또 그 바깥의 500리가 요복(要服)으로 주나라의 요복에 해당하며, 왕성에서 3500리 떨어진 지역이다.【우의 요복과 주의 요복은 이름이 같다.】 이렇게 하여 사방의 거리가 7000리가 되고 이것이 9주의 안이다." 또 말했다. "〈우가〉 도와서 이룬 요복은 이복(夷服)에 해당하며, 왕성에서 4000리 떨어진 지역이다. 또 그 바깥의 500리가 황복(荒服)으로 진복(鎭服)에 해당하며, 그가 도운 것은 번복(蕃服)으로 왕성에서 5000리 떨어진 지역이나.【이복(夷服)·진복(鎭服)·번복(蕃服)은 모두 주나라의 제도이다.】 4면의 거리는 사방 1만 리가 된다."【이상은 모두 『예기』「왕제」의 소에 보인다.】

76 허신이 …… 같다: 정현의 『駁五經異義補遺』에 보인다.

○정현이 또 말했다. "「우공」에서 '500리가 전복이다.'라고 하고, 매 500리마다 1복이라고 말한 것은 요의 구복(舊服)이다. 매 복 외에 다시 300리와 200리를 말한 것[77]은 우가 도와서 이룬 나머지 수이다. 요의 오복은 매 복에 500리뿐이다. 우가 수토를 평정한 뒤에는 매 복에 다시 500리를 더하였다. 이에 5복에 대해 복마다 따로 1000리를 더하였으므로 각 면에서 차이가 5000리에 이르는 것이다."【『시경』「상송(商頌)·은무(殷武)」의 소에 보인다.】

○**용안** 정현은 오복을 도와서 이룬 법에 갑자기 『주례』 9기(畿)의 제도를 가져다가 순과 우의 오복의 글에 끼워 맞추어 금문가와 싸웠다. 원래 구설의 9기의 제도는 주나라 초기에 상정하여 의논해본 말이지만 호(鎬)에서든 낙(洛)에서든 한 번도 시행해본 적은 없다. 비록 경전에 실려 있지만 본래 지상(紙上)의 공언(空言)이니, 정현이 근거한 것은 공언이 아니겠는가? 당·우 시대 9주의 땅은 본래 협소하였다. 『예기』「왕제」에 "동쪽은 동해까지 닿지 못하고, 서쪽은 유사(流沙)까지 닿지 못하고, 남쪽은 형산(衡山)까지 닿지 못하며, 북쪽은 항산(恒山)까지 닿지 못한다. 무릇 사해 안에서 긴 곳을 잘라서 짧은 곳을 보충해도 사방 3000리이다."【사해는 사황(四荒)과 같은 말이다.】 평양(平陽)과 포판(蒲阪)에서 북으로 1000리를 가면 이미 호막(胡漠)의 땅에 속하는데, 어느 곳으로 뻗어서 5000리를 얻겠는가? 황량한 불모의 땅을 얻고자 해도 오히려 얻을 수 없는데,

77 300리와 …… 것 : 「우공」에서는 五服의 지역을 거리별로 다시 나누어 甸服은 "百里賦納總, 二百里納銍, 三百里納秸服, 四百里粟, 五百里米", 侯服은 "百里采, 二百里男邦, 三百里諸侯", 綏服은 "三百里揆文教, 二百里奮武衛", 要服은 "三百里夷, 二百里蔡", 荒服은 "三百里蠻, 二百里流"로 구분하였다.

하물며 나라를 세우고 제후를 옹립하며 전야를 구획하여 옹주(雍州)·예주(豫州)·형주(荊州)·양주(揚州)의 땅과 같게 하려고 하는 것은 또한 어렵지 않겠는가. 이 오복의 법을 아울러 무릇 왕기 밖의 500리가 후복이니, 땅 끝까지 다한다 해도 여전히 수복(綏服)에 해당하는 땅은 없다. 만약 땅이 요복·황복까지 다 뻗치지 않았다면 서남은 혹 구비되더라도 동북은 대부분 차지 않으니, 네 방향으로 고르게 바둑판 같이 네모반듯하게 할 수 있는 것이 아니다. 하물며 사방 1만 리이겠는가? 역시 매우 우활하다.【『상서지원록』】

考訂 鄭云："堯初制五服, 服各五百里, 要服之內, 方四千里曰九州, 其外荒服曰四海, 此禹所受。《地記書》曰：'崑崙山東南,교1) 地方五千里, 名曰神州者', 禹弼五服之殘數, 亦每服者, 合五百里。故有萬里之界, 萬國之封焉。

猶用要服之內爲九州, 州更方七千里。【案。本不過方三千里】 七七四十九, 得方교2)千里者四十九, 其一以爲畿內, 餘四十八, 八州分而各有六。【六八四十八】

《春秋傳》교3)：'禹朝群臣於會稽。【〈魯語〉文】 執玉帛者萬國。'【《左傳》文】言교4) 九州之內諸侯也。其制, 特置牧, 以諸侯賢者爲之師。蓋百國一師, 州十有二師, 則州千二百國也。【甚矣, 迂哉】 八州, 凡九千六百國。【迂甚】 其餘四百國, 在圻內。【孔云："地勢平原者甚少, 山川所在, 不啻居半。豈以不食之地, 亦封建國乎? 王圻千里, 封五十里之國四百, 則圻內盡以封人, 王城·宮室無建立之處, 言不顧實, 何至此也?"】 與〈王制〉之法,교5) 八州通率, 封公·侯百里之國者一, 伯七十里之國二, 子·男五十里之國四, 方百里者三, 封國七교6)有畸。至于교7)圻內, 則子·男而已。"【〈小雅·蓼蕭〉疏】 ○**辨曰** 州十有二師

者, 建十有二州也。上句有'九州'字, 繼之曰'州十有二師', 則當訓之爲每州十二師, 此經上無'九州'字, 何以云'每州幾國, 每州幾師'乎? 九州幅員, 各有大小, 平原巨嶽, 各有夷險。何得均分, 一率如數棋子乎? 迂闇如此。而今人護鄭爲宗, 令毋得微違之難矣。孔於〈蓼蕭〉之疏, 一遵鄭義, 今於此經之疏, 細吹鄭毛, 是又移忠於梅註也。嗚呼惜哉!

교1) 案南 : 『尙書要義』에는 뒤에 '道'가 더 있다.
교2) 案方 : 『尙書要義』에는 '五'로 되어 있다.
교3) 案傳 : 『尙書要義』에는 뒤에 '曰'이 더 있다.
교4) 案言 : 『尙書要義』에는 뒤에 '執玉帛者則'이 더 있다.
교5) 案法 : 『尙書要義』에는 뒤에 '準之'가 더 있다.
교6) 案七 : 『尙書要義』에는 뒤에 '十'이 더 있다.
교7) 案于 : 『尙書要義』에는 '於'로 되어 있다.

고정 정현이 말했다. "요가 처음 제정한 오복에서 각 복의 영토는 500리씩이었다. 요복(要服) 안의 방 4000리를 9주라고 하고, 그 바깥의 황복(荒服)을 사해(四海)라고 하였다. 이것이 우가 받은 바이다. 『지기서(地記書)』에 '곤륜산(崑崙山) 동남쪽 방 5000리의 땅을 신주(神州)라고 한다.'라고 하였는데, 이것이 우가 도와서 이룬 오복의 잔여 숫자로서, 역시 매 복은 도합 500리이다. 그러므로 만리의 경계에 만국을 봉한 것이다. 그러나 여전히 요복의 안을 9주로 만들었으니, 주(州)는 다시 방 7000리가 된다.【안. 본래는 방 3000리에 불과하였다.】 7 곱하기 7은 49이므로 방 천리인 곳이 마흔아홉 군데가 되는데, 그 하나를 기내로 삼고 나머지 마흔여덟 군데를 8주가 나누어 각기 여섯 지역씩을 소유하였다.【6 곱하기 8은 48이다.】 『춘추전』에 '우가 회계(會稽)에서 군신(群臣)의 조회를 받을 때【『국어』

「노어」의 글이다.】 옥백(玉帛)을 잡은 자가 만국(萬國)이었다.'【『춘추좌씨전』의 글이다.】[78]라고 한 것은 9주 내의 제후를 말한다. 그 제도는 목(牧)만 두고 제후 중 어진 자를 사(師)로 삼았다. 대체로 100국에 1사(師)를 두었는데 주에 12사가 있으니 1주는 1200국이고,【매우 우활하다.】 8주에 모두 9600국이 된다.【우활함이 심하다.】 그 나머지 400국은 기내(圻內)에 있었다.【공영달이 말했다. "지세가 평평한 들판인 곳은 매우 적고, 산천이 있는 곳이 반 이상이었다. 어찌 불모지에까지 나라를 봉건(封建)하였겠는가? 왕기 1000리 내에 50리를 봉해준 나라가 400국이라면, 기내를 모두 다른 사람에게 봉해주어 왕성과 궁실을 건립할 곳이 없어진다. 어찌 이렇게까지 실상을 고려하지 않고 말을 한단 말인가?"】 「왕제」의 법과 8주를 통틀어서 공(公)·후(侯)에게 봉해준 100리의 나라가 하나, 백(伯)에게 봉해준 70리의 나라가 둘, 자(子)·남(男)에게 봉해준 50리의 국가로 사방 100리가 되는 나라가 셋으로, 봉국(封國)은 일곱 남짓이었다. 기내의 경우에는 자와 남이 있을 뿐이다."【『시경』「소아(小雅)·요소(蓼蕭)」의 소에 보인다.】[79]

---

78 『춘추전』에 …… 글이다 : 『국어』「魯語下」의 "昔禹致羣神於會稽之山, 防風氏後至, 禹殺而戮之."와 『춘추좌씨전』 애공 7년의 "禹合諸侯於塗山, 執玉帛者萬國"을 합쳐서 글을 만든 것이다. 『상서고훈』에서 『春秋傳』은 대부분 『춘추좌씨전』을 지칭하지만, 여기서는 두 책을 합쳐서 부른 것으로 판단하여 『춘추전』을 그대로 썼다. 『국어』의 별칭이 『春秋外傳』이다.

79 정현이 …… 보인다 : 인용 내용의 전문은 위요옹의 『尙書要義』 권5의 제22조 「五服五千州十有二師孔鄭異」에 보인다. 『모시정의』「蓼蕭」의 소에는 鄭以爲 : "禹治水輔成五服, 土方萬里. 以七千里內爲九州, 七七四十九千里者之方四十九, 以其一爲畿內, 餘四十八, 八州分之, 各得方千里者六. 計一州方百里之國二百, 七十里之國四百, 五十里之國八百. 計一州有一千四百國, 以二百國爲名山大川不封之地, 餘有一千二百國, 以百國立一師, 故州有十二師." 鄭又云 : "八州九千六百國, 又四百國在畿內, 以子男備其數." 是鄭計充'禹會諸侯于塗山, 執玉帛者萬國'之文.이라고 한 내용이 보인다.

○**변왈** '주십유이사(州十有二師)'란 12주를 세웠다는 말이다. 앞 구절에 '9주(九州)'라는 글자가 있고 이어서 '주십유이사'라고 하였다면 매 주에 12사가 있는 것으로 풀이해야 하겠지만, 이 경문의 앞부분에 '9주'라는 글자가 없는데 어떻게 '매 주에 몇 나라, 매 주에 몇 사'라고 할 수 있겠는가? 9주의 면적에는 각기 대소가 있고, 평평한 들판과 높은 산악 등 각기 평탄한 곳과 험준한 곳이 있다. 어떻게 똑같이 나누어서 일률적으로 바둑알처럼 수를 정하겠는가? 이렇게나 우활하고 어두웠다. 그런데도 지금 사람들은 정현을 옹호하여 종사(宗師)로 삼고 조금이라도 어긋나는 논란은 할 수 없게 하고 있다. 공영달이 『시경』「요소」의 소에서 정현의 풀이를 그대로 준수하여 지금 이 경의 소에 정현의 영향을 불어넣었는데, 이것은 또 매색의 주로 충성을 옮긴 것이다. 아, 안타깝다.

考訂 【五長】梅云 : "五國立賢者一人爲方伯。"【疏云 : "〈王制〉云, '五國以爲屬, 屬有長。'"】 ○蔡云 : "四海每方, 各建五人, 以爲長。"[교1)] ○**案** 梅說有據, 屬有長也。但方伯非屬長, 又大誤。

교1) 案長 : 『서집전』에는 앞에 '之'가 더 있다.

고정 【五長】 매색이 말했다. "다섯 나라에 현자 한 명을 세워 방백으로 삼은 것이다."【소에 "『예기』「왕제」에 '다섯 나라를 속(屬)이라고 하고 속마다 장(長)을 둔다.'라고 하였다."라고 하였다.】

○채침이 말했다. "〈9주의 밖에〉 사해〈에 이르기까지〉 매 방(方)에 각 다섯 명씩을 세워 장으로 삼았다."

○**안** 매색의 설에 근거가 있으니, 속마다 장이 있었다. 다만 방백은 속장(屬長)이 아니니 또한 큰 오류이다.

考訂 蔡云 : "苗頑弗率, 則皐陶方施象刑。" ○**案** 梅註皐陶之刑, 普施於四方五服, 其義非也。此云象刑, 以治苗頑也。刑而弗格, 又分北也。

고정 채침이 말했다. "묘(苗)가 완악하여 〈가르침을〉 따르지 않으니 고요가 바야흐로 상형(象刑)을 시행한 것이다."

○**안** 매색의 주에서 고요의 형벌을 사방의 오복에 두루 시행했다고 하였는데, 그 풀이가 잘못되었다. 여기서 말하는 상형(象刑)은 묘의 완악함을 다스린 일을 말한다. 형을 가하였는데도 바로잡지 않자 다시 분리시킨 것이다.

考訂 鄭云 : "歸美於二臣。"【《正義》云 : "鄭以此經爲帝語。"】 ○**案** 〈夏紀〉梅註, 皆以'皐陶方祇'以下爲史臣敍事, 其義非也。【竝刪之】

고정 정현이 말했다. "두 신하에게 칭송을 돌린 것이다."【『상서정의』에 "정현은 이 부분의 경문을 제순의 말로 보았다."라고 하였다.】

○**안** 「하기(夏紀)」의 매색 주에는 모두 '고요방지(皐陶方祇)' 이하를 사신(史臣)이 일을 서술한 것[80]이라고 하였는데, 그 해석은 틀렸다.【모두 삭제한다.】

80 「하기(夏紀)」의 …… 것 : 『상서정의』의 傳에서 "史因禹功重美之"라고 하여 이 부분의 내용을 史官의 기록이라고 한 것을 말하는 듯한데, '하기(夏紀)'가 무엇인지는 未詳이다.

夔曰："戛擊鳴球，搏拊琴瑟以詠，祖考來格。虞賓在位，群后德讓。下管鼗鼓，合止柷敔，笙鏞以間，鳥獸蹌蹌，簫韶九成，鳳凰來儀。"【鄭本，鏞爲庸，見《周禮》疏。《大傳》，格爲假】

기가 말했다. "어(敔)와 축(柷)을 치고 옥경(玉磬)을 울린 뒤에 다시 박부[搏拊 : 위고(韋鼓)]를 치고 금슬에 맞추어 시가를 노래하자 조고가 오시며, 우빈이 시위(尸位)에 앉고 여러 제후가 덕으로 양보하였습니다. 당하에는 관악기와 도고를 진열하고, 축과 어를 쳐서 연주를 시작하고 멈추며, 생종(笙鍾)과 송종(頌鍾)을 번갈아 연주하자 새와 짐승이 너울너울 춤을 추고, 소소를 아홉 번 연주하자 봉황이 와서 춤을 추었습니다."

此一節，亦夔奏績之辭。【竝下節】 蓋皐・禹二臣，奏績旣畢，乃禹陳戒於上，而帝責功於下。禹又陳戒，帝乃奬功，上下酬酢，無容他人奏績。旣畢而奏，乃于是也。若非奏績，何至自揚如是？今人認夔如後世之伶官，大誤。其中和・祗庸・孝友之德，有足以表率一世。故畀之以太學敎冑之職。人旣大德，而有自伐乎？【《知遠錄》】

이 1절 역시 기(夔)가 공적을 보고한 말이다.【다음 절까지 모두 그러하다.】 대개 고요와 우, 두 신하가 공적 보고를 마치고나서 그제야 우가 임금에게 경계할 점을 진달하고 제순이 신하에게 공을 요구하였다. 우가 또 경계할 점을 진달하자 제순이 이에 공을 장려하였는데, 상하가 대화를 나눌 때에는 다른 사람이 공적을 보고하는 것이 용납되지 않았다. 끝나고나서 아뢴 것이 바로 이 때문이다. 만약 공적을 보고하는 말이 아니라면 어찌 이렇게까지 스스로 떠벌였겠는가? 지금 사람들이 기를 후세의 영관(伶官)과 같은 자라고 인식하는 것은 큰 오류이다. 그 중화(中和)·지용(祗庸)·효우(孝友)의 덕이 족히 일세에 본보기가 될 만하므로 그에게 태학에서 주자(胄子)를 교육하는 직책을 맡게 한 것이다. 사람됨이 이미 큰 덕을 갖추었는데 스스로 자랑할 리가 있겠는가?【『상서지원록』】

馬云："戛，櫟也。"【《正義》云："鄭玄以戛擊鳴球三者，皆摠下樂，擽擊此四器也。樂器唯敔當擽[교1]耳，四器不擽，鄭言非也。"】○伏云："以韋爲鼓，謂之搏拊。"【《書大傳》】梅云："實之以糠，所以節樂。"○馬云："此是舜除瞽瞍之喪，祭宗廟之樂。"○梅云："丹朱稱賓。"○疏云："此堂上之樂。"○**鏞案** 堂上之始，戛敔擊柷，乃鳴玉磬，【唯磬爲樂音】又拊韋鼓，乃進琴瑟詩歌，【《正義》云】古訓然也。

교1) 案擽 : 『상서정의』에는 '櫟'으로 되어 있다. 다음 구 '四器不擽'의 '擽'도 마찬가지이다.

〔戛擊鳴球 …… 群后德讓〕 마융이 말했다. "'알(戛)'은 력[櫟 : 치다]의 뜻이다."【『상서정의』에 "정현은 알(戛)·격(擊)·명구(鳴球) 세 가지가 모두 당하(堂下)의 악기를 총괄하는 것으로, 이 4종의 악기를 치는 것이라고 보았다. 하지만 악기 중 오직 어(敔)만 쳐야 할 뿐이고 4종의 악기는 치지 않는다. 정현의 말은 틀렸다."라고 하였다.】 ○복생이 말했다. "위[韋 : 무두질한 가죽]로 고[鼓 : 북]를 만들고 그것을 박부(搏拊)라고 하였다."【『상서대전』에 보인다.】 매색이 말했다. "〈박부는〉 강[糠 : 겨]을 채워 넣은 것으

로 음악의 박자를 맞추는 것이다." ○마융이 말했다. "이것은 순이 고수(瞽瞍)의 상(喪)을 벗고 종묘에 제사할 때의 음악이다." ○매색이 말했다. "단주(丹朱)를 빈(賓)이라고 칭하였다."[81] ○소에 "이것은 당상(堂上)의 음악이다."라고 하였다.

○용안 당상의 음악을 시작할 때에는 어(敔)를 치고 축(柷)을 친 뒤에 옥경(玉磬)을 울리며,【경(磬)만이 음악의 소리가 된다.】 다시 위고(韋鼓)를 치고서 비로소 금슬에 맞추어 시가를 바쳤다.【『상서정의』에 보인다.】 고훈(古訓)이 그러하다.

考訂 疏云:"不知舜父之喪在何時。" **○案** '祖考'二字, 不必分作兩人。〈祭法〉, 王立七廟, 諸侯立五廟, 其最尊曰祖考廟, 祖考非二人。【太祖卽祖考】〈豐年〉詩:"烝畀祖妣", 將亦乃祖乃母, 當有二人乎?【毛西河以考爲瞽叟】陳澔云:"宗祀瞽瞍, 以配帝。"【〈祭法〉注】鯀猶可矣, 天下豈有瞽瞍配帝之理? 唯哲王配天, 屢見周公之言, 豈可以後世之眼, 上測先古乎? 大抵舜纔踐位, 禹已薦天, 禪受之事, 非朝則夕。舜智慮深遠, 不應建立七廟於京師, 使百辟卿士駿奔走瞽瞍之廟, 如於軒・顓也。

且據〈魯語〉, 其在商均・虞思之世, 亦必禘黃帝而祖顓, 郊堯而宗舜,【展禽云】未聞其追尊瞽叟, 如夏人之郊鯀。彼以諸侯之邦, 傳子傳孫, 猶不必私尊。況於天子之時, 以天下爲公器, 視天位如傳舍, 其必爲是乎? 金仁山云:"說者曰'祖考來格, 此有虞祭顓報幕, 以至瞽瞍者也。' 祖顓報幕, 一家之私親也。禘黃宗堯, 天下之公義也。【謂竝行不悖】然韶之爲

81 단주(丹朱)를 빈(賓)이라고 칭하였다: 『상서정의』의 傳에 "丹朱爲王者後, 故稱賓."이라고 하였다.

樂, 正以紹堯而得名, 則'祖考來格'者, 卽文祖·藝祖之謂, 而'虞賓在位'者, 安知非丹朱之在尸位乎?" 此義甚正, 不可易也。"【《知遠錄》】

고정 소에 "순의 아비의 상이 언제 있었는지 모른다."[82]라고 하였다.

○안 '조고' 두 글자를 두 사람으로 나눌 필요는 없다. 『예기』「제법(祭法)」에 왕은 7묘(廟)를 세우고 제후는 5묘를 세우는데, 그 중 가장 높은 것이 '조고묘(祖考廟)'라고 하였으니, 조고는 두 사람이 아니다.【태조가 바로 조고이다.】『시경』「주송(周頌)·풍년(豐年)」 시의 "조비에게 나아가 올린다.[烝畀祖妣]"도 장차 내조(乃祖)와 내모(乃母)로 두 사람이 있어야 하겠는가?【모서하[毛西河 : 모기령]는 고(考)를 고수(瞽叟)로 보았다.[83]】 진호(陳澔)[84]가 말했다. "고수에게 종사(宗祀)를 지내면서 제(帝)를 배향한 것이다."【『예기』「제법」의 주에 보인다.】

곤(鯀)은 그래도 배향할 수 있겠지만 천하에 어찌 고수에게 제사하면서 제를 배향할 리가 있겠는가? 오직 철왕(哲王)만 하늘에 배향한다는 것은 주공의 말에 여러 번 보이는데, 어찌 후세의 눈으로 거슬러 올라가 상고시대의 일을 헤아릴 수 있겠는가? 대체로 순은 제위에 오르자마자 우를 이미 하늘에 천거하였으니, 천하를 물려

82 순의 …… 모른다 : 『상서정의』 소에 "馬融見其言祖考, 遂言此是舜除瞽瞍之喪, 祭宗廟之樂, 亦不知舜父之喪在何時也. 但此論韶樂, 必在卽政後耳."라고 하였다.

83 모서하[毛西河 : 모기령]는 …… 보았다 : 『尙書廣聽錄』 권1에 보인다. 모기령은, '순이 고수의 상을 벗고 종묘에 제사할 때의 음악'이라고 한 마융의 설을 근거로, "雖不知何時, 然以簫韶九成觀之, 則禹爲舜興九招樂在禹攝政後, 必瞽瞍爾時始死."라고 하였다.

84 진호(陳澔) : 1260~1341. 宋末元初. 자는 可大, 호는 云住이며 經歸先生이라고 부른다. 저서에 『禮記集說』이 있다.

줄 것은 조만간 일어날 일이었다. 순은 지혜가 심원하였으니 경사에 7묘를 세워서 뛰어난 여러 제후와 경사(卿士)로 하여금 헌원(軒遠)이나 전욱(顓頊)에게 하듯이 고수의 사당에서 바쁘게 제사를 돕게 하지는 않았을 것이다.

또 『국어』「노어」에 근거하면 상균(商均)이나 우사(虞思)의 시대에도 황제에게 체제(禘祭)를 올리고 전욱에게 조제(祖祭)를 올리며 요에게 교제(郊祭)를 올리고 순에게 종제(宗祭)를 올린 것이 확실하지만,【전금(展禽)의 말이다.】 고수를 추존하여 하나라에서 곤에게 교제를 올리듯이 하였다는 말은 듣지 못하였다. 저들은 제후의 나라로서 아들 손자에게 전하였는데도 오히려 사사로이 추존하지는 않았다. 하물며 천자로 있을 때에는 천하를 공기(公器)로 여기고 천위(天位)를 전사[傳舍 : 여관]처럼 보는데 굳이 그렇게 하였겠는가?

김인산[金仁山 : 김이상(金履祥)]이 말했다. "말하는 사람이 '조고래격에 대해, 이는 유우씨가 전욱에게 제사하고 우막(虞幕)에게 보사(報祀)를 올려 고수에게까지 이른 것이다.'라고 하였는데, 전욱에게 조제를 올리고 우막에게 보사를 올린 것은 한 집안의 사친(私親)에게 보답하는 것이고, 황제에게 체제를 올리고 요에게 종제를 올린 것은 천하의 공의(公義)이다.【병행해도 예에 어긋나지 않는다는 말이다.】 그러나 소(韶)라는 음악은 바로 요를 계승하였기 때문에 얻은 이름이니 '조고래격'은 바로 문조(文祖)와 예조(藝祖)를 말하는 것인데, '우빈재위(虞賓在位)'는 단주(丹朱)가 시위(尸位)에 있은 것이 아니라고 어찌 장담하겠는가?" 이 해석이 매우 올바르니 바꿀 수 없다. 【『상서지원록』】

考證 〈明堂位〉云 : “拊搏 · 玉磬 · 揩擊 · 大琴 · 大瑟 · 中琴 · 小瑟,【律有三等】 四代之樂器也。”【鄭云 : “拊搏, 以韋爲之, 充之以糠,교1) 形如小鼓, 揩擊, 謂柷敔, 皆所以節樂。”】

교1) 案糠 : 『예기정의』 정현의 주에는 ‘穅’으로 되어 있다.

고증 『예기』 「명당위(明堂位)」에 “부박(拊搏) · 옥경(玉磬) · 개격(揩擊) · 대금(大琴) · 대슬(大瑟) · 중금(中琴) · 소슬(小瑟)은【율(律)에는 3등급이 있다.】 〈우 · 하 · 은 · 주〉 4대의 악기이다.”라고 하였다.【정현이 말했다. “부박은 위(韋)로 만들고 강(穅)을 채워 넣은 것으로 모양은 소고(小鼓)와 같다. 개격은 축어(柷敔)를 말한다. 모두 음악의 박자를 맞추는 것이다.”】

考異 《漢書》, 戛擊作桔隔。【揚교1)雄〈長楊賦〉, 桔교2)隔鳴球】

교1) 揚 : 신조선사본에는 ‘楊’으로 되어 있으나 인명이므로 바로잡는다.
교2) 案桔 : 『한서』 「揚雄傳」에는 ‘拮’로 되어 있다.

고이 『한서』에는 ‘戛擊’이 ‘桔隔’으로 되어 있다.【양웅(揚雄)의 「장양부(長楊賦)」에는 ‘拮隔鳴球’로 되어 있다.】

蔡云 : “鼗鼓, 如鼓而小有柄。” ○鄭云 : “柷, 狀如漆筩而有椎。合之者, 投椎其中而撞之。敔, 狀如木虎, 背有刻, 所以鼓之以止樂。”【《周禮 · 小師》疏】 ○馬云 : “柷, 所以作樂, 敔, 所以止樂。” ○馬云 : “鳥獸, 筍簴也。” ○梅云 : “鳥獸化德而舞。”교1)

교1) 案而舞 : 『상서정의』에는 ‘相率而舞蹌蹌然’으로 되어 있다.

〔**下管鼗鼓, 合止柷敔**〕 채침이 말했다. “‘도고(鼗鼓)’는 북과 같은데 작고 자루가 있다.” ○정현이 말했다. “‘축(柷)’은 모양이 칠통(漆筩)과 같고 방망이가 있다. 그것을 합(合)한다는 것은 방망이를 안에 넣어서 치는 것이다. ‘어(敔)’는 모양이 목호(木虎)와 같은데 등 부분에 조각이 있어서 그것을 쳐서 음악을 멈추는 것이다.”【『주례』 「소사(小師)」의 소에 보인다.】 ○마융이 말했다. “‘축(柷)’은 그것으로 음악을 시작하는 것이고, ‘어(敔)’는 그것으로 음악을 멈추는 것이다.”

〔**鳥獸蹌蹌**〕○마융이 말했다. “‘조수(鳥獸)’는 순거[筍簴 : 악기를 거는 틀]이다.” ○매색이 말했다. “새와 짐승이 덕에 감화되어 춤을 추었다는 말이다.”

考訂 鄭云 : “庸, 卽大射頌一也。”【《周禮 · 眡瞭》疏】〈大射禮〉, ‘西階頌磬’之註云 : “成功曰頌, 古文頌爲庸。”【疏引《書》云 : “‘笙庸以間’, 庸亦功也。”】 ○蔡云 : “頌鍾, 卽鏞[교1]也。”【鄕飮酒禮歌〈鹿鳴〉, 笙〈南陔〉, 或其遺也】 ○《周禮》疏云 : 【〈大司樂〉‘六律六同’疏】 “東方之樂謂之笙。笙, 生也。【東, 生長之方】 西方之樂謂之鏞。庸, 功也。【西方, 物熟有成功】 亦謂之頌, 是[교2]頌其成功也。‘以間’者, 堂上堂下, 間代而作。” ○**論曰** ‘笙鏞以間’, 直當讀之曰‘笙頌以間’, 無可疑也。【本頌字】 竊謂, ‘笙’者, 以笙而吹詩也, ‘頌’者, 以歌而詠詩也。據〈燕禮〉及〈鄕飮禮〉, 皆先歌〈鹿鳴〉之三, 次笙〈南陔〉之三, 間歌〈魚麗〉笙〈由庚〉, 歌〈嘉魚〉笙〈崇丘〉, 歌〈南山〉笙〈由儀〉, 然後合樂〈周南〉, 卽‘笙庸以間’之遺法也。笙者在下, 歌者在上, 賈所謂上下間作, 是也。梅以爲大鍾, 謬矣。鏞, 古本多作庸, 庸者, 頌也。頌鍾

謂之鏞, 故後人誤以爲通字也。

葉少蘊曰: "鍾, 與笙相應者曰笙鍾, 與歌相應者曰頌鍾。故[교3]頌, 或謂之鏞,《詩》云'賁鼓維鏞', 是也。" 上言'以詠', 此言'以間', 蓋詠與笙迭奏也。余謂金石在東曰'笙鍾・笙磬', 在西曰'頌鍾・頌磬'。鏞者, 頌鍾也。然此經明是'笙頌以間', 不可作頌鍾說也。笙者在東而吹詩, 頌者在西而咏詩。此之謂'笙頌以間'也。【《知遠錄》】 葉說亦未備。

교1) 案鏞 : 『서집전』에는 뒤에 '鐘'이 더 있다.
교2) 案是 : 『주례주소』에는 이 앞에 '頌亦'이 더 있다.
교3) 案故 : 『서집전』 등에는 이 글자가 없다.

고정 정현이 말했다. "'용(庸)'은 대사(大射) 때에 매다는 송경(頌磬)과 같은 것이다."【『주례』「춘관・시료(眡瞭)」의 소에 보인다.】『의례』「대사례(大射禮)」'서계송경(西階頌磬)'의 주에 "공을 이룬 것을 송(頌)이라고 한다. 고문에서는 송(頌)을 용(庸)이라고 하였다."라고 하였다.【소에서 『상서』를 인용하여 "'생용이간(笙庸以間)'이라고 하였으니, 용(庸) 또한 공(功)이다."라고 하였다.】

○채침이 말했다. "'송종(頌鍾)'은 곧 용종(鏞鐘)이다."【향음주례(鄕飮酒禮)에서 「녹명(鹿鳴)」을 노래하고, 생(笙)으로 「남해(南陔)」를 연주하는 것은 어쩌면 그 유제(遺制)일 것이다.】

○『주례』의 소에 【「대사악(大司樂)」 '육률육동(六律六同)'의 소이다.】 "동방의 음악을 생(笙)이라고 한다. '생(笙)'은 생[生 : 낳다]의 뜻이다.【동쪽은 생장(生長)의 방위이다.】 서방의 음악을 용(鏞)이라고 한다. '용(庸)'은 공(功)의 뜻이다.【서방은 사물이 익어서 공을 이룸이 있다.】 또한 송(頌)이라고도 한다. '송(頌)' 또한 공을 이룸을 칭송하는 것이다.

'이간(以間)'이란 당상(堂上)과 당하(堂下)에서 번갈아 연주하는 것이다."

○**논왈** '생용이간(笙鏞以間)'을 생송이간(笙頌以間)으로 읽어야 함은 의심할 것이 없다.【본래 송(頌) 자이다.】 내 생각에, '생(笙)'이란 생으로 시를 연주하는 것이고, '송(頌)'이란 노래로 시를 읊는 것이다. 『의례』의 「연례(燕禮)」와 「향음주례(鄕飮酒禮)」에 근거해보면 모두 먼저 「녹명」의 3장을 노래한 다음에 생으로 「남해」의 3장을 연주하며, 교대로 「어리(魚麗)」를 노래하고 생으로 「유경(由庚)」을 연주하며, 「남유가어(南有嘉魚)」를 노래하고 생으로 「숭구(崇丘)」를 연주하며, 「남산유대(南山有臺)」를 노래하고 생으로 「유의(由儀)」를 연주한 다음에 함께 「주남(周南)」을 연주하는데, 그것이 바로 '생용이간'의 유법이다. 생을 부는 자는 당 아래에 있고 노래하는 자는 당 위에 있으니, 가공언이 당상과 당하에서 번갈아 연주한다고 한 것이 이것이다. 매색이 대종(大鍾)이라고 한 것[85]은 오류이다. '용(鏞)'이 고본에는 대부분 용(庸)으로 되어 있다. '용(庸)'은 송(頌)인데, 송종(頌鍾)을 용(鏞)이라고 하므로 후인들이 통자(通字)라고 오인한 것이다.

섭소온[葉少蘊 : 섭몽득(葉夢得)][86]이 말했다. "종(鍾)이 생(笙)과 서로 호응하면 생종(笙鍾)이라고 하고, 노래와 서로 호응하면 송종(頌

85 대종(大鍾)이라고 한 것 : 『상서정의』 공전에 "鏞, 大鍾."이라고 하였다.

86 섭소온[葉少蘊 : 섭몽득(葉夢得)] : 1077~1148. 宋. 이름은 夢得이고 자가 少蘊이며, 호는 石林이다. 경학가이자 시인으로, 翰林學士, 龍圖閣直學士 등을 지냈다. 『춘추』에 해박하였다. 저술에 『石林春秋讞』, 『春秋考』, 『建康集』, 『石林詞』, 『石林詩話』, 『石林燕語』, 『巖下放言』, 『石林奏議』 등이 있다.

鍾)이라고 한다. 송(頌)을 용(鏞)이라고도 하니, 『시』에 '분고유용(賁鼓維鏞)'이라고 한 것이 이것이다. 앞에서는 '이영(以詠)'이라고 하고 여기서는 '이간(以間)'이라고 한 것은 번갈아가며 시를 노래하고 생을 연주해서일 것이다."[87]

나는 다음과 같이 생각한다. 금석으로 만든 악기가 동쪽에 있으면 '생종(笙鍾)'·'생경(笙磬)'이라고 하고, 서쪽에 있으면 '송종(頌鍾)'·'송경(頌磬)'이라고 하니, '용(鏞)'이란 송종(頌鍾)이다. 그러나 경문의 이 부분에서 분명히 '생송이간(笙頌以間)'이라고 하였으니 송종설(頌鍾說)을 주장해서는 안 된다. 생은 동쪽에 있으면서 시를 연수하고 송은 서쪽에 있으면서 시를 연주하는 것이다. 이것을 '생송이간'이라고 한다.【『상서지원록』】 섭소온의 설도 완전하지 못하다.

鄭云: "簫韶, 舜所制樂, 樂備作謂之成,【《公羊傳》哀十四年疏】 成猶終也。" ○鄭云: "儀, 匹也。簫韶作九備, 而鳳皇乃來儀, 謂止巢而孕乘匹。"【〈大雅·卷阿〉疏, 《周禮·大司樂》及《公羊》哀十四年疏】 ○**案** 吳棫《書裨傳》, 以'鳳皇來儀'爲簫聲之和,【艾軒亦云: "制器尚象。"】 是不信有鳳鳥也。若然, 召公作〈卷阿〉詩, 仲尼歎鳳鳥不至, 皆不可信與? 將謂天人本無感通之理與?【梅云: "儀, 有容儀也。"】

〔**簫韶九成, 鳳凰來儀**〕 정현이 말했다. "'소소(簫韶)'는 순이 제정한 음악으로, 음악을 갖추어 연주하는 것을 '성(成)'이라고 한다.【『춘추공양전』 애공 14년의 소에 보인다.】 '성(成)'은 종[終: 마치다]과 같다."

87 섭소온[葉少蘊: 섭몽득(葉夢得)]이 …… 것이다: 인용 내용은 『서집전』의 소주에 수록되어 있다.

○정현이 말했다. "'의(儀)'는 필[匹 : 짝]의 뜻이다. 소소를 아홉 번 연주하자 봉황이 비로소 와서 짝을 지었다는 것은 머물러 둥지를 틀고 새끼를 치고 짝을 지었다는 말이다."【『시경』「대아·권아(卷阿)」의 소, 『주례』「대사악(大司樂)」 및 『춘추공양전』 애공 14년의 소에 보인다.】

○안 오역(吳棫)의 『서비전(書裨傳)』에는 '봉황내의(鳳皇來儀)'를 소성(簫聲)의 조화로움이라고 하였는데,【애헌[艾軒 : 임광조(林光朝)][88]은 또 "악기를 만들 때 상을 표출한 것이다.[制器尙象]"이라고 하였다.】[89] 이는 봉조(鳳鳥)가 있음을 믿지 않은 것이다. 만약 그렇다면 소공(召公)이 「권아(卷阿)」 시를 짓고, 중니(仲尼)가 봉조가 이르지 않음을 탄식한 것[90]도 모두 믿을 수 없겠는가? 또한 하늘과 사람은 본래 감통(感通)하는 이치가 없다고 하겠는가?【매색이 말했다. "'의(儀)'는 용의(容儀)가 있다는 말이다."】

考異 《說苑》, 蹌蹌作鶬鶬。【〈辨物〉篇】《說文》, 蹌蹌作牄牄。【許云 : "鳥獸來食聲。" 薛本同】 鄭註〈大司樂〉引《書》亦作牄牄。○《說文》, 簫韶作箾韶。

---

88 애헌[艾軒 : 임광조(林光朝)] : 1114~1178. 宋. 이름은 光朝, 자는 謙之, 호는 艾軒, 시호는 文節이다. 程頤의 三傳弟子로서 송의 南渡 이후 동남 지역에서 伊洛의 학풍이 일어나는 시발점이 되었다. 평소 저술을 좋아하지 않았으나 明나라 때 鄭岳이 『艾軒文集』을 간행하였다.

89 『서비전(書裨傳)』에는 …… 하였다 : 왕응린의 『困學紀聞』 권2에 보이는데 이 부분 전체가 본문으로 되어 있다.

90 소공(召公)이 …… 것 : 『모시주소』에 따르면 「권아」는 召公이 成王에게 賢者를 구하여 吉士를 등용하도록 경계한 시로서, 내용 중에 봉황이 날아와 날개 치며 우는 것을 묘사한 구절이 있다. 또 『논어』 「子罕」에 공자가 "봉조가 오지 않고 하도가 나오지 않으니 나도 이제 그만이다.[鳳鳥不至 河不出圖 吾已矣夫]"라고 한탄한 내용이 있다.

【許云：“虞舜樂。”】《左傳》，延陵季子語作韶箾。【襄卄九】 古文作箾磬。【王應麟】 ○王應麟云：“古文箾磬，今文作簫，諸儒誤以簫管解之。”

고이 『설원(說苑)』에는 ‘蹌蹌’이 ‘鶬鶬’으로 되어 있다.【「변물(辨物)」 편에 보인다.】 『설문해자』에는 ‘蹌蹌’이 ‘牄牄’으로 되어 있다.【허신이 말했다. “조수가 와서 먹는 소리이다.” 설계선본도 같다.】 정현이 「대사악(大司樂)」의 주에서 『상서』를 인용하면서 역시 ‘牄牄’으로 썼다.
○『설문해자』에는 ‘簫韶’가 ‘箾韶’로 되어 있다.【허신이 말했다. “우순(虞舜)의 음악이다.”】 『춘추좌씨전』 연릉계자(延陵季子)의 말에는 ‘韶箾’로 되어 있다.【양공 29년에 보인다.】 고문에는 ‘箾磬’으로 되어 있다.【왕응린의 말이다.】
○왕응린이 말했다. “고문의 ‘箾磬’이 금문에서는 ‘簫’로 되어 있는데, 제유(諸儒)가 오인하여 소관(簫管)으로 해석하였다.”[91]

03. 고요모 - 24

夔曰：“於。予擊石拊石，百獸率舞，庶尹允諧。”

기가 말했다. “아, 제가 석경을 치자 온갖 짐승들이 모두 따라서 춤을 추며 서윤이 진실로 화합하였습니다.”

鄭云：“石，磬也。百獸，服不氏所養者，謂聲音之道，與政通焉。”【《公羊》哀十四年疏】 ○梅云：【庶尹】“衆正官之長。”

91 고문의 …… 해석하였다 : 『곤학기문』 권2에 보인다.

〔擊石拊石, 百獸率舞〕 정현이 말했다. "'석(石)'은 경(磬)이다. '백수(百獸)'는 복불씨(服不氏)[92]가 기르는 것으로, 성음의 도가 정사와 통함을 말한 것이다."【『춘추공양전』 애공 14년의 소에 보인다.】

【庶尹】○매색이 말했다. "여러 정관(正官)의 장(長)이다."

考證 《周禮·大司樂》註引"〈虞書〉云: '夔曰, 戛擊,【至】 庶尹允諧。"【又〈卷阿〉疏引〈皐陶謨〉云: "鳳皇來儀。"】 ○**案** 〈卷阿〉疏, 不以爲〈益稷〉。

고증 『주례』 「대사악」의 주에 "「우서(虞書)」에, 기가 말하기를 '戛擊'【중략】, '庶尹允諧'."라고 인용하였다.【또 『시경』 「권아」의 소에서는 "「고요모」에 '鳳皇來儀'라고 하였다."라고 인용하였다.】

○**안** 「권아」의 소에서는 「익직」이라고 하지 않았다.

03. 고요모 - 25

帝庸作歌曰: "勑天之命, 惟時惟幾。" 乃歌曰: "股肱喜哉, 元首起哉, 百工熙哉。" 皐陶拜手稽首, 颺言曰: "念哉。率作興事, 愼乃憲, 欽哉。屢省乃成, 欽哉。"

제순이 시가를 지어 "하늘의 명을 삼가 지키되 언제나 경계하고 일마다 경계하라." 하고, 마침내 노래하였다. "신하가 기쁘게 일하면 임금의 다스림이 흥기되어 백관의 공이 넓혀지리라." 고요가

92 복불씨(服不氏): 주나라의 관직으로 맹수를 길들이는 일을 관장하였다.

손을 모아 절하고 머리를 조아리며 큰소리로 말하였다. "유념하소서. 신하들을 거느리고 일을 일으키시되 법도를 삼가고, 일이 이루어지는가를 자주 살펴야 합니다. 공경하소서."

梅云 : "勑, 正也。大言而疾曰颺。" ○鄭云 : 【念哉】"使群臣念帝之戒。"【梅云 : "承歌以戒帝。"】 ○蔡云 : "樂於興事者, 易至於紛更, 故深戒之。數考其成, 則有覈[교1]實之效。"

교1) 案覈 : 『서집전』에는 앞에 '課功'이 더 있다.

〔勑天・颺言〕 매색이 말했다. "'칙(勑)'은 정[正 : 바로잡다]의 뜻이다. 큰 소리로 빠르게 말하는 것을 '양(颺)'이라고 한다."

【念哉】○정현이 말했다. "신하들로 하여금 제순의 경계를 유념하게 한 것이다."【매색이 말했다. "노래에 이어 제순을 경계한 것이다."】

〔率作興事 …… 乃成, 欽哉〕○채침이 말했다. "일을 일으키기를 즐기는 자는 어지럽게 변경하기가 쉽다. 그러므로 깊이 경계한 것이다. 〈일을 일으키되〉 그 일이 이루어지는지를 자주 살피면 〈공적을 평가하고〉 실상을 조사하는 효과가 있다."[93]

考證 〈夏本紀〉 : "帝用此作歌曰, '陟天之命。'"【以下同】

고증 『사기』「하본기」에는 〈'帝庸作歌曰 : 勑天之命'이〉 "帝用此作歌

93 일을 …… 있다 : 이 부분 『서집전』의 전문은 다음과 같다. 蓋樂於興事者, 易至於紛更, 故深戒之也. 屢, 數也. 興事而數考其成, 則有課功覈實之效, 而無誕慢欺蔽之失.

曰 : '陟天之命'"[94]으로 되어 있다.【이하는 같다.】

03. 고요모 - 26

乃賡載歌曰 : "元首明哉, 股肱良哉, 庶事康哉。" 又歌曰 : "元首叢脞哉, 股肱惰哉, 萬事墮哉。" 帝拜曰 : "兪, 往欽哉。"【《說文》, 脞爲䐪】

〈고요가〉 드디어 이어서 노래하였다. "임금이 현명하면 신하가 어질어서 모든 일이 편안하게 이루어질 것입니다." 또 노래하였다. "임금이 지나치게 세밀하면 신하가 태만해져서 만사가 무너질 것입니다." 제순이 절하고 말했다. "옳다. 가서 공경히 임무를 수행하라."

梅云 : "賡, 續。載, 成也。"【《正義》云 : "鄭以載爲始。"《說文》以賡爲古續字】○馬云 : "叢, 揔也。脞, 小也。" ○鄭云 : "揔聚小小之事, 以亂大政。" ○梅云 : "叢脞, 細碎無大略。" **○鏞案** '帝拜'之'拜'字, 是後世之所不見也。太甲之於伊尹, 成王之於周公, 猶之可也。舜於皐陶, 非有師保之名・顧託之重, 而拜受嘉言, 不有九五之尊, 聖帝之謙恭求益, 有如是矣。自秦以來, 全以尊主卑臣爲馭世之長策, 則君道日亢, 士趨日卑, 而二帝・三王之治, 不可復見矣。

---

94 帝用此作歌曰, '陟天之命' : 『사기』의 이 구절을 인용한 것은 『상서』의 '勑天'을 『사기』에서 '陟天'으로 바꾸어 썼다는 것을 보여 주기 위해서인 듯하다. 이는 비록 '고증'이라고 하였지만 '고이'의 성격이므로 번역하지 않았다.

〔賡載〕 매색이 말했다. "'갱(賡)'은 속[續 : 잇다]의 뜻이다. '재(載)'는 성[成 : 이루다]의 뜻이다."【『상서정의』에 "정현은 '재(載)'를 시(始)의 뜻으로 보았다."라고 하였다. 『설문해자』에 '갱(賡)'을 속(續)의 고자라고 하였다.】
〔叢脞〕○마융이 말했다. "'총(叢)'은 총[揔 : 총괄하다, 모이다]의 뜻이고, '좌(脞)'는 소[小 : 작다, 자잘하다]의 뜻이다." ○정현이 말했다. "자잘한 일들을 모두 거두어 모음으로써 큰 정사를 어지럽힌다는 말이다." ○매색이 말했다. "'총좌(叢脞)'는 자잘하여 대요가 없다는 말이다."

○**용안** '제배(帝拜)'의 '배(拜)' 자는 후세에는 보이지 않는 말이다. 태갑(太甲)이 이윤(伊尹)에게, 성왕(成王)이 주공(周公)에게 〈절〉한 것은 그래도 할 만한 일이다. 그러나 순에게 있어 고요는 사보(師保)의 명색이 있는 것도 아니고 고명(顧命)을 받은 중신도 아닌데, 훌륭한 말을 절하고 받아들여서 제왕의 존엄을 아랑곳하지 않았으니, 성스러운 제왕이 겸손하고 공손하게 도움을 구하는 태도에 이와 같은 면이 있었다. 그런데 진(秦) 이래로는 모두 군주만 높이고 신하를 낮추는 것을 세상을 다스리는 좋은 방책으로 여겼으니, 군도(君道)는 날로 높아지고 사추(士趨)는 날로 낮아져서 이제·삼왕의 다스림을 다시 볼 수 없게 되었다.

考證 〈夏本紀〉: "乃更爲歌曰, '元首明哉。'【節】 舜又歌曰, '元首叢脞哉。'【節】" ○**鏞案** 《史記》又'歌曰'之上有舜字, 似係傳寫之誤。

고증 『사기』「하본기」에는 "乃更爲歌曰, '元首明哉.'【중략】 舜又歌曰, '元首叢脞哉.'[95]【생략】"로 되어 있다.

○**용안**『사기』에는 또 '가왈(歌曰)' 앞에 순(舜) 자가 있는데, 전사의 오류인 듯하다.

95 乃更爲歌曰 …… 元首叢脞哉 : 이 부분의『사기』본문은 '又歌曰' 앞에 '舜' 자가 더 있을 뿐 나머지는『상서』와 완전히 일치한다. 이는 '고증'이라고 하였지만 '고이'의 성격이므로 번역하지 않았다.

부록

부록 1

『상서』의 傳本

1. 복생본(伏生本)

秦의 박사였던 伏勝이 秦始皇의 焚書를 피해 벽 속에 감추었다가 前漢 文帝[재위 B.C.202~157] 때 꺼냈는데 일부만 남아 있었다. 이를 복생이 당시 통행하던 書體인 隸書로 옮겨 쓰고 합하여 28편으로 만들었으며, 뒤에 매색이 33편으로 나누었다. 오늘날의 『상서』 속에 들어 있는 『금문상서』 33편이 이것이다. 복생본 29편의 제목은 다음과 같다.

「堯傳」, 「皐陶謨」, 「禹貢」, 「甘誓」, 「湯誓」, 「盤庚」, 「高宗肜日」, 「西伯戡耆」, 「微子」, 「牧誓」, 「洪範」, 「大誥」, 「金縢」, 「康誥」, 「酒誥」, 「梓材」, 「召誥」, 「洛誥」, 「多士」, 「毋逸」, 「君奭」, 「多方」, 「立政」, 「顧命」, 「康王之誥」, 「鮮誓」, 「甫刑」, 「文侯之命」, 「秦誓」.

漢文帝가 『상서』에 능통한 사람을 찾던 중 복생의 이름을 듣고 조정에 불렀으나 당시 복생은 90세가 넘은 고령이어서 부름에 응하지 못하였다. 그래서 太常掌故인 鼂錯을 복생의 집으로 보내 『상서』를 전수받게 하였다. 한편 복생은 歐陽生[이름 容]에게 『상서』를 가르치고, 구양생이 倪寬에게 그 학문을 전하였으며, 예관의 제자들이 夏侯勝과 그의 조카 夏侯建에게 전하였다. 그리하여 歐陽氏學·大夏侯學·小夏侯學 등의 금문상서 학파가 생겼다.

2. 공안국본(孔安國本)

前漢 景帝[재위 B.C.157~B.C.141] 때 魯恭王이 자신의 궁실을 확장하기 위해 공자의 옛집을 허물다가 벽 속에서 발견한 『상서』이다. 이 책은 당시에는 쓰이지 않던 옛 문자로 기록되어 있었으므로 『고문상서』라고 부르고, 이를 공안국이 해독하였으므로 공안국본이라고도 한다. 복생본에 있던 28편 외에 16편이 더 있었다. 16편의 편목은 다음과 같다.

> 「舜典」, 「汨作」, 「九共(九篇)」, 「大禹謨」, 「棄稷」, 「五子之歌」, 「胤征」, 「湯誥」, 「咸有一德」, 「典寶」, 「伊訓」, 「肆命」, 「原命」, 「武成」, 「旅獒」, 「冏命」.

武帝[재위 B.C.141~B.C.87] 때에 조정에 바쳤는데, 바친 사람은 공안국 자신이라는 설도 있고 집안사람이라는 설도 있다. 이 책의 원본은 궁중의 書庫에 보관하여 관리하였으므로 『中秘尙書』(일명 中秘本) 혹은 『中古文尙書』라고도 한다.

3. 매색본(枚賾本)

東晉 元帝[재위 317~312] 때 禮章內史 梅賾이 조정에 헌상한 것으로 모두 58편이다. 복생본의 금문 29편 중 「요전」을 「요전」과 「순전」의 2편으로, 「고요모」를 「고요모」와 「익직」의 2편으로, 「반경」을 상·중·하 3편으로 만들어 33편으로 재구성하고, 스스로 25편을 僞作하여 58편으로 만들고 「書序」를 한 편으로 하여 총 59편으로 구성하였다. 그러고 나서 다시 「서서」를 나누어 각 편의 앞에 붙여 마침내 58편으로 확정하였다. 58편의 本經과 「序」에 모두 공안국의 「傳」을 만들어 붙였는데, 이것이 이른바 僞『孔傳』이다. 唐나라 때 孔穎達이 조정의 명으로 五經正義를 만들 때 이 본을 저본으로 하였고, 宋의 蔡沈이 『書集傳』을 편찬할 때에도 이 본을 사용하였다. 나중에 十三經注疏에 편입되었다. 오늘날의 통행본 『상서』가 되었다.

4. 마융본(馬融本)·정현본(鄭玄本)

마융은 後漢 安帝 때 校書郎中으로 있으면서 東觀의 秘書를 교정하는 일을 맡았다. 그때 『中書古文尚書』를 보고 『尙書傳』을 지었는데, 편목을 다음과 같이 편차하였다.

虞夏書 : 「堯典」, 「舜典」, 「汨作」, 「九共」, 「大禹謨」, 「皐陶謨」, 「棄稷」, 「禹貢」, 「甘誓」, 「五子之歌」, 「胤征」.

尙書 : 「湯誓」, 「典寶」, 「湯誥」, 「咸有一德」, 「伊訓」, 「肆命」, 「原命」, 「盤庚上」, 「盤庚中」, 「盤庚下」, 「高宗肜日」, 「西伯戡黎」, 「微子」.

周書 : 「泰誓上」, 「泰誓中」, 「泰誓下」, 「牧誓」, 「武成」, 「洪範」, 「旅獒」, 「金縢」, 「大誥」, 「康誥」, 「酒誥」, 「梓材」, 「召誥」, 「洛誥」, 「多士」,

「無逸」, 「君奭」, 「多方」, 「立政」, 「顧命」, 「康王之誥」, 「冏命」, 「粊誓」, 「呂刑」, 「文侯之命」, 「秦誓」. 「書序」.

정현본은 마융의 제자인 정현이 지은 傳으로, 편목과 편차는 마융본과 동일하다.

5. 요방흥본(姚方興本)

매색이 올린 『고문상서』에는 「순전」이 없었는데, 齊明帝 建武 4년(497)에 요방흥이 「순전」을 짓고 마융과 왕숙의 주를 모아서 공안국의 전을 위조하여 大航頭에서 샀다고 하며 바쳤다. 이 주는 마융과 정현의 『고문상서』 주석과 비교하면 첫머리에 '曰若稽古帝舜, 曰重華, 協于帝. 濬哲文明, 溫恭允塞, 玄德升聞, 乃命以位'라는 28자가 더 있다. 이 중 앞의 12자는 요방흥이 위조한 것이고 뒤의 16자는 다른 사람이 위조하여 더한 것이다. 이 책은 위조한 것임이 분명하여 마침내 통행되지 않았고, 현재 전하지 않는다.

6. 설계선본[薛季宣本 : 『書古文訓』]

『宋史』 권434 「儒林列傳」에 따르면 설계선(1134~1173)은 자가 士龍이고 永嘉 사람이다. 程頤의 제자 袁溉에게서 배웠다. 『시』, 『서』, 『춘추』, 『중용』, 『대학』, 『논어』에 모두 訓義를 지어 家藏하였고, 雜著로 『浪語集』이 있다. 『상서』에 관해서는 『서고문훈』 16권이 通知堂經解에 수록되어 있고, 『낭어집』 권30에 「書古文訓序」가 수록되어 있다.

부록 2

경학가 일람

가공언 賈公彦 : 생몰년 미상. 唐. 600년대 중반. 張士衡에게 수학하고, 永徽(650~655) 때에 太學博士. 『周禮義疏』, 『儀禮義疏』를 지었다. 모두 십삼경주소에 편입되었다.

가규 賈逵 : 30~101. 後漢. 和帝 때 侍中·領騎都尉. 자는 景伯. 賈誼의 9세손이고, 아버지는 劉歆에게 『좌전』·『국어』·『고문상서』·『毛詩』 등을 배운 賈徽이다. 고문 경학을 주로 공부하여 『좌전』을 학관에 개설할 것을 주장하였다. 『國語解詁』·『春秋左氏傳解詁』·『周易賈氏傳』·『古文尙書訓』·『尙書古文同異』·『毛詩賈氏義』를 지었다.

고염무 顧炎武 : 1613~1682. 明末淸初. 자는 忠淸·寧人, 호는 亭林. 淸이 들어선 뒤 官路에 나가지 않고 은거하며 학문에 專心하였다. 博學을 추구하여 經史·諸子百家·音韻文字·金石考古·郡邑掌故·儀禮風俗 등을 두루 연구하고, 특히 創新求實의 학문에 주력하여 청대 考證學을 열었다. 『左傳杜解補正』·『九經誤字』·『石經考』·『音學五書』·『韻補正』·『五經異同』·『金石文字記』·『日知錄』을 지었다.

공안국 孔安國 : 생몰년 미상. 前漢. 武帝 때 박사가 되고 諫議大夫·臨淮太守를 지냈다. 자는 子國. 공자의 후예이다. 伏勝(伏生)에게 『상서』를 배우고 처음으로 古文學을 주창하여 都尉朝·倪寬 등에게 전수하였다.

공영달 孔穎達 : 574~648. 唐. 자는 冲遠·仲達. 隋煬帝 때에 처음 官路에 나아가고, 당 건국 후 國子博士·國子祭主를 지냈다. 劉焯에게 배웠다. 『춘추좌씨전』·『모시』·『예기』와 鄭玄 注의 『상서』, 王弼 주의 『주역』에 밝았고 曆算에도 뛰어났다. 당 태종의 명으로 顔師古·司馬才章·王恭·王琰과 함께 五經正義를 지었다. 모두 십삼경주소에 편입되었다.

구양생 歐陽生 : 생몰년 미상. 前漢. 이름은 容, 자는 和伯. 伏生의 제자로 前漢 초기 『금문상서』 歐陽氏學을 개창하였다. 자신의 학문을 倪寬에게 전하고 예관이 구양생의 아들에게 전함으로써 구양씨가 대대로 尙書學을 전수하여 그의 종손 歐陽高 이후 8세가 모두 박사를 지냈다. 『尙書歐陽章句』와 『歐陽說義』가 있었으나 지금 전하지 않고, 청대에 편찬한 玉函山房辑佚书에 『상서구양장구』가, 漢魏遺書鈔에 『今文尙書說』이, 皇淸經解續編에 『尙書歐陽夏侯遺說考』가 수록되어 있다.

김이상 金履祥 : 1232~1303. 宋末元初. 이름을 祥·開祥이라고도 하며, 자는 吉父, 호는 次農. 원나라가 들어서자 벼슬하지 않고 仁山에 은거하였으므로 仁山先生이라고 불렀다. 『고문상서』를 後漢 儒者들의 僞作이라고 보았다. 『尙書注』·『尙書表注』·『論語孟子集注考證』·『大學章句疏義』·『中庸標注』·『資治通鑑前編』을 지었다.

도운 塗惲 : 생몰년 미상. 後漢. 자는 子眞. 賈逵에게 『고문상서』를 전하였다는 것 외에 알려진 바가 거의 없다.

두림 杜林 : ?~47. 後漢. 자는 伯山. 衛宏·徐巡 등에게 『고문상서』를 전하였고 문자학에도 조예가 깊어 『蒼詰訓纂』과 『蒼詰故』를 지었으나 전하지 않고 玉函山房辑佚书에 『蒼詰訓詁』가 남아 있다.

두예 杜預 : 222~284. 西晉. 자는 元凱. 漢末晉初의 장군으로 여러 전투에 참여한 武人이지만 경학에도 밝았다. 특히 『춘추』에 밝아 그가 저술한 『春秋左氏傳經傳集解』는 후세 통행하는 『春秋左氏傳』의 注本이 되고 십삼경주소에 편입되었다. 그 외 『春秋釋例』와 『春秋長歷』 등을 지었다.

마융 馬融 : 79~166. 後漢. 校書郎·南郡太守를 지냈다. 자는 季長. 경적에 박통하였고 鄭玄·魯植 등의 제자를 길렀다. 경서 주해에서 고문 경학의 설을 위주로 하되 금문 경학의 설을 함께 취하여 고문 경학을 발전시키고 여러 유파가 합쳐지는 길을 열었다. 三禮와 『효경』·『논어』·『시경』·『주역』·『상서』·『老子』·『淮南子』·『離騷』·『烈女傳』 등에 주를 달았으나 지금 전하지 않고 일부가 玉函山房辑佚书에 수록되어 있다. 賈逵와 鄭衆의 『춘추좌씨전』 주를 보고 장단점을 취하여 『三傳異同說』을 지었다.

매색 枚賾 : 생몰년 미상. 東晉. 豫章內史를 지냈다. 이름을 梅賾라고도 하며, 자는 仲眞. 『古文尙書傳』을 조정에 바친 것으로 유명하다. 이것이 『僞古文尙書』인데 淸初 閻若璩 등에 의해 僞書로 밝혀졌다.

모기령 毛奇齡 : 1623~1716. 明末淸初. 자는 大可·齊于, 호는 秋晴·初晴·西河. 명말에 諸生이 되었으나 명나라가 망하자 城南山에 은거하며 독서하였다. 뒤에 國學에 들어가 공부하고 博學鴻儒科에 천거되어 翰林院 檢討로서 『明史』 편찬에 참여하였다. 경전 연구에 있어 남의 설을 辨駁하기를 좋아하여 『논어』 해석에서는 朱熹의 설을, 『상서』 해석에서는 閻若璩의 설을 논박하였고, 동시대의 학자인 顧炎武·염약거·胡渭 등을 심하게 攻駁하였다. 四書三經과 『春秋』에 관한 여러 저술이 있는데, 『상서』 관련 저술로는 『古文尙書寃詞』와 『尙書廣聽錄』 등이 있다.

▌모장 毛萇 : 생몰년 미상. 前漢. 毛長으로도 쓴다. 毛亨의 제자로 毛詩學의 초기 전수자로 전해진다. 모형에게 『毛詩訓詁傳』을 배우고, 그것을 寬長卿에게 전하였다. 관장경은 解延年에게 전하고 해연년은 다시 徐敖에게 전하였다. 후한 平帝 때에 학관에 毛詩博士가 개설되었다.

▌복승 伏勝 : B.C.264~B.C.170. 前漢. 자는 子賤. 儒生이었으므로 伏生이라고 불린다. 『今文尙書』의 보존·전수자이다. 진시황이 焚書를 단행하자 『상서』를 벽 속에 숨겼다가 漢初에 꺼냈는데 수십 편이 없어지고 28편만 남았다. 그것을 당시 통행하던 書體인 隸書로 옮겨 쓴 것이 『금문상서』이다. 張生·歐陽生 등이 그에게 배웠고, 여러 번 전해져 歐陽氏·大小夏侯氏 등의 금문상서학파가 형성되었다. 지금 전하는 十三經注疏의 『尙書注疏』에 그가 전한 『금문상서』가 들어 있다. 저술로 『尙書大傳』이 있다.

▌서개 徐鍇 : 920~974. 南唐. 자는 鼐臣·楚金. 秘书省校书郎, 集贤殿学士,内史舍人 등을 지냈다. 文字学에 정통하여 많은 책을 저술하였다. 『说文解字系传』 40권과 『说文解字韵谱』 10권이 전한다.

▌설계선 薛季宣 : 1134~1173. 宋. 자는 士龍이고 永嘉 사람이다. 『시』·『서』·『춘추』·『중용』·『대학』·『논어』에 모두 訓義를 지어 家藏하였고, 雜著로 『浪語集』이 있다. 『書古文訓』 16권이 通知堂經解에 실려 있다.

▌양시 楊時 : 1053~1135. 北宋. 자는 中立, 호는 龜山, 시호는 文靖.

程顥・程頤에게 수학하였고, 謝良佐・游酢・呂大臨과 함께 程門四先生으로 불렸다. 그의 학문은 羅從彦・李侗을 거쳐 朱熹에게로 이어져 理學의 형성・발전에 중요한 영향을 끼쳤다. 저술로 王安石의 新學을 반박한 『三經義辨』・『二程粹言』・『龜山語錄』이 있다.

▌염약거 閻若璩 : 1636~1704. 清. 자는 百詩, 호는 潛邱居士. 평생 經史 연구와 교증 및 교감에 잠심하여 清初 고증학을 꽃피웠다. 胡渭 등과 함께 『大清一統志』를 찬수하였다. 『尙書古文疏證』을 지어 枚賾의 『古文尙書』와 『孔安國尙書傳』이 위작이라고 주장하였다. 『孟子生卒年月考』・『四書釋地』・『毛詩詩說』・『喪服異注』・『潛邱雜記』 등을 지었다.

▌오역 吳棫 : 1100~1154. 宋. 자는 才老. 音韻學과 訓詁學에 밝았으며, 처음으로 『고문상서』에 대한 의혹을 제기한 학자로 일컬어진다. 저술에 『詩補音』・『書裨傳』・『論語指掌』・『韻補』・『楚辭釋音』 등이 있다.

▌오징 吳澄 : 1249~1333. 元. 자는 幼清・伯清, 호는 草廬, 시호는 文正. 饒魯의 제자인 程若庸에게 배우고 程紹開를 사사하였다. 주희의 四傳弟子로 스스로 주자 이후의 道統을 계승하였다고 자부하였다. 저서로 『五經纂言』과 『儀禮逸經傳』이 있다. 특히 『오경찬언』 중 『書纂言』에서 吳棫과 주희의 설을 따라 『고문상서』 중 『孔傳』의 의심스러운 부분은 모두 僞書라고 하였다.

▌왕숙 王肅 : 195~256. 삼국시대 魏. 자는 子雍. 議郎・侍中・太常을 지냈다. 賈逵・馬融의 고문 경학을 존숭하였고, 『聖證論』을 지어 鄭玄의 금문설을 논박하였다. 『尙書駁義』・『毛詩義駁』・『毛詩奏事』・『毛詩問難』 등의 저서에서도 모두 정현의 설을 논박하였다. 『孔子家

語』·『馬王易義』·『周易注』·『尙書王氏注』·『毛詩王氏注』·『禮記王氏注』·『論語王氏注』·『國語章句』·『王子正論』 등을 지었다.

왕응린 王應麟 : 1223~1296. 南宋. 자는 伯厚, 호는 深寧居士·厚齋. 太常寺主簿·禮部尙書 등을 지냈으나 송이 망한 뒤에는 벼슬하지 않았다. 經史·百家·천문지리·문자훈고·掌故制度 등에 모두 뛰어났다. 『詩考』와 『詩地理考』를 지었고, 『古文尙書』·『周易鄭康成注』·『尙書鄭康成注』·『玉海』·『困學紀聞』 등을 집성하였다.

우번 虞翻 : 164~223. 三國時代 吳. 자는 仲翔. 副春長·騎都尉 등을 지냈다. 鄭玄·荀爽과 함께 易學三家로 일컬어진다. 『노자』·『논어』·『국어』의 訓注와 『易注』를 지었으나 모두 전하지 않고, 唐 李鼎祚의 『周易集解』와 淸 黃奭의 漢學堂叢書 및 孫堂의 『漢魏二十一家易注』에 내용이 채록되어 있다.

위굉 衛宏 : 생몰년 미상. 後漢. 자는 敬仲. 光武帝 때 議郎을 지냈다. 謝曼卿에게 毛詩를 배우고 杜林에게 『고문상서』를 배웠다. 「毛詩序」와 『古文尙書訓旨』를 지었고, 玉函山房辑佚书에 『古文官書』·『平盡館叢書』·『漢舊儀』·『補遺』가 수록되어 있다.

위소 韋昭 : 204~273. 三國時代 吳. 韋曜라고도 불리며, 자는 弘嗣. 博士祭主·中書僕射를 지냈다. 『국어』를 중요하게 생각하여 『國語注』를 편찬하였다. 그 외에 『吳書』·『孝經解讚』·『辨釋名』·『毛詩答雜問』 등의 저술이 있었으나 전하지 않고 일부가 玉函山房辑佚书에 수록되어 있다.

유창 劉敞 : 1019~1068. 北宋. 자는 原父, 호는 公是. 右正言·集賢殿 學士를 지냈다. 『춘추』에 정밀하였고, 漢儒의 說을 비판적으로 검토하였다. 『七經小傳』·『春秋權衡』·『春秋傳』·『春秋意林』·『春秋

傳說例』 등을 지었다.

▌육덕명 陸德明 : 550～630. 唐. 본명은 元朗, 덕명은 자이다. 國子助敎・太學博士 등을 지냈다. 漢魏와 六朝 시대 230여 家의 音切과 諸儒의 훈고를 채집하고 각 판본의 同異를 고증하여 『經傳釋文』을 지었다. 그 외 『易疏』와 『老子疏』 등의 저술이 있다.

▌응소 應劭 : 생몰년 미상. 後漢. 營陵令・泰山太守 등을 지냈다. 『漢書集解』・『漢朝駁議』・『律略論』・『漢官儀』・『風俗通義』 등을 지었으나 대부분 없어지고, 漢魏叢書와 四庫全書에 『풍속통의』 일부가 전한다.

▌이옹 李顒 : 1627～1705. 明末淸初. 자는 中孚, 호는 二曲. 孫奇逢・黃宗羲와 함께 淸初의 三大儒로 불렸다. 宋學을 숭상하여 朱熹와 陸九淵의 사상을 아울러 취하였다. 『상서』에 조예가 깊었으며, 저서로 『四書反身錄』과 『二曲集』이 있다.

▌임지기 林之奇 : 1112～1176. 南宋. 자는 少穎, 호는 拙齋・三山. 尙書郎・宗正丞을 지냈다. 呂祖謙의 스승으로 그의 婺學 창립에 영향을 미쳤다. 『尙書全解』・『春秋周禮講義』・『論語注』・『孟子注』・『孟子講義』 등을 지었다.

▌전시 錢時 : 생몰년 미상. 宋. 자는 子是, 호는 融堂. 秘閣校勘・象山書院 主講을 지냈다. 楊簡의 高弟이며 陸九淵의 再傳 제자이다. 『周易釋傳』・『尙書演義』・『學詩管見』・『四書管見』・『春秋大旨』・『兩漢筆記』 등을 지었다.

▌정현 鄭玄 : 127～200. 後漢. 자는 康成. 第五元에게 『춘추공양전』・『三統曆』・『九章算術』을, 張恭祖에게 『주례』・『예기』・『춘추좌씨전』・『고문상서』 등의 고문 경전과 금문 경전인 韓詩를 배웠다. 이후 盧植

과 馬融에게 고문경학을 배웠다. 漢代 고문 경학과 금문 경학의 논쟁을 종합하여 집대성한 학자로 평가되며 그의 학설은 鄭學으로 일컬어진다. 후한 초의 鄭興·鄭衆 부자와 구별하여 後鄭이라고 불린다. 郗慮·王基·崔琰 등의 제자를 길렀다. 『상서』·『모시』·『의례』·『예기』·『논어』·『효경』·『尙書大傳』·『尙書中候』·『韓象曆』에 대한 주석을 썼고, 현존 십삼경주소 중 『모시』·『주례』·『의례』·『예기』의 주가 모두 그의 것이다. 그 외 『天文七政論』·『魯禮禘祫義』·『六藝論』·『毛詩譜』·『駁許愼五經異義』·『答臨孝存周禮難』·『公羊墨守』·『穀梁廢疾』·『左氏膏肓』 등의 저술이 있고, 문인들이 『논어』를 본떠 오경에 대한 제자와의 문답을 정리한 『鄭志』가 있다.

조기 趙岐 : 108~201. 後漢. 초명은 嘉, 자는 邠卿·臺卿. 議郎·太常 등을 지냈다. 마융의 조카사위로 마융에게 『주례』를 묻기도 하였으나, 당시 학풍과 달리 『논어』와 『맹자』를 높이 평가하였다. 저서로 『孟子章句』와 『三輔決錄』이 있는데, 『맹자장구』는 십삼경주소에 편입되었다.

조열지 晁說之 : 1059~1129. 北宋. 자는 以道·伯以道, 호는 景迂·迂叟. 知成州·秘書少監 등을 지냈다. 司馬光에게 『太玄經』을 전수받고, 邵雍의 제자 楊賢寶에게 易學을 배웠다. 六經에 佛·道·法家의 설이 섞여 순정하지 않다고 보고 육경 연구에 회의적 관점의 문헌비평이 필요하다고 주장하였다. 『詩序論』·『中庸傳』·『儒言』·『晁氏客語』·『景迂生集』 등의 저술이 있다.

진대유 陳大猷 : 1198~1250. 宋. 자는 忠泰, 호는 東齋. 저서에 『상서』에 대한 여러 학파의 설을 取捨한 『尙書集傳』과 그 취사에 대한 자신의 견해를 밝힌 『或問』이 있다.

진덕수 眞德秀 : 1178~1235. 宋. 자는 景元・希元・景峰・景希, 호는 西山, 시호는 文忠. 주희의 문인 詹體仁에게 수학하고 程朱理學을 계승 발전시키는 데 힘썼다. 저술에 『大學衍義』・『四書集編』・『讀書記』・『西山先生眞文忠公集』 등이 있다.

채침 蔡沈 : 1167~1230. 南宋. 자는 仲默, 호는 九峰. 朱熹의 제자로 스승의 명을 받아 『書集傳』을 지었다. 그 밖의 저술로 『洪範皇極』과 『蔡九峰筮法』이 있다.

하후건 夏侯建 : 생몰년 미상. 前漢. 자는 長卿, 夏侯勝의 조카로 小夏侯라고 불린다. 議郎博士・太子少傅를 지냈다. 하후승과 歐陽高에게 『상서』를 배웠다. 今文尙書小夏侯學의 창시자로 B.C.51년 石渠閣會議에서 그의 尙書學을 學官에 개설하기로 결정하였다.

하후승 夏侯勝 : B.C.152~B.C.61. 前漢. 자는 長公, 조카인 夏侯建과 구별하여 大夏侯로 불린다. 博士로 光祿大夫가 되었다. 夏侯始昌에게 『상서』와 「洪範五行傳」을, 倪寬의 제자인 簡卿・歐陽氏에게 『상서』를 배웠다. 今文尙書大夏侯學의 개창자이며 『魯論語』와 『春秋穀梁傳』에도 뛰어났다. 夏侯建・黃霸・蕭望之・孔霸 등이 그의 제자이다. 황제의 명으로 『尙書說』과 『論語說』을 지었다. 『尙書大小夏侯章句』・『尙書大小夏侯解故』・『論語魯夏侯說』 등의 저술이 있었으나 지금은 전하지 않고, 玉函山房辑佚书에 『尙書大夏侯章句』가, 皇淸經解續編에 『尙書歐陽夏侯遺說考』가 수록되어 있다.

허신 許愼 : 58~147. 後漢. 자는 叔重. 太尉・南閣祭主를 지냈다. 賈逵를 사사하였고, 馬融의 추앙을 받았으며, 제자 尹珍에게 학술을 전하였다. 금문 경학과 고문 경학의 차이를 논한 『五經異義』, 중국의 가장 오래 된 문자학 서적인 『說文解字』를 지었다. 『오경이의』에 대해서는 뒤에 鄭玄의 논박을 받았고, 『설문해자』에 대해서는 段玉裁의 『說文解字注』가 전한다. 그 밖에 玉函山房辑佚书 續編에 『春秋左氏傳許氏義』와 『爾雅許氏注』가, 황청경해에 『五經異義疏證』과 『淮南鴻烈解』가 들어 있다.

황보밀 皇甫謐 : 215~282. 魏晉. 초명은 靜, 자는 士安, 호는 玄晏. 鍼灸學에 조예가 깊었다. 침구서인 『甲乙經』 외에 『玄晏春秋』·『帝王世紀』·『高士傳』·『達士傳』·『烈女傳』·『年曆』 등의 저서가 있다.

재단법인 실시학사

실학사상의 계승 발전을 위해 2010년에 설립된 공익재단법인이다. 다양한 학술 연구와 지원 사업, 출판 및 교육 사업 등을 수행하며, 실학사상의 선과와 교류를 위해 힘쓰고 있다. 1990년부터 벽사 이우성 선생이 운영하던 '실시학사'가 그 모태로, 2010년 모하 이헌조 선생의 사재 출연으로 공익재단법인으로 전환되었다.
경학 관계 저술을 강독 번역하는 '경학연구회'와 한국 한문학 고전을 강독 번역하는 '고전문학연구회'라는 두 연구회를 두고 있으며, 꾸준하게 실학 관련 공동연구 과제를 지정하여 그에 맞는 연구자들을 선정 · 지원함으로써 우수한 실학 연구자를 육성하고 연구 결과물을 사회에 환원하고 있다. 이번에 상재하는 '실시학사 실학번역총서'도 그의 소산이다. 앞으로 아직 세상에 제대로 드러나지 않은 실학자들의 문헌을 선별해 오늘날의 언어로 옮기며, 실학의 현재적 의미를 확인해 나갈 것이다.

홈페이지 http://silsihaksa.org

실시학사 실학번역총서 15

다산 정약용의 상서고훈 2

1판 1쇄 발행 2020년 3월 31일

기　획 : 재단법인 실시학사
지은이 : 정약용
옮긴이 : 재단법인 실시학사 경학연구회
펴낸이 : 김병환
펴낸곳 : 학자원
주　소 : 서울시 강동구 천호대로 1121
전　화 : 02) 6403-1000
팩　스 : 02) 6338-1001
E-mail : hakjaone@daum.net
등　록 : 2011년 3월 24일 제2011-14호

ISBN 979-11-6247-172-2 94810
979-11-6247-170-8 (세트)

값 35,000원